V&R

Kritische Studien
zur Geschichtswissenschaft

Herausgegeben von
Helmut Berding, Jürgen Kocka, Paul Nolte,
Hans-Peter Ullmann, Hans-Ulrich Wehler

Band 176

Vandenhoeck & Ruprecht

Nation – Volk – Rasse

Radikaler Nationalismus im Deutschen Kaiserreich 1890–1914

von

Peter Walkenhorst

Vandenhoeck & Ruprecht

Umschlagabbildung
»Der letzte Mann«
(In der Seeschlacht bei den Falkland-Inseln am 8. Dezember 1914)
© bpk, Berlin, 2007

Für Janina, Annika
und Victoria

Bibliografische Information der Deutschen Nationalbibliothek

Die Deutsche Nationalbibliothek verzeichnet diese Publikation in der Deutschen Nationalbibliografie; detaillierte bibliografische Daten sind im Internet über <http://dnb.d-nb.de> abrufbar.

ISBN 978-3-525-35157-4

Der Druck dieser Publikation wurde ermöglicht durch Mittel der Axel Springer Stiftung und der FAZIT-Stiftung.

Satz: OLD-Media OHG, Neckarsteinach.
Druck und Bindung: Hubert & Co., Göttingen.

Gedruckt auf alterungsbeständigem Papier.

Inhalt

Vorwort

»Das Vergessen – ich möchte fast sagen: der historische Irrtum – spielt bei der Erschaffung einer Nation eine wesentliche Rolle, und daher ist der Fortschritt der historischen Studien oft eine Gefahr für die Nation.«

Ernest Renan

Die vorliegende Studie behandelt die Konstruktion und politische Praxis des radikalen Nationalismus im wilhelminischen Kaiserreich. Durch die Analyse dieser extremen Variante des deutschen Nationalismus möchte sie der Diskussion über Nation und nationale Identität in Deutschland historische Tiefenschärfe verleihen und so einen Beitrag gegen das Vergessen im Sinne Renans leisten. Die Arbeit wurde im Wintersemester 2005/06 von der Fakultät für Geschichtswissenschaft und Philosophie der Universität Bielefeld als Dissertation angenommen. Für die Drucklegung wurde sie überarbeitet und bibliographisch aktualisiert. Mein Dank gilt an erster Stelle meinem Doktorvater Hans-Ulrich Wehler für seine Unterstützung, Anregungen und intellektuelle Toleranz sowie für sein durch nichts zu erschütterndes Vertrauen, daß diese Arbeit tatsächlich einmal den Status der Drucklegung erfahren würde. Thomas Welskopp hat als Zweitgutachter wertvolle Hinweise für die Überarbeitung gegeben.

Die Arbeit entstand zunächst im Rahmen eines Promotionsstipendiums der Studienstiftung des deutschen Volkes, später neben der beruflichen Tätigkeit in der Bertelsmann Stiftung, was ihren Abschluß nicht unbedingt beschleunigt hat. Wichtige Impulse erhielt sie durch die ungezählten Diskussionen in der »Arbeitsgruppe Nationalismusforschung« an der Universität Bielefeld, die mein Verständnis des Nationalismus nachhaltig geprägt haben. Besonders danken möchte ich Jörg Echternkamp und Sven Oliver Müller für den intensiven Gedankenaustausch und die freundschaftliche Kooperation in dieser Zeit sowie ihre Bereitschaft, den ersten Entwurf dieser Studie einer kritischen Lektüre zu unterziehen. Für Anregungen zu einzelnen Teilaspekten der Arbeit bin ich darüber hinaus Dirk Bönker und Stephan Vopel verpflichtet.

Dank schulde ich auch den Mitarbeiterinnen und Mitarbeitern der besuchten Archive und der Fernleihstelle der Universitätsbibliothek Bielefeld für ihre Unterstützung bei meinen Recherchen. Den Herausgebern der »Kritischen Studien zur Geschichtswissenschaft« danke ich für die sorgfältige Lektüre und Aufnahme in die Reihe, Dörte Rohwedder für die sachkundige Betreuung im Verlag. Runhild Venjacob hat bei der Korrektur der Druckfahnen unschätzbare Hilfe geleistet. Die Drucklegung des Buches wurde durch Zuschüsse der Axel Springer Stiftung und der FAZIT-Stiftung ermöglicht.

Niemand träg die sozialen und psychischen Kosten einer langjährigen wissenschaftlichen Arbeit allein. In diesem Zusammenhang gilt mein besonderer Dank Alexandra Schmied, für alles, was aufzuzählen, den Rahmen dieses Vorworts sprengen würde. Last, but not least, danke ich meinen Töchtern Janina, Annika und Victoria dafür, daß sie mich immer wieder dazu brachten, nicht an diese Arbeit zu denken. Ihnen ist dieses Buch gewidmet.

Gütersloh, im Oktober 2006 — Peter Walkenhorst

Einleitung

»Der Nationalismus ist nur ein besondrer Fall der forcierten Glaubenssehnsucht.«
Robert Musil

Totgesagte leben bekanntlich länger. Das gilt auch für den Nationalismus, der von vielen Historikern und Sozialwissenschaftlern bereits für überwunden geglaubt wurde, seit dem Ende des Kalten Krieges jedoch weltweit eine Renaissance erlebt. Das Wiederaufflammen von Nationalitätenkonflikten, das Erstarken nationalistischer Bewegungen und Parteien sowie die vielfältigen politischen und intellektuellen Bemühungen um eine (Re-)Konstruktion nationaler Identität im Zeichen multikultureller Verunsicherung zeugen von der anhaltenden Anziehungskraft nationalistischer Deutungsmuster, die alle Nachrufe auf das vermeintliche Ende des Nationalismus als verfrüht erscheinen lassen. Im Gegenteil: Viele Anzeichen deuten darauf hin, daß die Ära der Globalisierung »auch das Zeitalter des Wiederaufkommens des Nationalismus« ist.[1]

Für die Geschichtswissenschaft erwächst aus dieser Renaissance des Nationalismus nicht nur die Herausforderung, die Ursachen seiner neuerlichen Attraktivität zu untersuchen, sondern zugleich die Notwendigkeit, ihre bisherigen theoretischen Annahmen und methodischen Ansätze kritisch zu überprüfen, deren Blindstellen dazu beigetragen haben, die Bedeutung nationalistischer Deutungsmuster für die Gegenwart zu unterschätzen. Diese selbstkritische Einsicht hat zu einer intensiven wissenschaftlichen Auseinandersetzung mit dem Phänomen des Nationalismus geführt, die ihren Niederschlag in einer Flut neuer Publikationen findet.[2] Das gemeinsame Charakteristikum dieser neueren

1 Vgl. *Castells*, S. 31–73 (Zitat: S. 31); *Vargas Llosa*; *Mommsen*, Nationalismus in Osteuropa; *Brunner*, Nationalitätenprobleme; *Latawski; Sundhausen*, Ethnonationalismus; *Winkler u. Kaeble*; *Habermas*, Inklusion; *Lohmann*; *Assheuer u. Sarkowicz*; *Bollenbeck*, Nation.

2 Als allgemeine Einführungen mit weiteren Literaturhinweisen: *Kunze*; *Echternkamp u. Müller*; *Wehler*, Nationalismus; *Weichlein*; Nationalbewegungen; *Schulze*, Staat; *Hobsbawm*, Nationen; *Gellner*, Nationalismus und Moderne; *ders.*, Nationalismus; *Anderson*, Erfindung; *Breuilly*, Nationalism; *Hirschhausen u. Leonhard*; *Beramendi u.a.*; *Estel u. Mayer*; *Alter*, Nationalismus; *Winkler*, Nationalismus; *Mommsen*, Nation und Nationalismus; *ders.*, Nationalismus; *Schieder*, Nationalismus. Als Überblick über den Stand und die Tendenzen der Nationalismusforschung vgl. *Hroch*, Europa; *Langewiesche*, Forschungsstand; *Breuilly*, Approaches; *Smith*, Nationalism; *ders.*, Theories.

Nationalismusforschung ist die grundsätzliche Abkehr von einem essentialistischen Verständnis der Nation. An die Stelle der Vorstellung einer natürlichen, auf objektiven Kriterien beruhenden sozialen Einheit trat ein konstruktivistischer Ansatz, der Nation und Nationalismus als kulturelle und politische Konstruktionen begreift. Dieser theoretische Paradigmenwechsel hat sich auch für die Untersuchung des deutschen Nationalismus als fruchtbar erwiesen. So konnten zahlreiche neuere Arbeiten zeigen, daß die Vorstellung der deutschen Nation niemals eindeutig definiert, sondern immer politisch, konfessionell, regional sowie klassen- und geschlechtsspezifisch gebrochen und entsprechend umstritten war.[3]

Vor diesem Hintergrund untersucht die vorliegende Arbeit die Konstruktion und politische Praxis eines neuartigen, sowohl im Hinblick auf seine programmatischen Forderungen als auch auf seinen Loyalitätsanspruch »radikalen« Nationalismus im wilhelminischen Kaiserreich. Dieser Radikalnationalismus, der seit den 1890er Jahren vor allem von Agitationsverbänden wie dem Alldeutschen Verband, dem Ostmarken- und dem Flottenverein, in wachsendem Maße jedoch auch von einem Teil der bürgerlichen Parteien und der ihnen nahestehenden Presse propagiert wurde, war ein »Novum in der politischen Geschichte des Kaiserreichs«.[4] Das Ziel der Untersuchung ist eine umfassende, theoretisch reflektierte Analyse dieses radikalen Nationalismus und der Ursachen für seine zunehmende Verbreitung innerhalb des Bildungs- und Wirtschaftsbürgertums. Im Mittelpunkt stehen die semantische und diskursive Konstruktion der für ihn konstitutiven Deutungsmuster sowie die Wechselwirkung zwischen dem Weltbild der radikalen Nationalisten und ihrem konkreten politischen Handeln. Darüber hinaus wird die Studie von der Frage nach Kontinuität und Wandel des Nationalismus in Deutschland geleitet. Denn der radikale Nationalismus der wilhelminischen Ära veränderte die Vorstellung der deutschen Nation nachhaltig und prägte Deutungsmuster, die seitdem fünf Jahrzehnte lang zum Kernbestand des deutschen Nationalismus gehörten.

Die neuartige Qualität des wilhelminischen Radikalnationalismus beruhte auf einer grundlegend veränderten Beurteilung der Reichsgründung und ihrer Bedeutung für die deutsche Nation. Im Gegensatz zu der nach 1871 weitverbreiteten Auffassung, daß die Gründung des Deutschen Reiches den Höhepunkt und die Vollendung der preußisch-deutschen Geschichte darstellte, galt der durch Bismarck geschaffene Nationalstaat den sich seit 1890 formierenden radikalen Nationalisten nicht mehr als Abschluß, sondern lediglich als Ausgangspunkt der nationalen Entwicklung. In diesem Sinne forderte eine Gruppe »national gesinnter« Persönlichkeiten, die sich am 28. September 1890 in

3 Vgl. *Smith*, German Nationalism; *Müller*, Nation als Waffe; *Goltermann*; Körper; *Gramley*; *Etges*; *Echternkamp*, Aufstieg; *Weichlein*, Nation; *Confino*; *Applegate*; *Tacke*.

4 *Dann*, Nation, S. 185; *Ullrich*, S. 379.

Frankfurt am Main traf, um über die Gründung einer neuen nationalistischen Organisation zu beraten, ein grundsätzliches Umdenken im Hinblick auf die zukünftigen Aufgaben des deutschen Volkes:

»Die Vorstellung, als wenn der äußere nationale Beruf Deutschlands mit der Schaffung des Deutschen Reiches erfüllt wäre, ist eine falsche. Die Sicherung der Grundlagen, welche dem deutschen Volke die Ebenbürtigkeit mit den großen Völkern der Zukunft gewährleistet, bildet eine nicht minder wichtige Aufgabe. Wie aber die Gründung des Reiches nur möglich war, weil der Gedanke der deutschen Einheit von einer großen Volksbewegung getragen war, so wird auch jetzt nur eine außerordentliche Anstrengung, eine bewußte Zusammenfassung der freien Kräfte des deutschen Volkes ohne Unterschied der Partei zu einer vollen Lösung der neuen Aufgabe führen. Jeder Einzelne, besonders aber der Besitzende und Gebildete muß sich in höherem Maße als bisher seiner Mitverantwortlichkeit für das Schicksal der Nation, seiner Verpflichtung zu einer regen und selbstthätigen Teilnahme an den öffentlichen Angelegenheiten bewußt werden ... Denn nur ein Volk, in dessen breiten Massen ein empfindliches Nationalgefühl lebendig ist, wird auf die Dauer eine Weltmachstellung behaupten.«[5]

Diese Resolution, die der damals fünfundzwanzigjährige Alfred Hugenberg verfaßt hatte, fungierte als Gründungscharta einer neuen nationalistischen Bewegung und bildete eine entscheidende Station auf dem Weg zur Konstituierung des Alldeutschen Verbandes. Sie enthielt bereits alle zentralen Elemente des radikalen Nationalismus, dessen oberstes Ziel die Erringung und Behauptung einer »kulturellen und politischen Weltmachtstellung des deutschen Volkes« war.[6] Um dieses Ziel zu verwirklichen, war nach Ansicht der Versammlungsteilnehmer die »Erhaltung des Deutschtums der im Auslande lebenden Volksgenossen« erforderlich. Ebenso unabdingbar war für sie die »weitere überseeische Ausdehnung des deutschen Kulturgebietes« und in diesem Zusammenhang die Umleitung der Auswanderung »in solche Gebiete, die eine Erhaltung des Deutschtums der Auswanderer verheißen«. Zugleich forderten sie eine »Wiederaufnahme der alten großdeutschen Bestrebungen in einer durch die Entwicklung der thatsächlichen Verhältnisse geläuterten Form«.[7] Die in diesen Forderungen angelegte völkische und imperialistische Stoßrichtung, so unklar und vage ihre Ziele im einzelnen auch sein mochten, bildete die ideologische Grundlage eines neuartigen, aggressiven und expansiven Nationalismus, der die politische Kultur des wilhelminischen Deutschland nachhaltig prägen sollte.[8]

5 BA-B, ADV, Nr. 1, Bl. 38; *Hartwig*, Politik, S. 234–236. Zur Entstehung der »Frankfurter Erklärung« vgl. ebd., S. 15–21; *Hering*, Nation, S. 112–115; *Peters*, ADV, S. 13–20; *Guratzsch*, S. 22–26; *Schilling*, S. 20–36; *Kruck*, S. 7–9; *Wertheimer*, Pan-German League, S. 25–38; *Bonhard*, S. 1–4.

6 Vgl. Hugenbergs Entwurf einer Adresse an Carl Peters, BA-B, ADV, Nr. 1, Bl. 33–35.

7 BA-B, ADV, Nr. 1, Bl. 38.

8 Zum Begriff der »politischen Kultur« als einem Ensemble grundlegender Denk- und Wahrnehmungsmuster, die politischem Handeln Sinn verleihen, *Rohe*, Politische Kultur und ihre Analyse, S. 321–346; *ders.*, Politische Kultur und kulturelle Aspekte, S. 39–48; *ders.*, Wahlen,

Die Intransigenz, mit der die Anhänger dieses Nationalismus neuen Typs ihre Forderungen artikulierten, legt es nahe, die hier untersuchte Variante des Nationalismus als »radikal« zu bezeichnen, wie das bereits einige Zeitgenossen und zahlreiche Historiker getan haben.[9] »Radikal« als qualifizierendes Attribut meint dabei im ursprünglichen Sinne zunächst ein Denken und Handeln, das konsequent an den als gut, richtig und notwendig erachteten Prinzipien und Werten festhält und diese kompromißlos zu verwirklichen versucht.[10] Darüber hinaus unterschied sich der »radikale Nationalismus« von anderen Formen nationalistischer Identität vor allem dadurch, daß er den territorialen, politischen und sozialen Status quo des Deutschen Reiches zu überwinden suchte. In diesem Sinne dient der Begriff in der vorliegenden Studie als Bezeichnung für einen aggressiven und intransigenten Nationalismus, der auf territoriale Expansion sowie auf eine tiefgreifende Umgestaltung der bestehenden Ordnung in Staat und Gesellschaft zielte. So verstanden erscheint der Begriff des »radikalen Nationalismus« am besten geeignet, das Konglomerat der hier untersuchten völkischen und imperialistischen Vorstellungen zu charakterisieren.[11]

Seinen organisatorischen Ausdruck fand dieser radikale Nationalismus im Medium des Vereins. Das »nationale Vereinswesen« war der Ort, an dem die radikalnationalistischen Vorstellungen entwickelt wurden und von dem aus sie Eingang in die politische Diskussion fanden. Innerhalb des breiten Spektrums nationalistischer Organisationen im wilhelminischen Kaiserreich waren es besonders der

S. 14–18; *Lipp*; *Dörner*, Mythos, S. 58–68. Zur politischen Kultur im Kaiserreich vgl. *Kühne*, Kaiserreich.

9 Vgl. *Weber*, Machtprestige, S. 242f. Heinrich Claß bezeichnete in seinen Memoiren den ADV als einen »radikal-nationalen Verband« und attestierte sich selbst eine »radikale Einstellung« (vgl. *Claß*, Strom, S. 116, 128). Darüber hinaus verwendeten die Alldeutschen das Attribut »radikalnational« besonders zur Bezeichnung der alldeutschen Bewegung in Österreich. Vgl. AB, Jg. 11, 1901, S. 42; *Claß*, Strom, S. 77, 81, 161, 164. Vor allem Geoff Eley hat diesen Terminus aufgegriffen, allerdings ohne ihn systematisch zu definieren. Vgl. *Eley*, Reshaping, S. viii, 160–205; *Schilling*, S. 15–19.

10 Zum Bedeutungsspektrum der Begriffe »radikal« und »Radikalismus« vgl. *Wende*. In der Terminologie Max Webers läßt sich das Handeln der radikalen Nationalisten als *wertrational* motiviertes Handeln verstehen, das sich bei der Verwirklichung seiner Ziele in hohem Maße an *zweckrationalen* Maßstäben orientierte. Die zweckrationale Orientierung blieb der wertrationalen jedoch stets untergeordnet, was die wachsende Intransigenz des radikalen Nationalismus erklärt. Vgl. *Weber*, Wirtschaft, S. 12–16.

11 In jedem Fall ist er dem Terminus »integraler Nationalismus« vorzuziehen, der häufig als Sammelbezeichnung für einen aggressiven, antiliberalen, gegen innere und äußere Feinde gerichteten Nationalismus verwendet wird. Vgl. *Kunze*, S. 93–96; *Weichlein*, Nationalbewegungen, S. 98–103; *Alter*, Nationalismus, S. 43–56; *Lemberg*, Nationalismus, Bd. 1, S. 195–226. Angesichts dieser vagen Begriffsbestimmung fragt *Jeismann*, Vaterland, S. 13, zurecht, ob es einen Nationalismus als modernes Massenphänomen gebe, der nicht integral sei. Die ursprünglich von Charles Maurras in Anlehnung an den katholischen Integralismus geprägte Formulierung »nationalisme intégral« zielte in erster Linie auf das Bestreben, alle Lebensbereiche nach nationalistischen Maßstäben zu gestalten. In diesem Sinne war auch der radikale Nationalismus »integral«.

Alldeutsche Verband, der Ostmarkenverein sowie der Flotten- und der Wehrverein, denen aufgrund ihrer ideologischen Vorreiterrolle und Mitgliederzahl eine besondere Bedeutung für die Konstruktion und Verbreitung radikalnationalistischer Deutungsmuster zukam.[12] Diese Verbände bildeten Kristallisationspunkte der öffentlichen Meinung, an denen sich Inhalt, Funktion und ideologische Struktur des wilhelminischen Radikalnationalismus beispielhaft untersuchen lassen. Als ein Teil des allgemeinen bürgerlichen Vereinswesens stellen sie darüber hinaus einen aufschlußreichen Seismographen gesellschaftlicher Umbrüche dar, der es erlaubt, das sukzessive Vordringen des radikalen Nationalismus in Beziehung zu den sozialen, kulturellen und politischen Wandlungsprozessen der wilhelminischen Epoche zu setzen. Das Ziel der Untersuchung ist jedoch nicht eine traditionelle Organisationsgeschichte der »nationalen Verbände«, sondern eine Analyse ihres Beitrags zur ideologischen Nationsbildung und zur politischen Kultur des Kaiserreichs. Denn zum einen war der radikale Nationalismus nicht an bestimmte Organisationsformen gebunden, sondern bildete ein dynamisches Repertoire von Vorstellungen und Überzeugungen, die in wachsendem Maße über den Kreis ihrer unmittelbaren Propagandisten hinaus Wirkungsmacht entfalteten. Zum anderen war die Infiltration dieser Deutungsmuster in die politische Kultur des wilhelminischen Kaiserreiches langfristig folgenreicher als die konkrete politische Agitation der radikalen Nationalisten. Aus diesem Grund genügt es nicht, sich mit den organisatorischen Erscheinungsformen des radikalen Nationalismus auseinander zu setzen; unverzichtbar ist vielmehr eine Analyse seiner ideologischen Grundlagen und der Ursachen für ihre zunehmende Verbreitung.

1. Der radikale Nationalismus in der historischen Forschung

Schon die Zeitgenossen suchten nach einer Erklärung für das Phänomen des radikalen Nationalismus. Friedrich Meinecke etwa bemühte sich im Juli 1914, jene »Überreizungen und Vergröberungen des deutschen Nationalgefühls«, die für ihn durch die Alldeutschen exemplarisch repräsentiert wurden, als »Entartung und Überspannung des gesunden nationalen Strebens« zu erklären. Dieser »Krankheit des Nationalismus«, von der er weite Teile der wilhelminischen Gesellschaft, besonders die »gebildeten Schichten«, befallen sah, stellte er »eine edle, menschliche, von Kultur erfüllte Form des nationalen Gedankens« gegenüber, in der er die nationale Idee in ihrer ursprünglichen und reinen Form verkörpert sah.[13] Meinecke reduzierte das Problem des radikalen Nationalismus auf

12 Vgl. *Chickering*, We Men, S. 183–212; *ders.*, Societies; *ders.*, Vereine; *Eley*, Reshaping, S. 41–85; *ders.*, Thoughts.

13 *Meinecke*, Nationalismus, S. 83–86, 95. Der Aufsatz wurde im Juli 1914 verfaßt, aber erst nach Ausbruch des Krieges mit einem kommentierenden Nachwort veröffentlicht.

die pathologische Abweichung von einer vermeintlichen ›nationalen Normalität‹ und prägte damit ein Deutungsmuster, das bis in die Gegenwart hinein einflußreich geblieben ist.[14] Eine solche definitorische Unterscheidung zwischen einem ›normalen‹ Nationalgefühl und einem pathologischen Nationalismus ist indessen wissenschaftlich unhaltbar, da sich die Grenze zwischen beiden Erscheinungsformen des nationalen Enthusiasmus nur normativ bestimmen läßt.[15]

Aus diesem Grund galt das Interesse der neueren Forschung lange Zeit in erster Linie den politischen und sozialen Funktionen des radikalen Nationalismus und der ihn propagierenden Agitationsverbände. Während sich die älteren Arbeiten vorrangig auf die Geschichte der einzelnen Verbände, ihre Organisationsstruktur und die Beziehungen zur Regierung konzentrierten,[16] standen die »nationalen Verbände« seit der Mitte der 1970er Jahre im Mittelpunkt einer Kontroverse um den Charakter des Kaiserreichs und seines Modernisierungspotentials. Diese spitzte sich auf die Frage zu, ob und inwieweit der radikale Nationalismus das Ergebnis einer gezielten »Manipulation von oben« oder einer autonomen Mobilisierung gesellschaftlicher Kräfte »von unten« war.[17] Einer zunächst dominierenden Interpretation zufolge galten die nationalistischen Verbände als ein wichtiges Element der Herrschaftstechnik der politischen Eliten zur Verteidigung des gesellschaftlichen Status quo. In Anlehnung an die Thesen Eckart Kehrs betonten Hans-Ulrich Wehler, Volker Berghahn und andere deutsche Historiker die manipulative Instrumentalisierung des Nationalismus und der ihn propagierenden Verbände im Rahmen einer konservativen »Sammlungspolitik« mit dem Ziel, durch imperialistische Expansion von den innenpolitischen Spannungen abzulenken und auf diese Weise den Forderungen nach einer Veränderung der sozialen und politischen Verhältnisse zu begegnen.[18]

14 Eine modifizierte Variante dieses Deutungsmusters findet sich bei *Nipperdey*, Machtstaat, S. 595–609, der zwischen einem »durchschnittlichen Normalpatriotismus«, einem »Normal-Nationalismus« und einem »Radikalnationalismus« unterscheidet, wobei er im Widerspruch zur gesamten neueren Forschung die »Kolonialgesellschaft«, den »Flottenverein« und den »Ostmarkenverein« wegen ihrer angeblich überwiegend gouvernementalen Orientierung dem Typus des »Normal-Nationalismus« zurechnet, während er unter den Begriff des »Radikalnationalismus« lediglich die Alldeutschen und andere völkische Organisationen subsumiert. Schon die zahlreichen Mehrfachmitgliedschaften führen eine solche Differenzierung ad absurdum.

15 Exemplarisch für eine solche normative Unterscheidung zwischen einem ›guten‹ Patriotismus und einem ›bösen‹ Nationalismus *Dann*, Nation. Vgl. die Kritik bei *Langewiesche*, Nation, S. 97. Zur Konstruktion der Vorstellungen von »Normalität« und »pathologischer Abweichung« allgemein *Canguilhem*.

16 Vgl. *Schilling*, Beiträge; *Stegmann*, Erben; *Hartwig*, Politik; *v. Seggern*; *Kruck*; *Wertheimer*, Pan-German League; *Galos u.a.*; *Tims*. Aufgrund ihrer Fragestellung und des methodischen Ansatzes gehören auch die neueren Untersuchungen von *Peters*, ADV, *Grabowski* und *Oldenburg* in diesen Zusammenhang. Ähnliches gilt für die Arbeit von *Kolditz*, der jedoch erstmals die Tätigkeit der Alldeutschen auf lokaler Ebene rekonstruiert hat.

17 Vgl. *Fletcher*; *Moeller*, Kaiserreich; *Mock*, Manipulation; *Stegmann*, Konservativismus.

18 Vgl. *Wehler*, Kaiserreich, S. 90–100, 107–110; *ders.*, Bismarck; *Berghahn*, Tirpitz-Plan; *ders.*, Flotte; *Puhle*; *Stegmann*, Erben; *Kehr*, Schlachtflottenbau; *ders.*, Primat.

Die entscheidende Schwäche dieser Interpretation liegt darin, daß sie die eigenständige, mitunter antigouvernementale Position der »nationalen Verbände« sowie die ideologische Dynamik des radikalen Nationalismus nicht erklären kann. Insbesondere der Begriff der »Manipulation« ist ungeeignet, das komplexe Ursachengefüge, das der Verbreitung radikalnationalistischer Deutungsmuster zugrunde lag, analytisch aufzuschlüsseln. Dem Konzept des »Sozialimperialismus« hat Geoff Eley deshalb die These von der populistischen »Selbstmobilisierung« an der Basis entgegengesetzt. Der Aufstieg der nationalistischen Agitationsverbände resultierte seiner Auffassung nach aus einer Krise der »Honoratiorenpolitik«, die durch die strukturelle Reformunfähigkeit der Nationalliberalen Partei verursacht worden war. Die fehlende Bereitschaft der Nationalliberalen, ihre organisatorischen Strukturen für die durch das allgemeine Wahlrecht politisierten kleinbürgerlichen Schichten zu öffnen, habe zur Mobilisierung dieser Kräfte in den nationalen Verbänden geführt, die ihnen ein Forum zur Artikulation ihrer Interessen boten. Der radikale Nationalismus der Verbände war Eley zufolge kein Element einer »von oben« gesteuerten Integrationsideologie, sondern Ausdruck einer populistischen Opposition gegen ein Regiment anachronistischer Honoratioren.[19]

Die Kritik an Eleys Interpretation richtete sich vor allem gegen die von ihm behauptete führende Rolle des Kleinbürgertums in den nationalistischen Verbänden. Wie Roger Chickering und Marilyn S. Coetzee gezeigt haben, wurden die Agitationsverbände nicht durch Angehörige der »petty-bourgoisie«, sondern durch bildungsbürgerliche Honoratioren dominiert.[20] Kann Eleys Interpretation daher in einem zentralen Punkt als widerlegt gelten, hat sie dennoch dazu beigetragen, statische Interpretationsmuster zu überwinden, und einen systematischen Perspektivenwechsel angeregt, der das Spannungsfeld zwischen Manipulations- und Einbindungsstrategien »von oben« und der Autonomie der den radikalen Nationalismus propagierenden Kräfte neu auszuloten versucht. Eleys Interpretation aufgreifend, hat etwa Stig Förster die Formierung einer antigouvernementalen bürgerlichen Rechten am Beispiel der Auseinandersetzung um die Heeresrüstungspolitik herausgearbeitet, zugleich jedoch darauf hingewiesen, daß die machiavellistischen Manipulationsversuche »von oben« diese Entwicklung entscheidend gefördert haben.[21]

Zu einem differenzierten Bild der »nationalen Verbände« und ihrer Rolle im politischen System des wilhelminischen Reiches hat jedoch vor allem Roger

19 *Eley*, Reshaping; *ders.*, Navy League; *ders.*, Wilhelminismus; *ders.*, Unification. Für eine prägnante Zusammenfassung seiner Thesen vgl. *ders.*, Thoughts; *ders.*, Notable Politics.

20 Vgl. *Chickering*, We Men, S. 102–121; *ders.*, Patriotic Societies; *ders.*, Wehrverein; *Coetzee*, Army League, hier: S. 80–97; *dies.*, Mobilization; *dies.*, Wehrverein; *dies. u. Coetzee*, Rethinking.

21 *Förster*, Militarismus; *ders.*, Alter und neuer Militarismus. Für eine ähnliche Interpretation vgl. *Mommsen*, Triebkräfte. Die Dialektik von populistischer Rhetorik und nationalistischer Radikalisierung betont auch *Blackbourn*, Politics.

Chickering beigetragen. Am Beispiel des Alldeutschen Verbandes untersuchte er die Motivation der Mitglieder und die Bedeutung der radikalnationalistischen Ideologie für das Engagement innerhalb des Verbandes. Sein besonderes Interesse galt den in den symbolischen Ausdrucksformen und der politisch-sozialen Sprache enthaltenen Erfahrungsmustern. Von zentraler Bedeutung war für ihn das Selbstverständnis der radikalen Nationalisten als »Wächter« deutscher Bildung und Kultur, aus dem er die Schlußfolgerung ableitete, daß die radikalnationalistische Ideologie Übereinstimmungen mit den sozialen Erfahrungen der im Verband organisierten gesellschaftlichen Gruppen aufwies.[22] Die Entsprechungen zwischen den ideologischen Vorstellungen und den sozialen Rollen der Alldeutschen sind als Erklärung für ihren radikalen Nationalismus jedoch problematisch, denn Sozialstruktur und nationalistische Überzeugung stehen nachweislich nicht in einer eindeutigen kausalen Beziehung. Auch die zahlreichen Gegner der Alldeutschen außerhalb der Sozialdemokratie entstammten denselben bildungs- und besitzbürgerlichen Schichten und verstanden sich nicht weniger als »Wächter« der deutschen Kultur.[23] Hinzu kommt, daß hinsichtlich der Frage, was genau unter »deutscher Bildung und Kultur« zu verstehen sei, selbst unter den Mitgliedern des Alldeutschen Verbandes höchst unterschiedliche Auffassungen existierten.[24] Den radikalen Nationalismus pauschal als symbolischen Ausdruck bestimmter sozialer Rollen und Marginalisierungserfahrungen zu interpretieren, greift zu kurz. Statt dessen ist es unerläßlich, die konkreten Deutungsmuster und die ihnen zugrundeliegenden Erfahrungen zu untersuchen, die für seine Entstehung und Entwicklung verantwortlich waren. Aber gerade diesen Deutungsmustern und den mit ihnen verknüpften politischen und gesellschaftlichen Zielvorstellungen widmet Chickering zu wenig Aufmerksamkeit, um ihre Bedeutung für das Wirken der Alldeutschen vollständig erfassen zu können.

Ungeachtet dieser Einwände kommt Chickering jedoch das Verdienst zu, mit neuen Fragestellungen und Interpretationsansätzen auf die Bedeutung der für den radikalen Nationalismus konstitutiven kulturellen Faktoren hingewiesen zu haben. Insbesondere seine Analyse der radikalnationalistischen Sprache und Metaphorik hat der Forschung innovative Impulse gegeben, von denen auch die vorliegende Arbeit profitiert. Ähnliches gilt für die Studie von Woodruff D. Smith über die ideologischen Grundlagen des wilhelminischen Imperialismus. Smith untersucht die unterschiedlichen Zielsetzungen und Begründungen imperialistischer Expansion und differenziert dabei zwischen einer an

22 *Chickering*, We Men, S. 15–18, 74–101, 108–132; *ders.*, Nationalismus.

23 *Chickering* (We Men, S. 130) selbst räumt ein, daß »the great majority of the men who performed these roles in Imperial Germany were not in the Pan-German League«.

24 Zur semantischen Polyvalenz der Begriffe »Bildung« und »Kultur« vgl. allgemein *Bollenbeck*, Bildung, S. 229–239; *Vierhaus*.

den ökonomischen und machtpolitischen Interessen des Deutschen Reiches orientierten »Weltpolitik« und einer auf die Gewinnung von »Lebensraum« zielenden Variante des Imperialismus, wie sie vor allem von den radikalen Nationalisten propagiert wurde.[25] Mit dieser Differenzierung arbeitet er zwei unterschiedliche Fluchtpunkte imperialistischen Denkens heraus, die divergierende Ziele und Strategien in der Außen- und Kolonialpolitik zur Folge hatten und damit unmittelbar politisch relevant waren. Im Gegensatz zu Chickering rückt Smith die politischen Funktionen der imperialistischen Ideologeme in den Mittelpunkt seiner Untersuchung. In seinem Bestreben, die politische Funktionalität der jeweiligen ideologischen Konstrukte herauszuarbeiten, ignoriert er jedoch ihre grundlegende Bedeutung als verhaltensleitende Weltbilder und Glaubenssysteme.[26] Darüber hinaus ist er bemüht, die Ziele der »Weltpolitiker« als »modern« und fortschrittlich zu charakterisieren, während die Expansionsvorstellungen der Lebensraumprotagonisten für ihn durch tiefe Ressentiments gegen die moderne Welt gekennzeichnet sind.[27] Unabhängig von der Frage, welchen Erklärungswert Begriffe wie »modern« und »antimodern« im Hinblick auf ideologische Vorstellungen überhaupt besitzen, hält diese Gleichsetzung einer genaueren Untersuchung nicht stand. Denn auch die alldeutschen Anhänger der Lebensraumideologie betrachteten eine globale Wirtschaftspolitik als unabdingbare Voraussetzung für die machtpolitische Expansion des Deutschen Reiches und beriefen sich zur Begründung ihrer Zielvorstellungen auf wissenschaftliche Theorien, die im Selbstverständnis der Zeitgenossen fraglos als »modern« galten.

Die bei Smith deutlich werdenden Gefahren einer einseitig funktionalistischen Interpretation lassen sich auch am Beispiel des modernisierungstheoretischen Erklärungsmusters aufzeigen. So hat etwa Hans-Ulrich Wehler den radikalen Nationalismus als »kompensatorische Entwicklungsideologie« zur Bewältigung von Krisenerfahrungen interpretiert, wie sie als Folge des fundamentalen gesellschaftlichen Transformationsprozesses während des Kaiserreiches entstanden. Der Verlust traditioneller soziokultureller Deutungsmuster habe vor allem unter den Angehörigen des Bildungsbürgertums zu einer Orientierungskrise geführt, aus der der radikale Nationalismus mit seiner »Gegenutopie nationaler Aufgaben« einen Ausweg versprach. Die nationalistischen Verbände und ihre Ideologie bildeten dieser Interpretation zufolge das Vehi-

25 *Smith*, Weltpolitik; *ders.*, Origins, S. 52–111.

26 Der Grund hierfür liegt in dem von Smith operationalisierten Ideologiebegriff, der die Bedeutung ideologischer Konstrukte einseitig auf ihre politische Funktionalität reduziert, als deren alleiniger Maßstab ihm die Fähigkeit zur Schaffung eines breiten politischen Konsenses gilt. Vgl. *ders.*, Origins, S. 13–20.

27 Vgl. *Smith*, Origins, S. 55: »*Weltpolitik* was manifestly an ideology of modernity, constructed at a time in which radically antimodern ideologies were becoming increasingly important in German politics.« Zu letzteren zählt Smith insbesondere das Lebensraumkonzept. Vgl. ebd., S. 83.

kel, durch das sich der Protest gegen die Folgen der beschleunigten Modernisierung artikulierte. Sie waren der Ort, an dem die Unzufriedenheit und Unsicherheit angesichts der Krisenerfahrungen ihren Ausdruck fanden und der Versuch einer nationalen Sinnstiftung unternommen wurde.[28]

So plausibel diese Erklärung auf den ersten Blick erscheinen mag, so wenig hilfreich ist sie bei dem Versuch, die konkreten Faktoren und ihre spezifische Bedeutung für die Radikalisierung des Nationalismus zu ermitteln. Offen bleibt insbesondere die Frage, warum gerade der Nationalismus anderen weltanschaulichen Deutungsangeboten vorgezogen wurde. Außerdem bewegt sich die funktionalistische Argumentation in gefährlicher Nähe zu einem logischen Zirkelschluß, weil das zu erklärende Phänomen, der radikale Nationalismus, die ihn hervorbringe Orientierungskrise überhaupt erst indiziert. Eine eindeutige kausale Zuordnung erhält aber erst dann Aussagekraft, wenn es gelingt, konkrete Zielvorstellungen und Intentionen der handelnden Akteure aufzuzeigen.[29] Die modernisierungstheoretische Interpretation verkennt darüber hinaus, daß die radikalen Nationalisten nur bestimmte Aspekte des politischen und gesellschaftlichen Wandels als krisenhaft erlebten, andere dagegen, wie etwa die technischen und strategischen Innovationen im Bereich der Rüstungspolitik, enthusiastisch begrüßten. Auch war der radikale Nationalismus kein gesamtgesellschaftliches Phänomen, sondern blieb auf bestimmte soziale Gruppen beschränkt, die eher zu den Gewinnern als zu den Opfern gesellschaftlicher Modernisierung zählten.[30] Man macht es sich deshalb zu einfach, wenn man diesen Nationalismus pauschal als ein Epiphänomen des Modernisierungsprozesses interpretiert. Die Ursachen für die Entstehung und Resonanz des radikalen Nationalismus waren weit komplexer als das modernisierungstheoretische Erklärungsmodell von »Challenge« und »Response« vermuten läßt.[31] Das weitverbreitete Krisenbewußtsein und die zum Teil exorbitanten Bedrohungsängste der radikalen Nationalisten standen in keiner unmittelbaren Korrelation zum sozioökonomischen Strukturwandel, sondern waren das Ergebnis einer klassen-, milieu- und geschlechtsspezifischen Wahrnehmung dieses Wandels. Diese mitunter stark verzerrte und gebrochene Perzeption erschließt sich jedoch nur durch eine Analyse der konkreten Wahrnehmungs-

28 *Wehler*, Verbandsforschung (Zitate: S. 155f.). Vgl. *ders.*, DGG, Bd. 3, S. 955f., 1071–1081; *ders.*, Nationalismus als fremdenfeindliche Integrationsideologie. Zur Anwendung der Modernisierungstheorie auf den Nationalismus allgemein *Dann*, Nationalismus und sozialer Wandel; *ders.*, Nationalismus als Problem; *ders.*, Funktionen, *Rokkan*.

29 Zur Kritik an der funktionalistischen Deutung des Nationalismus vgl. *Breuilly*, Nationalism, S. 418–420; *ders.*, Approaches, S. 22–24; *Richter*, Nation, S. 48–59.

30 Vgl. *Förster*, Militarismus; *Eley*, Geschichte, S. 47–49.

31 Als weiteres Beispiel für eine solche einseitige reduktionistische Deutung vgl. *Schildt*, Antworten, der den radikalen Nationalismus als Reaktion auf das kulturelle Krisenbewußtsein des Fin de siécle interpretiert, dabei jedoch über die Beschreibung des kulturkritischen Diskurses nicht hinausgelangt.

und Deutungsmuster, mit denen der tiefgreifende gesellschaftliche Wandel erfahren und interpretiert wurde.

Auch der an ältere, ideen- und organisationsgeschichtliche Ansätze anknüpfende Versuch Uwe Puschners, den radikalen Nationalismus als Teil einer umfassenden »völkischen Bewegung« zu interpretieren, endet nicht zufällig in der Funktionalismusfalle. Puschner und die Mitherausgeber des »Handbuchs zur Völkischen Bewegung« beschreiben diese als eine Sammelbewegung, in der sich »unterschiedlichst organisierte Gruppen, vielfältigste Strömungen, Ideen und Anliegen nebeneinander« zusammenfanden. Zurecht betonen sie dabei die Heterogenität und »weltanschauliche Breite der völkischen Bewegung«, ohne jedoch ihren gemeinsamen ideologischen Nenner oder ein einheitliches Ziel benennen zu können. Statt dessen muß ihre vermeintlich kompensatorische Weltdeutungsfunktion als konstituierendes Merkmal herhalten. Die völkischen Vereinigungen im Kaiserreich »kompensierten ideologisch den ... in seinen Auswirkungen als krisenhaft erfahrenen Modernisierungsprozeß; zur Auslegung griffen sie zumeist auf traditionelle, freilich nun radikalisierte Sprachbestände und Deutungsmuster zurück.« Diese funktionalistische Deutung der »völkischen Bewegung« erklärt jedoch gerade nicht, warum ausgerechnet völkische Vorstellungen zur Kompensation der vermeintlichen Krisenerfahrungen in der Lage waren. Darüber hinaus bleibt unklar, warum es sinnvoll sein soll, so unterschiedliche Organisationen und Gruppierungen wie den »Alldeutschen Verband«, den »Reichshammerbund«, die »Deutsche Erneuerungsgemeinde« und Teile der Lebensreformbewegung unter dem einheitlichen Rubrum »völkische Bewegung« zu subsumieren.[32]

Die Schwierigkeiten, die »völkische Bewegung« exakt zu definieren, zeigen zugleich, daß der Begriff »völkisch« als analytische Kategorie zur Untersuchung des radikalen Nationalismus nur bedingt hilfreich ist. Als Selbstbezeichnung für eine Vielzahl höchst unterschiedlicher Organisationen und Gruppierungen war das Epitheton »völkisch« ein emphatisches Bekenntnis zu der »Volksgemeinschaft« als *dem* zentralen Wert des politischen Denkens und Handelns. In diesem Sinne verwendeten es auch die radikalen Nationalisten, jedoch nicht als einen Schlüsselbegriff ihres Weltbildes, sondern als einen kulturellen Code, der die Zugehörigkeit zu einem bestimmten politischen Lager und die Präferenz für bestimmte Wertvorstellungen zum Ausdruck bringen sollte. Seine präzise Bedeutung erschließt sich mithin erst aus einer semantischen Analyse der ihm zugrundeliegenden Vorstellung des deutschen Volkes, wie sie in der vorliegenden Untersuchung geleistet werden soll.[33]

32 *Puschner u.a.*, S. IX–XXIII (Zitate: S. XI, XIIIf.); *ders.*, Bewegung. Vgl. *Mosse*, Revolution; *Altgeld*, Volk; *Hartung*; *Broszat*, Ideologie; *v. See*; *Hermand*.

33 Zur Struktur völkischen Denkens vgl. *Hoffmann*, Das deutsche Volk, S. 65–73; *Herbert*, Best, S. 57–63; *ders.*, Generation. Zum Begriff des »kulturellen Codes« *Volkov*, Antisemitismus.

In Anlehnung an Puschner interpretiert auch Rainer Hering in seiner Darstellung der Geschichte des Alldeutschen Verbandes dessen Ideologie als eine Kompensation für krisenhafte Erfahrungen im Zuge des Modernisierungsprozesses.[34] Außer einem Abriß der Verbandsgeschichte von seiner Gründung bis zur Auflösung im Jahr 1939 sowie einer denselben Zeitraum umfassenden lokalgeschichtlichen Studie zur Hamburger Ortsgruppe, untersucht Hering die innenpolitischen Ziele der Alldeutschen, insbesondere ihre Kritik am Reichstagswahlrecht sowie ihr Verhältnis zu den politischen Parteien. Sein Ziel ist es, zu zeigen, daß der Alldeutsche Verband einen »sehr interessenorientierten Begriff der deutschen Nation zu realisieren suchte« und deshalb konkrete Interessen vertrat, »nämlich die des Bildungs- und Besitzbürgertums, aus dem die Mehrheit seiner Mitglieder stammte«. Für Hering zielte die Kritik der Alldeutschen am allgemeinen, gleichen Wahlrecht, ihre Ablehnung eines Wahlrechts für Frauen sowie ihr Kampf gegen die Sozialdemokratie, das Zentrum und die im Reich lebenden »nationalen Minderheiten« primär darauf ab, die soziale und ökonomische Vormachtstellung des Bildungs- und Besitzbürgertums zu sichern.[35]

Diese Interpretation der alldeutschen Ideologie als Ausdruck einer klassenspezifischen Interessenpolitik greift jedoch ebenfalls entschieden zu kurz. Unbestreitbar war der radikale Nationalismus ein genuin bürgerliches Phänomen und ebenso unbestritten vertrat der Alldeutsche Verband Forderungen und Ziele, welche die Stellung des Bildungs- und Wirtschaftsbürgertums in Staat und Gesellschaft stärken sollten. Dennoch lassen sich diese Ziele nicht kausal aus der Klassenzugehörigkeit der Alldeutschen ableiten. Innerhalb des Bürgertums stießen die alldeutschen Forderungen auf mindestens ebenso viel Ablehnung wie Zustimmung. Sie waren mithin keine Manifestation klassenspezifischer Interessen, sondern Ausdruck von Konflikten innerhalb des bürgerlichen Lagers. Darüber hinaus liegt Herings Interpretation ein reduktionistisches Verständnis nationalistischer Deutungsmuster zugrunde, das diese ganz im Sinne traditioneller Ideologiekritik ausschließlich als Instrumente zur Durchsetzung von Interessen versteht.[36] Ein solcher eindimensionaler Ideologiebegriff fällt jedoch weit hinter das Reflexionsniveau der neueren Nationalismusforschung zurück und ist für ein angemessenes Verständnis des radikalen Nationalismus unzureichend, weil er dessen grundlegende Bedeutung als verhaltensleitendes Weltbild verkennt.

Ein entscheidendes Defizit der bisherigen Forschung liegt mithin in ihrer Fixierung auf die politischen und gesellschaftlichen Funktionen des radikalen Nationalismus und der hieraus resultierenden unzureichenden Berücksichtigung seines Inhalts und seiner semantischen Struktur. Aber gerade die radi-

34 Vgl. *Hering*, Nation, S. 56–59, 97, 333, 452f.; 496f.

35 Ebd., S. 91f., 324, 492 (Zitat: S. 91).

36 Ebd., S. 56: »Kernpunkt einer jeden nationalen Konstruktion sind die dahinter stehenden Interessen.« Zur Kritik vgl. *Geertz*, Ideology, S. 201–207.

kalnationalistischen Deutungsmuster und Wertvorstellungen bedürfen einer eingehenden Analyse, denn sie bildeten die Bausteine eines umfassenden Weltbildes, das – in der klassischen Formulierung Max Webers – »als Weichensteller die Bahnen bestimmt[e], in denen die Dynamik der Interessen das Handeln fortbewegte«.[37] Ein weiteres Forschungsdefizit besteht darin, daß die Genese des radikalen Nationalismus bislang nahezu ausschließlich aus den endogenen Faktoren und Konstellationen der reichsdeutschen Gesellschaft heraus erklärt wurde. Dieser entstand jedoch zu einer Zeit rasant fortschreitender Globalisierungsprozesse, in deren Folge das Deutsche Reich in immer mehr transnationale Zusammenhänge eintrat.[38] Die Einbindung in transnationale Prozesse und Konstellationen verstärkte zugleich die Betonung nationaler Besonderheiten. Der Aufstieg des radikalen Nationalismus kann deshalb nicht allein aus der Eigendynamik und inneren Verfaßtheit des Kaiserreiches erklärt werden, sondern war immer auch das Ergebnis transnationaler, d.h. (national)staatliche Grenzen überschreitender Kommunikations- und Interaktionsprozesse.[39] Aus diesem Grund wird im folgenden auch nach der transnationalen Dimension des radikalen Nationalismus und der Bedeutung exogener Einflüsse für seine Entstehung und inhaltliche Entwicklung gefragt. Eine solche transnationale Perspektive verweist zugleich auf den zentralen Fluchtpunkt des radikalnationalistischen Denkens und Handelns: die Frage nach der zukünftigen Stellung und Rolle des deutschen Volkes in der Welt.

Vor dem Hintergrund dieses Forschungsstandes ist das Ziel der vorliegenden Arbeit eine umfassende Analyse des radikalen Nationalismus, die diesen als Deutungs- und Orientierungssystem ernst nimmt und nach den konkreten Faktoren für seine Genese und inhaltliche Entwicklung fragt. Im Mittelpunkt stehen deshalb die Konstruktion der radikalnationalistischen Deutungsmuster und ihre Bedeutung für die politische Praxis der radikalen Nationalisten. Die Untersuchung geht dabei von der handlungstheoretischen Prämisse aus, daß sich menschliches Handeln an subjektivem »Sinn«, d.h. durch seinen Bezug auf Wertvorstellungen und sinnhafte Deutungen der sozialen Umwelt, orientiert.[40] Sie gründet darüber hinaus auf der Einsicht, daß das, was Menschen in einer konkreten Situation für real halten, reale Folgen zeitigt.[41] Dieser Ansatz

37 *Weber*, Aufsätze, Bd. 1, S. 252; *Lepsius*, Interessen und Ideen; *Wehler*, Max Weber.

38 Vgl. *Conrad u. Osterhammel*, S. 7–27; *Torp*, Herausforderung, S. 27–49; *Osterhammel u. Petersson*, S. 63–76; *Petersson*, Kaiserreich.

39 Vgl. *Conrad*, Globalisierung, S. 316–336, der sogar von einer »Globalisierung des Nationalen« spricht. Zur Diskussion um eine transnationale Geschichtsschreibung *Budde u.a.*; *Patel*; *Osterhammel*, Geschichtswissenschaft, *ders.*, Gesellschaftsgeschichte; *Wirz*; *Conrad*, Marginalisierung.

40 *Weber*, »Objektivität«, S. 180–184; *ders.*, Wirtschaft, S. 1–11. Zur Handlungstheorie Webers vgl. *Welskopp*, S. 12–16.

41 Vgl. *Thomas*, S. 29, 114: »Wenn die Menschen Situationen als real definieren, so sind auch ihre Folgen real.« Oder anders ausgedrückt: »What ultimately matters, is not *what is* but *what peop-*

knüpft an die Erkenntnisse der neueren Nationalismusforschung an, deren Fragestellungen und Methoden auch den radikalen Nationalismus in einem veränderten Licht erscheinen lassen.

2. Die Nation als ideologische Konstruktion und politische Praxis

Der Konstruktcharakter der Nation sowie die Bedeutung diskursiver Formationen und kultureller Praktiken für die Konstruktion nationalistischer Deutungsmuster gehören zu den wichtigsten Erkenntnissen der neueren Nationalismusforschung. In ihrer Folge erscheinen »Nation« und »Volk« nicht mehr als objektive oder gar primordiale politisch-soziale Konfigurationen, sondern als variable Deutungsmuster und Sinnkonstruktionen, deren Inhalt und Definition dem historischen Wandel unterliegen. Seinen prägnantesten Ausdruck fand dieser konstruktivistische Ansatz in Benedict Andersons Formel von der Nation als einer »imagined community«, die mittlerweile zu einem Topos der Forschung geworden ist.[42] Ähnlich wie Anderson definiert auch M. Rainer Lepsius die Nation als eine »gedachte Ordnung«, die »eine Kollektivität von Menschen als eine Einheit bestimmt.«[43] Im Gegensatz zu älteren, ideengeschichtlich orientierten Interpretationsansätzen, die zwischen einem »subjektiven« und einem »objektiven« Prinzip der Nation unterschieden,[44] betonen beide die subjektive Qualität und den Konstruktcharakter nationaler Ordnungsvorstellungen. Die Nation als Flucht- und Bezugspunkt des Nationalismus ist für sie das Ergebnis eines ideologischen Konstruktionsprozesses, der durch die jeweiligen sozialen, politischen und kulturellen Verhältnisse geprägt wird.[45]

Dieser konstruktivistische Ansatz richtet sich gegen alle Versuche, die Nationsbildung als Folge ethnisch-kultureller Homogenisierungsprozesse zu er-

le believe is« (*Connor*, Ethnonationalism, S. 93). Die Erkenntnis, daß die ›gedachte‹ Wirklichkeit nicht weniger ›real‹ ist als die materielle, findet sich bereits bei *Durkheim*, S. 565f.

42 Vgl. *Anderson*, S. 14–17; *Breuilly*, Nationalismus; *Sarasin*, Wirklichkeit sowie *Langewiesche*, Erfindung, der die inflationäre und häufig unreflektierte Verwendung der Formel von der »Erfindung der Nation« kritisiert.

43 *Lepsius*, Nation, S. 233. Lepsius übernahm den Begriff der »gedachten Ordnung« von Emerich Francis. Vgl. *Lepsius*, Ethnos; *Francis*, Ethnos; *ders.*, Grundlagen, S. 100–106.

44 Vgl. die Dichotomie zwischen einem »westlichen«, politisch-subjektiven und einem »östlichen«, kulturell-objektiven Nationsbegriff bei *Kohn*, Idee, S. 447–454, 769–75; *ders.*, Prelude; *ders.*, Nationalismus; *Meinecke*, Weltbürgertum, S. 10–21; *Lemberg*, Geschichte; *Hayes*, Essays; *ders.*, Evolution. Zur Kritik an dieser simplifizierenden geographischen Zuordnung und ihren normativen Implikationen *Winkler*, Nationalismus, S. 7–12.

45 Vgl. *Wehler*, Nationalismus, S. 7–12; *Koselleck u.a.*, Volk, S. 405f.; *Mommsen*, Nation, S. 163f.; *Hobsbawm*, Nationen, S. 11–24; *Gellner*, Nationalismus und Moderne, S. 15–17, 83–97; *Wodak u.a.*; *Hoffmann*, Volk; *Giesen*, Intellektuellen, S. 27–85; *ders.*, Identität, S. 9–18; *Eisenstadt*; *Elwert*, Nationalismus; *Jackson u. Penrose*.

klären. Zwar spielen ethnische Faktoren häufig eine wichtige Rolle bei der Konstruktion der Nation, sie bilden jedoch weder eine notwendige noch eine hinreichende Voraussetzung für dieselbe.[46] Denn auch Ethnizität ist keine natürlich-wesenhafte, überzeitliche Eigenschaft, sondern ähnlich wie die Nation eine konstruierte Ordnung, die auf dem Glauben an eine gemeinsame Abstammung beruht.[47] Lepsius' Formulierung knüpft darüber hinaus an Überlegungen Max Webers zur Existenz einer »legitimen Ordnung« an. Nach Weber kann sich soziales Handeln an der Vorstellung einer »legitimen Ordnung« orientieren. Versteht man die Nation als eine solche Ordnungsvorstellung im Sinne Webers und den Nationalismus als den Glauben an die Gültigkeit dieser Vorstellung, wird deutlich, daß ihre Integrationskraft nicht auf vermeintlich »vorpolitischen« Grundlagen wie gemeinsamer Abstammung, Sprache und kultureller Tradition beruht, sondern das Ergebnis eines Konstruktionsprozesses ist, der diese häufig disparaten Elemente zu verbindlichen Bestandteilen einer nationalen Weltanschauung zusammenfügt.[48] Mit den Worten Ernest Gellners: »Es ist der Nationalismus, der die Nationen hervorbringt, und nicht umgekehrt.«[49]

Entgegen einem nach wie vor verbreiteten Mißverständnis behaupten der konstruktivistische Ansatz und das aus ihm abgeleitete Konzept der »invention of tradition« nicht, daß die Nation »ex nihilo« erfunden wird.[50] Im Gegenteil: Die Konstruktion der Nation knüpft in aller Regel an bestehende historische, sprachliche, religiöse und politische Traditionen an und versucht, diese synkretistisch in das nationalistische Weltbild zu integrieren. Die außerordentliche Wirksamkeit und Verbreitung nationalistischer Ordnungsvorstellungen beruht gerade auf dieser synkretistischen Flexibilität.[51] Um zu verstehen, warum und auf welche Weise der Nationalismus »eines der mächtigsten, wenn nicht das mächtigste sozi-

46 Vgl. *Armstrong*, Nations; *Smith*, Nationalism; *ders.*; Ethnic Origins; *ders.*, National Identity; *ders.*, Origins of Nations; *ders.*, Myth; *ders.*, Persistence, die beide die Bedeutung weit zurückreichender, ethnischer Wurzeln für die Entstehung nationaler Identität betonen.

47 Vgl. *Weber*, Gemeinschaften, S. 171–182; *Eller u. Coughlan*; *Waldmann u. Elwert*; *Sollors*, Invention; *ders.*, Ethnicity; *Barth*; *Haarmann*; *Eriksen*.

48 *Weber*, Wirtschaft, S. 16f. Zum Interpretationsmodell der Nation als einer »legitimen Ordnung« vgl. *Echternkamp*, Aufstieg, S. 18–29.

49 *Gellner*, Nationalismus und Moderne, S. 87; *Hobsbawm*, Nationen, S. 21. Ähnlich formulierte bereits 1923 *Oppenheimer*, System, S. 644: »Wir müssen nicht aus der Nation das Nationalbewußtsein, sondern umgekehrt aus dem Nationalbewußtsein die Nation ableiten.«

50 So der Vorwurf von *Langewiesche*, Erfindung; *Smith*, Gastronomy; *ders.*, Problem; *ders.*, Nation; *Volkov*, Reflexionen; *dies.*, Erfindung. Vgl. im Gegensatz dazu die differenzierte Argumentation bei *Hobsbawm*, Inventing Traditions; *ders.*, Mass-Producing Traditions; *Suter*; *Wehler*, Nationalismus, S. 36–40.

51 Der konstruktivistische Ansatz zielt mithin nicht darauf ab, den objektiven Faktoren, auf die sich der Nationalismus beruft, ihre faktische Wirkungsmacht zu bestreiten, sondern versucht zu zeigen, daß diese Faktoren die Vorstellung der Nation nicht begründen, sondern von ihr als »sekundäre Objektivationen« hervorgebracht werden. In wissenssoziologischer Perspektive stellt die Konstruktion der Nation ein Paradebeispiel für »die gesellschaftliche Konstruktion der Wirk-

ale Glaubenssystem des 19. und 20. Jahrhunderts« (Norbert Elias) werden konnte, ist es deshalb erforderlich, die Nation als ein relationales Konstrukt zu verstehen und ihre Verknüpfung mit anderen Weltbildern, Deutungsmustern und Identitäten zu analysieren.[52] Denn die vorgestellte Ordnung der Nation kann mit höchst unterschiedlichen Inhalten verknüpft und zur Legitimation heterogener Interessen herangezogen werden. Ihre inhaltliche Bestimmung ist für konkurrierende semantische Konstruktionen offen und damit immer auch von den Interessen, Wertvorstellungen und Machtkonstellationen der meinungsbildenden Eliten abhängig.[53] Nationalismus läßt sich mithin als der diskursive Raum definieren, innerhalb dessen verschiedene Varianten einer gedachten nationalen Ordnung um Deutungsmacht konkurrieren. Aus diesem Grund ist es notwendig, die unterschiedlichen in einer konkreten historischen Konstellation wirksamen Deutungsmuster und Nationsvorstellungen zu untersuchen und die Bedingungen herauszuarbeiten, unter denen sie Geltung erlangten.[54]

Der Ordnungsvorstellung der Nation kommt hierbei immer auch eine zentrale Rolle im Kampf um politische Herrschaft zu. Als »legitime Ordnung« des Gemeinwesens verspricht sie eine Antwort auf das Problem der Legitimation neuzeitlicher politischer Herrschaft. Auch wenn es zu weit geht, den Nationalismus auf seine politischen und legitimatorischen Funktionen zu reduzieren,[55] kann andererseits kein Zweifel darüber bestehen, daß die Legitimitätsfiktion des Nationalismus eine der wichtigsten Ursachen für seine Attraktivität darstellt. In dem Maße, in dem die Nation als Legitimationsbasis für die politische und soziale Ordnung des Gemeinwesens herangezogen wird, avanciert sie jedoch selbst zum Gegenstand der politischen Auseinandersetzung.[56]

Unabhängig von ihrem konkreten Inhalt konstituiert sich die Vorstellung einer Nation formal immer durch die Abgrenzung von anderen sozialen Gruppen. Erst durch eine wie auch immer geartete Differenzbestimmung zwischen dem Eigenen und dem Fremden erlangt die nationale Gemeinschaft ihre spezifischen Konturen. Diese Differenzbestimmung erfolgt durch die Konstruktion kultureller, sozialer und politischer Grenzen, die Exklusion und Inklusion markieren.[57]

lichkeit« dar, die *Berger u. Luckmann* als einen dialektischen Prozeß von Externalisierung, Objektivation und Internalisierung beschrieben haben.

52 *Elias*, Exkurs, S. 194; *Duara*; *Goltermann*, Körper, S. 9–29; *dies.*, Identität.

53 Zur semantischen Polyvalenz des Nationsbegriffs vgl. *Koselleck u.a.*, Volk; *Dierse u. Rath*; *Bärenbrinker u. Jakubowski.*

54 *Lepsius*, Nation, S. 234, 245f.; *ders.*, Teilung, S. 219–223.

55 So definiert etwa *Breuilly*, Nationalism, S. 1f., Nationalismus als »a form of politics ... [which] is best understood as an especially appropriate form of political behaviour in the context of the modern state and the modern state system«.

56 Diesen Aspekt betonen *Müller*, Nation als Waffe; *ders.*, Die umkämpfte Nation; *ders.*, Gemeinschaft; *Smith*, German Nationalism; *Eley*, Reshaping.

57 Dieser Prozeß der Grenzziehung und die durch ihn geschaffene Unterscheidung zwischen der Eigengruppe (in-group) und Fremdgruppe (out-group) gilt prinzipiell für alle sozialen Gruppen, die über ein »Wir«-Bewußtsein verfügen. Was eine Nation von anderen, ethnischen oder

In diesem Sinne hat Dirk Richter im Anschluß an die Systemtheorie Niklas Luhmanns die Nation als eine semantische »Form« interpretiert, die durch das Setzen von Grenzen Differenz herstellt und mit Hilfe eines reduktionistischen binären Deutungsmusters die Unübersichtlichkeit der modernen, funktional ausdifferenzierten Welt erklärbar macht. Die Nation ist für ihn ein spezifischer Beobachtungsmodus, mit dem die verwirrende Vielfalt der Phänomene als Differenz zwischen dem Eigenen und dem Fremden gedeutet werden kann.[58]

Für die historische Analyse ist entscheidend, daß die »gedachte Ordnung« der Nation erst durch die Verbindung mit konkreten Vorstellungen, Deutungsmustern und Feindbildern zu einer grundlegenden Kategorie der Selbstkonstitution und Fremdwahrnehmung wird.[59] Eine zentrale Rolle spielen hierbei jene grenzziehenden Kollektivbegriffe wie »Nation« und »Volk«, durch die sich eine soziale Gruppe als nationale Handlungseinheit konstituiert.[60] Diese Kollektivbegriffe und die mit ihnen verknüpften Bedeutungsgehalte bilden das semantische Gerüst eines jeden Nationalismus, durch das bestimmte Horizonte und Grenzen möglicher Erfahrung gesetzt werden, die es mit den Methoden der Begriffsgeschichte zu erschließen gilt. Auch für die radikalen Nationalisten waren die Begriffe »Nation« und »Volk« die zentralen Deutungsmuster ihrer Weltanschauung. Sie stellten das semantische Substrat vorangegangener Erfahrungen und vorgefertigter Relevanzstrukturen dar, das in der Regel unreflektiert übernommen wurde, zugleich aber für die Integration neuer Erfahrungen und Sinnkonstruktionen offen war und darüber hinaus durch die in ihm strukturell angelegten Aussagemöglichkeiten auf potentielle zukünftige Erfahrungen verwies.[61]

Die Definition der Nation als eine »gedachte Ordnung« bedeutet mithin nicht, die Untersuchung des Nationalismus auf die Analyse seiner semantischen und kognitiven Strukturen zu reduzieren, sondern wirft immer zugleich die Frage nach den Ursachen und Bedingungen für die Durchsetzung bestimmter Deutungsmuster auf. So muß eine nationalistische Ordnungsvorstellung, um Wirksamkeit zu erlangen, eine für ihre Anhänger plausible Deutung der sozialen Wirklichkeit anbieten, d.h. im Einklang mit deren Erfahrungen und mentalen Dispositionen stehen, und darüber hinaus ihre Brauchbarkeit im Kampf um kulturelle Deu-

religiösen Gruppen unterscheidet, läßt sich deshalb nicht abstrakt, sondern nur unter Bezug auf die jeweiligen Kriterien der Selbstzuschreibung und die Qualität der Grenzziehung bestimmen. Vgl. hierzu *Elwert*, Nationalismus; *Barth*, S. 9–38.

58 Vgl. *Richter*, Nation, bes. S. 97–111; *ders.*, Beobachtungen.

59 *Koselleck*, Semantik; *ders. u.a.*, Volk, S. 142–151; *Jeismann*, Vaterland; *Hoffmann*, Konstitution.

60 Vgl. *Koselleck*, Semantik, S. 212: »Eine politische oder soziale Handlungseinheit konstituiert sich erst durch Begriffe, kraft derer sie sich eingrenzt und damit andere ausgrenzt, und d.h. kraft derer sie sich selbst bestimmt ... Ein Begriff in diesem hier verwendeten Sinne indiziert nicht nur Handlungseinheiten, er prägt und schafft sie auch. Er ist nicht nur Indikator, sondern auch Faktor politischer oder sozialer Gruppen.«

61 Vgl. *Bollenbeck*, Bildung, S. 15–20. Zur Begriffsgeschichte allgemein *Bödeker*, Ausprägungen; *ders.*, Reflexionen; *Koselleck*, Begriffsgeschichte; *ders.*, Semantik; *ders.*, Einleitung.

tungsmacht und politische Herrschaft beweisen. Das Interpretationsmodell der »gedachten Ordnung« zielt daher stets auf die Rolle konkreter sozialer Akteure sowie auf die politischen und gesellschaftlichen Konstellationen, in denen nationalistische Deutungsmuster Geltung erlangen konnten. Worauf es theoretisch ebenso wie empirisch ankommt, ist, mit anderen Worten, die Frage: Wie, woraus, von wem und wozu wurden Vorstellungen der Nation konstruiert?[62]

Darüber hinaus ist der Tatsache Rechnung zu tragen, daß auch nationalistische Deutungsmuster sich immer im Medium bestimmter Erfahrungen und Erwartungen konstituieren und konkretisieren. Ihre Analyse muß deshalb den ihnen zugrundeliegenden »Erwartungshorizont« und den sie prägenden »Erfahrungsraum« erschließen, die, wie Reinhart Koselleck gezeigt hat, anthropologisch vorgegebene Kategorien darstellen, »ohne die Geschichte nicht möglich oder auch nur denkbar ist«. Erfahrungsraum und Erwartungshorizont sind jedoch nicht statisch aufeinander zu beziehen, sondern »konstituieren eine zeitliche Differenz im Heute, indem sie Vergangenheit und Zukunft auf ungleiche Weise ineinander verschränken«.[63] Sie bilden damit zwei analytische Kategorien, die es erlauben, die Wechselwirkung zwischen einem »Weltbild« und politischem Handeln im Rahmen konkreter historischer Konstellationen herauszuarbeiten. Um die Dynamik des radikalen Nationalismus zu erklären, reicht es deshalb nicht, die Konstruktion seiner zentralen Deutungsmuster und Zielvorstellungen zu analysieren. Diese müssen darüber hinaus mit den konkreten Erfahrungen der radikalen Nationalisten kontrastiert werden. Denn erst durch die Diskrepanz zwischen ihrem ideologisch geprägten Erwartungshorizont und ihren Erfahrungen in der politischen Praxis werden jene kognitiven Dissonanzen erkennbar, die eine entscheidende Ursache für die zunehmende Radikalisierung ihres Weltbildes darstellten.[64]

Den Ausgangspunkt der Untersuchung bildet jedoch die Analyse der für den radikalen Nationalismus konstitutiven Deutungsmuster und ihrer semantischen Strukturen. Denn die Logik der kultursoziologischen Zurechnungsproblematik, wie sie Lepsius am Beispiel der Weberschen Religionssoziologie aufgezeigt hat, erfordert zunächst die »kognitive Isolierung der Idee«, bevor deren Sozialwirksamkeit und Handlungsrelevanz untersucht werden können.[65] Als heuristisches Hilfsmit-

62 Vgl. *Castells*, S. 8–15, 35.

63 *Koselleck*, Erfahrungsraum, S. 351f., *ders.*, Sozialgeschichte, S. 331–335 (Zitat: S. 333). Die konstitutive Bedeutung von Erfahrungen betont auch *Toews*.

64 Die Theorie der »kognitiven Dissonanz« geht von der Annahme aus, daß Menschen bestrebt sind, ihre Vorstellungen von der Welt mit ihren Erfahrungen in Übereinstimmung zu bringen. Wo dies nicht gelingt, entstehen kognitive Dissonanzen, die ein Unbehagen hervorrufen, das dann Denkanstrengungen oder Verhaltensweisen auslöst, die darauf zielen, diese Widersprüche zu beseitigen. Zur Entstehung und Bedeutung von kognitiven Dissonanzen vgl. *Festinger*; Theorie; *ders*; Conflict; *ders. u.a.*, Prophecy; *Frey; Beckmann*.

65 *Lepsius*, Interessen, S. 31–35; *Mommsen*, Nation, S. 181.

tel für die Analyse des wilhelminischen Radikalnationalismus lassen sich dabei in Anlehnung an Lepsius idealtypisch drei Nationsvorstellungen unterscheiden: die *Reichs- bzw. Staatsnation*, welche die deutsche Nation mit dem Deutschen Reich identifizierte; die *Volksnation*, die sich durch das Kriterium einer fiktiven ethnischen Abstammung definierte, und die *Kulturnation*, die sich auf die gemeinsame Sprache, Geschichte und kulturellen Traditionen als Grundlage der nationalen Gemeinschaft berief.[66] In der Praxis vermischten sich diese Idealtypen auf vielfache Weise. Sie lassen sich deshalb häufig nur durch die unterschiedliche Akzentuierung der jeweiligen Kriterien, die zur Definition der Nation herangezogen wurden, voneinander abgrenzen. Die idealtypische Differenzierung der verschiedenen Nationsvorstellungen schärft jedoch den Blick für den synkretistischen Charakter des radikalen Nationalismus und ermöglicht es, verschiedene Fluchtpunkte des radikalnationalistischen Denkens und Handelns herauszuarbeiten, die jeweils unterschiedliche politische und gesellschaftliche Konsequenzen zur Folge hatten.

Dieser radikale Nationalismus, wie er von den nationalistischen Verbänden, zunehmend jedoch auch von unabhängigen Publizisten und politischen Entscheidungsträgern artikuliert wurde, bestand aus einem Konglomerat bestimmter Vorstellungen, Deutungsmuster und Überzeugungen, die zusammen eine spezifische Weltsicht und Wahrnehmungsweise formten, aus der sich zugleich konkrete politische Handlungsformen folgern ließen. Zur Analyse dieser Weltanschauung wird in der vorliegenden Untersuchung auf den Begriff der »politischen Ideologie« zurückgegriffen.[67] Im Gegensatz zu einer weitverbreiteten Definition, der zufolge eine Ideologie primär ein Instrument zur Verschleierung und Rechtfertigung von nicht offen dargelegten (zumeist ökonomischen oder politischen) Interessen darstellt, liegt dieser Arbeit ein Verständnis des Begriffs zugrunde, für das die Funktion einer Ideologie als Deutungs- und Orientierungssystem sowie als Medium politischer Mobilisierung im Mittelpunkt des Erkenntnisinteresses steht. Der Begriff »Ideologie« meint einen Komplex von Deutungsmustern, Überzeugungen und Verhaltensweisen, der im Zusammenspiel mit kollektiven Dispositionen durch ein Ensemble zentraler Begriffe, Vorstellungen und Symbole die Deutung gesellschaftlicher Wirklichkeit erlaubt, indem er Werte und Normen setzt, die eigenes Verhalten legitimieren und fremdes als richtig oder falsch beurteilen.[68] Ideologi-

66 Vgl. *Lepsius*, Nation, S. 235–240, 242–244. Im Gegensatz zu der von Lepsius verwendeten Ordnungsvorstellung der »Staatsbürgernation« wird hier die für das Kaiserreich konstitutive Vorstellung der »Staatsnation« betont, die sich gerade nicht im Sinne einer *Reichsbürgernation* durch individuelle Staatsbürgerrechte und demokratische Repräsentation legitimierte und aufgrund dieser normativen Unbestimmtheit auf komplementäre Hilfskonstruktionen einer Volks- bzw. Kulturnation angewiesen war. Vgl. *Wehler*, DGG, Bd. 3, S. 951–953; *Dann*, Fragen.

67 Zum Ideologiebegriff vgl. *Dierse*, Ideologie; *ders. u. Romberg*; *Lieber*; *Boudon*; *Rejai*; *Lemberg*, Ideologie; *Plamenatz*; *Lenk*, Volk; *Shils u. Johnson*.

68 In diesem Sinne definiert *Geertz*, Ideology, S. 207, Ideologien als »systems of interacting symbols, as patterns of interworking meanings«, die politisches Handeln überhaupt erst ermöglichen, indem sie ihm durch symbolische Formen Bedeutung zuschreiben.

schem Denken und Handeln ist dabei eine Tendenz zur Verabsolutierung seiner Inhalte zu eigen, die sich im Anspruch auf den Besitz einer exklusiven, letzten Wahrheit manifestiert. Moderne politische Ideologien sind, wie Hannah Arendt gezeigt hat, darüber hinaus dadurch gekennzeichnet, daß sie sich auf wissenschaftliche Erkenntnisse berufen und die von ihnen gesetzten Werte und Normen durch gezielte Handlungsformen zu verwirklichen suchen. Wissenschaftliche Erkenntnis bildet gleichwohl niemals den Kern des ideologischen Denkens, sondern dieser besteht immer aus einer wie auch immer gearteten Geschichtsphilosophie, die vorgibt, die Gesetze des historischen Wandels zu kennen und hieraus ihre jeweilige geschichtliche Mission ableitet.[69]

In Abgrenzung von der aus unreflektierter Partizipation an der sozialen Lebenswelt erwachsenen »Mentalität« wird »Ideologie« hier deshalb als eine bewußte Konstruktion und Sinnstiftung verstanden, auch wenn diese Unterscheidung häufig schwierig ist, weil beide Formen des Bewußtseins fließend ineinander übergehen und in einem Wechselverhältnis zueinander stehen. So müssen sich Ideologien, um Geltung zu gewinnen, in bestehende vortheoretische Sinngewißheiten einfügen. Erfolgreiche Ideologien erlangen ihre Überzeugungskraft vor allem dadurch, daß sie auf bereits bestehende kollektive Dispositionen und Hintergrundüberzeugungen zugeschnitten sind. Gleichzeitig können neuartige Ereignisse und Erfahrungen das überlieferte, kaum reflektierte Weltverständnis in Frage stellen und ein Bedürfnis nach ideologischer Sinnstiftung und Orientierungsangeboten wecken. In dem Maße, in dem es ideologischen Konstruktionen gelingt, problematische Erfahrungen in bestehende gesellschaftliche Sinnstrukturen zu integrieren, erlangen sie Deutungsmacht bis hin zu einem Status von fragloser Geltung und können damit ihrerseits mentalitätsprägend wirken.[70] Der dieser Arbeit zugrundeliegende Ansatz legt den Schwerpunkt der Untersuchung auf die Intentionaliät des radikalnationalistischen Handelns, ohne hiermit unbewußte Verhaltenskomponenten auszuschließen. Er trägt damit dem Umstand Rechnung, daß der radikale Nationalismus seine Wirkung vor allem auf der Ebene der Deutungskultur entfaltete, auf der kulturelle Funktionseliten Sinnangebote und Deutungsmuster produzierten.[71]

69 Vgl. *Arendt*, Origins, S. 468–474, bes. S. 469: »Ideologies pretend to know the mysteries of the whole historical process – the secrets of the past, the intricacies of the present, the uncertainties of the future – because of the logic inherent in their respective ideas.«

70 Ihren prägnantesten Ausdruck finden Mentalitäten auf der Ebene des sozialen Handels, wo sie als »historisch und sozial determinierte Dispositionen des Bewußtseins« das »Spektrum der in einer gegebenen Situation möglichen Auffassungs- und Handlungsweisen einschränken«. Vgl. *Sellin*, Mentalitäten (Zitat: S. 103); *ders.*, Mentalität; *Gilcher-Holtey*; *Kuhlemann*, Mentalitätsgeschichte; *Schöttler*, Mentalitäten.

71 Zum Begriff der »Deutungskultur« vgl. *Rohe*, Wahlen, S. 14–18. Rohe differenziert zwischen der Sozialkultur, verstanden als Horizont unhinterfragter Selbstverständlichkeiten des Alltagslebens, der sich in spezifischen Lebensweisen und Mentalitäten manifestiert, und der Deutungskultur, auf der soziale Eliten aktiv Sinnangebote produzieren. Als ein ideologisches

Die wachsende Verbreitung radikalnationalistischer Deutungsmuster kann jedoch nicht allein mit ihrer Fähigkeit, eine plausible Deutung der sozialen Wirklichkeit anzubieten, erklärt werden, sondern beruhte darüber hinaus auf der Dynamik ihrer kulturellen und diskursiven Vermittlungsformen.[72] Denn erst durch spezifische sprachliche und symbolische Ausdrucksformen und kulturelle Praktiken konnten jene Emotionen hervorgerufen werden, denen eine große Bedeutung für die mentale Verankerung des radikalen Nationalismus und die politische Mobilisierung seiner Anhänger zukam. Für ein umfassendes Verständnis der radikalnationalistischen Ideologie ist deshalb eine Analyse ihrer kulturellen Ausdrucks- und Vermittlungsformen unverzichtbar.[73]

Das wichtigste kulturelle Medium der Konstruktion und Kommunikation radikalnationalistischer Deutungsmuster war die Sprache. Man braucht kein Verfechter poststrukturalistischer Sprachtheorien zu sein, um die Bedeutung der politisch-sozialen Sprache für den radikalen Nationalismus zu betonen.[74] Als das zentrale Zeichensystem menschlicher Gesellschaften, durch das Bedeutungen konstruiert, gespeichert und übermittelt werden, bildet die Sprache das grundlegende Medium der »gesellschaftlichen Konstruktion von Wirklichkeit«.[75] Damit soll nicht behauptet werden, daß Sprache alle Erfahrung der sozialen Wirklichkeit und damit diese Wirklichkeit schlechthin überhaupt erst konstituiert, sondern lediglich daß sie einen eigenständigen, nicht reduzierbaren Faktor bildet, der historische Erfahrung formt und deshalb der Analyse durch den Historiker bedarf. »Political languages may not reflect ›objective‹ social or political reality, but they do possess a powerful determinative capacity to shape social and political perceptions«, wie Thomas Childers am Beispiel der politischen Sprache in der Weimarer Republik gezeigt hat.[76] In diesem Sinne war Sprache auch für den radikalen Nationalismus konstitutiv und zwar in einer doppelten Funktion als Institution und Instrument der Konstruktion seiner Deutungsmuster. Denn diese vollzog sich nicht in einem semantischen Vakuum, sondern war durch vorgegebene, ebenfalls sprachlich verfestigte Deutungsmuster und Sinnkonstruktionen geprägt. Gleichzeitig blieb der Gebrauch

Deutungssystem ist der radikale Nationalismus vor allem der deutungskulturellen Ebene zuzurechnen, was jedoch nicht ausschließt, daß er auf konkreten sozialkulturellen Grundlagen aufbaute oder selbst mentalitätsprägend wirken konnte.

72 Vgl. *Haupt u. Tacke.* Zur »kulturwissenschaftlichen Wende« in der historischen Forschung, die auch der Nationalismusforschung wichtige, neue Impulse verliehen hat, vgl. *Oexle*; *Daniel*; *Sieder* sowie die Beiträge in: *Hardtwig u. Wehler*; *Mergel u. Welskopp*; *Wehler*, Herausforderung; *Hunt.*

73 Zur Bedeutung von Emotionen für die mentale Verankerung nationalistischer Vorstellungen vgl. *François u.a.*, S. 13–35.

74 Zur Diskussion poststrukturalistischer Theorien vgl. *Sarasin*, Geschichtswissenschaft; *Toews*; *Schöttler*, Sozialgeschichte; *ders.*, Angst; *Iggers*, Wende; *Jelavich.*

75 Vgl. *Berger u. Luckmann*, S. 36–48; *Taylor*, Language.

76 *Childers*, Sociology, S. 387f. Vgl. *ders.*, Social Language. Zur Kritik poststrukturalistischer Theorien aus der Praxis der Geschichtswissenschaft *Evans*, Defence; *Koselleck*, Historik.

der Sprache jedoch immer offen für kreative Innovationen, die auf eine neue Interpretation vorgegebener Deutungsmuster gerichtet waren und damit einen Weg für konkretes politisches Handeln eröffneten.[77]

Auf den institutionellen Charakter der Sprache zielt der Begriff des Diskurses. Als ein Ensemble kommunikativer Praktiken, das, um mit Michel Foucault zu reden, die Gegenstände, von denen es spricht, erst systematisch bildet, strukturiert der Diskurs durch seine Vorgaben und Regeln die Wahrnehmung der Wirklichkeit und bestimmt die Bedingungen, unter denen Aussagen möglich sind. In diesem Sinne werden Diskurse hier verstanden als »historisch eingrenzbare thematische Redezusammenhänge, die Möglichkeiten und Grenzen sinnvoller Rede und kohärenten sozialen Handelns bestimmen«.[78] Die Betonung der Eigendynamik von Diskursen als intertextuelle Aussage- und Argumentationssysteme mit besonderen Vokabularien und eigener »Grammatik« ist als heuristisches Hilfsmittel für die Untersuchung nationalistischer Ordnungsvorstellungen sinnvoll, weil sie hilft, subjektivistische Verkürzungen zu vermeiden, und darüber hinaus für die Macht der Sprache und die sprachlichen Ausdrucksformen der Macht sensibilisiert.

Diese Eigendynamik darf jedoch nur als eine relative verstanden werden, denn der diskursive Gebrauch der Sprache setzt stets die Existenz konkreter Akteure voraus, die sich am semantischen Kampf um Deutungsmacht und kulturelle Hegemonie beteiligen, »um politische oder soziale Positionen zu definieren und kraft der Definitionen aufrecht zu erhalten oder durchzusetzen«.[79] Ihr Sprachgebrauch ist durch die semantischen Vorgaben und Diskursregeln geprägt, aber nicht determiniert. Die Vielfalt sprachlicher Ausdrucksmöglichkeiten erlaubt individuellen Akteuren und Gruppen innovative Sprechakte, die mitunter in einem Spannungsverhältnis zu den diskursiv vorgegebenen Sprachmustern, Redeweisen und Argumentationsfiguren stehen.[80] Für die Analyse des radikalen Nationalismus ist diese Akteursperspektive unverzichtbar, denn dessen vorwiegend bildungsbürgerliche Anhänger waren sich der fundamentalen Bedeutung der Sprache für die Konstruktion der Nation bewußt und versuchten, durch gezielte sprachpolitische Maßnahmen die

77 Vgl. *Dörner*, Sprache; *Steinmetz*, S. 24–30.

78 *Sarasin*, Subjekte, S. 142. Vgl. *Foucault*, Archäologie, S. 31–112 (hier: S. 74); *ders.*, Ordnung des Diskurses. Zur Anwendung der Diskursanalyse in der Geschichtswissenschaft *Sarasin*, Geschichtswissenschaft; *Raphael*, Diskurse; *Maset*; *Brieler*; *Schöttler*, Paradigma; *Jelavich*, Poststrukturalismus.

79 *Koselleck*, Begriffsgeschichte, S. 113. Zur Kritik am Determinismus der Diskursanalyse vgl. *Honneth*, S. 121–224; *Habermas*, Diskurs, S. 279–343; *Taylor*, Foucault; *Wehler*, Herausforderung, S. 45–95.

80 Vgl. *Wodak u.a.*, S. 41–47, 71–103. Die Bedeutung individueller Sprachhandlungen und das Wechselverhältnis von situativer Innovation und institutionalisierten Redeweisen betonen auch *Pocock*, Introduction; *ders.*, Concept; *ders.*, Politics; *Toews*, S. 891–893; *Koselleck*, Change.

Wahrnehmung und Deutung der sozialen Wirklichkeit im Sinne ihrer Ziele zu strukturieren.[81]

Für die Untersuchung der radikalnationalistischen Deutungsmuster ist darüber hinaus von Bedeutung, daß diese ihre Geltung nicht durch einen einzelnen Spezialdiskurs, sondern durch ihre Verwendung in unterschiedlichen Diskurszusammenhängen erlangten. Ihre wachsende Akzeptanz und Verbreitung resultierte vor allem aus diesem »interdiskursiven« Gebrauch. Eine wichtige Rolle spielten hierbei Kollektivsymbole, d.h. kollektiv geteilte Sinnbilder, die in verschiedenen Diskursen vorkamen, kraft ihrer alltagssprachlichen Evidenz den Austausch von Wissen und Argumenten ermöglichten und auf diese Weise einen kommunikativen Zusammenhang zwischen unterschiedlichen Einzeldiskursen herstellten.[82] Häufig handelte es sich bei diesen interdiskursiv verwendeten Kollektivsymbolen um Metaphern, die durch das in ihnen angelegte assoziative Potential das radikalnationalistische Denken in eine bestimmte Richtung lenkten und so die Wahrnehmung der sozialen Wirklichkeit strukturierten. Indem Metaphern wie »Kampf ums Daseins« oder »Volkskörper« komplexe und abstrakte Zusammenhänge in Sprachbilder übersetzten, die aus dem Alltagsleben vertraut waren, erhöhten sie die Plausibilität radikalnationalistischer Deutungsmuster und ermöglichten, daß neue Erfahrungen durch die Analogie zu bestehendem Vorwissen in das überkommene Weltbild integriert wurden. Die Metaphorik des radikalen Nationalismus lieferte mithin wichtige Bausteine für dessen kognitives Fundament und bildete ein zentrales Medium seiner mentalen Verankerung.[83]

3. Aufbau und Quellengrundlage der Untersuchung

Auf der Grundlage dieser theoretischen, methodischen und terminologischen Vorüberlegungen rekonstruiert das *erste Kapitel* die Ausgangsbedingungen und strukturellen Voraussetzungen für die Entstehung des radikalen Nationalismus. Es skizziert zunächst den Inhalts- und Funktionswandel des Nationalismus infolge der Reichsgründung sowie die Dialektik von Staats- und Nationsbildung im Bismarckschen Kaiserreich (I.1), ehe im Anschluß hieran die ideologischen Traditionsbestände und intellektuellen Mentoren des radikalen Nationalis-

81 Vgl. *Chickering*, Language; *ders.*, Nationalismus; *Puschner*, Bewegung, S. 27–48; *Olt*.

82 Zum Begriff des »Interdiskurses« und der Bedeutung von Kollektivsymbolen vgl. *Link u. Link-Heer*; *Link*, Literaturanalyse; *ders. u. Wülfing*, Bewegung; *Link u. Gerhard*.

83 Als Metapher wird hier jedes Wort verstanden, daß durch einen bestimmten Kontext so determiniert wird, daß es etwas anderes meint, als es ursprünglich bedeutet. Zur Theorie der Metapher vgl. *Haverkamp*. Zur Bedeutung von Metaphern für die politische und soziale Kommunikation *Lakoff u. Johnson*; *Münkler*; *Demandt*, S. 1–16, 426–453.

mus untersucht werden (I.2). Von herausragender Bedeutung für die Genese der radikalnationalistischen Ideologie waren darüber hinaus der Eintritt des Deutschen Reiches in den imperialistischen Konkurrenzkampf der okzidentalen Großmächte und die sich verschärfenden Nationalitätenkonflikte innerhalb der Habsburgermonarchie. Beide Entwicklungen führten zur Gründung von Vereinen und Verbänden, die organisatorische Keimzellen des radikalen Nationalismus darstellten (I.3). Trotz zahlreicher ideologischer und personeller Querverbindungen koexistierten die Kolonialbewegung und die Bewegung zum Schutz des »Deutschtums im Ausland« jedoch zunächst weitgehend unverbunden nebeneinander. Erst im Zuge des politischen und gesellschaftlichen Strukturwandels seit den 1890er Jahren fusionierten beide Strömungen unter dem gemeinsamen Dach einer neuen radikalnationalistischen Ideologie (I.4).

Das *zweite Kapitel* untersucht die semantische, diskursive und politische Konstruktion der für den radikalen Nationalismus konstitutiven Deutungsmuster und Ordnungsvorstellungen. Den Ausgangspunkt bildet eine Analyse der radikalnationalistischen Grundbegriffe »Nation« und »Volk«, in der die semantischen Strukturen dieser Deutungsmuster sowie die diskursiven Strategien, mit denen ihre Bedeutungsgehalte vermittelt wurden, herausgearbeitet werden (II.1). Im Zuge der allgemeinen Biologisierung des politischen und sozialen Denkens fand seit der Jahrhundertwende darüber hinaus in zunehmendem Maße der Begriff der »Rasse« Eingang in den Sprachgebrauch der radikalen Nationalisten. Dieser fungierte als ein semantischer Code für den Glauben an eine biologische Abstammungsgemeinschaft. Zugleich diente er als Differenzkategorie, mit deren Hilfe sich die für die Vorstellung der »Volksgemeinschaft« konstitutive Asymmetrie zwischen dem »Eigenen« und dem »Fremden« konstruieren ließ (II.2). Die wachsende Popularität des Rassenbegriffs beruhte auf der weitverbreiteten Geltung sozialdarwinistischer Deutungsmuster. Als weltanschauliche und diskursive Matrix ermöglichte es der Sozialdarwinismus den radikalen Nationalisten, die einzelnen Komponenten ihrer Ideologie in ein umfassendes wissenschaftliches Weltbild zu integrieren (II.3). Die Biologisierung des radikalnationalistischen Nationsverständnisses wurde außerdem durch Vorstellungen von Geschlechterdifferenz, Sexualität und Bevölkerungspolitik befördert. Eine wichtige Rolle spielten hierbei die sukzessive Politisierung des weiblichen Geschlechts durch nationalistisches Engagement sowie die Diskussion um die biologische Reproduktion des »Volkskörpers« im Zeichen imperialistischer Expansion (II.4). Politische Relevanz erlangte die radikalnationalistische Vision der homogenen »Volksgemeinschaft« vor allem im Zusammenhang mit der Frage der Staatsangehörigkeit. Als das entscheidende formalrechtliche Kriterium für die Zugehörigkeit zur deutschen Nation besaß die Staatsangehörigkeit eine grundlegende Bedeutung für das nationale Selbstverständnis der reichsdeutschen Gesellschaft. Die öffentliche Diskussion um die Reform des Staatsangehörigkeitsrechts zeigt zugleich, inwieweit radikalnationalistische Deutungsmuster am Vorabend des Ersten Weltkrieges verbreitet waren (II.5).

Das *dritte Kapitel* analysiert die ideologischen Grundlagen und die politische Praxis des radikalnationalistischen Imperialismus. Untersucht werden zunächst die den Expansionsvorstellungen zugrundeliegende Weltreichstheorie und die auf ihr aufbauende Lebensraumideologie, die zusammen den imperialistischen Erwartungshorizont der radikalen Nationalisten prägten (III.1). Gemessen an diesem Erwartungshorizont stellte die reichsdeutsche Welt- und Kolonialpolitik seit 1897 eine einzige Kette von Niederlagen dar. Die hieraus resultierende imperialistische Torschlußpanik führte insbesondere nach der zweiten Marokkokrise 1911 zu der sich verfestigenden Überzeugung, daß das Deutsche Reich seine weltpolitischen Ambitionen nur noch durch einen Krieg würde verwirklichen können (III.2). Die imperialistischen Expansionsbestrebungen des radikalen Nationalismus erstreckten sich jedoch keineswegs nur auf die Erweiterung des deutschen Kolonialbesitzes in Übersee, sondern umfaßten auch Pläne für eine deutsche Hegemonie in Mittel- und Osteuropa, die immer zugleich die Frage nach der Zukunft der Habsburgermonarchie und der in ihr lebenden deutschsprachigen Bevölkerungsgruppen aufwarfen (III.3). Als unverzichtbare Voraussetzung für eine erfolgreiche deutsche Weltmachtpolitik galt den radikalen Nationalisten eine massive Aufrüstung der See- und Landstreitkräfte. Rüstungspolitische Forderungen bildeten deshalb einen Schwerpunkt ihrer Agitation, die eine umfassende Militarisierung der Gesellschaft zum Ziel hatte (III.4).

Das *vierte Kapitel* behandelt die Haltung der radikalen Nationalisten gegenüber den im Deutschen Reich lebenden ethnisch-kulturellen »Minderheiten« und die Bedeutung der Nationalitätenproblematik für die Verbreitung radikalnationalistischer Deutungsmuster. Aufgrund ihrer quantitativen Dimension und politischen Bedeutung steht hierbei die sogenannte »polnische Frage« im Mittelpunkt der Untersuchung. Der »Kampf gegen die Polonisierung« der preußischen Ostprovinzen war das überragende innenpolitische Thema der radikalen Nationalisten, das ihnen als eine »Daseinsfrage des Deutschtums« galt. Gleichzeitig bildete die antipolnische Agitation einen der wichtigsten Katalysatoren für die Popularisierung radikalnationalistischer Deutungsmuster (IV.1). Im Gegensatz dazu spielte der Antisemitismus in der offiziellen Agitation der radikalen Nationalisten nur eine untergeordnete Rolle. Gleichwohl gab es vor allem unter der jüngeren Generation zahlreiche überzeugte Antisemiten, für die Juden einen gefährlichen »Fremdkörper im deutschen Volk« darstellten. Aus diesem Grund werden die ideologische Affinität von antisemitischen und radikalnationalistischen Vorstellungen sowie die Bedeutung des Antisemitismus für das Weltbild und die politische Praxis der radikalen Nationalisten erörtert (IV.2). Das abschließende Fazit faßt die Ergebnisse der Untersuchung zusammen und versucht, die Verbreitung des radikalen Nationalismus sowie seinen politischen Einfluß zu bestimmen (V.1). In einer vergleichenden Betrachtung wird darüber hinaus danach gefragt, inwieweit der wilhelminische Radikalnationalismus eine deutsche Besonderheit war oder ob es sich bei ihm um ein transnationales Phänomen handelte (V.2). An diesen Vergleich schließt sich ein Ausblick auf die weitere Entwicklung des deutschen Nationalismus an, der von der Frage geleitet wird, welche radikalnationalistischen Deutungsmuster das nationale Selbstverständnis der Deutschen und die Semantik der deutschen Nation nachhaltig beeinflußt haben (V.3).

Als Material für die vorliegende Arbeit wurden Quellen unterschiedlicher Provenienz herangezogen. An erster Stelle sind die publizistischen Produkte der nationalistischen Agitationsverbände und ihres ideologischen Umfeldes zu nennen. Die diversen Zeit- und Flugschriften sowie Reden, Vorträge, Aufrufe und Flugblätter enthalten, oft paradigmatisch zugespitzt, jene Denk- und Argumentationsfiguren, die für den radikalen Nationalismus konstitutiv waren. Ideologiekritisch gegen den Strich gelesen offenbaren diese Texte zugleich die wenig oder gar nicht reflektierten Grundannahmen, auf denen das Weltbild der radikalen Nationalisten basierte. In systematischer und theoretisch begründeter Form finden sich diese Deutungsmuster auch in Artikeln und Monographien, deren Verfasser häufig bemüht waren, die weltanschaulichen Grundlagen des radikalen Nationalismus ›wissenschaftlich‹ zu untermauern. Hinzu kommen die Stenographischen Berichte des Reichstags und des Preußischen Abgeordnetenhauses sowie die regionale und überregionale Tagespresse, deren Leitartikel, Kommentare und Berichte radikalnationalistische Deutungsmuster aufgriffen oder kritisch kommentierten. Die Auswertung der Presselandschaft zu einschlägigen Themen und Ereignissen wurde dabei durch die zahlreichen Presseausschnittssammlungen in diversen Archivbeständen sehr erleichtert. Aufschluß über die konkreten Motive der radikalnationalistischen Akteure geben die Akten, Protokolle, Korrespondenzen und Mitteilungen der »nationalen Verbände« sowie nicht zur Veröffentlichung bestimmte Selbstzeugnisse, die es zumindest im Einzelfall ermöglichen, zwischen lediglich taktischen Argumenten und tatsächlichen nationalistischen Grundüberzeugungen zu unterscheiden. Eine komplementäre Quellengrundlage bilden die Archivalien der Reichsregierung sowie einzelner Staatsregierungen und der ihnen nachgeordneten Behörden, die zeigen, in welchem Ausmaß radikalnationalistische Deutungsmuster den politischen und administrativen Entscheidungsprozeß beeinflußt haben.

Auf dieser empirischen Basis versucht die vorliegende Studie eine Verbindung von Ideologie-, Politik-, Sozial- und Kulturgeschichte, deren Ziel ein geschärftes Bild des radikalen Nationalismus und seiner Antriebskräfte ist. Dabei kommt es zunächst darauf an, entgegen vorschnellen Urteilen und Verallgemeinerungen das komplexe Ursachen- und Bedingungsgefüge für die Durchsetzung radikalnationalistischer Deutungsmuster herauszuarbeiten. Darüber hinaus gilt es, eine Pathologisierung der für den radikalen Nationalismus konstitutiven ideologischen Überzeugungsgewißheit zu vermeiden.[84] Denn eine solche Pathologisierung, wie sie in der Forschung in expliziter oder impliziter Form nach wie vor verbreitet ist, verkennt, daß die radikalen Nationalisten keine »irrationalen« Fanatiker waren,[85] sondern ideologische Überzeugungstäter, deren Denken und Handeln spezifischen weltanschaulichen Imperativen folgte, die historisch erklärt werden müssen, um zu verstehen, warum ein wachsender Teil der bildungsbürgerlichen Funktionseliten die Deutungsangebote des radikalen Nationalismus übernahm. Für die historische Analyse ist, wie Ulrich Herbert bemerkt hat, nicht entscheidend, »ob eine Ideologie aus der Distanz als ›rational‹ oder ›irrational‹ zu erkennen ist«, sondern »ob, in welchem Maße und warum sie die Protagonisten als Erklärung ihrer Gegenwart und als verlockende Perspektive überzeugte« und in welchem Verhältnis sie zur politischen Praxis stand.[86] In diesem Sinne beruhte die Attraktivität des radikalen Nationalismus auf einer spezifischen Kombination von wissenschaftlicher Weltdeutung, ideologischer Überzeugungsgewißheit und politischem Radikalismus. Die ihm zugrundeliegende Zielvorstellung einer ethnisch und kulturell homogenen, nach Effizienzkriterien geordneten und geführten »Volksgemeinschaft« bündelte unterschiedliche Deutungsmuster zu einem dynamischen Weltbild, für das es keinen Widerspruch darstellte, zum einen die Diskriminierung und Entrechtung ethnisch-kultureller »Minderheiten« zu fordern und zum anderen gleichzeitig für erweiterte politische Partizipationsmöglichkeiten des Bürgertums einzutreten. Insofern ist der radikale Nationalismus der wilhelminischen Ära ein Beispiel für jene »antinomische, janusköpfige Grundstruktur der Moderne«, die, wie Detlev Peukert urteilte, »zumal in Krisenzeiten, vor der bewußt gesuchten Ausflucht ins Inhumanitäre nicht gefeit war und wohl auch nicht ist«.[87]

84 Psychopathologische Erklärungsversuche des radikalen Nationalismus führen jedoch schon deshalb nicht weiter, weil Nervosität und Reizbarkeit geradezu ein Signum der wilhelminischen Epoche darstellten, das nicht auf bestimmte soziale Gruppen beschränkt war. Vgl. *Radkau*, Nationalismus; *ders.*, Zeitalter; *ders.*, Ära.

85 Dies im Gegensatz zu *Hering*, Nation, S. 28, für den die alldeutschen Zielvorstellungen »die Grenzen unserer Rationalitätskriterien« überschreiten.

86 *Herbert*, Best, S. 18f. Eine Pathologisierung ideologischer Überzeugungen trägt, wie Herbert mit dem Blick auf die fanatischen SS-Ideologen vom Schlage Werner Bests anmerkt, darüber hinaus »Züge einer intellektuellen Bedrohungsabwehr«, die sich dagegen sträubt, »so monströse Untaten teilweise oder gar überwiegend auf ein der deutschen Geistestradition zwar nicht fremdes, gleichwohl ohne weiteres als empirisch und theoretisch unhaltbar zu erkennendes Ideengebäude zurückzuführen.«

87 *Peukert*, Diagnose, S. 55–91 (Zitat: S. 70). Vgl. *ders.*, Grenzen, S. 305–309; *Eley*, Geschichte; *Miller u. Soeffner.*

I. Nationalismus und Nationalstaat: Die Genese des radikalen Nationalismus 1871–1894

»Es kennzeichnet die Deutschen, dass bei ihnen die Frage ›Was ist deutsch?‹ niemals ausstirbt.«
Friedrich Nietzsche

Wie jede politische Ideologie entstand auch der radikale Nationalismus nicht in einem weltanschaulichen Vakuum, sondern knüpfte an bestehende Deutungsmuster an, die unter dem Eindruck sich wandelnder politischer und gesellschaftlicher Rahmenbedingungen mit veränderten Vorzeichen versehen wurden und so eine neue Qualität und Stoßrichtung erlangten. Im folgenden werden deshalb zunächst diese Traditionsbestände und ihre sukzessive Transformation rekonstruiert. Den Ausgangspunkt bildet eine Analyse des durch die Reichsgründung bewirkten Inhalts- und Funktionswandels des deutschen Nationalismus, der mit dem 1871 gegründeten Reich zum erstenmal in seiner Geschichte einen staatlichen Bezugsrahmen erhielt (I.1). Die Gründung des Deutschen Reiches bedeutete für das nationalistische Denken eine fundamentale Zäsur, die entgegen dem Glauben mancher Zeitgenossen jedoch nicht das Ende der Diskussion um das rechte Verständnis der deutschen Nation markierte. Im Rahmen der Debatte um die normativen und ideellen Grundlagen des Bismarckschen Nationalstaates waren es vor allem einzelne Intellektuelle wie Heinrich von Treitschke und Paul de Lagarde, die Vorstellungen artikulierten, welche später einen zentralen Platz im Weltbild der radikalen Nationalisten einnehmen sollten. An ihrem Beispiel soll idealtypisch verdichtet der Wandel nationalistischer Deutungs- und Argumentationsmuster aufgezeigt, zugleich jedoch auch ihre jeweilige individuelle Bedeutung als intellektuelle Wegbereiter des radikalen Nationalismus untersucht werden (I.2).

Ausdruck des sich wandelnden nationalistischen Selbstverständnisses – und zugleich die wichtigsten Katalysatoren dieses Wandels – waren die sich seit Ende der 1870er Jahre formierende Kolonialbewegung und die verschiedenen Organisationen zum »Schutz des Deutschtums im Ausland«. Sowohl im Hinblick auf die von ihnen verfochtenen programmatischen Ziele als auch hinsichtlich ihres Sozialprofils und ihrer Organisationsstruktur bildeten diese transnationalen Bewegungen die Keimzellen des radikalen Nationalismus (I.3). Aber obwohl die meisten Elemente der radikalnationalistischen Ideologie in den 1880er Jahren entstanden, existierten sie, ungeachtet zahlreicher organisatorischer Verflechtungen, zunächst weitgehend unverbunden nebeneinander. Erst im Zuge des politischen und gesellschaftlichen Strukturwandels der 1890er Jahre kam es zu einer ideologischen und organisatorischen Synthese dieser unterschiedlichen Elemente. Aus diesem Grund wird in einem weiteren Schritt die Bedeutung dieses Wandels als Weichensteller für die Genese des radikalen Nationalismus thematisiert (I.4). Wenn im folgenden aus der komplexen Sozial-, Politik- und Kulturgeschichte des Kaiserreichs einige wenige Entwicklungsstränge herausgegriffen und auf ihre Bedeutung für die Entstehung des radikalen Nationalismus untersucht werden, soll dadurch nicht der Eindruck entstehen, dieser sei im Sinne einer negativen Teleologie ein zwangsläufiges Produkt der politischen, sozialen und ideologischen Strukturen der reichsdeutschen Gesellschaft. Der entstehungsgeschichtliche Abriß beabsichtigt lediglich, einige zentrale Entwicklungsfaktoren und -bedingungen zu benennen, ohne die ein Verständnis des Phänomens unvollständig bliebe.

1. Reichsgründung und Nationsbildung: Zum Inhalts- und Funktionswandel des Nationalismus im Bismarckreich

Für den deutschen Nationalismus bedeutete das Jahr 1870/71 einen entscheidenden Wendepunkt. Durch die Gründung des Deutschen Reiches erhielt die Vorstellung der deutschen Nation erstmalig eine staatliche Grundlage. Zum erstenmal in der Geschichte sah sich eine Mehrheit der deutschsprachigen Bevölkerung Mitteleuropas in einem gemeinsamen Staat vereint. Damit war das zentrale Ziel der deutschen Nationalbewegung, die Errichtung eines deutschen »Nationalstaats«, erreicht, auch wenn das Reich in vielfacher Hinsicht nicht dem nationalstaatlichen Ideal entsprach. Mit der Reichsgründung veränderten sich folglich auch die Voraussetzungen des Nationalismus. Der »Nationalstaat« in Gestalt des Deutschen Reiches bildete von nun an den wichtigsten Bezugsrahmen des nationalistischen Denkens und Handelns.[1] Die Bedeutung der Reichsgründung ist lange Zeit hauptsächlich in dem durch sie bewirkten Funktionswandel »vom linken zum rechten Nationalismus« gesehen worden. Dieser Interpretation zufolge besaß der Nationalismus vor der Reichsgründung eine vorwiegend emanzipatorische, liberale Stoßrichtung, die den politischen und gesellschaftlichen Status quo in Frage stellte, nach 1871 in wachsendem Maße eine konservative, die die bestehenden Verhältnisse verteidigte und legitimier-

1 Zum Zäsurcharackter der Reichsgründung vgl. *Breuilly*, National Idea; *Langewiesche*, Nation und Nationalstaat.

te.[2] Diese in Anlehnung an die zeitgenössische liberale Kritik entwickelte These weist auf die sich wandelnde politische Instrumentalisierung nationalistischer Deutungsmuster hin. Sie vernachlässigt jedoch den tiefgreifenden inhaltlichen Wandel, den die Vorstellung der Nation infolge der Reichsgründung erfuhr.[3] Darüber hinaus tendiert die dichotomische Unterscheidung zwischen einem »linken« und einem »rechten« Nationalismus dazu, die auch für den frühen Nationalismus charakteristische Mischung emanzipatorischer und illiberaler Elemente sowie die konstitutive Bedeutung von Feindbildern für das nationalistische Selbstverständnis zu ignorieren.[4]

Von seiner Entstehung im ausgehenden 18. Jahrhundert bis in die Reichsgründungszeit wurde die deutsche Nation inhaltlich vor allem als Kultur-, Sprach- und Schicksalsgemeinschaft definiert und durch den Rekurs auf die angeblich gemeinsame Sprache und Geschichte legitimiert. Als kulturelle Bezugsgröße reichte die »gedachte Ordnung« der deutschen Nation dabei über die Grenzen der Einzelstaaten hinaus, ohne jedoch deren Existenz grundsätzlich in Frage zu stellen.[5] Erst im Zuge der sukzessiven Politisierung des Nationalismus zu Beginn des 19. Jahrhunderts avancierte die Schaffung eines nationalen Staates zum Fluchtpunkt der Nationalbewegung.[6] Die Problematik eines solchen Nationalstaats angesichts der komplexen ethnischen Gemengelage in »Mitteleuropa« trat in der Revolution von 1848/49 in aller Deutlichkeit zu Tage. Das Scheitern der Revolution hinterließ die Frage der staatlichen Organisation der deutschen Nation ungelöst und damit prinzipiell offen.[7] In der Zeit von 1849 bis 1871 konkurrierten deshalb weiterhin kleindeutsch-unitarische und großdeutsch-föderalistische Nationalstaatsvorstellungen, wie sie in der Paulskirche diskutiert worden

2 *Winkler*, Weg, Bd. 1, S. 236–247; *ders.*, Vom linken zum rechten Nationalismus.

3 Im Gegensatz dazu hat *Gramley*, S. 23f., 105f. den Wandel von einem eher liberal geprägten zu einem zunehmend konservativen Nationalismus als Ausdruck eines Mentalitätswandels interpretiert, der durch die Erfahrung der Reichsgründung und die durch sie bewirkten Veränderungen der lebensweltlichen Zusammenhänge verursacht wurde.

4 Vgl. die Kritik bei *Jeismann*, Vaterland, S. 11–23; *Goltermann*, Körper, S. 184f.; *Vogel*, Nationalismus; *Blitz*; *Langewiesche*, Volk und Vaterland; *Hoffmann*, Konstitution.

5 Für die konstituierende Phase des deutschen Nationalismus zwischen 1770 und 1840 vgl. *Echternkamp*, Aufstieg; *Planert*, Nationalismus; *Blitz*; *Düding*, Nationalismus; *Dann*, Nationalismus; *Schulze*, Weg; *ders.*, Nationalbewegung sowie die Überblicksdarstellungen bei *Wehler*, DGG, Bd. 1, S. 506–530, Bd. 2, S. 394–412; *ders.*, Nationalismus bis 1871; *Winkler*, Weg Bd. 1, S. 54–70; *Nipperdey*, Bürgerwelt, S. 300–313.

6 *Echternkamp*, Aufstieg, S. 163–290, 444–479; *Koselleck u.a.*, Volk; S. 307–347; *Langewiesche*, Reich, S. 346–350. Die kulturnationale Prägung des frühen deutschen Nationalismus wird auch durch den begriffsgeschichtlichen Befund bestätigt, demzufolge das Wort »Nationalstaat« bis in den Vormärz nicht zum politischen Sprachschatz der Deutschen gehörte. Vgl. *Langewiesche*, Reich, S. 349; *Düding*, Nationalismus, S. 102, 288; *Schieder*, Kaiserreich, S. 99.

7 *Langewiesche*, Germany; *Siemann*, Revolution, S. 146–157; *ders.*, Einheit; *Brandt*; *Wollstein*, Mitteleuropa; *ders.*, Großdeutschland; *Borowsky*; *Winkler*, Weg Bd. 1, S. 116–123; *Wehler*, DGG, Bd. 1, S. 764f.

waren, um politische Geltung. Geschah dies wegen der Repressionspolitik des Deutschen Bundes zunächst vorwiegend im Rahmen bürgerlicher Geselligkeitsvereine sowie der Turn- und Männergesangsbewegung, fand die Auseinandersetzung seit der Lockerung des polizeilichen Überwachungssystems 1859 wieder verstärkt in der Öffentlichkeit statt, wobei die unterschiedlichen Vorstellungen im kleindeutsch, propreußisch orientierten »Deutschen Nationalverein« und seinem großdeutschen Gegenstück, dem »Deutschen Reformverein«, ihren jeweiligen politischen Kristallisationspunkt fanden.[8]

Wenn unter dem Einfluß der borussischen Historikerschule und der Aktivitäten des Nationalvereins die kleindeutsche Nationalstaatsvariante zunehmend Anhänger gewann, war damit noch keineswegs eine Entscheidung über deren spätere Form präjudiziert.[9] Denn die Verwirklichung dieser Variante lag nicht in den Händen ihrer Anhänger. Gerade weil die kleindeutschen Hoffnungen einen unsicheren Wechsel auf die Zukunft bedeuteten, orientierte sich das zeitgenössische Nationsverständnis weiterhin primär an der überlieferten Vorstellung einer durch Sprache, Geschichte und Abstammung verbundenen Volks- und Kulturnation. Dies zeigt besonders das Beispiel der Turner-, Sänger- und Schützenvereine, die trotz zahlreicher personeller Verflechtungen mit dem Nationalverein ihren überparteilichen Charakter wahrten, an der ›unpolitischen‹ Vorstellung der Volks- und Kulturnation festhielten und gerade deshalb als eine klassenübergreifende Massenbewegung im Sinne einer gesellschaftlichen Fundamentalnationalisierung wirken konnten.[10] Kurzum: Ob die deutsche Nation weiter als Volks- und Kulturnation neben einer Vielzahl von Einzelstaaten in einem mehr oder weniger locker verbundenen Staatenbund fortbestehen oder ob diese sich zu einem wie auch immer gearteten Nationalstaat zusammenschließen würden, blieb zumindest bis 1866 völlig offen. Die Entscheidung hierüber fiel auf dem Schlachtfeld von Königgrätz und hätte leicht anders ausfallen können.[11]

Diese prinzipielle Offenheit der historischen Entwicklung muß im Hinblick auf die nach wie vor verbreiteten teleologischen Mythen deutscher Geschichtsschreibung, denen zufolge die Reichsgründung von 1871 ohne realistische Alternative gewesen sei, ausdrücklich hervorgehoben werden. Die Alternative zu einem »Kleindeutschland« war eben nicht »kein Deutschland«, wie Helga Grebing zugespitzt formuliert hat; vielmehr lag ein föderalistisch strukturierter Verbund der nord- und süddeutschen Staaten mit der Habsburgermonarchie

8 Vgl. *Goltermann*, Körper, S. 30–60; *Siemann*, Gesellschaft, S. 194–198, 253–255; *ders.*, Staatenbund, S. 389–415; *Wandruszka*, Ideologie; *Schulze*, Perspektiven; *Biefang*; *Na'aman*; *Real*; *Rosenberg*, Honoratiorenpolitiker.

9 *Wehler*, DGG, Bd. 3, S. 228–251; *Müller*, Deutscher Bund.

10 Vgl. *Düding*, Nationalbewegung, S. 620–624; *Goltermann*, Körper; *Krüger*, Körperkultur; *Klenke*, Gemeinschaftsideal; *ders.*, Schwur; *Michaelis*.

11 *Sheehan*, German History, S. 853–911; *Wehler*, DGG, Bd. 3, S. 331–335; *Goltermann*, Körper, S. 34f.; *Langewiesche*, Reich, S. 361–370; *ders.*, Nationsbildung.

durchaus im Vorstellungshorizont der Zeitgenossen.[12] Selbst nach der Gründung des Norddeutschen Bundes gab es keine Automatik, die zu einem Nationalstaat in Gestalt des Deutschen Reiches von 1871 hingeführt hätte. Noch 1869 beurteilte ein scharfsinniger Beobachter wie Ludwig August v. Rochau, der zugleich zu den einflußreichsten Vertretern der liberalen Nationalbewegung gehörte, die Chancen für eine staatliche Einigung der deutschen Nation mit großer Skepsis. Angesichts der vielfältigen Widerstände besonders in Süddeutschland bezweifelte Rochau, »daß sie [die deutsche Nation; d. Vf.] jemals auf dem Wege der freien Vereinbarung zum Ziel gelangen werde«, und meinte: »Wenn auch nicht gerade unmittelbare Waffengewalt, so doch jedenfalls ein unwiderstehlicher Zwang der Umstände ist aller Voraussicht nach das einzige Mittel, um den Partikularismus zu brechen.«[13] Nur wenige Monate später bestätigte der Gang der Ereignisse Rochaus Prognose. Der erneute, in dieser Form keineswegs vorhersehbare, militärische Erfolg der preußisch-deutschen Truppen und das diplomatische Geschick Bismarcks schufen den lange ersehnten Nationalstaat durch eine »Revolution von oben«.[14]

Der revolutionäre Akt der Reichsgründung veränderte die Vorstellung der deutschen Nation auf grundlegende Weise. Durch ihn erhielt die nationale Identität der Deutschen zum erstenmal eine staatliche Dimension. Weil das Deutsche Reich die Mehrheit der deutschsprachigen Bevölkerung Mitteleuropas in einem gemeinsamen Staat vereinte, wurde dieser von den meisten Zeitgenossen als die Verwirklichung des lange gehegten Traums von einem deutschen Nationalstaat betrachtet. Auf diese Weise gewann die Vorstellung der Staatsnation, die bis dahin lediglich als gesellschaftliche Zielutopie existiert hatte, eine materielle Grundlage. Als »Verwirklichung der Nationalität in ihrer stärksten politischen Form« entfalteten der nationale Staat und die auf ihn bezogene Vorstellung der Reichsnation eine außerordentliche ideologische Sogwirkung. Das Nationsverständnis der Reichsdeutschen jedenfalls orientierte sich seit 1871 in wachsendem Maße am kleindeutschen Nationalstaat. Das Reich avancierte zum primären Bezugspunkt der nationalen Identität.[15]

12 *Grebing*, S. 102. Auch *Nipperdey*, Machtstaat, S. 80–84 vertritt die Auffassung, es habe keine Alternative zur »kleindeutschen« Lösung gegeben. Vgl. dagegen die überzeugende Kritik bei *Evans*, Jahrhundert. Auch *Langewiesche*, Reich, S. 369 betont: »Ein stärker föderalistisches Deutschland ohne ein preußisch möbliertes nationales Gehäuse und verbunden mit der Habsburgermonarchie hätte auch in den Möglichkeiten der Zeit gelegen.«

13 *Rochau*, S. 253.

14 Vgl. *Wehler*, DGG, Bd. 3, S. 251–331, 938–946; *Langewiesche*, Revolution; *ders.*, *Reichsgründung*; *Winkler*, Weg Bd. 1, S. 178–186.

15 *Eley*, Staatsbildung, S. 47; *Wehler*, DGG, Bd. 3, S. 489–491, 946–961; *Winker*, Weg, S. 213–222; *Schieder*, Kaiserreich, S. 48–63; *Dann*, Nation, S. 165–174; *Nipperdey*, Machtstaat, S. 250–265; *Messerschmidt*. Die zentrale Bedeutung des modernen Staates für die Entwicklung des Nationalismus betonen *Breuilly*, Nationalism, S. 1–15; 366–403; *Linz*; *Tilly*, States.

Dieser Prozeß der reichsdeutschen Nationsbildung wurde durch eine Reihe struktureller und kontingenter Faktoren unterstützt: An erster Stelle ist hierbei die integrative Dynamik des modernen Interventionsstaates zu nennen, die sich in der Expansion staatlicher Aufgabenfelder, besonders auf den Gebieten der Sozial-, Rechts- und Verkehrspolitik sowie der Kolonial- und Außenhandelspolitik manifestierte. Diese Ausweitung (bundes)staatlicher Zuständigkeiten führte zu einer bis dahin nicht gekannten Homogenisierung und Standardisierung der Lebensverhältnisse und trug entscheidend dazu bei, die Vorstellung der deutschen Nation im Sinne der Reichsnation zu strukturieren.[16] Eine ähnliche Wirkung besaß das allgemeine, gleiche Männerwahlrecht, das durch die Einbeziehung neuer sozialer Schichten eine politische Mobilisierung der reichsdeutschen Gesellschaft mit zunehmender Breiten- und Tiefenwirkung zur Folge hatte. Durch diese Fundamentalpolitisierung erfuhr insbesondere der Reichstag eine politische Aufwertung. Er avancierte trotz seiner begrenzten Einflußmöglichkeiten auf den politischen Entscheidungsprozeß zur zentralen politischen Bühne, über die Regierung und Parteien auf eine reichsweite Öffentlichkeit einwirkten.[17] Der Ausbau der Bürokratie, die Vereinheitlichung des wirtschaftlichen und gesellschaftlichen Lebens und die durch das allgemeine Männerwahlrecht bewirkte Fundamentalpolitisierung verliehen der »gedachten Ordnung« der Reichsnation eine Faktizität, die den entscheidenden Grund für ihre außerordentliche Geltung darstellte. Gleichzeitig betonten und vermehrten diese Prozesse das, was die Reichsdeutschen von ihren »Volksgenossen« außerhalb des Reiches unterschied.[18]

Unterstützt wurde der Prozeß der reichsdeutschen Nationsbildung außerdem durch die veränderte, nunmehr ganz im Zeichen des Nationalstaats stehende, politische Sozialisation in Familie, Volksschule, Gymnasium, Universität, Militär und Vereinswesen, die auf jeweils spezifische Weise zu einer Internalisierung der reichsdeutschen Nationsvorstellung beitrug. Paradigmatisch läßt sich dieser Vorgang an der Entwicklung des Kriegervereinswesens demonstrieren. Die Kriegervereine waren die mitgliederstärkste nationalistische Organisation des Kaiserreichs und in nahezu allen Regionen vertreten. In ihnen organisierten sich die Veteranen der Einigungskriege sowie alle ehemaligen Angehörigen der Armee, gleichgültig ob sie Kriegsteilnehmer waren oder später lediglich ihre Wehrpflicht abgeleistet hatten. Am Vorabend des Ersten Weltkrieges gehörten der reichsweiten Dachorganisation, dem »Kyffhäuser-Bund«, 31 915 Vereine mit 2 837 944 Mitgliedern an. Keine andere Organisation im Kaiserreich – Gewerkschaften und Sozialdemokratie eingeschlossen – vermochte ähnlich viele Personen in ihren Reihen zu vereinen. Ihren Hauptzweck sa-

16 Vgl. *Kocka*, S. 84–90; *Wehler*, DGG, Bd. 3, S. 662–680, 936–938.

17 Vgl. *Ritter*, Parteien, S. 85–90; *Kühne*, Demokratisierung; *Weichlein*, Nation.

18 *Kocka*, S. 85. Vgl. *Deutsch*, Nationenbildung.

hen die Kriegervereine in der »Pflege des Nationalbewußtseins« und der Erinnerung an das gemeinsame Militärerlebnis. Der in den Vereinen propagierte Nationalismus war monarchistisch geprägt, wobei die Glorifizierung des Kaisers mit der Mobilisierung älterer, dynastisch-territorialer Loyalitätsbindungen einher ging. Aufgrund ihrer Mitgliederzahl und Verbreitung spielten die Kriegervereine eine herausragende Rolle bei der Nationalisierung breiter Bevölkerungsschichten und waren deshalb der bedeutendste Multiplikator eines affirmativen Reichsnationalismus.[19]

Zugunsten einer etatistischen Nationsvorstellung wirkten schließlich auch die öffentlichen Inszenierungen des Nationalstaats. Die Sedanfeiern, Kaisergeburtstage, Militärparaden und Denkmalseinweihungen stellten politische Rituale dar, die auf eine symbolische Vergegenwärtigung von Kaiser und Reich zielten und auf diese Weise die Vorstellung der Reichsnation popularisierten.[20] Allerdings war die Wirkung dieser Feiern und der auf ihnen verwendeten nationalen Symbole zumeist keineswegs eindeutig. Der konkrete Inhalt der nationalen Symbolik blieb vielfach ambivalent und damit offen für konkurrierende Vorstellungen der Nation; ein Umstand, der durch das Fehlen einer eindeutigen Reichssymbolik noch verstärkt wurde.[21] Aufgrund der genannten Faktoren gewann die Vorstellung der Reichsnation im Bewußtsein der Zeitgenossen jedoch zunehmend an Geltung. Der integrativen Dynamik des modernen Staates und seiner Institutionen konnten sich langfristig selbst diejenigen nicht entziehen, die als Anhänger eines partikularistischen, dynastischen Staatspatriotismus dem kleindeutschen Nationalstaat unter preußischer Hegemonie zunächst ablehnend gegenüberstanden oder wie Katholiken und Sozialdemokraten als »Reichsfeinde« ausgegrenzt wurden. Gerade die Beispiele des Katholizismus und der Sozialdemokratie zeigen die nationsbildende Kraft des modernen Staates, die auch durch gegenläufige ideologische Tendenzen nicht gebrochen werden konnte. In beiden Fällen vollzog sich trotz einer scharfen Diskriminierung durch den offiziellen, protestantisch-bürgerlich geprägten Nationalismus eine sukzessive, wenn auch keinesfalls geradlinige Integration in den nationalen Staat.[22]

19 *Saul*, Kriegerbund (die Zahlenangaben S. 95, 159); *Rohkrämer*, Militarismus; *ders.*, Gesinnungsmilitarismus; *Düding*, Kriegervereine. Im Gegensatz zu den Kriegervereinen hielten die Turner-, Sänger- und Schützenvereine auch nach der Reichsgründung sowohl programmatisch als auch organisatorisch an ihrer großdeutsch-kulturnationalen Ausrichtung fest und bildeten damit eine wichtige soziale Basis für die anhaltende Geltungskraft dieser Vorstellungen. Erst 1904 verließ der österreichische Turnkreis den Dachverband wegen Differenzen in der Antisemitismusfrage. Vgl. *Goltermann*, Körper, S. 59f.; *Klenke*, Gemeinschaftsideal, S. 442.

20 *Hardtwig*, Bürgertum; *ders.*, Nationsbildung; *Mosse*, Nationalisierung; *Vogel*, Nationen; *Nipperdey*, Nationalidee; *Tacke*; *Hoffmann*, Mythos; *ders.*, Monumentalismus.

21 Vgl. *Schieder*, Kaiserreich, S. 81–95.

22 Vgl. *Schieder*, Kaiserreich, S. 21–25; *Smith*, German Nationalism, S. 61–78; *Gründer*, Nation; *Iserloh*; *Morsey*; *Lill*, Katholiken; *Wehler*, Sozialdemokratie.

Die außerordentliche Attraktivität des Nationalstaats und der Prozeß der reichsdeutschen Nationsbildung sollten jedoch nicht darüber hinwegtäuschen, daß der nationalstaatliche Charakter des Deutschen Reiches bereits unter den Zeitgenossen heftig umstritten war. Der Grund hierfür lag in der ideologischen Struktur des Nationalstaatsbegriffs. Als ein moderner Staatstypus sui generis bezieht der Nationalstaat seine Legitimation aus der Übereinstimmung von staatlicher und nationaler Ordnung. Der Begriff des »Nationalstaats« setzt mithin immer die Vorstellung einer Nation voraus. Angesichts der Polyvalenz des Nationsbegriffs sind deshalb unterschiedliche, miteinander konkurrierende Nationalstaatsvorstellungen unvermeidlich. Oder anders formuliert: Inwieweit ein Staat als Nationalstaat verstanden wird, hängt vom jeweiligen Nationsverständnis ab. Aus diesem Grund vertrat bereits Theodor Schieder die Auffassung, der Nationalstaat müsse »in erster Linie als ideologisches System« verstanden und analysiert werden.[23]

Der ideologische Charakter des Nationalstaatsbegriffs zeigte sich in aller Deutlichkeit in der Diskussion um die »nationalen« Grundlagen des Deutschen Reiches. Wenn das Kaiserreich, dessen Staatsgebiet im Text der Verfassung mehrfach als »Deutschland« und einmal sogar als »ganz Deutschland« bezeichnet wurde,[24] seinen Kritikern als ein »unvollendeter Nationalstaat« galt, so deshalb, weil seine Grenzen nicht mit den älteren, kultur- und volksnationalen Vorstellungen der deutschen Nation übereinstimmten.[25] Im Sinne dieser Nationsvorstellungen entsprach das Reich nicht dem Idealtypus eines durch die Kongruenz von Nation und Staat gekennzeichneten Nationalstaates. Zum einen schloß es etwa vierundzwanzig Millionen Angehörige deutschsprachiger Bevölkerungsgruppen mit traditionellen Bindungen an die deutsche Kultur aus, zum anderen lebten innerhalb seiner Grenzen ethnisch-kulturelle »Minderheiten«, die als »Fremde« betrachtet wurden und sich zum Teil auch selbst nicht der deutschen Nation zugehörig fühlten.[26] Zu diesen »Minderheiten« gehörten insbesondere die Bewohner des 1871 annektierten Elsaß-Lothringens, die dänischsprachige Bevölkerung Nordschleswigs sowie die in den preußi-

23 Zum Begriff des Nationalstaats und seiner Problematik nach wie vor grundlegend *Schieder*, Probleme (Zitat: S. 107); *ders.*, Kaiserreich, S. 15–17; *ders.*, Typologie; *ders.*, Nationalstaat. Zur Entstehung des Nationalstaats in europäischer Perspektive vgl. *Schulze*, Staat, S. 209–243, der jedoch nicht auf die ideologische Qualität des nationalstaatlichen Ordnungsmodells eingeht.

24 Verfassung des Deutschen Reiches, Art. 3, 33, 41, 47, in: *Huber*, Dokumente, Nr. 218, S. 289–305.

25 Der Begriff des »unvollendeten Nationalstaats« stammt ursprünglich von Edmund *Jörg*, der mit dieser Formulierung im Januar 1871 aus großdeutsch-katholischer Perspektive den Ausschluß Österreichs aus dem Deutschen Reich kritisierte.

26 Vgl. *Goltermann*, Körper, S. 182–213; *Wehler*, DGG, Bd. 3, S. 946–961. Zum Begriff der »Minderheit« *Hroch*; *Jaworski*, Nationalstaat.

schen Ostprovinzen und im Ruhrgebiet lebenden Polen.[27] Ihrer Integration in den deutschen Nationalstaat standen dessen ethnisch-kultureller Ausschließlichkeitsanspruch sowie die zentrifugalen Kräfte des französischen, dänischen und polnischen Nationalismus entgegen. Die Konfrontation dieser gegensätzlichen Nationalismen, die durch die offizielle Politik gegenüber den genannten »Minderheiten« zusätzlich verschärft wurde, führte zu einer Eskalation der Nationalitätenkonflikte, die einen der wichtigsten Katalysatoren für die Entwicklung des radikalen Nationalismus darstellte.[28]

Der ethnisch-kulturelle Exklusivitätsanspruch des reichsdeutschen Nationalismus bildete auch den Anknüpfungspunkt für die sich seit Mitte der 1870er Jahre ausbreitende Diskriminierung der im Deutschen Reich lebenden Juden. Als Begründung für diesen »modernen Antisemitismus« gewannen neben traditionellen religiösen, sozialen und ökonomischen Motiven zunehmend auch nationalistische, völkische und rassistische Argumente an Bedeutung. Indem die Juden als ein eigenes »Volk«, eine eigene »Nation« oder »Rasse« dargestellt wurden, konnte ihre Zugehörigkeit zur deutschen Nation bestritten werden. Die ethnisch-kulturelle Grundierung des reichsdeutschen Nationalismus bildete deshalb den gemeinsamen ideologischen Hintergrund der verschiedenen antisemitischen Strömungen im wilhelminischen Kaiserreich.[29]

Die Persistenz dieser ethnisch-kulturellen Nationsvorstellung beruhte nicht allein auf ihrer traditionalen Geltung, sondern war darüber hinaus strukturell bedingt: Da das Reich seine Legitimation nicht aus der Vorstellung einer »Staatsbürgernation« bezog, die sich auf verfassungsmäßig garantierte Grundrechte und demokratische Partizipationsmöglichkeiten aller innerhalb seiner Grenzen lebenden Individuen gründete, benötigte es andere Kriterien, um die Zugehörigkeit zur Reichsnation zu bestimmen. Der neue deutsche Nationalstaat verstand sich deshalb primär als »staatlich geeinte Volks- und Kulturnation«, so daß »Deutschsein« weiterhin nahezu ausschließlich durch ethnische und kulturelle Kriterien definiert wurde. Neben der für den Nationalstaat konstitutiven Vorstellung der Reichsnation wurde die nationale Identität der Deutschen deshalb auch weiterhin von kultur- und volksnationalen Vorstellungen geprägt, mit der Folge, daß der Begriff des Nationalstaats im Hinblick auf das Deutsche Reich ambivalent blieb.[30] Mit anderen Worten: Im Hinblick auf die »gedachte Ordnung« der Nation warf die Gründung des Deutschen Reiches ebenso viele Probleme auf, wie sie löste.

27 Vgl. *Ther*; *Kleßmann*, Nationalitäten; *Schieder*, Kaiserreich, S. 25–48; *Wehler*, DGG, Bd. 3, S. 961–965, 1066–1071; *Nipperdey*; Machtstaat, S. 266–286. Zur Situation der Masuren, Kaschuben und Litauer *Smith*, Rändern; *Kossert* sowie die Beiträge in *Hahn u. Kunze*.

28 Zur Dialektik von Nationalstaatsbildung und der Konstitution »nationaler Minderheiten« vgl. *Jaworski*, Nationalstaat.

29 *Broszat*, Bewegung, S. 7; *Bergmann*; *Berding*, Antisemitismus, S. 140–151; *Wehler*, DGG, Bd. 3, S. 925–934; *Winkler*, Weg Bd. 1, S. 226–236.

30 Vgl. *Lepsius*, Nation, S. 244; *Goltermann*, Körper, S. 214–254.

Mit der Reichsgründung war die Nationsbildung keineswegs abgeschlossen, vielmehr markierte sie den Anfang eines neuen Nationsbildungsprozesses, der durch das Spannungsverhältnis zwischen den Vorstellungen der Reichsnation und der Volks- bzw. Kulturnation geprägt war.[31]

Für die Genese des radikalen Nationalismus war darüber hinaus von Bedeutung, daß sich das Deutsche Reich auch durch seine Funktion als nationaler Machtstaat legitimierte. Als »die weltliche Machtorganisation der Nation« (Max Weber) hing seine Legitimation in hohem Maße von seiner Fähigkeit ab, »nationale Interessen« zu vertreten und durchzusetzen.[32] Vor dem Hintergrund des sich verschärfenden imperialistischen Konkurrenzkampfes der okzidentalen Industriestaaten wurde genau diese Fähigkeit von einer zunächst nur kleinen, jedoch rasch wachsenden Zahl von Kritikern in Frage gestellt. Ihrer Auffassung nach konnte das Reich die politischen und wirtschaftlichen Interessen der deutschen Nation auf Dauer nur dadurch garantieren, daß es selbst in den Kreis der Bewerber um eine Weltmachtstellung eintrat. Mentalitätsgeschichtlich war die Forderung nach einem imperialistischen Engagement des Deutschen Reiches der Ausdruck eines erweiterten politischen Denkhorizontes, der als eine Folge der umfassenden Globalisierungsprozesse in den Bereichen von Verkehr, Kommunikation, Industrie und Handel nicht mehr auf den europäischen Kontinent beschränkt blieb, sondern erstmals eine globale Perspektive erlangte.[33] Anders ausgedrückt: Während der Nationalstaat als konkreter Erfahrungsraum für immer breitere Schichten der Bevölkerung lebensweltliche Bedeutung gewann, verlor er zusehends seine Funktion als nationalistische Zielutopie. An seine Stelle trat die Vorstellung eines deutschen Welt- und Kolonialreiches. In dieser Veränderung des nationalistischen Erwartungshorizonts lag eine weitere zentrale Ursache für die Entstehung des wilhelminischen Radikalnationalismus.

Der mit der Reichsgründung einsetzende Prozeß der Nationsbildung war – so läßt sich zusammenfassen – gekennzeichnet durch das Vordringen der Staatsnation bei gleichzeitiger Fortdauer kultur- und volksnationaler Vorstellungen. Dieser ambivalente Charakter des Deutschen Reiches bildete den Ausgangs- und Anknüpfungspunkt für einen neuartigen radikalen, völkisch und imperialistisch aufgeladenen Nationalismus, dessen Ziel es war, den »unvollendeten Nationalstaat« zu »vollenden«. Obwohl dieser radikale Nationalismus an ältere kultur- und volksnationale Vorstellungen anknüpfen konnte, stellte er ein qualitativ neuartiges Phänomen dar, weil er diese Nationsvorstellungen in einem grundlegend veränderten politischen und gesellschaftlichen Kontext

31 Vgl. *Sheehan*, What is German History?; *Schulze*, Geschichte; *Wehler*, DGG, Bd. 3, S. 941–961; *Eley*, Staatsbildung.

32 *Weber*, Nationalstaat, S. 561.

33 Vgl. *Torp*, Herausforderung, S. 27–49; *ders.*, Weltwirtschaft; *Osterhammel u. Petersson*, S. 63–76; *Petersson*, Kaiserreich; *Hobsbawm*, Zeitalter, S. 25–50. Zur zeitgenössischen Wahrnehmung dieser Globalisierungsprozesse *Schäfer*, Weltgeschichte, Bd. 1, S. 1–26, Bd. 2, S. 286–293.

neu politisierte und ihnen eine bis dahin unbekannte Stoßrichtung verlieh. Es ist jedoch bezeichnend für die nationsbildende Kraft des modernen Staates, daß auch der wilhelminische Radikalnationalismus eine Revision der nationalpolitischen Entscheidungen von 1870/71 nicht gegen, sondern nur auf der Grundlage des Bismarckschen Nationalstaats anstrebte. Auch für seine Anhänger bildete das Deutsche Reich die unverzichtbare Grundlage der nationalen Existenz, hinter die es kein zurück gab. Das Reich stellte aus ihrer Perspektive jedoch nicht länger das Ziel der nationalen Entwicklung, sondern nur noch ihren Ausgangspunkt dar.

Generell bedurfte es der Zeitspanne einer Generation, bis die Kritik am »unvollendeten« Nationalstaat ihre Wirksamkeit entfaltete. Die Inkubationsphase des radikalen Nationalismus endete deshalb keineswegs zufällig mit der Entlassung Bismarcks, die allgemein als das Ende einer Ära empfunden wurde. Mit der weitverbreiteten Umbruchs- und Aufbruchsstimmung nach der Zwangspensionierung des »Reichsgründers« trat auch die Dialektik von Staats- und Nationsbildung in eine neue Phase. Der sich formierende radikale Nationalismus konnte dabei an ein Reservoir von Argumenten und Deutungsmustern anknüpfen, das in der unmittelbar nach der Reichsgründung einsetzenden intellektuellen Auseinandersetzung um die ideellen und normativen Grundlagen des deutschen Nationalstaats entwickelt worden war. Im folgenden sollen deshalb diese ideologischen Wurzeln des radikalen Nationalismus und seine intellektuellen Wegbereiter näher untersucht werden.

2. Machtstaatsideologie und Kulturkritik: Intellektuelle Mentoren und ideologische Traditionsbestände

Die Geschichte des Nationalismus ist immer auch die Geschichte seiner intellektuellen Protagonisten. Alle Vorstellungen von der Nation müssen zunächst gedanklich konzipiert und sprachlich artikuliert werden, bevor sie gesellschaftliche und politische Wirksamkeit entfalten können. Hierin liegt die spezifische Bedeutung von Intellektuellen für die Entstehung und Ausbreitung von Nationalismus. Aufgrund ihrer Deutungskompetenz und meinungsbildenden Funktion waren Schriftsteller, Publizisten und Professoren seit jeher dazu prädestiniert, eine herausragende Rolle bei der ideologischen Konstruktion der Nation zu spielen. Nicht selten verfügten einige von ihnen über einen besonderen seismographischen Instinkt für sich ankündigende Erschütterungen des traditionellen Weltbildes. Indem diese Intellektuellen die von den meisten Zeitgenossen oft nur dunkel empfundenen Symptome des politischen, sozialen und kulturellen Wandels artikulierten und deuteten, avancierten sie zu »Propheten des Nationalismus«, die der Diskussion um die Nation die Argumente und das Vokabular vorgaben. Mitunter übernahmen einzelne herausragende Persönlichkeiten dabei die Rolle von Symbolfiguren, an deren Person und Werk sich die Auseinandersetzung paradigmatisch zuspitzte. In jedem Fall jedoch können sie als »eigenständiger Parameter im geschichtlichen Prozeß« gelten, der einer eingehenden Untersuchung bedarf.[34]

Dies gilt auch für die Entstehungsgeschichte des radikalen Nationalismus. Obwohl dessen ideologische Wurzeln überaus komplex sind, lassen sich dennoch zwei Traditionsstränge identifizieren, die gleichsam den intellektuellen Nährboden für seine Genese bildeten: zum einen die von der borussischen Historikerschule entwickelte Machtstaatsideologie, zum anderen eine seit der Reichsgründung anwachsende kulturkritische Strömung, in der sich ein weitverbreitetes Unbehagen an den ideellen Grundlagen des Bismarckschen Nationalstaats artikulierte. Hierbei waren es vor allem zwei Intellektuelle, die das rhetorische und argumentative Arsenal des radikalen Nationalismus nachhaltig prägten: Heinrich von Treitschke und Paul de Lagarde. Ihre Rolle als intellektuelle Wegbereiter des radikalen Nationalismus wird von der neueren Forschung vielfach als erwiesen vorausgesetzt, ist jedoch, wie eine genaue Analyse ihrer nationalistischen Vorstellungen zeigt, keineswegs selbstverständlich und bedarf deshalb einer Klärung.[35] Wenn im folgenden zwei individuelle Denker in den Mittelpunkt der Untersuchung gerückt werden, so soll damit nicht der Eindruck entstehen, als besäßen diese beiden Individuen das exklusive Urheberrecht auf die radikalnationalistische Weltanschauung. Die Analyse gründet vielmehr auf der Annahme, daß der große Anklang, den sie bei ihren Zeitgenossen fanden, daher rührte, daß sie als ›intermediäre Intellektuelle‹ Vorstellungen artikulierten, die bereits unterschwellig verbreitet und wirksam waren. Zugleich sollen die Grenzen einer primär ideengeschichtlichen Herleitung des radikalen Nationalismus aufgezeigt werden. Denn obwohl Treitschke und Lagarde von den radikalen Nationalisten nachweislich rezipiert und darüber hinaus als Vordenker kanonisiert wurden, beschränkte sich die Rezeption auf Teilaspekte ihres Werkes, war mithin unsystematisch und von den konkreten Interessen der Rezipienten geprägt.

Für die Anhänger der borussischen Geschichtsphilosophie bedeutete die Reichsgründung die Erfüllung ihrer nationalpolitischen Sehnsüchte und Hoffnungen. »Wodurch hat man die Gnade Gottes verdient, so große und mächtige Dinge erleben zu dürfen? Und wie wird man nachher leben? Was zwanzig

34 Vgl. *Hübinger u. Mommsen*, S. 7–11 (Zitat: S. 8); *Weber*, Machtprestige, S. 246f.; *Giesen*, Intellektuellen, S. 68–85; *Gramley*; *Schwedhelm*; *Kohn*, Propheten.

35 So reiht etwa *Chickering*, (We Men, S. 80) List, Lagarde, Langbehn, Nietzsche, Darwin und Treitschke unisono in die alldeutsche Ahnengalerie, ohne zu erläutern, welchen spezifischen Beitrag sie jeweils zur Konstruktion des radikalen Nationalismus geleistet haben.

Jahre der Inhalt alles Wünschen und Strebens gewesen, das ist nun in so unendlich herrlicher Weise erfüllt! Woher soll man in meinen Lebensjahren noch einen neuen Inhalt für das weitere Leben nehmen?«, schrieb Heinrich v. Sybel, einer der prominentesten Exponenten der borussischen Schule, unter dem Eindruck der Kapitulation von Paris in einem vielzitierten Brief an Hermann Baumgarten.[36] Sybels euphorischer Kommentar spiegelt eine weitverbreitete Auffassung wider, derzufolge die Reichsgründung die Vollendung der deutschen Geschichte darstellte. Wenn Sybel im Hochgefühl des Augenblicks mit dem Bismarckschen Nationalstaat das Ende der Geschichte gekommen sah, verkannte er jedoch nicht nur die tiefen sozialen, politischen und kulturellen Bruchlinien, die das neue Staatsgebilde durchzogen, sondern auch die in der borussischen Geschichtskonzeption angelegte ideologische Dynamik. Denn die teleologische Konstruktion der historisch notwendigen Machtsteigerung des preußischen Staates ließ sich problemlos auf die Rolle des deutschen Nationalstaats im System der imperialistischen Mächte übertragen. Die nationalpolitische Mission Preußens wandelte sich so zur weltpolitischen Aufgabe des Deutschen Reiches. Indem der Borussianismus die Tradition des preußischen Machtstaates zur eigentlichen Reichstradition verklärte, rechtfertigte er nicht nur die hegemoniale Stellung Preußens im Verfassungsgefüge des Reiches, sondern bereitete zugleich den für den radikalen Nationalismus konstitutiven Anspruch auf die Weltmachtstellung des Deutschen Reiches vor.[37]

Von zentraler Bedeutung für die imperialistische Umdeutung der borussischen Geschichtsideologie waren das Werk und die Person Heinrich von Treitschkes, dessen historische und publizistische Arbeiten sowie Wirkung als akademischer Lehrer ihn zu einem der einflußreichsten Mentoren des radikalen Nationalismus machten.[38] Auch Treitschke sah in der Reichsgründung die Verwirklichung der geschichtlichen Bestimmung Preußens, einen staatlichen Rahmen für das deutsche Volk zu schaffen. Für ihn ging die nationalpolitische Mission Preußens jedoch nahtlos über in die neue Aufgabe des Deutschen Reiches: die Behauptung und Expansion seiner äußeren und inneren Macht. Für den gebürtigen Sachsen und Wahlpreußen Treitschke, der sich unter dem Eindruck der militärischen Erfolge Preußens von einem entschiedenen Gegner zu einem leidenschaftlichen Apologeten der Politik Bismarcks gewandelt hatte, war »Macht« die alles entscheidende Legitimation und Existenzberechtigung eines Staates. Seinem bereits 1864 formulierten Glaubensbekenntnis zufolge bedeutete »das Wesen des Staats zum ersten Macht, zum zweiten Macht und zum dritten nochmals Macht«. Nach der Reichsgründung entwickelte sich

36 Sybel an Baumgarten, 27.1.1871, in: *Heyderhoff*, S. 494.

37 *Hardtwig*, Aufgabe; *Faber*, Realpolitik.

38 Vgl. *Langer; Winzen*, Influence; *Iggers*, Treitschke; *Dorpalen*; *Bußmann*, Treitschke als Politiker; *Kohn*, Propheten, S. 123–151.

Treitschke folgerichtig zu einem Propagandisten deutscher Flotten- und Kolonialpolitik. In seinen Vorlesungen und Veröffentlichungen betonte er immer wieder die Notwendigkeit einer expansiven Machtpolitik und des Erwerbs von Kolonien für die Zukunft des Deutschen Reiches.[39]

Das Fehlen deutscher Kolonien in Übersee versuchte Treitschke ideologisch zunächst dadurch zu kompensieren, daß er – ganz im Sinne einer »invention of tradition« – die mittelalterliche Ostsiedlung des »Deutschen Ordens« zu einem historischen Äquivalent für eine imperialistische Kolonialpolitik stilisierte.[40] Erst seit 1884, nachdem Bismarcks kolonialpolitische Initiativen eine realistische Perspektive für ein deutsches Kolonialreich eröffnet hatten, trat er für den Erwerb überseeischer Besitzungen ein.[41] Im imperialistischen Konkurrenzkampf der europäischen Mächte sah er seitdem die grundlegende machtpolitische Auseinandersetzung, in der sich das Schicksal Deutschlands entschied: »Wer bei diesem gewaltigen Wettkampf nicht mitwirkt, wird später einmal eine klägliche Rolle spielen. Es ist daher eine Lebensfrage für eine große Nation heute, kolonialen Drang zu entwickeln.« Treitschke hielt es sogar für wahrscheinlich, »daß einmal ein Land, das keine Kolonien hat, gar nicht mehr zu den europäischen Großmächten zählen wird« und meinte deshalb, »das Ergebnis unseres nächsten glücklichen Krieges« müsse »die Erwerbung irgendeiner Kolonie sein.«[42]

Der Eintritt des Deutschen Reiches in eine aktive Welt- und Kolonialpolitik mußte für Treitschke früher oder später zu einer Konfrontation mit Großbritannien führen. In seinem sozialdarwinistisch geprägten Politikverständnis, das die internationalen Beziehungen auf den außenpolitischen »Kampf ums Dasein« reduzierte, war der Konflikt mit England von der historischen Entwicklung vorgezeichnet und unvermeidlich. Als unabdingbare Voraussetzung für die Auseinandersetzung mit England galt ihm eine schlagkräftige Flotte. Angesichts der eindeutigen Unterlegenheit der kaiserlichen Seestreitkräfte gegenüber der Royal Navy war diese Auffassung gleichbedeutend mit der Forderung nach einem massiven Rüstungsprogramm für die deutsche Marine, dessen ›historische Berechtigung‹ er mit dem Hinweis auf die maritime Tradition

39 *Treitschke*, Bundesstaat, S. 71; *ders.*, Geschichte, Bd. 1, S. VII; *Langer*, S. 341–352.

40 *Treitschke* (Ordensland, S. 44) nennt den Ordensstaat eine »Kolonie, die keiner Theorie des Kolonialwesens sich einfügen will und dennoch die Lebensgesetze der Pflanzungsstaaten typisch veranschaulicht«.

41 *Winzen*, Influence, S. 159f.; *Langer*, S. 331–335. Noch 1880 hatte *Treitschke* (Lage, S. 545) geschrieben, Deutschland werde »immer wesentlich eine europäische Macht und eine Landmacht bleiben«.

42 *Treitschke*, Politik, Bd. 1, S. 121, 124. Vgl. ebd. S. 42f., 45, 233f.; *ders.*, Versuche. Dieses Argumentationsmuster paraphrasiert eine Formulierung des französischen Kolonialpublizisten Paul Leroy-Beaulieu, der in seinem 1874 veröffentlichten Werk »De la colonization chez les peuples modernes« verkündet hatte: »Le peuple qui colonise le plus est le premier peuple; s'il ne l'est pas aujourd' hui, il le sera demain.« (*Leroy-Beaulieu*, S. 643).

der Hanse zu untermauern versuchte.[43] In dieser dezidiert antienglischen Stoßrichtung der vom ihm propagierten Weltmachtpolitik liegt Treitschkes genuiner Beitrag zur Entstehung des radikalen Nationalismus. Niemand vertrat wie er mit ähnlicher Radikalität und Leidenschaft die Ansicht, daß England der Hauptfeind für das aufstrebende Deutsche Reich sei. Während Treitschkes kolonialpolitische Vorstellungen im wesentlichen die Auffassungen der Kolonialschriftsteller seiner Zeit widerspiegelten, waren sein Eintreten für eine starke deutsche Flotte und eine gegen England gerichtete Machtpolitik ein Novum. Die Radikalität und große Publizität seiner diesbezüglichen Äußerungen erzielten eine außerordentliche Wirkung bei seinem zumeist bildungsbürgerlichen Publikum und trugen entscheidend zur wachsenden Popularität der Forderung nach einer deutschen »Weltpolitik« bei.[44]

Ähnlich einflußreich war Treitschkes Antisemitismus. Im Zeichen des innenpolitischen Kurswechsels Bismarcks und des Aufstiegs des politischen Antisemitismus charakterisierte er die Juden im November 1879 als ein »Element der nationalen Zersetzung« und prägte die seitdem vielfach aufgegriffene Formel: »Die Juden sind unser Unglück!« Zwar war er bemüht, sich von dem vulgären Judenhaß der antisemitischen Bewegung zu distanzieren und zwischen jüdischen Einwanderern und assimilierten Reichsangehörigen jüdischen Glaubens zu differenzieren, seine Formulierung »deutschredende Orientalen« machte jedoch deutlich, daß sein Angriff der großen Mehrheit der deutschen Juden und besonders den liberalen jüdischen Intellektuellen galt. Obwohl Treitschkes Äußerungen auf lebhaften Widerspruch in der Öffentlichkeit stießen, leisteten sie einen bedeutenden Beitrag dazu, den Antisemitismus innerhalb des Bildungsbürgertums salonfähig zu machen.[45]

Der Einfluß Treitschkes auf seine Zeitgenossen und sein Anteil an der Entstehung des radikalen Nationalismus sind – wie bei allen ideologiegeschichtlichen Prozessen – nicht exakt zu bestimmen. Aufgrund der zahlreichen autobiographischen Zeugnisse ist es jedoch keine Übertreibung zu behaupten, daß seine Glorifizierung des nationalen Machtstaats verbunden mit der Forderung nach einer imperialistischen Expansion des Deutschen Reiches, aber auch sein Antisemitismus, das Geschichtsbild und nationale Selbstverständnis des Bildungsbürgertums, besonders der jüngeren Generation, nachhaltig prägten.[46]

43 *Treitschke*, Politik, Bd. 1, S. 216; Bd. 2, S. 412f.; *ders.*, Geschichte, Bd. 5, S. 489.

44 Vgl. *Winzen*, Influence, S. 158–161; *Bußmann*, Treitschke als Politiker, S. 263.

45 *Treitschke*, Aussichten, S. 481f.; *ders.*, Politik, Bd. 1, S. 295. Schon 1869 hatte er von »der gewaltigen Machtstellung, welche das Judentum in unserem geselligen Leben, in der Presse, in allen Zweigen des Verkehrs einnimmt«, gesprochen und den tiefen Gegensatz »zwischen dem schwerfälligen und doch so wunderbar tiefen und schöpferischen germanischen Wesen und diesem beweglichen und doch so unfruchtbaren Semitentum« beklagt (*ders.*, Königtum, S. 63). Vgl. *Langer*, S. 292–336; *Gramley*, S. 264–271; *Kampe*, S. 24–30; *Boehlich*.

46 Vgl. *Langer*, S. 352–357; *Winzen*, Influence, S. 155f., 161–167; *Iggers*, Treitschke, S. 185–187; *Bußmann*, Treitschke als Politiker, S. 253.

Zu den zahlreichen Studenten und Lesern, deren Weltbild nach eigenen Angaben durch Treitschkes Vorlesungen und Schriften geformt wurde, zählten u.a. Bernhard v. Bülow und Alfred v. Tirpitz, die Kolonialpolitiker und -publizisten Carl Peters und Paul Rohrbach sowie die Vorsitzenden des Alldeutschen Verbandes Ernst Hasse und Heinrich Claß. Der Historiker Dietrich Schäfer vertrat deshalb die Auffassung, seit Fichte habe kein deutscher Hochschullehrer einen vergleichbaren Eindruck auf die akademische Jugend gemacht.[47]

Dennoch wäre es verfehlt, in Treitschke einen direkten Vorläufer des radikalen Nationalismus alldeutscher Fasson zu sehen. Wenn die »Alldeutschen Blätter« aus Anlaß von Treitschkes zehnjährigem Todestag schrieben, die Vorstellungen und Ziele des Alldeutschen Verbandes seien »wesensverwandt mit denen Treitschkes«, so beruhte dieses Urteil auf einer selektiven Rezeption. Denn Treitschke blieb Zeit seines Lebens der Protagonist eines etatistischen Nationalismus und Imperialismus, für den der nationale Macht*staat* den entscheidenden Sinn und Zweck der Geschichte darstellte.[48] Diese Machtstaatsideologie ging einher mit einer prinzipiellen Absage an jedwede Form von »Volkstumspolitik«, die auf den Zusammenschluß aller Angehörigen eines ethnisch-kulturell definierten deutschen Volkes abzielte. Es sei nicht die Aufgabe der »nationalen Staatskunst, jede Scholle deutschen Bodens, die wir in den Tagen der Schwäche preisgegeben, in unser neues Reich hineinzuzwängen«, hatte Treitschke schon während des deutsch-französischen Krieges geschrieben. Diese Auffassung hinderte ihn allerdings nicht, im selben Atemzug die Annexion des Elsaß, Lothringens und Luxemburgs zu fordern und diese u.a. mit der Notwendigkeit der »Erhaltung unseres Volkstums« zu begründen.[49] Seine Versicherung, der neu gegründete Nationalstaat verfolge keine weitergehenden Eroberungspläne, bezog sich in erster Linie auf das Habsburgerreich. In Übereinstimmung mit der Politik Bismarcks betonte er die Saturiertheit des kleindeutschen Kaiserreichs und bezeichnete es »als ein Glück für den friedlichen Verkehr des Weltteils, daß die Grenzen der Nationen nicht gleichsam mit dem Messer in die Erdrinde eingegraben sind, daß noch Millionen Franzosen außerhalb Frankreichs, Millionen Deutsche außerhalb des Deutschen Reiches leben.« Neben realpolitischen Erwägungen wurde Treitschkes Haltung gegenüber dem Deutschtum in Österreich vor allem durch seinen Antikatholizismus

47 Vgl. *Bülow*, Denkwürdigkeiten, Bd. 1, S. 565, Bd. 4, S. 460; *Tirpitz*, Erinnerungen, S. 96; Rohrbach an Treitschke v. 6.3.1891, zit. in: *Mogk*, Rohrbach, S. 27; *Claß*, Strom, S. 15. Noch im August 1914 schrieb Claß im Hinblick auf die alldeutsche Kriegszielagitation: »Wir müssen uns den Treitschke des Sommers und Herbstes 1870 zum Vorbild nehmen.« (Claß an Gebsattel v. 4.8.1914, BA-B, Nl. Gebsattel, Nr. 1); *Schäfer*, Leben, S. 67f.

48 AB, Jg. 16, 1906, S. 133f. Vgl. *Hasse*, Besiedlung, S. 2; *Bohnhard*, S. 175–177. Zum Begriff des etatistischen Imperialismus vgl. *Mommsen*, Imperialismustheorien, S. 7–11.

49 *Treitschke*, Frankreich, S. 454, 456; *ders.*, Luxemburg. Vgl. *Bußmann*, Treitschke, S. 293–308, 337–378.

bestimmt, für den die Vorrangstellung der Protestanten im deutschen Nationalstaat von grundlegender Bedeutung war.[50]

Obwohl Treitschke die Nation als »Gemeinschaft des Blutes« definierte und erklärte, der nationale Staat habe »das Recht und die Pflicht, sein Volkstum überall in der Welt zu schützen« – und damit einer völkischen Interpretation seines Denkens Vorschub leistete – besaß für ihn der historisch geformte Nationalstaat die uneingeschränkte Priorität gegenüber dem durch Abstammung definierten »Volk«.[51] Dieser Primat der Staatsnation unterschied Treitschke von all jenen radikalen Nationalisten, die sich später auf ihn beriefen. Daß er dennoch zu einem der einflußreichsten Mentoren des radikalen Nationalismus avancierte, lag nicht nur an seiner kompromißlosen Haltung gegenüber den »nationalen Minderheiten«,[52] sondern vor allem an der teleologischen Struktur seines Denkens, das in der Tradition der Hegelschen Rechtsphilosophie die historische Entwicklung als »vernünftig« und damit zum Ausdruck einer geschichtlichen Notwendigkeit stilisierte.[53] Dieser geschichtsphilosophische Glaube an die historische Mission des deutschen Nationalstaates führte zu einem Wandel des Politikverständnisses, den Wolfgang Hardtwig als »Metaphysierung der Politik« beschrieben hat. Die ideologische Gewißheit über das Ziel der nationalen Entwicklung reduzierte das politische Handeln auf die Auswahl der zur Erreichung dieses Ziels notwendigen Mittel und konnte, besonders in Verbindung mit sozialdarwinistischen Denkkategorien, nahezu jede politische Maßnahme rechtfertigen. Dieses Denk- und Argumentationsmuster ließ sich ohne Probleme auf die radikalnationalistische Utopie eines »alldeutschen« Großreiches übertragen, das alle Angehörigen der deutschen »Volksgemeinschaft« umfaßte, und erklärt die breite Rezeption Treitschkes seitens der radikalen Nationalisten. Die eigentliche Bedeutung von Treitschkes Denken für die Genese des radikalen Nationalismus lag mithin in der »Rechtfertigung ›realistischer‹ und zunehmend naturalistischer, sozialdarwinistischer Praktiken, die erst durch ihren Bezug auf die quasimetaphysische Gewißheit des richtigen Zieles ermöglicht wurde«.[54]

Die zunehmende Fixierung auf den nationalen Machtstaat, wie sie in Treitschkes Werk ihren prägnantesten Ausdruck fand, blieb jedoch nicht ohne

50 *Treitschke*, Österreich, S. 521. Vgl. ebd.: »Wir würden uns versündigen an der Zukunft deutscher Geistesfreiheit, wenn wir darauf ausgingen, noch 14 Millionen Katholiken in das Reich aufzunehmen.«

51 *Treitschke*, Politik, Bd. 1, S. 269; *ders.*, Aufsätze, Bd. 3, S. 506; *Langer*, S. 373–388.

52 Vgl. die Reichstagsrede v. 30.11.1882: »Wir sind ein nationaler Staat, und die verschwindenden Minderheiten derer, die nicht deutsch sind von Blut in unserem Reich, werden auf die Nationalität der großen Mehrheit ihrer Volksgenossen einige Rücksicht nehmen müssen.« (*Treitschke*, Reden, S. 211–215, Zitat: S. 214). Treitschke war darüber hinaus bis zu seinem Tode 1896 Mitglied des DOV. Vgl. Ostmark, Jg. 3, 1898, S. 10f.

53 Vgl. *Treitschke*, Geschichte, Bd. 3, S. VI: »Über dem bunten Wirrsal waltet die Nothwendigkeit einer erhabenen Vernunft«; *Bußmann*, Treitschke, S. 374–378, 403–408.

54 *Hardtwig*, Aufgabe, S. 157–160 (Zitat: S. 159).

Widerspruch. Der Sieg des preußisch-deutschen Militärs im Krieg von 1870/71 war in weiten Kreisen des Bildungsbürgertums auch als ein Triumph der deutschen über die französische Kultur gedeutet worden, verbunden mit der Erwartung, der neugegründete Nationalstaat werde auch das kulturelle Leben beflügeln.[55] Diese Hoffnung sollte sich jedoch als trügerisch erweisen. Statt des vielbeschworenen Aufschwungs auf den Gebieten der Kunst und Literatur begann eine »Periode der Sättigung und Stagnation« (W.J. Mommsen). Verantwortlich hierfür war die sukzessive Anpassung der bürgerlichen Kultur an den nationalen Machtstaat und die höfisch-monarchischen Kulturideale, wie sie sich beispielhaft in der Flut nationaler Denkmäler oder den Werken Anton von Werners ausdrückte.[56] Kritische Zeitgenossen registrierten diese Entwicklung mit wachsender Sorge. Friedrich Nietzsche etwa warnte vor dem Irrtum der öffentlichen Meinung, daß auch die deutsche Kultur auf dem Schlachtfeld von Sedan gesiegt habe, und beschwor die Gefahr einer »Exstirpation des deutschen Geistes zu Gunsten des ›deutschen Reiches‹«. Seine Kritik galt dem ideellen Vakuum, in das die nationale Machtstaatsmetaphysik à la Treitschke die Diskussion über die deutsche Nation geführt hatte: »›Deutschland, Deutschland über Alles‹ – ist vielleicht die blödsinnigste Parole, die je gegeben worden ist. Warum überhaupt Deutschland – frage ich: Wenn es nicht Etwas will, vertritt, darstellt, das mehr Werth hat, als irgend eine andere bisherige Macht vertritt!«[57]

Zu den kulturkritischen Stimmen, die in der zum Selbstzweck gewordenen Machtpolitik einen Verfall deutscher Bildung und Kultur erblickten, gehörte auch der in Göttingen lehrende Orientalist und Religionswissenschaftler Paul de Lagarde. Wie Nietzsche übte er Kritik an der »inhaltlosen Macht« des Bismarckreiches und betonte die Notwendigkeit einer kulturellen Erneuerung: »Das 1870 vorhandene Kapital unsres geistigen Lebens ist durch die letzte Periode unsrer Geschichte nahezu aufgebraucht, und wir stehn vor dem Bankerotte.« Als Therapie gegen den von ihm diagnostizierten kulturellen Verfall propagierte er einen idealistischen Nationalismus, der auf nichts Geringeres zielte als auf eine radikale Reform der religiösen und politischen Grundlagen der reichsdeutschen Gesellschaft.[58]

Im Mittelpunkt von Lagardes Denken, das durch Pietismus und Romantik ebenso wie durch den Theologischen Rationalismus und philologischen Kritizismus geprägt war, stand die Suche nach einer »nationalen Religion«. Diese Suche hatte ihre Wurzeln in Lagardes radikaler Kritik des real existierenden Christentums seiner Zeit, die beiden Konfessionen gleichermaßen galt. Katholizismus und Protestantismus hatten für ihn ihre Fähigkeit zu ech-

55 Vgl. *Jeismann*, Vaterland, S. 241–295; *Kaiser*, Bildungsbürger.

56 *Mommsen*, Herausforderung, S. 429–432 (Zitat: S. 429); *ders.*, Bürgerliche Kultur, S. 26–41; *ders.*, Kultur; *Hardtwig*, Bügertum; *Schieder*, Kaiserreich, S. 64–80; *Nipperdey*, Nationalidee; *Tacke*.

57 *Nietzsche*, Betrachtungen, S. 156; *ders.*, Fragmente, S. 73.

58 *Lagarde*, Deutsche Schriften, S. 306, 313. Vgl. *Favrat*; *Paul*; *Stern*, S. 51–58; *Mosse*, Volk, S. 40–49; *Mosse*, Revolution, S. 40–49; *Becker*, S. 66–99.

tem religiösen Leben verloren und sollten deshalb durch eine »national-deutsche Religion« überwunden werden, die »dem von Gott gewollten Wesen der deutschen Nation« entsprach.[59] Auf der Grundlage seiner Kritik an der oberflächlichen Religiosität des kirchlich organisierten Christentums forderte Lagarde, der sich selbst nicht als Philologe, sondern als Theologe verstand, einen neuen Glauben, in dem der konfessionelle Gegensatz ebenso aufgehoben war wie der Konflikt um den konkurrierenden Absolutheitsanspruch von Religion und Nationalismus. Er selbst betrachtete sich als Propheten dieser »deutschen Religion«, dessen Aufgabe es war, »alles zu thun, was geeignet scheint, einer nationalen Religion den Weg zu bereiten und die Nation für die Aufnahme dieser Religion empfänglich zu machen«. Faktisch lief Lagardes »deutsche Religion« auf eine Sakralisierung von »Volk« und »Nation« hinaus, denen eine göttliche Ursprünglichkeit und religiöse Weihe zugeschrieben wurden.[60]

Lagardes religiöses Denken war eng mit seinen politischen Vorstellungen verknüpft. Was er im Bereich der Religion verloren glaubte, hoffte er auf politischem Gebiet wiederzugewinnen. Die Säkularisierung und Verflachung des religiösen Lebens konnte seiner Meinung nach nur überwunden werden, wenn es gelang, dem politischen Leben des deutschen Volkes eine religiöse Dimension zu verleihen. Ebenso leidenschaftlich wie das zeitgenössische Christentum kritisierte er deshalb die innere Zerrissenheit des Deutschen Reiches und die reichsdeutsche Selbstbeschränkung der Politik Bismarcks.[61] Von zentraler Bedeutung für Lagardes politisches Denken war dabei seine Unterscheidung von »Staat« und »Nation«. Den Staat verstand er als »die Gesamtheit aller für das Leben einer Nation nöthigen Einrichtungen«. Anders als für Treitschke galt ihm der Staat mithin nicht als Inbegriff, sondern lediglich als »die Form des Lebens der Nation«, die er in Anlehnung an Ernst Moritz Arndt als Sprach- und Kulturgemeinschaft definierte: »Deutschland ist die Gesamtheit aller deutsch empfindenden, deutsch denkenden, deutsch wollenden Deutschen.«[62]

Diese klassische Vorstellung einer deutschen Kulturnation verband Lagarde mit der Forderung nach einer Revision der nationalpolitischen Entscheidungen von 1866 und 1870/71. Da das Deutsche Reich nicht alle Angehörigen der deutschen Nation umfaßte, stellte es in seinen Augen lediglich eine Etappe auf dem Weg der politischen Neuordnung Mittel- und Osteuropas unter deutscher Vorherrschaft dar. Er forderte deshalb eine konsequente »Germanisierung« Posens und Westpreußens sowie aller nichtdeutschen Gebiete der Habsburgermonarchie. Die Existenzberechtigung des österreichischen Vielvölkerreiches sah er dar-

59 *Lagarde*, Deutsche Schriften, S. 82, 105, 146; *Favrat*, S. 117–260; *Paul*, S. 62–68; *Stern*, S. 60–79.

60 *Lagarde*, Deutsche Schriften, S. 73, 82, 146f., 236, 254, 257; *Favrat*, S. 261–326.

61 Vgl. *Favrat*, S. 385–486; *Stern*, S. 80–98.

62 *Lagarde*, Deutsche Schriften, S. 124, 134f., 182, 353.

in, »der Koloniestaat Deutschlands« zu werden. Alle übrigen Nationalitäten der Doppelmonarchie waren in seinen Augen kulturell wertlos und »nur Material für germanische Neubildungen.« In Lagardes durch keinerlei realpolitische Rücksicht getrübten Phantasie entstand so ein Deutschland, »das von der Ems- zur Donaumündung, von Memel bis Triest, von Metz bis etwa zum Bug« reichte. Nach der erfolgreichen Schaffung eines deutschen »Mitteleuropas« plante er die Eroberung großer Gebiete in Rußland und Kleinasien. Für die ihm vorschwebende politische Neuordnung Mitteleuropas unter deutscher Vorherrschaft hielt Lagarde einen Krieg für unausweichlich und notwendig.[63] In der Kolonisierung Mittel- und Osteuropas sah Lagarde zugleich eine Lösung für das Problem der Auswanderung. Er propagierte eine gezielte staatliche Ansiedlungspolitik, um die Auswanderer systematisch in jene Gebiete zu lenken, wo sie dem »Deutschtum« erhalten blieben und ihre Arbeitskraft zum Nutzen des deutschen Volkes einsetzen konnten. Mit diesen Vorstellungen einer weitreichenden deutschen Ostkolonisation war Lagarde der einflußreichste Vertreter der Lebensraumideologie avant la lettre.[64]

Obwohl Lagarde betonte, daß das Deutschtum »nicht im Geblüte, sondern im Gemüthe« liege und die Vorstellung einer Abstammungsgemeinschaft ablehnte, blieb der für sein Denken zentrale Begriff des »Volkes« ambivalent. Das »Volk« war für ihn eine metaphysische Gemeinschaft, die sich auf »das Bewußtsein der allen Einzelnen gemeinsamen Grund- und Stammnatur« sowie der sie verbindenden geschichtlichen Aufgabe gründete. Wie jedes Volk verdankte auch das deutsche seine Entstehung konkreten historischen Ereignissen. Diese Ereignisse beruhten jedoch nicht auf Zufällen, sondern waren Ausdruck »göttlichen Willens«, der mit ihnen einen bestimmten Zweck verfolgte.[65] Für Lagardes Volksbegriff war mithin die Vorstellung eines auserwählten Volkes konstitutiv. Die Übertragung des religiösen Auserwähltheitsglaubens auf die nationale »Volksgemeinschaft« machte diese zu einem Teil des göttlichen Schöpfungsplans und verlieh ihr eine religiöse Dimension. Die geschichtstheologische Konstruktion des auserwählten Volkes sowie die Betonung der allen »Volksgenossen« gemeinsamen natürlichen Anlagen tendierten zu einem objektivistischen Nationsverständnis, das in einem Spannungsverhältnis zu Lagardes kulturell voluntaristischer Definition stand. Dies zeigt sich besonders am Beispiel seines Antisemitismus.

Lagardes tiefe emotionale Abneigung gegen das Judentum bildete die ideologische Schnittmenge seiner religiösen und politischen Überzeugungen. Für ihn waren die Juden »eine Nation in der Nation«, d.h. sie stellten einen »Fremdkörper« innerhalb der nationalen Gemeinschaft dar. Er forderte deshalb, »daß die Juden aus Deutschland entweder auswandern oder in ihm Deutsche wer-

63 *Lagarde*, Deutsche Schriften, S. 28f., 91, 120–23, 390f., 422f.; *Favrat*, S. 327–384; *Meyer*, Mitteleuropa, S. 30–33.

64 *Lagarde*, Deutsche Schriften, S. 28f., 118–120. Vgl. *Meyer*, Mitteleuropa, S. 11–16.

65 *Lagarde*, Deutsche Schriften, S. 26, 72, 127f.

den müssen«. Assimilation war für ihn dabei gleichbedeutend mit der vollständigen Aufgabe jüdischer Religion und Tradition. Obwohl er eine solche ›bedingungslose Assimilation‹ grundsätzlich für möglich hielt, hegte er starke Zweifel an ihrer Realisierbarkeit, die ihn dazu veranlaßten, die »Verpflanzung der polnischen und österreichischen Juden nach Palästina« zu fordern. Lagardes Überzeugung, daß Deutschtum und Judentum prinzipiell unvereinbar seien, zeigt sich besonders in seiner Neigung, die Juden als eine »fremde Rasse« zu bezeichnen.[66] Zwar besaß sein Rassebegriff keine biologistischen Implikationen, sondern wurde von ihm als Synonym für »Volk« verwendet, die Bezeichnung der Juden als »Ungeziefer«, das es zu vernichten galt, forderte eine solche Deutung jedoch geradezu heraus.[67] In jedem Fall war dieser Rassenterminologie eine semantische Tendenz zur Ausgrenzung aufgrund einer vermeintlich substantiellen Andersartigkeit immanent, die einem exklusiven Verständnis von »Volk« und »Nation« Vorschub leistete. Obwohl weder Lagardes Volks- noch sein Rassenbegriff auf das Abstammungsprinzip rekurrierten, besaßen beide eine metaphysische, quasi-primordiale Qualität, die das »semantische Substrat einer radikal antisemitischen völkischen Ideologie« bildete.[68]

Lagardes idiosynkratische Vorstellungen, sein exzentrischer Charakter sowie sein offener Antisemitismus machten ihn zeit seines Lebens zu einem akademischen Außenseiter. Seine Wirkung beschränkte sich deshalb auf die Leser seiner »Deutschen Schriften«, deren eigenwilliger und unsystematischer Charakter eine sehr unterschiedliche Rezeption zuließ. Insbesondere seine Kritik an den etablierten Formen des Christentums und seine leidenschaftliche Suche nach neuen religiösen Ausdrucksmöglichkeiten sowie die explizite Verbindung von Nationalismus und Christentum trafen jedoch den ›religiösen Nerv‹ zahlreicher bildungbürgerlicher Zeitgenossen, wenngleich keineswegs alle ihm auf der Suche nach einer »nationalen Religion« folgten.[69] Seine nationalreligiösen Ideen wurden insbesondere von der sich um die Jahrhundertwende formierenden kulturpessimistischen Strömung innerhalb des Bildungsbürgertums aufgegriffen. Deren organisatorischer Mittelpunkt lag im Eugen-Diederichs-Verlag, dessen Publikationen in kritischer

66 Ebd., S. 36f., 274, 278, 397; *ders.*, Ausgewählte Schriften, S. 193–195; *Favrat*, S. 452–480; *Paul*, S. 68–74; *Stern*, S. 88–92; *Becker*, S. 76–78.

67 *Lagarde*, Ausgewählte Schriften, S. 209: »Mit Trichinen und Bazillen wird nicht verhandelt, Trichinen und Bazillen werden auch nicht erzogen, sie werden so rasch und so gründlich wie möglich vernichtet.« Zur Verwendung bakteriologischer Metaphern in der politischen Sprache allgemein vgl. *Gradmann*.

68 *Koselleck u.a.*, Volk, S. 376.

69 Ernst Troeltsch etwa widmete Lagarde den zweiten Band seiner »Gesammelten Schriften« und pries ihn als einen »der anregendsten und bedeutendsten, wenn auch zugleich ... seltsamsten, theologischen Denker« (*Troeltsch*, Lage, S. 19). Daß diese Wertschätzung in erster Linie Lagardes religionsgeschichtlicher Methode, nicht seinen nationalreligiösen Vorstellungen galt, betont *Drescher*, S. 82f. Zur Wirkungsgeschichte vgl. *Favrat*, S. 13–116; *Paul*, S. 74–85; *Stern*, S. 111–123; *Becker*, S. 83–93.

Auseinandersetzung mit der modernen Zivilisation auf eine Erneuerung der religiösen Kultur zielten.[70] Lagardes idealistische Deutschtumsmetaphysik und sein virulenter Antisemitismus fanden darüber hinaus Anklang bei Richard Wagner und seinem »Bayreuther Kreis«, die den Göttinger Gelehrten als »Propheten eines reinen Deutschtums« feierten.[71] Für die Entstehung des radikalen Nationalismus bedeutsamer waren jedoch Lagardes Kritik an der Unzulänglichkeit des Bismarckschen Nationalstaats und seine mystische Verklärung des Deutschtums, die ihn zu einem »der Väter des alldeutschen Gedankens« machten.[72] Besonders seine Forderung nach einer großangelegten deutschen Siedlungspolitik in Mittel- und Osteuropa wurde von den radikalen Nationalisten aufgegriffen und zum Ziel ihrer Lebensraumideologie erhoben.[73]

Im Hinblick auf die ideologischen Wurzeln des radikalen Nationalismus ergibt sich mithin ein ambivalentes Bild. Das Arsenal seiner Argumente und Vorstellungen entstammte im wesentlichen zwei unterschiedlichen Traditionslinien: der borussischen Machtstaatsideologie und einer konservativen Kulturkritik, wie sie seit der Reichsgründung innerhalb des Bildungsbürgertums zunehmend Verbreitung fand. Innerhalb dieser diskursiven Zusammenhänge waren es vor allem Treitschke und Lagarde, die das intellektuelle Arsenal bereitstellten, aus dem sich die radikalen Nationalisten großzügig bedienten. Ihre Rezeption war jedoch höchst selektiv und geprägt von den spezifischen politischen und ideellen Interessen der Rezipienten. Die ideengeschichtliche Analyse wirft mithin mindestens ebenso viele Fragen auf, wie sie beantwortet. Um zu verstehen, warum die radikalen Nationalisten lediglich bestimmte Aspekte rezipierten, ist es deshalb unerläßlich, nach den konkreten zeitgenössischen Herausforderungen zu fragen, auf die sie eine Antwort in den Schriften ihrer intellektuellen Mentoren suchten.

3. Nationalismus im Wandel: Die Anfänge des Imperialismus und das »Deutschtum im Ausland«

Zwei transnationale Entwicklungen prägten den Wandel des Nationalismus in den 1880er Jahren: Erstens die Anfänge des deutschen Imperialismus, durch die sich der Bismarcksche Nationalstaat zu einem Kolonialreich wandelte, und

70 *Hübinger*, Verlag; *Stark*, Entrepreneurs, S. 58–110; *v. Bruch*, S. 119–145; *Mosse*, Revolution, S. 62–77.

71 *Stern*, S. 118f.; *Altgeld*, Wagner; *Mork*, S. 71–73; *Hein*, Hitler, S. 407f.; *Schüler*.

72 O. Hötzsch, Paul de Lagarde in seiner alldeutschen Bedeutung, in: AB, Jg. 12, 1902, S. 57–59, 66–67 (Zitat: S. 67). Vgl. AB, Jg., 7, 1897, S. 274f.; AB, Jg. 14, 1904, S. 381f.; *Bohnhard*, S. 179f.; *Schemann*, Lagarde.

73 Vgl. *Hasse*, Großdeutschland, S. 20–28; *ders.*, Ansprüche; AB, Jg. 4, 1894, S. 5–7, Jg. 5, S. 161, S. 181f.

zweitens die Eskalation der Nationalitätenkonflikte innerhalb der Habsburgermonarchie, die das Augenmerk der Reichsdeutschen auf die wirtschaftliche, politische und kulturelle Situation der Deutschösterreicher lenkte. Beide Entwicklungen vollzogen sich unter lebhafter Anteilnahme der reichsdeutschen Öffentlichkeit, die ihren organisatorischen Niederschlag in einer Reihe nationalistischer Vereine und Verbände fand. Die Ziele und Aktivitäten dieser Organisationen verliehen dem Nationalismus eine neue Stoßrichtung, die über den politischen und gesellschaftlichen Status quo von 1871 hinauszielte.

Weil das Deutsche Reich anders als Großbritannien, Frankreich, Spanien, die Niederlande oder Portugal keine Tradition kolonialer Herrschaft besaß, trat es erst relativ spät in den Kreis der imperialistischen Mächte ein. Hinzu kam, daß die deutsche Außenpolitik sich seit 1871 strikt am Grundsatz der territorialen »Saturiertheit« orientierte und aus diesem Grund einer auf den Erwerb von Kolonialbesitz zielenden Politik fern stand. Als Anhänger eines »Freihandelsimperialismus« nach britischem Vorbild war Bismarck ein entschiedener Gegner jedweder Form einer auf territorialen Besitz ausgerichteten Kolonialpolitik. Der Erwerb von Kolonien spielte deshalb in der deutschen Öffentlichkeit zunächst keine herausragende Rolle, auch wenn es vereinzelte Stimmen gab, die angesichts der fortschreitenden imperialistischen Expansion anderer Staaten mahnten, das Deutsche Reich müsse, um seinen Status als Großmacht zu behaupten, am Wettlauf um die Aufteilung der Welt teilnehmen.[74]

Dieses Desinteresse änderte sich seit 1878/79. Mit der Abkehr vom Prinzip des Freihandels und dem Übergang zur Schutzzollpolitik wurden in der Öffentlichkeit verstärkt Forderungen laut, die den Erwerb von Kolonialbesitz zu einer vorrangigen nationalen Aufgabe erklärten. Den publizistischen Auftakt bildete eine Flugschrift des Leiters der Rheinischen Missionsgesellschaft, Friedrich Fabri, mit dem programmatischen Titel »Bedarf Deutschland der Kolonien?«, in deren Folge sich eine breite öffentliche Diskussion um die Notwendigkeit und Ziele imperialistischer Expansion entfaltete.[75] Zwei Aspekte standen im Mittelpunkt: Zum einen sollte der Strom von Auswanderern, der zwischen 1864 und 1873 einen neuerlichen Höhepunkt erreicht hatte, in überseeische Siedlungskolonien gelenkt werden, um auf diese Weise das »Deutschtum« der Auswanderer zu erhalten.[76] Zum anderen hofften die Befürworter kolonialer Expansion, die Erschließung neuer Absatzmärkte werde das wirtschaftliche Wachstum langfri-

74 Zum Koloninaldiskurs vor 1880 vgl. *Zantop*; *Fenske*, Zuschauer; *ders.*, Tendenzen; S. 15–23. Zur Außenpolitik nach 1871 *Canis*, Bismarcks Außenpolitik; *Mommsen*, Großmachtstellung, S. 17–40; *Hillgruber*, Außenpolitik, S. 129–165; *Hildebrand*, Reich, S. 13–64.

75 Vgl. *Fabri*; *Mommsen*, Großmachtstellung, S. 56–77; *Wehler*, Bismarck, S. 142–157; *ders.*, DGG, Bd. 3, S. 977–990; *Bade*, Fabri, S. 80–120.

76 Zur Bedeutung der Auswanderungsfrage für die frühe Kolonialbewegung vgl. *Smith*, Ideology, S. 645–652; *Bade*, Fabri, S. 21–24, 80–97, 354–368; *Fenske*, Auswanderung; *Bendikat*, S. 80–87. Zur Auswanderung allgemein *Bade*, Auswanderer, *Moltmann*, Amerikaauswanderung.

stig absichern und auf diese Weise zu einer Entschärfung der wachsenden sozialen Spannungen beitragen. Dieses Ziel spielte nach den traumatischen sozioökonomischen Krisenerfahrungen der Jahre 1873–1879 eine zentrale Rolle bei der Gründung der verschiedenen kolonialpolitischen Organisationen, in denen die frühe Kolonialbewegung ihren institutionellen Rückhalt fand.[77]

Bestrebungen, die zahlreichen kolonialpolitischen Vereine zu einem Dachverband zusammenzuschließen, führten im Dezember 1882 zur Gründung des »Deutschen Kolonialvereins«, dem sich binnen eines Jahres die meisten Einzelorganisationen anschlossen. Das Ziel des Kolonialvereins war es, durch öffentliche Agitation die »Einsicht« in die Notwendigkeit kolonialer Expansion zu fördern und zugleich konkrete Maßnahmen zur Lösung der Kolonialfrage zu unterstützen. Faktisch blieb der Kolonialverein jedoch primär ein Agitationsverband, der mit seinen 9000 dem Bildungs- und Besitzbürgertum entstammenden Mitgliedern eine wirkungsvolle nationalistische »pressure group« darstellte. Konkurrenz erwuchs ihm in der »Gesellschaft für deutsche Kolonisation«, die im März 1884 von Carl Peters und Friedrich Lange, dem Herausgeber der »Täglichen Rundschau«, gegründet wurde. Die »Gesellschaft für deutsche Kolonisation« versuchte sich durch die Förderung »praktischer Kolonisation« von der Tätigkeit des Kolonialvereins abzugrenzen und spielte eine wichtige Rolle bei der Erwerbung Deutsch-Ostafrikas, trat ansonsten jedoch ebenfalls in erster Linie agitatorisch in Erscheinung.[78]

Der wachsende öffentliche Druck der Kolonialbewegung trug dazu bei, daß die Reichsregierung ihre Zurückhaltung in kolonialpolitischen Fragen aufgab und eine aktivere Expansionspolitik betrieb, die 1884/85 zum Erwerb deutscher Schutzgebiete in Afrika und der pazifischen Inselwelt führte.[79] Die Motive, die Bismarck dazu bewogen, entgegen seinen Grundüberzeugungen für eine kurze Zeit auf die koloniale Karte zu setzen, sind in der Forschung intensiv und kontrovers diskutiert worden und brauchen hier nicht noch einmal erörtert zu werden,[80] zumal für den Wandel des reichsdeutschen Nationalis-

77 Bedeutung erlangte insbesondere der 1878 in Berlin gegründete »Centralverein für Handelsgeographie und Förderung deutscher Interessen im Auslande«, von dessen zahlreichen Zweigvereinen vor allem der Leipziger »Verein für Handelsgeographie und Kolonialpolitik« unter dem Vorsitz Ernst Hasses, des späteren Vorsitzenden des ADV, und der »Münchener Verein zum Schutz deutscher Interessen im Ausland« unter Leitung des Geographen Friedrich Ratzel wichtig waren. Vgl. *Wehler*, Bismarck, S. 158–168; *Bade*, Fabri, S. 136–172; *Gründer*, Geschichte, S. 39–48; *Bendikat*, S. 50–52. Zur industriellen Depression von 1873–79 *Wehler*, DGG, Bd. 3, S. 97–105, 547–567; *ders.*, Bismarck, S. 39–111; *Rosenberg*, Depression.

78 *Wehler*, Bismarck, S. 162–167, 336–367; *Pierard*, S. 13–74; *Bade*, Fabri, S. 172–189, 287–297; *Müller*, Deutschland, S. 97–133; *Klauß*, S. 99–136, 155–163; *Bendikat*, S. 57–80, 88–101; *Gottwald*, Kolonialverein; *ders.*, Gesellschaft; *Peters*, Gründung.

79 *Mommsen*, Großmachtstellung, S. 56–77; *Wehler*, Bismarck, S. 258–407; *Smith*, Empire, S. 20–39; *Gründer*; Geschichte, S. 79–109.

80 Vgl. *Canis*, Bismarcks Außenpolitik, S. 209–229; *Wehler*, Bismarck, S. 412–502; *Riehl*; *Bade*, Germany; *Gründer*, Geschichte, S. 51–62; *Gall*, Bismarck, S. 614–618; *Engelberg*, S. 300–313.

mus weniger die Ursachen und Motive des Bismarckschen Imperialismus bedeutsam waren als vielmehr seine konkreten Ergebnisse: Seit 1884/85 war das Deutsche Reich größer geworden, hatte sich der Nationalstaat zu einem Kolonialreich gewandelt. Mit dieser »zweiten Reichsgründung«, die Bismarcks charismatische Herrschaft weiter festigte und seine Person endgültig in den Rang eines nationalen Symbols erhob, weitete sich auch der politische Horizont der Reichsdeutschen. Der erweiterte politische Erfahrungsraum implizierte ein umfassenderes Verständnis nationaler Interessen und prägte so einen neuen nationalistischen Erwartungshorizont: Als das Ziel der nationalen Entwicklung galt nunmehr der Weltmachtstatus des Deutschen Reiches.[81]

Der Eintritt Deutschlands in den Kreis der Kolonialmächte verhalf der Kolonialbewegung zu einer bis dahin nicht gekannten öffentlichen Resonanz, schien er doch die Prognosen der Expansionsbefürworter zu bestätigen und eine glorreiche imperialistische Zukunft zu versprechen. Darüber hinaus stand die Kolonialpolitik im Mittelpunkt des Wahlkampfes von 1884, wobei besonders Bismarck und die Nationalliberalen bemüht waren, sie für ihre Zwecke zu instrumentalisieren. Dieser Kolonialenthusiasmus hielt jedoch nicht lange an. Angesichts der praktischen Probleme bei der Erschließung der »Schutzgebiete« und der ausgeprägten Skepsis gegenüber größeren Investitionen in Handels- und Finanzkreisen, die zu einer Stagnation der Kolonialpolitik auf nahezu allen Ebenen führte, wichen die hochfliegenden Hoffnungen der Kolonialanhänger sehr bald einer wachsenden Desillusionierung.[82]

Als ein Versuch, der zunehmenden Ernüchterung in kolonialpolitischen Fragen entgegenzuwirken, fusionierten im Januar 1887 der »Kolonialverein« und die »Gesellschaft für deutsche Kolonisation« zur »Deutschen Kolonialgesellschaft«, die sich zur einflußreichsten imperialistischen »pressure group« der wilhelminischen Ära entwickeln sollte. Ihr Einfluß resultierte weniger aus der Zahl ihrer Mitglieder, die von knapp 15 000 Ende 1887 auf mehr als 42 000 in Jahre 1914 anstieg, als vielmehr aus den zahlreichen offiziellen und informellen Kontakten zur Reichsregierung. Unter den führenden Repräsentanten der Kolonialgesellschaft dominierten Unternehmer, Bankiers und Kaufleute, die ökonomische Interessen in Übersee besaßen und aus diesem Grund eine möglichst enge Kooperation mit der Regierung suchten. Dieser Wunsch korrespondierte mit dem Bestreben der Ministerialbürokratie, die wirtschaftliche Entwicklung der »Schutzgebiete« in die Hände privater Aktiengesellschaften zu legen. Aufgrund dieser Interessenkonvergenz avancierte die Kolonialgesellschaft zum »großen Bundesgenossen der Kolonialverwaltung«, deren Politik sie auch dann unterstützte, wenn diese

81 Vgl. *Chickering*, We Men, S. 30. Der Begriff der »zweiten Reichsgründung« in Anlehnung an *Bade*, Reichsgründung. Vgl. *ders.*, Kaiserreich; *Smith*, Empire; *Gründer*, Geschichte, S. 111–211.

82 *Wehler*, Bismarck, S. 475–485; *Bade*, Germany, S. 138–140; *ders.*, Reichsgründung, S. 207–211. Zur Haltung der Nationalliberalen vgl. *Ratzel*, Reichsnörgler.

den kolonialen Interessen des Reiches zu widersprechen schien und deshalb von anderen nationalistischen Agitationsverbänden scharf kritisiert wurde.[83]

Dieser strikt gouvernementale Kurs der Verbandsführung erregte in wachsendem Maße den Unmut der radikaler gesinnten Mitglieder aus den Reihen der ehemaligen »Gesellschaft für deutsche Kolonisation«, die ein entschiedeneres Eintreten für die expansionistischen Ziele der Kolonialgesellschaft verlangten – selbst wenn dies zu einem Konflikt mit der Regierung führen sollte. Zwar blieb der Unmut an der Basis wegen der hierarchischen Organisationsstruktur der Kolonialgesellschaft weitgehend wirkungslos, die latente Unzufriedenheit eines Teils der Mitgliederschaft schuf jedoch die Voraussetzungen für die Akzeptanz einer radikaleren Agitation mit potentiell antigouvernementaler Stoßrichtung. Ungeachtet dieser internen Spannungen fungierte die Kolonialgesellschaft als ein herausragender Multiplikator eines expansiven Nationalismus, für den der Nationalstaat in den Grenzen von 1871 lediglich eine Etappe auf dem Weg zu einem deutschen Kolonial- und Weltreich darstellte.

Die Anfänge imperialistischer Expansion bildeten einen zentralen, jedoch nicht den einzigen Katalysator für den Inhaltswandel des reichsdeutschen Nationalismus. Entscheidende Impulse erhielt dieser darüber hinaus durch die sich verschärfenden ethnisch-kulturellen Konflikte in Mittel- und Osteuropa, die sich vor allem für das multiethnische Habsburgerreich immer mehr zu einer Existenzfrage entwickelten. Aufgrund der historischen Siedlungsstruktur waren deutschsprachige Bevölkerungsgruppen an den meisten dieser Konflikte beteiligt, sei es als dominierende ethnische Gruppe in der zisleithanischen Reichshälfte, deren hegemoniale Stellung von den Partizipations- und Autonomieforderungen der Tschechen herausgefordert wurde, sei es als Minderheit in Transleithanien, die versuchte, ihre kulturelle Eigenständigkeit gegenüber der staatlichen Magyarisierungspolitik zu behaupten – um nur die wichtigsten Auseinandersetzungen zu nennen.[84] Sowohl in der Haburgermonarchie als auch im Deutschen Reich entstanden deshalb sogenannte »nationale Schutzvereine«, die sich nach dem Vorbild konfessioneller Schutzorganisationen wie dem »Gustav-Adolph-Verein« bemühten, durch eine Vielzahl ökonomischer und kultureller Unterstützungsmaßnahmen zum »Erhalt des Deutschtums« beizutragen.[85]

Der wichtigste dieser Schutzvereine war der im Mai 1880 als Reaktion auf die Nationalitätenpolitik des österreichischen Ministerpräsidenten Eduard Graf von Taaffe gegründete »Deutsche Schulverein«. Der Anlaß für seine Gründung

83 Vgl. *Chickering*, Societies, S. 473–477; *Bade*, Fabri, S. 221–314; *Pierard*, S. 75–117, 369–373; *Klauß*, S. 202–207; *Hartwig*, Kolonialgesellschaft; *Bendikat*, S. 106–145. Zur Mitgliederentwicklung *Eley*, Reshaping, S. 366.

84 Vgl. als Überblick *Kann*, Problematik; *ders.*, Nationalitätenproblem; *ders.*, Deutschland; *Urbanitsch; Sutter*; *Gottas*; *Sked*; *Burian*.

85 *Weidenfeller*, S. 98–139; *Schödl*, Varianten; *Schultheiss*, Vereinswesen; *Geiser*, Vereinswesen; *Müller*, Gustav-Adolf-Verein.

waren die Bemühungen der Regierung Taaffe, die slawischen Minderheiten politisch in den österreichischen Staat zu integrieren, und die hierzu unvermeidlichen Konzessionen, vor allem auf kulturpolitischem Gebiet. Die Maßnahmen der Regierung Taaffe stießen auf entschiedenen Widerstand der deutschsprachigen Bevölkerung, insbesondere der deutschliberalen Opposition, die einen Ausverkauf ihrer Interessen durch die Koalition slawisch-konservativer und klerikaler Kräfte befürchtete. Angesichts dieser wachsenden Unzufriedenheit fiel die Idee, einen Verein zur Unterstützung deutscher Schulen in den zisleithanischen Gebieten mit gemischtsprachiger Bevölkerung zu gründen, auf fruchtbaren Boden. Der »Deutsche Schulverein« erreichte bis 1887 eine Mitgliederzahl von 120000 Personen und war damit eine der größten Organisationen der Habsburgermonarchie, in der nahezu alle politisch-ideologischen Strömungen innerhalb des deutschsprachigen Bürgertums vertreten waren.[86]

Die Gründung des »Deutschen Schulvereins« fand auch innerhalb des Deutschen Reiches Unterstützung. Als organisatorisches Sammelbecken fungierte zunächst der Berliner »Zentralverein für Handelsgeographie«. Die Ziele der reichsdeutschen Schulvereinsanhänger gingen jedoch weit über die ihrer österreichischen Gesinnungsfreunde hinaus. Hatten diese aus politischen Überlegungen heraus ihre Tätigkeit auf die zisleithanischen Teile der Habsburgermonarchie beschränkt, waren die reichsdeutschen Gruppierungen bestrebt, das Deutschtum überall auf der Welt, sowohl in Transleithanien als auch in Übersee in ihr Engagement einzubeziehen. Vor allem aufgrund dieser unterschiedlichen Zielsetzungen, aber auch weil das österreichische Vereinsgesetz eine organisatorische Ausdehnung des Schulvereins innerhalb des Deutschen Reiches verbot, kam es im August 1881 in Berlin zur Gründung eines »Allgemeinen Deutschen Schulvereins« (seit 1908 »Verein für das Deutschtum im Ausland«). Sein programmatisches Ziel war es, »die Deutschen außerhalb des Reiches dem Deutschtum zu erhalten und sie nach Kräften in ihren Bestrebungen, Deutsche zu bleiben oder wieder zu werden zu unterstützen«. Erreicht werden sollte dies u.a. durch die Unterstützung deutscher Schulen, Kindergärten und Bibliotheken, die Verbreitung deutschen Schrifttums sowie die Mobilisierung der Öffentlichkeit für die Interessen des »Auslandsdeutschtums«.[87] Sowohl programmatisch als auch ideologisch leistete der »Allgemeine Deutsche Schulverein« mit seinen 40000 Mitgliedern auf diese Weise einen wichtigen Beitrag zur Verbreitung eines ethnisch-kulturellen Nationsverständnisses.[88]

86 Zu seinen Initiatoren zählten u.a. Heinrich Friedjung, Viktor Adler, Engelbert Pernerstorfer, Otto Steinwender, Georg v. Schönerer und Karl Lueger, deren spätere Karrieren einen höchst unterschiedlichen Verlauf nahmen. Vgl. *Weidenfeller*, S. 102–115; *Schulthess*, Vereinswesen, S. 34–43. Zur Politik der Regierung Taaffe *Kann*, Nationalitätenproblem, Bd. 1, S. 91–108; *Sutter*, S. 209–221.

87 *Weidenfeller*, S. 140–178 (Zitat: S. 176). Vgl. den Aufruf des Allgemeinen Deutschen Schulvereins, o.J. [1901], BA-MA, RM 3, Nr. 9935, Bl. 9; *Poßekel*; *Schultheiss*, S. 44–48.

88 Vgl. *Weidenfeller*, S. 176f., 214f.; *Chickering*, We Men, S. 32f.

Ähnliches gilt auch für den im Januar 1886 gegründeten »Allgemeinen Deutschen Sprachverein«. Zwar konzentrierte sich dessen Aktivität primär darauf, die deutsche Sprache von vermeintlich »unnöthigen fremden Bestandteilen« zu befreien, doch lagen dieser Betätigung die Vorstellung einer durch Sprache konstituierten Kulturnation zugrunde, die über die Grenzen des Deutschen Reiches hinausreichte. In diesem Sinne sollte die »Reinhaltung der deutschen Sprache« ausdrücklich dazu dienen, das »allgemeine nationale Bewußtsein im deutschen Volke« zu kräftigen. Der vom Sprachverein propagierte philologische Kleinkrieg gegen das »Fremdwörterunwesen«, dem sich bis 1890 etwa 12000 vorwiegend bildungsbürgerliche Mitglieder anschlossen, trug daher seinen Teil dazu bei, die Geltung der Reichsnation zu relativieren.[89]

Vergleicht man die Kolonialgesellschaft, den Schul- und den Sprachverein miteinander, fallen eine Reihe von Gemeinsamkeiten ins Auge: Alle drei Organisationen waren »nationale Verbände« einer neuen Generation, deren Organisationsstruktur sich an den Erfordernissen des entstehenden »politischen Massenmarktes« (Hans Rosenberg) orientierte.[90] Ihre Mitglieder rekrutierten sich zum überwiegenden Teil aus dem Bildungs- und Besitzbürgertum, wobei der Anteil der Wirtschaftsbürger innerhalb der Kolonialgesellschaft höher lag als im Schul- und Sprachverein, in denen akademisch ausgebildete Lehrer und Beamte das Gros der Mitglieder ausmachten. Darüber hinaus bestanden grundlegende ideologische Affinitäten. Sowohl die Kolonialgesellschaft als auch der Schul- und Sprachverein propagierten eine Vorstellung der deutschen Nation, die das reichsnationale Selbstverständnis transzendierte. Die semantische Schnittmenge ihrer unterschiedlichen nationalistischen Ziele bildete der Begriff des »Auslandsdeutschtums«, der als Bezeichnung sowohl für die deutschsprachige Bevölkerung in Mittel- und Osteuropa als auch die deutschen Auswanderer in Übersee diente und damit das zentrale sprachlich-diskursive Bindeglied zwischen den Bestrebungen der Kolonialbewegung und der »nationalen Schutzvereine« darstellte.

Der Begriff des »Auslandsdeutschtums« spiegelt die für den sich wandelnden Nationalismus konstitutive Ambivalenz zwischen der reichsdeutschen Staatsnation und einem ethnisch-kulturellen Nationsverständnis wider, bezeichnete er doch außerhalb des Deutschen Reiches lebende Bevölkerungsgruppen, die gleichwohl als Angehörige einer überstaatlichen deutschen »Volksgemeinschaft« gedacht wurden.[91] Er bildete damit einen zentralen Anknüpfungspunkt für einen neuen, expansiven Nationalismus, der darauf zielte, die Grenzen des deutschen National-

89 ZADSV, Jg. 1, 1886/87, S. 1; H. Riegel, Nation – national, in: ebd., S. 19–21. Vgl. den Aufruf des ADSV [1901], BA-MA, RM 3, Nr. 89, Bl. 2f.; *Chickering*, Nationalismus; *Olt*; *Schultheiss*, Vereinswesen, S. 73–75.

90 *Rosenberg*, Depression, S. 118–132; *Tenfelde*.

91 Es ist deshalb kein Zufall, daß der Begriff semantisch erst nach der Reichsgründung Kontur gewann. Vgl. *Weidenfeller*, S. 74–97; *Münz u. Ohliger*.

staates im Sinne einer umfassenderen, ethnisch-kulturellen Definition der Nation zu erweitern. Wenn dieser neue Nationalismus, dessen wesentliche Ingredienzen am Ende der 1880er Jahre bereit lagen, vorerst noch keine wirkungsvolle Artikulation erfuhr, lag dies weniger an fehlenden ideologischen Voraussetzungen als vielmehr an den politischen und gesellschaftlichen Rahmenbedingungen, die einem nationalistischen Revisionismus zunächst weiterhin entgegenwirkten.

Diese Schlußfolgerung legt jedenfalls das Scheitern des 1886 unternommenen Versuchs nahe, die in der Kolonialbewegung und den »nationalen Schutzvereinen« wirksamen nationalistischen Überzeugungen in einer ideologischen und organisatorischen Synthese zusammenzufassen. Die Initiative hierzu ging von Carl Peters und seinen Anhängern aus. Ihr Vorschlag, einen Kongreß mit Vertretern aller maßgeblichen »nationalen Verbände« einzuberufen, erweckte unter gemäßigten Kolonialbefürwortern jedoch den Verdacht, das Vorhaben diene dem politischen Abenteurer Peters lediglich als Vorwand, um finanzielle Mittel für eine neue Expedition in Ostafrika zu erschließen. Aus diesem Grund erteilte die Führung des Kolonialvereins seinen Plänen eine klare Absage, wodurch sich dieser in seinem Vorhaben jedoch nicht beirren ließ.[92] Das Ergebnis war der vom 13. bis 16. September 1886 in Berlin tagende »Allgemeine Deutsche Kongreß zur Förderung überseeischer Interessen«, an dem sich Abgesandte der meisten »nationalen Verbände« sowie prominente Persönlichkeiten aus Wirtschaft und Wissenschaft beteiligten.

Auf der Tagesordnung standen die neuen »nationalen Fragen«: die Kolonialpolitik, die Auswanderungsproblematik sowie die Verteidigung der deutschen Sprache und Kultur jenseits der Reichsgrenzen, die von den sechshundert Teilnehmern in entsprechenden Sektionen diskutiert wurden.[93] Das Ziel der Organisatoren war es, die unterschiedlichen ökonomischen, politischen und kulturellen Einzelbestrebungen zu koordinieren, sie in einem einheitlichen Programm zusammenzufassen und diesem eine organisatorische Grundlage zu verschaffen. Den ideologischen Basiskonsens bildete dabei die Vorstellung eines »kulturellen und geistigen Zusammenhangs« des Deutschtums auf der ganzen Erde.[94] Den gemeinsamen programmatischen Nenner des Kongresses stellte der Ruf nach einer deutschen Weltmachtpolitik dar, deren Notwendigkeit sich als eine vermeintlich zwangsläufige Konsequenz der Reichsgründung ergab.[95] Die Weltmachtstellung des Deutschen Reiches avancierte auf diese Weise

92 Zur Persönlichkeit von Carl Peters vgl. *Perras*, S. 10–13; *Gay*, S. 108–110; *Müller*, Deutschland, S. 97f.; *Wehler*, Bismarck, S. 336–339.

93 Vgl. den Bericht über die Verhandlungen des Allgemeinen Deutschen Kongresses; KPK, Jg. 2, 1886, S. 265–275; *Perras*, S. 86–99; *Müller*, Deutschland, S. 177–191.

94 Aufruf zum ersten allgemeinen deutschen Kongreß zur Förderung überseeischer Interessen, BA-B, ADV, Nr. 1, Bl. 5–7; KPK, Jg. 2, 1886, S. 21–24.

95 »Auf den Schlachtfeldern von Königgrätz und Sedan«, erklärte etwa der Publizist Otto Arendt, »erstand nicht nur die Einheit unseres Volkes, es ward hier zugleich die Weltmachtstel-

von einer nationalistischen Prestigefrage zu einem politischen Programm, das auf eine Veränderung des nationalen Status quo abzielte. Die Anhänger dieses Programms bezeichneten sich selbst als »deutschnational« und übernahmen damit einen Terminus, der bis dahin zur Bezeichnung der nationalistischen deutschen Parteien und Organisationen in der Habsburgermonarchie gedient hatte, sich im politischen Sprachgebrauch der reichsdeutschen Öffentlichkeit jedoch rasch als feststehender Begriff für einen radikalen, imperialistisch und völkisch aufgeladenen Nationalismus etablieren konnte.[96]

Wie von den Veranstaltern geplant, konstituierte sich auf dem Kongreß ein »Allgemeiner Deutscher Verband zur Vertretung deutsch-nationaler Interessen«, der es zu seiner Aufgabe erklärte, »die gemeinsamen Gesichtspunkte für die deutsch-nationalen Bestrebungen der einzelnen Vereine einheitlich zusammenzufassen, um dadurch der gesamten deutschen Bewegung einen Mittelpunkt zu schaffen für gemeinschaftliche planmäßige Arbeit«.[97] Nicht nur ideologisch, sondern auch organisatorisch stellte dieser »Allgemeine Deutsche Verband« einen unmittelbaren Vorläufer des Alldeutschen Verbandes dar.[98] Wenn sich der neue nationalistische Dachverband dennoch als eine äußerst kurzlebige Erscheinung erweisen sollte, hatte dies verschiedene Gründe. Letzten Endes stellte der »Allgemeine Deutsche Verband« lediglich eine erweiterte Version der »Gesellschaft für deutschen Kolonisation« dar. Angesichts dieser Machtverhältnisse kann es nicht verwundern, daß das Interesse der übrigen Vereine sehr bald erlosch. Peters selbst reiste im Frühjahr 1887 nach Ostafrika, wodurch die Organisation ihre treibende Kraft verlor. Bei seiner Rückkehr war die »Gesellschaft für deutsche Kolonisation« von der neu gegründeten Kolonialgesellschaft absorbiert und damit auch dem »Allgemeinen Deutsche Verband« der institutionelle Rückhalt entzogen worden. Der entscheidende Grund für das Scheitern der ersten radikalnationalistischen Organisation war jedoch struktureller Natur: Trotz der wachsenden Unzufriedenheit unter den Anhängern einer expansiven Kolonialpolitik wegen der Zurückhaltung der Reichsleitung gegenüber weiteren kolonialen Erwerbungen, wagten diese es noch nicht, in offene Opposition zur Regierung zu treten. Erst nach dem Rücktritt Bismarcks erreichte der Unmut der radikalen Kolonialanhänger ein Ausmaß, daß zu einer dauerhaften Mobilisierung dieser Kräfte gegen die Politik der Regierung führte.[99]

lung Deutschlands begründet, deren natürliche Konsequenz eine zielbewußte und thatkräftige Kolonialpolitik sein mußte«; *Arendt*, Ziele, S. 3. Vgl. KPK, Jg. 2, 1886, S. 289f.; *Peters*, Alldeutschland; Verhandlungen des Allgemeinen Deutschen Kongresses, S. 1f.

96 Vgl. *Peters*, Deutsch-national. Zur Begriffsgeschichte des Epithetons »deutsch-national« *Schödel*, Alldeutsch-deutschnationale Politik.

97 Satzungen des Allgemeinen Deutschen Verbandes zur Vertretung deutsch-nationaler Interessen, § 1, zit. nach *Müller*, Deutschland, S. 519f. Vgl. KPK, Jg. 2, 1886, S. 373.

98 Vgl. *Müller*, Deutschland, S. 180–184; *Hering*, Nation, S. 110–112.

99 *Chickering*, We Men, S. 45f., *Müller*, Deutschland, S. 187–189.

Für die Vorstellung eines »größeren«, über die Grenzen des Deutschen Reiches hinausreichenden Deutschland, wie sie in den Köpfen der radikalen Nationalisten Gestalt annahm, bildete die offizielle Politik der »Saturiertheit« weiterhin eine unüberwindbare Barriere. Der radikalnationalistische Revisionismus blieb auch deshalb erfolglos, weil Bismarck höchstpersönlich sein gesamtes politisches Gewicht hiergegen in die Waagschale warf. Als Gründer des deutschen Nationalstaates *und* des deutschen Kolonialreiches war er bereits zu seinen Lebzeiten zum überragenden Symbol des reichsdeutschen Nationalismus geworden und damit gegen eine »deutschnational« motivierte Kritik weitgehend immun. Eine »nationale Opposition« gegen den Nimbus des zweifachen »Reichsgründers« mußte selbst seinen radikalsten Kritikern aussichtslos erscheinen. Ihnen blieb deshalb kaum eine andere Wahl, als auf den Abtritt Bismarcks zu warten und unter veränderten politischen Rahmenbedingungen einen neuen Anlauf zu unternehmen. Wenn dieser zweite Versuch erfolgreicher war als der erste, lag dies nicht zuletzt daran, daß die radikalen Nationalisten nunmehr bestrebt waren, sich selbst als die legitimen Erben Bismarcks zu präsentieren, und – nicht ohne Erfolg – versuchten, den sich seit 1890 ausbreitenden Bismarck-Kult für ihre Zwecke zu instrumentalisieren.[100] Für die Genese des radikalen Nationalismus bedeutete die Entlassung Bismarcks mithin eine wichtige Zäsur. Erst die Zwangspensionierung des zweifachen »Reichsgründers« ermöglichte es den radikalen Nationalisten, sich politisch dauerhaft zu konstituieren. Der wilhelminische Radikalnationalismus muß deshalb auch als ein Ergebnis der politischen und gesellschaftlichen Wandlungsprozesse der frühen 1890er Jahre verstanden werden, durch die er ideologische und organisatorische Gestalt gewann und zu einem eigenständigen politischen Faktor mit wachsender Bedeutung werden konnte.

4. Die Formierung der radikalnationalistischen Kräfte vor dem Hintergrund des politischen und gesellschaftlichen Strukturwandels der 1890er Jahre

Für die politische Geschichte des Kaiserreichs markieren die 1890er Jahre eine tiefgreifende Zäsur. Die nachbismarcksche Ära war gekennzeichnet durch einen grundlegenden Strukturwandel des politischen Systems, der auch für die Genese des radikalen Nationalismus von zentraler Bedeutung war. Der Sturz Bismarcks hinterließ innerhalb des staatlichen Institutionengefüges und in der politischen Öffentlichkeit ein latentes Machtvakuum, das unterschiedliche Kräfte

100 Vgl. AB, Jg. 5, 1895, S. 66–68; *Hering*, Nation, S. 228–234; *Chickering*, We Men, S. 46f.; *Freisel, S. 15–46; Stegmann*, Erben. Zum Bismarck-Kult allgemein *Machtan*; *Pöls*; *Parr*; *Wülfing u.a.*; Mythologie, S. 154–209.

auszufüllen versuchten. Der auf seine Person und Fähigkeiten zugeschnittenen Verfassung, die dem Reichskanzler eine Schlüsselstellung beim Austarieren divergierender politischer Interessen und Kräfte zuwies, fehlte seitdem der charismatische Koordinator, den keiner seiner Nachfolger zu ersetzen vermochte. Die Folge war eine »Polykratie miteinander rivalisierender Machtzentren«, die neue Einflußmöglichkeiten für organisierte Interessen eröffnete.[101]

Dieser politische Strukturwandel überschnitt sich mit den Prozessen gesellschaftlicher Fundamentalpolitisierung, deren Auswirkungen die Rahmenbedingungen der reichsdeutschen Politik ebenfalls nachhaltig veränderten. Zu den wichtigsten dieser Prozesse gehörten der Wandel der politischen Parteien vom Typus der Honoratioren- zur modernen Massenpartei sowie die Entstehung von Gewerkschaften und Interessenverbänden. Die Konstitution wirtschaftlicher Interessen- und Berufsverbände, die als selbständig organisierte »pressure groups« bestrebt waren, den politisch-parlamentarischen Entscheidungsprozeß im Sinne ihrer Zielvorstellungen zu beeinflussen, erhöhte den öffentlichen Druck auf die politischen Parteien. Mit der Zeit entwickelten sich diese zunehmend von Berufspolitikern geleiteten Verbände neben und zum Teil in Konkurrenz zu den Parteien zu einem »sekundären System gesellschaftlicher Mächte«.[102]

In diesen sich verändernden strukturellen Rahmenbedingungen lag die Chance der radikalnationalistischen Akteure, in einem neuen Anlauf organisatorischen Rückhalt und politische Geltung zu gewinnen. Was ihnen fehlte, war ein geeigneter Anlaß, der eine breite Mobilisierung der Öffentlichkeit ermöglichte. Ein solcher bot sich mit der Unterzeichnung des deutsch-englischen Vertrags vom 1. Juli 1890, der eine Abgrenzung kolonialer Interessensphären in Afrika zum Gegenstand hatte. Als Gegenleistung für den Verzicht auf seine ohnehin äußerst vagen Ansprüche auf Witu, Somaliland und Uganda sowie die Anerkennung der britischen Vorherrschaft über Sansibar erhielt das Deutsche Reich einen schmalen Landstreifen in Südwestafrika, der den Zugang zum Sambesi eröffnete, und das seit 1815 unter britischer Herrschaft stehende Helgoland.[103] Obwohl im sogenannten »Helgoland-Sansibar-Vertrag« lediglich hypothetische

101 *Wehler*, DGG, Bd, 3, S. 849–854, 993–1006 (Zitat: S. 1000). Vgl. *Nolte*, 1900, S. 289–293; *Mommsen*, Krise; *ders.*, Bürgerstolz, S. 87–197; *Nipperdey*, Machtstaat, S. 471–497; *Eley*, Reshaping, S. 19–40; *Leibenguth*; *Röhl*, Deutschland.

102 *Nipperdey*, Interessenverbände (Zitat: S. 324); *Ullmann*, Kaiserreich, S. 126–137; *ders.*, Interessenverbände, S. 68–123; *Ritter*, Parteien, S. 23–27; *Retallack*, Notables, S. 100–112; *Puhle; Rosenberg*, Depression, S. 154–168; *Eley*, Problem; *ders.*, Antisemitismus; *Hamel*. Der allgemeine Trend zur Organisation gesellschaftlicher Interessen erfaßte auch die Frauen. 1894 wurde der »Bund deutscher Frauenvereine« gegründet, dem nur wenige Jahre später die großen konfessionellen Frauenverbände und zahlreiche andere Organisationen folgten. Vgl. *Greven-Aschhoff*, S. 70–90; *Frevert*, Frauengeschichte, S. 104–128; *Evans*, Movement, S. 35–53.

103 *Lahme*, S. 125–167; *Mommsen*, Großmachtstellung, S. 101–104, 112–114; *Fröhlich*, Konfrontation, S. 91–103; *Leibenguth*, S. 199–203; *Müller*, Deutschland, S. 488–511; GP, Bd. 4, S. 399–419, Bd. 8, S. 3–39.

koloniale Ansprüche preisgegeben wurden, stieß das Abkommen auf die entschiedene Ablehnung der deutschnationalen Kolonialenthusiasten, die in ihm einen Ausverkauf deutscher Interessen erblickten.[104] Diese leidenschaftliche Ablehnung resultierte aus der Befürchtung, daß der Vertrag eine weitere Expansion des deutschen Kolonialbesitzes in Ostafrika unmöglich und damit den Traum von einem »deutschen Indien« in Afrika zunichte mache. Darüber hinaus erregte das Abkommen heftigen Widerspruch, weil es den Beginn einer umfassenden außenpolitischen Kooperation zwischen Deutschland und England anzukündigen schien. Ein solches deutsch-englisches Bündnis bedeutete in den Augen der radikalen Nationalisten eine fatale Entwicklung, da sie dem Deutschen Reich die Rolle eines Juniorpartners des britischen Weltreiches zugewiesen hätte, die einem Verzicht auf eine eigene Weltmachtstellung gleichkam.

Unter den zahlreichen öffentlichen Unmutsäußerungen ragte aufgrund seiner polemischen Schärfe ein Manifest mit dem Titel »Deutschland wach' auf!« heraus, das in mehreren führenden Tageszeitungen erschien. Dieser von dem Zürcher Augenarzt Adolf Fick initiierte Aufruf brandmarkte den deutsch-englischen Vertrag als die schmerzlichste Demütigung »seit Olmütz«. Er rief zu einem offenen Protest in Form einer Massenpetition an den Reichstag auf, in der Hoffnung, die Realisierung des Abkommens doch noch verhindern zu können, selbst wenn dies nur durch einen Bruch des Völkerrechts möglich sein sollte. »Wer kann ein Volk von 50 Millionen, daß seine beste Kraft dem Kriegsdienst weiht, das jährlich über eine halbe Milliarde für Kriegswesen ausgibt, wer kann ein solches Volk daran hindern, einen Vertrag zu zerreißen, der offenkundig dazu dienen soll, die kommenden Geschlechter um ihr Erbteil am Planeten zu betrügen?!« Zugleich formulierte der Aufruf den für den radikalen Nationalismus konstitutiven Anspruch, »einem Herrenvolk anzugehören, das seinen Antheil an der Welt sich selber nimmt und nicht von der Gnade und dem Wohlwollen eines anderen Volkes zu empfangen sucht.«[105]

Dieser Aufruf wirkte als Fanal zur Sammlung der deutschnationalen Kräfte. Folglich ließ der Versuch, die weitverbreitete Empörung zu kanalisieren und institutionell fruchtbar zu machen, nicht lange auf sich warten, zumal die Kolonialgesellschaft ihren Protest darauf beschränkte, in diplomatischer Form ihre Enttäuschung über den Vertrag zu bekunden.[106] Die Bemühungen, einen neuen

104 Im Gegensatz dazu werteten die meisten liberalen Presseorgane den Vertrag als außenpolitischen Erfolg. Vgl. *Sell* sowie PAAA, Deutschland 159, Nr. 1, Bd. 1–3. Im Hinblick auf die öffentlich zur Schau getragene Entrüstung der radikalen Kolonialanhänger über den Erwerb des angeblich wertlosen »Felsens in der Nordsee« ist anzumerken, daß auch die KPK (Jg. 3, 1887, S. 290f.) noch drei Jahre zuvor die Wiedererwerbung Helgolands als eine »politische Notwendigkeit« bezeichnet hatte, damit endlich »die letzte fremde Kolonie vom deutschen Boden« verschwinde.

105 »Deutschland wach' auf!«, v. 24.6.1890, BA-B, ADV, Nr. 1, Bl. 11–14. Vgl. *Bonhard*, S. 233–237.

106 DKZ, Jg. 3 (NF), 1890, S. 177–181; *Pierard*, S. 134–138; *Klauß*, S. 240–242.

organisatorischen Rahmen für die deutschnationalen Bestrebungen zu schaffen, führten im April 1891 schließlich zur Gründung des »Allgemeinen Deutschen Verbandes« (seit 1894 »Alldeutscher Verband«). Die einzelnen Schritte, die seiner Konstituierung vorausgingen, sind bereits mehrfach dargestellt worden und müssen deshalb hier nicht noch einmal nachgezeichnet werden.[107] Das Ziel seiner Gründer, unter denen sich der damals als Regierungsassessor tätige Alfred Hugenberg als die treibende Kraft erwies, war es, »eine Art Nationalverein« zu schaffen, der dem »nationalgesinnten Bürgertum« die Möglichkeit bot, »ohne Furcht und Scheu vor der Regierung oder den Parteileitern« seine Vorstellungen einer nationalen Ordnung zu artikulieren.[108] In diesem Sinne machte es sich der Verband zur Aufgabe, das nationale Bewußtsein der Deutschen zu stärken, das »Deutschtum im Ausland« zu unterstützen und darüber hinaus für eine tatkräftige Fortführung der kolonialen Expansion einzutreten. Alle diese Maßnahmen stellten jedoch keinen Selbstzweck dar, sondern waren gedacht als Beitrag zur Verwirklichung der radikalnationalistischen Zielutopie: der Erringung »einer kulturellen und politischen Weltmachtstellung des deutschen Volkes«.[109]

Nominell und programmatisch, aber auch personell und organisatorisch knüpfte der »Allgemeine Deutsche Verband« von 1891 an seinen gleichnamigen Vorgänger an.[110] Weil der von den Verbandsgründern als Galionsfigur vorgesehene Peters bereits kurz nach der konstituierenden Versammlung erneut nach Afrika aufbrach, übernahm dessen langjähriger Mitstreiter, der Elberfelder Bankier Karl von der Heydt, den Vorsitz.[111] Zu den Gründungsmitgliedern und Funktionsträgern gehörte darüber hinaus eine Reihe prominenter Personen aus Wirtschaft und Wissenschaft, die entweder eigene finanzielle Interessen in Ostafrika besaßen oder sich aufgrund ihrer akademischen Stellung als Vorkämpfer deutschnationaler Interessen berufen fühlten. Außer diesen beiden Personengruppen, die zumeist den Nationalliberalen nahestanden, waren unter den Gründungsmitgliedern auch Parlamentarier der Deutschkonservativen und Freikonservativen Partei vertreten, die in dem Verband vor allem ein Instrument im Kampf gegen die Politik des »Neuen Kurses« erblickten. Der »Allgemeine Deutsche Verband« war damit nicht nur der zweite Versuch,

107 Vgl. *Hering*, Nation, S. 112–115; *Chickering*, We Men, S. 44–53; *Eley*, Reshaping, S. 41–58; *Peters*, ADV, S. 13–30; *Hartwig*, Politik, S. 15–26; *ders.*, ADV, S. 14–17; *Guratzsch*, S. 22–26; *Schilling*, S. 20–44; *Kruck*, S. 7–13; *Wertheimer*, S. 25–38.

108 Fick u.a. an Peters v. 15.7.1890, BA-B, ADV, Nr. 1, Bl. 22. Vgl. *Bonhard*, S. 238f.

109 »Entwurf einer Adresse an Herrn Dr. Carl Peters«, BA-B, ADV, Nr. 1, Bl. 27; Gründungsaufruf des ADV, ebd., Bl. 46f.; Satzungen des ADV, § 1, ebd., Bl. 44. Vgl. MADV, Jg. 1, 1890, S. 5–8; *Bonhard*, S. 243f., 248–251.

110 Der wichtigste Unterschied war, daß der 1891 konstituierte ADV anders als sein Vorläufer nicht nur als Dachverband bereits bestehender Organisationen gegründet wurde, sondern sich aus individuellen Mitgliedern zusammensetzte. Vgl. *Hering*, Nation, S. 162–187; *Chickering*, We Men, S. 50f.; *Kruck*, S. 13–24; *Wertheimer*, S. 49–54.

111 Zur Rolle Carl Peters' vgl. *Perras*, S. 168–179.

eine deutschnationale Dachorganisation zu gründen, sondern zugleich die erste Sammlungsbewegung derjenigen Kräfte, die die Politik der Regierung Caprivi als einen die nationalen Interessen gefährdenden Irrweg perhorreszierten. Und es war genau diese Funktion, in der er zunächst die größte Wirkung erzielte.[112]

Trotz dieser innenpolitischen Interessenkonvergenz bestand unter den Gründungsmitgliedern große Uneinigkeit hinsichtlich der strategischen Ziele des Verbandes. Während der Kreis der ursprünglichen Initiatoren um Hugenberg den »Allgemeinen Deutschen Verband« als parteiübergreifende bürgerliche Sammlungsbewegung verstand, versuchte eine einflußreiche Gruppe um von der Heydt und den Kolonialpolitiker Wilhelm Schröder-Poggelow, ihn als Plattform zur Gründung einer neuen politischen Partei zu benutzen. Die von ihnen geplante »Nationalpartei« sollte der wachsenden Unzufriedenheit mit der Politik Caprivis einen parteipolitischen Rahmen liefern und als »Partei Bismarcks sans Phrase« diesem einen parlamentarischen Rückhalt verschaffen. Sie richtete sich damit in erster Linie gegen die Nationalliberalen und Freikonservativen, in deren Reihen die entschiedensten Bismarckverehrer anzutreffen waren, war darüber hinaus jedoch auch bestrebt, die gemäßigteren Kräfte innerhalb der Deutschkonservativen Partei zu gewinnen, die zu diesem Zeitpunkt immer mehr in das Fahrwasser christlich-sozialer, antisemitischer und radikalagrarischer Kräfte zu driften schien. Mit anderen Worten: Das Projekt der »Nationalpartei« stellte den Versuch einer Wiederbelebung des Bismarckschen Kartells in einer einzigen Partei dar, die nach den Plänen ihrer Initiatoren für einen »energischen und zielbewußten« Ausbau des Kolonialreichs und eine entschiedene Haltung gegenüber den Forderungen der polnischen Minderheit sowie für eine auf die »Erhaltung und Stärkung eines gesunden Bauern- und Mittelstandes« gerichtete Politik eintreten sollte.[113]

Diese Pläne zur Gründung einer neuen Rechtspartei stellten ein prinzipielles Mißtrauensvotum gegen den »Neuen Kurs« dar, dem außer einem Gründungsaufruf, jedoch keine weiteren Schritte folgten. Die »Nationalpartei« scheiterte noch vor ihrer geplanten Gründung am 15. Januar 1893. Die Ursachen hierfür lagen zum einen in dem dilettantischen Vorgehen ihrer Gründer, deren Absichten durch Indiskretion frühzeitig an die Öffentlichkeit gelangten. Zum anderen war die beabsichtigte Neugründung auch innerhalb des »Allgemeinen

112 Vgl. *Schilling*, S. 32–34; *Hartwig*, Politik, S. 238–240; *Leibenguth*, S. 264f. Für die politische Legitimation dieser antigouvernementalen Haltung war es von entscheidender Bedeutung, daß Bismarck höchstpersönlich sich in die vorderste Front der Caprivi-Gegner einreihte. Ungeachtet der Tatsache, daß er selbst die deutsch-englischen Verhandlungen initiiert und vorangetrieben hatte, kritisierte er öffentlich den Vertragsabschluß und verlieh damit der sich formierenden deutschnationalen Bewegung eine überaus wirksame Legitimationsgrundlage. Vgl. *Hank*, S. 447–453; *Stribrny*, S. 56–62.

113 Vgl. den Gründungsaufruf der »Nationalpartei«, BA-B, ADV, Nr. 3, Bl. 10–12; DW, Jg. 5, 1892, S. 605f.; *Hank*, S. 282–284; *Stribrny*, S. 169–174; *Stegmann*, Interests; *ders.*, Erben, S. 106–108; *Retallack*, Notables, S. 77–99; *Eley*, Reshaping, S. 49f.; *ders.*, Antisemitismus; *Hartwig*, Politik, S. 38–41.

Deutschen Verbandes« umstritten und stieß zudem auf den Widerstand der etablierten Parteien. Aber auch wenn der Versuch, eine neue, deutschnationale Partei zu gründen, sich als vollständiger Fehlschlag erweisen sollte, blieb er nicht ohne Wirkung. Bereits das Gerücht von der Gründung einer »Nationalpartei« genügte, wie die »Frankfurter Zeitung« konstatierte, um die Nationalliberalen, besonders im Rheinland und in Sachsen, dazu zu bewegen, ihre Unzufriedenheit über den »Neuen Kurs« schärfer zu artikulieren.[114]

Den »Allgemeinen Deutschen Verband« stürzte das Scheitern der »Nationalpartei« in eine tiefe Krise, die sich in einem dramatischen Rückgang der Mitgliederzahlen sowie permanenten finanziellen Schwierigkeiten manifestierte.[115] Erst mit der Wahl Ernst Hasses (1846–1908) zum neuen Vorsitzenden im Juli 1893 und den von ihm forcierten Reformen gelang es dem Verband, seine Tätigkeit auf eine solidere Grundlage zu stellen.[116] Hasse, im Zivilberuf Direktor des Statistischen Amtes der Stadt Leipzig und außerordentlicher Professor an der dortigen Universität, gehörte zu den Kolonialpropagandisten der ersten Stunde. Von 1879 bis 1896 Vorsitzender des Leipziger Vereins für Handelsgeographie und Kolonialpolitik, hielt er seit 1888 regelmäßig Vorlesungen über Kolonialpolitik und war darüber hinaus von 1893 bis 1903 Mitglied der nationalliberalen Reichstagsfraktion, für die er u.a. in der Budgetkommission saß.[117] Mit ihm gewannen die Alldeutschen nicht nur einen engagierten Manager, der den Verband organisatorisch konsolidierte, sondern zugleich einen eminent wirksamen Multiplikator, der seine Auftritte vor dem Reichstag mehrfach dazu nutzte, alldeutsche Ziele und Vorstellungen zu propagieren. Vor allem jedoch übernahm Hasse die Funktion des radikalnationalistischen Chefideologen, der den bis dahin mitunter diffusen Vorstellungen der Alldeutschen ein ideologisches Fundament verschaffte. Er griff die ursprünglich von großdeutsch-katholischer Seite geprägte Formel vom »unvollendeten Nationalstaat« auf, deutete sie in einem völkischen und imperialistischen Sinne um und erhob sie zum Paradigma eines expansiven und zunehmend intransigenten Nationalismus.[118] Darüber hinaus sorgte er dafür, daß die bis dahin unregel-

114 »Die neue Partei der Unzufriedenen«, BT v. 22.12.1892; »Politische Übersicht«, FZ v. 4.2.1893, PAAA, Deutschland 125, Nr. 9. Zur Fragmentierung des Parteiensystems vgl. *Rohe*, Wahlen, S. 98–121; *Wehler*, DGG Bd. 3, S. 1038–1066, *Nipperdey*, Machtstaat, S. 514–576.

115 Vgl. *Chickering*, We Men, S. 54–62; *Hartwig*, Politik, S. 26–49; *ders.*, ADV, S. 17f.; *Wertheimer*, S. 38–40; *Bonhard*, S. 5–9; Bericht des Geschäftsführers van Eyken in der Vorstandssitzung am 5.7.1893, BA-B, ADV, Nr. 3, Bl. 19–24.

116 *Hering*, Nation, S. 115–118; *Chickering*, We Men, S. 53–62; *Hartwig*, Politik, S. 49–95.

117 Zur Biographie Hasses vgl. die Wahlkampfbroschüre »Hasse als Politiker«, BA-B, ADV, Nr. 369; AB, Jg. 16, 1906, S. 15f.; Jg. 18, 1908, S. 18f.; DE, Jg. 5, 1906, S. 1; *Chickering*, We Men, S. 53f.; NDB, Bd. 8, S. 39f.

118 *Hasse*, Reich; *ders.*, Weltpolitik; *ders.*, Sind Polen, Dänen und Franzosen Teile des »deutschen Volkes«?, in: AB, Jg. 7, 1987, S. 109–111; *ders.*, Deutsche Weltpolitik; *ders. [anonym]*, Großdeutschland; *ders.*, Ansprüche.

mäßig publizierten »Mittheilungen des Allgemeinen Deutschen Verbandes« ab Januar 1894 unter dem Titel »Alldeutsche Blätter« wöchentlich erschienen und sich zu einem zentralen Medium des radikalen Nationalismus entwickelten.[119] Wenn der Alldeutsche Verband sich, wie Eckart Kehr pointiert formulierte, sehr bald zu einer »Art politisch-ideologischer Holding-Company« entwickelte, die den anderen Agitationsvereinen die »geistigen Waffen« lieferte, kann der Anteil Hasses hieran kaum überschätzt werden.[120]

Aus der Denkfigur des »unvollendeten Nationalstaats« ließen sich all jene Ziele und Forderungen ableiten, die den radikalen Nationalisten unter den Nägeln brannten: die »Germanisierung« der »nichtdeutschen« Minderheiten innerhalb des Reiches (einschließlich der jüdischen Bevölkerung), die »nationale Zusammenfassung des gesamten deutschen Volkstums in Mitteleuropa« sowie die Verfolgung einer entschiedenen »Weltpolitik«, die dem Reich den Status einer Welt- und Kolonialmacht verleihen sollte.[121] Vor dem Hintergrund einer wachsenden Unzufriedenheit unterschiedlicher gesellschaftlicher Gruppen mit der Politik des »neuen Kurses« gegenüber der polnischsprachigen Bevölkerung in den preußischen Ostprovinzen widmete sich der Alldeutsche Verband zunächst der sogenannten »polnischen Frage«. Die Alldeutschen griffen die Kritik an Caprivis Politik begrenzter Zugeständnisse gegenüber der polnischen Minderheit, deren Motive nicht zuletzt in der parlamentarischen Schlüsselstellung der polnischen Reichstagsfraktion lagen,[122] auf und machten sie zum Thema einer massiven antipolnischen Agitation.[123]

Angesichts der wachsenden antipolnischen Stimmung lag der Gedanke nahe, einen eigenen, gegen das Polentum gerichteten Verein zu gründen. Bereits am 27. Mai 1894 hatte Hasse im Namen des Alldeutschen Verbandes in einem vertraulichen Rundschreiben die Gründung einer Organisation »zur Wahrung der *deutschnationalen Interessen* gegen das immer übermütiger wer-

119 Die AB waren primär ein internes Kommunikationsinstrument, das dazu diente, die Ansichten der Verbandsleitung unter den Mitgliedern zu verbreiten und über die Aktivitäten der Ortsgruppen und Gauverbände zu berichten. Über Gratisabonnements für Schulen und Bibliotheken wurden sie jedoch auch zur Werbung neuer Mitglieder eingesetzt. Die Zeitschrift wurde ausschließlich im Abonnement vertrieben und hatte 1914 eine Auflage von 7000 Exemplaren. Vgl. *Hering*, Nationalismus, S. 437–439; *ders.*, Nation, S. 117–123.

120 *Kehr*, Grundlagen, S. 144. Zur ideologischen Vorreiterrolle der Alldeutschen vgl. *Chickering*, We Men, S. 9–15, 185–202; *ders.*, Societies; *Eley*, Reshaping, S. 48–58; *ders.*, Thoughts.

121 Deutschlands Weltstellung und der Weiterbau am deutschen Nationalstaat, in: AB, Jg. 4, 1894, S. 5–7 (Zitat: S. 7). Vgl. AB, Jg. 5, 1895, S. 161, 181f.; *Hasse*, Reich, S. 4, 31.

122 Zu Caprivis Polenpolitik vgl. *Blanke*, Era; *ders.*, Prussian Poland, S. 121–145; *Rosenthal*, Problem; *Hagen*, Germans, S. 169–176; *Leibenguth*, S. 157–175.

123 Vgl. AB, Jg. 4, 1894, S. 65f., 121f., 137f., 165, 169–173; *ADV*, Ostmark. Die antipolnische Kampagne erhielt zusätzlichen Auftrieb durch zwei Reden Wilhelm II. am 8. u. 22.9.1894, in denen der Kaiser die Bedeutung des Deutschtums in Posen und Westpreußen hervorhob und die mangelnde Loyalität der polnischen Bevölkerung beklagte. Vgl. *Schulthess*, Bd. 35, 1894, S. 142f., 152.

dende Slawentum und seine Unkultur« angeregt. Unter den Empfängern des Rundschreibens waren die Großgrundbesitzer Ferdinand v. Hansemann, Hermann Kennemann und Heinrich von Tiedemann-Seeheim, welche die Gunst des Augenblicks nutzten und die Initiative zur Gründung eines »Vereins zur Förderung des Deutschtums in den Ostmarken« (seit 1898 »Deutscher Ostmarkenverein«) ergriffen.[124] Das Ziel des am 3. November 1894 konstituierten Verbandes, dessen Mitglieder nach den Anfangsbuchstaben der Vereinsgründer auch als »Hakatisten« bezeichnet wurden,[125] war »die Kräftigung und Sammlung des Deutschtums in den mit polnischer Bevölkerung durchsetzten Ostmarken des Reiches durch Hebung und Befestigung deutschnationalen Empfindens sowie durch Vermehrung und wirtschaftliche Stärkung der deutschen Bevölkerung«. Die Gründung des »Ostmarkenvereins« markierte einen vorläufigen Höhepunkt der Auseinandersetzungen um die preußisch-deutsche Polenpolitik. Mit ihm betrat unter dem Vorsitz Tiedemann-Seeheims ein weiterer Akteur die politische Bühne, der neben dem »Alldeutschen Verband« zu einem der einflußreichsten Multiplikatoren radikalnationalistischer Deutungsmuster avancieren sollte.[126]

Trotz der zahlreichen Junker in seinen Führungsgremien war auch der Ostmarkenverein ein Honoratiorenverband, der seine Mitglieder vor allem aus dem Bildungs- und Besitzbürgertum rekrutierte. Sein bürgerlicher Charakter nahm in dem Maße zu, in dem es ihm gelang, außerhalb der preußischen Ostprovinzen Fuß zu fassen.[127] Ein Grund für die sukzessive Expansion des Ostmarkenvereins, der 1914 über 50000 Mitglieder umfaßte, lag in der von der Verbandsführung bewußt gesuchten Kooperation mit der preußischen Staatsregierung. Zwar legten die »Hakatisten« Wert auf ihre grundsätzliche Unabhängigkeit gegenüber der Regierung, de facto steuerten sie jedoch einen strikt gouvernementalen Kurs.[128] Nur selten erhob der Ostmarkenverein Forderungen, die über die internen Pläne der Regierung hinausgingen. Statt dessen betonte er bei jeder sich bietenden Gelegenheit sein Vertrauen in die staatliche Polenpolitik und ihre führenden Repräsentanten. Zugleich bot Tiedemann-Seeheim der Regierung

124 BA-B, ADV, Nr. 3, Bl. 125 [Hervorhebung im Original]; *Hartwig*, Politik, S. 252f.; *Grabowski*, S. 57–67; *Oldenburg*, S. 11–18; *Galos u.a.*, S. 34–47.

125 Ursprünglich von der polnischen Presse in einem pejorativen Sinne gebraucht, ging die Bezeichnung bald als inoffizieller Name für den »Ostmarkenverein« in den allgemeinen Sprachgebrauch über.

126 Satzungen des DOV § 1, GStAPK, I. HA, Rep. 195, Nr. 174; Ostmark, Jg. 1, 1896, S. 1. Zum dominierenden Einfluß Tiedemann-Seeheims vgl. *Grabowski*, S. 75f.; *Galos u.a.*, S. 49f.; *Tims*, S. 38–40.

127 *Grabowski*, S. 85–95; *Oldenburg*, S. 46–52, 102–114, 333–339; *Galos u.a.*, S. 57f., 76–82; *Eley*, Reshaping, S. 61–63; *Hartwig*, Ostmarkenverein, S. 226, 229.

128 Vgl. Ostmark, Jg. 4, 1899, S. 38; *Grabowski*, S. 154–196; *Oldenburg*, S. 19–24; *Galos u.a.*, S. 83–102; *Hagen*, Germans, S. 266–287.

wiederholt die Hilfe des Verbandes bei der Beobachtung und Bespitzelung des polnischen Vereins- und Genossenschaftswesens an.[129]

Angesichts dieser Haltung kann es nicht überraschen, daß die Anhänger einer verschärften antipolnischen Politik innerhalb der preußischen Regierung im Ostmarkenverein ein willkommenes Instrument zur Beeinflussung der öffentlichen Meinung sahen und den Verband deshalb nach Kräften unterstützten. In diesem Sinne erklärte der preußische Innenminister Matthias v. Köller am 15. Februar 1895 im Preußischen Abgeordnetenhaus, kein Deutscher könne die Ziele des Vereins mißbilligen.[130] Mit dieser offiziellen Unbedenklichkeitsbescheinigung war der Weg für eine Unterstützung des Vereins durch die Behörden und die Mitgliedschaft von Beamten geebnet. Seit 1898 erhielt der Ostmarkenverein auch Geld aus dem neugeschaffenen Dispositionsfond der Oberpräsidenten der Ostprovinzen.[131] Die gouvernementale Selbstbindung des Ostmarkenvereins trug entscheidend zu seiner raschen Ausbreitung innerhalb der Beamtenschaft der Ostprovinzen bei. Die Unterstützung durch die Regierung hatte jedoch zur Folge, daß die »Hakatisten« mit Kritik an der offiziellen Polenpolitik überaus zurückhaltend und zu programmatischen Kompromissen in weit höherem Maße bereit waren als etwa die Alldeutschen. Im Gegenzug kann von einem nennenswerten Einfluß des Ostmarkenvereins auf den Entscheidungsprozeß der Regierung, wie ihn seine polnischen Gegner unterstellten, nicht die Rede sein.[132] Vielmehr muß das hohe Maß an ideologischer und politischer Übereinstimmung betont werden, das zwischen den Vorstellungen innerhalb der Reichs- bzw. preußischen Staatsregierung und den Forderungen der »Hakatisten« bestand. Auf keinem anderen Gebiet »nationaler Politik« bestand eine ähnlich weitreichende Übereinstimmung hinsichtlich der Ziele und Methoden wie beim »Kampf um die Ostmark«.[133]

Die Leidenschaft, mit der »die polnische Frage« im Herbst 1894 diskutiert wurde, ist nur erklärbar aus ihrer politischen Funktion im Kampf gegen die Regierung Caprivi. Der antipolnische Nationalismus bildete die ideologische Grundlage für eine punktuelle Übereinstimmung verschiedener oppositioneller Strömungen mit ansonsten divergierenden politischen Zielen.[134] Und wiederum war es Bismarck, der eine Schlüsselrolle bei der Formierung der

129 Vgl. Ostmark, Jg. 2, 1897, S. 85f.; Jg. 3, 1898, S. 26f., 37f.; Jg. 4, 1899, S. 69f.; Jg. 5, 1900, S. 13f., 45f.; *Galos u.a.*, S. 87–90; 101f.

130 Vgl. AH, 1895, Bd. 1, S. 645–649 (hier: S. 649). Zur propagandistischen Verwertung dieser Äußerung vgl. die Reden Tiedemann-Seeheims am 15. bzw. 16.2.1895, in: ebd., S. 649–654, 695f.; Ostmark, Jg. 2, 1897, S. 19; AB, Jg. 5, 1895, S. 47; *Grabowski*, S. 135f.

131 *Blanke*, Prussian Poland, S. 199f.; *Grabowski*, S. 149.

132 Vgl. *Grabowski*, S. 301–303; *Blanke*, Prussian Poland, S. 182f.; *Hagen*, Germans, S. 267, 373 Fn. 5.

133 Vgl. hierzu ausführlich Kapitel IV.1.

134 *Blanke*, Prussian Poland, S. 147–151; *Eley*, Reshaping, S. 59f.; *Galos u.a.*, S. 30–33.

Anti-Caprivi-Koalition spielte und durch sein öffentliches Engagement den antipolnischen Bestrebungen der radikalen Nationalisten Legitimität verlieh.[135] Mit dem Rücktritt Caprivis im Oktober 1894 zerbrach diese Koalition und mit ihr der temporäre Konsens in der Polenpolitik. Während die konservativen Agrarier die gegen den Großgrundbesitz gerichtete Stoßrichtung des Rentengutssystems ablehnten und sich einer neuerlichen Schließung der östlichen Grenzen für ausländische Saisonarbeiter widersetzten, betrachteten die Anhänger der »inneren Kolonisation«, die politisch vor allem von den Nationalliberalen getragen wurde, eben diese Maßnahmen als unabdingbare Voraussetzung für eine »Stärkung des Deutschtums«.[136] Damit wurde der grundlegende Konflikt zwischen national- und sozialpolitischen Zielen innerhalb des Bildungs- und Besitzbürgertums und den wirtschaftlichen Interessen der ostelbischen Großgrundbesitzer deutlich, der die Entwicklung der »Ostmarkenpolitik« bis 1914 beherrschen sollte.

Als oppositionelle Organisation gegen die Politik des »Neuen Kurses« entstand auch der 1894 von Friedrich Lange, dem bereits erwähnten Herausgeber der »Täglichen Rundschau«, ins Leben gerufene »Deutschbund«. Obwohl dieser im Gegensatz zu den meisten anderen »nationalen Verbänden« kein auf öffentliche Wirkung zielender Agitationsverband war, sondern eine eher obskure politische Sekte, die vor 1914 nur etwa tausend, dem Bildungs- und Besitzbürgertum angehörende Mitglieder umfaßte, war er dennoch von Bedeutung für die Entwicklung des radikalen Nationalismus. Denn seine Mitglieder verstanden sich als Avantgarde eines »völkisch« definierten Deutschtums und bildeten in zahlreichen Fällen den harten Kern der alldeutschen Aktivisten. Nach Langes Vorstellungen sollte der Deutschbund kein Verein im herkömmlichen Sinne sein, sondern eine »Gemeinschaft von Menschen, die sich in deutsch-nationaler Welt- und Lebensanschauung« zusammenfanden, um »den Gemeinschaftswert reinen Deutschtums sozusagen in einem Ausschnitt des Volkes zu erleben«.[137] Diese Formulierung verdeutlicht geradezu idealtypisch, daß der radikale Nationalismus mit seiner Zielutopie der Gesellschaft als Gemeinschaft seine Attraktivität auch aus der Tatsache bezog, daß er mitunter eine Gemeinschaft in der Gesellschaft verwirklichte.

Ideologisch stand der »Deutschbund« ganz auf dem Boden jener »nationalen Weltanschauung«, die Lange in seinem ebenfalls 1894 veröffentlichten Buch »Reines Deutschtum« propagiert hatte. Den Kern seines radikalnationalistischen Weltbildes bildete die Vision einer ethnisch und kulturell homogenen

135 Vgl. *Grabowski*, S. 27–57; *Hank*, S. 557–564; *Stribrny*, S. 214–219; *Freisel*, S. 56–64.

136 Vgl. *Balzer*, S. 63–65.

137 *Lange*, Deutschtum, S. 347–414 (Zitate: S. 348, 447f.); Bericht über die begründende Versammlung des »Deutschbunds« am 9.5.1894, BA-B, Nl. Lange, Nr. 17, Bl. 25f.; Satzungen des Deutschbundes, ebd., Bl. 30–33; F. Lange, Was ist und was will der Deutschbund?, in: DbB. Sonderabdruck 1894, BA-B, Nl. Lange, Nr. 18, Bl. 6–8. Vgl. *Fricke*, Deutschbund; *Chickering*, We Men, S. 235f.; *Puschner*, Bewegung.

»Volksgemeinschaft«, die ihren Ausdruck vor allem in einem rassenbiologisch begründeten Antisemitismus fand.[138] Politisch forderte Lange darüber hinaus eine entschiedene Außen- und Kolonialpolitik sowie eine »energische Mittelstandspolitik« als einzig wirksames Mittel zur Abwehr der »sozialdemokratischen Gefahr«. Zwar blieben die agitatorischen Aktivitäten des Deutschbundes minimal und insgesamt unbedeutend. Als »Organisatoren und Offiziere der Deutschbewegung« engagierten sich seine Mitglieder jedoch in anderen »nationalen Verbänden«, insbesondere bei den Alldeutschen, und spielten hier eine zentrale Rolle als Vorkämpfer rassenbiologischer und antisemitischer Deutungsmuster.[139] Die Bedeutung des Deutschbundes für die Entwicklung des radikalen Nationalismus lag deshalb primär in der durch ihn bewirkten Radikalisierung innerhalb des radikalnationalistischen Netzwerkes.

Versucht man die komplexen Entwicklungen während der formativen Phase des radikalen Nationalismus zusammenzufassen, ist folgendes festzuhalten: Im Zuge des allgemeinen politischen Strukturwandels seit 1890 formierte sich eine Reihe von Organisationen, die radikalnationalistische Forderungen und Ziele vertraten und diese im Spannungsfeld der etablierten politischen und wirtschaftlichen Interessen durchzusetzen versuchten. Gemeinsam war diesen Organisationen ein neuer politischer Stil, in dem sich der fortschreitende Strukturwandel von der »kritisch räsonierenden« bürgerlichen Öffentlichkeit zur modernen, marktwirtschaftlich geprägten Kommunikationsgesellschaft manifestierte.[140] Politische Wirksamkeit erlangten diese Organisationen vor allem durch ihre Funktion als oppositionelle Sammlungsbewegungen im Kampf gegen die Politik des »Neuen Kurses«. Die innenpolitischen Konstellationen der Ära Caprivi wirkten mithin als Katalysator für die politische und organisatorische Formierung der radikalnationalistischen Kräfte.[141]

Die Attraktivität des radikalen Nationalismus erschöpfte sich jedoch nicht in seiner Funktion als konservative Oppositionsideologie, sondern beruhte auf der Plausibilität seiner Deutungsmuster und den ihnen zugrundeliegenden normativen Überzeugungen. Die im politischen Alltagsgeschäft unvermeidlichen taktischen Kompromisse und Allianzen dürfen deshalb nicht darüber hinwegtäuschen, daß mit den nationalistischen Agitationsverbänden neue, eigenstän-

138 Vgl. *Lange*, Deutschtum, S. 12–38, 88–109, 140f. Bei diesem Buch handelt es sich um eine Sammlung von Aufsätzen, die zunächst in der TR veröffentlicht worden waren. Zur Person Langes vgl. NDB, Bd. 13, S. 554f.

139 *Lange*, Deutschtum, S. 474. Zu den prominenten Aktivisten des Bundes gehörten u.a. Heinrich Claß, Paul Langhans, Max Robert Gerstenhauer, Theodor Fritsch, Adolf Bartels und Franz Winterstein. Vgl. DbB, Jg. 11, 1906, S. 1f.; Jg. 12, 1907, S. 1–3; Jg. 13, 1908, S. 2f., 81f.; *Puschner*, Bewegung, S. 379–381; *Fricke*, Deutschbund, S. 519.

140 *Blackbourn*, Politics; *Eley*, Reshaping, S. 22f.; *Wehler*, DGG, Bd. 3, S. 1232–1249; *Habermas*, Strukturwandel, S. 199–230; *Eley*, Nations.

141 *Leibenguth*, S. 275f., 319f.; *Schilling*, S. 38f.

dige Akteure die politische Bühne betraten, die sich nicht ohne weiteres in die bestehenden Interessenkoalitionen einfügten. Trotz zahlreicher inhaltlicher Übereinstimmungen mit den etablierten politischen Kräften verfolgten die radikalen Nationalisten eigene Vorstellungen und Ziele, die auf eine umfassende Neuordnung von Staat und Gesellschaft hinausliefen. Diese Zielvorstellungen konkretisierten sich in dem Maße, in dem der radikale Nationalismus sich als ein politischer und gesellschaftlicher Faktor etablierte. Die politische und organisatorische Formierung der radikalnationalistischen Kräfte ging einher mit einer Systematisierung und Präzisierung ihrer ideologischen Grundlagen.

Diese ideologischen Grundlagen basierten auf konkreten Annahmen, Überzeugungen und Erwartungen in bezug auf die zukünftige Entwicklung von Politik, Staat und Gesellschaft. In der Forschung sind diese Vorstellungen der radikalen Nationalisten sowie die aus ihnen abgeleiteten Deutungs- und Argumentationsmuster bislang nur unzureichend thematisiert worden. Gerade ihnen kommt jedoch eine zentrale Bedeutung für die Verbreitung des radikalen Nationalismus zu, da sie die Wahrnehmung der politischen und sozialen Entwicklungen strukturierten und auf diese Weise das Denken und Handeln der radikalen Nationalisten prägten. Diese Vorstellungen und Überzeugungen sollen im folgenden untersucht werden und zwar zunächst im Hinblick auf die für den radikalen Nationalismus konstitutiven Deutungsmuster »Nation«, »Volk« und »Rasse«.

II. »Nation«, »Volk«, »Rasse«: Zur semantischen, diskursiven und politischen Konstruktion radikalnationalistischer Deutungsmuster

»Ist erst das Reich der Vorstellung revolutioniert, so hält die Wirklichkeit nicht aus.«
Georg Friedrich Wilhelm Hegel

»Eine Nation ist eine Gruppe von Menschen, die durch einen gemeinsamen Irrtum hinsichtlich ihrer Abstammung und eine gemeinsame Abneigung gegen ihre Nachbarn geeint ist.« Mit dieser Definition beschrieb Karl W. Deutsch ironisch pointiert den Konstruktcharakter nationalistischer Gemeinschaftsvorstellungen. Zugleich wies er auf die fundamentale Bedeutung von Selbst- und Fremdbeschreibungen für die Konstruktion der Nation hin. Eine soziale Gruppe konstituiert sich als Nation, indem sie ihren Angehörigen spezifische Merkmale und Eigenschaften sowie eine gemeinsame Geschichte und kulturelle Traditionen zuschreibt, die sie von anderen Gruppen unterscheiden. Von herausragender Bedeutung für die Vorstellung einer Nation ist mithin die Konstruktion kultureller, sozialer und politischer Grenzen, die Zugehörigkeit und Ausschluß markieren.[1] Eine solche Grenzziehung erfolgt immer durch die Definition der zentralen Kollektivbegriffe, kraft derer sich eine soziale Gruppe als nationale Handlungseinheit konstituiert. Im Falle des radikalen Nationalismus waren dies die Begriffe »Nation«, »Volk« und »Rasse«, die zunächst lediglich abstrakte politisch-soziale Handlungseinheiten bezeichneten und erst durch ihre konkrete inhaltliche Auffüllung zu grundlegenden Kategorien der Selbstkonstitution und Fremdwahrnehmung wurden. Erst ihre Verbindung mit spezifischen Vorstellungen, Deutungsmustern und Feindbildern machte sie zu »asymmetrischen Gegenbegriffen« (Reinhart Koselleck), die die eigene nationale Gemeinschaft gegenüber anderen abgrenzten und auszeichneten.[2]

Im folgenden werden deshalb zunächst die für den radikalen Nationalismus konstitutiven Begriffe »Nation«, »Volk« und »Rasse« durch eine »dichte Beschreibung« ihrer semantischen Strukturen in ihrer Funktion als wahrnehmungsprägende Deutungsmuster untersucht, um darauf aufbauend die

1 *Deutsch*, Nationalismus, S. 9; *Richter*, Nation; *Elwert*, Nationalismus; *Barth*, S. 9–38.

2 *Koselleck*, Semantik; *ders. u.a.*, Volk, S. 142–151; *Jeismann*, Vaterland; *Hoffmann*, Konstitution.

Verbreitung und Wirkungsmacht der mit ihnen verbundenen Vorstellungskomplexe zu analysieren. Die Untersuchung konzentriert sich zuerst auf die Schlüsselbegriffe »Nation« und »Volk«, die den semantischen Kern der radikalnationalistischen Ideologie bildeten (II.1). Im Anschluß hieran wird der an die Vorstellung einer Abstammungsgemeinschaft anknüpfende Begriff der »Rasse« untersucht, dessen zunehmende Verbreitung Ausdruck einer fortschreitenden Biologisierung des Nationsverständnisses war (II.2). Eine entscheidende Voraussetzung für diese Biologisierung bildete die nahezu unangefochtene Geltung sozialdarwinistischer Deutungsmuster, denen als zentrale gesellschaftliche Hintergrundüberzeugung eine kaum zu überschätzende Bedeutung für die Konstruktion und Akzeptanz des radikalen Nationalismus zukam (II.3). Die Biologisierung des radikalnationalistischen Nationsverständnisses war darüber hinaus eng verschränkt mit Vorstellungen von Geschlechterdifferenz, Sexualität und Bevölkerungspolitik (II.4). Daß die semantische und diskursive Konstruktion radikalnationalistischer Deutungsmuster kein intellektuelles Glasperlenspiel war, sondern unmittelbare politische Relevanz besaß, läßt sich am Beispiel des Reichs- und Staatsangehörigkeitsgesetzes von 1913 zeigen (II.5). Die Genese dieses Gesetzes verdeutlicht zugleich, in welchem Ausmaß radikalnationalistische Deutungsmuster innerhalb der politischen Kultur des Kaiserreiches Verbreitung erlangten und welchen Einfluß sie auf politische Entscheidungsprozesse auszuüben vermochten.

1. »Nation« und »Volk« als radikalnationalistische Deutungsmuster: Semantische Strukturen und diskursive Strategien

Als grenzziehende Kollektivbegriffe zur Bezeichnung der eigenen nationalen Gemeinschaft waren »Nation« und »Volk« Schlüsselbegriffe der politisch-sozialen Sprache, die den Fluchtpunkt und Sinnhorizont der politischen Deutungskultur bezeichneten. Als solche unterlagen sie dem Prozeß der semantischen und politischen Ausdifferenzierung. Entsprechend vielfältig waren die mit ihnen verbundenen Bedeutungsgehalte.[3] Aus diesem Grund entziehen sich »Nation« und »Volk« dem Versuch, die historische Vielfalt und Variabilität der in ihrem jeweiligen Verwendungszusammenhang entfalteten Sinnhorizonte unter einer allgemeinen Definition zu subsumieren.[4] Sie stellen vielmehr Konzentrate ver-

3 Vgl. *Koselleck u.a.*, Volk, S. 369–380. »Die Begriffe Rasse, Nation, Volk, Kultur enthalten«, wie bereits *Musil*, Mensch, S. 1363, treffend bemerkte, »Fragen und nicht Antworten, sie sind nicht soziologische Elemente, sondern komplexe Ergebnisse.«

4 Vgl. *Nietzsche*, Genealogie, S. 333: »Alle Begriffe, in denen sich ein ganzer Prozess semiotisch zusammenfasst, entziehen sich der Definition; definierbar ist nur Das, was keine Geschichte hat.«

schiedener Bedeutungsgehalte dar, die mit Hilfe begriffsgeschichtlicher Methoden aufgeschlüsselt werden müssen. Eine solche semantische Analyse zielt nicht nur darauf, die mit den Begriffen verbundenen politischen und sozialen Inhalte zu erfassen, sondern versucht darüber hinaus, den durch sie überhaupt erst konstituierten Horizont möglicher Vorstellungen und Erfahrungen zu ermitteln. Der begriffsgeschichtliche Ansatz läßt sich mithin als ein Versuch definieren, die Prozesse historischer Sinnstiftung und symbolischer Vergesellschaftung durch eine Analyse der ihnen zugrundeliegenden Deutungsmuster zu entziffern. Auch für die radikalen Nationalisten bildeten die Begriffe »Nation« und »Volk« (einschließlich der aus ihnen abgeleiteten Begriffsbildungen wie »Volkstum« und »Deutschtum«) *das* zentrale Deutungsmuster, das ihre Wahrnehmung der sozialen Wirklichkeit strukturierte, Erfahrungen interpretierte und politisches Handeln motivierte. »Nation« und »Volk« waren für sie grundlegende »Elemente der Weltdeutung mit möglicher Handlungsanbindung«, die verschiedene Diskurse und gesellschaftliche Praxisbereiche überwölbten und als »Angelpunktwörter« in unterschiedlichen Verwendungszusammenhängen Wirksamkeit entfalteten.[5]

Was also meinten die radikalen Nationalisten, wenn sie von der »deutschen Nation« und dem »deutschen Volk« sprachen? Zunächst ist festzuhalten, daß beide Begriffe zumeist synonym verwendet wurden. Für Ernst Hasse etwa bestand »eine mehr oder weniger weitgehende Übereinstimmung zwischen Nation und Volk und zwischen Nationalität und Volkstum«. Unter »Nation« verstand er »eine Gesamtheit von Menschen gemeinsamer Abstammung, die eine und dieselbe Sprache sprechen, eine gemeinsame politische und kulturelle Entwicklung durchgemacht haben und das Bewußtsein der Zusammengehörigkeit besitzen.« Einschränkend fügte er jedoch hinzu, daß es zwar »erwünscht, aber nicht notwendig« sei, daß alle diese Voraussetzungen zusammen vorlägen. Vielmehr könne je nach Situation das eine oder andere Kriterium fehlen, auf keinen Fall jedoch die Gemeinsamkeit der Sprache, denn diese stelle »die erste und nötigste Bedingung der gemeinsamen Nationalität« dar.[6] Diese Definition findet sich in Hasses 1905 veröffentlichter Schrift »Das Deutsche Reich als Nationalstaat«, die als Auftakt einer mehrbändigen, systematischen Darstellung des radikalen Nationalismus konzipiert war und mithin programmatische Bedeutung besaß.[7] Hasses Definition beruhte auf einer Kombination objektiver und subjektiver Kriterien, mit der der alldeutsche Chefideologe gewisser-

5 Vgl. *Bollenbeck*, Bildung, S. 15–20, 230f. (Zitate: S. 19, 231); *Koselleck*, Begriffsgeschichte.

6 *Hasse*, Reich, S. 7, 10. Vgl. *ders.*, Großdeutsche Ziele, in: AB, Jg. 5, 1895, S. 181f.: »Die Nationalität ist aber meiner Ansicht nach nicht ausschließlich das Ergebnis der Abstammung, ist nicht gleichwertig mit der Rasse ... sondern sie ist nicht minder das Ergebnis des gemeinsamen Besitzes einer Kultursprache und einer Kulturgeschichte.« Eine fast wörtliche Übernahme dieser Definition bei *Zahn*, S. 412.

7 Von diesem unter dem Titel »Deutsche Politik« konzipierten opus magnum erschienen bis zu Hasses Tod im Jahr 1908 die weiteren Teilbände »Die Besiedelung des deutschen Volksbo-

maßen den radikalnationalistischen Idealtypus einer nationalen Gemeinschaft konstruierte. Dessen Aussagekraft wurde allerdings dadurch erheblich beeinträchtigt, daß Hasse – mit Ausnahme der Sprache – die Notwendigkeit der einzelnen Merkmale und ihre Beziehung zueinander nicht genauer ausführte.[8] Deskriptiv umfaßte seine Definition jedoch das Spektrum möglicher Grenzziehungen der »deutschen Nation« und soll deshalb hier als Ausgangspunkt der Analyse dienen. Gerade ihre analytische Unschärfe verlieh der radikalnationalistischen Nationsvorstellung jene ideologische Flexibilität, die eine wesentliche Voraussetzung für ihre wachsende Verbreitung war.

Indem Hasse die Existenz möglichst vieler der aufgeführten Merkmale als wünschenswert bezeichnete, deutete er bereits den zentralen Fluchtpunkt des radikalnationalistischen Nationsverständnisses an: die Vorstellung einer substantiell begründeten Homogenität. Die ideale Nation, wie sie den radikalen Nationalisten vorschwebte, war eine geschlossene, homogene Gemeinschaft, deren Mitglieder durch eine weitgehende Konformität ihrer Herkunft, ihres Habitus und ihrer Gesinnung gekennzeichnet waren. Diese Homogenitätsutopie, so die These, bildete das semantische Substrat des radikalnationalistischen Nations- und Volksbegriffs, das als impliziter Wahrnehmungsfilter die Perzeption und Deutung der sozialen und politischen Verhältnisse prägte, indem es die Legitimität alternativer Formen kultureller und politischer Differenz negierte und damit eine Grenze des Vorstellungs- und Denkhorizontes, in jedem Fall jedoch eine Grenze des politisch Sagbaren, konstituierte.

Auffallend an Hasses additiver Auflistung notwendiger Merkmale einer Nation ist darüber hinaus das Fehlen jeglicher Bezugnahme auf den Staat. Diese ostentative Auslassung verweist auf den für den radikalen Nationalismus konstitutiven Gegensatz von Nation und Staat. Als ethnisch-kulturelle Bezugsgrößen existierten »Nation« und »Volk« für die radikalen Nationalisten nicht nur unabhängig vom Staat, sondern gingen jeglicher staatlichen Ordnung voraus und bildeten damit das entscheidende Kontinuum der nationalen Entwicklung:

»Das Einzige, was im Flusse der tausendjährigen Entwickelung Bestand hat, ist das Volk. Alles andere sind vorübergehende Zustände. Die Staaten, als Zusammenschlüsse von Völkern, kommen und gehen. Und noch viel vergänglicher sind die Verfassungen der Staaten und die Zustände der Gesellschaft … Das Volk ist auch das Einzige, was weitere Wandlungen überdauern wird.«[9]

dens« [1905], »Deutsche Grenzpolitik« [1906], »Die Zukunft des deutschen Volkstums« [1907] und »Weltpolitik, Imperialismus und Kolonialpolitik« [1908]. Vgl. AB, Jg. 14, 1904, S. 361–363.

8 Daß auch die Sprache für Hasse kein definitives Kriterium der Zuordnung darstellte, zeigt seine Ausgrenzung der Juden, die in seinen Augen einer »einheitlichen jüdischen Nation« und folglich nicht der deutschen Nation angehörten. Vgl. *Hasse*, Reich, S. 8f.

9 *Hasse*, Deutsche Weltpolitik, S. 16. Vgl. *ders.*, Besiedlung, S. 76; H. Witte, Staats- und Volksgrenzen im 19. Jahrhundert, in: DE, Jg. 2, 1903, S. 65–67; *Schultheiss*, Vereinswesen, S. 79:

»Nation« und »Volk« stellten für die radikalen Nationalisten die grundlegenden politischen und sozialen Handlungseinheiten dar und wurden von ihnen bewußt als Gegenbegriffe zum Staat verwendet, dem lediglich eine instrumentelle Bedeutung zukam, nämlich die Machtausübung der Nation so effizient wie möglich zu organisieren.[10] Dieser Gegensatz war indessen nicht unüberbrückbar, sondern konnte dialektisch im Begriff des Nationalstaates aufgehoben werden, der auf die Kongruenz von Nation und Staat, d.h. die »volle Übereinstimmung zwischen den Staatsgrenzen und den Siedlungsgrenzen derjenigen Nation, ... die diesen Staat errichtet hat oder für die dieser Staat geschaffen worden ist«, abzielte. Auf der Grundlage des radikalnationalistischen Nationsverständnisses besaß diese semantische Synthese eine außerordentliche politische Brisanz, da sie den Nationalstaatscharakter des Deutschen Reiches und damit seine »nationale Daseinsberechtigung« prinzipiell in Frage stellte.[11] Im Sprachgebrauch der radikalen Nationalisten waren »Nation« und »Volk« deshalb unabhängig von ihrem konkreten Verwendungszusammenhang immer zugleich politische Aktionsbegriffe, die auf eine Revision der 1870/71 geschaffenen nationalstaatlichen Ordnung zielten.

Die radikalen Nationalisten konnten hierbei an tradierte, ethnisch-kulturelle Vorstellungen der deutschen »Nation« als einer auf der Gemeinsamkeit von Sprache, Abstammung und Geschichte gründenden Einheit anknüpfen, wie sie seit den Anfängen des deutschen Nationalismus für diesen konstitutiv gewesen waren. Dieser traditionelle Nationsbegriff stand jedoch in zunehmendem Maße in einem Spannungsverhältnis zu dem neuen etatistischen Nationsverständnis, das seit der Reichsgründung dominierende Geltung erlangt hatte.[12] Exemplarisch kam dieser Gegensatz in einer 1902 geführten Kontroverse zwischen Hasse und dem Hallenser Geographieprofessor Alfred Kirchhoff zum Ausdruck. Dieser hatte in einer Vortragsveröffentlichung dafür plädiert, »unter der deutschen Nation nur die Bewohnerschaft des Reiches« zu verstehen.

»Über den Interessen des Staates stehen die des Volkstums. Heiliger als die Liebe zu unserem Vaterland ist die zu unserem Muttervolk.«

10 In diesem Sinne unterschieden die radikalen Nationalisten scharf zwischen Nationalität und Staatsangehörigkeit. Vgl. § 2 der Satzungen des ADV von 1891: »Mitglied des Allgemeinen Deutschen Verbandes kann jeder Angehörige der deutschen Nationalität werden, gleichviel zu welchem Staatsverbande er gehört«; MADV, Jg. 1, 1891, S. 6.

11 *Hasse*, Reich, S. 1–29 (Zitate: S. 1, 14). Vgl. *ders.*, Großdeutschland, S. 5f.; ders., Nation oder Staat?, in: AB, Jg. 6, 1896, S. 117; P. Samassa, Volksthum und Staatsthum, Sonderdruck aus Heft 11 u. 12 des »Kyffhäuser«, Deutsche Blätter für Politik, Kunst und Leben, Jg. 3, 1901, BA-B, Nl. Samassa, Nr. 4, Bl. 2–5. Die sprachlich ebenfalls mögliche Begriffsbildung »Volksstaat«, schied, wie *Hasse*, Reich, S. 14, mit Bedauern feststellte, für den radikalnationalistischen Sprachgebrauch aus, weil dieser Ausdruck »bereits durch eine Form von Staatsverfassung nach sozialdemokratischem Rezept« semantisch belegt war.

12 Vgl. *Koselleck u.a.*, Volk, S. 369–380; *Wehler*, DGG, Bd. 3, S. 952f.; *Schieder*, Kaiserreich, S. 48–63.

In Anlehnung an Ernest Renan waren Nationen für Kirchhoff »das Produkt einer geistigen Assimilierung«, die aus dem Willen ihrer Mitglieder, eine Nation zu sein, hervorgingen. Vehement wandte er sich deshalb gegen die Vorstellung, »daß Nationen von gleicher Abkunft sein müssen« und relativierte auch die Bedeutung der Sprache als Kriterium nationaler Zugehörigkeit. Das entscheidende Merkmal der Zugehörigkeit zu einer Nation war für ihn allein die Staatsangehörigkeit. Mit bemerkenswerter Konsequenz zählte er deshalb auch die Angehörigen der innerhalb des Reiches lebenden polnisch- und dänischsprachigen Bevölkerungsgruppen sowie die Juden zur deutschen Nation.[13]

Kirchhoffs Ausführungen stießen auf den entschiedenen Widerspruch Hasses. In seiner Erwiderung polemisierte dieser gegen die politischen Implikationen der von Kirchhoff propagierten Gleichsetzung von »Nation« und Staat, besonders gegen die Anerkennung der polnischsprachigen und jüdischen Reichsangehörigen als gleichwertige Mitglieder der deutschen Nation. In der Sache vermochte er dem Versuch Kirchhoffs, »den Staat über Alles zu stellen« und den Geltungsbereich der Begriffe »Nation« bzw. »national« auf »eine reine Staatsgesinnung zu beschränken«, lediglich das »Gefühl für die Zusammengehörigkeit des ganzen deutschen Volkes« und »die Millionen deutscher Volksgenossen außerhalb des Reiches« entgegenzuhalten. Außerdem kritisierte er unter Verweis auf das Werk Gobineaus, daß der Begriff der »Rasse« in Kirchhoffs Überlegungen keine Rolle spiele, dieser vielmehr jegliche Form des Abstammungsprinzips als »Wahn von der Familiennation« verwerfe.[14]

Hasses Replik ist in mehrfacher Hinsicht aufschlußreich: Zunächst ist bemerkenswert, daß er in der konkreten Auseinandersetzung mit einer fundamentalen Kritik nicht die vermeintlich objektiven Grundlagen der Nation verteidigte, sondern sich auf das »Gefühl der Zusammengehörigkeit«, d.h. einen rein subjektiven Nationsbegriff, zurückzog und damit ungewollt den konstruktivistischen Charakter seines Weltbildes eingestand. Diese kaum zu verbergende Schwachstelle seiner Argumentation dürfte ihn denn auch zu dem vagen und eher kryptischen Verweis auf die Bedeutung der »Rasse« für die nationale Existenz veranlaßt haben, in der Hoffnung, damit eine substantielle Grundlage für die eigene subjektive Überzeugung gefunden zu haben. In der Auseinandersetzung zwischen Kirchhoff und Hasse manifestierte sich mithin das grundsätzliche semantische Dilemma des radikalen Nationalismus um die Jahrhundertwende: Die für ihn grundlegende, an tradierte Deutungsmuster anknüpfende, ethnisch-kulturelle Vorstellung der Nation verlor zunehmend an

13 *Kirchhoff*, Was ist national? (Zitate: S. 8, 17, 19, 24). Im Gegensatz zu Renan betonte Kirchhoff jedoch die konstitutive Bedeutung des Raumes: »Nicht die Nationalität, nicht Bluts- oder Sprachverwandtschaft machen die Nationen, sondern der Raum.« (Ebd., S. 38). Vgl. *ders.*, Verständigung, S. 30–64 (Zitat: S. 53).

14 E. Hasse, Was »national« ist. Eine Antwort an Herrn Professor Alfred Kirchhoff in Halle, in: AB, Jg. 12, 1902, S. 153–155. Vgl. *ders.*, Reich, S. 8f.

Geltung gegenüber einem etatistischen Nationsverständnis, das auf der Identifikation der deutschen Nation mit dem Deutschen Reich und damit auf der Faktizität eines real existierenden Nationalstaates gründete.[15] Für die radikalen Nationalisten erwuchs hieraus die Notwendigkeit, die traditionelle Begründung ihres Nationsbegriffs durch neue, vermeintlich ›härtere‹ Kriterien zu ergänzen. Die Suche nach solchen Kriterien führte, wie im nächsten Abschnitt gezeigt wird, zur Adaption des Begriffs der »Rasse« und damit zu einer wachsenden Biologisierung des Nations- bzw. Volksbegriffs.

Der allgemeine semantische Trend zugunsten eines etatistischen Nationsverständnisses zeigt sich auch in dem Bemühen der radikalen Nationalisten, der umgangssprachlichen Gleichsetzung von »deutsch« und »reichsdeutsch« durch eine definitorische Differenzierung entgegenzuwirken und diese im politischen Sprachgebrauch zu etablieren. Der Begriff »deutsch« sollte hierbei für das gesamte Deutschtum auch außerhalb der Reichsgrenzen reserviert bleiben, während überall dort, wo nur die Bevölkerung des Deutschen Reiches gemeint war, der Ausdruck »reichsdeutsch« Anwendung finden sollte.[16] Auch wenn sich diese Unterscheidung im politischen und sozialen Sprachgebrauch nicht durchsetzen konnte, trugen die sprachpolitischen Bemühungen der radikalen Nationalisten dazu bei, daß die ethnisch-kulturellen Konnotationen des Begriffes »deutsch« weiterhin wirksam blieben und in einem konkreten politischen Kontext wie der Frage der Staatsangehörigkeit einen nachhaltigen Einfluß auf den politischen Entscheidungsprozeß ausüben konnten.

Die zunehmende semantische Gleichsetzung der deutschen »Nation« mit dem Deutschen Reich war zugleich die entscheidende Ursache dafür, daß die radikalen Nationalisten nicht den Begriff der »Nation«, sondern den des »Volkes« zum zentralen Grundbegriff ihrer Agitation machten. Zwar blieben »Nation« und »Volk« für sie grundsätzlich Synonyme, in der diskursiven Praxis jedoch erhielt der Volksbegriff aufgrund seiner semantischen Struktur den Vorzug. Denn »Volk« erlaubte – anders als der Ausdruck »Nation« – die Bildung zahlreicher Komposita wie »Volkstum«, »Volksgenosse« und »Volksgemeinschaft« und damit die Konstruktion eines semantischen Feldes, dessen einzelne Begriffe aufeinander verwiesen und sich so wechselseitig in ihrem Bedeutungsgehalt stützten.[17] Am deutlichsten zeigt

15 Vgl. *Hasse*, Grenzpolitik, S. 1: »Wir sprechen heute von Deutschland, während wir doch das Deutsche Reich von 1871 meinen, und alles das Deutsche ausschließen wollen, was außerhalb der Grenzen des Deutschen Reiches liegt und nichtsdestoweniger deutsches Land geblieben ist.« Ähnlich hieß es in den AB, Jg. 4, 1894, S. 131f.: »Deutschland ist ein geschichtlich-geographisch-ethnologischer Begriff, das Deutsche Reich dagegen ein politischer. Deutschland ist etwas dauerndes, das Deutsche Reich dagegen, im Sinne der Lebensdauer eines Volkes, eine Eintagsfliege.«

16 AB, Jg. 19, 1909, S. 377f., 394, 445; AB, Jg. 20, 1910, S. 446–448.

17 Hinzu kam die »undeutsche« Etymologie des Wortes Nation, die im Hinblick auf die von den radikalen Nationalisten als erstrebenswert erachtete »Reinheit« der deutschen Sprache für den Gebrauch des angeblich genuin »germanischen« Begriffs »Volk« sprach.

sich dies am Beispiel des Epithetons »völkisch«, das im Gegensatz zu »national« im Sprachgebrauch der Zeit eindeutig ethnisch-kulturell konnotiert war und damit auf eben diesen Bedeutungsgehalt des Begriffs »Volk« verwies.[18]

Auf einer allgemeinen Ebene verdeutlichen diese semantischen und diskursiven Differenzierungen die wachsende Diskrepanz zwischen den neuen nationalstaatlichen Verhältnissen und den alten Begriffen sowie das Bemühen der radikalen Nationalisten, diese Diskrepanz durch eine verstärkte Reflexion und gezielte Reformulierungsversuche ihrer ideologischen Grundbegriffe zu überwinden. Die semantische Ethnisierungsstrategie der radikalen Nationalisten wurde dabei durch die Polyvalenz des Volksbegriffs begünstigt, der sowohl das Staatsvolk (Demos) als auch eine fiktive ethnische Abstammungsgemeinschaft (Ethnos) bezeichnen konnte und dessen Verwendung in der politisch-sozialen Sprache beständig zwischen diesen beiden Bedeutungsgehalten oszillierte und so unterschwellig eine Verbindung konstruierte.[19] Für die radikalen Nationalisten bildete diese Ambiguität von »Volk« als politisch-sozialer und ethnisch-kultureller Entität den semantischen Anknüpfungspunkt für eine Strategie, die darauf abzielte, den Volksbegriff wo immer möglich mit ethnischen Konnotationen zu versehen. Ernst Hasse etwa versuchte wiederholt, die in der Präambel der Reichsverfassung verwendete Formulierung, das Deutsche Reich sei zur »Pflege der Wohlfahrt des deutschen Volkes« errichtet worden, in einem völkischen Sinne zu interpretieren, obwohl sich diese Staatszielbestimmung eindeutig auf die Bevölkerung des Reiches bezog.[20] Auch wenn dieser Versuch einer Umdefinition lange Zeit keine konkrete Wirkung zeitigte, trug er dennoch dazu bei, daß sich die Differenzierung zwischen Nationalität und Staatsangehörigkeit semantisch verfestigte. Das Beispiel verdeutlicht zugleich, daß der Begriff des »deutschen Volkes« in semantischer Hinsicht das trojanische Pferd der radikalen Nationalisten darstellte, das eine implizite oder explizite Ethnisierung der reichsdeutschen Nationsvorstellung ermöglichte.

Denn zu den semantischen Vorgaben des Volksbegriffs gehörte die Vorstellung einer organischen, vor- und überstaatlichen Gemeinschaft, die sich durch innere Geschlossenheit, Einheitlichkeit und Einigkeit auszeichnete.[21] Auch die radikalnationalistische Volkssemantik unterstellte eine unaufkündbare Zusammengehörigkeit aller deutschen »Volksgenossen«, postulierte darüber hinaus jedoch eine spezifische, ethnisch-kulturell definierte Gleichartigkeit und Ho-

18 Vgl. *Hartung*, Ideologie; *Herbert*, Best, S. 57–63; *ders.*, Generation.

19 Vgl. *Koselleck u.a.*, Volk, S. 141–151; *Hoffmann*, Volk; *Francis*, Ethnos.

20 *E. Hasse*, Sind Polen, Dänen und Franzosen Teile des »deutschen Volkes?«, in: AB, Jg. 7, 1897, S. 109–111; *ders.*, Ein Sprachengesetz für das Deutsche Reich, in: AB, Jg. 8, 1898, 149f.; *ders.*, Die deutsche Versammlungssprache und das preußische Vereinsgesetz, in: AB, Jg. 14, 1904, S. 9f.; *ders.*, Reich, S. 49–51; *ders.*, Deutsche und Undeutsche im Deutschen Reich, in: DE, Jg. 3, 1904, S. 19f.

21 Vgl. *Koselleck u.a.*, Volk, S. 380–392; *Kaschuba*, Volk; *Titzmann*, Volk; *Hoffmann*, Das deutsche Volk, S. 108–161.

mogenität. Ihren paradigmatischen Ausdruck fand diese Vorstellung im Kompositum »Volksgemeinschaft«, in dem sich die semantischen Strukturen der beiden Grundbegriffe zu einer emotional überaus wirksamen Denk- und Gefühlsfigur verbanden.[22] Der Begriff der »Gemeinschaft« bezog seine emotionale Wirksamkeit vor allem aus dem Gegensatz zur »Gesellschaft«, wie ihn Ferdinand Tönnies in seiner klassischen, 1887 veröffentlichten Untersuchung idealtypisch herausgearbeitet hatte.[23] »Gemeinschaft« galt demnach als die ursprüngliche und authentische Form menschlichen Zusammenlebens, während »Gesellschaft« als abstrakte und anonyme, d.h. defizitäre Variante sozialer Beziehungen verstanden wurde. Auch der Begriff der »Volksgemeinschaft« trat deshalb in einen semantischen Gegensatz zur Gesellschaft und konnte in dem Maße, in dem das Unbehagen an den vermeintlichen oder tatsächlichen Defiziten der sich entfaltenden pluralistischen Massengesellschaft wuchs, die Funktion einer Gegenutopie übernehmen. Darüber hinaus trug die semantische Fusion mit dem Gemeinschaftsbegriff erfolgreich zur Verschleierung der Tatsache bei, daß die Ordnungsvorstellung des »deutschen Volkes« de facto nur auf geglaubter Gemeinsamkeit, nicht aber auf wirklicher »Gemeinschaft« beruhte. Sie liefert damit ein geradezu klassisches Beispiel für die »Umdeutung von rationalen Vergesellschaftungen in persönliche Gemeinschaftsbeziehungen«, die Max Weber als das charakteristische Konstruktionsprinzip ethnischer Gemeinschaftsbeziehungen beschrieben hat.[24]

Die semantische Konstruktion der »Volksgemeinschaft« mit ihrem Versprechen der Gesellschaft als Gemeinschaft zielte jedoch nicht nur auf die Integration aller »Volksgenossen«, sondern zugleich immer auch auf die Ausgrenzung der »Volksfremden«. Aufgrund der Dialektik von Selbst- und Fremddefinition konstituierte sich die Gemeinschaft des »deutschen Volkes« semantisch primär durch die Abgrenzung gegenüber jenen sozialen Gruppen, die sich durch Abstammung, Sprache und Kultur von der Mehrheit der »Volksgenossen« unterschieden. Für die radikalen Nationalisten waren dies vor allem die polnischsprachige Bevölkerung in den preußischen Ostprovinzen und im Ruhrgebiet, die dänischsprachigen Bewohner Schleswigs und Holsteins, die Einwohner des annektierten Elsaß-Lothringens sowie die im Deutschen Reich lebenden Ju-

22 Zum Begriff der »Volksgemeinschaft« vgl. *Koselleck u.a.*, Volk, S. 409–415; *Nolte*, Ordnung, S. 169–171, 192–205; *Mai*, Verteidigungskrieg; *Sontheimer*, S. 244–252; *Emmerich*, S. 72–78.

23 Vgl. *Tönnies*, S. 3–5. Obwohl es Tönnies primär darum ging, den grundlegenden Wandel sozialer Beziehungen von gemeinschaftlichen zu gesellschaftlichen Strukturen im Zuge der Herausbildung des modernen Industriekapitalismus zu analysieren, wurde seine soziologische Antithese schon bald als Kritik an den als defizitär empfundenen Erscheinungsformen der pluralistischen Massengesellschaft benutzt. Vgl. *Nolte*, Ordnung, S. 167–169; *König*, Begriffe; *Riedel*, Gesellschaft, S. 854–862.

24 Vgl. *Weber*, Gemeinschaften, S. 175: »Unter Bedingungen geringer Verbreitung rational versachlichten Gesellschaftshandelns attrahiert fast jede, auch eine rein rational geschaffene, Vergesellschaftung ein übergreifendes Gemeinschaftsbewußtsein in der Form einer persönlichen Verbrüderung auf der Basis ›ethnischen‹ Gemeinsamkeitsglaubens.«

den. In ihren Augen stellten diese »Millionen von Fremden« allein durch ihre Existenz eine beständige Bedrohung für die Geschlossenheit und Handlungsfähigkeit der »Volksgemeinschaft« dar.[25] Die Konsequenz aus dieser Überzeugung konnte nur lauten, die angeblichen »Fremdkörper« aus der Gemeinschaft der deutschen »Volksgenossen« auszuschließen. Sprachlich vollzog sich diese Exklusion durch die Stigmatisierung der ethnisch-kulturellen Minderheiten als »Fremde«, »Nichtdeutsche« oder »Undeutsche«.[26] Ernst Hasse unterschied sprachlich gar zwischen reichsdeutschen Staatsangehörigen und »volldeutschen Bürgern« oder »deutschen Vollbürgern«. Hinter dieser auf den ersten Blick obskur anmutenden begrifflichen Konstruktion stand seine Forderung nach einer »organischen Differenzierung aller öffentlichen Rechte«. Damit war gemeint, daß zentrale verfassungsmäßig garantierte Rechte wie das aktive und passive Wahlrecht oder das Recht, Grundbesitz zu erwerben, allein »Volldeutschen« vorbehalten sein sollten. Die semantische Exklusion der »Nichtdeutschen« zielte in letzter Konsequenz auf die Errichtung eines völkischen Apartheidsystems, in dem eine politisch, sozial und rechtlich privilegierte Majorität über verschiedene ethnisch-kulturelle Minderheiten herrschte, denen in nahezu jeder Hinsicht der Status von Bürgern zweiter Klasse zukommen sollte.[27]

Für die radikalen Nationalisten, so ist als Zwischenbilanz festzuhalten, waren »Volk« und »Volksgemeinschaft« nur als eine homogene, geschlossene Gemeinschaft vorstellbar, die auf einer substantiellen Gleichartigkeit aller »Volksgenossen« beruhte. Homogenität und Konformität bildeten die zentralen Werte, an denen sich ihr Denken und Handeln orientierte. Aus dieser Homogenitätsutopie ergab sich die strikte Ablehnung jedweder Form von kultureller und politischer Devianz, denn die ethnisch-kulturelle Gleichartigkeit mußte sich – so das Denkmodell – über die Gemeinsamkeit der Sprache und Lebensgewohnheiten hinaus zugleich in einer grundsätzlichen Konformität der Gesinnung manifestieren. Aus dem Bewußtsein substantieller Gleichartigkeit sollte eine Einheit des nationalen Willens erwachsen, welche die Gegensätze der modernen Industriegesellschaft wenn schon nicht beseitigte, so doch im Hegelschen Sinne aufhob. In dem unterstellten Nexus von substantieller Gleichartigkeit und konformem Verhalten liegt mithin der Schlüssel zum Verständnis der radikalnationalistischen Homogenitätsutopie, denn in letzter Konsequenz versprach die »Volksgemeinschaft« nichts geringeres als die Überwindung aller sozialen und politischen Konflikte. »Wir sind ein Volk«, erklärte Heinrich Claß, der seit 1908 amtierende Vorsitzende des Alldeutschen Verbandes, in seinen 1912 unter

25 *Hasse*, Reich, S. 1–6, 30–78; *ders.*, Sind Polen, Dänen und Franzosen Teile des »deutschen Volkes?«, in: AB, Jg. 7, 1897, S. 109–111.

26 Bisweilen findet sich auch die Formulierung »nichtdeutsche Reichsangehörige«, die jedoch aufgrund ihrer paradoxen Struktur nicht dieselbe suggestive Kraft besaß, wie die anderen genannten Schlagworte. Vgl. AB, Jg. 7, 1897, S. 110; *Hasse*, Reich, S. 2.

27 Vgl. *Hasse*, Reich, S. 49–78 (Zitate: S. 51, 54); *ders.*, Großdeutschland, S. 45f.

dem Pseudonym »Daniel Frymann« veröffentlichten Buch »Wenn ich der Kaiser wär'«, »was uns not tut, das ist die Überwindung der Interessengegensätze der einzelnen Stände und Berufe durch den nationalen Gedanken; unser politisches Leben soll gehoben werden, auf daß wieder nationale Politik getrieben werden kann«.[28] Die von Claß geforderte »Überwindung« der sozialen und politischen Interessengegensätze zielte mithin nicht auf deren Beseitigung, sondern darauf, die bestehenden gesellschaftlichen Konflikte durch die Schaffung eines übergeordneten nationalen Bewusstseins zu transzendieren. Anders ausgedrückt: Nicht die Abschaffung sozialer Ungleichheit im Sinne einer sozioökonomischen Egalisierung war das Ziel der radikalen Nationalisten, sondern die politische Marginalisierung der aus ihr resultierenden Konflikte durch die Konstruktion einer neuen, integrierenden Einheits- und Gemeinschaftsvorstellung.

Die radikalnationalistische Vision einer konfliktfreien, nach ethnischen Kriterien strukturierten Gemeinschaft und die mit ihr korrespondierende Wertschätzung von Homogenität und Konformität lassen sich als Reaktion auf die soziale, politische und kulturelle Fragmentierung der wilhelminischen Gesellschaft interpretieren. In ihnen manifestiert sich die Suche nach einer neuen Ordnungsvorstellung, mit deren Hilfe die wachsende Komplexität und Unübersichtlichkeit der gesellschaftlichen Wirklichkeit wieder erklärbar gemacht und die durch die säkularen Wandlungsprozesse nachhaltig erschütterte traditionelle Sinngewißheit und Verhaltenssicherheit zurückgewonnen werden konnten. Denn auch für die radikalen Nationalisten war die Konfrontation mit den Auswirkungen eines nahezu alle Lebensbereiche umfassenden Wandels die zentrale Grunderfahrung ihrer Zeit.[29] Das Bewußtsein, in einer Zeit fundamentaler Veränderungen in Wirtschaft, Gesellschaft, Politik und Kultur zu leben, ging einher mit der Sehnsucht nach einem Element, das »im Flusse der tausendjährigen Entwickelung Bestand hat« und deshalb als transzendenter Orientierungspunkt dienen konnte. Dieses Element war für die radikalen Nationalisten das »Volk«, das als imaginäre »Gemeinschaft der Lebenden, der Toten und der noch Ungeborenen« über die Grenzen des individuellen Lebens hinaus reichte.[30]

Indem »Volk« und »Volksgemeinschaft« als primordiale Entitäten gedacht wurden, kamen sie zugleich einem weitverbreiteten Bedürfnis nach Transzendenz, nach Rückversicherung in einer das individuelle Leben übersteigenden

28 *Claß*, Kaiser, S. 50f.

29 Bereits in der ersten Ausgabe der »Alldeutschen Blätter« (MADV, Jg. 1, 1891, S. 1f.) hieß es: »Wir leben in einer Übergangszeit ... Ein neue Generation wird die Probe bestehen müssen, ob sie das von den Vätern geschaffene Reich zu erhalten und zu erweitern vermag.« Auch für Hasse stellte die Erfahrung des Wandels das grundlegende Signum der Epoche dar. Das Heraklitische »παντα ρει« kehrt als Grundmotiv in zahlreichen seiner Schriften wieder. Vgl. *Hasse*, Großdeutschland, S. 5; *ders.*, Grenzpolitik, S. 10; *ders.*, Polenfrage, S. 3. Zur Übergangsmentalität der wilhelminischen Zeit allgemein *Doerry*.

30 *Hasse*, Deutsche Weltpolitik, S. 16; *Berlin*, S. 68.

Daseinsordnung entgegen. Das »deutsche Volk« avancierte auf diese Weise zu einer transzendenten Größe, die zum Objekt einer Heilsgeschichte stilisiert werden konnte. Besonders der Begriff der »Volksgemeinschaft« besaß eine chiliastische Dimension, die an religiöse Denkmuster und Mentalitäten anknüpfte und sich mit einem entsprechenden Sendungsbewußtsein verbinden konnte. Seine emotionale Akzeptanz und suggestive Kraft war deshalb dort am stärksten, wo – wie innerhalb des Bildungsbürgertums – religiöse Mentalitäten ihre traditionelle Bindung an kirchliche Autoritäten verloren und als »vagierende Religiosität« (Thomas Nipperdey) nach neuen Inhalten und Ausdrucksformen suchten.[31] Diese Voraussetzungen trafen auf viele Anhänger des radikalen Nationalismus zu. Im Zusammenhang der vorliegenden Argumentation ist jedoch zunächst wichtig, daß für die radikalen Nationalisten der Volksbegriff die Endlichkeit des Individuums transzendierte und somit eine Antwort auf Fragen nach dem Sinn und der Kontingenz menschlichen Lebens gab. Der »Glauben an die Ewigkeit unseres Volkes«, den Heinrich Claß in seinem bereits zitierten »Kaiserbuch« wiederholt auf emphatische Weise beschwor, verdeutlicht diese Fähigkeit des Volksbegriffs, an überlieferte religiöse Mentalitäten anzuknüpfen und so seine Bedeutungsgehalte im Bewußtsein seiner Anhänger zu verankern.[32]

Auf die mentale Verankerung des Volksbegriffs zielte auch seine Verknüpfung mit traditionellen, im kollektiven Gedächtnis verwurzelten Mythen, wie dem Hermann- und dem Kyffhäusermythos, die der Vorstellung der »Volksgemeinschaft« eine gleichsam magische Mobilisierungskraft verliehen. Die auch von den radikalen Nationalisten eifrig betriebene »Arbeit am Mythos« war bestrebt, ihre Deutungsmuster mit Hilfe symbolischer Ausdrucksformen zu emotionalisieren. Entscheidend war hierbei, daß das »Volk« als der zentrale Bezugspunkt aller kollektiven Erinnerungsfiguren zum »Urmythos« stilisiert wurde, in den die anderen politischen Mythen integriert werden konnten.[33] Diese Mythisierung vollzog sich nicht allein durch das Medium der Sprache, sondern auch durch rituelle und visuelle Ausdrucksformen wie Feiern und Denkmäler. Für die radikalen Nationalisten bildeten etwa das Hermanns- oder das 1913 eingeweihte Völkerschlachtdenkmal bevorzugte Erinnerungsorte, an denen sich die eigenen politischen Ziele und Forderungen mit überkommenen

31 *Nipperdey*, Arbeitswelt, S. 507–528 (Zitat: S. 521); *Hölscher*, Religion; *ders.*, Religiosität. Zur religiösen Dimension des Nationalismus vgl. *Walkenhorst*, Nationalismus sowie die Beiträge in *Langewiesche u. Haupt*, Europa; *dies.*, Geschichte; *Krumeich u. Lehmann*.

32 Vgl. *Claß*, Kaiser, S. 105, 133, 186, 233, 235. Ähnliches gilt für die immer wieder verwendete religiöse Metapher der »Wiedergeburt« des deutschen Volkes. Vgl. *Claß*, Bilanz, S. 41; *ders.*, Strom, S. 30; AB, Jg. 13, 1903, S. 343; DbB, Jg. 11, 1906, S. 64; *Hering*, Wiedergeburt. Zum Gebrauch der Metapher allgemein *Demandt*, S. 50–55.

33 Vgl. *Kaschuba*, Volk, S. 59f. Zur Bedeutung von Emotionen für die mentale Verankerung nationalistischer Deutungsmuster *François u.a.*, S. 13–35. Zum Begriff des kulturellen Gedächtnisses *Assmann*, Gedächtnis; *Halbwachs*.

semantischen Traditionen und symbolischen Formen verschmelzen und auf diese Weise emotional und mental verankern ließen.[34]

Die metaphysische Dimension und die mythischen Komponenten des radikalnationalistischen Volksbegriffs sollten jedoch nicht darüber hinwegtäuschen, daß dieser in seinem Kern keine nostalgische Verklärung längst vergangener, vorindustrieller Formen der sozialen Ordnung beinhaltete, sondern eine radikalisierte Zukunftserwartung. Die Utopie der »Volksgemeinschaft« zielte auf eine radikale Neuordnung der Gesellschaft als Antwort auf die zentralen politischen und sozialen Probleme der reichsdeutschen Gesellschaft. Ihr Ziel war die Formierung einer kulturell homogenen, ideologisch konformen, hierarchisch gegliederten und leistungsorientierten Gesellschaft, die durch ihre innere Geschlossenheit jene Produktivität, Effizienz und Leistungsfähigkeit erlangen sollte, die nach Auffassung der radikalen Nationalisten zur Behauptung der nationalen Existenz unabdingbar waren. Das Streben nach größtmöglicher Effizienz in Politik, Wirtschaft und Gesellschaft, um durch eine optimale Ausnutzung der vorhandenen nationalen Ressourcen dem deutschen Volk die für seinen »Kampf ums Dasein« benötigten Machtmittel in die Hand zu geben, bildete den archimedischen Punkt der radikalnationalistischen Gesellschaftsutopie und machte ihre Anhänger zu Verfechtern einer Doktrin der »national efficiency«, wie sie in der Folge des Burenkrieges um die Jahrhundertwende auch in England aufkam.[35]

Von grundlegender Bedeutung für die radikalnationalistische Forderung nach »nationaler Effizienz« war dabei die semantische Verknüpfung von Effizienz und Homogenität. Die aus substantieller Gleichartigkeit vermeintlich erwachsende Konformität der Ziele und Interessen sowie die durch sie bedingte Abwesenheit von politischen und sozialen Konflikten galten als die effizienteste Form gesellschaftlichen Handelns und damit als die Grundlage nationaler Machtausübung. Einigkeit bedeutete Effizienz und Macht, und nationale Einigkeit beruhte primär auf dem Bewußtsein ethnischer und kultureller Homogenität. Dieses Bewußtsein wiederum konkretisierte sich vor allem in der Abgrenzung gegenüber den ethnisch-kulturellen Minderheiten. Denn auch für die radikalen Nationalisten gewann das »Eigene« seine Konturen primär in der Konfrontation mit dem »Fremden«. Aus dieser Sicht war der radikalnationalistische Topos der »Feinde ringsum« weniger Ausdruck einer nationalistischen

34 Die Mitglieder des »Deutschbundes« etwa feierten jährlich ein »Hermannsfest«, das den rituellen Höhepunkt des Vereinslebens darstellte. Vgl. F. Lange, Hermann der Cherusker, ein Mahner zu reinerem Deutschtum, in: DbB, Jg. 14, 1909, S. 10f., 49–52. Auch die Alldeutschen nutzten das Hermannsdenkmal für politische Kundgebungen (vgl. AB, Jg. 11, 1901, S. 271, 282f.) und veranstalteten im Rahmen der Einweihung des Völkerschlachtdenkmals in Leipzig eine »Alldeutsche Jahrhundertfeier« (AB, Jg. 23, 1913, S. 331, 347, 355–364). Zur Geschichte und Bedeutung der genannten Mythen vgl. *Dörner*, Mythos; *Tacke*, Denkmal; *Hoffmann*, Mythos; *ders.*, Monumentalismus. Zum Konzept der Erinnerungsorte *François u. Schulze*; *Nora*.

35 Vgl. *Eley*, Geschichte, S. 49f.; *Searle*, S. 54–106; *Bauerkämper*, Rechte, S. 25–41.

Paranoia als vielmehr ein konstitutives Element der ideologischen Konstruktion der »Volksgemeinschaft«. Erst durch die Beschwörung einer umfassenden Bedrohung durch innere und äußere Feinde konnten deren Grenzen ex negativo bestimmt und mental verankert werden.[36]

Der für das radikalnationalistische Denken konstitutive Nexus von Homogenität, Effizienz und Macht erklärt auch, warum die »Volksgemeinschaft« nur als hierarchisch strukturiert und autoritär regiert gedacht werden konnte. Denn die Mobilisierung sämtlicher nationalen Ressourcen erforderte das reibungslose, sprich: konfliktfreie Funktionieren aller »Volksgenossen« im Sinne der vorgegebenen Zielvorstellungen. Hierzu war es notwendig, das jeder einzelne seine Aufgabe an dem ihm zugewiesenen Platz erfüllte, ohne weitergehende Forderungen zu erheben. Zwar sollte der einzelne »Volksgenosse« sich als ein »mitwirkendes, mithandelndes und mitverantwortliches Glied des Ganzen« betrachten, seine faktischen Partizipationsmöglichkeiten waren jedoch auf die ihm zugewiesene gesellschaftliche Rolle beschränkt.[37] In prägnanter Form kam dieses hierarchische Gliederungsprinzip in der Metapher des »Volkskörpers« zum Ausdruck, mit der das Individuum als Glied einer organischen Ganzheit dargestellt wurde. Die seit der Antike existierende Vorstellung vom Volk als einem Organismus postulierte die Unterordnung des Individuums unter ein kollektives Gesamtinteresse und legitimierte zugleich die privilegierte Stellung professioneller Funktionseliten, indem sie es diesen ermöglichte, ihre jeweilige soziale Rolle als für die Existenz des Gesamtkörpers lebensnotwendige Funktion zu stilisieren.[38] Die Attraktivität des Volksgemeinschaftskonzepts, gerade in bildungsbürgerlichen Kreisen, beruhte nicht zuletzt darauf, daß sie diesen eine zentrale Führungsrolle innerhalb der völkischen Gesellschaftsordnung zuschrieb.[39] Die »Volksgemeinschaft« zielte mithin keineswegs auf den Abbau sozialer Ungleichheit, sondern auf eine »Ordnung der Ungleichheit« (Stefan Breuer) und erklärte diese, zumindest was den politischen Führungsanspruch akademisch ausgebildeter Funktionseliten betraf,

36 Vgl. *Hasse*, Zukunft, S. 126: »Feinde ringsum! Das war von jeher unsere Lage. Und wir haben darunter gelitten, wie kein anderes Volk Europas«; *ADV*, Ostmark, S. 106, 108; *Schultheiss*, Alldeutschland, S. 48; *Claß*, Kaiser, S. 102f.; K. v. Stantz, Feinde ringsum, in: AB, Jg. 24, 1914, S. 43.

37 *Heyck*, S. 13.

38 Vgl. AB, Jg. 4, 1894, S. 138; *Hasse*, Gedanke, S. 8f.; *Meinhold*, S. 23; *Ziehen*, S. 17, 20, 22. Zur Geschichte und Funktion politischer Körpermetaphorik vgl. *Dohrn-van Rossum*; *ders. u. Bökkenförde; Demandt*, S. 20–25, 87–93, 114–123; *Greiffenhagen*, S. 200–216.

39 Vgl. *Claß*, Kaiser, S. 230: »Das Volk im politischen Sinne sind wir alle, vom Kaiser herunter bis zum geringsten Manne, und die Volksgemeinschaft findet ihre Grenzen erst gegenüber Fremdvölkischen – im Sinne der höchsten sittlichen und politischen Werte und der letzten Verantwortlichkeit sind Volk nur die Besten, die Erkennenden, Opferwilligen, von Selbstsucht Freien, die Diener der Gesamtheit, deren Tun und Lassen den Eindruck bestimmt, den die Gesamtheit einer Zeit auf die Mitlebenden macht und der Nachwelt hinterläßt«.

für notwendig und gerechtfertigt.[40] Die existierenden sozialen Unterschiede sollten nicht eingeebnet, sondern dialektisch in der Synthese eines nationalen Gesamtwillens aufgehoben werden.

Damit ist zugleich die Frage beantwortet, welche Formen von Differenz die radikalen Nationalisten überhaupt als legitim betrachteten. Differenz wurde dann akzeptiert, wenn sie funktional notwendig war, d.h. als effizienz- und machtsteigernd erachtet wurde. Zu den legitimen Formen gesellschaftlicher Differenz zählten deshalb insbesondere die Klassen- und Geschlechterdifferenz. Die Notwendigkeit einer klassenspezifischen Differenzierung ergab sich, wie gesehen, aus der Bedeutung professioneller Funktionseliten für die geistige und politische Führung des Volkes. Die Legitimität der geschlechtsspezifischen Rollenverteilung resultierte aus der funktionalen Notwendigkeit der Frauen für die biologische Reproduktion des »Volkskörpers«.[41] In beiden Fällen diente die funktionale Differenzierung dem übergeordneten Ziel der Effizienz- und Machtsteigerung und war deshalb mit der Forderung nach größtmöglicher Homogenität vereinbar.

Zur semantischen Struktur des radikalnationalistischen Volksbegriffs gehörte darüber hinaus sein umfassender, in der Tendenz totalitärer Geltungsanspruch, der sich auf alle Lebensbereiche erstreckte. Die »Volksgemeinschaft« galt als die soziale Grundeinheit, in der sich das menschliche Leben verwirklichte und aus der es seinen Sinn bezog. Sie war damit zugleich der letzte und höchste Zweck jeder individuellen Existenz. Die radikalen Nationalisten verlangten den »Verzicht des Einzelnen zu Gunsten einer größeren Gesamtheit« und begründeten diese Forderung damit, »daß auch der Mensch nicht um seiner selbst willen da ist, sondern daß er gewöhnlich nur so viel wert ist, als er für sein Volk leistet«.[42] Mit anderen Worten: Zu einer alle individuelle, soziale und politische Existenz bedingenden Sinngebungs- und Rechtfertigungsinstanz verabsolutiert, zielte der Volksbegriff auf die bedingungslose Unterwerfung des Individuums unter die kollektiven Interessen der nationalen Gemeinschaft. Er besaß damit ein totalitäres Potential, das in dem Maße manifeste Formen annahm, in dem die Verwirklichung der »Volksgemeinschaft« durch gegenläufige Entwicklungen grundsätzlich in Frage gestellt wurde.

Dieses totalitäre Potential zeigt sich am klarsten in den Vorstellungen der radikalen Nationalisten zur Behandlung der nationalen Minderheiten. Die Herstellung möglichst weitreichender ethnisch-kultureller Homogenität war, wie gesehen, eines ihrer zentralen Ziele. Zu seiner Verwirklichung sollten die »fremdvölkischen« Bevölkerungsgruppen »germanisiert« werden. »Germanisie-

40 Vgl. *Breuer*, Ordnungen.

41 Vgl. *Planert*, Körper sowie Kapitel II.4.

42 *Hasse*, Deutsche Weltpolitik, S. 15; *ders.*, Rückfall in das Weltbürgertum?, in: MADV, Jg. 3, 1893, S. 81.

rung« meinte dabei zunächst die vollständige kulturelle Assimilation und politische Integration der fremdsprachigen Minoritäten.[43] Die im Reich lebenden Polen, Dänen, Elsässer und Lothringer sollten durch politische und gesellschaftliche Sozialisation zur Übernahme der deutschen Sprache und der Entwicklung eines deutschen Nationalbewußtseins veranlaßt werden. Die auch von radikalnationalistischer Seite propagierten Maßnahmen für diese Form der »Germanisierung« lagen vor allem auf dem Gebiet der Bildungs- und Kulturpolitik und hier besonders im Bereich des Schulwesens. Sie knüpften an ein kulturell-voluntaristisches Nationsverständnis an und standen damit in einem Spannungsverhältnis zu der ideologisch postulierten Bedeutung des Abstammungsprinzips.[44] In ihnen kommt ein noch nicht erschüttertes Vertrauen in die Assimilationskraft der deutschen Kultur zum Ausdruck, in deren Folge sich die »Fremden« im Laufe einiger Generationen zu »guten Deutschen« entwickeln würden.

In diesem Sinne lehnte Ernst Hasse noch 1905 eine »zwangsweise Germanisierung« – etwa in Form eines deutschen Schulzwangs – als kontraproduktiv ab, da entsprechende Maßnahmen nur den Widerstand polnischer, dänischer und französischer Nationalisten anheizen und so die Lebensdauer dieser ethnischen Gruppen künstlich verlängern würden. Gleichzeitig forderte er jedoch eine umfassende »Germanisierung des deutschen Grund und Bodens« besonders an den Grenzen des Reiches.[45] Er griff damit ein Schlagwort auf, das im Zusammenhang mit der staatlichen Ansiedlungspolitik in den preußischen Ostprovinzen geprägt worden war, deren Maßnahmen darauf abzielten, durch eine planmäßige Ansiedlung »deutschstämmiger« Bevölkerungsgruppen in mehrheitlich von Polen bewohnten Gebieten die Bevölkerungsstruktur zugunsten des Deutschtums zu verändern. Diese Form der »Germanisierung«, die zunehmend in den Mittelpunkt der radikalnationalistischen Agitation rückte, richtete sich nicht mehr auf die Transformation individueller Identität, sondern auf die politische und soziale Marginalisierung ethnisch-kultureller Gruppen durch gezielte bevölkerungspolitische Maßnahmen.[46] Ihr lag der Glaube zugrunde, die »Volksgemeinschaft« auf dem Wege eines umfassenden »social engineerings« verwirklichen zu können. Diese sozialtechnische Machbarkeitsutopie war tendenziell totalitär, denn der übergeordnete Zweck rechtfertigte letztlich so gut wie jedes Mittel.[47] So verwies Hasse bereits 1907 für den Fall

43 Vgl. *Hasse*, Reich, S. 30, 38, 41, 56, der erklärte, das deutsche Volk müsse in Analogie zu einem biologischen Organismus, »einen Fremdkörper entweder auffsaugen oder abstoßen«, wobei er eine »Abstoßung fremdartiger Elemente« in Form territorialer Gebietsabtretungen jedoch kategorisch abgelehnte.

44 Aus diesem Grund wurde der Begriff der »Germanisierung« auch nur im Hinblick auf die polnisch-, dänisch- und französischsprachigen Bevölkerungsgruppen, nicht jedoch für die Juden verwendet.

45 *Hasse*, Reich, S. 56–58.

46 Vgl. hierzu ausführlich Kapitel IV.1.

47 Für eine Kritik einer solchen »utopischen Sozialtechnik« vgl. *Popper*, Bd. 1, S. 213–227.

eines Krieges zwischen den großen europäischen Nationalstaaten hypothetisch auf die Möglichkeit von »Zwangswanderungen oder Zwangssiedlungen« zur Lösung der Minderheitenproblematik. Gemeint war damit eine gewaltsame Vertreibung, wie sie im politischen Sprachgebrauch heute mit dem Euphemismus »ethnische Säuberung« bezeichnet wird.[48] Hasses Ausführungen verdeutlichen, daß sich die intellektuellen Protagonisten des radikalen Nationalismus des totalitären Potentials ihres semantischen Arsenals nicht nur bewußt waren, sondern auch keine Skrupel kannten, dieses Potential, falls erforderlich, in vollem Umfang auszuschöpfen.

Die totalitären Implikationen der »Volksgemeinschaft« manifestierten sich darüber hinaus in der biologistisch-medizinischen Metaphorik der radikalen Nationalisten, in deren Mittelpunkt die Metapher des »Volkskörpers« stand. Diese erlaubte nämlich nicht nur die Legitimation sozialer Ungleichheit, sondern auch eine Pathologie von Staat und Gesellschaft. Mit Hilfe der Vorstellung vom »Volkskörper« als einer organischen Ganzheit konnte nahezu jede Form devianten Verhaltens als pathologische Abweichung von dem ideologisch unterstellten »gesunden« Normalzustand der »Volksgemeinschaft« gedeutet werden, die es mit aller Entschiedenheit zu bekämpfen galt, weil sie den gesamten Organismus bedrohte.[49] Im Falle des radikalen Nationalismus erstreckte sich die Pathologisierung alles Fremden jedoch nicht allein auf konkretes Verhalten, sondern auch auf dessen vermeintlich biologische Anlagen. Auf diese Weise konnte ethnisch-kulturelle Andersartigkeit per se als »Krankheit des Volkskörpers« stigmatisiert werden, die, um im Bild zu bleiben, durch medizinische Eingriffe geheilt werden mußte.[50] Das Bild des Arztes, der durch gezielte Eingriffe am »Volkskörper« dessen Gesundheit wiederherstellte, bildete deshalb nicht zufällig die zentrale Metapher für die radikalnationalistischen Vorstellungen einer technokratischen Sozial- und Bevölkerungspolitik. Die konkreten Maßnahmen dieser Politik richteten sich dabei allein nach ihrer Zweckmäßigkeit. Auf der Grundlage der Überzeugung, daß die Existenz des deutschen Volkes auf dem Spiel stand, waren ihnen lediglich pragmatische,

48 *Hasse*, Zukunft, S. 44f. Weiter heißt es dort: »Wir müssen den unterlegenen Gegnern, die uns im Wege sind, Reservate zuweisen, in die wir sie zurückdrängen, um unserer Entwicklung Raum zu schaffen; wir müssen ihrem Wachstum, das uns schädigt, ein Ziel setzen durch Eindämmen ihres Landes.« Zur Geschichte »ethnischer Säuberungen« vgl. *Mann*, Dark Side; *Naimark*; *Bell-Fiakoff*; *Lemberg*, Säuberung; *Sundhausen*, Bevölkerungsverschiebungen.

49 Vgl. *Greiffenhagen*, S. 212f.; *Demandt*, S. 25–27, 79–87. Es versteht sich von selbst, daß die radikalen Nationalisten die Definitionsmacht darüber, was für das deutsche Volk »gesund« und »normal« war, für sich beanspruchten. Zu weiteren Bedeutungsgehalten der Volkskörpermetapher im Hinblick auf Geschlechterdifferenz, Sexualität und Bevölkerungspolitik vgl. Kapitel II.4.

50 Ein Paradebeispiel für eine solche Pathologisierung von Politik und Gesellschaft findet sich in Claß' Kaiserbuch, dessen erklärtes Ziel darin bestand, »die Gesamtheit der Krankheitserscheinungen« des deutschen Volkes und die »dagegen anzuwendenden Heilmittel« darzustellen. Vgl. *Claß*, Kaiser (Zitat: S. IX); *ders.*, Geschichte, S. 413–416.

nicht aber humanitäre Grenzen gesetzt. In diesem Sinne schrieb Claß 1912 im Hinblick auf die von ihm als notwendig erachteten Maßnahmen zur Wiederherstellung der »Volksgesundheit«:

»An sich ist das Volk ewig, ewig, kraft der Fortpflanzung, die es über die Einzelpersönlichkeit hinaushebt. Und es wird ewig bleiben, wenn es die Keime des Verfalls, nachdem sie einmal erkannt sind, rücksichtslos tötet – mag die dazu nötige Handlung im einzelnen Falle hart und lieblos erscheinen, sie trägt ihr Recht in sich und dient dem höchsten Lebensgrundsatz: der Ewigkeit des Volkes.«[51]

In der Metapher von den »Keimen des Verfalls«, die es »rücksichtslos« zu töten galt, kommt eine Bereitschaft zur gewaltsamen Lösung der Minderheitenproblematik zum Ausdruck, die für die weitere Entwicklung des radikalen Nationalismus von zentraler Bedeutung war. Selbst wenn man Claß zugute halten wollte, daß er bei der Verwendung dieser Metapher nicht an die physische Vernichtung bestimmter ethnischer Gruppen gedacht hat, generierte das sprachliche Bild jedoch genau solche Assoziationen. Die Metapher besaß, mit anderen Worten, ein assoziatives Potential und einen Bedeutungsüberschuß, die das radikalnationalistische Denken im Sinne einer eliminatorischen Lösung der Minderheitenproblematik vorstrukturierten. Dasselbe gilt für die gesamte Krankheitsmetaphorik und die an sie angelehnten Sprachbilder. Die zunehmende Bereitschaft der radikalen Nationalisten zu gewaltsamen Lösungen ethnisch-kultureller Konflikte beruhte nicht zuletzt darauf, daß diese Problematik in einer Sprache formuliert wurde, die hierfür eine kognitive und emotionale Vorarbeit leistete.

In den semantischen Strukturen des Volksbegriffs und der biologistisch-medizinischen Metaphorik des radikalen Nationalismus waren, so lassen sich die bisherigen Ausführungen zusammenfassen, langfristige Dispositionen angelegt, die im Sinne einer kognitiven Weichenstellung eine fortschreitende Radikalisierung ethnisch-kultureller Homogenisierungsbestrebungen bedingten und ermöglichten. Die dem Volksbegriff zugrundeliegende Annahme einer unverfügbaren, substantiell begründeten kollektiven Identität enthielt immer schon die Möglichkeit einer repressiven Homogenisierung, deren Spektrum von gesellschaftlicher Exklusion bis hin zu gewaltsamen »ethnischen Säuberungen« reichte. Die Entwicklung des radikalen Nationalismus läßt sich als die sukzessiv erfolgende Entfaltung dieses Potentials darstellen. Um möglichen Mißverständnissen vorzubeugen, sei jedoch noch einmal betont, daß die semantischen Strukturen des Volksbegriffs und die durch sie geprägten mentalen Dispositio-

51 *Claß*, Kaiser, S. 104–106 (Zitat: S. 105). Auch Werner Best, der langjährige Stellvertreter Reinhard Heydrichs im Reichssicherheitshauptamt, verstand die Politische Polizei des Nationalsozialismus als »eine Einrichtung, die den politischen Gesundheitszustand des deutschen Volkskörpers sorgfältig überwacht, jedes Krankheitssymptom rechtzeitig erkennt und die Zerstörungskeime … feststellt und mit jedem geeigneten Mittel beseitigt.« Vgl. *Herbert*, Best, S. 163–168 (Zitat: S. 164).

nen diese Entwicklungen nicht kausal herbeiführten. Hierzu bedurfte es vielmehr konkreter politischer und gesellschaftlicher Konstellationen, in denen die radikalnationalistischen Deutungsmuster Geltung erlangen und ihr repressives Potential entfalten konnten. Die Vorstellung der »Volksgemeinschaft« besaß jedoch ein assoziatives Potential, das die Wahrnehmung der politischen und sozialen Wirklichkeit in genau diesem Sinne vorstrukturierte. Die semantischen Strukturen des Volksbegriff haben, mit anderen Worten, die fortschreitende Radikalisierung der von den radikalen Nationalisten propagierten Maßnahmen zur Lösung der Minderheitenfrage nicht in einem deterministischen Sinne verursacht, sie bildeten jedoch eine zentrale Bedingung ihrer Möglichkeit.

Die konkreten Prozesse und Konstellationen, in denen die radikalnationalistische Homogenitätsutopie Wirkungsmacht entfaltete, werden in den nachfolgenden Kapiteln analysiert. Zuvor sollen jedoch noch einige der diskursiven Strategien und kommunikativen Praktiken untersucht werden, mit denen ihre Bedeutungsgehalte vermittelt wurden. Ein wichtiges Vermittlungsmedium waren die zur Selbstbeschreibung verwendeten Epitheta. An erster Stelle ist hier das Adjektiv »völkisch« zu nennen, das im Sprachgebrauch der Zeit eindeutig ethnisch-kulturell konnotiert war. Als Selbstbeschreibung drückte es eine »verabsolutierende Beziehung zum eigenen Volk aus, in der dieses die Stelle eines obersten Wertes einnahm«. In diesem Sinne wurde das Adjektiv zuerst innerhalb der deutschnationalen Bewegung in der Habsburgermonarchie verwendet und seit den 1880er Jahren von deren reichsdeutschen Sympathisanten, aber auch von verschiedenen antisemitischen Gruppierungen übernommen. Aufgrund seiner Nähe zu bestimmten politischen Parteien und Bewegungen besaß das Wort »völkisch« im allgemeinen Sprachgebrauch bis in den Ersten Weltkrieg hinein einen pejorativen Beigeschmack.[52]

Ähnliches gilt für das Epitheton »alldeutsch«, das von den Mitgliedern des gleichnamigen Verbandes nicht nur zur Bezeichnung ihrer Organisation, sondern auch zur Charakterisierung ihres gesamten Weltbildes benutzt wurde. »Alldeutsch« und »Alldeutschtum« waren wie der Begriff »völkisch« auf die Vorstellung einer ethnisch und kulturell homogenen »Volksgemeinschaft« bezogen.[53]

52 Vgl. *Hartung*, Ideologie (Zitat: S. 1175f.); *Gerstenhauer*, Gedanke. Auch das Epitheton »deutschnational« entstand im Zuge der eskalierenden Nationalitätenkonflikte in der Habsburgermonarchie zur Bezeichnung der für die Suprematie des Deutschtums eintretenden Parteien und Gruppierungen. Vgl. *Schödl*, Alldeutsch-deutschnationale Politik.

53 Das Epitheton findet sich bereits bei Ernst Moritz Arndt, der es 1841 in seinen Gedichten »Deutsches Kriegslied« und »Als Thiers die Welschen aufgerührt hatte« verwendete. Allgemeine Verbreitung erlangte es über das patriotische Liedgut der Männergesangsbewegung, in dem der Begriff häufig auftaucht (Etwa in dem Lied »All-Deutschland« von Franz Abt). In einem explizit völkischen und imperialistischen Sinn wurde er vor allem von Paul de Lagarde und Carl Peters verwendet. Vgl. *Arndt*, Gedichte, S. 238–240; *Klenke*, Gemeinschaftsideal, S. 395, 397 Fn. 3, 416 Fn. 63; *Lagarde*, Deutsche Schriften, S. 7; *Peters*, All-Deutschland; KPK, Jg. 2, 1886, S. 113f.

Darüber hinaus besaß die Bezeichnung »alldeutsch« eine dezidiert expansive Bedeutungskomponente, die auf die »nationale Zusammenfassung des gesamten deutschen Volkstums in Mitteleuropa« sowie die »Erhaltung, Förderung und Ausbreitung deutschen Volkstums« in Übersee zielte.[54] Aufgrund dieser völkisch-imperialistischen Stoßrichtung avancierte der Terminus »alldeutsch« im allgemeinen politischen Sprachgebrauch zum Synonym für einen radikalen Nationalismus, der keinerlei Rücksicht auf realpolitische Notwendigkeiten zu nehmen bereit war. Seine pejorativen Konnotationen wurden außerdem dadurch verstärkt, daß der radikale Flügel der deutschnationalen Bewegung in der Habsburgermonarchie ihn als Selbstbezeichnung und seit 1902 auch als Parteinamen verwendete.[55] Im Gegensatz zu dieser Außenwahrnehmung verstanden die radikalen Nationalisten die Attribute »alldeutsch«, »völkisch« und »deutschnational« als eine Auszeichnung, durch die sie sich gegenüber dem von ihnen verachteten »Durchschnittspatriotismus« abgrenzten.[56] Ihre Bedeutung für die Binnenmobilisierung der radikalen Nationalisten kann deshalb kaum überschätzt werden.

Zu den wirkungsvollen diskursiven »Mikrotechniken« der Verbreitung radikalnationalistischer Deutungsmuster gehörten darüber hinaus Nationalitätenstatistiken. Wie alle statistischen Erhebungen, stellen auch Nationalitätenstatistiken keine objektive Abbildung gesellschaftlicher Wirklichkeit dar, sondern eine spezifische Form ihrer Konzeptualisierung, durch die politische und soziale Ordnungsvorstellungen konstruiert, revidiert und perpetuiert werden.[57] Nationalitätenstatistiken sind bislang vor allem im Hinblick auf ihre politisch-instrumentelle Funktion untersucht wurden. So ließ sich etwa die Größe der polnischen Minderheit nach oben oder nach unten rechnen, je nachdem, durch welches Kriterium die Nationalität bestimmt wurde. Galten ethnische und sprachliche Kriterien als Ausdruck nationaler Zugehörigkeit, mußten die in den preußischen Ostprovinzen und im Ruhrgebiet lebenden Masuren der polnischen Bevölkerung zugerechnet werden, legte man dagegen das Merkmal der Konfession zu-

54 AB, Jg. 4, 1894, S. 7; Jg. 11, 1901, S. 190; Jg. 16, 1906, S. 55. Im Sprachgebrauch der radikalen Nationalisten war diese expansive Komponente als Superlativ im Sinne der Klimax von kleindeutsch – großdeutsch – alldeutsch definiert. Vgl. AB, Jg. 11, 1901, S. 213f.; Jg. 12, 1902, S. 446–448; *Hasse*, Reich, S. 3; *Schultheiss*, Alldeutschland, S. 34f.; P. Samassa, Alldeutschtum und Allgermanentum, in: AB, Jg. 12, 1902, S. 117–119, 130–132; ebd., S. 142.

55 Vgl. *Bonhard*, S. 16, 219f.; *Claß*, Strom, S. 77–81. Zur Charakterisierung der Alldeutschen als »Fanatiker des Patriotismus« vgl. *Delbrück*, Alldeutschen (Zitat: S. 576). Zur alldeutschen Bewegung in der k. u. k. Monarchie *Schödl*, Alldeutsch-deutschnationale Politik; *Whiteside*, Socialism.

56 *Schultheiss*, Vereinswesen, S. 80. In diesem Zusammenhang verdient auch der Versuch A. Lehrs Beachtung, das pejorativ konnotierte Epitheton »chauvinistisch« positiv umzudeuten und als Ausdruck für eine entschiedene nationale Interessenpolitik zu verstehen. Vgl. die Reichstagsrede Lehrs v. 18.2.1899 (RT, Bd. 116, S. 962); AB, Jg. 4, 1894, S. 81f.

57 Vgl. *Nikolow*; *Scott*, Representation, S. 115: »Statistical reports are neither totally neutral collections of fact nor simply ideological impositions. Rather they are ways of establishing the authority of certain visions of social order, of organizing perceptions of ›experience‹«.

grunde, konnten die protestantischen Masuren als gesonderte soziale Gruppe statistisch erfaßt werden.[58] Aber nicht die Möglichkeit der politisch motivierten Manipulation statistischer Erhebungen soll hier thematisiert werden, sondern die dem statistischen Denken immanente binäre Logik, in deren Folge die Zugehörigkeit zum »deutschen Volk« auf ein einziges Kriterium reduziert wurde, wobei in der Praxis der Volkszählungen zumeist das Merkmal der »Muttersprache« Anwendung fand. Dieser statistische Reduktionismus hatte zur Folge, daß etwa das Phänomen der Bilingualität in das Korsett eines nationalistischen Entweder – Oder gezwängt wurde, durch das die betreffenden Individuen gezwungen waren, sich zu *einer* Nationalität zu bekennen. Wie insbesondere die Nationalitätenkonflikte in der Habsburgermonarchie zeigen, zerstörte ein solcher Bekenntniszwang die traditionelle Pluralität heterogener Identitäten und förderte die Entwicklung eines ethnisch-kulturellen Nationalismus.[59]

Für die radikalen Nationalisten boten Nationalitätenstatistiken ein vorzügliches Instrument, um auf die Inkongruenz von Nation und Staat hinzuweisen und ihre politischen Ziele mit vermeintlich »harten« Fakten zu untermauern.[60] Denn statistische Kategorien und Zahlen erhoben einen Anspruch auf wissenschaftliche Objektivität, der nur selten in Frage gestellt wurde, und suggerierten damit eine Faktizität gesellschaftlicher Entwicklungen, die mitunter erst durch ihre statistische Dokumentation zu einem Problem avancierten. Zugleich bildeten quantitative Aussagen über die ethnisch-kulturelle Zusammensetzung der Bevölkerung in bestimmten Gebieten außerhalb der Reichsgrenzen eine wichtige Waffe, um politische Herrschaftsansprüche und imperialistische Expansionsbestrebungen zu legitimieren. Es ist deshalb kein Zufall, daß professionelle Statistiker eine prominente Rolle in den nationalistischen Agitationsverbänden spielten und daß Statistiken einen wichtigen Platz in den Publikationen der radikalen Nationalisten einnahmen.[61]

Ungeachtet der auch von den radikalen Nationalisten offen eingeräumten praktischen Schwierigkeiten, nationale Zugehörigkeit zu definieren und stati-

58 Vgl. *Wehler*, Polen, S. 222–226.

59 Vgl. *Hobsbawm*, Nationen, S. 118f.; *Brix*. Im Deutschen Reich wurde die Frage nach der »Muttersprache« erstmals bei der Volkszählung vom 1.12.1900 für alle Einzelstaaten obligatorisch vorgeschrieben. Vgl. E. Hasse, Die Sprachenverhältnisse im Deutschen Reiche am 1. Dezember 1900, in: DE, Jg. 2, 1903, S. 97–99, 116f.

60 P. Samassa, Die nationale Bedeutung der Volkszählung, in: AB, Jg. 11, 1901, S. 44–46.

61 Außer Hasse ist in diesem Zusammenhang vor allem der langjährige Vorsitzende des Allgemeinen Deutschen Schulvereins, Richard Böckh (1824–1907), zu nennen. Als Leiter des Statistischen Amtes der Stadt Berlin und Honorarprofessor an der Berliner Universität galt sein wissenschaftliches Interesse der statistischen Erfassung des »Deutschtums im Ausland«. Mit seinem 1869 erschienenen Werk »Der Deutschen Volkszahl und Sprachgebiet in den europäischen Staaten«, schuf er, wie Hasse hervorhob, »die Grundlagen für die Wissenschaft vom deutschen Volkstum«. E. Hasse, Richard Böckh, in: DE, Jg. 5, 1906, S. 41. Vgl. AB, Jg. 4, 1894, S. 56; *Böckh*, Volkszahl; *ders.*, Bedeutung; *Weidenfeller*, S. 156–165.

stisch zu erfassen,[62] bildeten Nationalitätenstatistiken ein bevorzugtes Instrument, um die Verbreitung des »Deutschtums im Ausland« zu dokumentieren oder die These vom »unvollendeten Nationalstaat« zu belegen.[63] In Ermangelung eindeutiger Kriterien wurde die nationale Zugehörigkeit hierbei in der Regel durch die »Muttersprache«, Religionszugehörigkeit oder Abstammung (Geburtsort) bestimmt, wobei für die Wahl des zugrunde gelegten Merkmals nicht selten seine politische Opportunität entscheidend war. Aber selbst dort, wo die genannten Kriterien in rein pragmatischer Absicht verwendet wurden, trugen sie nolens volens dazu bei, die Wahrnehmung der gesellschaftlichen Verhältnisse im Sinne des radikalen Nationalismus zu strukturieren. Als ein Paradebeispiel für angewandtes binäres Denken, das eine komplexe soziale Wirklichkeit auf einen einfachen Gegensatz reduzierte, förderten Nationalitätenstatistiken ein dezisionistisches Denkmuster, das keine vermittelnde Position duldete, und förderten so eine Mentalität, für welche die Anerkennung kultureller Vielfalt und Differenz jenseits des Vorstellungshorizontes lag.

Wie das Beispiel der Nationalitätenstatistiken verdeutlicht, prägten auch die diskursiven Praktiken der radikalen Nationalisten die Perzeption der sozialen Wirklichkeit im Sinne einer ethnisch-kulturellen Nationsvorstellung. Sie trugen damit ihren Teil dazu bei, daß diese auch durch die Erfahrung des real existierenden Nationalstaates nicht obsolet wurde, sondern in veränderten Funktionszusammenhängen eine neue Dynamik entfaltete. Das von den radikalen Nationalisten propagierte ethnisch-kulturelle Nationsverständnis war jedoch seinerseits nicht frei von Widersprüchen, sondern gekennzeichnet durch ein latentes Spannungsverhältnis zwischen kulturellen Zugehörigkeitsmerkmalen und dem Prinzip der Abstammung, wobei letzteres in zunehmendem Maße an Bedeutung gewann. Diese sukzessive Verlagerung des semantischen Schwerpunktes von kulturellen Kriterien hin zur Vorstellung einer Abstammungsgemeinschaft war Ausdruck einer fortschreitenden Biologisierung des politischen Denkens, die sich unter dem Einfluß sozialdarwinistischer, eugenischer und rassenhygienischer Theorien im letzten Vorkriegsjahrzehnt vollzog. In dem Maße, in dem die Zugehörigkeit zum »deutschen Volk« nicht mehr primär durch kulturelle Merkmale, sondern durch die biologistische Vorstellung einer »Blutsgemeinschaft« definiert wurde, trat der Begriff der »Rasse« an die Stelle des Volksbegriffs. Die wachsende Verbreitung des Rassenbegriffs macht es mithin erforderlich, die mit ihm verknüpften Bedeutungsgehalte sowie die Ursachen für seine zunehmende Popularität näher zu untersuchen.

62 Vgl. E. Hasse, Die statistische Ermittlung der Deutschen, in: DE, Jg. 1, 1902, S. 65–68.

63 P. Langhans, Statistik der Deutschen, in: DE, Jg. 1, 1902, S. S. 83f.; 116f., 148f.; *Hasse*, Reich, S. 40f.; ders., Die Sprach- und Rassen-Fremden im Deutschen Reiche, in: AB, Jg. 4, 1894, S. 50f.; ders., Die Fremden im Deutschen Reiche, ebd., S. 42f.; ders., Die Ausländer im Deutschen Reich, ebd., S. 117f.; *ders.*, Reich, S. 1–6, 30–41; ders., Die Sprachenverhältnisse im Deutschen Reiche, in: DE, Jg. 2, 1903 S. 97–99, 116f.; ders., Die Reichsausländer im Deutschen Reich, in: AB, Jg. 12, 1902, S. 218–220.

2. Die Biologisierung der Nation: »Rasse« als semantischer Code und Differenzkategorie

Der Begriff der »Rasse« gehört zu den vieldeutigsten Termini der radikalnationalistischen Semantik. Aufgrund des breiten Spektrums der mit ihm verknüpften Bedeutungsgehalte entzieht er sich in noch höherem Maße einer systematischen Definition als die Begriffe »Volk« und »Nation«. Seine genaue Bedeutung ist deshalb immer nur aus dem jeweiligen konkreten Kontext heraus zu ermitteln. Trotz der sich hieraus ergebenen methodischen und interpretatorischen Schwierigkeiten, vor allem im Hinblick auf die Verallgemeinerung empirischer Befunde, soll im folgenden der Versuch unternommen werden, einige Schneisen in das semantische Dickicht der radikalnationalistischen Rassenterminologie zu schlagen, um die Funktion und Bedeutung des Rassenbegriffs für den radikalen Nationalismus genauer zu bestimmen.

Der Rekurs auf Rassentheorien war ein transnationales Phänomen, das im späten 19. Jahrhundert in allen industrialisierten Gesellschaften an Einfluß gewann. In ihm manifestierte sich keine Rückkehr zu einem vormodernen, archaischen Weltbild, sondern die Suche nach einem neuen, wissenschaftlich abgesicherten Wissen von Politik und Gesellschaft.[64] Die Vieldeutigkeit des Rassenbegriffs resultierte aus der Tatsache, daß sich in ihm zwei unterschiedliche semantische Traditionen verbanden: eine kulturphilosophisch-anthropologische und eine naturwissenschaftlich-biologistische. Die ältere, kulturphilosophische Tradition verstand »Rassen« als durch physische und psychische Merkmale gekennzeichnete Großgruppen, die ihre Eigenart durch genealogische Erbfolge weitergaben. Für diesen vorwissenschaftlichen, häufig als Synonym für »Volk« oder »Nation« verwendeten Rassenbegriff war die Vorstellung von der »Reinheit des Blutes«, d.h. das Prinzip der Abstammungskontinuität konstitutiv.[65] Diese kulturphilosophische Tradition wurde von dem französischen Diplomaten Arthur Comte de Gobineau zu einer universalhistorischen Theorie zusammengefaßt, in der »Rassen« zum Schlüsselbegriff der Weltgeschichte avancierten. Entscheidende Bedeutung kam für Gobineau dabei dem Prozeß der Rassenmischung zu, durch den die ursprünglich »reinen Rassen« sich immer weiter mit fremden Rassenelementen vermischten. Rassenmischung konnte – je nach der Qualität der Rassenanteile – entweder kulturfördernd

64 Vgl. *Geulen*, Wahlverwandte; *Kühl*. Daß die Einteilung der Menschheit in »Rassen« naturwissenschaftlich unhaltbar und unsinnig ist, zeigt *Cavalli-Sforza*. Wie »Nation« und »Volk« sind auch »Rassen« soziale Konstrukte, die, wie bereits Max Weber erkannte, allein auf dem »subjektiven Glauben an eine Abstammungsgemeinschaft« gründen. Vgl. *Weber*, Gemeinschaften, S. 167–182 (Zitat: S. 174); *Schmuhl*, Rassen; *ders.*, Weber; *Donald u. Rattansi*.

65 Vgl. *Geulen*, Wahlverwandte, S. 47–59; *Conze u. Sommer*, S. 135–161; *Geiss*, Geschichte, S. 109–167; *zur Mühlen*, S. 32–51; *Poliakov u.a.*, Rassismus, S. 42–90; *Mosse*, Geschichte, S. 28–60.

wirken oder aber zur Degeneration und damit letztlich zum Tod von Völkern und Zivilisation führen. Die Weltgeschichte stellte für Gobineau deshalb ein unaufhörliches Ringen von Völkern und Zivilisationen dar, bei dem es nicht in erster Linie auf Eroberungen, Siege und Niederlagen ankam, sondern auf den Erhalt der »Rassenkraft«. Damit verschmolz Gobineau die älteren Bedeutungsgehalte des Rassenbegriffs mit der Vorstellung einer permanenten Entwicklung und Veränderung der »Rassen«. Auf diese Weise trug er dazu bei, die Grenze zwischen Biologie und Geschichte aufzulösen und die Entwicklung der Menschheit als einen »Rassenkampf im biologischen Sinne« zu deuten.[66]

Im Gegensatz zu diesem kulturphilosophischen Ansatz stand eine naturwissenschaftliche Konzeption des Rassenbegriffs, die an die Evolutionstheorie Charles Darwins anknüpfte. Obwohl Darwin selbst aus seiner Erklärung der biologischen Evolution keine eigene Rassentheorie entwickelt hatte, bewirkten seine Arbeiten eine weitere Dynamisierung des Rassenbegriffs. Denn die von ihm herausgearbeiteten Prinzipien der »natürlichen Auslese« und des »Überlebens der Tüchtigsten« im »Kampf ums Dasein« wurden schon bald Gegenstand einer intensiven Diskussion, nicht nur unter Medizinern, Natur- und Sozialwissenschaftern, sondern auch einer breiteren publizistischen Öffentlichkeit. Im Mittelpunkt dieser Diskussion stand die Frage, ob und wie der von Darwin als ziellos und ungerichtet beschriebene Evolutionsprozeß durch menschliche Eingriffe gesteuert werden konnte?[67] Die im Zuge dieses interdiskursiven Rezeptionsprozesses entwickelten Vorstellungen, Vorschläge und Forderungen waren Ausdruck einer umfassenden »Biologisierung des Gesellschaftlichen« (Ulrich Herbert), durch die der Rassenbegriff eine wissenschaftliche Begründung erlangte, die eine entscheidende Voraussetzung für seine Verbreitung vor allem im Bildungsbürgertum darstellte.[68]

Diese beiden semantischen Traditionen verbanden sich in der Ideologie der radikalen Nationalisten zu einem Ideenkonglomerat, das – wie die rassentheoretische Semantik insgesamt – durch einen ausgeprägten Synkretismus und Eklektizismus gekennzeichnet war.[69] Den semantischen Kern des radikalnationalistischen Rassenbegriffs bildete das emphatische Bekenntnis zur biologischen Determiniertheit der nationalen Gemeinschaft. Aufgrund seiner inhaltlichen Unbestimmtheit und Reichweite, die nicht nur die Grenzen des Nationalstaates, sondern auch diejenigen der »Volksgemeinschaft« transzendierte, war der

66 Zur Bedeutung Gobineaus für die Genese der modernen Rassentheorien vgl. *Geulen*, Wahlverwandte, S. 59–71 (Zitat: S. 66); *Conze u. Sommer*, S. 161–163; *Young*, Gobineau; *Buenzod*; *Biddis*; *zur Mühlen*, S. 52–73; *Becker*, S. 2–64; *Sieferle*, Krise, S. 129–141.

67 Zur Bedeutung Darwins für die Entwicklung der Rassentheorien vgl. Kapitel II.3 sowie *Geulen*, Wahlverwandte, S. 72–94; *Weikart*, S. 103–126; *zur Mühlen*, S. 74–100; *Conze u. Sommer*, S. 163–168; *Breuer*, Ordnungen, S. 59–61.

68 *Herbert*, Traditionen (Zitat: S. 13); *ders.*, Rassismus, S. 28; *Schmuhl*, Rassismus, S. 184–189; *Mann*, Biologismus.

69 Vgl. *zur Mühlen*, S. 101–131; *Conze u. Sommer*, S. 168–170; *Koselleck u.a.*, Volk, S. 412–415.

Rassenbegriff als politisch-soziale Ordnungskategorie für die radikalen Nationalisten jedoch unbrauchbar. Er besaß für sie deshalb auch nicht den Stellenwert eines neuen Deutungsmusters, das an die Stelle des Volksbegriffs treten konnte, sondern fungierte als ein semantischer Code, der auf die vermeintlich herausragende Bedeutung biologischer Faktoren für die Zukunft des deutschen Volkes verwies.[70] Darüber hinaus wurde »Rasse« als Differenzkategorie wirksam, durch welche die für ethnische Inklusions- und Exklusionsstrategien unabdingbare Asymmetrie zwischen menschlichen Kollektiven wissenschaftlich begründet und semantisch zementiert werden konnte.[71]

Im Wörterbuch der radikalen Nationalisten war der Begriff »Rasse« von Anfang an verzeichnet. Der Eintrag war jedoch zunächst noch nicht mit einer verbindlichen Definition verbunden, so daß der Begriff in sehr unterschiedlichen Zusammenhängen verwendet werden konnte. Vor der Jahrhundertwende wurde »Rasse« zumeist als ein Synonym für »Volk« im ethnisch-kulturellen Sinne gebraucht. In der »Frankfurter Erklärung« vom 28. September 1890 etwa hieß es im Hinblick auf die demographische und wirtschaftliche Zukunft des deutschen Volkes: »So besteht bei den großartigen Fortschritten, welche ausdehnungsfähigere *Rassen*, wie die russische und angelsächsische, Jahr für Jahr machen, die Gefahr, daß in absehbarer Zeit mit diesen *Völkern* das deutsche an Zahl und Wohlstand sich nicht wird messen können.«[72] In einem ähnlichen Sinne forderten die »Alldeutschen Blätter« im Januar 1894 die »nationale Zusammenfassung des gesamten deutschen *Volkstums* in Mitteleuropa«, um »der *germanischen Rasse* diejenigen Lebensbedingungen zu sichern, deren sie zur vollen Entfaltung ihrer Kräfte bedarf, selbst wenn darüber solch minderwertige Völklein wie Tschechen, Slowenen und Slowaken, die das Nationalitätenprinzip anrufen, ihr für die Zivilisation nutzloses Dasein einbüßen sollten.«[73]

70 Der Begriff des »Codes« in Anlehnung an *Volkov*, Antisemitismus. Vgl. *Richter*, Nation, S. 222, *Claussen*, S. 7; *Herbert*, Best, S. 60f.

71 In diesem Sinne interpretiert auch *Richter*, Nation, S. 221f., 256, die Rassenterminologie als eine »semantische Verschärfung« des Nationsbegriffs: »Offenbar versprachen die biologischen Konnotationen eine noch ›festere‹ Basis zur Bestimmung der Differenz zur anderen Seite, als dies mit der ›Nation‹ geschehen konnte« (ebd., S. 221). Ähnlich sieht auch *Geulen*, Metamorphose, S. 359–373, in der »Produktion und Reproduktion von Differenzierungen« die zentrale Funktion der »Ethnisierung des Nationalen« (Zitat: S. 365).

72 BA-B, ADV, Nr. 1, Bl. 38 [Hervorhebungen d. Vf.]. Dieser Sprachgebrauch resultierte häufig aus der unreflektierten Übersetzung des englischen Begriffs »race«, der ebenfalls oft synonym mit »nation« oder »civilisation« verwendet wurde. Im Kontext der Kolonialpolitik sprachen auch die radikalen Nationalisten darüber hinaus von der »europäischen« oder »weißen Rasse«. Vgl. *Hasse*, Kolonieen, S. 144, 171; *Bley*, Weltstellung, S. 32.

73 Deutschlands Weltstellung und der Weiterbau am deutschen Nationalstaat, in: AB, Jg. 4, 1894, S. 5–7 [Hervorhebungen d. Vf.]. Vgl. AB, Jg. 4, 1894, S. 14, S. 31, 48, 138; P. Samassa, Ziele und Wege deutscher Weltpolitik, in: AB, Jg. 11, 1901, S. 189–192, für den die Unterstützung des Deutschtums im Ausland einen zentralen »Teil des Rassenkampfes« darstellte, »der den Inhalt der Weltgeschichte ausmacht« (Zitat: S. 189).

Diese Beispiele verdeutlichen, daß der radikalnationalistische Gebrauch des Rassenbegriffs semantisch eng mit dem sozialdarwinistischen Selektionsprinzip verknüpft war. »Rasse« bezeichnete diejenige soziale Entität, die sich im geschichtlichen »Kampf ums Dasein« behaupten mußte, und war damit häufig ein sprachliches Äquivalent für die Begriffe »Volk« und »Volkstum«. Mit anderen Worten: Nicht primär die biologische Qualität der nationalen Gemeinschaft bildete zunächst den semantischen Fluchtpunkt des Rassenbegriffs, sondern der geschichtsphilosophische Glaube an den nationaldarwinistischen Daseinskampf als das eherne Grundgesetz der historischen Entwicklung. Dieser sozialdarwinistische Bedeutungshorizont ergänzte sich mit der traditionellen Vorstellung von »Rasse« als einer Bluts- und Abstammungsgemeinschaft, die auf diese Weise nicht nur weiterhin wirksam blieb, sondern eine neue ideologische Attraktivität erlangte. Die dem in der Regel unreflektierten Gebrauch des Rassenbegriffs zugrundeliegende Verknüpfung von Abstammungsprinzip und Selektionstheorie verstärkte dessen semantische Nähe zu den Begriffen »Volk« und »Nation«, mit der Folge, daß die inhaltliche Abgrenzung zunehmend unklarer wurde.[74] Die hieraus resultierende begriffliche Konfusion war für die Verantwortlichen des Alldeutschen Verbandes wiederholt Anlaß für definitorische Klarstellungsversuche. Ernst Hasse etwa erklärte 1895 in den »Alldeutschen Blättern«, daß Nationalität »nicht ausschließlich das Ergebnis der Abstammung«, mithin »nicht gleichwertig mit der Rasse« sei, sondern immer auch als »das Ergebnis des gemeinsamen Besitzes einer Kultursprache und einer Kulturgeschichte« zu verstehen sei. Die Zugehörigkeit zur »Volksgemeinschaft« gründete seiner Meinung nach auf Abstammung (»Rasse«) und Kultur, wobei faktisch den kulturellen Kriterien die entscheidende Bedeutung zukam.[75]

Eine neue Qualität gewann die Diskussion um Inhalt und Bedeutung des Rassenbegriffs durch die um die Jahrhundertwende einsetzende Rezeption der Schriften Gobineaus und Houston Stewart Chamberlains.[76] Beide Autoren, die im Hinblick auf die zentrale Frage, was überhaupt eine »Rasse« konstituiere,

74 Vgl. E. Hasse, Die Sprach- und Rassenfremden im Deutschen Reich, in: AB, Jg. 4, 1894, S. 51. Der Begriff der »Rasse« wurde nicht selten auch zur Bezeichnung der polnischsprachigen Bevölkerung verwendet, wobei sowohl von der »slawischen« als auch von der »polnischen Rasse« die Rede sein konnte. Vgl. *Petzet*, S. 1, 11; *Hugenberg*, Polenpolitik, S. 116f. Auch Max Weber sprach 1894/95 im Hinblick auf den deutsch-polnischen Nationalitätenkonflikt von den »physischen und psychischen Rassendifferenzen« und unterschiedlichen »Rassenqualitäten«. Vgl. *Weber*, Entwickelungstendenzen, S. 453; *ders.*, Nationalstaat, S. 545, 548, 558. Zur Rasseproblematik bei Weber *Schmuhl*, Weber.

75 E. Hasse, Großdeutsche Ziele, in: AB, Jg. 5, 1895, S. 181f.; ders., Verwirrung, in: AB, Jg. 8, 1898, S. 33f.

76 Die Verbreitung der Gedanken Gobineaus wurde vor allem durch die Übersetzung seines vierbändigen Hauptwerkes »Essai sur l'inégalité des races humaines« (1853–1855) gefördert, die Ludwig Schemann in den Jahren 1898 bis 1901 unter dem Titel »Versuch über die Ungleichheit der Menschenrassen« veröffentlichte. Chamberlains Kultbuch »Die Grundlagen des 19. Jahrhun-

sehr konträre Auffassungen vertraten, wurden von den radikalen Nationalisten zeitlich parallel, dabei jedoch äußerst unsystematisch und hochgradig selektiv rezipiert.[77] Das Ergebnis dieses Rezeptionsprozesses war deshalb ausgesprochen ambivalent. Einerseits verfestigte sich die Überzeugung von der konstitutiven Bedeutung der »Rasse« für die geschichtliche Entwicklung verbunden mit dem von Gobineau übernommenen Glauben an die »natürliche«, d.h. biologisch determinierte Ungleichheit menschlicher »Rassen«, andererseits herrschte mehr denn je Unklarheit darüber, was unter dem Begriff eigentlich zu verstehen sei. Insbesondere die politischen Konsequenzen des rassentheoretischen Diskurses blieben zunächst unklar und umstritten.[78]

Eine Ursache für diese semantische Konfusion lag in der fortschreitenden »Voluntarisierung des Rassenbegriffs«, die auf der Annahme gründete, daß die biologische Rassenzugehörigkeit auch und vor allem in einer spezifischen Bewußtseinshaltung zum Ausdruck komme. Diese Voluntarisierung, die sich in scheinbar paradoxen Begriffsbildungen wie »Rassenbewußtsein« und »Rassegefühl« niederschlug, ging zurück auf den Einfluß Chamberlains.[79] Für den gebürtigen Engländer und Wahldeutschen Chamberlain manifestierte sich Rassenzugehörigkeit nicht primär in körperlichen Merkmalen wie Hautfarbe oder Schädelform, sondern im subjektiven Bewußtsein und Willen, einer bestimmten Rasse anzugehören.[80] Mit dieser Begriffsbestimmung deutete Chamberlain »Rasse« nicht mehr vorrangig als eine biologische, sondern als eine idealistisch-lebensphilosophische Kategorie, die in letzter Konsequenz auf eine Mystifizierung des Rassenbegriffs hinauslief.[81]

derts« erschien 1899 und erreichte 1912 bereits die 10. Auflage. Vgl. *Lémonon*; *Field*, Evangelist, S. 225–277; *Becker*, S. 102–123, 176–228.

77 *Hasse*, Reich, S. 24f.; ders., Graf Gobineaus Rassewerk, in: AB, Jg. 14, 1904, S. 83, 214; *Lange*, Deutschtum, S. 248–258; P. Samassa, Die Gobineau-Bewegung, in: AB, Jg. 12, 1902, S. 225f., 233f.; ders., Die Entwicklung des Rassegedankens seit Gobineau, in AB, Jg. 14, 1904, S. 118f.; *Schemann*, Rassenwerk; ders., Zur Gobineau-Frage, in AB, Jg. 12, 1902, S. 283f.; A. Gebhardt, Über Gobineaus Rassenwerk, in: AB, Jg. 20, 1910, S. 98, 223; AB, Jg. 17, 1907, S. 358; Ostmark, Jg. 8, 1903, S. 87f.; *Bonhard*, S. 97–99, 174f. Zu den Rassentheorien Gobineaus und Chamberlains vgl. *Geulen*, Wahlverwandte, S. 59–71, 173–181; *Young*, Gobineau, S. 242–269.

78 Vgl. »Die Rasse in der Weltgeschichte und ihre Bedeutung für die nationale Politik«, in: AB, Jg. 11, 1901, S. 528; P. Samassa, Alldeutschtum und Allgermanentum, in: AB, Jg. 12, 1902, S. 117–119, 130–132, 147f. Noch 1909 erklärte A. Wirth, Rasse und Volkstum, in: AB, Jg. 19, 1909, S. 34f.: »Die Rassenbegeisterung ist eine Mode. Nicht Rasse, sondern Volkstum ist der entscheidende Begriff. Für Rassentheorien ist in der Geschichtsphilosophie Raum, nicht aber in der praktischen Politik.«

79 Vgl. *Conze u. Sommer*, S. 166; *Lange*, Deutschtum, S. 237; A. Fick, Regierungsweisheit und Rassenbewußtsein, in: AB, Jg. 14, 1904, S. 425f.; AB, Jg. 13, 1903, S. 105–107; *Kuhlenbeck*, Rasse, S. 28; *Meinhold*, S. 11, 15.

80 *Chamberlain*, S. 309–350, hier: S. 320: »Unmittelbar überzeugend wie nichts anderes ist der Besitz von ›*Rasse*‹ im *eigenen* Bewusstsein. Wer einer ausgesprochenen, reinen Rasse angehört, empfindet es täglich« [Hervorhebungen im Original].

81 Vgl. *Geulen*, Wahlverwandte, S. 173–181; *Breuer*, Ordnungen, S. 70–74; *zur Mühlen*, S. 152–159; *Mosse*, Geschichte, S. 118–135.

Als promovierter Biologe und Anhänger Darwins verwies Chamberlain andererseits Gobineaus Auffassung von der prähistorischen Existenz »reiner« Urrassen in das Reich der »wissenschaftlichen Phantasmagorien« und betonte die historisch-kulturelle Dimension der Rassenentwicklung. In Analogie zur Tier- und Pflanzenzüchtung verstand er »Rassen« als das Produkt eines biologischen Zuchtprozesses, das durch die Kombination von Erbanlagen und äußeren Selektionsfaktoren entstand. Die Existenz einer wertvollen »Rasse« galt ihm nicht als Ausgangspunkt, sondern als Ziel der geschichtlichen Entwicklung, das nur durch aktive Gestaltung zu verwirklichen war.[82] An erster Stelle stand hierbei die »Nation«, der die Aufgabe zufiel, als bewußte Selektionsinstanz die sozialen, politischen und kulturellen Voraussetzungen für die Entstehung einer »hochedlen Menschenrasse« zu schaffen. »Fast immer ist es die Nation, als politisches Gebilde, welche die Bedingungen zur Rassenbildung schafft oder wenigstens zu den höchsten, individuellsten Bethätigungen der Rasse führt.« Mit anderen Worten: Für Chamberlain waren »Rasse« und »Nation« zwar nicht identisch, jedoch aufs engste miteinander verknüpft und befanden sich im Idealfall in einem Prozeß zunehmender Konvergenz, denn die sich entwickelnde »Rasse« war nicht nur das Ergebnis eines von der Nation gesteuerten Züchtungsprozesses, sondern bildete ihrerseits die biologische Grundlage der nationalen Entwicklung.[83]

Genau in dieser weitgehenden Gleichsetzung von »Rasse« und »Volkstum« lag für die radikalen Nationalisten die Attraktivität von Chamberlains Rassenphilosophie. Dessen Utopie einer durch einen nationalen Selektionsprozeß emporgezüchteten »Herrenrasse« war in hohem Maße kompatibel mit der radikalnationalistischen Vision einer ethnisch und kulturell homogenen »Volksgemeinschaft«. Den radikalen Nationalisten erlaubte der Rekurs auf einen an Chamberlain angelehnten Rassenbegriff darüber hinaus, die kulturellen Manifestationen des deutschen Volkes auf ihre vermeintlich biologischen Grundlagen zurückzuführen und so die ethnisch-kulturelle Konzeption der »Volksgemeinschaft« durch ein »objektives«, nicht hintergehbares Kriterium zu legitimieren.[84] Diese sich verfestigende Überzeugung von der biologischen Determiniertheit kultureller Eigenart war ein zentrales Ergebnis des um die Jahrhundertwende einsetzenden rassentheoretischen Diskurses, das die weitere Entwicklung des radikalen Nationalismus nachhaltig prägen sollte. Im Sprachgebrauch der radikalen Nationalisten fungierte der Rassenbegriff fortan als ein

82 Vgl. *Chamberlain*, S. 310–316, 327–339 (Zitat: S. 313).

83 Faktisch setzte Chamberlain »Rasse« vielfach mit »Nation« und »Volk« gleich, etwa wenn er Engländern, Franzosen und Deutschen die Merkmale einer eigenen »Rasse« zuerkannte. Vgl. *Chamberlain*, S. 322f., 339–348 (Zitate: S. 339, 343f.); *Kipper*, S. 306–311; *Field*, Evangelist, S. 215–224; *zur Mühlen*, S. 95, 98; *Mosse*, Revolution, S. 104–109.

84 Vgl. P. Samassa, Gleichheit und Ungleichheit im Völkerleben, in: AB, Jg. 12, 1902, S. 11f.: »Die Geschichte lehrt, daß es Kultur nur gibt getragen von Rasse und Volk.« Ders., Alldeutschtum und Allgermanentum, in: AB, Jg. 12, 1902, S. 117–119.

semantischer Code für den subjektiven Glauben an eine wie auch immer geartete biologische Abstammungsgemeinsamkeit. Die Bedeutung Chamberlains für die Entwicklung des radikalen Nationalismus lag mithin nicht primär in der durch ihn angestoßenen Konjunktur idiosynkratischer Rassentheorien und eines mitunter obskuren Germanen- und Arierkults, wie sie gelegentlich auch in den »Alldeutschen Blättern« zu finden waren,[85] sondern in der expliziten Verknüpfung von biologischer und nationaler Entwicklung.[86]

Für den durch die Chamberlainsche Rassentheorie gefestigten Glauben an eine Abstammungsgemeinsamkeit war es nicht weiter problematisch, daß die deutsche Nation keine »reine, ungemischte Rasse« darstellte, sondern ein »Mischvolk«, das sich aus unterschiedlichen »rassischen« Elementen zusammensetzte. Entscheidend war vielmehr, daß es gelang, das historisch entstandene »Mischungsergebnis«, dessen herausragender Wert als erwiesen galt, in Zukunft von fremden Einflüssen frei zu halten. »Das Entscheidende auf dem Gebiete der Menschheit und für die politischen Forderungen der Zukunft«, erklärte Hasse 1906 ganz im Sinne Chamberlains und in Abkehr von seiner früheren Auffassung, »liegt darin, daß die heute gebildeten Rassen nunmehr homogen und konstant werden wollen, daß sie demnach die nichtassimilierten Fremdkörper wieder ausscheiden wollen, vor allem aber, daß sie die jetzigen Mischungsverhältnisse nicht durch Beimischung neuer großer fremder Blutsmassen beeinträchtigen wollen, namentlich wenn diese eindringenden Fremdkörper minderwertig sind oder als minderwertig empfunden werden.«[87]

Die Forderung nach einer strengen »Reinhaltung der Rasse«, in der auch Hasse nunmehr das eigentliche »Wesen des Nationalismus und auch das berechtigte im Antisemitismus« erblickte,[88] lief faktisch auf eine radikale Exklusion all jener ethnischen und sozialen Gruppen hinaus, die – aus welchen Gründen auch immer – nicht zur nationalen Abstammungsgemeinschaft dazugehören sollten. Der hypothetische Charakter des Rassenbegriffs erlaubte es den radikalen Nationalisten, grundsätzlich jede kulturelle Eigenart, und letzt-

85 Vgl. J. Lanz v. Liebenfels, Das Morgenrot des Ariertums, in: AB, Jg. 15, 1905, S. 379–381, 391f.; W. Hentschel, Ozeanien, die Urheimat der weißen Rasse, in: AB, Jg. 19, 1909, S. 155f., 171–173, 179f.; ders., Rasse, in: AB, Jg. 19, 1909, S. 298f. Zur völkischen »lunatic fringe« allgemein *Kipper*, S. 335–351; *Puschner*, Bewegung; *Goodrick-Clarke*; *Hermand*; *Mosse*, Revolution; *v. See*, Ideen, die jedoch die Bedeutung dieser sektiererischen Gruppierungen für die ideologische Entwicklung des radikalen Nationalismus überbewerten.

86 In diesem Sinne wurden der Rasse- und Volksbegriff in zunehmendem Maße als komplementäre Kategorien verstanden und verwendet. Vgl. Reismann-Grone an Hasse v. 26.3.1904, BA-B, ADV, Nr. 188, Bl. 231; *Kuhlenbeck*, Rasse; A. Wirth, Rasse und Volkstum, in: AB, Jg. 19, 1909, S. 34f.

87 *Hasse*, Reich, S. 24f., 59–63; *ders.*, Gedanke, S. 6–9 (Zitate: S. 7, 8); *ders.*, Zukunft, S. 46–68. Vgl. *Chamberlain*, S. 311, 367–370.

88 *Hasse*, Gedanke, S. 8. Zu Chamberlains Antisemitismus vgl. *ders.*, Grundlagen, S. 258–265, 379–546; *Field*, Evangelist, S. 83–90, 180–199; *Becker*, S. 179–190.

lich jede Form devianten Verhaltens, als Manifestation biologischer Anlagen zu interpretieren. Er verlieh damit der Konstruktion ideologischer Grenzen zwischen dem Eigenen und dem Fremden eine neue Qualität. Die durch den Rassenbegriff eröffnete Möglichkeit, nahezu beliebige physische Merkmale oder kulturelle Verhaltensweisen als biologisch determiniert zu stigmatisieren, lieferte insbesondere den traditionellen antisemitischen Vorurteilen und Stereotypen eine neue Legitimation auf vermeintlich wissenschaftlicher Grundlage. Der Antisemitismus war jedoch weder die Ursache für die Herausbildung der radikalnationalistischen Rassensemantik noch ein zwingend notwendiges Ergebnis des rassentheoretischen Diskurses. Er stellte vielmehr ein Phänomen sui generis dar, das als komplementäres Deutungsmuster eine wichtige, aber keine konstitutive Rolle bei der Verbreitung des Rassenbegriffs spielte.[89]

Denn die Überzeugung von der konstitutiven Bedeutung der »Rasse« für die nationale Entwicklung und die Utopie einer gezielten »Menschenzüchtung« waren keine Hirngespinste antisemitischer Fanatiker, sondern Ausdruck einer allgemeinen Tendenz im wissenschaftlichen Denken der Zeit, soziale Probleme auf ihre vermeintlich biologischen Ursachen zurückzuführen.[90] Der Liberale Friedrich Naumann etwa erklärte im Jahre 1900 die »Fortpflanzung gewisser geschichtlich entstandener Rassen« zum eigentlichen »Kern der Nationalitätsbildung«.[91] Und auch der Historiker Otto Hintze betonte in einer Rezension der Werke Gobineaus und Chamberlains, trotz seiner Vorbehalte gegen eine monokausale Erklärung der Geschichte durch das Rassenprinzip, daß es »neben der geistigen Gemeinschaft der Nationalität« auch auf die »physische Grundlage der Rasse« ankomme, und befürwortete eine »Festigung unseres Nationalgefühls« durch eine »Verstärkung unseres Rassencharakters«.[92] Diese Beispiele verdeutlichen, daß die Rezeption rassentheoretischer Deutungsmuster um die Jahrhundertwende zu einem festen Bestandteil zahlreicher wissenschaftlicher Diskurse geworden war. Die radikalnationalistische Rassensemantik knüpfte an verschiedene dieser Diskurse an, vor allem an diejenigen der Rassenanthropologie und Rassenhygiene, die sich seit den 1890er Jahren auf der Grundlage eines allgemeinen sozialbiologischen Paradigmas als neue wissenschaftliche Disziplinen etablierten.[93]

89 Vgl. hierzu ausführlich Kapitel IV.2.

90 Vgl. *Geulen*, Wahlverwandte; *Herbert*, Traditionen; *Mann*, Biologismus; *Klingemann*, Rassenmythos; *Conrad-Martius*.

91 *Naumann*, Deutschland und Österreich, S. 427.

92 *Hintze*, Rasse (Zitate: S. 61–63). Weiter heißt es dort: »Wir haben ein Material von Menschen, so edel wie nur irgendeine Nation der Welt. Sorgen wir dafür, daß auch ein festes, kompaktes, einheitliches Volkstum daraus werde, das nicht bloß im Gemüt, sondern auch im Geblüt steckt, die deutsche Rasse der Zukunft!« (ebd., S. 65).

93 In diesem Sinne erklärte der alldeutsche Aktivist und spätere »Großmeister« des Deutschbundes M. R. Gerstenhauer, Rassenwissenschaft und Rassenpolitik, in: DbB, Jg. 17, 1912, S. 60–

Die Rassenanthropologie, die in Deutschland vor allem durch Otto Ammon und Ludwig Woltmann propagiert wurde, war durch eine Verschränkung rassentheoretischer Spekulationen und sozialdarwinistischer Vorstellungen gekennzeichnet. Ihr Erkenntnisinteresse galt der praktischen Anwendung biologischer Gesichtspunkte auf die gesellschaftliche Entwicklung. Das oberste Ziel war die Züchtung einer Idealrasse, für die der »nordische«, »arische« oder »germanische« Rassentypus das »Zuchtideal« darstellte.[94] Parallel zur Entstehung der Rassenanthropologie konstituierte sich darüber hinaus die Rassenhygiene als eigenständige wissenschaftliche Disziplin, deren Grundzüge besonders durch Wilhelm Schallmayer und Alfred Ploetz konzipiert wurden. In Anlehnung an die in England seit der Mitte der 1860er Jahre entwickelten Vorstellungen einer nationalen Eugenik ging es den Rassenhygienikern um die Abwehr degenerativer Tendenzen und die gezielte Selektion »hochwertiger« Erbanlagen in ganzen Populationen, nicht aber um die eugenische Förderung eines bestimmten morphologischen (»arischen«, »weißen« etc.) Rassentypus.[95] Der Doyen der deutschen Rassenhygiene, Alfred Ploetz, etwa setzte der von den Rassenanthropologen entwickelten Hierarchie der »Systemrassen« den Begriff der »Vitalrasse« entgegen, der – im Prinzip wertfrei – schlicht eine menschliche Fortpflanzungsgemeinschaft bezeichnete. In seinen wissenschaftlichen Arbeiten hielt sich Ploetz allerdings nicht an die von ihm vorgeschlagene Unterscheidung, sondern wechselte nahezu willkürlich zwischen »Vital-« und »Systemrassen« hin und her, wobei er den verschiedenen »Rassen« immer wieder unterschiedliche »Culturwerte« zuordnete.[96] Diese Ambivalenzen und Widersprüche in der rassentheoretischen Begrifflichkeit sowie die mit ihr verbundenen Wertvorstellungen waren keineswegs zufällig, sondern Ausdruck des Vorurteilscharakters des Rassenbegriffs, der sich auch in seinem wissenschaftlichen Verwendungszusammenhängen nicht von dem politisch-ideologischen Bezugsrahmen der Rassentheorien zu lösen vermochte.[97]

In eben diesen politischen Implikationen lag die Attraktivität der neuen Rassenwissenschaften für die radikalen Nationalisten. Die rassenanthropologischen und rassenhygienischen Forschungen verliehen dem Begriff der »Rasse« und der

65: Die Rassenwissenschaft sei »geradezu die wissenschaftliche, biologische Grundlage des nationalen Gedankens« (Zitat: S. 60).

94 Vgl. *Geulen* Wahlverwandte, S. 181–195 *Kipper*, S. 316–335; *Becker*, S. 310–387; *Breuer*, Ordnungen, S. 55–59; *Stölting*; *zur Mühlen*, S. 86–91, 107f.; *Ammon*, Auslese; *ders.*, Gesellschaftsordnung; *Woltmann*, Anthropologie; *ders.*, Gesellschaftstheorie.

95 Zur Geschichte der Eugenik und Rassenhygiene vgl. *Schmuhl*, Rassenhygiene S. 29–105; *Weingart u.a.*, S. 36–42, 188–216; *Weindling*, Health, S. 61–154; *Weiss*, Racial Hygiene, S. 27–125; *Sieferle*, Rassismus; *Breuer*, Ordnungen, S. 61–64.

96 Vgl. *Ploetz*, Tüchtigkeit; *ders.*, Begriffe; ders., Abgrenzung; *ders.*, Ziele.

97 *Weingart u.a.*, S. 91–103. Ähnlich interpretiert auch Peter Gay die Rassentheorien des späten 19. Jahrhunderts als »systematische Rationalisierung von Vorurteilen«, die als Alibis für den Aggressionstrieb dienten. Vgl. *Gay*, S. 47–51, 87–120 (Zitat: S. 96).

ihr zugrundeliegenden Fiktion einer biologischen Abstammungsgemeinschaft nicht nur eine neue, mit dem Nimbus objektiver Wissenschaftlichkeit ausgestattete Legitimation, sondern boten darüber hinaus zahlreiche Anknüpfungspunkte für konkrete gesellschaftspolitische Reformmaßnahmen, mit denen die Zielutopie der homogenen »Volksgemeinschaft« verwirklicht werden konnte. Die Forderung nach dem Erhalt und Schutz der »Rassengrundlagen« des deutschen Volkes lief in ihren praktischen Konsequenzen auf die vollständige politische und soziale Exklusion aller als »fremd« und »minderwertig« erachteten gesellschaftlichen Gruppen hinaus. Außer staatlichen Maßnahmen zur Bevölkerungs- und Gesundheitspolitik gehörten vor allem eine möglichst weitgehende Restriktion der Einwanderung ausländischer Arbeitskräfte, der Entzug des Wahlrechts für die im Reich lebenden ethnisch-kulturellen Minderheiten, das Verbot des Konubiums sowie in letzter Konsequenz die gewaltsame Vertreibung dieser Bevölkerungsgruppen zu den aus der rassenwissenschaftlichen Forschung abgeleiteten politischen Forderungen.[98] Es kann daher nicht verwundern, daß die radikalen Nationalisten die Ergebnisse der neuen Rassenwissenschaften aufmerksam rezipierten und für ihre Zwecke einsetzten. Erneut waren es die Alldeutschen, die als erste das politische Potential der Rassenforschung erkannten und gezielt zum Gegenstand ihrer Agitation machten.

Den Auftakt zu einer gezielten Propagierung des Rassegedankens innerhalb des Alldeutschen Verbandes bildete ein Vortrag des in Lausanne lehrenden Professors der Rechtswissenschaft Ludwig Kuhlenbeck über »Die politischen Ergebnisse der modernen Rassenforschung« auf dem Verbandstag in Worms im Juni 1905.[99] Den Ausgangspunkt von Kuhlenbecks Überlegungen bildete die den neuen Rassenwissenschaften entnommene Überzeugung, daß die »Rasse« – verstanden als der »Inbegriff von Individuen, die einen gemeinschaftlichen Abstammungstypus aufweisen« – den »wichtigsten Naturfaktor der Geschichte und Politik« darstelle. Genauere Angaben darüber, was konkret eine »Rasse« sei und wie sich ihre Merkmale wissenschaftlich exakt bestimmen ließen, konnte auch Kuhlenbeck nicht liefern. Vielmehr räumte er selbst die »Relativität des Rassenbegriffs« ein. Der definitorischen Problematik entzog er sich deshalb mit dem von Chamberlain entlehnten Hinweis auf die »aus der allgemeinen Lebenserfahrung geschöpfte« Evidenz »des Vorhandenseins verschiedener Menschenrassen«.[100] Anders ausgedrückt: Auch für Kuhlenbeck war die Überzeugung von der Bedeutung der »Rasse« für die Entwicklung der Menschheit nicht das Ergebnis der rassenwissenschaftlichen Forschung, sondern ihre ideologische Voraussetzung.

98 Vgl. *Hasse*, Reich, S. 59–63; *ders.*, Zukunft, S. 46–68; M. R. Gerstenhauer, Rassenwissenschaft und Rassenpolitik, in: DbB, Jg. 17, 1912, S. 60–65.

99 AB, Jg. 15, 1905, S. 215f.; *Kuhlenbeck*, Rasse. Bereits im Mai 1903 war die »Weckung und Pflege des Bewußtseins der rassenmäßigen und kulturellen Zusammengehörigkeit aller deutschen Volksteile« als neues Ziel in die Satzung des ADV aufgenommen worden. Vgl. *ADV*, Handbuch, S. 25.

100 *Kuhlenbeck*, Rasse, S. 9f. Vgl. auch *ders.*, Kritik.

Durch das »Moment der Abstammung«, führte er weiter aus, berühre sich der Begriff der »Rasse« mit dem des »Volkstums«, sei jedoch nicht mit diesem identisch. Vielmehr sei »Rasse« der weitere und unbestimmtere Begriff. Aber gerade weil beide Begriffe sich nicht deckten, sei es von größter Bedeutung, den »Rassenwert« einer Nation zu bestimmen und »den Anteil festzustellen, den eben dieser Rassenwert für ihre kulturelle und politische Bedeutung beansprucht«.[101] Dieser »Rassenwert« sollte an dem jeweiligen Beitrag einer »Rasse« zu jenen kulturellen Leistungen gemessen werden, die allgemein als besonders wertvoll anerkannt waren. Es liegt auf der Hand, daß dieses tautologische Argumentationsmuster, das die subjektive Wertschätzung kultureller Eigenart zum alleinigen Maßstab für den Wert einer »Rasse« machte, auf nichts anderes hinauslief als die Bestätigung und Verfestigung bestehender Vorurteile. Für Kuhlenbeck stand dabei unter Berufung auf die rassenanthropologischen Forschungen außer Frage, daß unter den großen europäischen Nationen, die germanischen Völker im Verhältnis zu den romanischen und slawischen den größten »Rassenwert« besaßen.[102]

Das vermeintlich hochwertige biologische Substrat des deutschen Volkes oder, wie Kuhlenbeck formulierte, sein »Rassenkapital« werde jedoch durch eine Reihe von Faktoren bedroht.[103] Zu diesen Faktoren gehörten insbesondere die zunehmende Binnenwanderung und Urbanisierung, die in ihrer Kombination eine nachhaltige Veränderung des generativen Verhaltens bewirkt hätten. Zum Ausdruck komme diese Verhaltensänderung in einem höheren Heiratsalter und einer entsprechend späteren Familiengründung, was, vom rassenbiologischen Standpunkt aus betrachtet, zu einer ungünstigeren biologischen Auslese führe. Ein weiterer wichtiger Faktor sei die zunehmende Vermischung der »arischen Rasse« mit »minderwertigen fremden Elementen« durch die anhaltende Einwanderung ausländischer, vorwiegend slawischer Arbeitskräfte und die zunehmende Promiskuität in den Kolonialgebieten, durch die ein über »ungezählte Jahrtausende hindurch erarbeitetes organisches und psychologisches Entwicklungskapital« in wenigen Jahrzehnten wieder vergeudet werde.[104] Zu den rassenbiologisch negati-

101 *Kuhlenbeck*, Rasse, S. 9. Die semantische Unschärfe des Rassenbegriffs wurde noch zusätzlich dadurch verstärkt, daß Kuhlenbeck Völker und Nationen als »historische Rassen oder sekundäre Rassentypen« bezeichnete, die es von den »naturwissenschaftlichen oder Urrassen« zu unterscheiden gelte. Vgl. ders., Rasse und Volk, in: DbB, Jg. 16, 1911, S. 89f.

102 *Kuhlenbeck*, Rasse, S. 10–16 (Zitate: S. 12, 14f.).

103 Vgl. hierzu und zu den folgenden Ausführungen *Kuhlenbeck*, Rasse, S. 16–29 (Zitat: S. 24); *ders.*, Rasse und Volk, in: DbB, Jg. 16, 1911, S. 89f.; *Hasse*, Zukunft, S. 50–61; *Meinhold*; M. R. Gerstenhauer, Rassenwissenschaft und Rassenpolitik, in: DbB, Jg. 17, 1912, S. 60–65. Zur Geschichte und Bedeutung des »arischen Mythos« vgl. *Poliakov*, Mythos.

104 *Kuhlenbeck*, Rasse, S. 22f. Vgl. *Hasse*, Reich, S. 58–63; *Meinhold*, S. 5–8. Bereits 1904 wertete der ehemalige Gouverneur Deutsch-Ostafrikas, Eduard von Liebert, auf dem Verbandstag des ADV den »Rassenverderb« in den deutschen Schutzgebieten als ernste Gefahr für die »Zukunftsentwicklung unserer Kolonien« (AB, Jg. 14, 1904, S. 193f.). Zur Diskussion um die koloniale »Rassenmischehe« vgl. *Kundrus*, Imperialisten, S. 219–280; *Grosse*, S. 145–192; *Essner*, Vernunft.

ven Entwicklungen zählte Kuhlenbeck schließlich auch das allgemeine generative Verhalten der höheren Klassen. In der zunehmenden Verbreitung des »Zweikindersystems« erblickte er eine künstliche Einschränkung der Fortpflanzung, die für ihn gleichbedeutend war mit einem »Verlust an intellektuell begabtem Keimplasma«, der sich als »regressive nationale Intraselektion« auswirken mußte.[105]

Um eine weitere »Degeneration« des deutschen Volkes durch fortschreitende rassische Entropie zu verhindern, waren deshalb radikale Maßnahmen erforderlich, die in ihrer Stoßrichtung allesamt auf eine ethnisch-kulturelle Homogenisierung hinausliefen.[106] Eine entschiedene »Rassenpolitik« sollte die politische und soziale Konformität der »Volksgemeinschaft« fördern, indem sie die vermeintlichen biologischen Ursachen gesellschaftlicher Heterogenität reduzierte. »Die Ausgleichung der Rassenunterschiede«, erklärte Hasse 1907 in seinem Buch »Die Zukunft des deutschen Volkstums«, werde »auch die so nötige Ausgleichung der anderen noch bestehenden Gegensätze innerhalb der deutschen Nation herbeiführen oder wenigstens fördern. Sie ist also auch in diesem Sinne von sozialer Bedeutung.«[107] Spätestens an dieser Stelle wird deutlich, daß die zentrale Funktion des Rassenbegriffs in der semantischen Reifikation der radikalnationalistischen Homogenitätsutopie bestand. »Rasse« fungierte im Sprachgebrauch der radikalen Nationalisten als ein semantischer Code für die Vorstellung von einem Volk als einer biologischen Ganzheit und als Chiffre für den unterstellten Wert ethnisch-kultureller Homogenität und politischer Konformität. Man kann geradezu von einer semantischen Translation des utopischen Bedeutungsüberschusses von »Volk« auf »Rasse« sprechen, nachdem der Volksbegriff sich verbraucht hatte. Der Rassenbegriff lieferte den radikalen Nationalisten darüber hinaus ein schlagkräftiges Argument gegen das, wie Kuhlenbeck formulierte, »mit unseren naturwissenschaftlichen Einsichten in Widerspruch stehende Dogma von der abstrakten Gleichheit aller Menschen«. Im Gegensatz zu traditionellen, christlichen und humanistischen Gleichheitsvorstellungen betonte Kuhlenbeck die durch die Rassenforschung angeblich erwiesene natürliche Ungleichheit der Menschen und das aus dieser Ungleichheit resultierende moralische Recht der höherentwickelten Völker zur Herrschaft über die »minderwertigen«. In dieser konsequenten Abkehr von den Grundsätzen des Kosmopolitismus und der Humanität erblickte er die spezifische »Modernität des Rassenproblems«.[108]

Kuhlenbecks programmatische Ausführungen aus dem Jahre 1905 wurden hier vor allem deshalb ausführlich referiert, weil sie in komprimierter Form bereits alle zentralen Aspekte der radikalnationalistischen Rassenideologie enthielten. Die

105 *Kuhlenbeck*, Rasse, S. 25f. Vgl. *Hasse*, Zukunft, S. 17–27.

106 Zur Vorstellung einer fortschreitenden physiologischen Degeneration vgl. *Weingart u.a.*, S. 27–103; *Sieferle*, Krise, S. 174–192; *Schmuhl*, Rassenhygiene, S. 59–65; *Pick*.

107 *Hasse*, Zukunft, S. 59.

108 *Kuhlenbeck*, S. 3–8 (Zitate: S. 3, 4, 7). Noch drastischer formulierte *Hasse*, Zukunft, S. 52: »Es gibt weder eine Gleichheit noch eine Gleichwertigkeit der Rassen. Es gibt überhaupt nichts so unterschiedliches als den Menschen.«

einzige Ausnahme bildete das Fehlen jeglicher Bezugnahme auf die »Judenfrage«. Diese bewußte Auslassung zeigt, daß die führenden Personen des Alldeutschen Verbandes bemüht waren, die Durchsetzung des rassenbiologischen Paradigmas nicht von vornherein durch den Vorwurf des Antisemitismus zu kompromittieren, obwohl für die meisten von ihnen als ausgemacht galt, daß die Juden eine besondere »Rasse« darstellten.[109] Es spricht deshalb einiges für die These, daß im Sprachgebrauch der Alldeutschen der Begriff der »Rasse« als semantischer Code in zunehmendem Maße auch die Funktion übernahm, eine antisemitische Geisteshaltung zum Ausdruck zu bringen, ohne sie explizit zu formulieren.[110] In jedem Fall avancierte die »Rassenfrage« im letzten Vorkriegsjahrzehnt zu einem Schwerpunkt der alldeutschen Agitation.[111] Die gezielte Propagierung des Rassegedankens durch die alldeutsche Führung sowohl innerhalb des Verbandes als auch gegenüber einer breiteren Öffentlichkeit hatte entscheidenden Anteil an der zunehmenden Verschmelzung rassistischer und nationalistischer Deutungsmuster und leistete damit einer sukzessiven Biologisierung des Nationsverständnisses Vorschub.[112] Für den »harten Kern« der alldeutschen Aktivisten sowie die Mitglieder des Deutschbundes jedenfalls war die »Bedeutung der Rasse für das Volkstum, für die Gesellschaft und das Staatstum« eine unumstößliche Gewißheit, ebenso wie die Überzeugung, »daß die Zukunft des deutschen Volkstums von der Güte seiner Rasse abhängt«.[113]

109 Vgl. *Hasse*, Zukunft, S. 61–68; *Claß*, Strom, S. 15–18, 29–31, 87–89; *ders.*, Kaiser, S. 30–39, 74–78; *Lange*, Deutschtum, S. 88–109; *Lohalm*, S. 32–40.

110 In diesem Sinne lehnte etwa Claß auf der Sitzung des GA am 6.9.1912 einen Antrag, der ADV möge offiziell zur Judenfrage Stellung beziehen, mit der Begründung ab: »Wir sind die schärfste nationale Gruppe und stehen auf dem Boden der Rasse. Daraus ergibt sich ganz von selbst unsere sachliche Stellung in dieser Frage – eine förmliche Festlegung ist unnötig und wäre schädlich«; BA-B, ADV, Nr. 86, Bl. 8f. Vgl. hierzu ausführlich Kapitel IV.2.

111 Vgl. *Hasse*, Zukunft, S. 46, 68; T. Francke, Zur deutschen Rassenfrage, in: AB, Jg. 17, 1907, S. 104; Jg. 19, 1909, S. 50f.; *Meinhold*; *Gerstenhauer*, Rassenlehre; ders., Rassenwissenschaft und Rassenpolitik, in: DbB, Jg. 17, 1912, S. 60–65; ders., Rassenlehre, in: ebd., Jg. 18, 1913, S. 57–60, 65–69; Dr. Flitner, Über Rassen und Rassenpflege, in: AB, Jg. 23, 1913, S. 322–325; *Peters*, ADV, S. 165–172. Eine zentrale Rolle bei der Verbreitung des »Rassengedankens« spielte der Münchener Verlagsbuchhändler und alldeutsche Aktivist Julius F. Lehmann (1864–1935), der in den letzten Vorkriegsjahren zu einem der führenden Verleger rassenbiologischer Literatur avancierte. Vgl. *Stark*, Entrepreneurs, S. 120–124.

112 Vgl. Claß an Gerstenhauer v. 21.10.1912, BA-B, ADV, Nr. 196, Bl. 115: »Ich benutze diese Gelegenheit, um Ihnen zu sagen, daß die Rassenfrage für mich das A und O aller Politik ist, und es kann doch wohl nicht verkannt werden, daß der Alldeutsche Verband langsam aber stetig und sicher ganz auf den Boden der Rasse geschoben worden ist; wenn dies weniger durch programmatische Erklärungen, Entschließungen u.s.w. geschehen ist, so war das gebotene Vorsicht, da die Widerstände besonders unter unseren Mitgliedern liberaler Gesinnung nicht unerheblich sind. Dem Anhänger des Rassegedankens wird der Erfolg die Hauptsache sein.« Der Brief ist eine Antwort auf zwei Schreiben Gerstenhauers, in denen sich dieser zur Bedeutung der »Rassenfrage« geäußert hatte. Vgl. Gerstenhauer an Claß v. 7.10. u. 18.10.1912, BA-B, ADV, Nr. 196, Bl. 105f., 110f.

113 *Hasse*, Zukunft, S. 46, 53; Arbeitsplan des Deutschbundes in der Rassenfrage, in: DbB, Jg. 18, 1913, S. 43, 49–51; M. R. Gerstenhauer, Die Ausführung des Rassenprogramms, in: DbB, Jg. 19, 1914, S. 57f.

Das vorrangige Ziel einer konsequenten »Rassenpolitik« mußte für sie folglich darin bestehen, »möglichst viele fremde Volksbestandteile durch Auswanderung auszuscheiden« und »Rassenfremde« von den Grenzen des Reiches fernzuhalten.[114] Die radikalnationalistische Rassenideologie richtete sich jedoch nicht nur gegen »fremdvölkische« Minderheiten, sondern ebenso gegen soziale Randgruppen, Kranke und Behinderte. Um den von ihnen konstatierten Symptomen des »Verfalls und der Entartung« im deutschen Volk entgegenzuwirken, propagierten die Alldeutschen eine »planmäßige Züchtungspolitik«, die auch die »Ausmerzung der Minderwertigen, der Schwachen, Kranken, Unzüchtigen und Schlechten durch ihren Ausschluß von der Nachzucht« beinhalten sollte.[115] Ernst Hasse höchstpersönlich forderte bereits 1907, »keine Ehe zwischen geistig oder körperlich Kranken oder Entarteten« zuzulassen und fügte bedauernd hinzu: »Unsere heutigen Anschauungen erlauben es dem Arzte nicht, alles Minderwertige zu töten oder zeugungsunfähig zu machen, was minderwertige Nachkommen zu erzeugen droht.«[116] Aus diesem Grund sollten, »Geisteskranke, Blöde, Epileptische, Trinker, Verbrecher, auch Schwachtuberkulöse u. dergl. in Anstalten untergebracht und damit von geschlechtlicher Betätigung ausgeschlossen werden.«[117] Wie diese Äußerungen belegen, waren die Alldeutschen prononcierte Anhänger einer negativen Eugenik, die die Schaffung einer homogenen Gesellschaft zum Ziel hatte, in der dem tüchtigen und leistungswilligen »Volksgenossen« eine bevorzugte Stellung zukam, während jegliche Form von kultureller Andersartigkeit und deviantem Verhalten, aber auch mangelnde Leistungsfähigkeit oder -bereitschaft als sozial unbrauchbar ausgegrenzt bzw. »ausgemerzt« werden sollte.[118] »Rassenpolitik« war für sie konkrete Gesellschaftspolitik, die auf eine Neuordnung der Gesellschaft nach sozialbiologischen Prinzipien zielte.[119]

Die rassenbiologisch begründete »Ausmerzung« der sozial oder kulturell »Minderwertigen« durch Isolierung oder Zwangssterilisation bedeutete die

114 *Hasse*, Zukunft, S. 59; P. Langhans, Die Einwanderung fremder Elemente in das Reich, in: AB, Jg. 18, 1908, S. 323–325.

115 *Hasse*, Zukunft, S. 71; M. R. Gerstenhauer, Rassenwissenschaft und Rassenpolitik, in: DbB, Jg. 17, 1912, S. 60–65 (Zitat: S. 62); W. Schölermann, Schutz dem Gesunden, in: DbB, Jg. 16, 1911, S. 78–80.

116 *Hasse*, Zukunft, S. 69–91 (Zitate: S. 74).

117 A. Fellmeth, Geburtenrückgang und Rassenveredelung, in AB, Jg. 23, 1913, S. 220f. Vgl. A. Tille, »Die nationale Bedeutung des Rassenproblems. Vortrag auf der Hauptversammlung der Dresdner Ortsgruppe des ADV am 10.3.1911«: »Innerhalb unseres deutschen Volkes gilt es, die rassisch schlechten Elemente, Verbrecher sowohl als Krüppel, sozial auszuscheiden und andererseits dafür zu sorgen, daß die brauchbaren Elemente gefördert und begünstigt werden«; StAD, ADV, Nr. 47, Bl. 81–83 (Zitat: Bl. 83).

118 Zur negativen Eugenik vgl. *Schmuhl*, Rassenhygiene, S. 29–49; *Weingart u.a.*, 139–187. Zum Zusammenhang von Eugenik und »national efficiency« *Searle*, S. 60–67.

119 A. Tille, Alldeutsche Sozialpolitik, in: AB, Jg. 15, 1905, S. 428f.; H. Wendland, Ein Hauptstück nationaler Politik, in: AB, Jg. 16, 1906, S. 313f., 321f.

ultimative Radikalisierung des radikalnationalistischen Homogenitäts- und Effizienzdenkens. Zugespitzt formuliert: Nur diejenigen, die als nützliche Mitglieder der »Volksgemeinschaft« betrachtet wurden, besaßen eine Existenzberechtigung. Alle anderen waren unnützer Ballast, den es nach Möglichkeit abzuwerfen galt. Diese sozialbiologische Utopie einer »rassisch« homogenen, harmonischen und leistungsorientierten Gesellschaft hatte die totale Reglementierung aller sozialen Lebenszusammenhänge zum Ziel und trug somit erkennbar totalitäre Züge. In ihrem Kern enthielt sie bereits die zentralen Grundannahmen und Forderungen der nationalsozialistischen Rassenpolitik.[120]

Neben der »Ausmerzung« aller als »minderwertig« stigmatisierten Bevölkerungsgruppen setzten sich die radikalen Nationalisten auch für Maßnahmen zur qualitativen Verbesserung der »Volksgesundheit« und einer quantitativen Steigerung des Bevölkerungswachstums ein.[121] Für sie war der um die Jahrhundertwende einsetzende Rückgang der Geburtenziffern ein nationales Problem erster Ordnung, hatten sie doch stets die Notwendigkeit imperialistischer Expansion und den Anspruch des deutschen Volkes auf eine Weltmachtstellung mit dessen anhaltendem Bevölkerungswachstum begründet. Aus ihrer Sicht mußte deshalb alles getan werden, um einen weiteren Rückgang der Geburtenzahl, der für sie einem »Selbstmord unseres Volkes« gleichkam, entgegenzuwirken.[122] Das Spektrum der hierzu vorgeschlagenen Maßnahmen reichte von einer »gesunden Mittelstandspolitik« im Sinne einer finanziellen Privilegierung der bürgerlichen Schichten, die als das »eigentliche Reservoir des Rassenwertes« galten, bis hin zu einem generellen Verbot von Verhütungsmitteln.[123]

Die Vielzahl der unter dem Rubrum »Rassenpolitik« subsumierten Reformmaßnahmen läßt erkennen, daß der Rekurs auf den »Schutz der Rasse« ein polyvalentes Argumentationsmuster darstellte, mit dem nahezu jede gesellschaftspolitische Forderung begründet werden konnte. Entschieden konkreter war dagegen die Funktion des Rassenbegriffs im Zusammenhang der imperialistischen Ziele des radikalen Nationalismus. Durch ihn wurde der für das bildungsbürgerliche Weltbild konstitutive kulturelle Überlegenheitsanspruch des deutschen Volkes gegenüber anderen, insbesondere den slawischen Völkern wissenschaftlich ob-

120 Vgl. *Peukert*, Volksgenossen, S. 246–279, 289–296; *Herbert*, Best, S. 163–177; *Schmuhl*, Rassenhygiene, S. 127–371; *Weingart u.a.*, S. 367–561.

121 Vgl. *Hasse*, Zukunft, S. 1–45, 69–91.

122 K. Klingemann, Zur Frage des Geburtenrückgangs, in: AB, Jg. 22, 1912, S. 385f. (Zitat: S. 386). Vgl. P. Stauff, Völkische Fruchtbarkeit, in: AB, Jg. 19, 1909, S. 238f., 245f., 253f., 261f.; Dr. Siebert, Die Gefahr des Neumalthusianismus, in: AB, Jg. 21, 1911, S. 352f.; A. Fellmeth, Geburtenrückgang und Rassenveredelung, in: AB, Jg. 23, 1913, S. 220f.; L. Müller, Der Geburtenrückgang, in: Wehr, Jg. 1912, Nr. 9, S. 5–7; *Weingart u.a.*, S. 216–229; *Planert*, Antifeminismus, S. 83–92, 110–117 sowie Kapitel II.4.

123 *Kuhlenbeck*, Rasse, S. 24–26 (Zitate. S. 24, 26); H. Wendland, Ein Hauptstück nationaler Politik, in: AB, Jg. 16, 1906, S. 313f., 321f.; BA-B, ADV, Nr. 94, Bl. 50.

jektiviert. Er lieferte damit eine wirkungsvolle politische Legitimation für jedwede Form imperialistischer Expansion.[124] Zusätzliche Plausibilität erlangte die Überzeugung von der Ungleichheit der menschlichen »Rassen« durch die Erfahrung der europäischen Kolonialherrschaft in Afrika und Asien. Für die radikalen Nationalisten bestätigte die in den Kolonien praktizierte Herrschaft der »weißen Rasse« über die indigene Bevölkerung die grundlegenden Annahmen der Rassenideologie, aus der sie im Gegenzug wiederum die politische Forderung nach einer strikten Rassentrennung ableiteten.[125] Der »koloniale Rassenstaat« stellte für sie das Modell einer neuen Herrschaftsform dar, die auf einem »modernen« biologistischen Gesellschaftsverständnis beruhte.[126]

In letzter Konsequenz führte diese biologische Hierarchisierung der Menschheit dazu, daß – analog zur Exklusion der sozial »minderwertigen Elemente« aus der »Volksgemeinschaft« – die als »minderwertig« betrachteten »Rassen« aus der menschlichen Gemeinschaft ausgegrenzt oder zumindest als nicht gleichberechtigte Mitglieder angesehen wurden. »Ist der verkommene oder halb tierische russische Bauer des Mir, der Schwarze in Ostafrika, das Halbblut Deutsch-Südwests, oder der unerträgliche Jude Galiziens oder Rumäniens ein Glied dieser Menschheit?«, fragte Heinrich Claß 1912 und zeigte damit den Fluchtpunkt des radikalnationalistischen Rassendiskurses auf.[127] Von der Ausgrenzung bis zur »Ausmerzung« war es dann mitunter nur noch ein kleiner Schritt, wie der Völkermord an den Herero und Nama in Deutsch-Südwestafrika demonstriert.[128]

Als generelles Fazit läßt sich festhalten: Für die radikalen Nationalisten stellte der Begriff der »Rasse« einen semantischen Code dar, der die Überzeugung von der biologischen Determiniertheit allen sozialen Handelns zum Ausdruck bringen sollte. Diese Überzeugung gründete in hohem Maße auf kultur- und geschichtsphilosophischen Spekulationen, befand sich jedoch zugleich im Einklang mit zeitgenössischen wissenschaftlichen Theorien. Sie kann deshalb

124 Vgl. K. F. Wolff, Vorbehalt der politischen Rechte! Ein rassenpolitischer Vorschlag, in: AB, Jg. 23, 1913, S. 282–285, hier: S. 283: »Die rassenbiologische Weltanschauung sagt uns, daß es Führerrassen und Folgerassen gibt. Die politische Geschichte ist nichts weiter, als die Geschichte der Kämpfe zwischen den Führerrassen. Insbesondere sind Eroberungen stets ein Werk von Führerrassen; die Folgerassen, die an Menschen stets viel reicher sind, werden nur mitgeschleppt.«

125 E. v. Liebert, Bericht über die Lage in Deutsch-Südwestafrika, in: AB, Jg. 14, 1904, S. 190f.; ders., Die Zukunftsentwicklung unserer Kolonien, ebd., S. 193f.; AB, Jg. 16, 1906, S. 102–104; AB, Jg. 12, 1902, S. 457; Jg. 19, 1909, S. 322.

126 Vgl. *Grosse*, S. 10–17 (Zitat: S. 10). Zur Bedeutung der kolonialen Erfahrung für die Herausbildung eines biologistischen Gesellschaftsverständnisses außerdem *Geulen*, Wahlverwandte, S. 309–367; *Arendt*, Origins, S. 185–221.

127 *Claß*, Kaiser, S. 186–188 (Zitat: S. 186).

128 Vgl. *Weikart*, S. 183–206. Zum Genozid an der eingeborenen Bevölkerung während der Aufstände in Deutsch-Südwestafrika von 1904–1907 vgl. *Zimmerer u. Zeller*; *Krüger*, Kriegsbewältigung; *Smith*, Talk; *ders.*, Logic; *Melber*; *Nuhn*; *Bridgeman*; *Bley*, Kolonialherrschaft; *Drechsler*.

nicht einfach als irrationale Verirrung abgetan werden kann. Im Gegenteil: Der radikalnationalistische Rassenbegriff bezog seine Plausibilität vor allem aus dem Anspruch, eine wissenschaftlich begründete Erklärung für die Probleme und Widersprüche der modernen Welt zu liefern. In Verbindung mit dem geschichtsphilosophischen Glauben, daß nicht Individuen, sondern Völker und Nationen die Subjekte der Geschichte seien, konnte die »Rasse« als das biologische Substrat der nationalen Gemeinschaft und damit als ein entscheidender Faktor der historischen Entwicklung gedeutet werden. Faktisch lief die Verwendung des Rassenbegriffs auf eine semantische Reifikation der radikalnationalistischen Homogenitätsutopie hinaus, durch die vorwissenschaftliche Werturteile ihre vermeintlich wissenschaftliche Bestätigung erfuhren. Als angeblich wissenschaftliche Erkenntnisse wirkten diese Werturteile dann in Form des rassenbiologischen Paradigmas auf den der Wissenschaft vorgelagerten politischen und gesellschaftlichen Erfahrungsraum zurück und trugen entscheidend dazu bei, den Erwartungshorizont der radikalen Nationalisten zu verfestigen.[129]

Durch den Rassenbegriff verlagerte sich der semantische Schwerpunkt des radikalen Nationalismus immer mehr von der Betonung kultureller Kriterien der Volkszugehörigkeit auf das Prinzip der Abstammung. Diese Biologisierung des Volksbegriffs ermöglichte die Konstruktion von Feindbildern, durch die jegliche Erscheinungsform des »Fremden« als biologisch determiniert stigmatisiert werden konnte. Der Rassenbegriff erlaubte es insbesondere, auch solche sozialen Gruppen aus der »Volksgemeinschaft« auszugrenzen, die sich selbst als »Deutsche« verstanden. Im Ergebnis führten die Versuche, die »Volksgemeinschaft« rassentheoretisch zu begründen, jedoch zu einer strukturellen Entgrenzung der nationalen Gemeinschaftsvorstellung.[130] Denn im Gegensatz zum Anspruch ihrer Verfechter, ließen sich aus der biologistischen Essentialisierung der Nation keine klaren Zugehörigkeitskriterien ableiten. Angesichts fehlender positiver Bestimmungsmerkmale avancierte deshalb die abwertende Differenz zwischen dem »Eigenen« und dem »Fremden« zum eigentlichen Orientierungspunkt des radikalnationalistischen Denkens. Der Rassenbegriff diente hierbei als Differenzkategorie, mit der sich die erforderliche Asymmetrie zwischen Selbstbild und Fremdbild konstruieren ließ. Seine zunehmende Verwendung führte zu einer extremen Differenzfixierung, deren inhaltliche Begründung variieren konnte, deren Dynamik jedoch unweigerlich auf eine weitere Radikalisierung bestehender Feindbilder und Deutungsmuster hinauslief. Zu keinem Zeitpunkt jedoch trat der Rassenbegriff an die Stelle der »Volksgemeinschaft«. Vielmehr blieb diese weiterhin das zentrale Deutungsmuster des radikalen Nationalismus, während »Rasse« als Chiffre für die mit ihm verknüpfte Wertschätzung gesellschaftlicher Homogenität, Konformität

129 Vgl. *Schmuhl*, Rassenhygiene, S. 71f.
130 Vgl. *Geulen*, Wahlverwandte, S. 310.

und Effizienz diente.[131] Daß der Rassenbegriff gleichwohl eine außerordentliche diskursive Dynamik entfalten konnte, lag vor allem an seiner Verschränkung mit sozialdarwinistischen Deutungsmustern, die den entscheidenden Resonanzboden für seine Verbreitung bildeten und deshalb einer gesonderten Analyse bedürfen.

3. Der »Daseinskampf des deutschen Volkes«: Der Sozialdarwinismus als weltanschauliche und diskursive Matrix

Auf die Bedeutung sozialdarwinistischer Vorstellungen und Argumentationsmuster für die Entwicklung des radikalen Nationalismus ist in den vorangegangenen Abschnitten bereits mehrfach hingewiesen worden. Der Sozialdarwinismus war eine zentrale »Hintergrundüberzeugung« der wilhelminischen Gesellschaft und bildete als solche die weltanschauliche und diskursive Matrix für die Akzeptanz und Ausbreitung radikalnationalistischer Deutungsmuster.[132] Als eine »wissenschaftliche Theorie mit Weltbildcharakter« revolutionierte Darwins Evolutions- und Selektionstheorie die Deutung von Natur und Gesellschaft, indem sie beide in den Kategorien eines umfassenden biologischen Naturgesetzes erklärte. Sie blieb deshalb nicht auf den naturwissenschaftlichen Diskurs beschränkt, sondern fand Anwendung auf nahezu alle gesellschaftlichen Probleme des ausgehenden 19. Jahrhunderts.[133]

Der Erfolg des Sozialdarwinismus lag in seinem Anspruch begründet, gesellschaftliche und politische Entwicklungen auf vermeintlich biologische Ursachen zurückzuführen und in ein umfassendes Welt- und Geschichtsbild einzuordnen, in dem die Entwicklung der Menschheit als ein Strang der Naturgeschichte erklärt werden konnte. Dieser Biologismus war ein Teilaspekt der »Verwissenschaftlichung des Sozialen« (Lutz Raphael), in deren Folge sich Politik, Gesellschaft und Wissenschaft wechselseitig durchdrangen und miteinander rückkoppelten.[134] Die ubiquitäre Verbreitung sozialdarwinistischer

131 Dieser Befund steht im Widerspruch zu der These Christian Geulens, daß allein der Rassendiskurs noch in der Lage gewesen sei, der immer heterogener werdenden Gesellschaft weiterhin eine Vorstellung nationaler Gemeinschaft zu vermitteln und deshalb als zentrale Ursache für die grundlegende Transformation des Nationalismus im späten 19. Jahrhundert interpretiert werden müsse. Vgl. *Geulen*, Wahlverwandte, S. 11–39, 368–375.

132 Vgl. *Walkenhorst*, Daseinskampf, S. 133–136. Der Begriff der »Hintergrundüberzeugung« in Anlehnung an *Habermas*, Theorie, Bd. 2, S. 191. Zur Verbreitung sozialdarwinistischer Deutungsmuster im Kaiserreich *Weikart*, *Evans*; Search; *Kelly*; *Weindling*, Darwinism, S. 15–28; *ders.*, Health, S. 11–58; *Corsi u. Weindling*; *Montgomery*; *Zmarzlik*.

133 *Weingart u.a.*, S. 17–20, 31f. (Zitat: S. 31); *Wehler*, Sozialdarwinismus.

134 Vgl. *Raphael*, Verwissenschaftlichung, S. 168: »Die vielfältigen Spielarten sozialdarwinistischer bzw. sozialbiologischer Programme und Theorien gehören zu den erfolgreichsten Denkprodukten, die in dieser Konstellation entstanden sind.«

Deutungsmuster resultierte darüber hinaus aus der Polyvalenz ihrer zentralen Metaphern, dem »Kampf ums Dasein« und der »natürlichen Auslese«, die als interdiskursiv verwendete Kollektivsymbole eine Übertragung des Selektionsgedankens auf höchst unterschiedliche Zusammenhänge ermöglichten.[135] In diesem Sinne konstatierte der Biologe Oscar Hertwig, ein Schüler Ernst Haekkels, 1916 rückblickend:

»Die Auslegung der Lehre Darwins, die mit ihren Unbestimmtheiten so vieldeutig ist, gestattete auch eine sehr vielseitige Verwendung auf anderen Gebieten des wirtschaftlichen, des sozialen und des politischen Lebens. Aus ihr konnte jeder, wie aus einem delphischen Orakelspruch, je nachdem es ihm erwünscht war, seine Nutzanwendungen auf soziale, politische, hygienische, medizinische und andere Fragen ziehen und sich zur Bekräftigung seiner Behauptungen auf die Wissenschaft der darwinistisch umgeprägten Biologie mit ihren unabänderlichen Naturgesetzen berufen ... Man glaube doch nicht, daß die menschliche Gesellschaft ein halbes Jahrhundert lang Redewendungen, wie unerbittlicher Kampf ums Dasein, Auslese des Passenden, des Nützlichen, des Zweckmäßigen, Vervollkommnung durch Zuchtwahl etc. in Übertragung auf die verschiedensten Gebiete, wie tägliches Brot, gebrauchen kann, ohne in der ganzen Richtung ihrer Ideenbildung tiefer und nachhaltiger beeinflußt zu werden!«[136]

Die Plausibilität der Metapher vom »Kampf ums Dasein« beruhte, wie bereits Friedrich Engels erkannte, auf der »Übertragung der Hobbesschen Lehre vom bellum omnium contra omnes und der bürgerlichen-ökonomischen von der Konkurrenz, sowie der Malthusschen Bevölkerungstheorie aus der Gesellschaft in die belebte Natur«.[137] Angesichts dieser soziomorphen Ursprünge der Darwinschen Theorie war ihre Rückübertragung auf die Gesellschaft nahezu unvermeidlich. Der reziproke Analogieschluß des Sozialdarwinismus war im Darwinismus selbst bereits angelegt.[138]

Durch die Verknüpfung von Evolution und Selektion bot Darwins Theorie »eine doppelte Erklärung des natürlichen Ursprungs der Menschen: zum einen ihre *Herkunft aus* einer sich entwickelnden Natur und zum anderen ihre *Entstehung durch* die Mechanismen ebendieser Naturentwicklung.«[139] Wurde der Zusammenhang von Naturgesetzlichkeit und Gesellschaftsentwicklung – dem theoretischen Kern der Darwinschen Theorie widersprechend – dabei zunächst als Beweis für den vermeintlich unaufhaltsamen Fortschritt der Menschheit durch kontinuierliche Höherentwicklung interpretiert, setzte sich mit der Zeit die Erkenntnis durch, daß die Selektionstheorie konsequent zu Ende gedacht eben dieses Prinzip

135 Vgl. *Fellmann*; *Young*, Metaphor, S. 79–125; *Weingart*, Struggle; *Pörksen*. Zur Funktion von Metaphern beim Ideentransfer zwischen Wissenschaft und Öffentlichkeit *Lakoff u. Johnson*.

136 *Hertwig*, Werden, S. 710. Vgl. *ders.*, Abwehr, S. 1f.

137 *Engels*, S. 537. Zur Haltung von Marx und Engels gegenüber Darwin vgl. *Groh*, Marx.

138 *Schmuhl*, Rassenhygiene, S. 50–54; *Young*, Darwinism; *ders.*, Metaphor, S. 23–55.

139 *Geulen*, Metamorphose, S. 359–373 (Zitat: S. 368f.). Vgl. *ders.* Wahlverwandte, S. 72–94. Zur Verzeitlichung der Natur allgemein *Lepenies*; *Sieferle*, Krise, S. 9–60.

selektionistischer Selbstperfektion und den aus ihm abgeleiteten Fortschrittsoptimismus nachhaltig erschütterte.[140] Denn bei genauer Betrachtung ergab sich aus dem Selektionsprinzip, daß die Bewährung im »Kampf ums Dasein« kein zielgerichteter, auf eine kontinuierliche Höherentwicklung hinauslaufender Prozeß war, sondern lediglich die biologische Tauglichkeit einer Art unter den jeweils vorherrschenden Lebensbedingungen bezeichnete. Damit war auch die Evolution der Menschheit nicht mehr zwangsläufig gleichbedeutend mit Fortschritt, sondern konnte auch »Degeneration« und Rückschritt bedeuten.

Die Möglichkeit, daß sowohl die biologische Evolution als auch der gesellschaftliche Wandel zu degenerativen Erscheinungen führen könnte, bedeutete eine tiefgreifende Erschütterung des naiven Fortschrittglaubens, wie er für die frühe, evolutionistische Lesart des Darwinismus kennzeichnend gewesen war. Der strikt biomechanizistische Erklärungsansatz der Selektionstheorie zerstörte unwiederbringlich die bis dahin implizit oder explizit unterstellte Teleologie des Evolutionsprozesses und der an ihr orientierten Gesellschaftsmodelle. Darwins Selektionstheorie lieferte deshalb auch eine naturwissenschaftliche Begründung für das weitverbreitete kulturpessimistische Niedergangsbewußtsein des »Fin de siècle«. Das entscheidende Charakteristikum dieser Degenerationsprophetien war jedoch, daß der befürchtete Niedergang kein unabänderliches Schicksal darstellte, sondern durch gezielte Gegenmaßnahmen abgewehrt werden konnte. Die Diagnose der »Degeneration« war, mit anderen Worten, die Voraussetzung für eine wirksame Therapie.[141]

Diese Grundannahmen der sozialdarwinistischen Weltsicht waren auch für den radikalen Nationalismus konstitutiv. Im Sprachgebrauch der radikalen Nationalisten stellte die Metapher vom »Kampf ums Dasein« einen allgegenwärtigen Topos dar, der keiner weiteren Erklärung bedurfte.[142] Für sie war der »Kampf ums Dasein« zu allererst ein »Kampf um das völkische Dasein« oder, wie der Titel einer Publikationsserie des dem »Alldeutschen Verband« nahestehenden Münchener J.F. Lehmann Verlags proklamierte, ein »Kampf um das Deutschtum«.[143] Dieser »Nationaldarwinismus« (Werner Conze) lieferte ihnen eine Legitimation für ihre imperialistische Ambitionen und Germanisierungsbestrebungen. Denn, wie Ernst Hasse lapidar formulierte: »Im Kampf ums Dasein siegt eben

140 Vgl. *Koselleck u. Meier*, S. 420–423.

141 *Schmuhl*, Rassenhygiene, S. 53–59; *Sieferle*, Krise, S. 73–91; *Weingart u.a.*, S. 66–79; *Pick*; *Lenoir.* Zur semantischen Struktur von Niedergangsvorstellungen allgemein *Koselleck*, Fortschritt; *Widmer.*

142 Vgl. exemplarisch *Hasse*, Deutsche Weltpolitik, S. 7, 14, 20; *Bley*, Weltstellung, S. 3f., 23–26, 32; *Lange*, Deutschtum, S. 81, 211, 214, 237; *Claß*, Kaiser, S. 1; AB, Jg. 7, 1897, S. 119; Jg. 11, 1901, S. 189; Jg. 12, 1902, S. 59; DKZ, Jg. 28, 1911, S. 815.

143 AB, Jg. 7, 1897, S. 76, 119. Bereits in der ersten Ausgabe der MADV, Jg. 1, 1891, S. 2 hieß es programmatisch: »Die neueste Geschichte bedeutet nichts anderes wie den Kampf Aller gegen das Deutschtum.«

nur der, der auch die Probe besteht.«[144] Für den alldeutschen Chefideologen und seine Gesinnungsgenossen war das sozialdarwinistische Selektionsprinzip jedoch mehr als nur ein politisches Argumentationsmuster. Es galt ihnen als das eherne Gesetz des welthistorischen Wandels schlechthin, in dem sich der Sinn der Geschichte offenbarte. »Die Erde wird unausgesetzt aufgeteilt unter die Starken und die Mächtigen. Die kleinen Völker verschwinden, sie müssen in größeren Nachbargebilden aufgehen ... Denn der Kampf um das Dasein ist das Naturgemäße, Vernünftige und Berechtigte.«[145] Ähnlich wie Hasse, wenn auch deutlich pessimistischer, beschrieb Max Weber in seiner Freiburger Antrittsrede 1895 seine sozialdarwinistische Sicht der Weltgeschichte:

»Nicht Frieden und Menschenglück haben wir unseren Nachfahren mit auf den Weg zu geben, sondern den *ewigen Kampf* um die Erhaltung und Emporzüchtung unserer nationalen Art. Und wir dürfen uns nicht der optimistischen Hoffnung hingeben, daß mit der höchstmöglichen Entfaltung wirtschaftlicher Kultur bei uns die Arbeit gethan sei und die Auslese im freien und ›friedlichen‹ ökonomischen Kampfe dem höher entwickelten Typus alsdann von selbst zum Siege verhelfen werde.«[146]

Die außerordentliche Verbreitung sozialdarwinistischer Deutungsmuster beruhte vor allem auf solchen geschichtsphilosophischen Grundannahmen, die unabhängig von der wissenschaftlichen Interpretation der Selektionstheorie ihre diskursive Dynamik entfalteten. Auch das radikalnationalistische Denken war dabei anfänglich durch einen noch ungebrochenen Fortschrittsoptimismus gekennzeichnet, dem der sozialdarwinistische Daseinskampf nicht nur als ein »Naturgesetz« galt, sondern zugleich als »die Grundlage des Fortschritts« und »Prüfstein für die Erhaltung des Tüchtigen auf dieser Welt«.[147] Indem Maße, in dem dieser Fortschrittsglaube erschüttert wurde, wandelte sich jedoch auch die radikalnationalistische Lesart der Selektionstheorie. Gleichwohl blieb die Verknüpfung von Selektionstheorie und Fortschrittshoffnung für die ideologische Entwicklung des radikalen Nationalismus weiterhin von grundlegender Bedeutung. Darwins Theorie und ihre sozialbiologischen Adaptionen lieferten den radikalen Nationalisten die wissenschaftliche Bestätigung, daß Fortschritt, wie sie ihn verstanden, prinzipiell möglich war, durch das Konzept der »Degeneration« darüber hinaus jedoch zugleich eine Erklärung dafür, warum er im

144 *Conze u. Sommer*, S. 165; *Hasse*, Deutsche Weltpolitik, S. 14.

145 *Hasse*, Grenzpolitik, S. 169. Ähnlich hatte Hasse bereits in seiner Reichstagsrede v. 14.12.1899 (RT, 1899, Bd. 168, S. 3395) erklärt: »Die Welt hat jeweilig den Starken und Mächtigen gehört, und diese haben die Schwachgewordenen von der Weltbühne immer wiederum weggeschoben.«

146 *Weber*, Nationalstaat, S. 560 [Hervorhebung im Original]. Vgl. *Radkau*, Weber, S. 221–225.

147 P. Samassa, Gleichheit und Ungleichheit im Völkerleben, in: AB, Jg. 12, 1902, S. 11f. Vgl. Dr. Flitner, Über Rassen und Rassenpflege, in: AB, Jg. 23, 1913, S. 322–325, S. 322: »Die natürliche Auslese im Kampfe ums Dasein, in dem alles weniger Angepaßte ausgemerzt wird, ist der Grund für die Höherzüchtung von Einzelwesen, wie von Rassen.«

konkreten Einzelfall ausbleiben konnte. Für sie lag die Konsequenz dieser Einsicht auf der Hand: Wenn gesellschaftlicher Fortschritt grundsätzlich möglich und für die nationale Existenz lebensnotwendig war, aber durch bestimmte retardierende Entwicklungen behindert wurde, mußte alles daran gesetzt werden, ihn zu erzwingen, notfalls auch mit Gewalt. Und je weiter die faktischen Verhältnisse hinter den jeweiligen Fortschrittserwartungen zurückblieben, desto radikaler mußten die Maßnahmen zur Verwirklichung dieser Erwartungen ausfallen. Genau diese Logik lag der sukzessiven Radikalisierung der radikalnationalistischen Ziele und Forderungen zugrunde, auf die in den folgenden Kapiteln näher eingegangen wird. An dieser Stelle kommt es zunächst darauf an, zu betonen, daß die ideologische und programmatische Entwicklung des radikalen Nationalismus durch den Nexus von Fortschrittserwartung und Selektionsprinzip geprägt wurde.

Die Verbindung von Fortschrittsglauben und Selektionstheorie lieferte darüber hinaus eine vermeintlich wissenschaftliche Erklärung für die »natürliche Ungleichheit« der Menschen und die aus ihr abgeleitete unterschiedliche Wertigkeit verschiedener Völker und »Rassen«.[148] Aus sozialdarwinistischer Perspektive war auch die Entwicklung der Menschheit als Teil der biologischen Evolution durch die Existenz vermeintlich »höherentwickelter« und »minderwertiger Völker« und »Rassen« gekennzeichnet, die miteinander im »Kampf ums Dasein« konkurrierten. Daß sich in diesem Kampf die kulturell und zivilisatorisch »höherstehende« Nation bzw. »Rasse« durchsetzen mußte, galt als Gewähr für den Fortschritt der Menschheit insgesamt. Aus diesem Grund hielten die radikalen Nationalisten es für eine »inhaltslose Menschheitsduselei, von der Gleichheit aller Menschen zu reden«. Denn, wie Ernst Hasse schrieb: »Nichts ist ungleicher als die Menschen und Völker. Was den einen recht ist, das ist den anderen noch lange nicht billig. Man soll deshalb niemals zwei Völker mit demselben Maße messen. Am allerwenigsten aber sollen die Angehörigen eines hochstehenden Edelvolkes sich und ihr Volk auf die Stufe minderwertiger Völker hinabdrükken.«[149] Mit anderen Worten: Aus der »natürlichen« Ungleichheit der Völker und »Rassen« leiteten die radikalen Nationalisten das Recht zur deren Ungleichbehandlung ab, und zwar unter ausdrücklichem Hinweis auf den kulturellen und zivilisatorischen Fortschritt der Menschheit. Da für sie nicht nur die indigene Bevölkerung außereuropäischer Territorien, sondern auch die slawischen Nationalitäten Mittel- und Osteuropas zu den »minderwertigen Völkern« zählten, spielte das Argument der ethnisch-kulturellen Superiorität auch im Kontext der

148 In diesem Sinne erklärte M. R. Gerstenhauer, durch Darwin habe die »nationale Weltanschauung ihre wissenschaftliche, biologische Grundlage« erhalten; M. R. Gerstenhauer, Rassenwissenschaft und Rassenpolitik, in: DbB, Jg. 17, 1912, S. 60–65 (Zitat: S. 60).

149 E. Hasse, Zweierlei Maß, in: AB, Jg. 8, 1898, S. 5–7, hier: S. 6. Vgl. *ders.*, Zukunft, S. 52, 65; P. Samassa, Gleichheit und Ungleichheit im Völkerleben, in: AB, Jg. 12, 1902, S. 11f.

kontinentalen Expansionspläne eine zentrale Rolle, während der imperialistische Konkurrenzkampf zwischen den »großen« okzidentalen Kulturnationen primär in sozialdarwinistischen Machtkategorien gedeutet wurde.[150]

Die Übertragung des Selektionsprinzips auf das Feld der Außenpolitik prägte auf diese Weise ein Politikverständnis, das die internationalen Beziehungen auf einen machtpolitischen Kampf um das nationale Dasein reduzierte, in dem allein das Recht des Stärkeren galt. So erklärte etwa der Anthropologe Otto Ammon auf dem alldeutschen Verbandstag im Juni 1900: »Das Recht ist im 20. Jahrhundert nur soweit geschützt, als die Macht auf seiner Seite steht.«[151] Diese Verabsolutierung expansiver Machtpolitik war faktisch nichts anderes als eine Reformulierung traditioneller Machtstaatslogik, die mit Hilfe der Selektions- und Evolutionstheorie jedoch als Ausdruck einer naturgesetzlichen Notwendigkeit gedeutet werden konnte und auf diese Weise eine grundlegend neue, mit dem Nimbus der Wissenschaftlichkeit auftretende Legitimation erfuhr.[152]

Auf der normativen Ebene trat diese sozialdarwinistische Deutung von Politik und Gesellschaft in einen scharfen Gegensatz zu traditionellen christlich-humanitären Egalitätsvorstellungen und der Idee universell gültiger Menschenrechte.[153] In diesem Gegensatz von »Fortschritt« und »Humanität« schlugen sich die radikalen Nationalisten vorbehaltlos auf die Seite des »Fortschritts«, weil sie davon ausgingen, daß ohne eine entsprechende Fortentwicklung unweigerlich »Degeneration« und Niedergang eintreten würden. Humanität galt ihnen als ein Relikt vergangener Zeiten und als ein kostspieliger Luxus, den sich das deutsche Volk in Zeiten eines sich verschärfenden nationalen Daseinskampfes nicht mehr leisten konnte. An die Stelle der »abgegriffensten Humanitätsphrasen« sollten eine neue Moral und Ethik treten, deren ausschließlicher Wertmaßstab das Wohlergehen und die Leistungsfähigkeit der eigenen »Volksgemeinschaft« waren. Diese, wie Heinrich Claß es nannte, »heroische Lebensauffassung« konnte sich dank des sozialdarwinistischen Analogieschlusses von der Natur auf die Gesellschaft als ein fortschrittliches, weil wissenschaftlich legitimiertes Weltbild ausgeben, das sich in Übereinstimmung mit den Grundgesetzen der Evolution befand.[154] In Verbindung mit dem Rassenbegriff und mit eugeni-

150 Vgl. hierzu Kapitel III.

151 AB, Jg. 10, 1900, S. 244. Zu Ammon vgl. *Becker*, S. 310–327; *Conrad-Martius*, S. 61–73.

152 Für Peter Gay ist die sozialdarwinistische »Apotheose des Konflikts« gerade wegen ihres Anspruchs auf Wissenschaftlichkeit eines der erfolgreichsten Alibis zur Rechtfertigung von Aggression. Vgl. *Gay*, S. 47–87.

153 Vgl. *Weikart*, S. 19–126; *Evans*, Search; *Zmarzlik*.

154 P. Samassa, Gleichheit und Ungleichheit im Völkerleben, in: AB, Jg. 12, 1902, S. 11f. (Zitat: S. 12); E. Hasse, Zweierlei Maß, in: AB, Jg. 8, 1898, S. 5–7; *Claß*, Kaiser, S. 102, 147. Zu den begrifflichen und semantischen Parallelen dieser »heroischen Lebensauffassung« zum »heroischen Nationalismus« der Weimarer Republik, die an dieser Stelle nicht weiter verfolgt werden können, vgl. *Sontheimer*, S. 103–106; *Herbert*, Best, S. 42–50, 88–100; *ders.*, Generation.

schen Theorien führte das sozialdarwinistische Deutungsmuster, wie gesehen, zu Forderungen nach einer eliminatorischen Gesellschaftspolitik, deren Ziel in der »Ausmerzung« aller als »minderwertig« erachteten Elemente bestand. Der Sozialdarwinismus bildete dabei die zentrale geschichtsphilosophische Hintergrundüberzeugung, die es ermöglichte, diesen Abfall von der Humanität nicht als einen Akt der Barbarei, sondern als Ausdruck einer zukunftsorientierten, fortschrittlichen Geisteshaltung auszugeben.

Die evolutionistische Deutung der Selektionstheorie bildete zugleich den Ausgangspunkt für die diskursive Konstruktion der »Volksgemeinschaft«, denn sie ermöglichte es, die Krisen, Brüche und Diskontinuitäten der »nationalen Entwicklung« als Voraussetzung und Bedingung völkischer Vergemeinschaftung darzustellen. Indem die Nation als Teil der natürlichen Evolution verstanden wurde, konnte sie nicht mehr länger als ein unveränderliches Kontinuum, sondern nur noch als Ergebnis eines historischen Entwicklungsprozesses gedacht werden, der zumindest im Prinzip kontingent und damit jederzeit umkehrbar war. Diese Historisierung hatte eine Dynamisierung des nationalistischen Denkens zur Folge, das sich fortan in prozeßorientierten statt in statischen Kategorien bewegte, mit deren Hilfe sich die Krisen der Vergangenheit und Gegenwart als »Entwicklungsstufen« auf dem Wege zur nationalen Vervollkommnung darstellen ließen.[155]

Vor allem in Verbindung mit rassenbiologischen Vorstellungen entwickelte sich hieraus, wie im vorherigen Abschnitt gezeigt, eine diskursive Dynamik, für welche die beständige Beschwörung einer »rassischen Degeneration« zum entscheidenden Argument für die Gestaltung der nationalen Zukunft wurde. Denn die Vorstellung einer biologischen »Degeneration« enthielt – wie alle Niedergangskonzeptionen – auch eine Zukunftsperspektive, die die Möglichkeit nahelegte, das antizipierte Untergangsszenario durch eine Korrektur der diagnostizierten Fehlentwicklungen abzuwenden.[156] Wenn die radikalen Nationalisten mit zunehmender Intransigenz erklärten, die einzige Ursache für den Niedergang bestimmter Völker sei in der Verschlechterung ihrer rassenbiologischen Grundlagen zu suchen, folgten sie mithin nicht allein den Implikationen eines biologistischen Weltbildes, sondern zugleich einer diskursiven Logik, die die Gefahr der »Degeneration« in ein politisches Handlungsprogramm umdeutete.[157] Mit Hilfe dieser diskursiven Dialektik war es möglich, die unterstellte biologische Kontinuität des deutschen Volkes gerade aus seinem beständigen Wandel heraus zu erklären und so die Konzeption der »Volksge-

155 Vgl. *Geulen*, Metamorphose, S. 368–373; *ders.*, Wahlverwandte, S. 72–80.

156 Vgl. *Koselleck*, Fortschritt; *Widmer*, S. 16f.: »Es gehört zur Logik von Niedergangskonzeptionen, daß exakt in dieser Zeitspanne zwischen Situationsbestimmung und Untergangsprojektion immer die Möglichkeit angeboten wird, von einer Fehlentwicklung abzukehren … In dieser Absicht dient die zweckpessimistisch überhöhte Niedergangskonzeption als Konstrastfolie zu einem Fortschrittsgedanken, dem das eigentliche Interesse zugedacht ist.«

157 Vgl. exemplarisch *Kuhlenbeck*, S. 8f.; *Claß*, Kaiser, S. 104–106.

meinschaft« auf eine Dauer nicht jenseits, sondern innerhalb des historischen Wandels zu stellen.[158] Die Beschwörung der biologischen Degeneration als Bedingung und Katalysator der nationalen Entwicklung war mithin kein ideologischer Nebenkriegsschauplatz, sondern ein konstitutives Element für die diskursive Konstruktion der radikalnationalistischen Deutungsmuster.

Gleichwohl wäre es falsch, in der Dialektik von Degenerationsangst und Fortschrittserwartung die alleinige Ursache für die diskursive Verbreitung sozialdarwinistischer Deutungsmuster zu sehen. Denn diese beruhte darüber hinaus auch auf dem der Metapher vom »Kampf ums Dasein« immanenten assoziativen Potential. Für Darwin meinte der »struggle for existence« bekanntlich in erster Linie einen Wettbewerb um Fortpflanzungschancen. Schon die Übersetzung mit »Kampf ums Dasein« stellte eine einseitige Interpretation seiner Theorie dar, die für ihre Rezeption jedoch von Anfang an konstitutiv war.[159] Vor allem der Begriff des »Kampfes« besaß verschiedene Bedeutungsebenen und konnte sowohl den friedlichen Wettbewerb zwischen Individuen, Klassen, Nationen oder Volkswirtschaften bezeichnen als auch den unmittelbaren kriegerischen Konflikt zwischen Staaten und Völkern. Diese semantische Polyvalenz der zentralen sozialdarwinistischen Metapher war eine entscheidende Voraussetzung für ihre interdiskursive Verwendung und dafür, daß sie von den radikalen Nationalisten als Medium der Militarisierung verwendet wurde.[160]

Auch im radikalnationalistischen Sprachgebrauch besaß die Metapher vom »Kampf ums Dasein« die genannten Bedeutungsnuancen. Im Vordergrund standen dabei zunächst macht- und bevölkerungspolitische Kategorien, die jedoch durch den Rekurs auf die Begriffe »Volk« und »Rasse« von Anfang an eng mit Vorstellungen nationaler Homogenität und Effizienz verknüpft waren und darüber hinaus durch vitalistische und biologistische Sprachbilder einer Naturalisierung des Nationalen Vorschub leisteten. »Die Zukunft des deutschen Volkstums«, erklärte etwa Ernst Hasse 1907, »ist abhängig von seiner Masse an sich und im Vergleiche mit anderen wettbewerbenden Kulturvölkern, von seiner Gesundheit, Lebensbetätigung und Leistungsfähigkeit.«[161] Mit anderen Worten: Im »Kampf um günstige Lebensbedingungen« für das deutsche Volk waren Masse und Macht die entscheidenden Kategorien, wobei Macht in einem umfassenden Sinne als das Ergebnis einer an Effizienzkriterien orientierten Mobilisierung aller nationalen Ressourcen in Politik, Wirtschaft und Gesellschaft verstanden wurde.[162] Die me-

158 *Geulen*, Metamorphose, S. 369–373; *ders.*, Wahlverwandte, S. 368–375.

159 *Weingart*, Struggle, S. 130–135; *Zmarzlik*, S. 251; *Fellmann*. Bereits 1871 wurde der »Kampf ums Dasein« in die Neuauflage von Georg Büchmanns »Geflügelten Worten« aufgenommen (vgl. *Gay*, S. 68).

160 *Weingart*, Struggle, S. 136–140, 145–147.

161 *Hasse*, Zukunft, S. 1.

162 Die Wehr, Nr. 7, Jg. 1912, S. 11. Vgl. *Lange*, Deutschtum, S. 211: »Bei dem großen, zwar nicht lärmenden, aber schließlich allein entscheidenden Daseinskampfe der Völker bleibt das-

taphorischen Implikationen des Begriffs »Kampf« legten darüber hinaus jedoch eine militaristische Deutung nahe, für die »Kampf« letztlich gleichbedeutend mit Krieg war.[163] Diese militaristische Konnotierung läßt sich exemplarisch am Beispiel der radikalnationalistischen Agitation zur »polnischen Frage« aufzeigen, die mit militärischem Vokabular geradezu durchtränkt war.[164] Wenn der »Kampf um die Ostmark« sich in der Vorstellung der radikalen Nationalisten im Laufe der Zeit von einem primär sprachlich-kulturell geprägten Gegensatz zu einem ethnischen Verdrängungsprozeß wandelte, in dem zunehmend auch gewaltsame Maßnahmen als legitim betrachtet wurden, lag dies nicht zuletzt an eben jener Militarisierung der politischen Sprache, für die die Metapher vom »Kampf ums Dasein« das entscheidende Kollektivsymbol darstellte.

Die diskursive Formierung der politischen Sprache im Sinne einer zunehmenden Militarisierung profitierte darüber hinaus von der vitalistischen Hypostasierung des Kampfes als Grundprinzip des Lebens, die vor allem in Verbindung mit dem Heraklitischen Topos vom Krieg als »Vater aller Dinge« einer semantischen Gleichsetzung von »Kampf« und »Krieg« den Weg ebnete.[165] In diesem Sinne konnten etwa die Mitglieder des Wehrvereins in ihrer Verbandszeitschrift lesen: »Der Krieg ist ein Naturgesetz, er ist der Kampf um das Dasein in allgemeiner Form, und solange die Menschen keine Engel sind, wird er nicht aufhören.« Deshalb dürfe kein Staat auf den Krieg verzichten, sei doch »das Leben der Menschen, wie auch der Völkereinheiten, ja die ganze Natur ein Kampf des Werdenden gegen das Bestehende, ein Kampf, der zum letzten Ziele, der Harmonie, physikalisch verstanden, dem Gleichgewichtszustande führen soll.«[166] Und auch für den den Alldeutschen nahestehenden Militärschriftsteller Friedrich von Bernhardi, dessen 1912 erschienenes Buch »Deutschland und der nächste Krieg« bis zum August 1914 neun Auflagen erlebte, war der Krieg eine logische Konsequenz der sozialdarwinistischen Selektion im Leben der Völker und zugleich ein Garant von Evolution und Fortschritt.[167]

Die Bedeutung des Sozialdarwinismus, so läßt sich das Ergebnis der Analyse zusammenfassen, lag in seiner Fähigkeit, die einzelnen Deutungsmuster des radikalen

jenige Sieger, welches die größere Arbeitstüchtigkeit mit der größeren Vermehrungsfähigkeit verbindet. Das andere muß weichen, selbst dann, wenn es seine kriegerische Überlegenheit in mancher Schlacht bewiesen hat.«

163 Vgl. *Weikart*, S. 163–181; *Crook*.

164 So wurden etwa die Aktivitäten polnischer Nationalisten als »Kriegserklärung des Polentums« gebrandmarkt. Die »Ostmark« enthielt eine eigene Rubrik mit dem Titel »Vom polnischen Kriegsschauplatze« Vgl. exemplarisch ebd., Jg. 4, 1899, S. 21f.; Jg. 3, 1898, S. 18, 56, 86, 81, 93, 103 u.ö. Vgl. auch den Aufruf »Deutsche an die Front!«, in: ebd., Jg. 12, 1907, S. 1f.

165 Vgl. MADV, Jg. 4, 1894, S. 6: »Nur im Kampf ist Leben.« Zum Heraklit-Zitat vgl. *Hasse*, Zukunft, S. 126; Wehr, Jg. 1, 1912, Nr. 2, S. 2; Nr. 5/6, S. 5.

166 P. Thielemann, Krieg und Völkerfrieden, in: Wehr, Jg. 1, 1912, Nr. 5/6, S. 5–8 (Zitate: S. 7f.).

167 *Bernhardi*, Deutschland, S. 9–37. Vgl. *Bald*, Kriegsbild, S. 150–152.

Nationalismus in ein umfassendes, wissenschaftliches Weltbild zu integrieren, aus dem sie ihre Plausibilität und Geltung bezogen. Durch die dialektische Verknüpfung von Niedergangsprophezeihung und Fortschrittserwartung verlieh er der radikalnationalistischen Ideologie darüber hinaus eine spezifische diskursive Dynamik, die zusammen mit der semantischen Polyvalenz der Daseinskampfmetapher eine herausragende Bedeutung für die Verbreitung und Akzeptanz ihrer zentralen Deutungsmuster besaß. Als »wissenschaftliche Theorie mit Weltbildcharakter« und diskursive Formation hatte der Sozialdarwinismus mithin entscheidenden Anteil daran, daß die radikalnationalistische Zielutopie der homogenen »Volksgemeinschaft« immer mehr zu einer zentralen, die Wahrnehmung strukturierenden Kategorie der politischen Kultur avancieren konnte. Die selektionistische Deutung der historischen Entwicklung lieferte den radikalen Nationalisten eine vermeintlich wissenschaftliche Begründung für die Fixierung ihres Denkens auf Vorstellungen nationaler Effizienz und Homogenität. In Verbindung mit rassenbiologischen Vorstellungen bildete sie die wohl wichtigste gesellschaftliche Hintergrundüberzeugung für die fortschreitende Biologisierung der »Volksgemeinschaft«.

Ungeachtet ihres Anspruchs auf Wissenschaftlichkeit blieben Sozialdarwinismus und Rassentheorien jedoch, wie bereits Hannah Arendt erkannte, in ihrem Kern Geschichtsphilosophie, der es nicht in erster Linie um die Erkenntnis von Naturprozessen ging, sondern um Gesetzmäßigkeiten der historischen Entwicklung und die aus ihnen abgeleitete geschichtliche Mission.[168] Die Verknüpfung sozialdarwinistischer Deutungsmuster mit rassentheoretischen Vorstellungen war keineswegs zwangsläufig, jedoch naheliegend angesichts der auch von Darwin selber verwendeten Kategorie der Abstammung. Die Durchsetzung rassenbiologischer und sozialdarwinistischer Deutungsmuster war darüber hinaus eng verknüpft mit Vorstellungen von Geschlechterdifferenz, Sexualität und Bevölkerungspolitik, die es den radikalen Nationalisten erlaubten, »nationale Verantwortung« auch in den intimsten Lebensbereichen, dem Sexualverhalten, der Fortpflanzung und den Geschlechterrollen einzufordern. Die Biologisierung des radikalnationalistischen Denkens zielte mithin immer auch auf eine umfassende Nationalisierung der Lebenswelt, der im folgenden Abschnitt nachgegangen werden soll.

4. Die drei Körper der Nation: »Volksgemeinschaft«, Geschlechterdifferenz und Biopolitik

Die Metaphern des »Volkskörpers« und der ihn bedrohenden »Fremdkörper« bildeten allgegenwärtige Topoi im Vokabular der radikalen Nationalisten. Diese Körpermetaphorik knüpfte an eine lange Tradition der politischen Theorie und

168 Vgl. *Wildt*, S. 141, 851; *Arendt*, Origins, S. 460–479.

Sprache an. Seit der Antike stellten Körperbilder ein grundlegendes Deutungsmuster politischer und religiöser Gemeinschaften dar, in denen Vorstellungen und Überzeugungen von der richtigen Ordnung sowie den Ursprüngen, Zielen und Gefährdungen dieser Gemeinschaften zum Ausdruck kamen. Körpermetaphern dienten dazu, eine soziale oder politische Einheit zu postulieren und ihren inneren Wirkungszusammenhang zu beschreiben. Es ist deshalb nicht überraschend, daß Körperbilder seit den Anfängen des deutschen Nationalismus zum rhetorischen Repertoire des nationalistischen Diskurses gehörten.[169] Die radikalnationalistische Rede vom »Volkskörper« war eine semantische Aktualisierung dieser traditionellen Deutungsmuster. Sie zielte auf eine anthropologische Fundierung der »Volksgemeinschaft« und stützte sich dabei auf biologistische, medizinische und rassenhygienische Begriffe und Analogien.[170] Zentrale Aussage der Metapher war, daß das Individuum Teil eines größeren Ganzen war und den Sinn seiner Existenz erst aus dem Bezug auf die übergeordnete Instanz der »Volksgemeinschaft« erfuhr. Gleichzeitig verwies die Körpermetaphorik auf die angestrebte innere Ordnung der »Volksgemeinschaft«. Die organische Analogie vom Körper und seinen einzelnen Gliedern lieferte, wie in den vorangegangen Abschnitten gezeigt, eine Legitimation für soziale Ungleichheit und den politischen Führungsanspruch bildungsbürgerlicher Funktionseliten. Sie erlaubte es darüber hinaus, deviantes Verhalten als pathologische Abweichung von dem ideologisch unterstellten »gesunden« Normalzustand der völkischen Gemeinschaft zu interpretieren und evozierte damit das Bild des Arztes, der durch gezielte Eingriffe am »Volkskörper« dessen Gesundheit wiederherstellte.[171]

Die Metapher des »Volkskörpers« war darüber hinaus jedoch immer auch biopolitisch konnotiert, d.h. sie transportierte Vorstellungen von Geschlechterdifferenz, Sexualität und Bevölkerungspolitik. Diese Bedeutungsgehalte sollen im folgenden näher untersucht werden. Zu diesem Zweck ist es hilfreich, an Überlegungen Michel Foucaults zum Verhältnis von Körpern, Subjektivität, Wissen und Macht anzuknüpfen. Für Foucault ist der menschliche Körper keine anthropologische Konstante, sondern das Produkt historischer Macht- und Disziplinierungstechniken und der mit ihnen verknüpften Diskurse. Sein Erkenntnisinteresse gilt der Herausbildung eines spezifischen Wissens,

169 Vgl. *Baxmann*; *Kaschuba*, Nation; *Echternkamp*, Aufstieg, S. 435–437; *Dohrn-van Rossum*; *ders. u. Böckenförde*; *Demandt*, S. 20–25, 87–93, 114–123.

170 Vgl. M.R. Gerstenhauer, Rassenlehre, in: DbB, Jg. 18, 1913, S. 57–60, 65–69, hier: S. 68: »Wir Deutschen bilden also eine generative Einheit, eine Abstammungsgemeinschaft oder ›Vitalrasse‹; und als solche einen wirklichen Volkskörper, eine physiologische Einheit, die hergestellt ist durch das Netz der bei allen Mitgliedern im großen und ganzen gleichen Erbmassen. Die schon längst üblichen Ausdrücke ›Volkskörper‹ und ›Volkspersönlichkeit‹ sind also durchaus wissenschaftlich gerechtfertigt; die in allen Gliedern einer Vitalrasse verteilte Erbmasse ist gleichsam ein ewiges Individuum.«

171 Vgl. Abschnitt II. 1.

das zum einen die Disziplinierung des individuellen Körpers zum Gegenstand hatte, zum anderen den Kollektivkörper der Bevölkerung und seine biologische Reproduktion. Das Wissen um die Möglichkeiten der Reglementierung des Bevölkerungskörpers, das sich seit dem 18. Jahrhundert herausbildete und im Laufe des 19. Jahrhunderts weiter ausdifferenzierte, war nach Foucault die Grundlage für einen historisch neuartigen Regulierungskomplex von miteinander verschränkten Diskursen, Praktiken und Institutionen, der darauf zielte, das generative Verhalten der gesamten Bevölkerung einschließlich der Sexualität zu steuern und gesellschaftlichen Macht- und Nützlichkeitsimperativen zu unterwerfen. Diesen Regulierungskomplex, der am individuellen Körper ansetzte, aber zugleich auf die Reproduktion des politisch-sozialen Kollektivkörpers zielte, bezeichnet Foucault mit dem Begriff der »Bio-Politik«.[172]

Foucaults Überlegungen sind für die vorliegende Untersuchung vor allem deshalb relevant, weil er der Unterscheidung zwischen dem individuellen Körper und dem politisch-sozialen »Gesellschaftskörper« die Kategorie des »Gattungskörpers« hinzufügte, die nach der biologischen Reproduktion der Bevölkerung insgesamt fragt. Für ihn bildete die reproduktive Dimension dabei die entscheidende Schnittstelle zwischen den individuellen Körpern und dem Gesellschaftskörper. Durch sie wurde die Gegenwart der individuellen Körper mit der Zukunft der menschlichen Gattung verschränkt und zwar in dem Maße, in dem der Kollektivkörper der Bevölkerung zum Gegenstand wissenschaftlicher und politischer Strategien avancierte. Ausgehend von dieser biopolitischen Perspektive werden im folgenden drei Dimensionen des radikalnationalistischen »Volkskörpers« in ihren Wechselbeziehungen untersucht: die Ebene der individuellen männlichen und weiblichen Körper, die Vorstellung des politisch-sozialen Körpers und die Dimension des »Gattungskörpers«, d.h. der biologischen Reproduktion der Bevölkerung.[173] Außerdem wird danach gefragt, auf welche Weise diese drei Körper geschlechtsspezifisch konstruiert wurden und eine unterschiedliche Wahrnehmung männlicher und weiblicher Akteure prägten. Denn auch der radikalnationalistische »Volkskörper« konnte nicht ohne Rekurs auf Geschlechterbeziehungen und -differenzen gedacht werden und war deshalb eng mit Vorstellungen von Männlichkeit und Weiblichkeit verknüpft.

Diese Geschlechterbilder waren für die Konstruktion der »Volksgemeinschaft« von zentraler Bedeutung, weil durch sie Männern und Frauen unterschiedliche Aufgaben und Wirkungsräume innerhalb des »Volkskörpers« zu-

172 Vgl. *Foucault*, Wille, S. 159–190; *ders.*, Dispositive, S. 104–117; *Stingelin*, S. 9–16; *Bertani*; *Geulen*, Wahlverwandte, S. 19–25; *Planert*; Körper. S. 544–548. Der Begriff der »Biopolitik« ist allerdings keine Erfindung Foucaults, sondern hat seinen Ursprung im Sprachgebrauch nationalsozialistischer Wissenschaftler. Vgl. *Sarasin*, Rassismus, S. 77; *Planert*, Körper, S. 544.

173 Diese Unterscheidung in Anlehnung an *Planert*, Körper, S. 545f. sowie *Kantorowicz*.

gewiesen wurden, die komplementär aufeinander bezogen waren und sich funktional ergänzten. Entscheidend ist hierbei, daß die »Volksgemeinschaft« nicht nur im Hinblick auf ihre biologische Reproduktion auf den Beitrag beider Geschlechter angewiesen war. Die Zuweisung getrennter Geschlechtersphären bedeutete deshalb keineswegs die Exklusion des weiblichen Geschlechts aus der (männlich dominierten) »Volksgemeinschaft«. Vielmehr wurde den Frauen ein eigener Verantwortungsbereich zugeteilt, der, wie zu zeigen sein wird, infolge seiner funktionalen Bedeutung einer zunehmenden Politisierung unterlag.[174] Die radikalnationalistischen Vorstellungen von Männlichkeit und Weiblichkeit folgten dabei den für das Bürgertum des 19. Jahrhunderts charakteristischen Geschlechtsstereotypen: Der Mann ging seinem Beruf außerhalb des Hauses nach und fand hier sein eigentliches Betätigungsfeld, während sich die Frau um den Haushalt und die Erziehung der Kinder kümmerte. Gemäß der außerhäusigen Berufstätigkeit galten Charaktereigenschaften wie Aktivität, Willensstärke und Mut als »natürliche« Wesenszüge des Mannes. Die Frau sollte sich dagegen entsprechend ihrer häuslichen Funktionen durch Fürsorge, Empathie und Bescheidenheit auszeichnen. Diese idealtypische, am Leitbild der bürgerlichen Familie orientierte Rollenverteilung und die mit ihr verknüpften Geschlechtercharaktere bildeten die Grundlage für eine strikte Trennung zwischen einer öffentlich-männlichen und einer privat-weiblichen Sphäre, in deren Konsequenz politisches Engagement eine rein männliche Domäne war, die unter Ausschluß des weiblichen Geschlechts stattfand.[175] In diesem Sinne war auch das »nationale Vereinswesen« ein männlich definierter und dominierter Raum, in dem Frauen nur eine marginale Rolle spielten. Die nationalistischen Agitationsverbände können deshalb als »Männerbünde« verstanden werden, in denen bestimmte Vorstellungen von Männlichkeit (und Weiblichkeit) kultiviert und als identitätsstiftende Erfahrungen erlebt wurden.[176]

Die radikalen Nationalisten jedenfalls wollten »Männer« sein. »Männlichkeit« stellte für sie einen zentralen Wert und konstitutiven Bestandteil ihrer individuellen und kollektiven Identität dar. Wie für andere bürgerliche Männer galt auch ihnen die Aufteilung der Welt in männliche und weibliche Geschlechtersphären als ein fundamentales Ordnungskriterium der bestehenden Gesellschaftsordnung. Jede Kritik an ihrer Rolle als »Männer« kam für sie deshalb einem Angriff auf die Fundamente der bürgerlichen Gesellschaft gleich. Doch wann war ein Mann ein Mann? Die Antwort der radikalen Nationalisten auf diese Frage lag in der Verknüpfung von nationaler und männlicher

174 Vgl. *Planert*, Vater, S. 19. Zum Verhältnis von Nation und »Geschlecht« allgemein *dies.*, Nation; *Frevert*, Nation; *Yuval-Davis*; *Walby*.

175 *Frevert*, Geschlechter-Identitäten; *dies.*, Geschlecht; *Planert*, Antifeminismus, S. 20–32; *Hausen*. Zur Konstruktion von Geschlechteridentitäten vgl. *Bock*; *Scott*, Gender.

176 Vgl. *Hering*, Nation, S. 394–396.

Identität.[177] »Männer bedeuten im Staatsleben alles.« Mit dieser Formulierung aus seinem »Kaiserbuch« zielte Heinrich Claß nicht, wie zu vermuten wäre, auf die Abwehr politischer Partizipationsansprüche der Frauenbewegung, sondern übte Kritik an der Politik der Reichsregierung, der es seiner Meinung nach sowohl innen- wie auch außenpolitisch an Entschlossenheit, Mut und Tatkraft mangelte. Erst »wenn wieder Männer unser Volk führen«, werde es möglich sein, seine nationalen Interessen erfolgreich zu vertreten.[178] In diesem populistischen Vorwurf an die Adresse der Reichsleitung kommt exemplarisch das radikalnationalistische Männlichkeitsideal zum Ausdruck: Ein »Mann« zu sein, bedeutete für die radikalen Nationalisten, den bedingungslosen Einsatz für das deutsche Volk und die kompromißlose Bekämpfung seiner inneren und äußeren Feinde. Als Vorbild in puncto »Männlichkeit« galt den radikalen Nationalisten deshalb auch niemand geringeres als Otto v. Bismarck.[179]

Dieses Männlichkeitsideal konnte an traditionelle Vorstellungen des »männlichen Kriegers« und der »wehrhaften Nation« anknüpfen, die in der Zeit der napoleonischen Kriege und der Reichseinigungskriege zum festen Bestandteil des deutschen Nationalismus geworden waren.[180] Allerdings enthielt es eine wichtige Modifikation: »Männlichkeit« manifestierte sich nicht mehr ausschließlich in der Abwehr der äußeren Feinde, sondern in zunehmenden Maße in der Bekämpfung der Reichsfeinde im Innern.[181] Durch die Verknüpfung von »Männlichkeit« und nationalistischem Engagement erhielten die Begriffe »deutsch« und »national« geschlechtspezifische Konnotationen. Gleichzeitig wurden die Geschlechteridentitäten nationalisiert. Mit anderen Worten: Der radikale Nationalist wurde erst dadurch zum »Mann«, daß er radikal »national« bzw. »deutschnational« war, und er konnte seine »Männlichkeit« im Kampf für die »Volksgemeinschaft« erfahren und beweisen. Auf diese Weise avancierten radikalnationalistische Überzeugungen zu einem genuinen Ausdruck von »Männlichkeit«. Ihre wachsende Attraktivität beruhte mithin auch darauf, daß sie dazu beitrugen, eine immer mehr in Frage gestellte männliche Geschlechteridentität zu stabilisieren.

Der radikalnationalistische Männlichkeitsentwurf enthielt darüber hinaus explizit oder implizit immer auch spezifische Vorstellungen von »Weiblichkeit«, denn die Konstruktion männlicher Identität konnte nicht ohne eine weibliche Gegenwelt auskommen. »Männlichkeit« wurde vielmehr stets in Ab-

177 Zur Verknüpfung des Nationalismus mit Vorstellungen von »Männlichkeit« vgl. *Goltermann*, Körper, S. 126–151; *Mosse*, Nationalismus. Zur Konstruktion von »Männlichkeit« allgemein *Frevert*, Männergeschichte sowie die Beiträge in *Kühne*, Männergeschichte.

178 *Claß*, Kaiser, S. 55–57, 134f. (Zitate: S. 56, 134).

179 K. Beerwald, Bismarck unser Vorbild als deutscher Mann, in: AB, Jg. 5, 1895, S. 67f.

180 Vgl. *Hagemann*, Sieg; *dies.*, Nation; *Goltermann*, Körper, S. 290–324.

181 Vor diesem Hintergrund konnte dann auch eine antisemitische Gesinnung als Ausdruck von »Männlichkeit« fungieren. Vgl. hierzu Kapitel IV.2.

grenzung von allem »Nicht-Männlichen« definiert, das weitgehend mit »weiblichen« Eigenschaften gleichgesetzt wurde.[182] Frauen, erklärte Friedrich Lange in seinem 1893 erschienenen Buch »Reines Deutschtum«, besäßen »eine verhängnisvolle Neigung ... ihre seelische Persönlichkeit in launenhafte Subjektivitäten zu steigern«, weshalb sie zu politischer Tätigkeit nicht fähig seinen. »Eine Summe von Nervositäten ist aber noch keine Persönlichkeit, geschweige denn ein Charakter, und nur auf Charaktern, die in ihren Willensregungen doch beharrlich und verantwortlich bleiben wollen, kann ein Staatswesen sich gesund erhalten.«[183] Dieses misogyne Frauenbild kann als repräsentativ für die Mehrheit der radikalen Nationalisten gelten. In ihrer Vorstellungswelt stellten Frauen all das dar, was Männer nicht sein wollten.[184]

Weibliche Attribute wurden darüber hinaus jedoch auch den äußeren und inneren »Volksfeinden« zugeschrieben, insbesondere den Franzosen, Polen und Juden. Diese semantische Effeminierung diente dazu, den nationalen Feind herabzusetzen und zu suggerieren, daß seine Unterlegenheit ebenso »natürlich« sei wie die Unterlegenheit der Frau gegenüber dem Mann. Die Zuschreibung weiblicher Attribute läßt sich psychoanalytisch als Projektion von tabuisierten und deshalb verdrängten eigenen Eigenschaften in ein feindliches Gegenüber deuten. Eine solche Interpretation legt die Vermutung nahe, daß der radikalnationalistische Mann in seinen zahlreichen Feinden immer auch die verdrängten »weiblichen« Anteile seiner selbst bekämpfte und als Alibi für männliche Aggressivität benutzte.[185]

Angesichts der engen Verknüpfung von nationaler Identität und Männlichkeitsvorstellungen kann es nicht überraschen, daß die radikalen Nationalisten in grundsätzlicher Gegnerschaft zu weiblichen Emanzipationsbestrebungen standen, vor allem wenn sich diese auf politische Belange erstreckten. Vor diesem Hintergrund wurde die Frauenbewegung zu einem neuen Feinbild zahlreicher radikaler Nationalisten, das jedoch nicht unwidersprochen blieb, sondern kontrovers diskutiert wurde. Paradigmatisch kamen die unterschiedlichen Auffassungen zur Frauenbewegung in einer Kontoverse zum Ausdruck, die im Herbst 1909 in den »Alldeutschen Blätter« geführt wurde. Eröffnet wurde sie von Graf Ernst zu Reventlow, dem Schriftleiter der »Alldeutschen Blätter«, der die Frauenbewegung in einem Leitartikel der »nationalen Zersetzung« beschuldigte. Ihre führenden Repräsentantinnen, so sein Vorwurf, ständen »ausnahmslos auf bewußt internationalem Boden«. Die Nation sei für sie »eine in sich unbegründete, zum mindesten aber veraltete Form, die, je eher, desto besser in Trümmer geschlagen werden« müsse. Außerdem behauptete er:

182 *Planert*, Vater, S. 21f.; *Goltermann*, Körper, S. 144.

183 *Lange*, Deutschtum, S. 161–168 (Zitate: S. 163). Vgl. *Claß*, Kaiser, S. 118–122.

184 Vgl. *Planert*, Antifeminismus, S. 93–100; *Chickering*, We Men, S. 169–172; *Hering*, Nation, S. 380–384.

185 Vgl. *Planert*, Vater, S. 22f.; *Gay*, S. 120–144, 357–384.

»Die tätigsten und einflußreichsten Führerinnen der Frauenbewegung gehören ihrem politischen Glaubensbekenntnis nach der Sozialdemokratie an oder stehen ihr jedenfalls sehr nahe. Die deutsche Sozialdemokratie ist ja die einzige, welche wirklich Internationalität will und in diesem Sinne auch kein Vaterland besitzt. Fast ausnahmslos gehören die ihr nahestehenden Frauenrechtlerinnen einer Rasse an, für welche die Internationalität und daraus erwachsene Auflösung der nationalen Zusammenhalte, Festigung der eignen über alle Länder sich ausbreitenden Rassenzusammengehörigkeit bedeutet.«[186]

Diese Gleichsetzung der Frauenbewegung mit Sozialdemokratie und Judentum diente dazu, alle ihre Forderungen als international, d.h. »undeutsch« zu denunzieren und sollte vor allem mögliche Sympathisantinnen unter bürgerlichen Frauen abschrecken.[187] Reventlows Appell galt jedoch auch seinen männlichen Geschlechtsgenossen. Sie warnte er davor, die feministischen Bestrebungen auf die leichte Schulter zu nehmen. Die Frauenbewegung sei »eine durchaus nationale Frage« und müsse deshalb auch als solche behandelt werden. Andernfalls drohe das Ende des bürgerlichen Lebens in seiner bislang bekannten Form. »Wenn der wirkliche Mann, und ein solcher ist nur der in seinem Volk wurzelnde Mann, nicht mehr die Geschichte macht, sondern Weiber und verweiberte Männer, dann werden alle schönen Reden nicht ausreichen, um den Untergang alles dessen beschleunigt herbeizuführen, was allein daseinswert ist.« Und an die Adresse der Frauen gerichtet fügte er hinzu, »daß eine deutsche Frauenbewegung, die als berechtigt anerkannt werden will, in ihrem Kern national sein muß. Ist sie das aber, so folgt mit zwingender Notwendigkeit, daß die Familie ihren Boden bildet, und sie Männergeschäfte den Männern überläßt. Männer, die sich letztere aus der Hand winden lassen und mit scheuer Bewunderung das Weib in seinem Aufstreben fördern, sind weder national, noch überhaupt Männer.«[188]

Reventlows antifeministischer Alarmismus dürfte bei vielen seiner Mitstreiter auf lebhafte Zustimmung gestoßen sein. Seine Ausführungen lösten jedoch auch heftigen Widerspruch vor allem von Frauen aus, so daß die »Alldeutschen Blätter« nur kurze Zeit später einen Beitrag der Vorsitzenden des »Rheinisch-westfälischen Frauenverbandes«, Elsbeth Krukenberg, abdruckten, in dem diese den Standpunkt der »nationalen Frauenbewegung« darlegte. In pointiertem Gegensatz zu Reventlow bezeichnete Krukenberg die Frauenbewegung als »na-

186 E. zu Reventlow, Die Frauenbewegung – nationale Zersetzung, in: AB, Jg. 19, 1909, S. 333–335 (Zitate: S. 334); ders., Frauenbewegung und Internationalismus, in: DTZ Nr. 474, 9.10.1909. Reventlow gehörte später zu den Gründungsmitgliedern und führenden Aktivisten des 1912 gegründeten »Deutschen Bundes zur Bekämpfung der Frauenemanzipation«. Vgl. *Planert*, Antifeminismus, S. 96f., 124–130.

187 Zur Verknüpfung von Antifeminismus und Antisemitismus vgl. *Planert*, Antifeminismus, S. 86f., 93–96; *Schaser*; *Volkov*, Antisemitismus und Antifeminismus. Zur Haltung bürgerlicher Frauenrechtlerinnen gegenüber der »Judenfrage« *Omran*.

188 E. zu Reventlow, Die Frauenbewegung – nationale Zersetzung, in: AB, Jg. 19, 1909, S. 333–335 (Zitate: S. 335).

tionale Stärkung«. Entschieden wies sie den Vorwurf zurück, die deutschen Frauenrechtlerinnen sähen die Nation als eine veraltete Form an, die überwunden werden müsse. Ebenso unzutreffend sei es, daß alle führenden Repräsentantinnen der Frauenbewegung der Sozialdemokratie naheständen. Richtig sei vielmehr, daß die Mehrheit der deutschen Frauen national gesinnt sei und viele Frauen auch als überzeugte Anhängerinnen der Frauenbewegung alles täten, um ihre Kinder zu national empfindenden und national handelnden Menschen zu erziehen. Das oberste Ziel der Frauenbewegung sei es, »dem deutschen Volke zu dienen mit allen unseren Kräften.« Aus diesem Grund sollten die deutschen Männer endlich aufhören, sich ihr Urteil über die Frauenbewegung auf der Grundlage sensationell aufgebauschter Presseberichte oder Einzeläußerungen radikaler Feministinnen zu bilden. Denn: »Nur Gemeinschaftsarbeit von Mann und Frau wird eine Lösung vorhandener Schwierigkeiten herbeiführen können. Nicht aber Kampf und gegenseitiges Sich-Heruntersetzen.«[189]

Allein die Tatsache, daß sich das Verbandsorgan der Alldeutschen genötigt sah, eine von einer Frau verfaßte Entgegnung auf einen Leitartikel ihres Chefredakteurs zu drucken, verdeutlicht, welche Bedeutung das Thema für die radikalen Nationalisten und Nationalistinnen besaß. Aufgrund dieser außerordentlichen Bedeutung fühlte sich Reventlow zu einer erneuten Stellungnahme veranlaßt. Darin beteuerte er, es habe ihm fern gelegen, »den deutsch denkenden Vertreterinnen der Frauenbewegung international gerichtete Bestrebungen nachzusagen«. Wenn er geschrieben habe, daß die Vertreterinnen der Frauenbewegung meist der Sozialdemokratie nahestanden, so habe er damit »weniger die Sozialdemokratie als Partei« gemeint, »als vielmehr die innere Richtung, die sie von unserem nationalen Standpunkt gesehen, verkörpert«. Denn in der Politik komme es vor allem anderen auf »die sachliche Wirkung« an. Und in dieser Hinsicht könne kein Zweifel daran bestehen, daß die aus der Frauenbewegung »erwachsenden nationalen und öffentlichen Nachteile größer sind als die Vorteile, die sie bringt oder bringen kann.« Hinter dieser Einschätzung stand die Furcht vor dem Stimmenpotential der städtischen Arbeiterinnen, das seiner Meinung nach über kurz oder lang vollständig an die Sozialdemokratie verlorengehen würde. Aus diesem Grund hielt Reventlow eine aktive Beteiligung von Frauen am politischen Leben »unter allem Umständen für verderblich.«[190]

189 E. Krukenberg, Die Frauenbewegung – nationale Stärkung, in: AB, Jg. 19, 1909, S. 361f. (Zitate: S. 362). Dem Beitrag war ein Hinweis der Redaktion vorangestellt, der auf »verschiedene Zuschriften« verwies, die die Redaktion dazu bewogen hätten, eine Entgegnung auf den Leitartikel Reventlows abzudrucken. Der Beitrag wurde darüber hinaus auch unter dem Titel »Die Frauenbewegung – eine nationale Stärkung« in der RWZ (Nr. 1130, 16.10.1909) veröffentlicht. Vgl. *Planert*, Antifeminismus, S. 96f.

190 E. zu Reventlow, Zur Frage der Frauenbewegung, in: AB, Jg. 19, 1909, S. 370f.

Die Diskussion um die Rolle der Frauenbewegung erreichte 1912 einen neuen Höhepunkt. Vor dem Hintergrund der Reichstagswahl im Januar, bei der die Sozialdemokraten einen erdrutschartigen Sieg errangen und die Zahl ihrer Mandate von 43 auf 110 erhöhen konnten, erlebten die Frauen aller politischen Lager eine bis dahin nicht gekannte Politisierung. Gleichzeitig formierten sich die Gegner der Frauenbewegung im »Deutschen Bund zur Bekämpfung der Frauenemanzipation«. Das erklärte Ziel dieser im Juni 1912 gegründeten antifeministischen Organisation, der zahlreiche prominente radikale Nationalisten, vor allem aus den Reihen des Alldeutschen Verbandes, angehörten, war es, den beginnenden Aufbruch von Frauen aus den traditionellen Geschlechterverhältnissen zu verhindern und die überkommene männliche Dominanz auf allen Ebenen zu verteidigen.[191]

Auch Heinrich Claß sprach sich in seinem 1912 veröffentlichten Buch »Wenn ich der Kaiser wär'« entschieden gegen jegliche politische Betätigung von Frauen aus und lehnte insbesondere die Forderung nach einem Frauenwahlrecht ab: »Sie [die Frauen] sollen überzeugt sein, daß gerade die Männer, die am deutschesten denken und fühlen, denen die Frau am heiligsten ist, gegen dieses Verlangen aufs äußerste ankämpfen werden.« Dies sei »keine Frage des Rechtes zwischen Mann und Frau«, sondern »eine Frage der Arbeitsteilung.« Denn die Natur selbst habe jedem Geschlecht »seine Aufgabe bestimmt und eine Arbeitsteilung vorgesehen, an der in den hauptsächlichsten Funktionen auch die weitestgehende Emanzipation nichts würde ändern können.« Im Rahmen dieser geschlechtsspezifischen »Arbeitsteilung« erkannte Claß jedoch die Notwendigkeit an, die Bildungs- und Erwerbschancen insbesondere unverheirateter Frauen zu verbessern. Darüber hinaus begrüßte er, daß die Frauenbewegung einen »Ruck nach Rechts« gemacht habe und daß sich immer mehr Frauen »nationalen Aufgaben« widmeten.[192] Vor allem diese von Claß konstatierte Mobilisierung konservativer, national gesinnter Frauen innerhalb der Frauenbewegung dürfte der Grund dafür gewesen sein, daß der Alldeutsche Verband im letzten Vorkriegsjahrzehnt in der »Frauenfrage« eine zurückhaltende Neutralität übte. In diesem Zusammenhang ist auch bemerkenswert, daß Claß, obwohl selbst ein überzeugter Emanzipationsgegner, es abgelehnt hatte, den Gründungsaufruf des »Bundes zur Bekämpfung der Frauenemanzipation« zu unterzeichnen. Und auch in den »Alldeutschen Blättern« wurde der Bund »geflissentlich totgeschwiegen«.[193]

Diese Beispiele zeigen, daß die Rolle der Frau in der »Volksgemeinschaft« unter den radikalen Nationalisten und Nationalistinnen intensiv diskutiert

191 Vgl. *Planert*, Antifeminismus, S. 110–130; *Chickering*, Gaze, S. 156–160.

192 *Claß*, Kaiser, S. 51f., 118–122 (Zitate: S. 118f.). Vgl. T. Scheffer, Die Frauenfrage, in: DbB, Jg. 17, 1912, S. 52f.

193 Aus Protest gegen die in seinen Augen zu kompromißbereite Haltung der Alldeutschen in der »Frauenfrage« trat der Gründer des »Bundes zur Bekämpfung der Frauenemanzipation«, Friedrich Sigismund, 1913 aus dem ADV aus. Vgl. *Planert*, Antifeminismus, S. 124f. (Zitat: S. 125).

wurde.[194] Sie verdeutlichen zugleich, daß die radikalen Nationalisten trotz ausgeprägter antifeministischer Ressentiments und obwohl sie politisches Engagement von Frauen prinzipiell ablehnten, auf die Mitarbeit von Frauen in zahlreichen Tätigkeitsbereichen nicht verzichten konnten und wollten. Vielmehr plädierten sie für eine »Arbeitsteilung« im Sinne einer funktionalen Ausdifferenzierung, durch die den Frauen eine spezifische Sphäre weiblicher Zuständigkeit innerhalb der »Volksgemeinschaft« zugeschrieben wurde. Dieser weibliche Zuständigkeitsbereich unterlag, wie im folgenden gezeigt wird, einer zunehmenden Politisierung und bildete deshalb den Ansatzpunkt für Partizipationsforderungen derjenigen Frauen, die sich mit der nationalen Aufgabe identifizierten.[195]

Die Bedeutung von Frauen für den Erhalt des Deutschtums war von den radikalen Nationalisten früh erkannt worden. Bereits 1897 schrieb ein alldeutscher Autor in einer Darstellung zum deutschnationalen Vereinswesen: »Überall, wo nationales Wesen zur Blüte gelangt ist, haben die Frauen durch ihre Teilnahme am öffentlichen Leben dazu beigetragen.«[196] Im selben Jahr erklärten die »Alldeutschen Blätter«, in der Arbeit für den »völkischen Gedanken« biete sich der Frau »ein naturgemäß erweitertes Wirkungsfeld des weiblichen Berufes.« Namentlich in völkisch bedrohten Gegenden könne »die Frauenbewegung oft mehr nützen, wie die Mannesarbeit.« Vor diesem Hintergrund wurde auf dem Alldeutschen Verbandstag im Juni 1897 in Leipzig die Errichtung einer Zweigorganisation des Verbandes für Frauen diskutiert, jedoch mit Blick auf die rechtlichen Schwierigkeiten verworfen. Der Verbandstag beschloß lediglich die Bildung von einzelnen Frauenortsgruppen »dort, wo sich die Vorbedingungen dazu vorfinden.«[197]

Was die Alldeutschen noch intensiv diskutierten, war im Ostmarkenverein bereits konkrete Praxis. Seit 1895 existierte in Berlin eine Frauengruppe des Ostmarkenvereins, aus der im März 1896 der »Deutsche Frauenverein für die Ostmarken« hervorging. Ziel des Frauenvereins war die »Unterstützung der deutschen Bevölkerung in den Ostmarken in der Krankenpflege, Kindererziehung und auf verwandten Gebieten«. Weiter hieß es im Gründungsaufruf:

194 Dabei war Antifeminismus keineswegs ein rein männliches Phänomen. Auch zahlreiche Frauen hielten jegliche Form von weiblichen Emanzipationsbestrebungen für verhängnisvoll. So schrieb etwa Ida Bartels, die Ehefrau des Literaturhistorikers Adolf Bartels, 1912 in den DbB: »Wir halten die Politisierung der Frau für das größte Unglück, das dem deutschen Volk jetzt begegnen könnte ... Die Frauenbewegung in ihrer jetzigen Gestalt ist familienfeindlich und im weiteren Sinne volksfeindlich ... sie ist nicht von deutschen Frauen ausgegangen, sie ist das Produkt internationaler, vielfach jüdischer Frauen.« Vgl. I. Bartels, Von den Pflichten der Deutschbundfrauen, in: DbB, Jg. 17, 1912, S. 51f. (Zitate: S. 51).

195 Vgl. *Planert*, Vater, S. 22.

196 *Schultheiß*, Vereinswesen, S. 40.

197 AB, Jg. 7, 1897, S. 125.

»Deutsche Frauen sollen und wollen nicht zurückstehen, wenn es gilt, deutsche Sprache und Sitte, deutschen Geist und deutsches Gemüth zu erhalten und zu fördern ... Wo immer es noth thut, wird die deutsche Frau eintreten, um auf den ihr von der Natur zugewiesenen Gebieten, fern von allem politischen Treiben, aber darum vielleicht gerade um so wirksamer diese heiligsten Güter unseres Volkes wahren und mehren helfen.«[198]

Wie aus diesen Zitaten unschwer zu erkennen ist, beschränkte sich die Tätigkeit des Frauenvereins für die Ostmarken auf solche Aktivitäten, die gemäß der herrschenden Geschlechterdichotomie in die weibliche Zuständigkeit fielen. Dennoch – oder vielleicht gerade deswegen – erlebte der Verein in den Folgejahren ein kontinuierliches Wachstum. Schon 1900 gab es 16 Zweigvereine, 1905 waren es 20 und am Vorabend des Ersten Weltkrieges 30. Entsprechend stieg die Zahl der Mitglieder von ca. 1000 im Jahre 1900 auf 2065 im Jahre 1905 und 3415 im Jahre 1914. Denn es war gerade die traditionelle Rolle der Frau als Ehefrau und Mutter, die im deutsch-polnischen Nationalitätenkonflikt eine außerordentliche Politisierung erfuhr.[199] Als Verantwortliche für die Erziehung der kommenden Generation kam Frauen eine Schlüsselrolle bei der Bewahrung und Verbreitung kultureller Identität zu. Diese strategische Bedeutung des weiblichen Geschlechts wurde sowohl auf deutscher als auch auf polnischer Seite erkannt und machte Frauen zu wichtigen Kombattanten im Nationalitätenkonflikt. So erklärte der Vorsitzende der Berliner Ortsgruppe des Ostmarkenvereins, Heinrich Brunner, im April 1895, »daß die Polinnen ... im Osten unsere wirksamsten und gefährlichsten Gegner sind.« Denn erfahrungsgemäß seien deutsche Männer, die polnische Frauen heirateten, »dem Deutschthum unwiederbringlich verloren«. Aus diesem Grunde seien die deutschen Männer auf die Hilfe ihrer Frauen angewiesen: »Mit den Polen werden wir Männer zur Noth allein fertig. Gegen die Polinnen aber sehen wir uns genöthigt, die deutschen Frauen als Bundesgenossen ins Treffen zu rufen, indem wir sie bitten, sich in besonderen Ortsgruppen zusammenzuschließen.«[200]

Dieses für einen radikalen Nationalisten erstaunliche Eingeständnis zeigt, daß die überkommenen Geschlechterrollen und die mit ihnen korrespondierenden Grenzen zwischen privatem und öffentlichem Raum im Zeichen des eskalierenden Nationalitätenkonflikts zunehmend verschwammen. Durch die Nationalisierung der Geschlechterrollen wurde das Private öffentlich und das Öffentliche Teil des Privatlebens. Für die nationalistisch engagierten Frauen bedeutete diese Diffusion von privaten und öffentlichen Tätigkeitsfeldern eine

198 »Deutscher Frauenverein für die Ostmarken«, in: Ostmark, Jg. 1, 1896, S. 25f., 40 (Zitate: S. 25). Vgl. *Drummond*, S. 152–156; *Grabowski*, S. 69; »Die deutsche Frau«, in: Ostmark, Jg. 5, 1896, S. 75f.; »Die Pflichten der deutschen Frau in der Ostmark«, in: Ostmark, Jg. 11, 1906, S. 101f.

199 Vgl. *Drummond*, S. 153.

200 GStA PK, I. HA, Rep. 195, DOV, Nr. 34, Bd. 1, Bl. 1f., »Ansprache bei der Begründung der Berliner Ortsgruppe und Frauengruppe am 20.4.1895, gehalten vom Geheimen Justizrat Dr. Heinrich Brunner«. Vgl. *Drummond*, S. 149–156.

Erweiterung ihrer weiblichen Geschlechterrolle, die ihnen neue Partizipationsmöglichkeiten im öffentlichen Raum eröffnete, ohne daß damit die traditionelle Geschlechtertrennung grundsätzlich in Frage gestellt wurde. Aus der aktiven Wahrnehmung dieser neuen Partizipationschancen erwuchs im Gegenzug ein weibliches Selbstbewußtsein, das auf der zentralen Rolle der Frauen im »Kampf um die Ostmark« gründete. »Gerade in den Ostmarken muß die Frau mit Kopf und Herz an dem öffentlich-nationalen Leben Anteil nehmen, ist sie doch die Wurzel des nationalen Lebens, der Mittelpunkt des deutschen Heims«, erklärte Käthe Schirmacher 1906 auf dem zweiten »Ostdeutschen Frauentag« in Elbing. »Denn wer die Frauen einer Nation für sich hat, der hat die Zukunft: die Frau erhält, mit der Muttersprache, dem Kinde das Vaterland. Bleibt die Frau unbesiegbar national, so bleibt auch die Nation im Daseinskampfe unbesiegt.«[201]

Mit dieser pointierten Formulierung verlieh Käthe Schirmacher einer weit verbreiteten Überzeugung Ausdruck und Autorität. Denn sie war nicht nur die wohl prononcierteste radikale Nationalistin der wilhelminischen Ära, sondern auch eine prominente Frauenrechtlerin, die trotz ihrer politischen Metamorphose vom Linksliberalismus zum radikalen Nationalismus ihre feministischen Überzeugungen beibehalten hatte. Nach einer bemerkenswerten Karriere in der deutschen und internationalen Frauenbewegung hatte sich die 1865 in Danzig geborene Schirmacher seit der Jahrhundertwende zu einer entschiedenen Anhängerin des radikalen Nationalismus gewandelt.[202] Für den Ostmarkenverein unternahm sie seit 1904 zahlreiche Vortragsreisen nach Ost- und Westpreußen, Posen, Schlesien und Pommern. Dabei sprach sie sich für eine aktive Teilnahme von Frauen am politischen Leben aus: »Die Pflicht der deutschen Frau in der Ostmark ist eine sehr ernste. Nur *die* Frau wird ihr gerecht, die national empfindet, denkt und handelt. Ohne Anteil an der Politik zu nehmen ist das unmöglich.« Die Notwendigkeit einer solchen verstärkten Beteiligung von Frauen am politischen Leben begründete sie mit ungewöhnlich drastischen Worten: »Der deutsche Mann in der Ostmark ist unfähig, das Problem allein zu lösen. Die Frau muß ihm auf allen Gebieten vorarbeiten und dauernd mit ihm wirken.«[203]

In Formulierungen wie dieser wird deutlich, daß Schirmacher sich einerseits uneingeschränkt mit den politischen Zielen des Ostmarkenvereins identifizierte, andererseits jedoch nicht gewillt war, ihre emanzipatorischen Überzeugungen aufzugeben. Angesichts dieser Haltung sowie ihrer Vergangenheit als radikale Feministin ist es nicht überraschend, daß ihr auch aus den Reihen

201 GStA PK, I. HA, Rep. 195, DOV, Nr. 140, »Unsere Pflicht in den Ostmarken. Rede auf dem II. Ostdeutschen Frauentag in Elbing von Dr. Käthe Schirmacher« [1906]. Vgl. *Drummond*, S. 156–159.

202 Vgl. *Walzer*, S. 55–77; *Süchting-Hänger*, S. 81f.

203 *Walzer*, S. 64–66 (Zitate: S. 65f.). Vgl. *Schirmacher*, Gefahr; *dies.*, Verteidigung; K. Schirmacher, Der Frauenverband für die Provinz Ostpreußen, in: Ostmark, Jg. 16, 1911, S. 17.

des Ostmarkenvereins Skepsis und Mißtrauen entgegengebracht wurde – und das keinesfalls nur von männlicher Seite. Offensichtlich überwogen jedoch ihre Qualitäten als Vortragsrednerin und Autorin alle antifeministischen Vorbehalte. Gleichzeitig wuchs unter ihren Mitstreiterinnen die Zahl derjenigen, die wie sie ein nationalistisches Engagement von Frauen jenseits von Familie und Haushalt befürworteten. Voraussetzung für eine aktive Mitwirkung von Frauen am öffentlichen Leben war jedoch ein Mindestmaß an politischer Bildung. Aus diesem Grund setzten sich immer mehr »Ostmarkenfrauen« für verbesserte weibliche Bildungs- und Ausbildungsmöglichkeiten ein. Die im Mai 1911 gegründete Posener Ortsgruppe des »Frauenvereins für die Ostmarken« machte Fragen der Ausbildungsförderung von Frauen sogar zu einem expliziten Schwerpunkt ihrer Aktivitäten. Darüber hinaus veranstaltete sie Rhetorikkurse und Seminare zur politischen Bildung, die Frauen auf eine Mitwirkung an der politischen Öffentlichkeit vorbereiten sollten. Diese Ziele und Aktivitäten waren faktisch nicht weit von den Zielsetzungen der gemäßigten, im »Bund Deutscher Frauenvereine« zusammengeschlossenen Frauenbewegung entfernt.[204]

Das Beispiel des »Deutschen Frauenvereins für die Ostmarken« macht deutlich, daß die Nationalisierung der weiblichen Geschlechtersphäre Frauen tendenziell neue Handlungsspielräume eröffnete. Es zeigt darüber hinaus, daß der deutsch-polnische Nationalitätenkonflikt in den preußischen Ostprovinzen ein wichtiger Katalysator für die Politisierung des weiblichen Geschlechts war. Gerade dort, wo der radikale Nationalismus tief in die Lebenswelt eindrang, wurde unmißverständlich klar, daß die »Volksgemeinschaft« auf den Beitrag der Frauen nicht verzichten konnte. Die Mobilisierung der »Ostmarkenfrauen« im Zeichen des deutsch-polnischen Nationalitätenkonflikts besaß deshalb Vorbildcharakter für andere nationalistische Verbände. So erkannten auch die alldeutschen Männer seit der Jahrhundertwende zusehends das Potential ihrer Sympathisantinnen und zerbrachen sich deshalb den Kopf darüber, wie sie dieses Potential nutzbringend für ihre Ziele mobilisieren konnten, ohne dabei die traditionellen Geschlechterrollen in Frage zu stellen. Im Jahre 1902 wurden zu einem alldeutschen Verbandstag erstmals auch Frauen zugelassen. Um den Jahreswechsel 1904/05 schlossen sich Frauen der Berliner Ortsgruppe zu einem Wohltätigkeitsausschuß zusammen und in den Jahren 1907 und 1908 riefen die »Alldeutschen Blätter« mehrfach alle national gesinnten Frauen dazu auf, sich in den nationalen Verbänden zu engagieren, um »aus der Kraft des Volkskörper heraus« das Deutschtum zu schützen.[205]

204 Vgl. *Drummond*, S. 156–159; *Chickering*, Gaze, S. 167–171.

205 A. Geiser, Nationale Arbeit deutscher Frauen, in: AB, Jg. 17, 1907, S. 180f.; L. Geifrig-Korodi, Prag und die deutschen Frauen, in: AB, Jg. 18, 1908, S. 444f. (Zitat: S. 444); *Hering*, Nation, S. 388f.

Auch die imperialistischen Agitationsverbände setzten mit Beginn des 20. Jahrhunderts verstärkt auf die weibliche Karte. Im Nachklang zur ersten Marokko-Krise wurde 1905 der »Flottenbund deutscher Frauen« als weibliche Ergänzung zum Deutschen Flottenverein gegründet. Wie sein männliches Pendant avancierte der Flottenbund zur mitgliederstärksten nationalistischen Frauenorganisation des Kaiserreichs. 1907 existierten bereits über 70 Ortsgruppen und 1913 verzeichnete der Verband mehr als 60000 Mitglieder, die sich zumeist aus Ehefrauen und Töchtern von männlichen Flottenvereinsanhängern rekrutierten. Mit zunehmendem Wachstum der Organisation wuchs jedoch auch die Zahl derjenigen Frauen, die mit dem ihnen zugeschriebenen Status einer dem männlichen Hauptverein untergeordneten Hilfstruppe nicht mehr zufrieden waren und auf eine Ausweitung ihrer Handlungsfelder drängten. Einige dieser Frauen erklärten 1912, daß sie nicht mehr länger nur mit karitativen Tätigkeiten und anderen »Kleinigkeiten« beschäftigt werden wollten und forderten eine Beteiligung an der Flottenagitation, auch in öffentlichen Veranstaltungen. Zwar konnte sich diese Richtung letztlich nicht durchsetzen, sie verdeutlicht jedoch das emanzipatorische Potential, das auch diesem nationalistischen Frauenverein innewohnte.[206]

Ähnliches gilt für den 1907 gegründeten »Deutsch-kolonialen Frauenbund«, der sich ein Jahr später in »Frauenbund der Deutschen Kolonialgesellschaft« umbenannte. Sein Ziel war es, auch unter Frauen Interesse an kolonialen Fragen zu wecken und möglichst viele Frauen in die deutschen Kolonien, vor allem nach Deutsch-Südwestafrika, zu entsenden, wo sie männlichen Siedlern als Heiratskandidatinnen zur Verfügung zu stehen sollten. Dahinter stand die Absicht, sexuelle Kontakte und »Mischehen« der Siedler mit einheimischen Frauen zu unterbinden, die als unerwünschte »Rassenmischung« betrachtet wurden. Darüber hinaus sollte eine Annäherung an die indigene Kultur insgesamt verhindert werden, da diese auf einen Verlust des »Deutschtums« hinauslief. Und schließlich versprach die Lösung der »kolonialen Frauenfrage«, das soziale Problem unverheirateter Frauen im Deutschen Reich zumindest abzumildern, ohne dabei frauenrechtlerische Zugeständnisse machen zu müssen. Im Mittelpunkt der Tätigkeit des Frauenbundes, der 1914 nach eigenen Angaben 18700 Mitglieder hatte, stand die Ansiedlung deutscher Frauen in Deutsch-Südwestafrika. Bis Ende 1913 wurden insgesamt 2039 Personen mit Hilfe des Frauenbundes verschifft, was ungefähr einem Drittel der im Land lebenden Frauen entsprach.[207] Im Zuge dieser Aktivität setzte sich unter den weiblichen wie auch den männlichen Befürworter von Siedlungskolonien zunehmend die Erkenntnis durch, daß eine nachhaltige Kolonisation durch Männer allein nicht zu erreichen war, sondern

206 *Süchting-Hänger*, S. 67–70; *Kundrus*, Kulturimperialismus, S. 216; *Chickering*, Gaze, S. 171–174.

207 *Kundrus*, Kulturimperialismus, S. 216–232 (Zahlenangaben, S. 216, 222f.); *dies.*, Imperialisten, S. 77–96; *Wildenthal*, S. 206–216; *Süchting-Hänger*, S. 70–76; *Chickering*, Gaze, S. 174–183.

der komplementären Ergänzung durch Frauen bedurfte. »Ohne deutsche Frau keine deutsche Kultur«, schrieb der Regierungsarzt und »Rassenhygieniker« Ludwig Külz 1913 in den »Kolonialen Monatsblättern«.[208] Wie in den preußischen Ostprovinzen so avancierte auch in den überseeischen Kolonien die deutsche Frau als »Kulturträgerin« zur unentbehrlichen Partnerin des deutschen Mannes. Mit Blick auf die koloniale Erfahrung betonten die Anhängerinnen des Frauenbundes deshalb die Komplementarität der Geschlechter. Auf diese Weise wurde »weiblicher Kulturimperialismus zum unverzichtbaren Bestandteil imperialistischer Expansion«.[209]

Die Stilisierung der deutschen Frau als »Kulturträgerin« zielte darüber hinaus darauf, die Familie als Grundlage der kolonialen Gesellschaft zu verteidigen. In diesem Sinne hieß es 1907 in einem Aufruf zum Eintritt in den Frauenbund: »Wenn anstelle der einigen tausend Männer, die jetzt in den Kolonien wohnen, erst einige tausend Familien draußen eine zweite Heimat sich geschaffen haben, werden die Kolonien nach und nach zu dem werden, was sie werden sollen und können, zu einem ›Neu-Deutschland‹!«[210] Diese kolonialpolitische Vision eines neuen Deutschland in Übersee beruhte selbstredend auf der für das imperialistische Zeitalter charakteristischen kolonialen Rassenpolitik mit ihrer strikten hierarchischen Trennung zwischen »weißen« Kolonisten und »farbigen« Untertanen. Für eine solche, dem Postulat der »Rassenreinheit« folgende Politik der Rassentrennung hatte die Verhinderung von »Mischehen« und »Mischlingen« oberste Priorität, weil diese als Gefahr für die weiße Suprematie betrachtet wurden. Die Mitglieder des Frauenbundes gehörten zu den eifrigsten Verfechterinnen der »Rassenreinheit« und folglich, wie die Journalistin und Frauenbund-Funktionärin Leonore Niessen-Deiters, zu den schärfsten Kritikern von »Mischehen« und den aus ihnen hervorgehenden »Rassemischlingen«:

> »Der Bastard von Weißen und Negern, dieser Mischling aus zwei blutsfremden Rassen – das fatale Halbgeschöpf, zusammengeschraubt aus zwei nicht zusammengehörenden Hälften, aus widersprechenden und widernatürlich vereinigten Eigenschaften zweier unvereinbarer Entwicklungsstufen, diese in sich unglückliche und seiner Charaktereigenschaften halber für andere schädliche Wesen ist eine dauernde und wachsende Gefahr für jede Kolonie.«[211]

Diese Ausführungen zeigen, daß deutsche Frauen eine wichtige Stütze des »kolonialen Rassenstaats« darstellten. Sie verdeutlichen darüber hinaus, daß die koloniale Mischehenproblematik ein wichtiger diskursiver Zusammenhang für die Verbreitung rassenbiologischer Deutungsmuster unter Frauen war. Indem

208 L. Külz, Zur Frauenfrage in den deutschen Kolonien, in: Koloniale Monatsblätter Jg. 15, 1913, Nr. 2, S. 61–67, hier: S. 62f.; zit. nach *Kundrus*, Kulturimperialismus, S. 220.

209 *Planert*, Vater, S. 31f. Vgl. *Kundrus*, Kulturimperialismus; *Drummond*; *Walgenbach*.

210 Zit. nach *Kundrus*, Kulturimperialismus, S. 220.

211 *Niessen-Deiters*, S. 24.

die Mitglieder des Frauenbundes sich den Primat der »Rassenreinheit« zu eigen machten, wurden sie zu einflußreichen Multiplikatoren rassenpolitischer Vorstellungen und Forderungen. Gleichzeitig enthielt diese Form der kolonialen Rassenpolitik jedoch auch einen grundlegenden Geschlechterkonflikt, weil das Ziel der »Rassenreinheit« die sexuelle Autonomie der männlichen Kolonisten zur Disposition stellte.[212] In jedem Fall stellten die im Zusammenhang mit der Mischehenproblematik erhobenen rassenpolitischen Forderungen einen biopolitischen Eingriff in die Privatsphäre von Männern und Frauen dar, durch den individuelle Sexualität mit Blick auf die biologische Reproduktion des »Volkskörpers« reglementiert werden sollte.

Durch die Aktivitäten des »Frauenbundes der Deutschen Kolonialgesellschaft« wurde die Partizipation von Frauen in der Kolonialbewegung institutionalisiert. Vor dem Hintergrund dieser Entwicklung war es nur konsequent, wenn kolonialpolitisch engagierte Frauen aus der gewachsenen Verantwortung der deutschen Frau die Forderung nach staatsbürgerlicher Gleichberechtigung erhoben, wie Leonore Niessen-Deiters dies 1913 tat: »Denn die Frau, die auch nach aussen hin mit vollstem Verständnis die Interessen ihrer Nation vertritt, mit vollem Verantwortungsgefühl ihre Pflichten ihrer Nation gegenüber erfüllt, diese Frau darf mit umso grösserer Selbstverständlichkeit verlangen, dass die Nation auch für ihre Rechte verständnisvoll eintritt.«[213]

Auch das Beispiel des »Frauenbundes der Deutschen Kolonialgesellschaft« zeigt mithin, daß der Bezug auf »Nation«, »Volk« und »Rasse« weibliche Handlungsspielräume vergrößerte und dabei zumindest latent eine emanzipatorische Stoßrichtung besaß. Die nationalistischen Frauenverbände lassen sich deshalb als Ausdruck einer Fundamentalpolitisierung des weiblichen Geschlechts interpretieren. Diese Politisierung erfolgte nicht durch eine direkte Diskussion der Geschlechterfrage, sondern vollzog sich durch ein vermeintlich unpolitisches nationales Engagement. Im Ergebnis bewirkte sie einen schleichenden Wandel der Geschlechterverhältnisse und eine sukzessive Öffnung der politischen Sphäre für bürgerliche Frauen, die nicht mehr rückgängig zu machen waren. Denn wo Frauen mit nationalen Themen in Berührung kamen, wollten sie diese auch offensiv vertreten. Die radikalen Nationalistinnen taten dies, indem sie die ihnen zugeschriebenen Aufgabenfelder und Fähigkeiten aufwerteten, ohne dabei die überkommenen Vorstellungen von Weiblichkeit grundsätzlich in Frage zu stellen.[214]

Die Politisierung des weiblichen Geschlechts im Zeichen nationalistischen Engagements wurde durch das Reichsvereinsgesetz von 1908, das erstmals

212 Vgl. *Kundrus*, Imperialisten, S. 219–280; *Grosse*, S. 145–176; *Essner*, Vernunft.

213 *Niessen-Deiters*, S. 24. Vgl. *Kundrus*, Kulturimperialismus, S. 230–232.

214 Vgl. *Süchting-Hänger*, S. 63–76, 122–125; *Planert*, Vater, S. 29–32, 42–45; *dies.*, Antifeminismus, S. 98–100.

reichseinheitlich Frauen die Mitgliedschaft in politischen Vereinen und Parteien erlaubte, weiter gefördert.[215] Rechtlich stand damit einer gleichberechtigten Mitgliedschaft von Frauen in den nationalistischen Verbänden nichts mehr im Wege. In diesem Sinne versicherte auch Heinrich Claß noch im selben Jahr einer weiblichen Interessentin, daß der Alldeutsche Verband »selbstverständlich Frauen als Mitglieder aufnimmt und zwar mit gleichen Rechten wie Männer«.[216] In der Praxis jedoch scheinen die Alldeutschen wie auch die meisten anderen »nationalen Verbände« die veränderten rechtlichen Rahmenbedingungen so weit wie möglich ignoriert zu haben. Die Mitgliedschaft und das Engagement von Frauen in den von Männern dominierten Hauptvereinen blieb jedenfalls weiterhin eine Ausnahme.[217] Aber obwohl das »nationale Vereinswesen« vor 1914 einen weitgehend von Männern dominierten Raum darstellte, waren radikalnationalistische Überzeugungen kein ausschließlich männliches Privileg. Die weiblichen Mitglieder der nationalistischen Frauenorganisationen teilten die grundlegenden politischen Überzeugungen und Deutungsmuster ihrer männlichen Mitstreiter, auch wenn die Radikalität, mit der sie ihre Forderungen vertraten, in der Regel hinter derjenigen der Männer zurückblieb und ihr nationalistisches Engagement in der Praxis anderen Vorgaben und Vorbildern folgte als das der Männer.

Trotz einer Reihe von pragmatischen Zugeständnissen im Hinblick auf die politische Betätigung von Frauen lehnte die Mehrheit der radikalen Nationalisten und Nationalistinnen die volle politische Gleichberechtigung von Frauen jedoch entschieden ab. Dies gilt insbesondere für das Frauenwahlrecht auf Bundesebene. Auch und gerade angesichts der langsam aber beständig fortschreitenden »Feminisierung der Parteipolitik«[218] galt ihnen das Frauenstimmrecht als »ganz undiskutierbar«. Denn, wie Heinrich Claß erklärte:

»In einer Zeit, wo alle über den Tag hinaus Denkenden sich darüber klar sind, daß die männliche Bevölkerung des Deutschen Reiches politisch längst noch nicht reif ist für die vernünftige Ausübung des allgemeinen gleichen Wahlrechts, ist es ungereimt dessen Ausdehnung auf die Frauen zu betreiben, zumal niemand den Mut haben wird zu behaupten, daß gerade die Frauen für die vernünftige Ausübung besser vorbereitet seien als die Männer.«[219]

215 Zuvor waren Frauen zwar in 16 zumeist süd- und mitteldeutschen Bundesstaaten, nicht aber in Preußen zu politischen Vereinen und Versammlungen zugelassen. Vgl. *Planert*, Antifeminismus, S. 104–107; *Süchting-Hänger*, S. 63–65.

216 Claß an Frau Maria Jerrmann, v. 18.12.1908, BA-B, ADV, Nr. 192, Bl. 524.

217 Als einziger der nationalistischen Verbände nahm der 1912 gegründete »Deutsche Wehrverein« von Anfang an Frauen in seine Reihen auf und integrierte sie zumindest formal gleichberechtigt in die Vereinsorganisation. Vgl. *Coetzee*, Army League, S. 56–58.

218 *Planert*, Antifeminismus, S. 100–110, 171–176; *dies.*, Indikator, S. 106–109. Vgl. *Süchting-Hänger*, S. 76–90; *Heinsohn*.

219 *Claß*, Kaiser, S. 51f., 118–122 (Zitate: S. 51f.). Vgl. *Hering*, Nation, S. 380–387; *ders.*, Ungleichen.

Mit anderen Worten: Die Alldeutschen waren gegen das Frauenwahlrecht, weil sie auch das allgemeine, gleiche Männerwahlrecht ablehnten und für ein nach Besitz und Bildung differenziertes Klassenwahlrecht eintraten.[220] Hinter dieser prinzipiellen Ablehnung des allgemeinen gleichen Wahlrechts stand die Furcht vor einem weiteren Anwachsen der Sozialdemokratie, das in den Augen der radikalen Nationalisten durch die Einführung des Frauenstimmrechts weiter verschärft worden wäre. Man geht aber sicher nicht fehl, wenn man die anhaltende Ablehnung des Frauenwahlrechts auch als antifeministische Abwehrreaktion interpretiert, in der die tiefgreifende Verunsicherung männlicher Identität angesichts weiblicher Emanzipationsbestrebungen zum Ausdruck kommt. Das gilt auch für die diskursive Verknüpfung von Frauenemanzipation und Bevölkerungspolitik, durch die die Problematik des »Geburtenrückgangs« seit der Jahrhundertwende zu einem intensiv diskutierten Gegenstand der wissenschaftlichen und politischen Auseinandersetzung avancierte. Die Politisierung der »Geburtenfrage« war eine Reaktion auf die zunehmende Politisierung des weiblichen Geschlechts und ein wichtiger Katalysator des Antifeminismus. Zugleich war sie jedoch auch Ausdruck einer umfassenden Biologisierung von Politik und Gesellschaft, die auch vor den Geschlechterbeziehungen nicht halt machte.[221]

Die Diskussion um Ursachen und Konsequenzen des »Geburtenrückgangs« war eng mit der Rezeption rassenbiologischer und sozialdarwinistischer Deutungsmuster verschränkt und machte die Frage der biologischen Reproduktion der »Volksgemeinschaft« zu einem Politikum.[222] Ihr Ausgangspunkt war die Tatsache, daß die Zahl der Geburten im Deutschen Reich seit Anfang des 20. Jahrhunderts von einem außergewöhnlich hohen Niveau während der Reichsgründungszeit auf ein Maß gefallen war, das dem Durchschnitt anderer Industriestaaten entsprach. Dieser Rückgang der Geburtenrate wurde durch die sinkende Säuglingssterblichkeit mehr als ausgeglichen, so daß das Reich weiterhin ein Wachstum seiner Bevölkerung verzeichnen konnte.[223] Gleichwohl sahen die radikalen Nationalisten im Rückgang der Geburtenrate eine »nationale Gefahr« par excellence, weil ihnen die Steigerung der Bevölkerungszahl als eine zentrale Voraussetzung für den imperialistischen Überlebenskampf des deutschen Volkes galt. »Die Nation verlangt Kinder, und zwar soviel Kinder wie möglich«, erklärte Ernst Hasse. Aus diesem Grund mußte alles versucht werden, um die Zahl der Geburten wieder deutlich zu erhöhen.[224] Die radikalen Nationalisten befürworteten deshalb prinzipiell alle Maßnahmen, die eine Steigerung der Geburtenrate versprachen. Das Spektrum der hierzu propagierten Vorschläge reichte von steu-

220 Vgl. *Claß*, Kaiser, S. 40–57.

221 Vgl. *Planert*, Antifeminismus, S. 83–92, 110–117; *dies.*, Indikator, S. 104–106.

222 Vgl. *Weikart*, S. 129–144; *Geulen*, Wahlverwandte, S. 216–245.

223 Vgl. *Planert*, Anitfeminismus, S. 113; *Wehler*, DGG, Bd. 3, S. 7–37; *Nipperdey*, Arbeitswelt, S. 2–42; *Marschalck*, S. 41–71.

224 *Hasse*, Zukunft, S. 1–45, 17–45 (Zitate: S. 19, 21). Vgl. hierzu ausführlich Kapitel III.1.

erlichen Vergünstigungen für kinderreiche Familien[225] bis hin zu einem generellen Verbot »des Verkehrs mit Gegenständen, die zur Beseitigung der Schwangerschaft oder zur Verhütung der Empfängnis bestimmt sind«.[226]

Für eine solche pronatalistische Bevölkerungspolitik war Familienplanung nicht mehr länger eine individuelle, private Entscheidung, sondern eine »nationale Aufgabe«. Damit wurden Fortpflanzung und Sexualität, die bis dahin stets mit schamhafter Diskretion behandelt worden waren, zu öffentlich diskutierten Fragen.[227] Und obwohl die »nationale Verpflichtung« zur Fortpflanzung prinzipiell für Männer und Frauen gleichermaßen galt, konzentrierte sich die Diskussion primär auf die Fähigkeit und Bereitschaft der Frauen zur biologischen Reproduktion der Nation. Denn in weitaus höherem Maße als der Mann galt die Frau als eigentliche »Trägerin der Volksgesundheit«, die »mit ihrem Körper der Gesamtheit verantwortlich« war.[228] Im Rahmen des pronatalistischen Diskurses wurde Mutterschaft deshalb erneut zur zentralen Aufgabe weiblicher Existenz stilisiert, diesmal jedoch nicht mehr vorrangig im Hinblick auf Kindererziehung oder die Vermittlung nationaler Werte, sondern unter biopolitischen Vorzeichen. Anders ausgedrückt: Indem die radikalen Nationalisten die Fortpflanzungsfähigkeit und -bereitschaft der Frauen in den Mittelpunkt der Diskussion um den »Geburtenrückgang« stellten und Mutterschaft zur nationalen Pflicht erklärten, wurde der weibliche Körper nationalisiert und dem »Gattungskörper« einverleibt. Auf diese Weise wurde der Frauenkörper »zur Gebärmaschine für den ›Volkskörper‹ funktionalisiert«, deren Aufgabe es war, das für die imperialistischen Ziele erforderliche »Menschenmaterial« zu produzieren.[229]

Vor diesem Hintergrund betrachteten die radikalen Nationalisten alle Faktoren, die die biologische Reproduktion des »Volkskörpers« beeinträchtigten, als Gefahr für den Fortbestand der »Volksgemeinschaft«. Deshalb gerieten nicht nur die Abtreibungspraxis und Methoden der Empfängnisverhütung ins Kreuzfeuer der Kritik, sondern auch sämtliche Bestrebungen zur Revision der Arbeitsteilung zwischen den Geschlechtern, die Frauen Alternativen zur Mutterschaft anboten. An erster Stelle stand hierbei die Frauenbewegung, die vielen der radikalen Nationalisten als eine der Hauptursachen für den Geburtenrückgang galt, weil sie für eine verstärkte Erwerbstätigkeit von Frauen und eine Erweiterung der Bil-

225 H. Wendland, Ein Hauptstück nationaler Politik, in: AB, Jg. 16, 1906, S. 313f., 321f.

226 Vgl. den entsprechenden Antrag Gebsattels auf der Vorstandssitzung des ADV am 18.4.1914, BA-B, ADV, Nr. 94, Bl. 50; L. Müller, Der Geburtenrückgang, in: Wehr, Jg. 1912, Nr. 9, S. 5–7.

227 Vgl. P. Stauff, Völkische Fruchtbarkeit, in: AB, Jg. 19, 1909, S. 238f., 245f., 253f., 261f.; Dr. Siebert, Die Gefahr des Neumalthusianismus, in: AB, Jg. 21, 1911, S. 352f.; K. Klingemann, Zur Frage des Geburtenrückgangs, in: AB, Jg. 22, 1912, S. 385f.; A. Fellmeth, Geburtenrückgang und Rassenveredelung, in: AB, Jg. 23, 1913, S. 220f.

228 E. Wirminghaus, Die Frau und die Volksgesundheit, in: Kunstwart, 25, (1911/12), Heft 1, S. 69–71 (Zitate: S. 71); zit. nach: *Planert*, Antifeminismus, S. 207.

229 Vgl. *Planert*, Antifeminismus, S. 203–214 (Zitat: S. 207); *dies.*, Körper, S. 564–568.

dungsmöglichkeiten für Mädchen eintrat. Beide Ziele schienen aus Sicht vieler radikalnationalistischer Männer mit der von ihnen propagierten Mutterrolle unvereinbar. In diesem Sinne stellte die Frauenbewegung als solche eine Gefahr für »Nation«, »Volk« und »Rasse« dar. Denn wie Otto Ammon 1909 schrieb: »Bei den Nationen, wo der Feminismus ... siegt,« werde »die hieraus folgende biologische Entartung ... den Untergang der Nation oder ihre Aufsaugung durch eine andere Rasse herbeiführen«.[230] Faktisch zielte diese biopolitische Kritik nicht mehr allein auf die Emanzipationsbestrebungen der organisierten Frauenbewegung, sondern auf die »moderne«, bildungsbürgerliche Frau an sich, deren Forderung nach Bildung, Beruf sowie politischen und sexuellen Rechten eine zunehmende Anzahl radikalnationalistischer Männer verunsicherte.

In der Debatte über den »Geburtenrückgang« wurden mithin immer auch der Beitrag der Frauen zur Nationsbildung und ihre Rolle innerhalb der »Volksgemeinschaft« verhandelt. Entscheidend war in diesem Zusammenhang, daß Frauen, die sich der Forderung nach Fortpflanzung verweigerten, im Gegensatz zu anderen als deviant betrachteten sozialen Gruppen, nicht generell aus der »Volksgemeinschaft« ausgegrenzt werden konnten. Gleichwohl unterschieden die radikalen Nationalisten und Nationalistinnen zwischen fortpflanzungswilligen »deutschen« Frauen und »undeutschen« Frauen, die ihrer Reproduktionspflicht nicht nachkamen.[231] Auf diese Weise wurden in der Diskussion um die biologische Reproduktion der »Volksgemeinschaft« die individuellen Körper, der politisch-soziale Körper und der »Gattungskörper« miteinander verschmolzen. Die Reproduktion des politisch-sozialen »Volkskörpers« erforderte die Unterordnung von Sexualität und Fortpflanzung unter die Interessen der »Volksgemeinschaft«. Diese beanspruchte damit nicht mehr nur den Zugriff auf den Körper des Mannes im Krieg, sondern auch die Verfügungsgewalt über den weiblichen Körper als Instrument der biologischen Reproduktion.[232]

Am deutlichsten kam diese Instrumentalisierung des weiblichen Körpers in der Militarisierung der »Geburtenfrage« zum Ausdruck, die in den letzten Jahren vor Ausbruch des Ersten Weltkrieges in zunehmendem Maße den demographischen Diskurs bestimmte. Die ultimative Zielvorstellung der radikalnationalistischen Biopolitik war die Produktion von »Menschenmaterial« für einen Krieg zwischen den europäischen Großmächten, den die radikalen Nationalisten spätestens seit der zweiten Marokkokrise für unausweichlich hielten. Ein solcher »großer Krieg« erforderte die Mobilisierung aller gesellschaftlichen Ressourcen zum Zwecke der Kriegsvorbereitung. Hierzu zählte insbesondere die demographische Mobilmachung. Da die Verantwortung für die Produktion des erforderlichen »Men-

230 *Ammon*, Volksvermehrung, S. 151. Vgl. P. Stauff, Völkische Fruchtbarkeit, in: AB, Jg. 19, 1909, S. 238f., 245f., 253f., 261f.; *Reibmayr*.

231 *Planert*, Körper, S. 567; *dies.*, Vater, S. 19.

232 *Planert*, Körper, S. 564–568, 576.

schenmaterials« im wesentlichen als Aufgabe der Frauen betrachtet wurde, galt die biologische Reproduktion des »Volkskörpers« als wichtigster weiblicher Beitrag zu den allgemeinen Rüstungsanstrengungen. In diesem Sinne propagierte der »Deutsche Wehrverein«, der seit seiner Gründung 1912 auch weibliche Mitglieder in seine Reihen aufgenommen hatte, die aktive Einbeziehung von Frauen in die Rüstungsanstrengungen des deutschen Volkes. Über die »Geburtenfrage« wurden so Bevölkerungspolitik und Aufrüstung miteinander verknüpft und Frauen zumindest partiell in die Rüstungsgesellschaft integriert.[233]

Diese Verknüpfung von Biopolitik und Kriegsvorbereitung verdeutlicht, daß auch der vermeintlich exklusiv männliche Militarismus der wilhelminischen Epoche nicht ohne das weibliche Geschlecht auskam. Gleiches gilt für den radikalen Nationalismus insgesamt. Trotz der unentwegt postulierten Dominanz des Mannes in Politik und Gesellschaft war die radikalnationalistische »Volksgemeinschaft« kein rein männliches Projekt. Aufgrund ihrer Bedeutung für die ideelle und biologische Reproduktion des »Volkskörpers« waren Frauen ein unverzichtbarer Bestandteil der »Volksgemeinschaft«. Vor dem Hintergrund der auch für den radikalen Nationalismus konstitutiven Einteilung der Welt in fest definierte männliche und weibliche Geschlechtersphären wurde den radikalnationalistischen Frauen deshalb ein spezifisch weiblicher Verantwortungsbereich zugewiesen, der jedoch infolge seiner national bedeutsamen Funktionen einer zunehmenden Politisierung unterlag und den Ansatzpunkt für Partizipationsbestrebungen der radikalen Nationalistinnen bildete.

Diese Entwicklung wurde auch durch die fortschreitende Biologisierung des radikalnationalistischen Denkens nicht aufgehalten. Im Gegenteil: Die wachsende Verbreitung rassenbiologischer und sozialdarwinistischer Deutungsmuster verstärkte die Nationalisierung der Geschlechterbeziehungen. Im Ergebnis führte sie zu einer Aufwertung der Rolle der Frauen, machte diese jedoch zugleich zum Gegenstand neuer politischer Kontroversen und Reglementierungen. Im Mittelpunkt standen dabei politische Strategien, die auf die biologische Reproduktion des »Volkskörpers« zielten. Hierdurch wurden Fragen der Fortpflanzung und Sexualität zum Gegenstand nationalistischer Regulierungsbestrebungen. Diese Nationalisierung der intimsten Lebensbereiche relativierte die für die bürgerliche Gesellschaft zentrale Unterscheidung zwischen privater und öffentlicher Sphäre und verdeutlicht den totalitären Anspruch der radikalnationalistischen Biopolitik. Zugleich trug sie entscheidend dazu bei, rassenbiologische und sozialdarwinistische Deutungsmuster in der Lebenswelt von Männern und Frauen zu verankern. Die Biologisierung des radikalnationalistischen Denkens zielte mithin nicht nur auf die Ausgrenzung der »Volks- und Rassenfremden«, sondern ebenso auf die strikte Reglementierung der Lebensführung

233 Vgl. *Grosse*, S. 227–233; L. Müller, Der Geburtenrückgang, in: Wehr, Jg. 1912, Nr. 9, S. 5–7.

der eigenen »Volksgenossen« und »Volksgenossinnen«. Sie hatte damit entscheidenden Anteil daran, daß die radikalnationalistische Zielutopie der homogenen »Volksgemeinschaft« in zunehmendem Maße Geltung erlangte. Inwieweit und auf welche Weise diese Zielvorstellung die politische Kultur des wilhelminischen Reiches prägte und konkrete politische Entscheidungsprozesse beeinflußte, läßt sich exemplarisch an der Diskussion um die Neuregelung der Staatsangehörigkeit und der Entstehung des Reichs- und Staatsangehörigkeitsgesetzes von 1913 veranschaulichen, die über zwei Jahrzehnte lang ein zentrales Thema des radikalen Nationalismus darstellten.

5. Staatsvolk und »Volksgemeinschaft«: Die Nationalisierung der Staatsangehörigkeit und die Entstehung des Reichs- und Staatsangehörigkeitsgesetzes von 1913

Die Frage der Staatsangehörigkeit besaß eine herausragende Bedeutung für das nationale Selbstverständnis der reichsdeutschen Gesellschaft. Sie läßt sich als der rechtlich kodifizierte Ausdruck dieses Selbstverständnisses interpretieren, denn »die Zugehörigkeit zum *National*-Staat implizierte die Zugehörigkeit zur Nation.« Als eine zentrale Institution des modernen Staates stellt die Staatsangehörigkeit ein wichtiges Instrument sozialer Schließung und zugleich den Gegenstand dieser Schließung dar, in dem Grundannahmen über die eigene Identität und die vermeintlich »Fremden« politisch und juristisch festgeschrieben werden. Dies gilt besonders für die Gesellschaft des Kaiserreichs. Durch die politische und administrative Praxis der Staatsangehörigkeit nach der Reichsgründung wurden wichtige »Grundmuster nationaler Identität ausgeprägt und institutionell verfestigt.«[234] Aus diesem Grund hat sich die historische Forschung in jüngster Zeit verstärkt mit der Entwicklung des Staatsangehörigkeitsrechts in Deutschland beschäftigt.[235] Besonderes Interesse galt dabei der Entstehung

234 *Gosewinkel*, Einbürgern, S. 11–25, 177–277 (Zitate: S. 11, 177); *Brubaker*, Staats-Bürger, S. 45–61; *Mackert*, Kampf. Zum Begriff der sozialen Schließung *Weber*, Wirtschaft, S. 23–25, 201–203; *Mackert*, Theorie; *Murphy*, Closure. Im Gegensatz zum Begriff der »Staatsbürgerschaft« im Sinne von *citizenship* oder *citoyenneté*, der auf die inhaltlichen Rechte und Pflichten des Staatsbürgers zielt, bezeichnet »Staatsangehörigkeit« lediglich die formale Zugehörigkeit zu einem staatlich verfaßten Gemeinwesen. Diese war jedoch immer auch normativ aufgeladen und stellte deshalb ein Einfallstor für nationalistische Deutungsmuster dar. Vgl. *Gosewinkel*, Staatsbürgerschaft; *ders.*, Untertanschaft; *Habermas*, Staatsbürgerschaft.

235 Vgl. *Gosewinkel*, Staatsbürgerschaft; *ders.*, Einbürgern; *ders.*, Staatsangehörigkeit; *ders.*, Untertanschaft; *Brubaker*, Staats-Bürger; *ders.*, Einwanderung. Zur Entstehung der Staatsangehörigkeit im frühen 19. Jahrhundert *Fahrmeir*, Citizens; *ders.*, Citizenships, *ders.*, Paßwesen; *Grawert*.

des Reichs- und Staatsangehörigkeitsgesetzes von 1913, das seither, wenn auch in vielfach modifizierter Form, die Grundlage des deutschen Staatsangehörigkeitsrechts bildete.[236] Dabei ist bereits verschiedentlich auf die Rolle der Alldeutschen als Initiatoren und Multiplikatoren der öffentlichen Kampagne für eine Reform der Staatsangehörigkeit hingewiesen worden, ohne daß jedoch das Ausmaß dieser Aktivitäten, ihre konkrete Bedeutung sowie ihre ideologischen Grundlagen ausführlich analysiert wurden.[237] Diese Aspekte stehen deshalb im Mittelpunkt der nachfolgenden Ausführungen. Ihr Ziel ist es zu zeigen, daß die Entstehung und Formulierung des Reichs- und Staatsangehörigkeitgesetzes in hohem Maße durch radikalnationalistische Deutungsmuster geprägt wurden.

Für die radikalen Nationalisten war die Frage, wer im staatsrechtlichen Sinne »Deutscher« war oder werden konnte, eine nationalpolitische Kardinalfrage. Gerade weil sich in ihren Augen die Zugehörigkeit zur »Volksgemeinschaft« nach ethnisch-kulturellen Kriterien, nicht aber durch die Zugehörigkeit zum Deutschen Reich bestimmte, zielte ihr Bestreben darauf, die Staatsangehörigkeit in einem völkischen Sinne umzudeuten und zu einem Instrument der sozialen Schließung gegenüber »volksfremden« Elementen umzufunktionieren. Besonders der Alldeutsche Verband machte die Reform des bestehenden Staatsangehörigkeitsrechts zu einem inhaltlichen Schwerpunkt seiner Agitation.[238] Der konkrete Gegenstand der radikalnationalistischen Kritik war das »Gesetz über die Erwerbung und den Verlust der Bundes- und Staatsangehörigkeit« vom 1. Juni 1870, das den automatischen Verlust der Staatsangehörigkeit für Reichsdeutsche vorsah, die sich zehn Jahre lang ununterbrochen im Ausland aufhielten.[239] Die radikalen Nationalisten sahen in dieser Bestimmung ein schwerwiegendes Handikap im Hinblick auf die »Förderung und Erhaltung des Deutschtums im Ausland«, wie sie ihrer Meinung nach für eine expansive »Weltpolitik« unabdingbar war. Darüber hinaus zielten ihre Bemühungen darauf, die Staatsangehörigkeit zu einem wirkungsvollen Instrument zur Herstellung ethnisch-kultureller Homogenität zu machen.

236 Erst mit dem »Gesetz zur Reform des Staatsangehörigkeitsrechts« vom 15. Juli 1999 (BGBl. I S. 1618ff.) wurde das seit 1913 ausschließlich geltende Abstammungsprinzip dahingehend geändert, daß nunmehr auch in Deutschland geborene Kinder ausländischer Eltern unter bestimmten Voraussetzungen die deutsche Staatsangehörigkeit erwerben können.

237 Vgl. *Gosewinkel*, Einbürgern, S. 278–285, 305–309, 311f.

238 Vgl. »Die Reichsangehörigkeit und der Alldeutsche Verband«, in: AB, Jg. 8, 1898, S. 137f.; AB Jg. 14, 1904, S. 403f.; Jg. 22, 1912, S. 57f.

239 Vgl. §§ 13, 21 des Gesetzes über die Erwerbung und den Verlust der Reichs- und Staatsangehörigkeit vom 1. Juni 1870, in: *Huber*, Dokumente, Nr. 192, S. 249–253. Das automatische Erlöschen der Staatsangehörigkeit konnte verhindert werden, indem die betreffende Person ihren Anspruch auf dieselbe durch die rechtzeitige Registrierung bei einem Konsulat des Deutschen Reiches erneuerte. Bei dem Gesetz handelt es sich um das Staatsangehörigkeitsgesetz des Norddeutschen Bundes, das 1871 als Reichsgesetz übernommen wurde. Vgl. *Gosewinkel*, Einbürgern, S. 162–176; *Grawert*, S. 199–212.

Den Anknüpfungspunkt ihrer Strategie, die Staatsangehörigkeit zu ethnisieren, bildete das für das deutsche Staatangehörigkeitsrecht konstitutive Abstammungsprinzip, das sogenannte »ius sanguinis«, demzufolge grundsätzlich nur die Abstammung – im Regelfall in männlicher Linie – die Staatsangehörigkeit begründete und alle anderen Möglichkeiten, diese zu erwerben, lediglich als subsidiär zu betrachten waren.[240] Paradoxerweise lagen der Einführung des ius sanguinis ursprünglich keine nationalistischen Motive zugrunde, sondern der Versuch, die neuen sozialen Herausforderungen zu meistern, mit denen die Staaten des Deutschen Bundes in der ersten Hälfte des 19. Jahrhunderts konfrontiert waren. Hierzu gehörten vor allem die massiven Wanderungsbewegungen pauperisierter Bevölkerungsschichten, die für die zuständigen Behörden das Problem einer eindeutigen Zuweisung der sozialen Fürsorge- und Unterstützungspflicht aufwarfen. Die zentrale Funktion des Abstammungsprinzips bestand darin, eine einheitliche und unmittelbare, auf den gesamten Staatsverband bezogene rechtliche Angehörigkeitsbeziehung zu begründen, die eine eindeutigere Bestimmung der Zugehörigkeit zu einem bestimmten Staat versprach als das zahlreichen Zufällen unterworfene Territorialitätsprinzip.[241]

In diesem Sinne war das preußische Untertanengesetz von 1842, in dem das Prinzip des ius sanguinis erstmals rechtlich kodifiziert wurde, das Vorbild für die weitere Entwicklung des Staatsangehörigkeitsrechts in Deutschland. Seine Grundprinzipien wurden von der Mehrzahl der übrigen Bundesstaaten übernommen und bildeten auch die Grundlage des Staatsangehörigkeitsgesetzes des Norddeutschen Bundes, das 1871 unverändert auf das Reich übertragen wurde. Im Hinblick auf die spätere Nationalisierung bzw. Ethnisierung des Abstammungsprinzips ist jedoch zu betonen, daß das preußische Untertanengesetz keine Unterscheidung nach ethnisch-kulturellen Kriterien implizierte. Polnischsprachige und deutsch sprechende »Untertanen« galten gleichermaßen als Angehörige des preußischen Staates.[242] Ihrem historischen Ursprung nach war die Herleitung der Staatsangehörigkeit aus dem Prinzip der Abstammung mithin keine Ausgeburt des Nationalismus, sondern ein Prozeß vornationaler Staatsbildung, durch den die Zugehörigkeit zum staatlichen Gemeinwesen rechtlich definiert wurde. Die strukturelle Ambivalenz zwischen dieser etatistisch-formalen Definition der Staatsangehörigkeit und einer substantiellen, ethnisch-kulturellen Bestimmung nationaler Zugehörigkeit bildete jedoch den Ansatzpunkt für eine sukzessive Nationalisierung des Staatsangehörigkeitsrechts.[243]

240 *Wippermann*, Blutrecht; *ders.*, Ius sanguinis.

241 Vgl. *Gosewinkel*, Einbürgern, S. 27–66; *Brubaker*, Staats-Bürger, S. 82–105; *Grawert*, S. 133–145; *Koselleck*, Preußen, S. 52–78, 620–637, 660–662; *Rehm*, S. 230–268.

242 *Gosewinkel*, Einbürgern, S. 67–101; *Grawert*, S. 123–133, 174–193.

243 Vgl. *Brubaker*, Staats-Bürger, S. 56: »Staatsbürgerschaft ist ein abstraktes, formales Konstrukt. Im Prinzip hat sie nichts mit ethnisch-kultureller Nationalität oder irgendwelchen anderen unmittelbar interpretierbaren Markierungs- und Erkennungszeichen des täglichen Lebens zu

Genau diese strukturelle Ambivalenz und semantische Mehrdeutigkeit des Abstammungsprinzips versuchten die radikalen Nationalisten für ihre Zwecke auszunutzen mit dem Ziel, die ethnisch-kulturellen Kriterien der »Volkszugehörigkeit« zum alleinigen Maßstab der Staatsangehörigkeit zu machen. Den Anlaß hierfür lieferte ihnen die wachsende Unzufriedenheit mit dem »Gesetz über die Erwerbung und den Verlust der Bundes- und Staatsangehörigkeit« von 1870, wie sie in juristischen Fachkreisen, besonders jedoch von »Auslandsdeutschen«, die ihre Staatsangehörigkeit verloren hatten, artikuliert wurde. Der Alldeutsche Verband griff diese Kritik auf und setzte sich für eine Reform des Staatsangehörigkeitsrechts ein.[244] Ernst Hasse brachte die Mängel des Gesetzes am 6. Februar 1894 erstmals im Reichstag zur Sprache, und die »Alldeutschen Blätter« verfolgten das Thema seither mit zunehmender Intensität.[245] Auf ihrem ersten Verbandstag am 9. September 1894 forderten die Alldeutschen, den im Ausland lebenden Deutschen die Bewahrung ihrer Staatsangehörigkeit (bzw. deren Wiedererlangung) zu erleichtern und zugleich die Einbürgerung der im Reich ansässigen Ausländer zu erschweren.[246]

Für diese Ziele versuchten Hasse und der ebenfalls der Hauptleitung des Alldeutschen Verbandes angehörende freikonservative Reichstagsabgeordnete Hermann Graf von Arnim-Muskau auch im Reichstag Unterstützung zu mobilisieren. Ihre politische Initiative führte zu einem interfraktionellen Gruppenantrag, der in nahezu wörtlicher Übereinstimmung mit der Entschließung des alldeutschen Verbandstages die Regierung aufforderte, einen Gesetzentwurf vorzulegen, der den durch Aufenthalt im Ausland bedingten Verlust der deutschen Reichs- und Staatsangehörigkeit verhinderte und zugleich die Naturalisation der Fremden im Deutschen Reich erschwerte.[247] Der Sprecher dieser interfraktionellen Gruppe von Abgeordneten aus den Reihen der Nationalliberalen und der konservativen Parteien war Hasse, der den Antrag am 6. März 1895 im Reichstag begründete.

In seiner Rede stellte der Vorsitzende des Alldeutschen Verbandes die geforderte Gesetzesreform in den Zusammenhang der zunehmenden Migration aus Osteuropa und einer expansiven »Weltpolitik«. Im Hinblick auf die wachsende Einwanderung von »Sprachen- und Rassenfremden« aus Osteuropa, deren

tun. Doch in der Praxis kann sich die formelle Schließung gegenüber Nichtbürgern im rechtlichen Sinne mit einer informellen Schließung gegenüber ethnisch-kulturell Nicht-Volkszugehörigen überschneiden.«

244 Vgl. *Weiß*, Erwerb, S. 836–838; *Gosewinkel*, Einbürgern, S. 278–281; *ders.*, Staatsangehörigkeit, S. 365f.; *Brubaker*, Staats-Bürger, S. 158f.

245 RT, Bd. 134 (1894), S. 1027–1029 (hier: S. 1028f.); AB, Jg. 4, 1894, S. 38–40, 117f., 149f., 163. Auf der Vorstandssitzung des ADV am 1.7.1894 wurde ein Ausschuß eingerichtet, der sich speziell mit dieser Problematik befaßte. Vgl. AB, Jg. 5, 1895, S. 3.

246 AB, Jg. 4, 1894, S. 154f.; *ADV*, Zwanzig Jahre, S. 12f. Vgl. E. Hasse, Die Wiedererlangung der Reichsangehörigkeit, in: AB. Jg. 4, 1894, S. 163.

247 Aktenstück Nr. 36, RT, Bd. 141 (1894/95), S. 101; AB Jg. 5, 1895, S. 3.

überwiegender Teil »slawischer oder semitischer Abstammung« war, forderte Hasse, daß »grundsätzlich überhaupt nicht oder nur so wenig als möglich naturalisiert« werden solle, und erklärte, daß »kein Fremder überhaupt Anspruch auf Naturalisation« habe, da jeder Fremde eine Gefahr für die Homogenität des deutschen Volkes darstelle. Eine »homogen nationale Entwicklung« sei aber gerade für das Deutsche Reich unabdingbar, weil dieses, wie er mit Hilfe umfangreichen statistischen Materials zu belegen versuchte, im Gegensatz zu anderen »Kulturvölkern« in seiner ethnisch-kulturellen Zusammensetzung angeblich »sehr wenig homogen gestaltet« war. Er plädierte deshalb dafür, daß die zuständigen Verwaltungsbehörden bei der Einbürgerung nicht ausschließlich nach dem Gesichtspunkt der wirtschaftlichen Leistungsfähigkeit und eines in moralischer Hinsicht »einwandfreien Lebenswandels« entscheiden, sondern primär das Kriterium der Abstammung zugrunde legen sollten. Weil die Naturalisation grundsätzlich im Ermessen der Verwaltung lag, sollten auf diese Weise im Ausland lebende »Volkgenossen«, deren Vorfahren aus einem deutschen Bundesstaat ausgewandert waren, aufgrund ihrer ethnisch-kulturellen Wertigkeit bei der Einbürgerung bevorzugt werden.[248]

Zugleich sollte der Verlust der Staatsangehörigkeit für ausgewanderte Reichsangehörige erschwert werden, weil es »im Interesse eines selbstbewußten und mächtigen Reichs« liege, »so lange wie möglich über seine Reichsangehörigen eine Verfügung zu behalten«. Um dieses Ziel zu erreichen, war nach Auffassung Hasses auch eine Abkehr vom Prinzip der strikten Vermeidung einer doppelten Staatsangehörigkeit erforderlich, da die durch Abstammung erworbene Volkszugehörigkeit durch die Annahme einer fremden Staatsangehörigkeit nicht aufgehoben wurde. Eine solche Regelung entsprach insbesondere den Interessen des auslandsdeutschen Wirtschaftsbürgertums, weshalb der Antrag vor allem in der nationalliberalen Fraktion Unterstützung fand.[249]

Hasses Rede enthielt in pointierter Form die beiden zentralen Argumentationsmuster, die von den Befürwortern einer Reform des Staatsangehörigkeitsrechts in der Folgezeit in zahllosen Variationen immer wieder vorgebracht werden sollten: zum einen die Notwendigkeit einer restriktiven Einwanderungspolitik als Reaktion auf die vermeintliche Bedrohung des deutschen Volkes durch die massenhafte Einwanderung »minderwertiger« Bevölkerungsgruppen, vor allem aus Osteuropa, zum anderen den Erhalt und die Wiederbelebung intensiver wirtschaftlicher

248 RT, Bd. 139 (1895), S. 1277–1280 (Zitate: S. 1277, 1278, 1279); AB, Jg. 5, 1895, S. 57–59. Vgl. *Hasse*, Reich, S. 59f.; *ders.*, Zukunft, S. 33f.; *Gosewinkel*, Einbürgern, S. 278–281; *ders.*, Staatsangehörigkeit, S. 368–370. Genau wie Hasse begründete auch Graf von Arnim die geforderte Verschärfung der Naturalisierungsbestimmungen mit dem Argument, daß »kein Land der Welt mehr an einem Mangel an Homogenität seiner Bevölkerung leidet, als Deutschland«; RT, Bd. 139 (1895), S. 1302f.; AB. Jg. 5, 1895, S. 59.

249 RT, Bd. 139 (1895), S. 1279f. Vgl. Art. »Staatsangehörigkeit«, in: *NLP*, Handbuch, S. 977–979.

und kultureller Beziehungen zu den im Ausland lebenden Deutschen als Voraussetzung einer expansiven Weltmachtpolitik. Beiden Argumenten lag die Vorstellung einer durch Abstammung indizierten Volkszugehörigkeit zugrunde, die auf diese Weise Eingang in einen zentralen politischen Diskurs der wilhelminischen Gesellschaft fand und diesen in hohem Maße strukturierte. Denn indem Hasse die Staatsangehörigkeitsproblematik in den Kontext einer »nationalen Bevölkerungspolitik« stellte, zu einem Zeitpunkt, an dem das Deutsche Reich einen tiefgreifenden Wandel von einem Auswanderungs- zu einem Einwanderungsland durchmachte, setzte er die diskursiven Parameter, innerhalb derer sich die Diskussion um die Reform der Staatsangehörigkeit fortan bewegte.[250]

Die unmittelbare Reaktion auf die Reichstagsinitiative war zunächst allerdings negativ, was vor allem daran lag, daß der Antrag zusammen mit zwei antisemitischen Vorlagen verhandelt wurde, die ein generelles Einwanderungsverbot für Juden forderten. Der Antrag Hasses und Graf von Armims wurde – ebenso wie die antisemitischen Initiativen – mit großer Mehrheit abgelehnt.[251] Die Alldeutschen ließen sich von dieser enttäuschenden Resonanz jedoch nicht entmutigen, sondern setzten ihre politischen und publizistischen Bemühungen fort. Die Verbandsführung erarbeitete einen vollständigen Gesetzentwurf zur Änderung des Staatsangehörigkeitrechts und unterbreitete ihn dem Reichstag als Petition.[252] Dort wurde er nach einem ausführlichen Bericht der Petitionskommission am 15. Dezember 1896 im Plenum diskutiert und durch Mehrheitsbeschluß »dem Reichskanzler als Material zu einer bevorstehenden Änderung der Gesetzgebung übergeben«.[253] Mit dieser Resolution konnten die Alldeutschen einen wichtigen parlamentarischen Etappensieg einfahren, denn ihre Forderungen waren der Regierung nunmehr von der Mehrheit des Reichstages zur Bearbeitung übermittelt worden. Beflügelt von diesem Erfolg, verstärkten sie ihre publizistische Bearbeitung des Themas. Hasse selbst nutzte jede sich ihm im Reichstag bietende Gelegenheit, um die Reichsleitung an die ihr zugewiesene Aufgabe zu erinnern.[254]

250 Zum Wandel des Deutschen Reiches von einem Auswanderungs- zu einem Einwanderungsland vgl. *Bade*, Auswanderungsland, S. 29–51; *Wehler*, DGG, Bd. 3, S. 543–546.

251 Vgl. RT, Bd. 139 (1895), S. 1277–1306; RT, Bd. 141 (1894/95), Aktenstücke Nr. 17 u. 54, S. 89, 233; AB, Jg. 5, 1895, S. 57. *Gosewinkel*, Einbürgern, S. 281–285. Auf positive Resonanz stieß die Gesetzesinitiative Hasses dagegen bei der AZ, Nr. 29 v. 30.1.1896 u. Nr. 31 v. 1.2.1896, BHStA, MInn 74141.

252 Entwurf eines Gesetzes über die Erwerbung und den Verlust der Reichs- und Staatsangehörigkeit, Aktenstück Nr. 66, RT, Bd. 172 (1898/1900), S. 280–282; AB, Jg. 8, 1898, S. 142–144; *ADV*, Zwanzig Jahre, S. 24–27. Der Gesetzentwurf wurde dem Reichstag am 15.2.1895 als Petition Nr. 30938 übergeben. Vgl. AB, Jg. 5, 1895, S. 78; Jg. 6, 1896, S. 5, 103.

253 Aktenstück Nr. 463, RT, Bd. 153 (1895/97), S. 2248–2250; RT, Bd. 147 (1895/97), 5.12.1895, S. 3753–3755; AB, Jg. 7, 1897, S. 2; Jg. 8, 1898, S. 137; *Weiß*, Erwerb, S. 838.

254 RT, Bd. 149 (1897), S. 4852–4854; ebd., S. 5093–5097; AB, Jg. 6, 1896, S. 93f., 97–99; Jg. 7, 1897, S. 50–52, 61–63, 107; Jg. 8, 1898, S. 137f. Am 15.12.1898 brachte Hasse zusammen mit Graf v. Arnim und A. Lehr den vom ADV ausgearbeiteten Entwurf eines Staatsangehörig-

Die Regierung enthielt sich jedoch vorerst jeder Stellungnahme und behandelte die Problematik dilatorisch. Auf Resonanz stieß die alldeutsche Kritik am geltenden Staatsangehörigkeitsrecht dagegen bei anderen »nationalen Verbänden«, die die Thematik aufgriffen und sich die Forderungen der Reichstagsinitiative zu eigen machten. Als zweiter nationalistischer Agitationsverband wandte sich die »Deutsche Kolonialgesellschaft« der Staatsanghörigkeitsproblematik zu. Unter dem Titel »Einmal Deutsch, immer Deutsch« veröffentlichte die »Deutsche Kolonialzeitung« eine Serie von Artikeln, die sich gegen den automatischen Verlust der Reichsangehörigkeit nach zehnjährigem, ununterbrochenem Aufenthalt im Ausland aussprachen.[255] Der Vorstand der Kolonialgesellschaft beschloß am 28. Juni 1898 eine Eingabe an den Reichskanzler, die eine Änderung der geltenden Rechtslage forderte, durch die sichergestellt werde, daß ein Deutscher »die deutsche Reichsangehörigkeit nur auf seinen eigenen Antrag« verlieren könne.[256] Die Forderungen der Kolonialgesellschaft beschränkten sich jedoch auf Maßnahmen, die geeignet erschienen, den Verlust der Staatsangehörigkeit zu erschweren. Eine Erschwerung der Naturalisation, wie sie der Alldeutsche Verband propagierte, wurde von ihr nicht gefordert.[257]

Trotz des wachsenden öffentlichen Drucks war die Regierung lange Zeit zu keiner Stellungnahme zu bewegen. Erst am 25. Januar 1901 erklärte der Staatssekretär des Innern, Graf von Posadowsky-Wehner, auf eine erneute Anfrage Hasses im Reichstag, daß ein Gesetzentwurf fertiggestellt sei, der den Änderungswünschen »in der großen Hauptsache vollkommene Rechnung« trage und gegenwärtig dem Auswärtigen Amt zur Prüfung vorliege.[258] Daraufhin vergingen zwei weitere Jahre, ohne daß die angekündigte Gesetzesvorlage an den Reichstag gelangte. Hasse stellte die Regierung deshalb am 19. Februar 1903 von neuem zur Rede. In seiner Antwort mußte Graf von Posadowsky-Wehner einräumen, daß es

keitsgesetzes als Initiativantrag ein, der jedoch in der laufenden Reichstagssession nicht mehr zur Beratung gelangte. Auch ein weiterer Antrag Hasses und Graf v. Arnims vom 19.11.1900, der die Regierung aufforderte, einen Gesetzentwurf zur Reform des Staatsangehörigkeitsrechts vorzulegen, blieb unerledigt; RT, Bd. 172 (1898/1900), Aktenstück Nr. 66, S. 280–282; RT, Bd. 189, Aktenstück, Nr. 33, S. 301; AB, Jg. 10, 1900, S. 468; *ADV*, Zwanzig Jahre, S. 98f.; *Weiß*, Erwerb, S. 338; *Gosewinkel*, Einbürgern, S. 310–312.

255 H. Hesse, Einmal Deutsch, immer Deutsch, in: Beilage zur DKZ Nr. IX, 3.4.1897, S. 37–39; P. Kühne, Einmal deutsch, immer deutsch!, in: DKZ, Jg. 15, 1898 (= Jg. 11 NF), S. 103f., 205, 265f.; ebd., Jg. 21, 1904, S. 454.

256 DKZ, Jg. 15, 1898 (= Jg. 11 NF), S. 239f., 280; AB, Jg. 8, 1898, S. 138; *Weiß*, Erwerb, S. 837. Vgl. auch die Beilagen zur AZ, Nr. 162 v. 23.7.1898 u. Nr. 163 v. 25.7.1898; AZ, Nr. 356 v. 24.12.1898, BHStA, MInn 74141.

257 Vgl. K. v. Stengel, Die deutsche Reichsangehörigkeit vom nationalen und internationalen Standpunkt, in: DKZ, Jg. 16, 1899 (= Jg. 12 NF), S. 317; E. Bartels, Verlust der Reichs- und Staatsangehörigkeit durch zehnjährigen Aufenthalt im Ausland, in: DKZ, Jg. 19, 1902 (= Jg. 15 NF), S. 506f.; H. Hesse, Verlust der Reichs- und Staatsangehörigkeit, in: DKZ, Jg. 20, 1903 (= Jg. 16 NF), S. 35f.; DKZ, Jg. 21, 1904, S. 454.

258 RT, Bd. 179 (1901) S. 903; AB, Jg. 11, 1901, S. 53; *ADV*, Zwanzig Jahre, S. 108f.

bei der Beratung des Gesetzentwurfes zu Meinungsverschiedenheiten zwischen den beteiligten Ressorts gekommen sei, zeigte sich jedoch zuversichtlich, daß der Entwurf dem Reichstag in der nächsten Sitzungsperiode vorgelegt werden könne.[259] Wiederum verstrichen zwei Jahre, ohne daß die Regierung einen Gesetzentwurf einbrachte. Am 17. März 1905 versicherte Graf von Posadowsky-Wehner den Abgeordneten in seiner Antwort auf eine neuerliche Interpellation: »Ich gestehe ... ohne weiteres zu, das Gesetz betreffend den Erwerb und den Verlust der deutschen Staatsangehörigkeit bedarf einer Ergänzung, einer gewissen Modernisierung, weil sich unsere Verkehrsverhältnisse wesentlich verändert, namentlich aber unsere überseeischen Beziehungen seit Erlaß jenes Gesetzes ... ganz außerordentlich vermehrt haben. Ich kann ihnen versichern, daß der Entwurf eines solchen Gesetzes bereits auf meinem Schreibtisch liegt.«[260] Den Worten folgten jedoch keine Taten. Auch die 11. Legislaturperiode ging zu Ende, ohne daß dem Reichstag eine entsprechende Vorlage zugegangen war.

Der Grund für die dilatorische Haltung der Regierung lag in tiefgreifenden Meinungsverschiedenheiten der beteiligten Ressorts im Hinblick auf die Frage, ob die Nichterfüllung der Wehrpflicht ein Grund zur Ausbürgerung eines im Ausland lebenden Deutschen war. Während das Auswärtige Amt, das preußische Kriegs- und das Innenministerium sich aus Gründen der Staatsräson dafür stark machten, einen unmittelbaren Zusammenhang zwischen Staatsangehörigkeit und Wehrpflicht gesetzlich festzuschreiben, vertrat das Reichsmarineamt unter Leitung des Admirals von Tirpitz den entgegengesetzten Standpunkt. Für Tirpitz war das grundsätzliche Ziel der Gesetzesänderung die »dauernde Erhaltung der Nationalität der Auslandsdeutschen«, in der er – wie die radikalen Nationalisten – »einen wichtigen, in gewisser Weise den wichtigsten Teil unserer Überseeinteressen« erblickte. Die vom Kriegsministerium und vom Auswärtigen Amt geforderte »Verquickung der Wehrpflicht mit der Erhaltung der Staatsangehörigkeit« war seiner Meinung nach nicht geeignet, diesen Grundgedanken zu verwirklichen, sondern dazu angetan, ihn in sein Gegenteil umzukehren. Mit großer Entschiedenheit plädierte Tirpitz deshalb für eine großzügige Regelung, die die Ableistung der Wehrpflicht nicht zu einer Voraussetzung für die Staatsangehörigkeit machte.[261] Auch in

259 RT, Bd. 187 (1903), S. 8046–8048; AB, Jg. 13, 1903, S. 81; *ADV*, Zwanzig Jahre, S. 152f.

260 RT, Bd. 203 (1905), S. 5350f.; Bd. 205 (1903/04), Aktenstück Nr. 46, S. 77; *Weiß*, Erwerb, S. 838f. Es ist in diesem Zusammenhang nicht ohne Bedeutung, daß Hasse als einer der hartnäkkigsten Verfechter einer Reform des Staatsangehörigkeitsrechts dem Reichstag mit dem Ende der 10. Legislaturperiode 1903 nicht mehr angehörte, weil er sein Mandat an einen Sozialdemokraten verloren hatte. Zum wachsenden öffentlichen Druck vgl. KZ, Nr. 940 v. 9.10.1903, BHStA, MInn 74141; MNN, Nr. 486 v. 17.10.1903, ebd.; KZ, Nr. 791 v. 4.8.1904, ebd.; FZ, v. 5.8.1904, ebd.; AZ, v. 20.11.1904, BA-MA, RM 3, Nr. 4962, Bl. 99; TR v. 28.4.1905, ebd., Bl. 101.

261 Tirpitz an Bülow, 10.11.1906, BA-B, R 43, Nr. 1596, Bl. 10–17 (Zitate: Bl. 10, 12); Stellungnahme der Vertreter des Reichsmarineamtes in der Sitzung über das Staatsangehörigkeitsgesetz im Reichsamte des Innern am 30.10.1905, BA-MA, RM 3, Nr. 4962, Bl. 141–144. Zusam-

dieser Frage befand sich der Staatssekretär des Reichsmarineamts in Übereinstimmung mit den Forderungen der radikalen Nationalisten.[262]

Obwohl Reichskanzler Bernhard von Bülow und sein Staatssekretär des Innern, Theobald von Bethmann Hollweg, dem die kommissarische Leitung des Gesetzgebungsverfahrens oblag, die Auffassung Tirpitz' grundsätzlich teilten, gelang es ihnen nicht, die intransigente Haltung der anderen Ministerien zu brechen.[263] Der dem Reichstag schließlich vorgelegte Regierungsentwurf nannte die Nichterfüllung der Wehrpflicht ausdrücklich als Grund für den Verlust der Staatsangehörigkeit.[264] Allerdings wurde durch die Änderung des Reichsmilitärgesetzes zugleich eine Reihe von Regelungen eingeführt, die den »Auslandsdeutschen« die Ableistung der Wehrpflicht erleichterten – eine Forderung, die die radikalen Nationalisten wiederholt erhoben hatten.[265] Aber obwohl Bülow und Bethmann Hollweg sich in der Frage der Wehrpflicht letztlich nicht durchsetzen konnten, gelang es ihnen schließlich, die Selbstblockade der Regierung zu überwinden und die Ausarbeitung der Gesetzesvorlage zum Abschluß zu bringen. Mit Blick auf den wachsenden Druck der Öffentlichkeit und des Reichstages hielten beide einen weiteren Aufschub des Gesetzgebungsverfahrens für unmöglich, weil die Notwendigkeit einer Gesetzesreform von der Regierung im Reichstag wiederholt als berechtigt anerkannt worden war.[266]

Als Ziel der Gesetzesänderung nannte der Entwurf der Regierung resümierend die folgenden drei Punkte: »1. Deutschen im Ausland den Verlust der Staatsangehörigkeit zu erschweren; 2. früheren Deutschen den Wiedererwerb der Staatsangehörigkeit zu erleichtern, und eventuell 3. Ausländern die Naturalisation zu erschweren.«[267] Die Regierung machte sich damit – wenngleich mit vierzehnjähriger Verzögerung – die grundsätzlichen Forderungen des Alldeutschen Verbandes zu eigen, die dieser zusammen mit anderen nationalistischen Verbänden beharrlich

menfassend: Posadowsky-Wehner an Bülow, 6.11.1906, BA-MA, RM 3, Nr. 4963, Bl. 3–19. Vgl. *Gosewinkel*, Einbürgern, S. 312–315.

262 Vgl. »Die Wehrpflicht der Deutschen außerhalb Europas«, in: AB, Jg. 12, 1902, S. 170f.

263 Vgl. Bülow an Bethmann Hollweg, 7.1.1908, BA-B, R 43, Nr. 1596, Bl. 80–83, 143–144; Bethmann Hollweg an Bülow, 9.9.1908, ebd., Bl. 173–177; Bethmann Hollweg an Bülow, 18.11.1908, ebd. Bl. 466–467. Eine Zusammenfassung der Einwände gegen die Verknüpfung von Staatsangehörigkeit und Wehrpflicht gibt das Votum des Staatsministers v. Tirpitz zum Entwurf eines Reichs- und Staatsangehörigkeitsgesetzes v. 15.10.1908, ebd., Bl. 410–415.

264 Entwurf eines Reichs- und Staatsangehörigkeitsgesetzes nebst Begründung, BA-B, R 43, Nr. 1596, Bl. 190–229; Entwurf eines Reichs- und Staatsangehörigkeitsgesetzes, RT (1914), Bd. 298, Aktenstück Nr. 6, S. 3–63 (§§ 13, 22, 25); Reichskanzler an den Staatssekretär des Innern, 21.1.1911, BA-B, R 43, Nr. 1597, Bl. 127f.

265 Vgl. »Die Wehrpflicht der Deutschen außerhalb Europas«, in: AB, Jg. 12, 1902, S. 170f.; *Cahn*, Reichs- u. Staatsangehörigkeit, S. 137–139, 101–110, 335–339.

266 Vgl. Bülow an Bethmann Hollweg, 7.1.1908, BA-B, R 43, Nr. 1596, Bl. 80–83, 143–144; Bethmann Hollweg an Bülow, 9.9.1908, ebd., Bl. 173–177.

267 Entwurf eines Reichs- und Staatsangehörigkeitsgesetzes nebst Begründung, BA-B, R 43, Nr. 1596, Bl. 190–229 (Zitat: Bl. 199). Vgl. Bülow an Bethmann Hollweg, 7.1.1908, BA-B, R 43, Nr. 1596, Bl. 80–83, 143–144; *Gosewinkel*, Einbürgern, S. 315–317.

immer wieder auf die politische Tagesordnung gebracht hatte.[268] Besondere Erwähnung verdienen in diesem Zusammenhang die von den Alldeutschen initiierten Unterschriftensammlungen unter den Auslandsdeutschen für eine Reform des Staatsangehörigkeitsrechts, in denen die Reichsregierung aufgefordert wurde, die von ihr wiederholt angekündigte Gesetzesänderung endlich in die Wege zu leiten.[269]

Als sich zu Beginn des Jahres 1908 die Anzeichen mehrten, daß die Regierung endlich Ernst machte mit der Ausarbeitung eines Gesetzentwurfes, standen die radikalen Nationalisten bereit, um ihr zu sekundieren.[270] Außer den Alldeutschen und der Kolonialgesellschaft wurde nun auch der »Verein für das Deutschtum im Ausland« aktiv. Er richtete eine Eingabe an den Reichstag, in der eine baldige Gesetzesinitiative gefordert wurde. Die Alldeutschen starteten währenddessen eine breit angelegte Kampagne, indem sie ihre Ortsgruppen zu Aktivitäten in der Frage der Reichsangehörigkeit aufforderten.[271] In Erwartung einer bevorstehenden Gesetzesinitiative widmeten sich auch die juristischen Experten verstärkt dem Thema Staatsangehörigkeit.[272] Unter diesen war es vor allem der Hamburger Rechtsanwalt und Notar Hans Ratjen, der durch seine Veröffentlichungen und sein Engagement in verschiedenen nationalistischen Agitationsverbänden zum Kronjuristen des radikalen Nationalismus avancierte. In seiner 1908 veröffentlichten Schrift »Der Kampf um die Reichsangehörigkeit« schlug Ratjen eine Reihe von Reformmaßnahmen vor, die sich in ihrer Zielsetzung und ihren Auswirkungen weitgehend mit den alldeutschen Forderungen deckten.[273] Am 5. September 1908 trug er seine Vorschläge auf der Vorstandssitzung des Alldeutschen Verbandes vor, woraufhin die Verbandsführung beschloß, seine Ausführungen für die anlaufende Kampagne in den Ortsgruppen zu verwenden.[274] Gemeinsam mit dem »Verein für

268 Vgl. AB, Jg. 11, 1901, S. 269f.; Jg. 12, 1902, S. 2–4; Jg. 14, 1904, S. 291–293, 403f.; Jg. 15, 1905, S. 27f.; 98f., 118, 158; Jg. 1906, S. 23f.; S. 190f., 206.

269 Vgl. Hasse an Bülow, 28.1.1905, BA-B, R 43, Nr. 1586, Bl. 4; Nationalliberale Correspondenz, Jg. 33, Nr. 34, 9.2.1905, BA-MA, RM 3, Nr. 4962, Bl. 100.

270 Vgl. *Weiß*, Erwerbung, S. 839. Am 26.3.1908 räumte Bethmann Hollweg erneut die Notwendigkeit einer Gesetzesänderung ein und sprach die Hoffnung aus, daß es »nunmehr in kurzer Zeit gelingen wird, dem Reichstag eine Reformvorlage zu machen«; RT, Bd. 231 (1908), S. 4305.

271 *Weidenfeller*, S. 339–341; *Weiß*, Erwerb, S. 836; DKZ, Jg. 25, 1908, S. 448–450; 820f.; Protokoll der GA-Sitzung des ADV v. 3.9.1909, BA-B, ADV, Nr. 71, Bl. 1–17; Rundschreiben der Hauptleitung an die Gauvorsitzenden, Ortsgruppen-Vorstände und Vertrauensmänner v. 22.9.1909, BA-B, ADV, Nr. 179, Bl. 140f.; AB, Jg. 18, 1908, S. 301–305.

272 Zum juristischen Fachdiskurs vgl. *Weiß*, Erwerb; *Cahn*, Reform; *Ratjen*, Kampf.

273 Vgl. *Ratjen*, Kampf; *ders.*, Deutsche; ders., Unser Heimatrecht, in: AB, Jg. 16, 1906, S. 27f.; ders., Zum Entwurf des Reichs- und Staatsangehörigkeitsgesetzes, in: AB, Jg. 22, 1912, S. 76–78; ders., Das neue Reichsangehörigkeitsgesetz, in: AB, Jg. 23, 1913, S. 217–219; ders., Die Reichsangehörigkeit der Auslandsdeutschen, in: Der Auslandsdeutsche, Jg. 2, 1913, Nr. 6, S. 3f., BA-MA, RM 3, Nr. 9923, Bl. 224. Vgl. auch AB, Jg. 18, 1908, S. 426f.; Jg. 19, 1909, S. 105f.

274 BA-B, ADV, Nr. 66, Bl. 1–14; AB, Jg. 18, 1908, S. 301–305; *ADV*, Zwanzig Jahre, S. 347–356. Vgl. KZ Nr. 886 v. 21.8.1908 u. Nr. 946 v. 7.9.1908, BHStA, MInn 74141.

das Deutschtum im Ausland« verfaßten die Alldeutschen außerdem Eingaben an den Reichskanzler und den Reichstag, in denen sie konkrete Vorschläge für eine Neugestaltung des Staatsangehörigkeitsrechts machten.[275]

Inhaltlich enthielten diese Eingaben, wie die radikalnationalistische Agitation insgesamt, keine neuen Argumente. Auffallend ist jedoch, daß insbesondere der Alldeutsche Verband jetzt vor allem die Einwanderungsproblematik als Begründung für die Notwendigkeit einer Gesetzesreform ins Feld führte. So wie Hasse bereits 1897 im Reichstag erklärt hatte, daß »für Deutschland durchaus kein Interesse vorliegt, minderwerthigem Menschenmaterial den Eintritt irgendwie zu erleichtern«, beklagte das alldeutsche Vorstandsmitglied Paul Langhans im September 1908 auf dem Verbandstag in Berlin die »wachsende Einwanderung volksfremder Elemente« als eine dauernde Gefahr für die Gesundheit und »Rassenreinheit unseres Volkes«.[276] Gemeint waren in erster Linie die polnischen und russischen Saisonarbeiter in den preußischen Ostprovinzen. Mit dieser Strategie versuchten die alldeutschen Propagandisten die Staatsangehörigkeitsproblematik mit der Frage der Zuwanderung ausländischer Arbeitskräfte zu verknüpfen, um vor dem Hintergrund der Debatte um das Vereinsgesetz und die Enteignungsvorlage die komplexe staatsrechtliche Materie zu politisieren und zu emotionalisieren.

Trotz der verstärkten öffentlichen Diskussion der Staatsangehörigkeitsproblematik kam der von der Regierung wiederholt in Aussicht gestellte Gesetzentwurf erst am 7. Februar 1912 vor den Reichstag. Der Grund für die neuerliche Verzögerung lag in der Tatsache begründet, daß der Regierungsentwurf zunächst den Bundesrat passieren mußte, wo er auf massive Vorbehalte einiger Bundesstaaten (vor allem Bayerns) stieß, die in dem Gesetz einen Eingriff in ihre Rechte sahen.[277] Diese erneute Verzögerung wurde nicht nur von den radikalen Nationalisten in scharfer Form kritisiert.[278] Den Gesetzentwurf begrüßte die

275 Die Eingaben forderten u.a., daß die Reichsangehörigkeit nicht durch den Erwerb einer fremden Staatsangehörigkeit verloren gehen dürfe. Außerdem sollte die erste Generation der Nachkommen eines Auslandsdeutschen, der seine Reichsangehörigkeit verloren hatte, das Recht erhalten, diese auf Antrag wiederzuerlangen. Dasselbe Recht sollten auch Ehefrauen »reichsdeutscher Abkunft« erhalten, die ihre deutsche Staatsangehörigkeit durch die Ehe mit einem Ausländer verloren hatten, sofern die Ehe durch Tod des Ehemanns oder Scheidung beendet wurde. Außerdem sollte eine selbständige, unvermittelt durch die Zugehörigkeit zu einem Bundesstaat bestehende Reichsangehörigkeit für Auslandsdeutsche geschaffen werden. Vgl. BA-B, ADV, Nr. 71, Bl. 12; AB, Jg. 19, 1909, S. 389, Jg. 20, 1910, S. 34–36; *ADV*, Zwanzig Jahre, S. 435, 437–441.

276 RT, Bd. 149 (1897), S. 4853; P. Langhans, Die Einwanderung fremder Elemente in das Reich, in: AB, Jg. 18, 1908, S. 323–325 (Zitate: S. 323f.); P. Dehn, Ein Verbot gegen den Zuzug von Osten, AB, Jg. 16, 1906, S. 27f.

277 Vgl. die Niederschrift über die am 18. u. 19.11.1910 im Kgl. Staatsministerium des Innern stattgehabte Besprechung des Entwurfs eines Reichs- und Staatsangehörigkeitsgesetzes sowie die Stellungnahme des Ministers des Äußeren, BHStA, Bayer. Gesandtschaft, Nr. 1559; Bericht des stellv. Bevollmächtigten zum Bundesrate v. 30.1.1912, BHStA, MInn 74142; *Gosewinkel*, Einbürgern, S. 317–321.

278 Vgl. AB, Jg. 20, 1910, S. 319; Jg. 21, 1911, S. 98; KZ, Nr. 1164 v. 4.11.1909 u. Nr. 1200 v. 13.11.1909.

Leitung des Alldeutschen Verbandes dann jedoch als »eine höchst erfreuliche Besserung gegenüber dem bestehenden Zustande«. Sie registrierte mit Genugtuung, daß die Vorlage jene Regelungen in bezug auf den Erhalt und Wiedererwerb der Reichsangehörigkeit Auslandsdeutscher enthielt, die der Verband seit mehr als einem Jahrzehnt gefordert hatte.[279] Zugleich übten die Alldeutschen jedoch auch Kritik an den aus ihrer Sicht bestehenden Mängeln des Gesetzes. Hierzu zählten vor allem die Nichterfüllung der Wehrpflicht sowie der Erwerb einer fremden Staatsangehörigkeit als Grund für den Verlust der Reichsangehörigkeit. Außerdem forderten sie ein gesetzliches Verbot von »Mischehen« in den Kolonien, um zu verhindern, daß »Abkömmlinge von Weißen und Farbigen« durch Geburt die Reichsangehörigkeit erwerben konnten.[280]

Gleichwohl konnten die radikalen Nationalisten ungeachtet ihrer Kritik im Detail mit der Regierungsvorlage zufrieden sein. Denn der Gesetzentwurf kodifizierte ein exklusives ius sanguinis als Grundlage der Staatsangehörigkeit und enthielt eine Reihe von Regelungen, die darauf zielten, einerseits den Erhalt der Reichsangehörigkeit für Auslandsdeutsche bzw. ihren Wiedererwerb zu erleichtern und andererseits die Einbürgerung von Ausländern zu erschweren. Er erfüllte damit die grundsätzlichen Forderungen der radikalen Nationalisten, die diese seit 1894 immer wieder erhoben hatten. Auf breite Zustimmung stieß der Gesetzentwurf auch im Reichstag. Er wurde von allen im Reichstag vertretenen Parteien mit Ausnahme der Sozialdemokraten befürwortet. Zu seiner Begründung wurden machtpolitische, völkische und bisweilen sogar offen rassistische Argumente vorgebracht. Allen Rednern war bewußt, daß es dabei um das nationale Selbstverständnis der reichsdeutschen Gesellschaft ging, d.h. um die Frage, wer zur deutschen Nation gehören sollte und wer nicht. Die Debatten um das Reichs- und Staatsangehörigkeitsgesetz geben deshalb Aufschluß darüber, in welchem Ausmaß radikalnationalistische Deutungsmuster am Vorabend des Ersten Weltkriegs in den Köpfen zahlreicher Abgeordneter und Regierungsvertreter verankert waren.[281]

Im Reichstag bestand ein breiter Konsens hinsichtlich der Streichung des § 21 des Gesetzes vom 1. Juni 1870, der den automatischen Verlust der Reichsangehörigkeit

279 AB, Jg. 22, 1912, S. 57–59 (Zitat: S. 58). Vgl. die Rede E. v. Lieberts, der am 27.2.1912 im Reichstag den Gesetzentwurf »vom nationalen Standpunkt aus« begrüßte und zugleich auf die Verdienste der nationalen Verbände am Zustandekommen der Vorlage hinwies; RT, Bd. 283 (1912), S. 271–274 (Zitat: S. 272); BA-B, ADV, Nr. 83, Bl. 1–26; ebd., ADV, Nr. 89, Bl. 57–80.

280 Vgl. H. Ratjen, Zum Entwurf des Reichs- und Staatsangehörigkeitsgesetzes, in: AB, Jg. 22, 1912, S. 76–78; ders., Das neue Reichsangehörigkeitsgesetz, ebd., S. 217–219; AB, Jg. 22, 1912, S. 329, 397. Zur Frage der kolonialen »Mischehen« *Gosewinkel*, Rückwirkungen, S. 241–254 (Zitat: S. 248).

281 Entwurf eines Reichs- und Staatsangehörigkeitsgesetzes, RT, Bd. 298 (1914), Anlage Nr. 6, S. 3–43. Vgl. *Brubaker*, Staats-Bürger, S. 156–183; *Hoffmann*, Republik, S. 91–103; *Gosewinkel*, Einbürgern, S. 322–324; *ders.*, Staatsangehörigkeit, S. 374–378; *Mommsen*, Nationalität; *Turner*, Staatsbürgerrecht.

bei einem zehnjährigen, ununterbrochenen Auslandsaufenthalt vorsah. Diese Forderung, die seit fast zwei Jahrzehnten der programmatische Motor der Gesetzesreform gewesen war, stieß auf die einhellige Zustimmung aller Parteien einschließlich der Sozialdemokraten. Der Verlust der deutschen Staatsangehörigkeit, darin waren sich alle Redner einig, sollte erschwert und zumindest grundsätzlich von der freien Entscheidung des Betroffenen abhängig gemacht werden. Zugleich herrschte Einigkeit darüber, daß denjenigen, die ihre Staatsangehörigkeit aufgrund des § 21 verloren hatten, der Wiedererwerb derselben erleichtert werden mußte. Heftig umstritten war dagegen die Frage, unter welchen Voraussetzungen ein Ausländer die Reichsangehörigkeit erwerben konnte. In den hierzu geäußerten Vorschlägen sowie in Art und Inhalt ihrer Begründung kamen in prägnanter Form die unterschiedlichen nationalistischen Ordnungsvorstellungen und Deutungsmuster zum Ausdruck, die die politische Kultur der wilhelminischen Gesellschaft prägten.

Im Grundsatz ging es bei der Debatte um zwei unterschiedliche Prinzipien zur Bestimmung der Staatsangehörigkeit: das ius sanguinis (Prinzip der Abstammung) und das ius soli (Prinzip des Geburtsortes). Die Befürworter einer restriktiven Naturalisierungspraxis verteidigten das Abstammungsprinzip mit dem Argument, das ius soli sei »unverträglich mit der Reinhaltung unserer völkischen Eigenart«. In diesem Sinne begrüßte der Abgeordnete der Deutschkonservativen Partei Ernst Giese, »daß in dem Gesetz der Grundsatz des jus sanguinis rein durchgeführt worden ist, daß also in der Hauptsache die Abstammung, das Blut das Entscheidende für den Erwerb der Staatsangehörigkeit ist. Diese Bestimmung dient hervorragend dazu, den völkischen Charakter und die deutsche Eigenart zu erhalten und zu bewahren.«[282] Ähnlich wie sein deutschkonservativer Kollege erklärte auch der nationalliberale Abgeordnete Anton Eugen Beck unumwunden, ein wesentlicher Zweck des Gesetzes bestehe darin zu verhindern, »daß Ausländer, die bei uns nicht willkommen wären, Deutsche werden können; man will nichtdeutsches Blut von der Aufnahme in das deutsche Vaterland abwehren«.[283] Nicht alle Redner vertraten den völkischen Standpunkt mit der gleichen Radikalität. In mehr oder weniger subtiler Form befürworteten jedoch auch die meisten anderen Teilnehmer der Debatte restriktive Naturalisierungsvorschriften, die darauf hinausliefen, die ethnisch-kulturelle Exklusivität der deutschen »Volksgemeinschaft« juristisch festzuschreiben.

Einzig die Sozialdemokraten, Linksliberalen sowie die Vertreter der polnischen, dänischen und elsaß-lothringischen Minderheit wehrten sich gegen den

282 RT, Bd. 301 (1914), Aktenstück Nr. 662, S. 1429; RT, Bd. 290 (1913), S. 5282. Giese war zugleich stellv. Vorsitzender der vom Reichstag zur Überarbeitung des Gesetzentwurfs eingesetzten Kommission.

283 RT, Bd. 283 (1912), S. 261. Vgl. auch die Äußerung des Abgeordneten Richard Herzog von der Wirtschaftlichen Vereinigung, der die Auffassung vertrat, das Gesetz müsse verhindern, »daß die deutsche Reichs- und Staatsangehörigkeit gewissermaßen ein Asyl wird für alle möglichen unerwünschten Elemente, die unser Volkstum gefährden«; RT, Bd. 283 (1912), S. 275.

Versuch, die deutsche Nation ethnisch-kulturell zu definieren. Zu diesem Zweck brachten die Sozialdemokraten einen eigenen Gesetzentwurf ein, der für alle im Deutschen Reich lebenden Ausländer ein Recht auf Einbürgerung vorsah, sofern sie zwei Jahre ansässig waren. Ihrem Entwurf lag die Auffassung zugrunde, daß man auf Dauer nicht hunderttausenden von ausländischen Arbeitskräften die vollen Bürgerrechte vorenthalten könne: »Wer wirtschaftlich eingegliedert sei, habe auch ein Recht auf staatliche Einbürgerung.«[284] Dem Entwurf der Sozialdemokraten lag mithin ein der Regierungsvorlage diametral entgegengesetztes Nationsverständnis zugrunde, nämlich die Vorstellung einer »Staatsbürgernation« (M. Rainer Lepsius), die sich auf die individuellen Staatsbürgerrechte und die demokratische Repräsentation ihrer Mitglieder gründete, weshalb er auch auf den erbitterten Widerstand der Regierung und der rechten Parteien stieß.

Im Gegensatz zu Sozialdemokraten und Linksliberalen betonte die Regierung im Einklang mit den Konservativen und Nationalliberalen immer wieder die Notwendigkeit einer restriktiven Einbürgerungspraxis. Als bevorzugtes Argument diente ihr dabei die vermeintliche Gefahr einer massenhaften Einwanderung »minderwertiger« Bevölkerungsgruppen aus Osteuropa, und die besondere geographische Lage Deutschlands in der Mitte Europas. Theodor Lewald, der Vertreter des Innenministeriums, etwa verteidigte den Gesetzentwurf, indem er das Gespenst einer Masseneinwanderung aus Osteuropa beschwor: »Der Zug der Nationen geht im großen und ganzen vom Osten nach dem Westen, und auf diesem Zuge der Nationen stoßen die Massen, die sich vom Osten aus in Bewegung setzen, erst auf das Deutsche Reich.« Daher liege eine restriktive Einbürgerungspolitik »im Interesse einer nationalen Politik, um den Strom der Ausländer, der vom Osten in unser Land hineinkommen will, zurückzuhalten.«[285]

Mit welcher Intransigenz und Rigidität vor allem die Regierung die ethnisch-kulturelle Homogenität des deutschen Volkes verteidigte, verdeutlicht die Diskussion in der zur Überarbeitung des Gesetzentwurfs eingesetzten Reichstagskommission um den § 3, der das ius sanguinis als zentrales Prinzip der Staatsangehörigkeit festschrieb.[286] Aus systematischen und pragmatischen Erwägungen schlug die Kommission den Zusatz vor: »Ein Kind, dessen Familienstand nicht zu ermitteln ist (Fin-

284 RT, Bd. 301 (1914), Aktenstück Nr. 962, S. 1421. Vgl. RT, Bd. 283 (1912), S. 251–257 (Liebknecht), S. 275–278 (Hansen), S. 278–282 (Landsberg); Bd. 290 (1913), S. 5270–5275 (Landsberg), S. 5286f. (Dombeck), S. 5299–5303 (Bernstein), S. 5760–5762 (Landsberg), S. 5765f., 5768f. (Bernstein). Zur Haltung der Linksliberalen vgl. *Gironda*.

285 RT, Bd. 290 (1913), S. 5303f. Auch der Abgeordnete Richard Herzog von der Wirtschaftlichen Vereinigung führte »die geographische Lage Deutschlands im Mittelpunkt Europas« als Begründung dafür an, »daß Deutschland gewissermaßen die Brücke bildet für alle die Volkselemente, die aus dem Osten nach dem Westen streben«; RT, Bd. 283 (1912), S. 275. Und selbst der Zentrumsvertreter Johannes Becker warnte vor »einer Majorisierung der deutschen Arbeiterbevölkerung durch diese kulturell tiefstehenden Arbeiter aus dem Osten«; RT, Bd. 290 (1913), S. 5305.

286 Vgl. § 3: »Durch die Geburt erwirbt das eheliche Kind eines Deutschen die Staatsangehörigkeit des Vaters, das uneheliche Kind einer Deutschen die Staatsangehörigkeit der Mutter.«

delkind), gilt als staatsangehörig in dem Bundesstaat, in dessen Gebiet es aufgefunden wurde.« Den Regierungsvertretern ging jedoch schon diese winzige Korrektur zu weit. In ihren Augen bedeutete der Änderungsantrag »eine Durchbrechung des im Entwurf rein durchgeführten jus sanguinis zugunsten des jus soli« und damit zugleich eine »staatspolitische Gefahr, da bei seiner Annahme die Regierung gezwungen sein würde, ausgesetzte Ausländerkinder in den Staatsverband aufzunehmen.« Besonders erschreckend erschien ihnen die Vorstellung, daß auf diese Weise »ein Findelkind auch bei offenbarer Unmöglichkeit der Abstammung von einem Angehörigen des Bundesstaates, in dem es aufgefunden werde, z.B. wenn es ein Mongolen- oder Negerkind sei, die Staatsangehörigkeit in diesem Bundesstaat erwerbe«. Dieser grotesken Furcht vor einer Überfremdung des deutschen Volkes durch Findelkinder mit ungeklärter Abstammung konterte die Kommission allerdings mit dem Argument, daß auch die »Kinder fremder Rassen … Deutsche sein könnten«. Zum Mißfallen der Regierung wurde der Antrag von der Kommisionsmehrheit angenommen und später unverändert als Gesetz verabschiedet.[287]

Diese Beispiele zeigen die Verbreitung völkischer Vorstellungen in der Diskussion um die Reform der deutschen Staatsangehörigkeit. Der Widerstand der Reichsregierung und der sie unterstützenden Parteien gegen das ius soli ging weit über das hinaus, was von einem etatistischen Standpunkt aus notwendig gewesen wäre. Die bedingungslose Ablehnung des ius soli richtete sich nicht primär gegen die praktischen Folgen seiner Aufnahme in das Staatsangehörigkeitsgesetz in bestimmten, klar begrenzten Einzelfällen, sondern gegen das Prinzip als solches.[288] Hinter dieser Ablehnung stand die radikalnationalistische Vorstellung einer homogenen »Volksgemeinschaft«, die es gegen das Eindringen fremder, »minderwertiger« Elemente zu schützen galt. Die Debatten um das Reichs- und Staatsangehörigkeitsgesetz verdeutlichen, daß die »nationalistische Überformung« des deutschen Staatsangehörigkeitsrechts keineswegs nur »im Zeichen offensiver Weltpolitik«, sondern auch unter dem Eindruck eines radikalen fremdenfeindlichen Nationalismus erfolgte.[289]

Die radikalen Nationalisten hatten daher allen Grund, mit dem Erreichten zufrieden zu sein, auch wenn ihnen die Regelungen des neuen Gesetzes noch immer nicht restriktiv genug waren.[290] Die Entstehungsgeschichte des Gesetzes

287 RT, Bd. 301 (1914), Aktenstück Nr. 962, S. 1415f., 1464. Auch der Versuch der Regierung, eine Regelung in das Gesetz einzufügen, die Frauen und Kindern aus »rassischen Mischehen« die deutsche Staatsangehörigkeit versagte, scheiterte am Widerstand der Reichstagsmehrheit. Vgl. *Gosewinkel*, Rückwirkungen, S. 251f.; *ders.*, Einbürgern, S. 303–309; *Kundrus*, Imperialisten, S. 219–279.

288 In diesem Sinne erklärte ein Regierungsvertreter in der Kommission: »Die Einführung des jus soli widerstrebe unserer ganzen Auffassung« und aus diesem Grunde seien alle entsprechenden Anträge unannehmbar; RT, Bd. 301 (1914), Aktenstück Nr. 962, S. 1430.

289 Vgl. *Mommsen*, Nationalität, S. 128, 135.

290 Vgl. H. Ratjen, Das neue Reichsangehörigkeitsgesetz, in: AB, Jg. 23, 1913, S. 217–219; ders., Die Reichsangehörigkeit der Auslandsdeutschen, in: Der Auslandsdeutsche, Jg. 2, 1913, Nr. 6,

von 1913 zeigt exemplarisch, auf welche Weise es ihnen gelang, in einer für das nationale Selbstverständnis zentralen Frage die politische Diskussion anzustoßen, zu strukturieren und Einfluß auf den politischen Entscheidungsprozeß zu nehmen. Wie gesehen, war es der Alldeutsche Verband, der als erster die Forderung nach einer Reform des Staatsangehörigkeitsrechts aufgegriffen und zu einem inhaltlichen Schwerpunkt seiner Agitation gemacht hatte. Mit ihrer Initiative im Reichstag schuf die Verbandsführung den politischen Ausgangspunkt der gesamten Gesetzesreform. Gleichzeitig gelang es den Alldeutschen, der von ihnen angestoßenen Diskussion die zentralen Ziele, Argumente und Deutungsmuster vorzugeben. Die Reichstagsdebatten von 1912/13 zeigen, wie sehr sich die politische Diskussion innerhalb jener diskursiven Parameter bewegte, die Ernst Hasse und seine Mitstreiter 1894/95 gesetzt hatten. Auch wenn die radikalen Nationalisten an dem späteren Gesetzgebungsverfahren nicht mehr im gleichen Maße beteiligt waren, hatten sie gleichwohl entscheidenden Anteil am Zustandekommen des Reichs- und Staatsangehörigkeitsgesetzes.

Die Bedeutung des Reichs- und Staatsangehörigkeitsgesetz vom 22. Juli 1913 für das nationale Selbstverständnis der wilhelminischen Gesellschaft und die weitere Entwicklung des Nationalismus in Deutschland kann kaum überschätzt werden. Das Gesetz »kodifizierte das exklusive *ius sanguinis* zu einer gleichermaßen rechtlichen wie politischen Institution der deutschen Staatsangehörigkeit.«[291] Zugleich gab es den zuständigen staatlichen Behörden eine Vielzahl von rechtlichen Möglichkeiten an die Hand, um die ethnisch-kulturelle Homogenität des deutschen Volkes sicherzustellen. Darüber hinaus verwandelte die rigorose Ablehnung des ius soli das Rechtsprinzip des ius sanguinis von einer bis dahin als selbstverständlich akzeptierten Gegebenheit in »eine selbstbewußte normative Tradition«. Das Gesetz markierte deshalb einen entscheidenden Meilenstein im Hinblick auf die Ethnisierung der deutschen Staatsangehörigkeit und des Nationalismus insgesamt.[292] Obwohl die Verfestigung des exklusiven ius sanguinis keineswegs gleichbedeutend war mit der Übernahme biologistischer Rassentheoreme in das Staatsangehörigkeitsrecht, hatten sich im Ergebnis »die ethnisch-völkischen Vorstellungen der nationalen Verbände gegenüber der politisch-utilitaristischen Konzeption der Reichstagslinken durchgesetzt«. Insgesamt, so das Urteil Dieter Gosewinkels, »fand die *Nationalisierung des Staatsbürgers* im Sinne einer Angleichung der Staatsangehörigkeit an vorstaatlich-vorpolitische Nationsvorstellungen im ius sanguinis ihre rechtliche Legitimation.«[293]

S. 3f., BA-MA, RM 3, Nr. 9923, Bl. 224; AB, Jg. 23, 1913, S. 310f.; »Das neue Reichs- und Staatsangehörigkeitsgesetz«, LNN v. 21.4.1912, BA-MA, RM 3, Nr. 4964, Bl. 2; »Abermals zum neuen Reichs- und Staatsangehörigkeitsgesetze«, LNN v. 24.6.1913, BA-MA, RM 3, Nr. 4964, Bl. 312.

291 *Gosewinkel*, Einbürgern, S. 310–327 (Zitat: S. 324 [Hervorhebung im Original]).

292 *Brubaker*, Staats-Bürger, S. 156–183 (Zitat: S. 162); *Turner*, Staatsbürgerrecht.

293 *Gosewinkel*, Einbürgern, S. 325f. [Hervorhebung im Original].

Als institutionalisierter Ausdruck des nationalen Selbstverständnisses trug das Reichs- und Staatsangehörigkeitsgesetz entscheidend dazu bei, daß sich in den Köpfen der Deutschen die Überzeugung festsetzte, die Zugehörigkeit zur deutschen Nation sei eine Frage der Abstammung. Die Verankerung des Abstammungsprinzips im Staatsangehörigkeitsrecht bildete daher eine wichtige Voraussetzung für die Verbreitung radikalnationalistischer Deutungsmuster während des Ersten Weltkrieges und der Weimarer Republik und trug so letztlich mit dazu bei, den Boden für die Durchsetzung der nationalsozialistischen Rassenpolitik zu bereiten. Denn auch wenn es keine unmittelbare Kontinuität zwischen dem Reichs- und Staatsangehörigkeitsgesetz von 1913 und den »Nürnberger Gesetzen« von 1935 gibt, kann andererseits kein Zweifel daran bestehen, daß, wie Henry Ashby Turner zutreffend bemerkte, in den Augen einer durch völkische Parolen indoktrinierten Öffentlichkeit die Nürnberger Rassengesetze als »eine bloße Konkretisierung des allgemein anerkannten Prinzips vom exklusiven Volkstum wahrgenommen werden« konnten.[294]

Das Reichs- und Staatsangehörigkeitsgesetz von 1913 zeigt damit in aller Deutlichkeit, welche Konsequenzen die Ordnungsvorstellung der »Volksgemeinschaft« zeitigte, wenn sie zum Maßstab des politischen Handelns erhoben wurde. Deren politische Implikationen reichten jedoch weit über den Bereich der Staatsangehörigkeitsproblematik hinaus. Die Zielutopie der homogenen »Volksgemeinschaft« besaß einen umfassenden Geltungsanspruch, der sich auf alle politischen und gesellschaftlichen Lebenszusammenhänge erstreckte. Wie kein anderes Deutungsmuster prägte sie den Erwartungshorizont der radikalen Nationalisten und bildete so den zentralen kognitiven Filter, der ihre Wahrnehmung strukturierte und ihr politisches Handeln leitete. Aus diesem Grund wird in den folgenden Kapiteln untersucht, auf welche Weise die Volksgemeinschaftsutopie die politische Praxis des radikalen Nationalismus bestimmte. Am Beispiel der für seine Anhänger konstitutiven Politikfelder soll gezeigt werden, daß die wachsende Intransigenz der radikalnationalistischen Ziele und Forderungen aus der zunehmenden Diskrepanz zwischen dem ideologisch disponierten Erwartungshorizont der radikalen Nationalisten und ihren konkreten Erfahrungen in der politischen Praxis resultierte. Am Anfang steht dabei die Analyse der von den radikalen Nationalisten propagierten imperialistischen Expansionsvorstellungen, deren Ziel eine Weltmachtstellung des Deutschen Reiches und der Erwerb von »Lebensraum« für das deutsche Volks waren.

294 *Turner*, Staatsbürgerrecht, S. 146f. (Zitat: S. 147). Zur Entwicklung der Staatsangehörigkeit während des Ersten Weltkrieges und der Weimarer Republik vgl. *Gosewinkel*, Einbürgern, S. 328–368. Zu den »Nürnberger Gesetzen« ebd., S. 383–393 sowie *Essner*, Nürnberger Gesetze.

III. Der Wille zur Weltmacht: Ideologische Grundlagen und politische Praxis des radikalnationalistischen Imperialismus

»Expansion as a permanent and supreme aim of politics is the central political idea of imperialism.«
Hannah Arendt

Das ausgehende 19. Jahrhundert war eine Epoche fortschreitender Globalisierung, die durch imperialistische Expansion und die transnationale Vernetzung der wirtschaftlichen Aktivität vorangetrieben wurde und die Alltagserfahrung von immer mehr Menschen prägte.[1] Der durch koloniale Expansion und wirtschaftliche Verflechtung erweiterte lebensweltliche Erfahrungsraum veränderte auch den nationalistischen Erwartungshorizont. Kein anderes Schlagwort entfesselte deshalb die politische Phantasie der Zeitgenossen mehr als die Forderung nach einer deutschen »Weltpolitik«. Der Begriff zielte auf eine deutsche Beteiligung an den imperialistischen Expansionsbestrebungen der okzidentalen Industriestaaten und konnte im Sprachgebrauch der Zeit eine Vielzahl von Formen der Expansion bezeichnen, die von formeller politischer Herrschaft in Gestalt einer staatlichen Kolonialverwaltung bis hin zu informeller, in der Regel wirtschaftlicher Durchdringung formell souveräner, faktisch jedoch abhängiger Staaten reichte. Seine Anziehungskraft und außerordentliche Popularität beruhten auf dieser Vieldeutigkeit, die es verschiedenen Akteuren erlaubte, ihre jeweiligen expansionistischen Vorstellungen und Interessen unter dem Etikett »Weltpolitik« zu propagieren. Gemeinsam war allen diesen Akteuren jedoch die Überzeugung von der unabdingbaren Notwendigkeit eines – wie auch immer gearteten – weltpolitischen Engagements des Deutschen Reiches.[2]

Diese Überzeugung teilten auch die radikalen Nationalisten. Der radikale Nationalismus muß deshalb auch als eine spezifische Reaktion auf die Heraus-

1 Vgl. *Torp*, Herausforderung, S. 27–49; *ders.*, Weltwirtschaft; *Conrad*, Globalisierung; *ders. u. Osterhammel*, S. 23–27; *Osterhammel u. Petersson*, S. 63–76; *Petersson*, Kaiserreich.

2 Vgl. *Fesser*, Traum; *Geiss*, Weltpolitik; *Mommsen*, Großmachtstellung; *ders.*, Triebkräfte; *Canis*, Weltpolitik; *van Laak*; *Schöllgen*, Großmacht; *ders.*, Wille; *Fröhlich*, Imperialismus; *Gollwitzer*, Denken, Bd. 2, S. 23–82, 217–252. Zur Begriffsgeschichte vgl. *Fisch u.a.*, S. 194–197; *Gollwitzer*, Denken, Bd. 1, S. 11–36. Zur imperialistischen Expansion der okzidentalen Großmächte allgemein *Hobsbawm*, Zeitalter; *Schmidt*, Imperialismus; *Smith*, European Imperialism; *Mommsen*, Zeitalter; *Hallgarten*, Imperialismus; *Schöllgen*, Zeitalter.

forderungen der Globalisierung verstanden werden. Damit ist zugleich die Frage nach dem Zusammenhang von Imperialismus und radikalem Nationalismus aufgeworfen, der in der neueren Forschung bislang nur selten thematisiert wurde.[3] Wenn zu diesem Zweck im folgenden die imperialistischen Expansionsvorstellungen der radikalen Nationalisten im Kontext ihrer nationalistischen Deutungsmuster untersucht werden, ist damit nicht beabsichtigt, sie im Stile einer älteren Interpretation des Imperialismus schlicht als Produkt eines extremen Nationalismus zu ›erklären‹. Eine solche Interpretation verschiebt das Grundproblem lediglich auf eine andere semantische Ebene und ist deshalb zurecht als unzureichend kritisiert worden.[4] Die Untersuchung zielt vielmehr darauf, die semantische und diskursive Verknüpfung nationalistischer und imperialistischer Deutungsmuster zu analysieren und ihre Bedeutung für das politische Handeln der radikalen Nationalisten herauszuarbeiten.

Hierzu werden als erstes die Argumente, Vorstellungen und Überzeugungen analysiert, die den imperialistischen Erwartungshorizont der radikalen Nationalisten prägten (II.1). Im Anschluß hieran wird ihre politische Praxis vor dem Hintergrund der reichsdeutschen Außenpolitik untersucht, und zwar zunächst im Hinblick auf ihre imperialistischen Ziele in Übersee (II.2), und anschließend in bezug auf ihre Pläne für eine Ausdehnung der deutschen Herrschaft in »Mitteleuropa« (II.3). Diese waren für das radikalnationalistische Selbstverständnis besonders wichtig, weil sie immer auch das Verhältnis des Deutschen Reiches zur Habsburgermonarchie thematisierten. Einen integralen Bestandteil aller Konzeptionen einer deutschen »Weltpolitik« stellte darüber hinaus die Forderung nach einer forcierten Heeres- und Flottenrüstung dar. Die Funktion der Rüstungspolitik als Instrument deutscher Weltmachtpolitik und ihre Bedeutung für die Popularisierung radikalnationalistischer Deutungsmuster bildet deshalb einen weiteren Gegenstand der Untersuchung (II.4). Am Beispiel dieser zentralen Politikfelder und Diskussionszusammenhänge sollen die den radikalnationalistischen Imperialismus dominierenden Deutungsmuster dargestellt und die Art und Weise nachgezeichnet werden, in der sie die Wahrnehmung der gesellschaftlichen Wirklichkeit strukturierten, bestimmte Interessen definierten und so Parameter für das politische Handeln festschrieben.

3 Vgl. *Walkenhorst*, Daseinskampf; *Geulen*, Frontier; *ders.*, Wahlverwandte, S. 309–367; *Kundrus*, Imperialisten. Zur Imperialismusforschung *Wolfe*, History; *Etherington*; *Wehler*, Imperialismus; *ders.*, Probleme; *Mommsen*, Imperialismustheorien; *ders.*, Imperialismus als historische Formation.

4 *Wehler*, Imperialismus, S. 13–15; *ders.*, Probleme, S. 120–122. Im Sprachgebrauch der radikalen Nationalisten war »Imperialismus« ein Sammelbegriff für die unterschiedlichen ökonomischen und politischen »Ausdehnungsbestrebungen großer Völker und Staaten« (*Hasse*, Weltpolitik, S. 11).

1. »Weltpolitik« und »Lebensraum«: Zur Zielutopie der radikalnationalistschen Expansionsvorstellungen

1.1. Die Weltreichstheorie als imperialistisches Paradigma

»Das neue Jahrhundert findet Deutschland vor einer folgenschweren Entscheidung: wollen wir herabsinken auf die Stufe einer Macht höchstens zweiten Ranges, oder wollen wir werden, wozu die Vorsehung dem deutschen Volke die reichsten Gaben in die Wiege gelegt hat, ein Edelvolk, ein Herrenvolk, bestimmt, der Kulturträger für die gesamte Menschheit zu werden?« Mit diesen Worten beschrieben die »Alldeutschen Blätter« am 1. Januar 1900 die Zukunftsaussichten des deutschen Volkes, um ihrer Forderung nach einer »Weltmachtstellung des Deutschen Reiches« Nachdruck zu verleihen.[5] Hinter dieser Forderung stand die Überzeugung von der existentiellen Notwendigkeit imperialistischer Expansion. Nur als »Weltmacht« – so die Überzeugung – werde das Deutsche Reich langfristig in der Lage sein, die nationale Existenz des deutschen Volkes zu gewährleisten. Unter den Lebensbedingungen des 20. Jahrhunderts sei deshalb »eine kräftige deutsche Weltpolitik die einzige Gewähr dafür, den Kampf um das Dasein zu bestehen.« Schlagwortartig zugespitzt lautete diese Zukunftsprognose: »Deutschland wird Weltmacht sein oder es wird nicht sein.«[6]

Obwohl das Argument von der existentiellen Notwendigkeit imperialistischer Expansion keine deutsche Besonderheit darstellte, sondern sich in nahezu allen am imperialistischen Konkurrenzkampf beteiligten Staaten findet, stellte sich die Alternative »Weltmacht oder Untergang?« für die deutschen Imperialisten mit besonderer Eindringlichkeit.[7] Als welt- und kolonialpolitischer Späteinsteiger verfügte das Deutsche Reich in weit geringerem Umfang als seine Konkurrenten über jene Mittel und Ressourcen wie überseeische Kolonien oder eine schlagkräftige Flotte, die den Zeitgenossen als Attribute einer Weltmacht galten. Der hieraus resultierende Minderwertigkeitskomplex trug in einem nicht unerheblichen Maße dazu bei, die Plausibilität dieses Deutungsmusters zu erhöhen.[8]

5 »Zur Jahreswende«, in: AB, Jg. 10, 1900, S. 1f. Bereits 1888 hatte Carl Peters gefordert, daß »an Stelle der europäischen Großmacht- die Weltmachtstellung das Ideal unsres nationalen Wollens« werden müsse; C. Peters, Die koloniale Bewegung und ihre Aufgabe, in: DKZ, Jg. 1 NF, 1888, S. 194. Vgl. ders., Großmachtstellung und Weltmachtstellung, in: ebd., S. 201f.

6 *Hasse*, Deutsche Weltpolitik, S. 16; AB, Jg. 9, 1899, S. 291. Nahezu wörtlich schrieb Adolf Hitler in »Mein Kampf«: »Deutschland wird entweder Weltmacht oder überhaupt nicht sein« (zit. nach *Neitzel*, Weltmacht, S. 21).

7 Vgl. *Neitzel*, Weltmacht, S. 81–210; *ders.*, Zukunftsvorstellungen.

8 Vgl. *Berman*. Das verspätete Eintreten des Deutschen Reiches in den Kampf um die Aufteilung der Welt konnte ideologisch allerdings dadurch kompensiert werden, daß es als Beleg für die »Jugendlichkeit« und Vitalität des deutschen Volkes gedeutet wurde.

Den Kern dieser Deutung bildete die Annahme, daß das europäische Wirtschafts- und Staatensystem sich über kurz oder lang zu einem Weltwirtschafts- und Weltstaatensystem entwickeln werde, in dem ein Nationalstaat seine Souveränität nur dadurch behaupten konnte, daß er zu einem »Weltindustrie- und Handelsstaat« mit globalen Interessen expandierte.[9] In Verbindung mit nationaldarwinistischen Vorstellungen entstand aus dieser Überzeugung ein Welt- und Geschichtsbild, demzufolge die Entwicklung des internationalen Systems auf die Herausbildung einer begrenzten Zahl von rivalisierenden Weltmächten hinauslief, die in wachsendem Maße, sei es durch koloniale Annexion oder informelle Herrschaftsausübung, die Welt unter sich aufteilten und ihre jeweiligen Einflußsphären durch eine »neomerkantilistische« Wirtschaftspolitik abschotteten.[10] Nach einer weitverbreiteten Auffassung zählten aufgrund ihrer unterschiedlichen Machtressourcen England, Rußland, die Vereinigten Staaten und – zumindest potentiell – auch das Deutsche Reich zu diesen Weltmächten, während Frankreich trotz seiner Tradition als europäischer Großmacht und seines beträchtlichen Kolonialbesitzes in der Regel nicht zu diesem Kreis gerechnet wurde.[11] In diesem Sinne sah etwa Gustav Schmoller mit England, Rußland und den Vereinigten Staaten »drei riesenhafte Eroberungsreiche« entstehen, »die mit ihrer Ländergier, ihrer See- und Landmacht, ihrem Handel, ihrem Export, ihrer expansiven Kraft alle anderen kleineren Staaten herabdrücken, ja sie zu vernichten, wirtschaftlich einzuschnüren, ihnen das Lebenslicht auszublasen drohen«.[12]

Diese »Weltreichslehre«, die sich in ähnlicher Form auch in anderen Ländern, vor allem im angelsächsischen Imperialismus findet, war faktisch eine Reformulierung traditioneller Machtstaatslogik, die ihre ideologische Begründung jedoch nunmehr aus nationaldarwinistischen Deutungsmustern bezog.[13] Durch

9 Vgl. Tirpitz, Notizen zum Immediatvortrag am 28.9.1899, in: *Berghahn u. Deist*, S. 159–162 (Zitat: S. 161). Auch Ernst Hasse erblickte im »Übergang des europäischen Konzerts zu einem Konzert der Weltmächte« den entscheidenden säkularen Entwicklungstrend (RT, Bd. 182, 13.1.1902, S. 3340). Vgl. *Dietzel*, Weltwirtschaft; *Harms*, Weltwirtschaft; *ders.*, Aufgaben; *ders.*, Volkswirtschaft, *Dehn*, Weltwirtschaftpolitik; *Mehrmann*, Welt- und Wirtschaftspolitik; *Voigt*. Die bereits von den Zeitgenossen registrierte Herausbildung eines Weltstaatensystems bildete, wie *Osterhammel*, Kolonialismus, S. 26–28, argumentiert, zugleich den grundlegenden Unterschied zwischen dem Imperialismus und früheren Formen des Kolonialismus.

10 Außer der amerikanischen Schutzzollpolitik waren es vor allem die Pläne zur Errichtung eines britischen Reichszollvereins, aus denen die Weltreichstheoretiker ihre Argumente bezogen. Vgl. *Rathgen*; *Mock*, Herrschaft, S. 38–67; *Neitzel*, Weltmacht, S. 229–233; *Bauerkämper*, Rechte, S. 48–55. Zum Begriff des »Neomerkantilismus« *Dietzel*, Theorie, S. 4–8; *Fischer*, Krieg, S. 68–77.

11 Der Grund hierfür lag in der aus der relativen Stagnation des französischen Wirtschafts- und Bevölkerungswachstums abgeleiteten Überzeugung, daß die ›Grande Nation‹ nicht mehr länger eine »junge«, expandierende Macht darstellte. Vgl. *Neitzel*, Weltmacht, S. 90–92.

12 *Schmoller*, Wandlungen, S. 380. Vgl. *ders.*, Zukunft, S. 23–26; *Dietzel*, Theorie.

13 Zur internationalen Verbreitung der Weltreichslehre vgl. *Neitzel*, Weltmacht, S. 210–292; *Kennedy*, Rise, S. 306–320.

die Übertragung des Selektionsprinzips auf die internationalen Beziehungen konnte die machtpolitische Rivalität der Großmächte zu einem weltgeschichtlichen »Kampf ums Dasein« stilisiert werden, in dem imperialistische Expansion eine quasi naturgesetzliche Notwendigkeit darstellte mit der Konsequenz, daß die großen Staaten zwangsläufig »größer und stärker, die kleinen kleiner und schwächer« werden mußten.[14] Obwohl bereits zeitgenössische Kritiker die der Weltreichstheorie zugrundeliegenden Annahme von der permanenten Akkumulation machtpolitischer Ressourcen in den Händen einiger weniger Weltmächte als geschichtsphilosophische Spekulation entlarvten, stellte sie das für den imperialistischen Diskurs im wilhelminischen Deutschland grundlegende Deutungsmuster dar, das auch für die radikalen Nationalisten konstitutiv war.[15]

Dem radikalnationalistischen Imperialismus war, ungeachtet aller Differenzen im Detail, darüber hinaus die Überzeugung gemeinsam, daß ökonomische Expansion eine zwar notwendige, aber keinesfalls hinreichende Voraussetzung für die Erringung und Behauptung einer deutschen Weltmachtstellung sei. Ernst Hasse etwa betonte, daß es sich »bei der Weltwirtschaft nicht um sie als Selbstzweck, sondern nur um ein Mittel zum Zwecke« handle und daß es ein verhängnisvoller Irrtum sei zu glauben, durch ökonomische Stärke allein ließen sich staatliche Sicherheit und politische Macht gewährleisten. Die wirtschaftliche Durchdringung einer bestimmten Region und der aus ihr resultierende indirekte Einfluß stellten in den Augen der radikalen Nationalisten lediglich eine Vorstufe für die direkte Machtausübung in Form territorialer Herrschaft dar, die als das eigentliche Ziel der »Weltpolitik« galt.[16] Unter den weltpolitischen Rahmenbedingungen der 1890er Jahre stand dabei zunächst die Forderung nach Erwerb überseeischer Kolonien im Mittelpunkt ihrer Agitation.

Auch für die radikalen Nationalisten bedeutete Kolonialbesitz die Schaffung zusätzlicher Absatzmärkte für deutsche Produkte. Der volkswirtschaftliche Nutzen von Kolonien wurde in ihrer Funktion als billige Rohstofflieferanten und Investitionsobjekte gesehen, durch die das Wachstum der heimischen Industrie unterstützt und gesichert werden sollte. Alfred Hugenberg etwa warnte 1888 in seiner Dissertation über die »Innere Kolonisation in Nordwestdeutschland« mit Blick auf die fortschreitende territoriale Expansion Rußlands und Englands, »nur durch die Sicherung und Erschließung politisch von uns abhängiger industrieller Absatzgebiete, tropischer Kolonien« könne das Deutsche Reich seine wirtschaftliche Selbständigkeit wahren.[17] Für die Anhänger des radikalen Nationa-

14 Tirpitz, Notizen zum Immediatvortrag am 28.9.1899, in: *Berghahn u. Deist*, S. 161.

15 Zur Kritik am spekulativen Charakter der Weltreichslehre *Dietzel*, Theorie; *Neitzel*, Weltmacht, S. 188–192.

16 *Hasse*, Deutsche Weltpolitik, S. 5, 12. In seiner Reichstagsrede vom 14.12.1899 beschrieb Hasse die notwendigen Entwicklungsphasen imperialistischer Expansion als »den Übergang von der Duldung zum Vertrag und vom Vertrag zur Herrschaft« (RT, Bd. 168, S. 3394).

17 *Hugenberg*, Kolonisation, S. 451f. Vgl. P. Dehn, Die weltwirtschaftliche Entwickelung, in: AB, Jg. 11, 1901, S. 4–6; *ders.*, Kolonial- und Weltpolitik, S. 27–33, 65–70; AB, Jg. 8, 1898, S. 75f.

lismus beschränkte sich die Funktion überseeischer Kolonien jedoch nicht auf deren vermeintlichen wirtschaftlichen Nutzen (der sich in der Praxis als reines Wunschdenken erweisen sollte),[18] sondern diese sollten darüber hinaus und in erster Linie als Siedlungskolonien zum Erhalt und zur Ausdehnung des »deutschen Volkstums« beitragen. Die Forderung nach kolonialer Expansion war für sie deshalb aufs engste mit der Frage der Auswanderung verknüpft.

Die Auswanderungsproblematik, die vor dem Hintergrund der wirtschaftlichen Depressionen in den Jahren 1880 bis 1893 einen letzten Höhepunkt erreichte, stellte für die radikalen Nationalisten einen unwiederbringlichen Verlust nationaler Ressourcen dar. In ihren Augen waren die deutschen Auswanderer »Kulturdünger« für fremde Völker, die das Humankapital der mit dem Deutschen Reich konkurrierenden Mächte stärkten.[19] Ihr Ziel war es deshalb, durch den Erwerb geeigneter Siedlungskolonien die Auswanderung in solche Gebiete umzulenken, in denen durch den staatlichen Zusammenhalt mit dem Deutschen Reich die Voraussetzungen für den »Erhalt des Deutschtums« gegeben waren.[20] Als Siedlungskolonien – im Gegensatz zu bloßen Handels- oder Pflanzungskolonien – kamen hierbei jedoch nur solche Gebiete in Frage, die aufgrund ihrer klimatischen Bedingungen geeignete Voraussetzungen für die dauerhafte Ansiedlung deutscher Auswanderer boten.[21]

Diese explizite Verbindung von kolonialer Expansion und Auswanderungsfrage war ein ideologisches Erbe der Kolonialbewegung der 1880er Jahre, das jedoch mit dem sukzessiv eintretenden Bedeutungsverlust der Auswanderung infolge des seit 1895 einsetzenden Konjunkturaufschwungs zunehmend an Überzeugungskraft einbüßte. Zwar hielten insbesondere die Alldeutschen an dem Argument fest, das rapide Wachstum der deutschen Bevölkerung erfordere den Erwerb von Siedlungskolonien, wobei der aktuelle Rückgang der Auswanderung als ein lediglich temporäres, zyklisch bedingtes Phänomen erklärt wurde.[22] Der Schwerpunkt ihrer Argumentation verlagerte sich jedoch zunehmend auf die machtpolitische Notwendigkeit kolonialer Expansion. Unter dem Einfluß der Weltreichstheorie

18 Zur wirtschaftlichen Bedeutung der deutschen Kolonien vgl. *Schulte-Althoff*, Krise; *Schinzinger*; *Smith*, Empire, S. 183–191.

19 AB, Jg. 12, 1902, S. 187; *Claß*, Marokko, S. 5; *ders.*, West Marokko, S. 7; *Liebert*, Koloni alpolitik, S. 38.

20 Vgl. Gründungsaufruf des ADV, BA-B, ADV, Nr. 1, Bl. 46f.; MADV, Jg. 1, 1890, S. 5f.; AB, Jg. 5, 1895, S. 141–143; *Hasse*, Ansprüche, S. 3–7; A. Dix, Wachsen und Wandern des deutschen Volkes, in: Ueberall, Jg. 3, 1900/1901, S. 425f.; ebd., Jg. 5, 1902/1903, S. 877–880; E. v. Liebert, Ziele der deutschen Kolonial- und Außenpolitik, in: AB, Jg. 17, 1907, S. 174f.

21 Vgl. *Hasse*, Kolonieen, S. 137–142; *Ratzel*, Geographie, S. 140–149; »Tropenkolonieen und Auswanderung«, in: KPK, Jg. 3, 1887, S. 241f.

22 Noch 1911 begründete *Claß*, West-Marokko, S. 6–9, 21, die von ihm geforderte Annexion West-Marokkos mit dessen Bedeutung als »Volksbesiedelungsgebiet«, das in der Lage sei, eine aus dem anhaltenden Geburtenüberschuß für die Zukunft zu erwartende Überbevölkerung aufzunehmen. Zum Ende der Auswanderung *Wehler*, DGG, Bd. 3, S. 543–545.

fungierte Kolonialbesitz nicht mehr in erster Linie als Sicherheitsventil für einen tatsächlichen oder zukünftigen Bevölkerungsüberschuß, sondern galt auf einer prinzipielleren Ebene als materielle Grundlage der nationalen Existenz. »Soll das deutsche Volk auf die Dauer im stande sein, sich gegenüber anderen ihm an Zahl weit überlegenen Völkern zu erhalten«, schrieb Hasse 1896 im Hinblick auf etwaige deutsche Ansprüche bei einem Zusammenbruch des Osmanischen Reiches, »so muß ihm ein weiterer Raum für seine Ausdehnung geschaffen werden.«[23] In dieser Formulierung manifestiert sich ein entscheidender Wandel der radikalnationalistischen Semantik. An die Stelle von Siedlungskolonien trat der abstrakte Begriff des »Raumes«. Auf diese Weise wurde die Forderung nach territorialer Expansion von einem konkreten gesellschaftlichen Problem gelöst und zu einem grundlegenden machtpolitischen Faktum im Zeitalter imperialistischer Rivalität verallgemeinert. »Jedes national gesinnte Volk sucht Ausbreitung«, hieß es apodiktisch in einer alldeutschen Flugschrift aus dem Jahre 1904.[24] Mit anderen Worten: Die Notwendigkeit territorialer Expansion wurde zu einem Axiom nationalistischer Machtpolitik und »Raum« zu einer Chiffre für nationale Größe. ›Wissenschaftlich‹ untermauert wurde dieses neue Argumentationsmuster durch das geopolitische Konzept des »Lebensraumes«, das seit der Jahrhundertwende zum zentralen Paradigma des radikalnationalistischen Imperialismus avancierte.

1.2. »Volk« und »Raum«: Funktion und Einfluß geopolitischer Deutungsmuster

Der Begriff des »Lebensraumes« wurde von dem Leipziger Geographieprofessor Friedrich Ratzel in seiner gleichnamigen, 1901 erschienenen Studie in den wissenschaftlichen Sprachgebrauch eingeführt.[25] Obwohl Ratzel selber ihn vorwiegend im Zusammenhang seiner »biogeographischen« Theorien propagierte, hatte er als kolonialpolitisch engagierter Wissenschaftler und Publizist sowie als aktives Mitglied der Kolonialgesellschaft, des Alldeutschen Verbandes und des Flottenvereins entscheidenden Anteil an seiner Übertragung auf den politischen Bereich.[26] Unter »Lebensraum« verstand Ratzel jenen Teil der Erdoberflä-

23 *Hasse*, Ansprüche, S. 5.

24 *Pfeil*, Marokko, S. 5. Ähnlich argumentierte auch *Hasse*, Grenzpolitik, S. 172: »Kein anderes großes Kulturvolk der Welt scheut sich heute, sich zu seinen Hochzielen zu bekennen, und diese Hochziele laufen alle mehr oder weniger auf eine räumliche und staatliche Ausdehnung hinaus. Darin liegt in alle Wege kein Chauvinismus, denn diese Ausdehnung ist das naturgemäße Ziel jeder Entwickelung, jedes Kampfes um das Dasein.«

25 Ratzel übernahm den Begriff von seinem Leipziger Lehrstuhlvorgänger Oscar Peschel (1826–1875), der ihn zuerst 1860 in einer Rezension von Darwins »On the Origins of Species« verwendet hatte. Vgl. *Walther*; *Faber*, Vorgeschichte, S. 400f.; *Kost*, Einflüsse, S. 236–239.

26 *Smith*, Ratzel; *ders.*, Politics, S. 219–233; *ders.*, Origins, S. 146–152; *Kost*, Einflüsse, S. 22–33; *Buttmann*, S. 81–83; *Faber*, Vorgeschichte, S. 393–394; *Oncken*, Problem, S. 94–96.

che, der einer bestimmten Art als Nahrungs- und Lebensgrundlage dient. Die Größe dieses Raumes war abhängig von der Größe der jeweiligen Population, ihren spezifischen Lebensformen sowie der geographischen Beschaffenheit des Lebensraumes. Das Wachstum einer Population erforderte folglich die Ausdehnung ihres Lebensraumes. Der von einer Art bewohnte Raum stellte daher die »allererste Lebensbedingung« dar, die alle übrigen Lebensäußerungen prägte. Für Ratzel war der »Kampf ums Dasein« deshalb in erster Linie ein »Kampf um Raum«. Das Überleben einer Art im Evolutionsprozeß hing ab von ihrer Fähigkeit, sich auszudehnen und fremden Lebensbedingungen anzupassen.[27]

Diese »Allgewalt des Raumbedürfnisses« galt, daran ließ Ratzel keinen Zweifel, nicht nur für das Tier- und Pflanzenreich, sondern auch für die Menschheit. Im Begriff des »Lebensraumes« glaubte er den Schlüssel zu einem umfassenden Verständnis der Evolution gefunden zu haben, der die Übertragung biologischer Theorien auf den Bereich menschlichen Handelns ermöglichte. Die entscheidende soziale Gruppe war für ihn dabei das »Volk«, das er als kulturell definierte Einheit verstand. Seine Substitution des kulturell definierten Volkes als Äquivalent für die biologische Art beruhte auf dem simplen Analogieschluß zwischen einer sozialen Entität und einem lebendigen Organismus, wie er in der zeitgenössischen Staats- und Gesellschaftstheorie weit verbreitet war. Völker bildeten demzufolge soziale Organismen, die in einem unauflösbaren Zusammenhang mit ihrem Lebensraum standen und folglich wie alle Lebewesen nach einer Ausdehnung desselben strebten. »So wie der Kampf ums Dasein im Grunde immer um Raum geführt wird, sind auch die Kämpfe der Völker vielfach nur Kämpfe um Raum, deren Siegpreis daher in allen Kriegen der neueren Geschichte ein Raumgewinn ist oder sein wollte.«[28]

Die politischen Implikationen dieser Theorie liegen auf der Hand: Wenn der Kampf um »Lebensraum« das entscheidende Charakteristikum im Zusammenleben der Völker darstellte, war imperialistische Expansion in Form territorialer Herrschaft nicht nur lebensnotwendig, sondern auch moralisch gerechtfertigt, da sie sich in Übereinstimmung mit den fundamentalen Gesetzen der Natur befand. Oder mit den Worten Ratzels: Jedes Volk und jeder Staat

27 *Ratzel*, Lebensraum, S. 43–63 (Zitate: S. 51); *ders.*, Erde, Bd. 2, S. 590–606. Vgl. *Smith*, Ratzel; *ders.*, Politics, S. 222–229; *Korinman*, S. 38–44; *Schulte-Althoff*, Studien, S. 138–147. Ratzel entwickelte sein Lebensraumkonzept in Anlehnung an die Migrationstheorie seines akademischen Mentors, des Zoologen Moritz Wagner (1813–1887), derzufolge Wanderung und geographische Isolierung die zentralen Voraussetzungen für die Entstehung neuer Arten darstellten. Vgl. *Wagner*, Theorie; *ders.*, Entstehung; *Beck*, S. 287–294. Zum wissenschaftlichen Werk Ratzels und seiner Rezeption *Osterhammel*, Raumerfassung.

28 *Ratzel*, Lebensraum, S. 44; *ders.*, Geographie, S. 381. Vgl. *ders.* [anonym], Völker und Räume, in: Gb, Jg. 53, 1894, Nr. 14, S. 1–10; *ders.*, Gesetze; *ders.*, Geographie, S. 3–23, 83–106; *ders.*, Geschichte; *ders.*, Erde, Bd. 2, S. 630–652, 667–677. Zur Übertragung biologischer Vorstellungen auf Staat und Gesellschaft vgl. *Hertwig*, Lehre; *Schäffle*, Bau; *Dohrn-van Rossum u. Böckenförde*; *Kost*, Einflüsse, S. 297–299; *Faber*, Vorgeschichte; S. 390–393.

standen »unter der Herrschaft des Gesetzes der Zunahme der politischen Räume«, dem sie sich nur bei Strafe ihres Untergangs entziehen konnten. Für dieses räumliche Wachstum gab es außer der Endlichkeit der Erdoberfläche keine prinzipiellen Grenzen, denn das von Ratzel in den Rang eines Naturgesetzes erhobene Expansionsstreben erforderte – zumindest in der Theorie – eine permanente Raumerweiterung und stand damit in einem Gegensatz zu der Vorstellung einer auf einem machtpolitischen Gleichgewicht beruhenden internationalen Ordnung.[29] Der Lebensraumideologie und dem aus ihr abgeleiteten geopolitischen Großraumdenken war mithin jene »objektlose Disposition« zu »gewaltsamer Expansion ohne bestimmte, zweckgebundene Grenze« zu eigen, in der Joseph Schumpeter und Hannah Arendt das zentrale Charakteristikum des Imperialismus gesehen haben.[30]

Ratzels wissenschaftliche Schlußfolgerungen waren in hohem Maße durch seine politischen Überzeugungen beeinflußt. Insbesondere seine Verwendung des Begriffs der »Kolonisation« für die erfolgreiche Ausdehnung einer Art verdeutlicht, wie sehr seine »biogeographischen« Theorien auf der Übertragung kolonialpolitischer Vorstellungen auf die Natur beruhten.[31] In den Augen der meisten Zeitgenossen stellten Ratzels geopolitische Theorien jedoch den wissenschaftlichen Beweis für die Notwendigkeit territorialer Expansion dar. Sie verliehen den imperialistischen Zielen des radikalen Nationalismus eine »Aura wissenschaftlicher Respektabilität« und trugen auf diese Weise entscheidend zu ihrer Legitimation bei. Den radikalen Nationalisten lieferte das Lebensraumkonzept damit den Interpretationsrahmen für eine neue Konzeptualisierung der internationalen Politik auf vermeintlich naturwissenschaftlicher Grundlage.[32] Und obwohl Ratzel die Bedeutung der »Rasse« als Faktor im Daseinskampf der Völker mit dem Hinweis auf deren »gemischte Abstammung« bestritt, trug seine Lebensraumtheorie durch ihre teils explizite, teils implizite Verbindung biologischer und soziologischer Kategorien zu einer Biologisierung des politischen Denkens bei.[33]

Für die radikalen Nationalisten beruhte die Attraktivität des Lebensraumkonzepts darüber hinaus auf seiner politischen Flexibilität. Es bildete das ideo-

29 *Ratzel*, Geographie, S. 215–256, 351–446 (Zitate: S. 381, 363); *ders.*, Gesetze; *ders.* [anonym], Völker und Räume.

30 Vgl. *Schumpeter*, Soziologie, S. 74, 118; *Arendt*, Origins, S. 121–157.

31 Vgl. *Ratzel*, Lebensraum, S. 24–35; *ders.*, Erde, Bd. 2, S. 571–582; *Smith*, Ratzel; *ders.*, Origins, 146–152; *ders.*, Politics, S. 221–229; *Korinman*, S. 45–50; *Schulte-Althoff*, Studien, S. 143–145. Für eine Kritik der dem geopolitischen Denken zugrundeliegenden Verknüpfung von Raum und Politik vgl. *Sprengel*; *Wehler*, Renaissance. Zur Renaissance geopolitischer Deutungsmuster in der historischen Forschung *Osterhammel*, Wiederkehr.

32 *Smith*, Ratzel, S. 51; *ders.*, Politics, S. 225–229; *Korinman*, S. 51–57.

33 *Ratzel*, Nationalitäten; *ders.*, Geschichte, S. 10–12; *ders.*, Erde, Bd. 2, S. 617–630. Die mangelnde Differenzierung zwischen natur- und kulturgeographischen Faktoren in Ratzels methodischem Ansatz kritisieren besonders *Febvre*, Terre, S. 61–73; *Kost*, Einflüsse, S. 25–29.

logische Passepartout für unterschiedliche imperialistische Raumkonstrukte, sei es ein zusammenhängendes mittelafrikanisches Kolonialreich oder ein »größeres Deutschland« in »Mitteleuropa«, die als »kognitive Landkarten« die Wahrnehmung wirtschaftlicher, sozialer und politischer Globalisierungsprozesse strukturierten und politisierten.[34] Der abstrakte Begriff des »Lebensraumes« besaß dabei den Vorzug, daß er als Rechtfertigung für nahezu jede imperialistische Zielvorstellung benutzt werden konnte, weil er keine konkreten Aussagen über den Ort der Expansion enthielt. Dieser Aspekt spielte eine wichtige Rolle im Hinblick auf die sich im letzten Vorkriegsjahrzehnt verschärfende Auseinandersetzung um die Frage, ob eine Erweiterung der deutschen Machtstellung vorrangig durch Kolonialbesitz in Übersee oder eine kontinentale Expansionspolitik in »Mitteleuropa« angestrebt werden solle. Der Lebensraumbegriff eröffnete den radikalen Nationalisten die Möglichkeit, ihre diesbezüglichen programmatischen Widersprüche und Zielkonflikte zu kaschieren.[35] Entscheidend für die sukzessive Verbreitung des Begriffs war jedoch seine geschichtsphilosophische Dimension, deren Dynamik sich besonders in Verbindung mit der Weltreichstheorie entfaltete. Der imperialistische Konkurrenzkampf der Kolonialmächte stellte demzufolge einen Kampf um »Lebensraum« dar, in dem die unumstößlichen Gesetze des historischen Wandels zum Ausdruck kamen. So erklärte etwa der in Aachen lehrende Geographieprofessor und Ratzelschüler Max Eckert vor dem Hintergrund der zweiten Marokkokrise im November 1911 auf der Vorstandssitzung der Kolonialgesellschaft:

»Der Kampf um Raum ist das hervorragendste Merkmal jeglicher Lebensentwicklung auf Erden, nicht bloß der Lebensentwicklung des einzelnen Individuums, sondern eines ganzen Volkes, überhaupt des Staates. Jede vorwärtstreibende und vorwärtsstrebende Staatsentwicklung schreitet von engen Räumen zu weiten Räumen fort. Nach diesem Gesetz der zunehmenden Räume wächst jede Land- und Seemacht.«[36]

Auch für Ernst Hasse war die »Neigung, große, weltumspannende Staatengebilde zu gründen«, das »naturgemäße Ziel« der geschichtlichen Entwicklung, »freilich nur bei den Völkern, die das Recht auf ein Fortbestehen in einer künftigen nur aus größeren Weltmächten bestehenden Welt haben und an diese Zukunft glauben.« Dieses »Recht auf ein Fortbestehen« stand seiner Auffassung nach nur einem »großen Kulturvolk« zu, wobei die Betonung auf dem Adjektiv lag.[37] Denn nicht allein die kulturellen Leistungen eines Volkes waren ausschlaggebend für seine zukünftige Existenzberechtigung, sondern vor allem

34 Zur Bedeutung »kognitiver Karten« (»mental maps«) vgl. *Schenk*; *Schultz*, Raumkonstrukte.

35 *Smith*, Politics, S. 225–229. Vgl. *Reismann-Grone u. v. Liebert* sowie Kapitel III. 3.

36 M. Eckert, Über Deutschlands Weltmachtstellung, Marokko-Abkommen und Kongokompensationen. Vortrag gehalten auf der Vorstandssitzung der DKG zu Berlin am 21.11.1911, in: DKZ, Jg. 28, 1911, S. 815–818, 822 (Zitat: S. 815).

37 *Hasse*, Kolonieen, S. 193; *ders.*, Grenzpolitik, S. 172f.

seine faktischen Machtressourcen, zu denen außer wirtschaftlicher und militärischer Stärke auch Bevölkerungszahl und territoriale Ausdehnung zählten. Mit anderen Worten: Als »große Kulturvölker« kamen nur jene Staaten in Betracht, die ohnehin zu den traditionellen Großmächten gehörten.

Das letzte und eigentliche Ziel dieses globalen Machtkampfes war eine »Neuaufteilung der Erde«. Für die radikalen Nationalisten spielte es dabei keine Rolle, daß spätestens am Ende der 1890er Jahre die Welt de facto unter den rivalisierenden imperialistischen Mächten aufgeteilt war, denn diese Aufteilung galt ihnen nicht als eine endgültige. Der imperialistische Status quo besaß vielmehr nur so lange Gültigkeit, wie sich »die Machtverhältnisse und die Ausdehnungsmöglichkeiten der Völker und Staaten« nicht zugunsten einer neuen Macht veränderten.[38] Die Überzeugung, daß das Deutsche Reich eine solche neue Macht war, die einen legitimen Anspruch auf die Ausdehnung ihres »Lebensraumes« besaß, gehörte zu den Axiomen des radikalen Nationalismus. Auf ihr gründete die von Ungeduld und Zuversicht geprägte Erwartungshaltung seiner Anhänger, daß das Reich früher oder später seinen ihm gebührenden Platz an der imperialistischen Sonne einnehmen werde.

Wenn die ursprüngliche Zuversicht dabei immer mehr in Ungeduld umschlug, lag dies auch an der sich zu einem Topos verfestigenden Vorstellung, daß angesichts der Dynamik des imperialistischen Konkurrenzkampfes ein Stillstand der territorialen Expansion einen gefährlichen Rückschritt der nationalen Entwicklung darstelle. Die geschichtliche Erfahrung aller Zeiten lehre, so hieß es in einer Flugschrift des Alldeutschen Verbandes, »daß eine Nation, die sich nicht mehr ausdehnt, nicht mehr wächst, zurückgeht. Nirgends mehr bedeutet der Stillstand Rückschritt, als im Staatenleben. Ein großes Volk muß nach Wachsthum streben, nur dadurch kann es sich frisch und lebendig erhalten.«[39] Diese Bewegungsmetaphorik war eine eminent einflußreiche Denk- und Argumentationsfigur, die unterhalb der Ebene reflektierter Begriffsbildungen den weltpolitischen Wandel als einen linearen Prozeß und zugleich als ein unabänderliches Faktum darstellte. Sie trug damit ihren Teil dazu bei, einen Erwartungshorizont zu formen, für den imperialistische Expansion den entscheidenden Fluchtpunkt der nationalen Entwicklung darstellte.[40]

38 *Hasse*, Weltpolitik, S. 1. Vgl. *ders.*, Kolonieen, S. 158: »Die Kolonialgeschichte, in gewissem Sinne die Geschichte überhaupt, ist nichts anderes als eine fortgesetzte Aufteilung der Welt unter neue Völker. Alte schwach gewordene Völker und Staaten gehen unter, werden aus ihren Wohnsitzen vertrieben oder unterjocht und von neuen kräftigen Völkern aufgesogen oder aufgefrischt.«

39 [*Anonymus*], Deutschland, S. 40f. Vgl. *Hasse*, Zukunft, S. 126: »Stillstand ist Rückgang. Auch das deutsche Volk wird zurückgehen, wenn es nicht vorwärts geht, wenn es sich nicht auszudehnen vermag nach der Menge und nach dem Raume.«

40 Zur Bedeutung von Bewegungsmetaphern vgl. *Demandt*, S. 198–236, 257–270.

Die aus dieser Überzeugung zu ziehende politische Schlußfolgerung konnte nur lauten, bei jeder sich bietenden Gelegenheit deutsche Besitzansprüche anzumelden und kompromißlos durchzufechten – und sei es lediglich, um geeignete »Tauschgebiete« zu erlangen. Konkret erhoben die radikalen Nationalisten deshalb die Forderung, daß das Deutsche Reich keine Veränderung des territorialen oder machtpolitischen Status quo zugunsten einer anderen Weltmacht dulden dürfe, ohne hierfür gleichwertige Kompensationen zu erhalten. Dieser umfassende Machtanspruch, in dem Ernst Hasse den »Inbegriff einer deutschen Weltpolitik« erblickte, kam faktisch einem weltpolitischen Vetorecht des Deutschen Reiches gleich.[41] In diesem Sinne ist auch die immer wieder erhobene Forderung nach Gleichberechtigung mit den anderen imperialistischen Mächten zu verstehen. Wenn die radikalen Nationalisten beteuerten, das Ziel deutscher »Weltpolitik« bestehe lediglich darin, »eine Weltmacht neben anderen gleichberechtigten Weltmächten« zu werden, so implizierte diese Forderung immer eine Revision des machtpolitischen Status quo zugunsten des Deutschen Reiches.[42]

Der Lebensraumbegriff lieferte den radikalen Nationalisten jedoch nicht nur eine Legitimation für ihre eigenen expansionistischen Ambitionen, sondern prägte zugleich ihre Wahrnehmung der Motive und Ziele der mit dem Deutschen Reich konkurrierenden Mächte. Wenn Expansion ein unabänderliches Faktum des historischen Wandels war, mußten auch die Regierungen dieser Staaten ihre vitalen nationalen Interessen ohne Rücksicht auf die Bedürfnisse der Konkurrenten verfolgen. Die dabei zwangsläufig entstehenden Konflikte waren letztlich nicht vermittelbar, sondern konnten endgültig nur durch eine machtpolitische, d.h. militärische Konfrontation gelöst werden, aus der eine Seite als Sieger hervorging. Diplomatische Kompromisse besaßen demgegenüber immer nur taktische Bedeutung, indem sie eine Lösung der Machtfrage aufschoben, den grundsätzlichen Konflikt jedoch bestehen ließen. Die Prämisse, daß imperialistische Expansion eine existentielle Notwendigkeit darstelle, produzierte so eine ideologische Axiomatik, die sich zu einer dauerhaften Struktur der historisch-politischen Wahrnehmung verfestigte. Das Deutungsmuster enthielt eine sich selbst reproduzierende Dynamik, derzufolge jeder tatsächliche politische Konflikt als Beweis für die Gültigkeit der Grundannahme diente.[43]

Die Überzeugung von der existentiellen Notwendigkeit territorialer Expansion war kein Spezifikum der radikalen Nationalisten, sondern in bildungsbürgerlichen Kreisen weit verbreitet und mit höchst unterschiedlichen innen- und gesellschaftspolitischen Zielvorstellungen vereinbar. Friedrich Naumann bei-

41 E. Hasse, Offene Fragen in der deutschen Kolonialpolitik, in: AB, Jg. 4, 1894, S. 61f.; ders., Reichstagsrede v. 16.12.1896, RT, Bd. 147, S. 3937f. (Zitat: S. 3938). Vgl. *ders.*, Ansprüche, S. 7; *ders.*, Deutsche Weltpolitik, S. 14; AB, Jg. 4, 1894, S. 185f.; AB, Jg. 5, 1895, S. 89f.; AB, Jg. 7, 1897, S. 1.

42 *Hasse*, Weltpolitik, S. 64–71 (Zitat: S. 64).

43 Vgl. die Argumentation bei *Jeismann*, Vaterland, S. 262–275.

spielsweise verfocht eine explizite Verbindung von expansiver »Weltpolitik« und Sozialreform. Für ihn stellte die »wirtschaftliche und politische Machtentfaltung der deutschen Nation nach außen« eine Voraussetzung umfassender sozialer Reformen im Innern dar. Naumann und seine Anhänger im »Nationalsozialen Verein« forderten deshalb nicht nur Ansiedlungskolonien in »gemäßigtem Klima«, sondern erklärten darüber hinaus den »Trieb des deutschen Volkes, seinen Einfluß auf der Erdkugel auszudehnen«, zum Inbegriff des »Nationalen« schlechthin.[44] Mit diesem Verständnis imperialistischer Expansion, der Forderung nach einer dezidiert anti-englischen Weltmachtpolitik sowie Naumanns Mitteleuropaplänen befanden sich die Mitglieder des »Nationalsozialen Vereins« in weitgehender Übereinstimmung mit den Vorstellungen der Alldeutschen, von denen sie sich lediglich durch divergierende innenpolitische Ziele unterschieden.[45] Das Beispiel des »Nationalsozialen Vereins« zeigt, daß die »Verbindung von ›Weltpolitik‹, nationalem Machtstaat und industriegesellschaftlicher Modernität« eine Faszination ausübte, der »gerade das liberale Bürgertum angesichts seiner politisch-gesellschaftlichen Weltbilder keine belastbaren Dämme entgegenzusetzen hatte.«[46]

Ihren prägnantesten Ausdruck fand die Verbindung radikalnationalistischer Expansions- und innenpolitischer Reformvorstellungen in Max Webers Freiburger Antrittsrede von 1895. Webers leidenschaftliches Plädoyer für eine energische Weltmachtpolitik, durch die der »Ellenbogenraum« der deutschen Nation eine angemessene Erweiterung erfahren müsse, um im »*ewigen Kampf* um die Erhaltung und Emporzüchtung unserer nationalen Art« bestehen zu können, zielte auf die Ablösung des preußischen Junkertums als herrschende politische Klasse, an dessen Stelle das Bürgertum treten sollte.[47] Webers akademische Antrittsrede und sein Engagement im Alldeutschen Verband, auf die im Zusammenhang mit der »Polenfrage« noch näher eingegangen wird, verdeutlichen, daß die Attraktivität des radikalen Nationalismus auch auf seiner Funktion als bürgerliche, gegen aristokratische Vorherrschaft gerichtete Emanzipationsstrategie beruhte, die zugleich eine Abgrenzung gegenüber der Arbeiterschaft anstrebte. In der For-

44 *Naumann*, Katechismus (Zitate: S. 199, 201, 209). Vgl. *ders.*, Politik, S. 32–56; *Theiner*, Liberalismus; *Düding*, Verein.

45 Zu diesem Ergebnis gelangt auch *Düding*, Verein, S. 73. Naumann selbst betonte, daß es »frei und deutsch gesinnten Männern« leichter fiele, die Verdienste der Alldeutschen anzuerkennen, wenn diese »eine unzweifelhaft freiheitlich gesinnte Erklärung zum jetzt geltenden allgemeinen, gleichen, direkten und geheimen Wahlrecht« abgeben würden. (*Naumann*, Deutschland, S. 406f.). Die Alldeutschen ihrerseits beurteilten die Nationalsozialen zumeist wohlwollend-kritisch. Vgl. AB, Jg. 10, 1900, S. 82–84; *Hasse*, Grenzpolitik, S. 164f.; *Bonhard*, S. 211f.

46 Vgl. *Langewiesche*, Liberalismus, S. 211–227 (Zitat: S. 221); *Mommsen*, Wandlungen; *Gall*, »Sündenfall«.

47 *Weber*, Nationalstaat (Zitate: S. 558, 560 [Hervorhebung im Original]). Vgl. *Radkau*, Weber, S. 215–233; *Mommsen*, Einleitung, S. 47–53; *ders.*, Weber, S. 37–42; *Torp*, Weber. Der von Weber verwendete Begriff des »Ellenbogenraums« wurde auch von den Alldeutschen häufig verwendet. Vgl. AB, Jg. 4, 1894, S. 6; *Hasse*, Deutsche Weltpolitik, S. 15.

derung nach territorialer Expansion fanden diese Bestrebungen einen politisch wirkungsvollen Kristallisationspunkt, der entscheidend zur Verbreitung radikalnationalistischer Deutungsmuster innerhalb nationalliberaler Kreise beitrug.[48]

Obwohl die Forderung nach territorialer Expansion prinzipiell sowohl mit der Vorstellung der Staatsnation als auch der Volksnation vereinbar war, bestand eine spezifische Affinität zwischen dem Lebensraumkonzept und dem ethnisch-kulturellen Nationsverständnis. Die Ursachen hierfür lagen im Entstehungs- und Funktionskontext der Lebensraumideologie. Die in der Diskussion der Auswanderungsfrage erhobene Forderung nach der Erhaltung des Deutschtums der Auswanderer gründete auf der Vorstellung ethnisch-kultureller Gemeinsamkeiten, die einen Zusammenhalt auch jenseits der Reichsgrenzen begründeten. Bei der Transformation des Siedlungskolonialismus zur Forderung nach »Lebensraum« blieb diese Vorstellung einer ethnisch-kulturellen »Volksgemeinschaft« zumindest latent erhalten. Diese Affinität tritt besonders deutlich zu Tage, wenn man nach den Formen und Trägern der territorialen Expansion fragt. Für die Propagandisten der Lebensraumideologie bedeutete territoriale Ausdehnung vor allem »Kolonisation«. Der Träger dieser Kolonisation war nicht der nationale Staat, sondern das deutsche Volk. So definierte etwa Hasse Kolonisation als »die Ausdehnung der Bevölkerungssiedelung und ihres Machtbereiches über die bisherigen Volksgrenzen« und sah in ihr gleichsam das Prinzip des historisch-politischen Wandels schlechthin:

»Die Kolonisation ist jederzeit eines der wichtigsten Mittel der Entwickelung der Menschheit gewesen und hat dauerndere Veränderungen herbeigeführt als bloße Eroberungen, Zertrümmerungen und Neuaufrichtungen von Staaten. Sie hat die jeweilig erreichte Kultur über die Erde verbreitet und ihr Schwergewicht von dem einen nach einem anderen Erdteile verlegt. Wir finden deshalb alle wesentlichen Umgestaltungen im staatlichen, wirtschaftlichen und gesellschaftlichen Leben durch koloniale Schöpfungen eingeleitet oder begleitet.«[49]

Es fällt nicht schwer, in diesen Formulierungen den Einfluß ethnologischer Theorien über die Bedeutung »kultureller Diffusion« zu entdecken, wie sie um die Jahrhundertwende von deutschen Anthropologen und Geographen entwickelt wurden.[50] Der führende intellektuelle Kopf dieser wissenschaftli-

48 Erst im Zuge der sich wandelnden innenpolitischen Konstellationen und Koalitionen nach der Jahrhundertwende kam es zu einer politischen Ausdifferenzierung innerhalb des »nationalen Lagers«, in deren Folge die radikalen Nationalisten sich immer mehr den Vorstellungen der Konservativen annäherten und dadurch in einen unüberbrückbaren Gegensatz zu den Liberalen traten. Gleichzeitig machte sich der politische Konservativismus zunehmend welt- und kolonialpolitsche Forderungen zu eigen und schuf so seinerseits die Voraussetzungen für eine Neuformierung der politischen Rechten innerhalb des »nationalen Lagers«. Vgl. *Friedeburg*; *Hagenlücke*, S. 21–48; *Eley*, Umformierung; *ders.*, Reshaping, S. 316–334.

49 *Hasse*, Kolonieen, S. 136, 141.

50 Vgl. *Smith*, Social and Political Origins; *ders.*, Politics, S. 140–161; *Mühlmann*, S. 122–129.

chen Schule war Friedrich Ratzel, durch den auch Hasse nachhaltig beeinflußt wurde.[51] Nach Auffassung der ›Diffusionisten‹ beruhte der kulturelle und zivilisatorische Fortschritt der Menschheit in erster Linie auf der durch Wanderungsbewegungen bewirkten Diffusion einer begrenzten Zahl technischer Erfindungen und kultureller Ausdrucksformen.[52] Für den hier erörterten Zusammenhang ist entscheidend, daß der Träger dieses Diffusionsprozesses das als ethnische und kulturelle Einheit verstandene »Volk« war, das seine kulturellen Errungenschaften in Form von »Kolonisation« verbreitete. Auf den politischen Bereich übertragen bedeutete dies, daß der Kampf um »Lebensraum« sich nicht in der Annexion fremder Territorien erschöpfte, sondern darüber hinaus deren kulturelle Durchdringung erforderte. Anders ausgedrückt: Territoriale Erwerbungen waren nur dann dauerhaft, wenn sie zum Ausgangspunkt einer Besiedlung durch Angehörige des eigenen Volkes wurden oder auf der Grundlage bereits existierender historischer Kolonisation stattfanden.[53]

Diese ethnisch-kulturelle Nationsvorstellung und die aus ihr abgeleitete Bedeutung des »Deutschtums im Ausland« waren der Grund, weshalb die radikalen Nationalisten ihre Expansionsziele sowohl in Übersee als auch auf dem europäischen Kontinent suchten. Denn, wie Ernst Hasse schrieb, abgesehen von den Engländern gebe es kein Volk, »das in gleichem Maße wie das deutsche über die ganze Erde verbreitet« sei und deshalb mehr Anspruch auf eine Weltmachtstellung besitze.[54] Die diesem Argument zugrundeliegende Vorstellung war ein für das radikalnationalistische Denken konstitutiver Nexus von Masse und Macht. In den Augen der radikalen Nationalisten stellte die Bevölkerungszahl *die* entscheidende machtpolitische Ressource im imperialistischen Konkurrenzkampf dar: »In dem künftigen Kampf um die Errichtung nationaler Staatengebilde werden nur die Völker siegen, die mit überwältigender Macht, also mit großer Volkszahl das Schlachtfeld betreten.«[55] Hinter der Forderung nach der »Erhaltung des Deutschtums im Ausland« stand mithin keineswegs nur ein idealistischer Kulturnationalismus, sondern ein klares machtpolitisches Kalkül, demzufolge jeder »Deutschsprechende«, die »Macht des deutschen Volkstums« erhöhte und »eine Bürgschaft mehr für die Zukunftsentwicklung desselben« darstellte. Das oberste Ziel deutscher Politik

51 Vgl. *Hasse*, Besiedelung, S. 1–8; *ders.*, Grenzpolitik, S. 4–7. Hasse kannte Ratzel nicht nur als Kollegen an der Universität Leipzig, sondern auch als aktives Mitglied der Leipziger Ortsgruppe des ADV. Vgl. *Smith*, Politics, S. 200–204; *Chickering*, Lamprecht, S. 398f.

52 Vgl. *Smith*, Social and Political Origins; *ders.*, Politics, S. 140–154, der ausführlich auf die problematischen Grundannahmen und den politischen Entstehungshintergrund dieser Theorien eingeht.

53 *Ratzel*, Geographie, S. 129–172; *ders.*, Erde, Bd. 2, S. 578–582; *ders.*, Gesetze.

54 *Hasse*, Deutsche Weltpolitik. S. 3f. Vgl. *ders.*, Zukunft, S. 1–17.

55 *Hasse*, Polenfrage, S. 4. Vgl. *ders.*, Zukunft, S. 1–45; H. Claß, Die Zukunft des deutschen Volkstums, in: AB, Jg. 16, 1906, S. 410–412; *Dix*, Imperialismus, S. 90–105.

mußte deshalb, wie Hasse im Reichstag erklärte, darin bestehen, »die deutschen Volksgenossen dem Auslande nicht mehr preiszugeben, sondern sie als Machtmittel für das Vaterland zu verwerthen«. Die »Erhaltung, Förderung und Ausbreitung deutschen Volkstums« war in diesem Sinne kein weltpolitischer Nebenkriegsschauplatz, sondern ein zentrales Element imperialistischer Weltmachtpolitik oder wie Paul Samassa formulierte: »ein Teil des Rassenkampfes, der den Inhalt der Weltgeschichte ausmacht«.[56]

Aus dem unterstellten Zusammenhang von Masse und Macht ergab sich die Notwendigkeit, alles zu tun, um die Masse des deutschen Volkes durch gezielte Maßnahmen auf dem Gebiet der Bevölkerungs- und Sozialpolitik zu erhöhen. Von zentraler Bedeutung waren insbesondere solche Maßnahmen, die geeignet schienen, das Wachstum der Bevölkerung zu fördern. Denn, in den Worten Hasses: »Die Nation verlangt Kinder, und zwar soviel Kinder wie möglich.« Anders ausgedrückt: Der ideologische Nexus von Masse und Macht stellte die radikalen Nationalisten vor das Problem, wie das für die imperialistische Expansion benötigte »Menschenmaterial« geschaffen werden sollte, und führte damit notwendig zu sozial- und bevölkerungspolitischen Überlegungen, in die in zunehmendem Maße auch eugenische und rassenhygenische Vorstellungen einflossen.[57]

Diese machtpolitische Deutung des Bevölkerungswachstums und der Verbreitung deutschstämmiger Auswanderer in aller Welt prägten den Erwartungshorizont der radikalen Nationalisten. In ihrer Wahrnehmung waren beide Entwicklungen ein Beleg für die »Jugendlichkeit« und Vitalität des deutschen Volkes. Auf dieser Überzeugung gründete ihre Zuversicht, daß das deutsche Volk über kurz oder lang eine zentrale Rolle im Konzert der Weltmächte spielen werde. Wie die Weltreichstheorie strukturierte auch das geopolitische Deutungsmuster des »Lebensraums« die Wahrnehmung der internationalen Politik, indem es einen Maßstab setzte, an dem die radikalen Nationalisten die faktischen Ergebnisse der deutschen Außen- und Kolonialpolitik maßen. Die wahrnehmunsstrukturierende Kraft der beiden Deutungsmuster wird vor allem daran deutlich, daß die Notwendigkeit imperialistischer Expansion zu keinem Zeitpunkt in Frage gestellt, sondern als *conditio sine qua non* der nationalen Entwicklung vorausgesetzt wurde. Ein freiwilliger Verzicht auf Expansion war für die radikalen Nationalisten undenkbar. In dieser Hypostasierung territorialer Expansion lag der fundamentalistische Grundzug des radikalnationalistischen Imperialismus, dessen Dynamik sich in dem Maße entfaltete, in dem die Verwirklichung der imperialistischen

56 RT, Bd. 150, 5.5.1897, S. 5747; E. v. Liebert, Ziele der deutschen Kolonial- und Auswanderungspolitik, in: AB, Jg. 17, 1907, S. 174f.; P. Samassa, Wege und Ziele deutscher Weltpolitik, in: AB, Jg. 11, 1901, S. 165–167, 177–179, 189–192 (Zitate: S. 189, 190). Vergleichbare Vorstellungen erlangten seit der Jahrhundertwende auch innerhalb des VDA zunehmenden Einfluß. Vgl. *Weidenfeller*, S. 272f., 285–287, 381–386.

57 *Hasse*, Zukunft, S. 17–45, 69–114 (Zitate: S. 19, 21). Vgl. ders., RT, 22.2.1897, S. 4853; *Dix*, Imperialismus, S. 94–105 sowie Kapitel II.4.

Ziele in immer weitere Ferne rückte. Die zunehmende Diskrepanz zwischen dem ideologischen Erwartungshorizont der radikalen Nationalisten und den faktischen Ergebnissen der reichsdeutschen Außen- und Kolonialpolitik war deshalb, wie im folgenden gezeigt werden soll, die entscheidende Ursache für die sukzessive Radikalisierung ihrer politischen Zielvorstellungen und Forderungen.

2. Auf der Suche nach einem »Platz an der Sonne«: Radikalnationalistische Expansionsvorstellungen im Kontext deutscher Welt- und Kolonialpolitik

Als Bernhard v. Bülow in seiner Antrittsrede als Staatssekretär des Auswärtigen Amtes am 6. Dezember 1897 verkündete, die Deutschen wollten niemanden in den Schatten stellen, aber auch sie verlangten ihren »Platz an der Sonne«, durfte er sich des Beifalls radikalnationalistischer Kreise sicher sein. Denn obwohl diese bewußt assoziativ gewählte Formulierung verschiedene Interpretationen zuließ, wurde sie (nicht nur) von den radikalen Nationalisten als Bekenntnis zu einer entschiedenen Expansionspolitik verstanden, deren Ziel der Erwerb weiterer Kolonien für das Deutsche Reich war. Drei Wochen zuvor, am 14. November, hatten deutsche Marineeinheiten die Bucht von Jiaozhou (Kiautschou) besetzt und damit dem Reich einen Flotten- und Handelsstützpunkt in Ostasien verschafft, der nach einer weitverbreiteten Auffassung als Ausgangspunkt für eine wirtschaftliche und machtpolitische Durchdringung des chinesischen Reiches dienen sollte. In der reichsdeutschen Öffentlichkeit wurde die Annexion Jiaozhous folglich als erster Schritt auf dem Weg des Deutschen Reiches zu einer den übrigen imperialistischen Mächten ebenbürtigen Welt- und Kolonialmacht gewertet.[58]

Obwohl (oder weil?) Bülow bei der Annexion Jiaozhous nur eine Nebenrolle gespielt hatte, war er bemüht, sich als der maßgebliche Repräsentant dieser neuen Außenpolitik zu profilieren. Indem er die Forderung nach einer expansiven Weltmachtpolitik zum offiziellen Regierungsprogramm erhob, weckte er jedoch Erwartungen, die zwangsläufig enttäuscht werden mußten.[59] In jedem

58 RT, Bd. 159, S. 60. Vgl. *Mommsen*, Großmachtstellung, S. 139–152; *Winzen*, Weltmachtkonzept, S. 67–71, 129–139; *ders.*, Genesis; *Fesser*, Reichskanzler, S. 42–47; *ders.*, Traum, S. 10–15; *Canis*, Weltpolitik, S. 256–276; *Röhl*, Wilhem II., S. 1060–1067; *Jung*, Deutschland.

59 Diese Interpretation folgt den Argumenten von *Lerman*, Chancellor; *dies.*, Bismarck's heir. Die von Peter Winzen vertretene These, Bülow habe »ein für alle Gebiete der Innen- und Außenpolitik umfassendes, langfristig konzipiertes« Weltmachtkonzept verfolgt, findet dagegen keine Bestätigung durch die vorliegende Untersuchung. Vgl. *Winzen*, Weltmachtkonzept, S. 427 434 (Zitat: S. 427); *ders.*, Einführung. Zwar trifft es zu, daß auch Bülow die Grundannahmen der Weltreichstheorie teilte, diese stellten jedoch noch kein politisches Programm dar, das klare Handlungsoptionen bereithielt.

Fall entsprachen die Ergebnisse der neuen deutschen »Weltpolitik« nicht der großspurigen imperialistischen Rhetorik, die Bülow auch nach seinem Wechsel von der Wilhelmstraße in die Reichskanzlei pflegte. Nach der Annexion Jiaozhous und dem Kauf der Karolinen-Inseln von Spanien 1899 sowie einer endgültigen Regelung der deutschen Besitzansprüche auf Samoa gelang es dem Reich nirgendwo mehr, seinen Einflußbereich dauerhaft zu erweitern. Genau diese Diskrepanz zwischen Worten und Taten war die Ursache für die zunehmende Unzufriedenheit der radikalen Nationalisten, die auf eine kompromißlose Expansionspolitik gehofft hatten und hierin durch die offizielle Rhetorik bestärkt worden waren.[60]

Gemessen an dem durch die Weltreichstheorie und die Lebensraumideologie konstituierten Erwartungshorizont der radikalen Nationalisten erschien die faktische Erfolglosigkeit der deutschen Welt- und Kolonialpolitik als eine bedrohliche Stagnation der nationalen Entwicklung. Ihre mit wachsender Schärfe vorgetragene Kritik an der Reichsleitung beruhte mithin nicht auf einem opportunistischen Populismus, sondern folgte einer immanenten Logik, die sich als sukzessive Radikalisierung infolge zunehmender Desillusionierung beschreiben läßt. Denn trotz wachsender Enttäuschung waren die radikalen Nationalisten nicht bereit, ihre expansionistischen Zielvorstellungen aufzugeben. Vielmehr sollte die Forderung nach »Lebensraum« für das deutsche Volk notfalls auch mit militärischen Mitteln durchgesetzt werden. Genau diese Bereitschaft zum Einsatz militärischer Gewalt führte zu einer wachsenden Entfremdung zwischen der Regierung und ihren radikalnationalistischen Kritikern. Die Reichsleitung nämlich war mit Rücksicht auf ihr ehrgeiziges Flottenbauprogramm lange Zeit nicht bereit, zur Erreichung ihrer expansionistischen Ziele einen militärischen Konflikt mit England zu riskieren, und ließ es in den Augen ihrer Kritiker damit an jener Entschlossenheit fehlen, die diesen als Voraussetzung einer erfolgreichen Weltmachtpolitik galt.[61] Die Avantgarde der Unzufriedenen bildete dabei der Alldeutsche Verband, der sich auf diese Weise als schärfster Kritiker der reichsdeutschen Außenpolitik profilierte.

2.1. Macht und Ohnmacht des Deutschen Reiches Teil 1: Der Burenkrieg und das Feindbild England

Aus Sicht der radikalen Nationalisten bedeutete bereits das 1899 ausgehandelte Abkommen zur Aufteilung Samoas, durch das deutsche Ansprüche im Norden des Archipels anerkannt wurden, eine herbe Enttäuschung, hatten sie doch

60 Vgl. *Bley*, Traum; *Blackbourn*, Politics.

61 Zum Primat der Flottenrüstung vgl. *Berghahn*, Tirpitz-Plan, S. 380–415; *ders.*, Flotte; *ders.*, Zielen; *Winzen*, Weltmachtkonzept, S. 86–98; *ders.*, Krieg sowie Kapitel III.4.

stets die alleinige Inbesitznahme der gesamten Inselgruppe durch das Deutsche Reich gefordert.[62] Die erste wirkliche weltpolitische Nagelprobe stellte jedoch der deutsch-englische Konflikt um die Zukunft Südafrikas dar, der mit dem im Oktober 1899 beginnenden Burenkrieg seinen Höhepunkt erreichte. Für die radikalen Nationalisten bedeutete der britisch-burische Krieg einen »Kampf um die Großmachtstellung Englands«, und dementsprechend lagen ihre Sympathien vorbehaltlos auf Seiten der Buren.[63] Der Krieg löste in der deutschen Öffentlichkeit eine Flut antienglischer Emotionen sowie zahlreiche Solidaritätsbekundungen zugunsten der Buren aus. Diese, wie Hans Delbrück bemerkte, »in der Geschichte unerhörte Einmüthigkeit der Gesinnung«, mit der das deutsche Volk »für die Buren und gegen die Engländer« Partei ergriff, verband sich mit Kritik an der offiziellen Neutralitätspolitik des Reiches, die in dem Maße an Schärfe gewann, in dem sich die militärische Niederlage der Buren abzeichnete und die Brutalität der britischen Kriegführung bekannt wurde. Die wachsende Kritik an der Reichsleitung richtete sich dabei nicht nur gegen die Tatenlosigkeit, mit der diese die Buren ihrem Schicksal überließ, sondern galt auch ihrer Unfähigkeit, aus dem anglo-burischen Konflikt außenpolitisches Kapital zu schlagen. Der südafrikanische Krieg wurde damit zunehmend zu einem innenpolitischen Problem.[64]

Während sich die öffentliche Meinung nahezu ausnahmslos auf die Seite der Buren stellte, war die Reichsleitung bemüht, einen ernsthaften Konflikt mit England zu vermeiden, um das angelaufene Flottenbauprogramm nicht zu gefährden. Diese Intention stand auch hinter dem im August 1898 unterzeichneten, geheimen deutsch-englischen Angola-Vertrag, der dem Reich für die Zusicherung seines Desinteresses an Südafrika im allgemeinen und der strategisch wichtigen Delagoa-Bucht im besonderen den Erwerb von Teilen der portugiesischen Kolonien Angola und Mosambik in Aussicht stellte, falls diese zur Disposition stehen sollten. Dieses »imperialistische Anwartsgeschäft auf einen bevorstehenden Zerfall des portugiesischen Kolonialreichs« (Wolfgang J. Mommsen), das eine substantielle Arrondierung des deutschen Kolonialbesitzes in Mittelafrika bedeutet hätte, wurde von englischer Seite jedoch in einem ebenfalls geheimen Abkommen mit Portugal vom 14. Oktober 1899, dem sogenannten »Windsor-Vertrag«, unterlaufen, in dem London de facto den Bestand der portugiesischen Kolonien garantierte. Besaßen die Briten daher weitgehende Handlungsfreiheit bei ihrem Versuch, die Burenrepubliken in ihren Herrschaftsbereich einzuglie-

62 Vgl. AB, Jg. 4, 1894, S. 69, 77, 83f., 85f., 95, 97f.; Jg. 5, 1895, S. 145f.; Jg. 6, 1896, S. 8; Jg. 9, 1899, S. 133–141, 273, 361f., 393f.; *Bassenge*, S. 11f.; DKZ, Jg. 7 NF, 1894, S. 50, 75f., 127; Jg. 16, 1899, S. 46–51, 54–57, 402–404, 447–451. Zur Samoa-Problematik allgemein *Kennedy*, Tangle; *Winzen*, Weltmachtkonzept, S. 198–205.

63 AB, Jg. 10, 1900, S. 1. Zu den Ursachen des Burenkrieges *Wedi-Pascha*, S. 93–112, 191–196.

64 *Delbrück*, Deutschland, S. 586; *Rosenbach*, S. 290–305; *Wedi-Pascha*, S. 196–213; *Fälschle*, S. 46–60; *Anderson*, Background, S. 285–360; *Kröll*. Zum Kriegsverlauf und der britischen Kriegführung vgl. *Nasson*; *Pakenham*; *Wilkinson-Latham*.

dern, waren der Reichsregierung die Hände gebunden. In jedem Fall besaß sie keinen Ansatzpunkt für eine aktive Intervention zugunsten der Buren, wie sie von Teilen der öffentlichen Meinung gefordert wurde.[65]

Die proburische Haltung der deutschen Bevölkerung, die in mancher Hinsicht an die Begeisterung für den griechischen Unabhängigkeitskampf im Vormärz erinnert, war das Ergebnis der deutschen Transvaalpolitik, die spätestens seit dem berüchtigten Krüger-Telegramm Wilhelms II. vom 3. Januar 1896 der Öffentlichkeit die Existenz einer deutsch-burischen Entente suggeriert hatte. Sie knüpfte darüber hinaus an völkische Vorstellungen an, denen zufolge zwischen Buren und Deutschen eine besondere ethnische und kulturelle Affinität bestand. Insbesondere die Alldeutschen hatten sich für eine materielle und ideelle Unterstützung der »stammesverwandten« Buren eingesetzt, die zugleich die machtpolitische Position Deutschlands im südlichen Afrika stärken sollte.[66] Zwar gingen nicht alle Alldeutschen soweit wie Max Robert Gerstenhauer, der die Auffassung vertrat, die Buren seien »Deutsche im Blute (von Abstammung), in Sprache, in Nationalcharakter und im gesamten übrigen Volkstum«, und deshalb von einer »deutsch-burischen Volksgemeinschaft« sprach. Der Gedanke einer historischen und kulturellen Verbundenheit mit der burischen Bevölkerung war jedoch nicht nur in radikalnationalistischen Kreisen verbreitet.[67]

Auf der machtpolitischen Ebene erstrebten die radikalen Nationalisten durch die Zusammenarbeit mit den Buren eine Ausdehnung des deutschen Einflusses im südlichen Afrika. In Erwartung eines baldigen Zerfalls der portugiesischen Kolonialherrschaft sollte das Reich in Angola und Mosambik Fuß fassen und so eine weitere Expansion der britischen Herrschaft vereiteln. Die Kapitulation der Burenstaaten im Mai 1902 und ihre Annexion durch England zerstörten alle Hoffnungen auf mögliche deutsche Kompensationen. Unter den radikalen Nationalisten breitete sich deshalb eine Art imperialistischer Endzeitstimmung aus, wie sie in der von dem alldeutschen Vorstandsmitglied Theodor Reismann-Grone herausgegebenen »Rheinisch-Westfälischen Zeitung« am 7. Juni 1902 ihren Ausdruck fand:

65 Vgl. *Rosenbach*; *Wedi-Pascha*, S. 113–144, 181–190; *Mommsen*, Großmachtstellung, S. 152–155 (Zitat: S. 154); *Winzen*, Weltmachtkonzept, S. 208–220, 265–292; GP, Bd. 14, Nr. 3872, S. 347–355; *Fröhlich*, Konfrontation, S. 182–213.

66 Vgl. AB, Jg. 4, 1894, S. 73f., 114, 174, 185f.; Jg. 5, 1895, S. 5, S. 113–115; Jg. 6, 1896, S. 5f., 9f., 37, 106f., 114f., 145f.; DW, Jg. 9, 1896, S. 37; Deutschlands Beziehungen zu Transvaal, in: Gb, Jg. 55, 1896, S. 305–310. Zur Krüger-Depesche *Röhl*, Wilhelm II., S. 871–887.

67 M. R. Gerstenhauer, Der Kampf der Buren gegen England, ein Kampf ums Deutschtum, in: AB, Jg. 6, 1896, S. 151f., 166f., 176–178, 183f., 190f., 201f., 214f. (Zitate: S. 151f., 166). Zwar mußte Gerstenhauer einräumen, daß die Buren selbst sich nicht als Deutsche betrachteten, was ihn jedoch nicht hinderte, in weiteren Artikeln für die Burenstaaten die Bezeichnung »Niederdeutsch-Afrika« zu verwenden. Vgl. AB, Jg. 7, 1897, S. 33f., 37f., 69f., 73f.; AB, Jg. 8, 1898, S. 164f.; Jg. 11, 1901, S. 222–224, 253–257, 266–269; W. Schroeder-Poggelow, Deutschland und die Buren, in: DW, Jg. 12, 1899, S. 181–185; *Elss*.

»Diese Zeit ist die schlimmste, die das deutsche Volk seit seiner Wiedergeburt 1864 erlebt hat. Die Regierungsjahre Wilhelms II. haben die jämmerlichen Tage Maximilians II. und Rudolfs II. erneuert. Wie damals infolge schlechter Rüstung und schlechter Diplomatie die Niederlande vom Deutschen Reich verlassen wurden und damit das Reich verließen, so hat auch das heutige Deutschland seine natürliche Aufgabe, einen uns so sehr nahe verwandten germanischen Stamm zu schützen, nicht erfüllt. Und auch für diese Unterlassung werden wir zu büßen haben, wie für jene wir büßen mußten; auch Afrika ist dem Deutschtum verloren, auch in Afrika wird das Deutschtum nur Völkerdünger sein.«[68]

Aus radikalnationalistischer Sicht hatten die Ereignisse die denkbar schlechteste Wendung genommen. England hatte seine machtpolitische Stellung festigen können, während das Deutsche Reich leer ausgegangen war. Der Ausgang des Burenkrieges erschütterte damit nachhaltig den bis zu diesem Zeitpunkt unter den radikalen Nationalisten vorherrschenden Optimismus und markierte eine Zäsur in der Entwicklung ihres politischen Denkens. Da sie weiterhin unverändert an ihren imperialistischen Zielvorstellungen festhielten, blieb ihnen nichts anderes übrig, als in zunehmendem Maße auf gewaltsame Lösungen zu setzen. Wenn sie gleichwohl zu taktischen Kompromissen bereit waren, lag dies an der Einsicht, daß das Deutsche Reich noch nicht in hinreichendem Maße über die maritimen Machtmittel verfügte, wie sie für einen Konflikt mit England erforderlich waren.[69] Als Konsequenz aus dem Scheitern der deutschen Südafrikapolitik forderten die Alldeutschen deshalb eine weitere Beschleunigung der Flottenrüstung.

Am Beispiel des englisch-burischen Krieges läßt sich damit erstmals jenes Grundmuster im Verhältnis der Agitationsverbände zur Reichsleitung aufzeigen, das sich in ähnlicher Form auch in zukünftigen Auseinandersetzungen zeigen sollte: Während die radikalen Nationalisten eine kompromißlose Haltung einforderten und hierbei eine Konfrontation mit England für unvermeidlich hielten, waren sie zu taktischen Zugeständnissen bereit, sofern die Regierung glaubhaft versicherte, am übergeordneten Ziel imperialistischer Expansion festzuhalten. In dem Maße, wie sich dann herausstellte, daß diese Zugeständnisse wertlos waren, weil die offizielle Politik ihr versprochenes Ziel nicht erreichte oder es gar nicht ernsthaft versuchte, verstärkte die hieraus erwachsene Enttäuschung die ursprünglich intransigente Haltung, mit der Folge, daß sich die Fronten beim nächsten Konflikt um so mißtrauischer und unversöhnlicher gegenüberstanden.[70]

68 Zit. n. *Rosenbach*, S. 305. Vgl. AB, Jg. 12, 1902, S. 197–199; P. Baecker, Das Ende des Burenkrieges, in: Akademische Blätter, Jg. 17, 1902/03, S. 101–104.

69 Vgl. AB, Jg. 10, 1900, S. 243–245; BA-B, ADV, Nr. 19, Bl. 1–3; AB, Jg. 9, 1899, S. 353f., 367; Jg. 10, 1900, S. 1, 338f.

70 Vgl. *Blackbourn*, Politics, S. 172–174, 179–182, der die fortschreitende Entfremdung zwischen Regierung und radikalen Nationalisten als eine »demagogische Spirale« beschreibt, über die beide Seiten schließlich die Kontrolle verloren. Eine wichtige Rolle spielte hierbei Bülows »Hammer-oder-Amboß«-Rede, mit der er am 11.12.1899 im Reichstag das zweite Flottengesetz begründete. In einer bewußt suggestiv gewählten Sprache, die eine eindeutige politische Festlegung vermied,

Die Ergebnisse des südafrikanischen Krieges bestätigten in den Augen der radikalen Nationalisten darüber hinaus die für ihr Denken konstitutive Überzeugung, daß eine erfolgreiche deutsche Weltmachtpolitik nur gegen, nicht mit England zu erreichen sei.[71] Ihr Feindbild des »perfiden Albion« beruhte auf der Überzeugung, daß Großbritannien als die führende Welt- und Kolonialmacht der Zeit prinzipiell allen Bestrebungen entgegentreten würde, die auf eine Revision des machtpolitischen Status quos zielten. Ein nachholender Imperialismus, wie ihn die radikalen Nationalisten propagierten, mußte deshalb zwangsläufig mit dem Widerstand der Briten rechnen. Aus dieser Perspektive war England, mit den Worten Dietrich Schäfers, die entscheidende »Schranke«, »die uns hindert, in unseren Bestrebungen, Raum zu gewinnen auf der Erde«.[72] Von der Feststellung eines machtpolitischen Interessengegensatzes und dem Nachweis seiner geschichtlichen Kontinuität war es dann nur noch ein kleiner Schritt zu der Behauptung, England und Deutschland seien »natürliche Gegner«, deren Rivalität keine – wie auch immer geartete – Interessengemeinschaft zuließ.[73] Auf der Grundlage dieser ideologischen Prämisse konnten die faktischen Konflikte zwischen Berlin und London in einem logischen Zirkelschluß als Ausdruck einer historischen Erbfeindschaft gedeutet und so als Beleg für die Gültigkeit des Feindbildes herangezogen werden. Vor dem Hintergrund wachsender Spannungen in den deutsch-britischen Beziehungen verfestigte sich diese Feindbildkonstruktion zu einem dauerhaften Wahrnehmungs- und Deutungsmuster, dessen iterative Dynamik schließlich den Charakter einer »self-fulfilling prophecy« annahm.[74]

versuchte Bülow alle Zweifel an der Entschlossenheit der Regierung zu einer energischen Weltmachtpolitik auszuräumen. Seitens der radikalen Nationalisten wurde seine Rede als Bestätigung für den Willen der Regierung, deutsche Interessen auch und gerade gegen England durchzusetzen, gewertet. Vgl. *Penzler*, Bd. 1, S. 88–97; RT, Bd. 168 (1899), S. 3391–3395; *Winzen*, Weltmachtkonzept, S. 220–230. Zur wachsenden Kritik der radikalen Nationalisten an der Regierung *Chickering*, We Men, S. 63–69; *Eley*, Reshaping, S. 242–245; *Schilling*, S. 141–146; *Hartwig*, Politik, S. 96–116.

71 Zur Bedeutung des Burenkrieges für die deutsch-englischen Beziehungen vgl. *Rosenbach*, S. 207–289, 309–314; *Fröhlich*, Konfrontation, S. 214–222.

72 AB, Jg. 4, 1894, S. 110; D. Schäfer, Englands Weltstellung und Deutschlands Lage, in: Überall, Jg. 14, 1911/12, S. 394–401 (Zitat: S. 394). Vgl. O. Hötzsch, Der englische und der deutsche Imperialismus, in: AB, Jg. 13, 1903, S. 107–110, 123–125; K. Mehrmann, Deutschland und England, in: ebd., S. 154f. Zwar beobachteten die radikalen Nationalisten auch den Aufstieg der USA zur »zweiten angelsächsischen Weltmacht« mit großer Aufmerksamkeit, ihr weltpolitisches Denken und Handeln blieb jedoch primär auf die deutsch-englische Rivalität fixiert. Vgl. »Das Deutsche Reich und die Vereinigten Staaten von Nordamerika«, in: AB, Jg. 8, 1898, S. 169f.; »Das Deutsche Reich, England und die Vereinigten Staaten von Nordamerika«, in: AB, Jg. 9, 1899, S. 417f.; O. Hötzsch, Die zweite angelsächsische Weltmacht, in: AB, Jg. 12, 1902, S. 253–256, 265–267, 274–277, 284–286, 291–293, 299–301.

73 *Bassenge*, S. 7f., 13; P. Samassa, Deutschland und England, in: AB, Jg. 10, 1900, S. 374–376, 383–385.

74 Zur Verbreitung antienglischer Ressentiments *Fälschle*, S. 61–81; *Bernstein*.

Die Hypostasierung der deutsch-englischen Feindschaft wurde zusätzlich dadurch verschärft, daß die imperialistischen Bestrebungen Großbritanniens nach Auffassung der radikalen Nationalisten nicht lediglich die Wahrung des Status quo verfolgten, sondern die Errichtung einer britischen Weltherrschaft zum Ziel hatten.[75] Man kann in dieser Unterstellung eine psychologisch aufschlußreiche Projektion eigener Wünsche und Sehnsüchte erblicken – auf der ideologischen Ebene ergaben sich die der britischen Politik unterstellten Ziele aus der Überzeugung vom quasi naturgesetzlichen Charakter imperialistischer Expansion. Aus dieser Sicht hatte auch das britische Weltreich nur die Wahl, seine Herrschafts- und Einflußsphären weiter auszudehnen oder zugunsten ›jüngerer‹, dynamischerer Mächte abzudanken. Die politische Konsequenz dieser Überzeugung konnte nur lauten, daß ein Interessenausgleich mit England prinzipiell unmöglich und ein machtpolitischer, d.h. letzten Endes militärischer Zusammenstoß unvermeidlich war. Für einige radikale Nationalisten stellte ein Krieg mit England deshalb eine notwendige Stufe auf dem Weg Deutschlands zur Weltmacht dar.[76]

Für den hier erörterten Zusammenhang ist vor allem wichtig, daß die radikalnationalistische Englandfeindschaft ideologisch prädisponiert war. Das Verhältnis der radikalen Nationalisten gegenüber Großbritannien wäre jedoch nur unzureichend dargestellt, wenn man es einseitig auf die Perhorreszierung des »perfiden Albions« reduzierte. Denn England stellte für viele radikale Nationalisten nicht nur den großen weltpolitischen Rivalen, sondern zugleich das Vorbild dar, an dem sich ihre weltpolitischen Ambitionen und Ziele orientierten. Die Feindschaft gegenüber England korrespondierte nicht selten mit einer Bewunderung für dessen geschichtliche Entwicklung und machtpolitische Stellung. »Keiner unserer Gegner lehrt uns so sehr wie der Engländer, was wir sollen«, schrieb der alldeutsche Publizist Fritz Bley 1897. »Und darum, ohne ihn nachzuahmen in thörichten Nebendingen, sollen wir es ihm ebengleich thun in allem, was tauglich und anwendbar auf unsere Verhältnisse ist.«[77]

75 Vgl. *Hasse*, Kolonieen, S. 182f.: »Die englische Kolonialpolitik ist fest auf die Errichtung einer englischen Weltherrschaft gerichtet. Sie gibt deshalb einmal erworbenes niemals freiwillig auf und hält nichts für zu unbedeutend, um es nicht zu erwerben.« *Ders.*, Weltpolitik, S. 13–24; ders., Britischer Imperialismus, in: AB, Jg. 18, 1908, S. 3–5; K. Mehrmann, Die britische Hegemonie als nächste Erscheinungsform der Weltpolitik, in: AB, Jg. 14, 1904, S. 297–299; ders., Imperialismus und Weltfrieden, in: AB, Jg. 16, 1906, S. 299f.

76 In diesem Sinne erklärte ein mit den Alldeutschen sympathisierender Autor 1913: »Wir können nur steigen, wenn England fällt.« Vgl. *Weber*, Krieg, S. 8, 37. Der Flugschrift war als Motto vorangestellt: »Es ist nicht möglich, daß zwei Völker die Welt beherrschen, entweder Albion oder wir.« Vgl. die Rezension in AB, Jg. 23, 1913, S. 227f.

77 *Bley*, Weltstellung, S. 36; *Peters*, Kolonialpolitik. Vgl. die Rede Otto Ammons auf dem Mainzer Verbandstag des ADV, in der dieser erklärte: »Wir wollen versuchen, von den Engländern zu lernen: das ist deutsch!« (AB, Jg. 10, 1900, S. 243); K. v. Strantz, Englands Kolonialstärke unser Ziel, in: AB, Jg. 23, 1913, S. 11f.

Der Feind als Vorbild – diese Ambivalenz durchzog die Haltung der radikalen Nationalisten gegenüber Großbritannien während der gesamten Vorkriegszeit und erklärt die Fixierung ihres Denkens auf die deutsch-englische Rivalität. Gerade im Vergleich mit England aber mußte die faktische Erfolglosigkeit der deutschen Weltmachtpolitik als eine schwerwiegende Niederlage im imperialistischen Konkurrenzkampf erscheinen.

Außer dem Fiasko der deutschen Südafrikapolitik machte vor allem die politische Entwicklung in Ostasien die Hoffnungen der radikalen Nationalisten auf eine weitere territoriale Expansion des Reiches zunichte und trug so zur wachsenden Entfremdung von der Regierung bei. Den Hintergrund für die radikalnationalistischen Expansionsziele auf dem asiatischen Kontinent bildete der scheinbar unaufhaltsame Zerfall des chinesischen Reiches, der mit der Niederlage im Krieg gegen Japan 1894/95 einen neuen Höhepunkt erreichte. Der vermeintlich bevorstehende Zerfall des »Reiches der Mitte« führte zu verstärkten Anstrengungen der imperialistischen Mächte, sich eine möglichst günstige Ausgangsposition für den erwarteten »Scramble for China« zu verschaffen. Spätestens seit der Annexion Jiaozhous war auch das Deutsche Reich an diesem Wettkampf um die Aufteilung Chinas beteiligt, der sich primär in Form informeller ökonomischer Durchdringung des chinesischen Marktes vollzog. Die Grundsätze des Freihandels und der »offenen Tür« wurden deshalb ausdrücklich in dem im Oktober 1900 zwischen Berlin und London geschlossenen Jangtse-Abkommen festgeschrieben, in dem sich beide Seiten verpflichteten, die territoriale Integrität des chinesischen Reiches zu respektieren und gegebenenfalls auch gegen Verletzungen durch dritte Mächte zu verteidigen. Faktisch bedeutete dieser nach der Niederschlagung des »Boxeraufstandes« und auf dem Höhepunkt des Burenkrieges abgeschlossene Vertrag eine Abgrenzung der beiderseitigen ökonomischen Interessensphären, die sich insbesondere gegen die russischen Expansionsbestrebungen richtete.[78]

Diese am Freihandelsimperialismus orientierte Politik stieß auf scharfe Ablehnung der radikalen Nationalisten, die im Ausbruch des Boxeraufstandes und der Entsendung eines internationalen Expeditionskorps unter dem Oberbefehl des Grafen Waldersee den »ersten Schritt zu einer völligen Neuregelung der Machtverhaltnisse in Ostasien« und damit die Chance für »eine erweiterte territoriale Fußfassung« des Reiches in China erblickten. Die Gelegenheit hierfür schien ihnen angesichts der durch den Burenkrieg gebundenen Kräfte Englands außerordentlich günstig. Insbesondere die Alldeutschen polemisierten vehement gegen das der offiziellen deutschen Politik zugrunde liegende Prinzip der »offenen Tür« und warfen der Regierung vor, eine möglicherwei-

78 *Mommsen*, Großmachtstellung, S. 155–157. Vgl. *Petersson*, Imperialismus; *Osterhammel*, China, S. 202–240; *Ratenhof*, S. 51–168; *Schrecker*, S. 85–158; *Stingl*, S. 199–213, 310–337; *Grimm*, Boxerbewegung.

se einmalige Gelegenheit ungenutzt verstreichen zu lassen.[79] Wenn es in den folgenden Jahren tatsächlich nicht zu territorialen Erwerbungen Deutschlands in China kam, mußte diese Entwicklung die radikalen Nationalisten in ihrer Überzeugung bestätigen, daß die Reichsregierung weder willens noch fähig war, die für das deutsche Volk vermeintlich lebensnotwendige Erweiterung seines Herrschafts- und Einflußbereiches zu verwirklichen, und stärkte damit jene Kreise, die auf eine strikt antigouvernementale Haltung drängten.

Die Erfahrungen der radikalen Nationalisten mit der reichsdeutschen Außenpolitik in der südafrikanischen und ostasiatischen Frage lassen sich als ein Prozeß kumulativer Desillusionierung beschreiben. Aus ihrer Sicht bedeutete die deutsche »Weltpolitik« seit 1897 einen einzigen Fehlschlag, weil, wie Hasse 1902 in einer programmatischen Rede über »Die bisherigen Ergebnisse deutscher Kolonialpolitik feststellte«, kein einziges ihrer ursprünglichen Ziele erreicht worden war, am wenigsten das zentrale Ziel der »Erwerbung von Siedlungskolonien für die deutsche Auswanderung«.[80] Angesichts dieser Erfolglosigkeit verlor die offizielle imperialistische Rhetorik der Regierung nahezu jegliche Glaubwürdigkeit und steigerte nur noch die tiefe Unzufriedenheit, die sich unter dem Schlagwort der »Reichsverdrossenheit« artikulierte. Für die »Alldeutschen Blätter« zumindest lagen die Ursachen der wachsenden Mißstimmung auf der Hand:

»Woher stammt die allgemeine Unzufriedenheit unter den Patrioten im Reiche, die sogenannte Reichsverdrossenheit? Wir hören hochtönende Reden, aber sehen nur ein minderwertiges, kleinmütiges Handeln. Festreden, große Paraden, Denkmalenthüllungen, Kirchweihfeste, Ordensverleihungen folgen sich unausgesetzt; aber das Nationalgefühl ist gekränkt, der Nationalstolz beleidigt, denn die deutsche Politik erreicht nichts und gibt bei jedem Konflikt klein bei ... Das Wort von der ›Politik der verpaßten Gelegenheiten‹ und von der ›Politik der Verbeugungen‹ macht die Runde durch ganz Deutschland und ist bereits zu einem geflügelten geworden. Auf der anderen Seite hört man das Schlagwort: Wir treiben Weltpolitik; aber jeder weiß, daß nur davon gesprochen wird und daß nichts geschieht.«[81]

Noch einen Schritt weiter ging Heinrich Claß in einer Grundsatzrede auf dem alldeutschen Verbandstag im September 1903, in der er eine schonungslose Bilanz der innen- und außenpolitischen Entwicklung seit 1890 aufmachte, die in der Feststellung gipfelte, die Reichsregierung lasse so gut wie alles vermissen, »was

79 A. Lehr, Deutschland und China, in: AB, Jg. 10, 1900, S. 285–287 (Zitat: S. 285); E. Hasse, Was wir in China wollen!, in: ebd., S. 305–308 (Zitat: S. 305). Vgl. ders., Die Teilung Chinas, in: ebd., S. 265–268; AB, Jg. 8, 1898, S. 81; Jg. 9, 1899, S. 401f.; Jg. 10, 1900, S. 29f.; DKZ, Jg. 19, 1902, S. 514–516, 518f.

80 AB, Jg. 1902, S. 190f. Weiter erklärte Hasse: »Die Erwerbung wirklich geeigneter Siedlungsgebiete für die deutsche Auswanderung außerhalb der Grenzen des Deutschen Reiches bleibt also die wichtigste Aufgabe deutscher Kolonialpolitik.«

81 AB, Jg. 13, 1903, S. 249f.

von der verantwortlichen Leitung eines Volkes verlangt werden muß«. Insbesondere beklagte Claß, »daß die Leitung der deutschen Politik jede sich bietende Gelegenheit, wirklich Weltpolitik zu treiben«, versäumt habe, während alle anderen Mächte »im großen, teilweise im größten Stil Weltpolitik getrieben haben«.[82]

Claß' Rede auf dem Plauener Verbandstag, die von ihm und seinen Anhängern aufgrund der lebhaften Diskussion, die sie innerhalb radikalnationalistischer Kreise auslöste, im Rückblick zum Beginn einer »entschlossenen und umfassenden ›nationalen Opposition‹« stilisiert wurde, stellte die bis dahin schärfste Kritik an der offiziellen »Weltpolitik« dar. Sie war zugleich ein Versuch, aus der weitverbreiteten »Erbitterung, Mißstimmung und Entmutigung« über das Ausbleiben greifbarer imperialistischer Erfolge politisches Kapital zu schlagen.[83] Darüber hinaus war Claß' Rede politisch vor allem deshalb bedeutsam, weil sie die Agitation der radikalen Nationalisten in verstärktem Maße auf das Gebiet der Innenpolitik verwies. Nachdem sich die Regierung in ihren Augen als unfähig erwiesen hatte, die vitalen Interessen des deutschen Volkes zu sichern, mußten ihre Anstrengungen konsequenter Weise noch mehr als bisher darauf abzielen, eine politische Führung zu finden, die ihren Erwartungen entsprach.[84]

In der radikalnationalistischen »Reichsverdrossenheit« manifestierte sich zugleich das Scheitern der von offizieller Seite betriebenen Versuche, das Thema »Weltpolitik« als innenpolitische Ablenkungsstrategie zu instrumentalisieren. Das sozialimperialistische Kalkül Bülows, durch eine forcierte imperialistische Politik und Rhetorik einen innenpolitischen Konsens zu stiften, ging nicht auf. Mehr noch: Es erwies sich als Bumerang. Der Reichskanzler wurde die Geister, die er gerufen hatte, nicht mehr los. Indem die radikalen Nationalisten die offizielle Rhetorik zum Maßstab der Politik machten, erhielten sie eine agitatorisch überaus wirksame Waffe, die es ihnen erlaubte die Regierung vom »nationalen Standpunkt« aus zu kritisieren. Mit anderen Worten: Statt von den innenpolitischen Problemen abzulenken, wurde die reichsdeutsche »Weltpolitik« selber zu einem Problem, das die Regierung in zunehmendem Maße in politische Bedrängnis brachte. Die radikalen Nationalisten ihrerseits wurden durch die für sie enttäuschenden Erfahrungen in ihrer intransigenten Haltung bestärkt und damit in der Bereitschaft, bei der nächsten Gelegenheit die Verwirklichung ihrer ex-

82 *Claß*, Bilanz (Zitate: S. 2, 22, 41). Weiter heißt es dort: »Wir haben Reden auf Reden gehört, in denen Hoffnungen erweckt und Besorgnisse beschwichtigt wurden: die Taten sind ausgeblieben.« Vgl. ders., Wandlungen in der Weltstellung des deutschen Reichs seit dem Jahre 1890, in: AB, Jg. 13, 1903, S. 331–344.

83 *Claß*, Bilanz, S. 1; *ders.*, Strom, S. 89–94 (Zitat: S. 93); *Peters*, ADV, S. 53–63; *Hartwig*, Politik, S. 116–129.

84 Die allgemeine Frustration in »nationalen Kreisen« wurde zusätzlich durch den Ausgang der Reichstagswahlen von 1903 verstärkt, bei der die Sozialdemokraten die Zahl ihrer Sitze von 56 auf 81 erhöhen konnten. Auch das Mandat Hasses fiel dem »Ansturm der Sozialdemokraten« zum Opfer. Vgl. AB, Jg. 13, 1903, S. 234f.; *Peters*, ADV, S. 57f.

pansionistischen Ziele um jeden Preis anzustreben. Eine solche Gelegenheit bot sich mit der Auseinandersetzung um die politische Zukunft Marokkos, die seit 1904 auf der Tagesordnung der internationalen Politik stand.

2.2. Macht und Ohnmacht des Deutschen Reiches Teil 2: Der Kampf um Marokko

In der Wahrnehmung der imperialistischen Mächte gehörte Marokko, ähnlich wie China, zu jenen Staaten, deren politischer Niedergang als ausgemacht galt. Beide wurden deshalb als Ziel künftiger Expansion gehandelt. Wenn das nordafrikanische Sultanat bis zur Jahrhundertwende gleichwohl dem »Scramble for Africa« entging, lag dies in erster Linie an den begrenzten Kenntnissen über das Land. Das imperialistische Interesse Frankreichs, Englands und Spaniens konzentrierte sich zunächst primär auf den Erwerb von Flottenstützpunkten und die wirtschaftliche Durchdringung der marrokanischen Handelszentren.[85] In Deutschland stieß die marokkanische Frage seit 1899 auf verstärktes Interesse, wobei vor allem der Wert des Sultanats als Siedlungskolonie für deutsche Auswanderer diskutiert wurde. Nicht nur kolonialbegeisterte Kreise vertraten die Auffassung, daß die geographische Lage und klimatischen Bedingungen des Landes sowie das Fehlen einer nennenswerten europäischen Besiedlung Marokko für die Aufnahme deutscher Auswanderer prädestinierten. Selbst das linksliberale »Berliner Tageblatt« betonte, Marokko sei »in Bezug auf Kolonisation noch völlig jungfräulicher Boden, so daß die Deutschen ihr Deutschtum bewahren und sich dem Mutterlande erhalten könnten«. Außerdem hieß es in dem Artikel: »Wir haben kein weiteres gutes Auswanderungsgebiet, welches so dicht bei Europa liegt.«[86]

Großen Anteil an der Verbreitung dieser Vorstellungen hatte der in Marburg lehrende Geographieprofessor Theobald Fischer, der sowohl in Fachkreisen als auch in der Öffentlichkeit den Ruf des führenden deutschen Marokko-Experten genoß. Wie viele seiner Kollegen war Fischer ein engagierter Kolonialenthusiast. Er zählte zu den Gründungsmitgliedern des Deutschen Kolonialvereins und des Alldeutschen Verbandes, dessen Vorstand er bis zu seinem Tode 1910 angehörte, und war darüber hinaus Ehrenvorsitzender der 1902 gegründeten »Marokkanischen Gesellschaft«. Mit seinen diversen Veröffentlichungen, in denen er immer wieder auf die vermeintlichen Vorzüge West-Marokkos als Siedlungskolonie hinwies, trug Fischer entscheidend dazu bei, daß sich das im-

85 Vgl. *Parsons; Anderson*, Crisis, S. 1–80; *Mayer*, Diplomatie, S. 17–22.

86 »Kann Marokko für die deutsche Auswanderung in Betracht kommen?«, in: BT, Nr. 513, 8.10.1899. Vgl. V. A. Schroeder, Bedarf Deutschland einer Vergrößerung seines kolonialen Besitzstandes?, in: Gb, Jg. 58, 1899, S. 409f.; *Winzen*, Weltpolitik, S. 234–246.

perialistische Interesse im Deutschen Reich zunehmend auf das Land zwischen Atlantik, Atlas und Mittelmeer konzentrierte.[87] Insbesondere die Alldeutschen griffen seine Vorschläge enthusiastisch auf und stellten die »marokkanische Frage« in den Mittelpunkt ihrer imperialistischen Agitation.[88]

Dieser Enthusiasmus wird verständlich, wenn man berücksichtigt, daß Marokko in den Augen der radikalen Nationalisten alle Voraussetzungen einer idealen Kolonie besaß: Das Land versprach nicht nur Rohstoffe und landwirtschaftliche Nutzungsmöglichkeiten, sondern auch einen neuen Absatzmarkt für deutsche Exporte. Die westliche Atlantikküste bot darüber hinaus günstige Voraussetzungen zur Errichtung von Marinestützpunkten, die den strategischen Aktionsradius der deutschen Flotte beträchtlich erweitert hätten. Vor allem jedoch eignete sich Marokko aufgrund seiner klimatischen Bedingungen, der Nähe zu Europa und dem Fehlen einer ausgedehnten Kolonisation in geradezu idealer Weise als »Lebensraum« für deutsche Auswanderer. Mit anderen Worten: Marokko verhieß den radikalen Nationalisten die Verwirklichung all dessen, wovon sie schon immer geträumt hatten. Und weil kein anderes Expansionsziel in ihrer Wahrnehmung einen auch nur annähernd vergleichbaren Wert besaß, stellte die »marokkanische Frage« für sie seit der Jahrhundertwende die Schlüsselfrage deutscher Weltmachtpolitik dar. Diese Überzeugung erklärt die Hartnäckigkeit, mit der die radikalen Nationalisten an ihrer Forderung nach territorialen Erwerbungen in Marokko festhielten.[89]

Im Gegensatz zu der Entschiedenheit, mit der die radikalen Nationalisten auf die marokkanische Karte setzten, behandelte die Reichsleitung die Marokkoproblematik zunächst dilatorisch. Zwar wurde das wachsende öffentliche Interesse an der »marokkanische Frage« im Auswärtigen Amt seit 1899 aufmerksam registriert. In der Wilhelmstraße blieb man jedoch zurückhaltend. Bülows Marokkopolitik konzentrierte sich zunächst auf die Förderung deutscher Wirtschaftsinteressen, die jedoch keineswegs als Selbstzweck, sondern immer im Hinblick auf die deutsche Verhandlungsposition bei einer mögli-

87 T. Fischer, Die Bedeutung Marokkos für Welthandel und Weltpolitik, in: DKZ, Jg. 17, 1900, S. 234f.; *ders.*, Forschungsreise; *ders.*, Ergebnisse; *ders.*, Reiseeindrücke; *ders.*, Marokko. Zur Person und den Aktivitäten Fischers vgl. *Winzen*, Weltpolitik, S. 237–240; *Schulte-Althoff*, Studien, S. 173–184; NDB, Bd. 5, S. 205f.

88 T. Fischer, Das Deutsche Reich und Marokko, in: AB, Jg. 1903, S. 376f.; ders., Deutsche Betätigung in Marokko, in: ebd., S. 452f.; ders., Die Zukunft Marokkos, in: ebd., S. 462f. Vgl. AB, Jg. 10, 1900, S. 204–206, 391–393; *Claß*, Strom, S. 104–106. Auch innerhalb der DKG und des DFV avancierte Marokko zu einem bevorzugten, wenngleich umstrittenen Expansionsziel. Vgl. P. Mohr, Deutschlands Interessen in Marokko, in: DKZ, Jg. 20, 1903, S. 29f.; DKZ, Jg. 21, 1904, S. 214, 254f., 343, 364, 436f., 504; R. v. Bieberstein, Die politische und strategische Bedeutung Marokkos, in: Ueberall, Jg. 5, 1902/1903, 387–390.

89 Vgl. H. Claß, »Die Besitzergreifung West-Marokkos. Der Anfang und die Voraussetzung praktischer deutscher Weltpolitik«, Leipzig, o. J. [1904], BA-B, ADV, Nr. 43, Bl. 1–9, Nr. 323, Bl. 28–36; *ders.*, Marokko, *ders.*, West-Marokko; *v. Pfeil*, Marokko; *Hartwig*, Politik, S. 129–131.

chen Aufteilung Marokkos betrachtet wurden. Dieser Politik des Abwartens lag die Überzeugung zugrunde, daß die Zeit für das Deutsche Reich arbeitete, weil Konflikte zwischen den führenden Kolonialmächten England, Frankreich und Rußland unausweichlich waren, aus denen die deutsche Diplomatie dann Kapital schlagen konnte.[90]

Dieses Kalkül basierte auf dem Glauben an die Unmöglichkeit einer englisch-französischen Kolonialverständigung, der sich mit dem Zustandekommen der »Entente cordiale« als eine grandiose Fehleinschätzung erwies. In diesem am 8. April 1904 unterzeichneten Abkommen besiegelten Paris und London einen globalen Ausgleich ihrer kolonialen Interessen, der die Reichsregierung und die kolonialpolitisch engagierten Kreise im Deutschen Reich jäh aus ihren weltpolitischen Blütenträumen riß. Obwohl sich die »Entente cordiale« nicht unmittelbar gegen deutsche Interessen richtete, stellte das englisch-französische Abkommen ein informelles Bündnis der *»beati possidentes«* dar, das den weltpolitischen Ambitionen des Deutschen Reiches entgegentrat. Für die weitere Entwicklung der »marokkanische Frage« war darüber hinaus bedeutsam, daß Frankreich im Gegenzug für die Anerkennung der britischen Vorherrschaft in Ägypten freie Hand zur Verfolgung seiner Interessen in Marokko erhielt. In Verbindung mit einem französisch-spanischen Geheimabkommen zur Abgrenzung der beiderseitigen Interessenssphären in Marokko waren damit die politischen Voraussetzungen für eine Ausdehnung des französischen Einflusses in dem nordafrikanischen Sultanat geschaffen.[91]

Für die Alldeutschen bedeutete der Abschluß der »Entente cordiale« das Ende der Illusion, die imperialistische Rivalität zwischen Frankreich und Großbritannien für die eigenen weltpolitischen Ziele ausnutzen zu können. Sie drängten deshalb auf rasches und entschlossenes Handeln, solange Rußland durch den Krieg mit Japan als Machtfaktor in Europa neutralisiert war.[92] Konkret forderte die alldeutsche Verbandsführung im April 1904 in einer Denkschrift an den Reichskanzler, das Deutsche Reich solle Frankreich durch die Errichtung einer Flottenstation an der marokkanischen Atlantikküste vor vollendete Tatsachen stellen, da die französische Regierung einem solchen Schritt in der gegebenen weltpolitischen Lage nur wenig Widerstand entgegensetzen könne. Als entscheidendes Argument für die Annexion »der atlantischen Küste von Marokko ... einschließlich des dazu gehörigen Hinterlandes« führte die Denkschrift an,

90 *Winzen*, Weltmachtkonzept, S. 240–264; *Raulff*, Machtpolitik, S. 40–55; *Anderson*, Crisis, S. 135–180.

91 *Mommsen*, Großmachtstellung, S. 162–168; *Mayer*, Diplomatie, S. 115–129; *Raulff*, Machtpolitik, S. 62–79; *Anderson*, *Crisis*, S. 81–134.

92 Bereits vor Bekanntwerden der »Entente cordiale« hatten die Alldeutschen im Ausbruch des russisch-japanischen Krieges eine günstige weltpolitische Konstellation erblickt, um deutsche Besitzansprüche in Marokko anzumelden. Vgl. E. Hasse, Versäumte Gelegenheiten, in: AB, Jg. 14, 1904, S. 74f.; ders., Marokko, in: ebd., S. 78f. Vgl. ebd., S. 121, 167–169; 193f.

daß Westmarokko für Deutschland die letzte Möglichkeit biete, »auf friedlichem Wege und ohne Eroberungskriege gegen europäische Großmächte in den Besitz von Ländereien zu gelangen, die für die deutsche Ausdehnung geeigneter sind, als alle bisherigen überseeischen Erwerbungen Deutschlands«.[93]

Die Kritik der Alldeutschen an der Untätigkeit der Reichsleitung in der marokkanischen Frage blieb nicht ohne Wirkung, auch wenn diese zunächst weiterhin an ihrer Taktik des Abwartens festhielt.[94] Nach dem Scheitern des deutschen Bündnisangebotes an Rußland im Herbst 1904 und der vermeintlich günstigen Entwicklung auf dem ostasiatischen Kriegsschauplatz hielt die Reichsleitung den Augenblick für gekommen, um dem Vordringen Frankreichs in Marokko Einhalt zu gebieten. Zu diesem Zweck unternahm das Auswärtige Amt eine Reihe von Vorstößen, die darauf abzielten, den Sultan zu einer harten Haltung gegenüber den französischen Forderungen nach weiteren Privilegien zu bewegen, die gleichbedeutend mit einer Ausweitung der informellen Vorherrschaft Frankreichs gewesen wären. Den Höhepunkt dieser Bemühungen bildete der Besuch Wilhelms II. in Tanger am 31. März 1905, bei dem dieser nachdrücklich auf die Souveränität Marokkos hinwies. Da sich die deutsche Politik formell in Übereinstimmung mit dem Madrider Vertrag von 1880 befand, der das Prinzip der »offenen Tür« garantierte, sah sich die französische Regierung gezwungen, ihre Interessen in Marokko dem Votum einer internationalen Konferenz zu unterwerfen, die im Januar 1906 in Algeciras zusammentrat.[95]

Die Einberufung der Konferenz von Algeciras wurde in der deutschen Öffentlichkeit als eine diplomatische Niederlage Frankreichs gewertet. Der Triumph der deutschen Diplomatie bestätigte die Alldeutschen in ihrer Auffassung, daß entschlossenes machtpolitisches Handeln seine Wirksamkeit nicht verfehlte. Um so entschiedener kritisierten sie deshalb die in ihren Augen beschränkten Ziele, die von offizieller Seite im Vorfeld der Konferenz proklamiert wurden. Heinrich Claß äußerte nach dem Kaiserbesuch in Tanger scharfe Kritik an der Verhandlungsposition der Regierung, die erklärt hatte, das Reich strebe keine Gebietserwerbungen an der marokkanischen Atlantikküste an, sondern wolle lediglich das Prinzip der »offenen Tür« sichergestellt sehen. Er betonte, daß den Handelsinteressen nur eine »untergeordnete Bedeutung« zukomme im Vergleich zu dem, »was Westmarokko uns als Volkskolonie, als

93 AB, Jg. 14, 1904, S. 129–131 (Zitate: S. 130). Vgl. P. Samassa, Eine Wendung in der Marokkofrage, in: AB, Jg. 14, 1904, S. 113f., der seinen Artikel mit der Warnung beendete: »Wenn wir derartig günstige Gelegenheiten nicht zu nützen verstehen, dann wird uns auch die stärkste Flotte nicht zu einer Weltmacht machen.«

94 Vgl. *Claß*, Marokko; ders., Zur marokkanischen Frage, in: AB, Jg. 14, 1904, S. 209f.; ders., Marokko, Land und Häfen, in: ebd., S. 274f.; E. Hasse, Warum brauchen wir Marokko, in: ebd., S. 225; *v. Pfeil*, Marokko; ders., Marokko, in: AB, Jg. 15, 1905, S. 6f.

95 *Raulff*, Machtpolitik, S. 81–125; *Mommsen*, Großmachtstellung, S. 168–173; *Winzen*, Weltmachtkonzept, S. 404–414; *Fischer*, Krieg, S. 94–98; *Anderson*, Crisis, S. 181–233.

Flottenstützpunkt, als Baumwoll-Kulturland, als Fundgrube wichtiger Metalle sein könnte«. In dem ausdrücklichen Verzicht auf territoriale Erwerbungen erblickte er zudem einen schweren diplomatischen Fehler, durch den der Handlungsspielraum der deutschen Politik unnötig eingeschränkt worden sei.[96]

Mit seiner Kritik, die auch innerhalb des Alldeutschen Verbandes zunächst umstritten war, hatte Claß den Maßstab formuliert, anhand dessen die radikalen Nationalisten die Ergebnisse der Algeciras-Konferenz beurteilten.[97] Deren Enttäuschung wuchs folglich in dem Maße, in dem deutlich wurde, daß die Forderung nach territorialen Erwerbungen für das Deutsche Reich in keinster Weise Gegenstand der Verhandlungen sein würde. Da damit das aus Sicht der Alldeutschen entscheidende Ziel der deutschen Politik vorab aufgegeben worden war, stand ihr Urteil über die Ergebnisse der Konferenz im vorhinein fest.[98] Der tatsächliche Verhandlungsverlauf und das mangelnde Geschick der deutschen Delegation trugen dann das ihrige dazu bei, daß die Konferenz als ein neuerlicher Tiefpunkt der reichsdeutschen Außenpolitik in die Annalen der radikalnationalistischen Chronisten einging.[99]

Die radikalen Nationalisten reagierten auf das Scheitern ihrer marokkanischen Expansionshoffnungen in zweifacher Weise: Zum einen konzentrierten sich ihre imperialistischen Bestrebungen wieder verstärkt auf kontinentaleuropäische Ziele, zum anderen plädierten der Alldeutsche Verband, der Flottenverein und erstmals auch die nationalliberale Reichstagsfraktion nunmehr für eine noch weitergehende Aufrüstungspolitik, die das Reich in die Lage versetzen sollte, seine machtpolitischen Interessen in Zukunft, falls erforderlich, mit militärischen Mitteln durchzusetzen.[100] Bereits auf dem Höhepunkt der deutsch-französischen Konfrontation im Juli 1905 hatte der Chefredakteur der »Alldeutschen Blätter«, Paul Samassa, im Hinblick auf die diplomatische Niederlage Frankreichs gemeint: »Wir hätten ja auch wohl noch mehr daraus machen können,

96 H. Claß, Marokko, in: AB, Jg. 15, 1905, S. 105f. (Zitat: S. 106). Vgl. P. Samassa, Zur deutschen Marokkopolitik, in: ebd., S. 113f.; J. Graf v. Pfeil, Wer A sagt muß auch B sagen. Zur Marokkopolitik der Reichsregierung, in: ebd., S. 131f.; AB, Jg. 15, 1905, S. 211, 213f. Im Gegensatz zum ADV blieben die Forderungen der DKG während des Jahres 1905 weitgehend auf der Linie der Regierung. Vgl. DKZ, Jg. 22, 1905, S. 37f., 131f., 222, 286f., 498f.

97 Zur internen Auseinandersetzung innerhalb des ADV um die von Claß geäußerte Kritik vgl. BA-B, ADV, Nr. 48, Bl. 1–22; AB, Jg. 15, 1905, S. 134f.; BA-B, ADV, Nr. 49, Bl. 1–17; ebd., Nr. 189, Bl. 1–2; *Peters*, ADV, S. 69–71.

98 Vgl. E. Hasse, Marokko und der Kongostaat, in: AB, Jg. 15, 1905, S. 238f.; P. Samassa, Der bisherige Verlauf der Marokko-Angelegenheit, in: ebd., S. 239–241; ders., Frankreich, England und das Deutsche Reich, in: ebd., S. 245f.; ders., Der Rückzug aus Marokko, in: ebd., S. 337f.

99 P. Samassa, Die Niederlage von Algeciras, in: AB, Jg. 16, 1906, S. 109–111; AB, Jg. 16, 1906, S. 205. Zur Konferenz von Algeciras vgl. *Anderson*, S. 234–396; *Mommsen*, Großmachtstellung, S. 173f.; *Lerman*, Chancellor, S. 127–148; *Winzen*, Weltmachtkonzept, S. 415–422; *Hildebrand*, Reich, S. 227–236.

100 Vgl. *Förster*, Militarismus, S. 151–158; *Mommsen*, Großmachtstellung, S. 174f.; *Peters*, ADV, S. 74–76; *Mayer*, Diplomatie, S. 305–324 sowie die Kapitel III.3 und III.4.

wir hätten jenen Krieg, von dem Moltke sagte, daß er uns zur Sicherung unserer Errungenschaften von 1871 noch bevorstünde, diesmal unter den denkbar günstigsten Aussichten führen können.«[101] Aber obschon die Möglichkeit eines Präventivkrieges gegen Frankreich von radikalnationalistischer Seite in Erwägung gezogen wurde, überwog noch immer die Auffassung, daß sich territoriale Erwerbungen in Marokko auch ohne einen bewaffneten Konflikt würden verwirklichen lassen. Diese Überzeugung beruhte auf dem Glauben, allein die Drohung des Deutschen Reiches, seine militärische Macht einzusetzen, werde ausreichen, um Frankreich von einer solchen Konfrontation abzuschrecken.[102] Das Risiko, daß eine solche Politik scheitern und zu einem militärischen Konflikt eskalieren könnte, nahmen die radikalen Nationalisten dabei bereitwillig in Kauf – bedeutete ein Krieg für sie doch keineswegs die schlimmste aller denkbaren Entwicklungen.

In dieser grundsätzlichen Bereitschaft, zur Erreichung der eigenen Ziele auch militärische Gewalt einzusetzen, manifestierte sich ein Politikverständnis, für das der Krieg nicht nur die Fortsetzung der Politik mit anderen Mitteln, sondern die entscheidende Form politischen Handels schlechthin bedeutete. So wie das Deutsche Reich durch drei Kriege geschaffen worden war, sollte auch die Weltmachtstellung des deutschen Volkes mit militärischen Mitteln erreicht werden. Politik war in erster Linie Machtpolitik, und Macht beruhte vor allem auf militärischer Stärke. »Es erschreckt nur korrekte Diplomaten und schwachmütige Spießbürger, die aus der Geschichte nicht gelernt haben«, schrieb Ernst Hasse 1906, »daß die großen Fortschritte von Völkern und Staaten nur durch Blut und Eisen möglich sind«.[103] Dieser Auffassung zufolge war der Einsatz militärischer Gewalt nicht nur legitim, sondern auch geboten, sofern er Aussicht auf Erfolg versprach. Zugleich wird deutlich, daß für die radikalen Nationalisten militärische Stärke allein noch keine erfolgreiche Expansionspolitik garantierte. Vielmehr erforderte eine solche ihrer Meinung nach zusätzlich die Entschlossenheit auf Seiten der politischen Entscheidungsträger, die vorhandenen militärischen Machtmittel auch tatsächlich einzusetzen. Mit anderen Worten: Im imperialistischen Konkurrenzkampf entschied nicht zuletzt der »Wille zur

101 P. Samassa, Der bisherige Verlauf der Marokko Angelegenheit, in: AB, Jg. 15, 1905, S. 239–241 (Zitat: S. 239). Mit dieser Auffassung stand Samassa keineswegs allein. Der Gedanke eines Präventivkriegs gegen Frankreich besaß auch innerhalb des AA und im Generalstab zahlreiche Anhänger. Nicht zufällig entstand unter der unmißverständlichen Überschrift »Angriffskrieg gegen Frankreich« im Juni 1904 die erste Fassung des Schlieffen-Plans. Zur Präventivkriegsdiskussion während der ersten Marokkokrise und der Entstehung des Schlieffen-Plans vgl. *Förster*, Militarismus, S. 144–149, 158–165; *Raulff*, Machtpolitik, S. 126–144; *Moritz*.

102 In diesem Sinne meinte etwa Claß (AB, Jg. 14, 1904, S. 210): »Die Möglichkeit eines Waffengangs wird immer vorhanden sein – gewiß; aber ebenso gewiß wird das Volk, das von vornherein erklärt, es dazu nicht kommen zu lassen, nichts erhalten.« Vgl. auch *Pfeil*, Marokko, S. 7, 15–17; *Hartwig*, Politik, S. 131–134.

103 *Hasse*, Grenzpolitik, S. 9. Vgl. *ders.*, Zukunft, S. 126–132; AB, Jg. 20, 1910, S. 10.

Macht« über Erfolg und Mißerfolg. Nicht nur für Heinrich Claß war der »Wille zur Macht« deshalb der eigentliche »Lebensnerv« eines Staates und Volkes.[104] Aus diesem Politikverständnis ließ sich nicht nur ein Recht, sondern auch eine »Pflicht zum Kriege« ableiten, die für die politische Führung darin bestand, daß sie eine günstige Gelegenheit zur Ausdehnung des eigenen Machtbereichs durch militärische Gewalt nicht ungenutzt verstreichen lassen durfte.[105]

Auch die Marokkofrage war für die radikalen Nationalisten in erster Linie eine »Machtfrage«.[106] Hatten sie ursprünglich geglaubt, daß sich territoriale Erwerbungen mit diplomatischen Mitteln würden erreichen lassen, bewirkte der Verlauf der Krise einen tiefgreifenden Meinungsumschwung. Die Überzeugung von der Notwendigkeit eines kriegerischen Konflikts fand seit 1905 in radikalnationalistischen Kreisen immer mehr Anhänger.[107] Aber erst unter dem Eindruck weiterer weltpolitischer Enttäuschungen avancierte die militärische Lösung von einer möglichen zu der einzig verbliebenen Option. Zu diesen Enttäuschungen gehörte außer dem Scheitern der deutschen Balkanpolitik und dem fehlgeschlagenen Versuch eines informellen Imperialismus im Zusammenhang mit dem Bau der Bagdadbahn, auf die im folgenden Abschnitt näher eingegangen wird, vor allem der 1911 erneut eskalierende Konflikt um die Zukunft Marokkos.

Durch die Akte von Algeciras hatte Frankreich weitgehende Vorrechte in Marokko erhalten, die ihm faktisch die informelle Suprematie über das Sultanat sicherten. Diese Tatsache führte im Februar 1909 zum Einlenken der Reichsleitung, die ihre bis dahin erhobenen Ansprüche auf Marokko aufgab und in einem Abkommen mit Frankreich dessen politische und wirtschaftliche Vorherrschaft anerkannte. Im Gegenzug garantierte die französische Regierung die Gleichbehandlung deutscher Wirtschaftsinteressen und versicherte, die in der Algeciras-Akte festgelegte formelle Souveränität des Sultans zu respektieren.[108] Die radikalen Nationalisten hielten jedoch auch nach der Konferenz von Algeciras an ihrer Marokko-Agitation fest. Insbesondere die Alldeutschen registrierten penibel jede vermeintliche Verletzung der Algeciras-Akte, deren Einhaltung von ihnen zu einer Frage der »nationalen Ehre« stilisiert

104 *Claß*, Kaiser, S. 5; *Bernhardi*, Deutschland, S. V, 139; AB, Jg. 21, 1911, S. 312. Vgl. P. Samassa, Der Wille zur Weltpolitik, in: AB, Jg. 17, 1907, S. 1–3; A. Keim, Ein Rückblick und ein Ausblick, in: Flotte, Jg. 10, 1907, S. 2: »Es ist der Wille zur Macht, der auch die Grundlage bildet für das Gedeihen und die Weltstellung unseres Volkes.«

105 AB, Jg. 10, 1900, S. 244; *Bernhardi*, Deutschland, S. 38–58.

106 Vgl. P. Samassa, Eine Wendung in der Marokkofrage, in: AB, Jg. 14, 1904, S. 113f.: »Es handelt sich um eine Machtfrage … Warum sollen wir nicht können, was Frankreich kann, das seit drei Jahrzehnten ungeheuren Kolonialbesitz erworben hat, der ihm aber bei seiner stillstehenden Bevölkerungsziffer durchaus keine Lebensnotwendigkeit ist? Hat der Besiegte des Jahres 1870 wirklich so viel mehr Macht als wir? Vielleicht, weil er mehr Willen dazu hat.«

107 Vgl. *Förster*, Militarismus, S. 157f., *ders.*, Alter und neuer Militarismus, S. 137.

108 Vgl. *Mommsen*, Großmachtstellung, S. 204f.; *Allain*, S. 41–126, 193–250.

wurde.[109] Diese anhaltende publizistische und agitatorische Aktivität war der Versuch, aus dem weitverbreiteten Unmut über die außenpolitischen Mißerfolge der Bülow-Administration propagangistisches Kapital zu schlagen, zugleich aber auch Ausdruck der nach wie vor lebendigen Hoffnung, daß Marokko noch nicht endgültig verloren sei. Erst der Abschluß des deutsch-französischen Abkommens markierte in ihren Augen das definitive »Ende der deutschen Marokko-Politik«.[110] An dieser Sichtweise war zumindest soviel richtig, daß die Reichsleitung seit 1909 keinen ernsthaften Versuch mehr unternahm, die schleichende »Tunifizierung« Marokkos zu unterbinden und zum großen Mißfallen der radikalen Nationalisten auch gegen die anhaltende Benachteiligung deutscher Wirtschaftsinteressen allenfalls mit verbalen Mitteln protestierte.[111] Erst als im März 1911 innermarokkanische Aufstandsbewegungen die Herrschaft des Sultans unmittelbar bedrohten und damit ein militärisches Eingreifen Frankreichs provozierten, ergriff die deutsche Politik unter Leitung des im Juni 1910 zum Staatssekretär des Äußeren berufenen Alfred v. Kiderlen-Wächter die Initiative, um die marokkanische Frage neu aufzurollen.

Das Ziel der deutschen Politik war es, die französische Regierung diplomatisch unter Druck zu setzen und für die Anerkennung ihrer faktischen, aber völkerrechtswidrigen Vorherrschaft in Marokko Kompensationen zu erhalten. Gedacht wurde hierbei vor allem an die Abtretung des französischen Kongo, die im Zusammenhang stand mit Überlegungen zur Schaffung eines mittelafrikanischen Kolonialimperiums, das durch die Ausdehnung der deutschen Herrschaft über Angola und den belgischen Kongo eine Verbindung zwischen Kamerun, Deutsch-Südwestafrika und -Ostafrika herstellen und diese zu einem geschlossenen Territorium zusammenfügen sollte. Demgegenüber wurden territoriale Erwerbungen in Marokko selbst zwar anfänglich erwogen, jedoch schon bald verworfen, nicht zuletzt weil Wilhelm II. diesen Plänen eine deutliche Absage erteilt hatte.[112]

Um diese Ziele zu erreichen, plante das Auswärtige Amt die Entsendung deutscher Kriegsschiffe in die westmarokkanischen Häfen Agadir und Moga

109 Vgl. AB, Jg. 17, 1907, S. 109–111, 135f., 275–277, 308, 367f.; Jg. 18, 1908, S. 42f., 105–108, 169f., 173–177, 310f., 349f., 365, 374f.; T. Fischer, Die Vorgänge in Marokko und die Bestrebungen einer kolonialpolitischen deutsch-französischen Zusammenarbeit, in: DKZ, Jg. 24, 1907, S. 342f.; *Hartmeyer*; *Böhlendorff-Kölpin*; *Raschdau*; *Reventlow*, Marokko-Weißbuch.

110 E. Reventlow, Das Ende der deutschen Marokko-Politik, in: AB, Jg. 19, 1909, S. 61f.

111 Vgl. E. Reventlow, Die Entwertung der Algeciras-Akte, in: AB, Jg. 19, 1909, S. 351–353; AB, Jg. 19, 1909, S. 442f.; Jg. 20, 1910, S. 17–19, 94–96, 103f., 448f.; *Oncken*, Panthersprung, S. 22–45; *Pogge-v. Strandmann*, Rathenau.

112 Zu den Hintergründen der zweiten Marokkokrise vgl. *Mommsen*, Großmachtstellung, S. 207–232; *Meyer*, Tat, S. 156–180; 198–211; *Forsbach*, S. 411–443; *Oncken*, Panthersprung, S. 46–145, 219–278; *Allain*, S. 251–341; *Fischer*, Krieg, S. 117–137; *Barraclough*, S. 71–107; *Hildebrand*, Reich, S. 260–266; *Wernecke*, S. 26–31. Zu den Konzeptionen eines deutschen Mittelafrika *Mommsen*, Großmachtstellung, S. 274–280; *Wedi-Pascha*, S. 243–254; *Fischer*, Krieg, S. 443–458.

dor, um diese als »Faustpfand« für diplomatische Verhandlungen zu okkupieren.[113] Die Besetzung der marokkanischen Hauptstadt Fes durch französische Truppen im Mai 1911, die eine klare Verletzung sowohl der Algeciras-Akte als auch des deutsch-französischen Abkommens darstellte, lieferte den Akteuren der Wilhelmstraße den Vorwand, die Initiative zu ergreifen und das deutsche Kanonenboot »Panther« in den Hafen von Agadir zu entsenden, wo dieses am 1. Juli eintraf. Der sogenannte »Panthersprung« nach Agadir stieß in allen politischen Lagern mit Ausnahme der Sozialdemokratie auf einhellige und nicht selten euphorische Zustimmung.[114] Auch die Alldeutschen, die bis dahin kein gutes Haar an der offiziellen Marokkopolitik gelassen hatten, begrüßten die Entsendung des Kriegsschiffes als eine Demonstration der Stärke, wie sie sie seit langem gefordert hatten. Im Gegensatz zu zahlreichen anderen Kommentaren, die in der deutschen Kanonenbootdiplomatie bereits eine »nationale Tat« erblickten,[115] vertrat die alldeutsche Führung jedoch die Auffassung, daß der Erfolg der Aktion sich erst noch erweisen müsse. Ein solcher, daran hatten die Alldeutschen ebenso wie die Kolonialgesellschaft keinen Zweifel gelassen, konnte nur in dem Erwerb des atlantischen Marokkos als Siedlungskolonie für das Deutsche Reich, nicht aber in etwaigen Kompensationen bestehen.[116] In dieser Haltung war die Verbandsführung auch durch die persönlichen Kontakte ihres Vorsitzenden Heinrich Claß zu Kiderlen-Wächter bestärkt worden, die bei ersterem die Überzeugung hinterließen, das Deutsche Reich beabsichtige tatsächlich territoriale Erwerbungen in Marokko.[117]

Aber nicht nur die Alldeutschen und die anderen Agitationsverbände glaubten an die Absicht der Regierung, in Marokko Fuß zu fassen. Dieser Überzeugung waren auch große Teile der deutschen Öffentlichkeit. Die Regierung sah sich folglich mit einer Erwartungshaltung konfrontiert, die sie angesichts

113 Vgl. GP, Bd. 29, Nr. 10549, S. 101–108; ebd., Nr. 10572, S. 142–149 sowie *Oncken*, Panthersprung, S. 113–119; *Forsbach*, S. 411–418.

114 Vgl. *Meyer*, Tat, S. 211–221; *Wernecke*, S. 31–40; *Fischer*, Krieg, S. 120–123.

115 Vgl. *Meyer*, Tat, S. 212f.; *Wernecke*, S. 32f.

116 L. v. Vietinghoff-Scheel, Agadir, in: AB, Jg. 21, 1911, S. 225f.; ders., Gibt dies das Meisterstück?, in: ebd., S. 241–243. Vgl. BA-B, ADV Nr. 79, Bl. 1–8; AB, Jg. 21, 1911, S. 144f.; *Claß*, West-Marokko; *Wirth*, Entscheidung; AB, Jg. 21, 1911, S. 90, 109, 153f., 177f., 185f., 193f., 202, 219. Auch die DKG wandte sich nunmehr gegen die beabsichtigten Kompensationen. Vgl. M. Ekkert, Über Deutschlands Weltmachtstellung, Marokko-Abkommen und Kongokompensationen, in: DKZ, Jg. 28, 1911, S. 815–818, 822; DKZ, Jg. 28, 1911, S. 354, 455f., 488f., 503f., 522f., 539–542, 555, 571–574, 587, 604f., 619–621, 635–637, 667, 715–717, 747–750; *Pierard*, S. 341–344.

117 Faktisch ließ sich Claß von den zweideutig angelegten Formulierungen des Staatssekretärs über die wirklichen Absichten der Regierung täuschen und für die propagandistischen Zwekke des AA einspannen. Vgl. *Peters*, ADV, S. 111–129, *Chickering*, We Men, S. 262–267; *Meyer*, Tat, S. 141–155; 191–198; *Oncken*, Panthersprung, S. 111f., 334–343; *Hartwig*, Politik, S. 183–204, 270–274; Claß, Strom, S. 177–179, 181–185, 202–216, 222–228; BA-B, ADV, Nr. 79, Bl. 1–8; Nr. 80, Bl. 1–5; Nr. 82, Bl. 10–29; Nr. 408, Bl. 39–46, 59.

ihrer tatsächlichen Absichten zwangsläufig enttäuschen mußte.[118] Der »Panthersprung« nach Agadir liefert damit ein geradezu klassisches Beispiel für die ambivalente Dynamik einer symbolischen Politik, deren Deutung den Intentionen ihrer Urheber zusehends entgegenlief. Die radikalen Nationalisten jedenfalls werteten den »Panthersprung« als ein Zeichen für die Entschlossenheit der Regierung, die deutschen Interessen in Marokko – wie sie sie verstanden – gegebenenfalls auch mit militärischen Mitteln zu verteidigen. Aus diesem Grund forderte der Alldeutsche Verband nach dem Bekanntwerden der Kompensationsabsichten den Krieg gegen Frankreich und – falls nötig – auch gegen den Rest der Welt. In einer militärischen Konfrontation sahen die Alldeutschen die letzte Möglichkeit, ihre Expansionsziele in Marokko doch noch zu realisieren und damit die in der Vergangenheit gemachten Fehler der deutschen Außenpolitik zu korrigieren.[119]

Eine ähnliche Entschlossenheit zum Krieg erfaßte auch einen großen Teil des bürgerlich-nationalen Lagers. Sie trug dazu bei, daß die Krise tatsächlich bis an den Rand eines militärischen Konflikts eskalierte. Der am 4. November 1911 nach langwierigen Verhandlungen unterzeichnete Marokko-Vertrag beseitigte zwar die akute Gefahr eines Krieges, löste jedoch einen innenpolitischen Proteststurm aus, wie ihn die deutsche Öffentlichkeit noch nicht erlebt hatte. In seltener Einmütigkeit machte die bürgerliche Presse Front gegen das Abkommen, in dem das Reich für einen Teil des französischen Kongo endgültig auf jeden politischen Einfluß in Marokko verzichtete und lediglich das Meistbegünstigungsprinzip durchsetzen konnte. Die weitverbreitete Frustration über das Scheitern der deutschen Expansionsbestrebungen in Marokko entlud sich darüber hinaus in einer wilden Polemik gegen die englische Politik, die sich durch ihr Eintreten für Frankreich wieder einmal den weltpolitischen Ambitionen des Deutschen Reiches in den Weg gestellt hatte.[120] Ihren politischen Höhepunkt erreichte die

118 Vgl. J. W. Harnisch, Marokko-Rückzug?, Berlin 1911, BA-K, ZSg. 2, Nr. 2/1. Harnisch, der in seinem Vorwort ausdrücklich betonte, daß er kein »Alldeutscher« sei, plädierte gleichwohl ganz im Sinne der Alldeutschen für eine kompromißlose Haltung der Reichsregierung gegenüber Frankreich. Ein etwaiges Nachgeben war in seinen Augen »eine schlimmere Schmach denn Olmütz«. Als Niederlage galt ihm bereits jede Form von Kompensationsgeschäft. Das Deutsche Reich dürfe sich seine Ansprüche nicht für ein »Tropentrinkgeld« abkaufen lassen. (Ebd., S. 57). Zur Verbreitung dieser Überzeugung sowie zur amtlichen Pressepolitik *Wernecke*, S. 40–59; *Oncken*, Panthersprung, S. 332–350; *Mommsen*, Außenpolitik, S. 368–370.

119 L. v. Vietinghoff-Scheel, Vor der Entscheidung, in: AB, Jg. 21, 1911, S. 289f.; ders., Politik der starken Nerven, in: ebd., S. 265f. Zur Agitation gegen die beabsichtigten Kompensationen vgl. ders., Marokko-Jammer, in: AB, Jg. 21, 1911, S. 349f.: »Was immer seit Bismarcks Entlassung verfehlt und verpaßt worden ist – jammervoller, kläglicher hat nie ein Anlauf geendet; schlimmer ist nie eine Erwartung des Volkes getäuscht worden; unfähiger haben sich unsere Regierenden nie erwiesen.« Ähnlich auch F. Hänsch, Die Kongo-Entschädigung, in: AB, Jg. 21, 1911, S. 249f.; ebd., S. 251f., 258f., 266–268, 274–276, 281f., 297–299; 312–319; 341f., 373f.

120 Vgl. »England der Feind«, in: AB, Jg. 21, 1911, S. 257f.; »Der Unwert des Marokko-Kongo-Abkommens«, in: RWZ v. 12.11.1911, PAAA, Deutschland, 169, Bd. 3; *Wernecke*, S. 59–143;

öffentliche Empörung während der Marokko-Debatten im Reichstag, in denen Konservative, Nationalliberale und selbst das Zentrum der Regierung den Ausverkauf nationaler Interessen und mangelnde Standfestigkeit gegenüber England vorwarfen. Insbesondere die Nationalliberalen übernahmen dabei die Rolle der parlamentarischen »Speerspitze des Radikalnationalismus«. Ihr Vorsitzender Ernst Bassermann sprach am 9. November von einer »Politik der Illusionen«, in die sich die Regierung verrannt habe. Den einzigen Ausweg aus der verfahrenen Situation sah er in einer erneuten Verstärkung der deutschen Rüstungsanstrengungen, die das Reich in die Lage versetzen sollte, künftige Konflikte militärisch durchzufechten. Bassermann folgte damit der von den Alldeutschen vertretenen Linie, deren Agitation sich nach dem Scheitern ihrer Expansionshoffnungen auf rüstungspolitische Fragen konzentrierte.[121]

Die bedeutsamste Folge der Agadirkrise von 1911 war die sich in weiten Kreisen des Bildungs- und Wirtschaftsbürgertums zur Gewißheit verfestigende Überzeugung, daß das Deutsche Reich, keine Chance mehr habe, seine weltpolitischen Ambitionen ohne einen Krieg zu erreichen. Da die Notwendigkeit imperialistischer Expansion jedoch nicht in Frage gestellt wurde, setzte sich immer mehr die Auffassung durch, daß ein militärischer Konflikt früher oder später unausweichlich sei. Der Topos vom »unvermeidlichen Krieg« bildete fortan einen festen Bestandteil des imperialistischen Diskurses, der zusehends die Qualität einer »self-fulfilling prophecy« gewann.[122] Für die radikalen Nationalisten zumindest stand seit der zweiten Marokkokrise fest, daß der Erwerb von »Lebensraum« nur noch durch einen »großen europäischen Krieg« verwirklicht werden konnte. Diese Überzeugung führte zu einer veränderten Haltung gegenüber dem Einsatz militärischer Gewalt. An die Stelle der Bereitschaft, einen Krieg zur Durchsetzung der eigenen Ziele zu riskieren, trat nunmehr der unbedingte »Wille zum Krieg«. Wie der Militärschriftsteller Friedrich von Bernhardi formulierte: Wir müssen uns ... bewußt bleiben, daß wir den Krieg um unsere Weltstellung unter keinen Umständen vermeiden können und daß es keineswegs darauf ankommt, ihn möglichst lange hinauszuschieben, sondern vielmehr darauf, ihn unter möglichst günstigen Bedingungen herbeizuführen.«[123] Bernhardis Bestseller, »Deutschland und der nächste Krieg«, der bis zum August 1914 neun Auflagen erreichte, deren Wirkung durch zahlreiche Rezensionen, Kommentare und Teilabdrucke in Zeitungen und Zeitschriften

Oncken, Panthersprung, S. 351–393; *Meyer*, Tat, S. 253–264; *Fälschle*, S. 81–88. Zur Diplomatiegeschichte *Mommsen*, Großmachtstellung, S. 223–227; *Fischer*, Krieg, S. 137–144; *Allain*, S. 342–429; *Forsbach*, S. 493–532; *Barraclough*, S. 108–141.

121 *Wehler*, DGG, Bd. 3, S. 1148; RT, Bd. 268 (1911), S. 7730–7739. Vgl. AB, Jg. 21, 1911, S. 307–309; 312–317, 382f., 389–391; BA-B, ADV, Nr. 7, Bl. 56–59; *Förster*, Militarismus, S. 211–216, *Oncken*, Panthersprung, S. 351–393; *Meyer*, Tat, S. 271–285; *Retallack*, Road, S. 286–291.

122 Vgl. *Mommsen, Topos* sowie die Beiträge in *Dülffer u. Holl*.

123 *Keim*, Wille; *Bernhardi*, Deutschland, S. 125.

noch gesteigert wurde, ist der prominenteste, aber keineswegs einzige Beleg für die wachsende Kriegserwartung unter den Anhängern des radikalen Nationalismus.[124] Ähnlich wie er betrieben besonders die Alldeutschen eine mentale Mobilmachung, die bestrebt war, das deutsche Volk auf den erwarteten »großen Krieg« vorzubereiten.[125] Einen weiteren Indikator für die wachsende Kriegsmentalität innerhalb des wilhelminischen Bürgertums – und zugleich ihren wichtigsten Katalysator – stellt die unter Mithilfe des Alldeutschen Verbandes im Januar 1912 erfolgte Gründung des »Deutschen Wehrvereins« dar. Dessen programmatische Forderungen nach einer verstärkten Heeresrüstung als Voraussetzung für eine erfolgreiche deutsche Weltmachtpolitik mobilisierten bis zum August 1914 über 90000 Einzel- und 260000 korporative Mitglieder.[126] Die zunehmende Verbreitung dieser Kriegsmentalität verweist auf die zentrale Bedeutung militaristischer Deutungsmuster für die radikalnationalistische Ideologie, die im übernächsten Abschnitt untersucht wird. Zuvor gilt es jedoch, die kontinentaleuropäischen Expansionsziele der radikalen Nationalisten zu analysieren, die wie die imperialistischen Ziele in Übersee – und in gewisser Weise komplementär zu diesen – in einer dynamischen Wechselbeziehung zur offiziellen Politik standen, die sich ebenfalls als sukzessive Radikalisierung infolge zunehmender Desillusionierung beschreiben läßt.

3. Das »größere Deutschland«: Radikalnationalistische Expansionsziele in Mittel- und Osteuropa

3.1. Von der Zollunion zum »Großdeutschen Reich«: Mitteleuropakonzeptionen und die Zukunft der Habsburgermonarchie

Die imperialistischen Ziele der radikalen Nationalisten auf dem europäischen Kontinent lagen primär im Osten. Zwar sollten dem von ihnen angestrebten »größeren Deutschland« auch die Niederlande, Luxemburg und die flämischsprachigen Gebiete Belgiens angehören, das zentrale Ziel ihrer kontinentalen Expansionspläne blieb jedoch der Erwerb von »Lebensraum« in Mittel- und

124 *Bernhardi*, Deutschland; ders., Die augenblickliche Lage, in: AB, Jg. 22, 1912, S. 453–455; *Wernecke*, S. 160–166; *Fischer*, Krieg, S. 343–347. Vgl. *Claß*, Kaiser, S. 182f., 236–242; *Weber*, Krieg; AB, Jg. 22, 1912, S. 107f.; Überall, Jg. 14, 1911/12, S. 567–569.

125 Vgl. A. Breusing, »Der Weltkrieg und das Deutsche Reich«, PAAA, Deutschland, 169, Bd. 5; *Chickering*, Alldeutschen, S. 27.

126 Zur Gründung des DWV vgl. *Coetzee*, Army League, S. 14–29, Zahlenangaben, S. 78; *Chickering*, Wehrverein; *ders.*, We Men, S. 267–277; *Förster*, Militarismus, S. 226–238; *Peters*, ADV, S. 156–165; *Fischer*, Krieg, S. 159–164; *Hartwig*, DWV, S. 330–335; *Wernecke*, S. 174–178; AB, Jg. 21, 1911, S. 439–441 sowie Kaptitel III.4.

Osteuropa, vor allem in jenen Teilen des Habsburgerreiches, in denen deutschsprachige Bevölkerungsgruppen lebten.[127] Dieser »Drang nach Osten« war deshalb mit Annahmen über die Zukunft der österreich-ungarischen Doppelmonarchie verknüpft. Die kontinentalen Expansionsvorstellungen des radikalen Nationalismus waren damit Teil einer Debatte über die politische und wirtschaftliche Neuordnung »Mitteleuropas«, die in der deutschen Öffentlichkeit seit der Jahrhundertwende zunehmend an Bedeutung erlangte.[128]

Der Begriff »Mitteleuropa« war eines der einflußreichsten Raumkonstrukte des 19. Jahrhunderts. Als »kognitive Karte« diente er dazu, politische und kulturelle Gemeinsamkeiten und Zugehörigkeiten zu bezeichnen, und besaß deshalb eine herausragende Bedeutung für die nationale Selbst- und Fremdbeschreibung. Aus diesem Grund waren seine Grenzen stets Gegenstand erbitterter Kontroversen und folglich weder geographisch, politisch noch kulturell eindeutig zu definieren.[129] Innerhalb des deutschen Sprachraums war die Diskussion um eine Neuordnung der mittel- und osteuropäischen Staatenwelt seit dem Vormärz in aller Regel mit politischen, wirtschaftlichen und kulturellen Herrschafts- und Hegemonieansprüchen verbunden. Zumindest für die Zeit nach der Reichsgründung gilt, daß sich »Mitteleuropa« immer mehr zu einem politischen Kampfbegriff für formelle oder informelle Formen imperialistischer Expansion verengte.[130] Die Motive und Begründungen für diese Expansionsvorstellungen waren, wie im Fall der Kolonialpolitik, teils ökonomischer, teils macht- und geopolitischer Natur.

Einen zentralen Fluchtpunkt der Mitteleuropadiskussion bildete die Idee einer mitteleuropäischen Zollunion, wie sie bereits in den 1840er Jahren von Friedrich List konzipiert worden war. Dieser hatte in verschiedenen Schriften den Plan eines auf dem Bündnis Preußens und Österreichs beruhenden, »mächtigen germanisch-magyarischen östlichen Reiches« von der Adria bis zum Schwarzen Meer entworfen, das durch die Schaffung eines gemeinsamen Wirtschaftsraumes in einer Allianz mit England ein Gegengewicht gegenüber den aufkommenden Riesenreichen der Vereinigten Staaten und Rußlands bilden und zugleich als Siedlungsgebiet für deutsche Auswanderer dienen sollte.[131]

127 *Hasse*, Grenzpolitik, S. 152–174; *ders.*, Großdeutschland. Die Formulierung das »größere Deutschland« stellte eine Paraphrase des von Charles Dilke mit seinem 1868 erschienenen Buch »Greater Britain« geprägten Schlagwortes dar. Vgl. *Dilke*, Britain; *ders.*, Problems. Auch Wilhelm II. sprach am 18.1.1896 in einer Rede von einem »größeren Deutschen Reich« und trug damit seinen Teil zur Popularisierung des Begriffs bei. Vgl. SEG, Bd. 37, 1896, S. 12f.; DW, Jg. 9, 1896, S. 49f.

128 Vgl. *Tkaczynki*; *Wippermann*; *Neitzel*, Weltmacht, S. 118–126.

129 Vgl. *Schultz*, Raumkonstrukte; *ders.*, Grenzen; *Jaworski*, Mitteleuropadiskussion; *Le Rider.*

130 *Schultz*, Raumkonstrukte, S. 357; *Mommsen*, Mitteleuropaidee, S. 4–7; *Wendt*, Mitteleuropa; *Gutsche*, Mitteleuropaplanungen; *ders.*, Mitteleuropapolitik.

131 Vgl. *List*, Ackerverfassung, S. 497–524 (Zitat: S. 499); *ders.*, System, S. 209–212, 403–405, 406–417, 425f.; *ders.*, Zollvereinigung; *Etges*, S. 91–94; *Henderson*, *List*, S. 104–116; *ders.*, Zollvereinspläne, S. 131–139; *Droz*, L'Europe, S. 53–62; *Meyer*, Mitteleuropa, S. 11–16.

Obwohl List dieses deutsch-ungarische Mittelreich primär als ein wirtschaftliches Zweckbündnis entworfen hatte, das nur bedingt mit den expansionistischen Zielen der radikalen Nationalisten kompatibel war, galt er diesen als Vordenker alldeutscher Mitteleuropakonzeptionen.[132]

Die Vorstellung eines deutsch dominierten »Mitteleuropas« war auch die Zielutopie der großdeutsch gesinnten Abgeordneten in der Frankfurter Paulskirche. Nach ihrer politischen Niederlage und dem Scheitern der Revolution von 1848/49 griff dann die österreichische Regierung den Plan eines mitteleuropäischen Zollvereins auf, um ihn als Waffe gegen die preußische Deutschlandpolitik zu benutzen.[133] Mit der Reichsgründung verschwand die Mitteleuropafrage zunächst von der politischen Tagesordnung, da Bismarck sorgsam darauf bedacht war, auch nur den Anschein großdeutscher Ambitionen zu vermeiden. Erst vor dem Hintergrund der internationalen Schutzzollbewegung und der Krise in den deutsch-russischen Beziehungen 1879/80 zeigte er sich geneigt, auch die Option eines engeren wirtschaftlichen und politischen Bündnisses mit der Habsburgermonarchie als Alternative zu seiner bis dato verfolgten Außen- und Handelspolitik in sein Kalkül einzubeziehen. Zwar bewegte sich der im Oktober 1879 geschlossene Zweibundvertrag weiterhin in den Bahnen klassischer Macht- und Kabinettspolitik, die Idee einer »mitteleuropäischen Union« blieb jedoch fortan als eine außenpolitische Alternative lebendig.[134] Sie war deshalb in verschiedenen Varianten immer wieder Thema der öffentlichen Diskussion.

Nicht wenige Zeitgenossen erblickten in einer mitteleuropäischen Neuorientierung der deutschen Außenwirtschaftspolitik eine Antwort auf die Herausforderung der fortschreitenden ökonomischen Globalisierung. Eine mitteleuropäische Zollunion versprach ihnen günstige Voraussetzungen für ein dynamisches Wirtschaftswachstum durch die Schaffung eines gemeinsamen Binnenmarktes. Außerdem sollte ein solcher mitteleuropäischer Wirtschaftsraum gegen auswärtige Konkurrenz und unerwünschte Einwirkungen des Weltmarktes schützen, wobei zumeist stillschweigend vorausgesetzt wurde, daß dabei dem ökonomisch stärksten Staat auch die politische Führungsrolle zufallen würde. Es kann deshalb nicht überraschen, daß die Anhänger der Weltreichstheorie die Idee einer mitteleuropäischen Zoll- und Wirtschaftsgemeinschaft als Alternative bzw. Ergänzung zur »Welt- und Kolonialpolitik« aufgriffen. Für sie bedeutete ein deutsch dominiertes »Mitteleuropa« das wirtschaftliche und politische Gegengewicht zu den drei Weltreichen Englands, Rußlands und der Vereinigten Staaten. Gustav

132 O. Hötzsch, Friedrich List, in: AB, Jg. 11, 1901, S. 202–204, 214–217; AB, Jg. 6, 1896, S. 235f.; AB, Jg. 14, 1904, S. 233; *Hasse*, Großdeutschland, S. 11–13, 42.

133 *Wollstein*, Großdeutschland, S. 266–291; *Etges*, S. 94–135; *Droz*, L'Europe, S. 63–127; *Böhme*, Weg, S. 11–90; *Doering-Manteuffel*, Ordnungszwang; *Henderson*, Zollvereinspläne, S. 139–147.

134 Vgl. *Torp*, Herausforderung, S. 147–177; *Hayes*, Bismarck, S. 271–361; *Böhme*, Weg, S. 525–529, 587–604; *Etges*, S. 252–274; *Mommsen*, Großmachtstellung, S. 41–46; *Henderson*, Zollvereinspläne S. 147–154; *Neitzel*, Weltmacht, S. 129–144.

Schmoller etwa betrachtete im Jahre 1900 einen »mitteleuropäischen Staatenbund oder Zollverein« als zentrale Zukunftsaufgabe, damit »im 20. Jahrhundert nicht die ganze Erde zwischen die drei Weltreiche aufgeteilt und von ihnen ein brutaler Neumerkantilismus begründet werde«.[135]

Politische Bedeutung erlangten diese Mitteleuropakonzeptionen während der Frühphase der Caprivischen Handelsvertragspolitik.[136] Angesichts der faktischen wirtschaftlichen Verflechtung blieb das Handelsvertragssystem des »Neuen Kurses« in der Praxis allerdings weit von einem mitteleuropäischen Wirtschaftsblock, geschweige denn von einer Zollunion entfernt, vor allem weil aufgrund der bestehenden Meistbegünstigungsverträge zahlreiche andere Staaten automatisch in seine Regelungen einbezogen wurden. Spätestens mit dem deutsch-russischen Handelsvertrag von 1894 wurden sämtliche handelspolitischen Mitteleuropapläne Makulatur, ohne daß damit die öffentliche Diskussion um eine mitteleuropäische Zollunion ein Ende fand.[137]

Auch die radikalen Nationalisten waren Verfechter einer wirtschaftlichen Integration »Mitteleuropas«. Der Alldeutsche Verband etwa forderte 1895 ganz im Sinne der Weltreichstheorie die »Schaffung eines unter deutschem Einfluß stehenden mitteleuropäischen Wirtschaftsgebietes«.[138] In der Folgezeit war es besonders Ernst Hasse, der den Gedanken einer mitteleuropäischen Zollunion aufgriff und in das Zentrum der alldeutschen Agitation rückte. Vor dem Hintergrund sich verschärfender Nationalitätenkonflikte in Österreich bezeichnete er 1897 die »Schaffung eines mitteleuropäischen Zollvereins« als die vordringliche Aufgabe der deutschen »Weltpolitik«. Eine solche Zoll- und Wirtschaftsunion stellte für ihn jedoch lediglich den ersten Schritt zu einem engeren politischen Zusammenschluß dar. Wie bei der Kolonialpolitik galt informelle, ökonomisch begründete Herrschaft als eine Vorstufe der unmittelbaren Herrschaftsausübung in Form staatlicher Gewalt.[139] Zwar wollte sich Hasse nicht konkret festlegen, welche Staaten diesem Zollverein angehören sollten, die »größte Wahrscheinlichkeit« besaß für ihn jedoch ein Zusammenschluß des Deutschen Reiches mit Österreich-Ungarn, Belgien, Holland und vielleicht auch der Schweiz und Ru-

135 *Schmoller*, Wandlungen, S. 382. Vgl. *Brentano*, Handelspolitik; *Kaufmann*, Zollverein; *Schäffle*, Handelspolitik; *Francke*; *Wolf*, Reich; *Bosc*, S. 237–267; *Peez*, Mitteleuropa und die drei Weltreiche; *Neitzel*, Weltmacht, S. 126–129; *Theiner*, Mitteleuropa-Pläne, S. 128–130; *Etges*, S. 282–306; *Fischer*, Krieg, S. 24–32.

136 *Neitzel*, Weltmacht, S. 140–144; *Weitowitz*, S. 41–87, 148–156; *Theiner*, Mitteleuropa-Pläne, S. 130–132; *Lahme*, S. 227–238; *Etges*, S. 278–282; *Fischer*, Krieg, S. 24–32; *Peez*, Zoll- u. Handelsvertrag; *ders.*, Mitteleuropa und die Handelspolitik.

137 Vgl. *Torp*, Herausforderung, S. 179–209; *Neitzel*, Weltmacht, S. 144–181; *Sombart, Handelsverträge; Dietzel, Theorie; Weitowitz*, S. 6, 243–299; *Matlekovits*, S. 251–272.

138 *Lehr*, Zwecke, S. 75–78; AB, Jg. 7, 1897, S. 70f., 74, 223f.; AB, Jg. 8, 1898, S. 266f.

139 *Hasse*, Deutsche Weltpolitik, S. 6, 10–14. Die Schaffung eines einheitlichen mitteleuropäischen Wirtschafts- und Verkehrssystem forderte Hasse auch in einer Reichstagsrede am 29.1.1897. Vgl. RT, Bd. 148, S. 4363–4366; AB, Jg. 7, 1897, S. 34.

mänien. Obwohl er bemüht war, den von ihm geforderten »mitteleuropäischen Zollverein« als das Ergebnis eines freiwilligen, auf der Einsicht in wirtschaftspolitische Notwendigkeiten beruhenden Einigungsprozesses zu charakterisieren, konnte er die hegemoniale Stoßrichtung seiner Mitteleuropakonzeption nicht verschleiern, wenn er gleichzeitig die »Gewinnung geeigneter Auswanderungsgebiete« durch »Ausdehnung des vorhandenen geschlossenen deutschen Siedlungsgebietes in Mitteleuropa« zum Ziel erklärte.[140]

Welche Ziele seiner Konzeption tatsächlich zugrunde lagen, läßt sich einer 1895 anonym veröffentlichten Flugschrift Hasses entnehmen, in der er die »Zusammenfassung aller in Mitteleuropa bei einander wohnenden Deutschen zu einem bundesstaatlichen Großdeutschland« und die »Erhebung des deutschen Volkes zu einem Herrenvolke über niedriger stehende Völker in Europa« propagierte.[141] Staatsrechtlich sollte dieses »Großdeutschland« auf einer dualen Konstruktion beruhen: einem engeren »großdeutschen Bunde«, dem außer dem Deutschen Reich, Österreich und Ungarn auch Holland, Belgien und die deutschsprachigen Gebiete der Schweiz angehörten, sowie einem weiteren »großdeutschen Zollverein«, der sich aus diesem »großdeutschen Bund«, den »Königreichen« Polen, Ruthenien, Rumänien, Großserbien und den baltischen Fürstentümern zusammensetzte. Das von Hasse geforderte »Großdeutschland« lief mithin auf die Schaffung eines mitteleuropäischen Imperiums unter deutscher Vorherrschaft hinaus, in dem andere Nationalitäten in einem Verhältnis kolonialer Abhängigkeit vom »germanischen Herrenvolk« lebten und dessen Kern aus einem ethnisch-kulturell homogenen großdeutschen Nationalstaat bestehen sollte.[142] Die Verwirklichung dieses »Großdeutschlands« hielt Hasse zumindest im Hinblick auf die Beneluxstaaten und die Länder der Habsburgermonarchie »auch ohne Eroberungskriege« für möglich, wenngleich seiner Meinung nach »als letztes Heilmittel eine Wiederholung der Ereignisse von 1866 in Betracht gezogen werden« mußte. Lediglich im Hinblick auf die in seinen Augen unvermeidliche Auseinandersetzung mit Rußland war für ihn eine Lösung »kaum anders als mit Waffengewalt denkbar«.[143]

140 *Hasse*, Deutsche Weltpolitik, S. 8–11. Vgl. AB, Jg. 7, 1897, S. 53f.

141 *Hasse*, Großdeutschland, S. 8, 10, 47f. Vgl. *ders.*, Grenzpolitik, S. 152–174; AB, Jg. 5, 1895, S. 161, S. 181f.

142 *Hasse*, Großdeutschland, S. 42–48. Den »großdeutschen Bund« definierte Hasse als einen »deutschen Volksstaat, der die große Mehrheit der in Europa zusammenlebenden Deutschen umfaßt, der nicht ausschließlich von Deutschen bewohnt, aber ausschließlich von Deutschen beherrscht wird«, wobei für ihn Niederländer, Flamen und Deutschschweizer als »volldeutsche Bürger« galten. Vgl. ebd., S. 45, 47.

143 Ebd., S. 10. Insbesondere für die Beneluxländer und die Schweiz bezeichnete Hasse den Anschluß an das vom ihm skizzierte »Großdeutschland« als einen für beide Seiten vorteilhaften Schritt, der im wohlverstandenen wirtschaftlichen und politischen Eigeninteresse der betreffenden Staaten liege. Vgl. ebd., S. 11–17; *Lehr*, S. 78; *Reismann-Grone*, Reichshäfen; AB, Jg. 9, 1899. S. 304f.; 310f.

Mit seiner Vision eines ›mitteleuropäischen Reichs deutscher Nation‹ stand der Vorsitzende des Alldeutschen Verbandes nicht allein. Bereits ein Jahr zuvor hatten die »Alldeutschen Blätter« in einem programmatischen Artikel die »Zusammenfassung des gesamten deutschen Volkstums in Mitteleuropa« gefordert, »um der germanischen Rasse diejenigen Lebensbedingungen zu sichern, deren sie zur vollen Entfaltung ihrer Kräfte bedarf, selbst wenn darüber solch minderwertige Völklein wie Tschechen, Slowenen und Slowaken ... ihr für die Zivilisation nutzloses Dasein einbüßen sollten«.[144] Ähnlich träumte auch der den Alldeutschen nahestehende Publizist Alexander Tille, der nach der Jahrhundertwende zu einem hochrangigen Funktionär industrieller Interessenverbände aufstieg, 1895 von einem »Großdeutschland«, das durch die »feste Angliederung der Deutschösterreicher an das Deutsche Reich« entstehen sollte. Im Westen sollten dessen Grenzen dann »nach einem künftigen Kriege« durch die Annexion weiterer Territorien ausgedehnt werden, aus denen zuvor die dort ansässige Bevölkerung vertrieben worden war.[145] Einen deutsch beherrschten, europäischen Zollbund als das Produkt eines von Deutschland siegreich beendeten gesamteuropäischen Krieges malte auch der Kolonialpolitiker Karl Kaerger in einer ebenfalls 1895 anonym erschienenen Flugschrift aus. In seiner von jeglichen realpolitischen Erwägungen befreiten Phantasie entstand dabei ein gigantisches deutsches Großreich, dessen Grenzen vom Baltikum bis an die Wolga reichten. Für die von Rußland eroberten Gebiete propagierte der selbst ernannte »Größtdeutsche« eine rücksichtslose Germanisierungspolitik, zu deren Implementierung die deutsche Regierung das Recht erhalten sollte, »jeden Bewohner der annektierten Provinzen ohne Angabe von Gründen« auszuweisen und seinen Grundbesitz zu enteignen.[146] Diese Vorstellungen, die selbst Hasse als »nebelhafte Träumereien« bezeichnete, stellten zum Zeitpunkt ihrer Veröffentlichung ideologische Exzesse politischer Außenseiter dar. Sie zeigen jedoch das Spektrum möglicher Handlungsoptionen auf, die für die radikalen Nationalisten 1895 bereits denkbar waren.[147]

Gemeinsam war allen radikalnationalistischen Expansionsvorstellungen das grundlegende Ziel: der Erwerb von »Lebensraum« für das deutsche Volk in

144 »Deutschlands Weltstellung und der Weiterbau am deutschen Nationalstaat«, in: AB, Jg. 4, 1894, S. 5–7.

145 *Tille*, Großdeutschland, S. 264f. Vgl. auch *Riedel*, Phantasien.

146 *Kaerger*, Germania, S. 12–27 (Zitat: S. 13). Zusammen mit dem Aufsatz Tilles gehört diese Passage zu den frühesten Zeugnissen der Idee einer gezielten, völkisch motivierten Massenvertreibung, für die sich im politischen Sprachgebrauch in jüngster Zeit der Euphemismus »ethnische Säuberung« etabliert hat.

147 Vgl. die Kritik Hasses in: *ders.*, Großdeutschland, S. 9f.; *ders.*, Grenzpolitik, S. 154f.; AB, Jg. 5, 1895, S. 9f. Ungeachtet der einhelligen Ablehnung seiner Expansionsziele durch die alldeutsche Verbandsführung nahm Kaerger am 16.8.1895 als Gast an der Sitzung des GA teil, in der über den Vertrieb von Hasses Flugschrift »Großdeutschland und Mitteleuropa« beraten wurde. Vgl. BA-B, ADV, Nr. 9, Bl. 1–6.

Mittel- und Osteuropa: »Wir brauchen Land, und zwar nicht nur Kolonien, auch wenn es von Fremden bewohnt wird, um dessen Zukunft nach unseren Bedürfnissen gestalten zu können.« Das deutsche Volk habe deshalb einen Anspruch »auf den Besitz ausschließlicher Abhängigkeitsgebiete, Ellbogenfreiheit, Ausdehnung, Land!«, wie Hasse unmißverständlich feststellte.[148] Diese Forderung bildete ungeachtet aller sonstigen Divergenzen den zentralen ideologischen Konsens der radikalnationalistischen Mitteleuropadiskussion, dessen besonders aggressive Stoßrichtung, wie im Fall der Kolonialpolitik, aus der Verbindung mit geopolitischen Deutungsmustern resultierte.

Der Einfluß geopolitischer Deutungsmuster auf die radikalnationalistischen Mitteleuropavorstellungen beschränkte sich jedoch nicht auf die Forderung nach »Lebensraum«. Eine zentrale Rolle spielte darüber hinaus das dem geographischen Fachdiskurs entlehnte Deutungsmuster von den »natürlichen Grenzen«. Ihm lag die Vorstellung zugrunde, daß die legitimen Siedlungsgrenzen ethnischer Gruppen ebenso wie die Herrschaftsgebiete von Staaten durch von der Natur vorgegebene Grenzen wie Gebirge, Meere oder Flüsse bestimmt waren, wobei die Übereinstimmung der ethnischen und politischen mit den »natürlichen« Grenzen als Idealzustand galt. Das Ziel jeder nationalen Entwicklung mußte folglich darin bestehen, eine möglichst weitgehende Kongruenz dieser Grenzen herzustellen. Voraussetzung hierfür war, daß die »natürlichen« Grenzen ermittelt und als solche anerkannt waren; eine Aufgabe, zu der sich besonders professionelle Geographen berufen fühlten. Wie verschiedene Untersuchungen gezeigt haben, war dieser wissenschaftliche Diskurs in hohem Maße durch die politischen Überzeugungen der an ihm beteiligten Protagonisten geprägt.[149]

Der Suche nach »natürlichen« Grenzen kam im Fall des Deutschen Reiches eine besondere Bedeutung zu, weil dessen zukünftige Entwicklung aufgrund seiner »Mittellage« angeblich in weit höherem Maße durch geographische Faktoren bestimmt war als die seiner Nachbarn. Abhängig von der jeweiligen politischen Stoßrichtung der Argumentation konnte diese »Mittellage« als Gefahr oder als Chance für eine großräumige Expansion ins Feld geführt werden. In diesem Sinne erblickte etwa Friedrich Ratzel in Deutschlands Lage »im Herzen des Erdteils« einerseits »die größte Gefahr«, weil der »Zug des Ostens nach Westen« sich »nur über Deutschland« hinweg vollziehen könne, sah in ihr andererseits jedoch auch seine »größte Zukunft«, weil sie die Möglichkeit einer weiträumigen Kolonisation eröffnete.[150] Nicht zuletzt aufgrund dieser rhetorischen

148 *Hasse*, Weltpolitik, S. 67. Ähnlich hieß es in einer anonymen Flugschrift aus dem Umfeld des ADV: »Wir müssen größer werden … Wir brauchen Raum in Europa, wenn wir ein Volk und eine Großmacht sein und bleiben wollen.« (*Anonymus*, Deutschland, S. 211, 214).

149 Vgl. *Schultz*, Grenzen; *Kost*, Begriffe; *Schulte-Althoff*, Studien, S. 184–192.

150 *Ratzel*, Briefe, S. 475–477. Vgl. *ders.*, Deutschland, S. 18f. Für Ratzel stellten »Lage« und »Grenzen« zentrale Begriffe seines geopolitischen Gedankengebäudes dar, die als komplemen-

Flexibilität avancierte die »Mittellage« zu einem allgegenwärtigen Topos der radikalnationalistischen Agitation, dessen Überzeugungskraft in dem Maße stieg, in dem er wissenschaftliche Weihen erlangte.[151]

Auch Ernst Hasse griff zur Begründung seiner Expansionsziele auf das Deutungsmuster der »Mittellage« zurück. Nach seiner Überzeugung war das Deutsche Reich, »eingepreßt zwischen die Ostmächte und die Westmächte, um seines Daseins willen dazu gezwungen, sich auszudehnen«. Deshalb forderte er: »Wir müssen aus der Not unserer geographischen Lage eine Tugend machen« und Siedlungsraum »im unmittelbaren Anschluß« an das Deutsche Reich erwerben.[152] Obwohl er jeglichen geographischen Determinismus ablehnte und statt dessen ethnischen und kulturellen Faktoren primäre Bedeutung zuerkannte, sah er in den »natürlichen« Grenzen wichtige Bedingungsfaktoren für die nationale Entwicklung, wobei er sich explizit auf Ratzels Überlegungen zum Verhältnis von politischen und »natürlichen« Grenzen stützte.[153] Wie Ratzel vertrat Hasse die Auffassung, daß der »Lebensraum« des deutschen Volkes nur teilweise durch »natürliche« Vorgaben bestimmt sei. Besonders »nach Südosten und nach Osten« seien »der Entwickelung des Deutschtums natürliche Grenzen nicht gesteckt.« Dessen bevorzugtes Entwicklungsgebiet liege deshalb auf den Gebieten der »kleinen, lebensunfähigen und namentlich zu einem Staatstum unfähigen Völker« Ost- und Südosteuropas, und hier wieder besonders dort, »wo durch … frühere deutsche Siedlungstätigkeit geschichtliche Ansprüche auf deutsche Herrschaft« erworben worden seien.[154]

Eine territoriale Expansion in »Mitteleuropa« bildete darüber hinaus den Ausgangspunkt für die Vision einer zumindest informellen Suprematie des Deutschen Reiches über den gesamten Nahen Osten, wie sie seit der Jahrhundertwende im Zusammenhang mit den Plänen zum Bau einer Eisenbahnlinie von Berlin bis Bagdad in der deutschen Öffentlichkeit diskutiert wurden.[155] Für die diesbezüglichen geostrategischen Gedankenspiele stellte die deutsche Vorherrschaft in »Mitteleuropa« lediglich einen ersten Schritt zur Schaffung eines deutschen Weltreiches dar, dessen Grenzen sich bis auf die arabische Halbinsel erstrecken

täre Kategorien das Lebensraumkonzept konkretisierten. Vgl. *Ratzel*, Geographie, S. 257–350, 535–620; *ders.*, Lage; *ders.* Eigenschaften.

151 Bereits der Gründungsaufruf des ADV begann mit einer geopolitischen Standortbestimmung: »In die Mitte von Europa gestellt und an seinen Grenzen bedroht von fremden und feindlichen Nationalitäten, bedarf das deutsche Volk mehr als alle anderen Völker der vollen und einheitlichen Zusammenfassung seiner Kräfte, um seine Unabhängigkeit nach außen und die Entfaltung seiner Eigenart im Innern zu sichern.« BA-B, ADV, Nr. 1, Bl. 46; MADV, Jg. 1, 1891, S. 5.

152 *Hasse*, Weltpolitik, S. 63; *ders.*, Grenzpolitik, S. 167f.

153 *Hasse*, Grenzpolitik, S. 1–13; *ders.*, Großdeutschland, S. 7f.; Hasse berief sich insbesondere auf *Ratzel*, Eigenschaften.

154 *Hasse*, Großdeutschland, S. 7; *ders.*, Grenzpolitik, S. 12f., 86–111; *ders.*, Weltpolitik, S. 63–71.

155 Vgl. *Rohrbach*, Bagdadbahn; *ders.*, Bagdad; *Schneider; Kaerger, Kleinasien*; *Grothe*, Bagdadbahn. Zur Bagdadbahn vgl. *Manzenreiter*; *Mejcher*; *Rathmann*; *Mommsen*, Ägypten.

sollten. In diesem Sinne hatte Hasse bereits 1896 für den Fall eines baldigen Zusammenbruchs des Osmanischen Reiches die Überlassung der gesamten asiatischen Türkei mit Ausnahme Armeniens an das Deutsche Reich vorgeschlagen.[156] An diesem Ziel hielt der alldeutsche Chefideologe auch in seinen späteren Veröffentlichungen fest. Noch 1908 betrachtete er »Mitteleuropa« und Vorderasien als »den für uns geeignetsten Teil der Welt«, der deshalb zum »ausschließlichen Einflußgebiet« des Deutschen Reiches werden müsse. Nach dem Vorbild des Vertrags über die Teilung Abbessiniens zwischen England, Frankreich und Italien vom 14. Dezember 1906, der in einem geheimen Zusatz jegliche Einmischung Dritter ausschloß, forderte Hasse die Reichsregierung auf, »Mitteleuropa« (einschließlich Kleinasiens und vielleicht sogar »Arabiens«) zur ausschließlichen Einflußsphäre des Deutschen Reiches zu erklären, die »jeder anderen Weltmacht das Recht bestreitet, die politische Lage dieser Gebiete durch ihre Einmischung noch zu komplizieren«.[157] Diese Forderung, die auf eine deutsche ›Monroe-Doktrin für Mitteleuropa‹ hinauslief, stellte für Hasse das wichtigste Ziel deutscher Weltmachtpolitik dar, dem seit der Jahrhundertwende alle anderen imperialistischen Bestrebungen, einschließlich der Kolonialpolitik, untergeordnet waren.[158]

Die radikalnationalistischen Expansionsziele in »Mitteleuropa« gründeten auf der Überzeugung, daß die Habsburgermonarchie früher oder später auseinanderbrechen werde und das Deutsche Reich nolens volens ihr Erbe werde antreten müssen – eine für den radikalen Nationalismus bis zur Jahrhundertwende zentrale Annahme, die auch von anderen einflußreichen Kreisen sowohl innerhalb des Deutschen Reiches als auch in Österreich geteilt wurde. Für Hasse stand 1895 fest: »Das jetzige Staatsgefüge Österreich-Ungarns kracht in allen Fugen. Seine Auflösung steht bevor, sobald der jetzige Herrscher die Augen geschlossen haben wird!«[159] Diese Zweifel an der Lebensfähigkeit der k.u.k. Monarchie, die besonders vor dem Hintergrund der Badeni-Krise 1897 Verbreitung erlangten, hatten weitreichende Folgen. Denn wer den baldigen Konkurs des Habsburger-

156 *Hasse*, Ansprüche; *ders.*, Was erhält Deutschland bei dem Zerfall der Türkei?, in: AB, Jg. 6, 1896, S. 172; *ders.*, Die Teilung der Türkei, in: ebd., S. 185f. Vgl. AB, Jg. 5, 1895, S. 221–224; AB, Jg. 6, 1896, S. 192f.; AB, Jg. 7, 1897, S. 105f., 163; AB, Jg. 9, 1899, S. 233–235. Den Anlaß für diese Überlegungen bildete der Ende Juli 1895 vom britischen Premierminister Lord Salisbury vor dem Hintergrund der armenischen Krise geäußerte Vorschlag, das Osmanische Reich unter die Großmächte aufzuteilen oder zumindest eine Abgrenzung der jeweiligen Interessensphären vorzunehmen.

157 *Hasse*, Weltpolitik, S. 63–71 (Zitate: S. 67, 71).

158 *Hasse*, Grenzpolitik, S. 1–13, 124–174.

159 *Hasse*, Großdeutschland, S. 10. Vgl. *ders.*, Die Zukunft Österreich-Ungarns im Lichte der Volkszahlen, in: AB, Jg. 4, 1894, S. 66–68, 109f.; AB, Jg. 7, 1897, S. 163f.; AB, Jg. 9, 1899, S. 77f.; AB, Jg. 8, 1898, S. 68. Eine radikale Auffassung hinsichtlich der Lebens(un)fähigkeit der Habsburgermonarchie findet sich in der 1899 anonym veröffentlichten Flugschrift »Österreichs Zusammenbruch und Wiederaufbau«, die ebenfalls aus der Feder Hasses stammte. Vgl. AB, Jg. 9, 1899, 78, 93f.; *Schödl*, ADV, S. 28–31.

staates für unausweichlich hielt, mußte konsequenterweise auch über den Zustand nachdenken, der auf seinen Zusammenbruch folgen würde.[160] Dies taten außer den Alldeutschen auch andere politisch einflußreiche Zeitgenossen, die nicht selten zu ähnlichen Ergebnissen kamen. Der ehemalige Generalstabschef Alfred v. Waldersee etwa gelangte 1898 zu dem Schluß, daß der Zerfall der Habsburgermonarchie unmittelbar bevorstehe und die nächste Etappe nur ein durch »Blut und Eisen« geschaffenes »Großdeutschland unter einem Hohenzollernkaiser sein« könne, weil die deutsche Frage 1866 nur zur Hälfte gelöst worden sei. Auch Friedrich Naumann meinte 1905, daß die kleindeutsche Lösung »zwar die beste Lösung für die Vergangenheit war, aber nicht die Lösung aller deutschen Fragen für die Zukunft« sei, wobei er wie Waldersee ausdrücklich mit der Möglichkeit rechnete, »daß uns eine mitteleuropäische Auseinandersetzung unter Umständen vorbehalten ist, um derentwillen wir vielleicht noch einmal zu Lande müssen siegen können.«[161] Diese weitverbreitete Annahme eines zwangsläufigen Zerfalls der Habsburgermonarchie bildete die zentrale Hintergrundüberzeugung der reichsdeutschen Mitteleuropadiskussion. Sie stärkte die radikalen Nationalisten in ihrer Auffassung, »daß das im Spiegelsaal des Schlosses zu Versailles geschaffene Deutsche Reich nur ein Provisorium« sei.[162]

Die Finis-Austriae-Hoffnungen der radikalen Nationalisten und alle Mitteleuropapläne, die einen Zusammenbruch der Donaumonarchie voraussetzten, verloren jedoch in dem Maße an Aktualität, in dem erkennbar wurde, daß ein Ende des österreich-ungarischen Staates keineswegs unmittelbar bevorstand. Die gesamtpolitische Entwicklung seit der Jahrhundertwende zwang auch die radikalen Nationalisten, ihre Haltung gegenüber der Donaumonarchie zu modifizieren. So mußten beispielsweise die führenden Vertreter des Alldeutschen Verbandes die für sie ernüchternde Erfahrung machen, daß auch große Teile der deutschnationalen Bewegung in Österreich dem Gedanken einer Angliederung an das Deutsche Reich ablehnend gegenüberstanden.[163] Darüber hinaus

160 In diesem Sinne bezeichnete Hasse die österreichische Frage 1901 als die »wichtigste und zukunftsreichste aller alldeutschen Fragen überhaupt«; BA-B, ADV, Nr. 27, Bl. 1–4 (Zitat: Bl. 4). Zur Haltung der Alldeutschen während der Badeni-Krise vgl. die Reichstagsrede Hasses vom 15.12.1897; RT, Bd. 159, S. 261f.; *ders.*, Die Lösung der Nationalitätenfrage in Österreich, in: AB, Jg. 7, 1897, S. 205f.; AB, Jg. 7, 1897, S. 107, 117–128, 197, 233f., 253, 274.

161 *Waldersee*, Bd. 2, S. 418; *Naumann*, Politik, S. 35; *ders.*, Deutschland, S. 403–408.

162 *Anonymus*, Deutschland, S. 5. Die Führung des ADV sympathisierte deshalb zeitweilig mit der »alldeutschen Bewegung« Georg Ritter von Schöneres, war jedoch stets um gute Beziehungen zu allen Parteien und Gruppierungen des deutschnationalen Lagers in Österreich bemüht. Vgl. »Der ADV in Österreich«, in: AB, Jg. 7, 1897, S. 5–6; »Linzer Programm«, in: AB, Jg. 7, 1897, S. 185f.; »Die Ziele der »Alldeutschen Bewegung« in Österreich, in: AB, Jg. 11, 1901, S. 409–412; S. 487f.; Jg. 12, 1902, S. 187f.; BA-B, ADV, Nr. 29, Bl. 1–4; *Schödl*, Politik; *ders.*, Samassa; *Tokody*.

163 Eine wichtige Rolle spielte in diesem Zusammenhang die Tatsache, daß die »Alldeutsche Vereinigung« von Schöneres um die Jahrhundertwende aufgrund ihrer offen irredentisti-

legte vor allem die Haltung der Reichsregierung, die allen auf eine Destabilisierung des habsburgischen Vielvölkerstaates abzielenden Bestrebungen eine klare Absage erteilte, einen gemäßigteren Kurs nahe. »Unser politisches Interesse«, erklärte Staatssekretär v. Bülow unmißverständlich, »geht dahin, daß Österreich-Ungarn in seiner selbständigen Großmachtstellung erhalten bleibt«. Deshalb sei alles zu vermeiden, »was uns als offen zur Schau getragene Parteinahme für die Deutschnationalen ausgelegt werden könnte.« Gleichzeitig hielt die deutsche Führung im Anschluß an den Bülow-Tarif von 1901 und den auf seiner Basis abgeschlossenen Handelsverträgen strikt am Grundsatz der unbedingten Meistbegünstigung fest. Sie war deshalb bemüht, sich von allen Plänen zu distanzieren, die ein mitteleuropäisches Zollbündnis anstrebten.[164] Vor dem Hintergrund dieser politischen Rahmenbedingungen blieb den radikalen Nationalisten nichts anderes übrig, als gegenüber Österreich-Ungarn bis auf weiteres gemäßigtere Töne anzuschlagen, wollten sie sich nicht völlig ins politische Abseits manövrieren.

In diesem Sinne konzentrierte der Alldeutsche Verband seine Agitation nunmehr auf die Forderung nach einer engeren wirtschaftlichen und politischen Kooperation zwischen dem Deutschen Reich und der Habsburgermonarchie sowie nach materieller und ideeller Unterstützung der Deutschösterreicher.[165] Im Hinblick auf den angestrebten »engeren Anschluß Österreichs an das Deutsche Reich« wurden aus taktischen Erwägungen dabei bewußt ökonomische Argumente in den Mittelpunkt der Agitation gestellt, während die eigentlichen völkischen Zielsetzungen in den Hintergrund traten.[166] So wurde die Notwendigkeit eines »mitteleuropäischen Zollbundes« ganz im Sinne der Weltreichstheorie damit begründet, daß nur ein solcher Zusammenschluß »den Völkern Mitteleuropas die wirtschaftliche und schließlich auch politische Unabhängigkeit von den drei großen Wirtschaftsgebieten, dem russischen, englischen und amerikanischen, sichern« könne.[167] Die Alldeutschen unterstützen deshalb den 1904 von

schen Position politisch zunehmend in eine Sackgasse geriet und spätestens seit der vernichtenden Wahlniederlage von 1907 nur noch eine sektiererische Splittergruppe darstellte. Vgl. *Schödl*, Politik, S. 75f.; *Tokody*, S. 45f.

164 Bülow an Lichnowsky, 18.6.1898, GP, Bd. 13, S. 119 121 (Zitat: S. 120). Vgl. *Torp*, Herausforderung, S. 211–291; *Schödl*, ADV, S. 35–39; *Tokody*, S. 45–53; *Mommsen*, Österreich, S. 220–233; *Kann*, Reich.

165 Vgl. BA-B, ADV, Nr. 7, Bl. 6f.; AB, Jg. 11, 1901, S. 411. Ähnlich forderte auch Naumann einen engeren wirtschaftlichen und politischen Anschluß Österreichs an das Deutsche Reich und eine »für das Deutschtum offene Interventionspolitik« (*ders.*, Deutschland, S. 440). Vgl. P. Samassa, Pfarrer Naumann über Deutschland und Österreich, in: AB, Jg. 10, 1900; S. 82–84.

166 AB, Jg. 10, 1900, S. 245–247 (Zitat: S. 247); Protokoll der Vorstandssitzung des ADV v. 31.8.1901, BA-B, ADV, Nr. 7, Bl. 2–7; AB, Jg. 11, 1901, S. 409–412.

167 AB, Jg. 10, 1900, S. 184; P. Samassa, Ein Zoll- und Handelsbündnis zwischen Österreich und Deutschland, in: AB, Jg. 10, 1900, S. 278–280; ders., Die künftige deutsche Wirtschaftspolitik und Österreich-Ungarn, in: AB, Jg. 11, 1901, S. 441f., 449f., 461–463.

dem Breslauer Nationalökonomen Julius Wolf gegründeten »Mitteleuropäischen Wirtschaftsverein«, der sich für eine pragmatische wirtschaftliche Annäherung der betreffenden Staaten als Vorstufe einer weitergehenden wirtschafts- und zollpolitischen Allianz einsetzte, betonten jedoch, daß Fortschritte auf dem Gebiet der ökonomischen Kooperation letztlich nur ein Mittel zum Zweck, d.h. zur politischen Expansion des Deutschen Reiches seien.[168]

Auch im Hinblick auf die Unterstützung der deutschsprachigen Bevölkerungsgruppen in der Habsburgermonarchie als »vorgeschobener Posten gegen das andrängende Slawentum« verfolgte der Alldeutsche Verband zu Beginn des 20. Jahrhunderts eine pragmatischere Linie. Hatte der Verbandstag 1894 noch »die Entfaltung aller friedlichen und kriegerischen Machtmittel des Deutschen Reiches zum Schutz der Deutschen im Ausland« gefordert, gaben die Alldeutschen sechs Jahre später lediglich ihrer Hoffnung Ausdruck, daß es »den Deutschen Österreichs durch standhaftes Ausharren im Kampfe gelingen werde, die ihnen gebührende Stellung im Staate zu erlangen«. Statt für einen Anschluß an das Reich plädierte der alldeutsche Österreich-Experte Paul Samassa nunmehr für eine »weltpolitische Arbeitsteilung« zwischen dem Deutschen Reich und der Habsburgermonarchie: Während dem Reich die Aufgabe zufiel, die weltpolitischen Expansionsziele des deutschen Volkes zu verfolgen, sollten die Deutschen in der Donaumonarchie ihm seine kontinentale Machtstellung sichern.[169] Die diesbezüglichen Vorschläge Samassas und anderer Alldeutscher konzentrierten sich jetzt auf eine föderalistische Umgestaltung der Habsburgermonarchie mit dem Ziel, der deutschen Bevölkerungsgruppe eine politische Vorrangstellung zu verschaffen. Formal näherten sich diese Vorschläge der »großösterreichischen« Variante der damaligen Reichsreformdiskussion an, wie sie u.a. vom österreichischen Thronfolger Erzherzog Franz Ferdinand unterstützt wurden. Faktisch lief das alldeutsche Sanierungskonzept für den habsburgischen Gesamtstaat jedoch darauf hinaus, das politische System der Donaumonarchie von innen zu »germanisieren«. Mit anderen Worten: Das »Großösterreich«-Projekt war in den Augen der Alldeutschen lediglich eine Zwischenstation auf dem Weg zur staatlichen Einheit aller Deutschen in »Mitteleuropa«.[170]

168 P. Samassa, Ein »Mitteleuropäischer Wirtschaftsverein«, in: AB, Jg. 14, S. 19–20. Positiv bewertete auch Ratzel die Neugründung. Vgl. ders., Der mitteleuropäische Wirtschaftsverein, in: Gb, Jg. 63, 1904, S. 253–259. Zum Mitteleuropäischen Wirtschaftsverein vgl. *Wolf*, Materialien; *ders.*, Jahre; *ders.*, Zollverband; *Neitzel*, Weltmacht, S. 174.181; *Theiner*, Mitteleuropa, S. 134f.; *Etges*, S. 301–303; *Kloosterhuis*, Bd. 2, S. 497–501; *Meyer*, Mitteleuropa, S. 64–66.

169 AB, Jg. 4, 1894, S. 154; AB, Jg. 10, 1900, S. 245–247 (Zitat: S. 247). Zur Biographie Samassas (1868–1941) sowie seinem Einfluß auf die Politik des ADV und die deutschnationalen Parteien und Vereine in der Habsburgermonarchie vgl. *Schödl*, Samassa; *ders.*, ADV, S. 35–44.

170 Vgl. P. Samassa, Neue Gestaltungen in Österreich, in: AB, Jg. 13, 1903, S. 213f., 219–221, 229f., 234–236; ders., Groß-Österreich, in: AB: Jg. 16, 1906, S. 269–271, 280–282; E. Hasse, Der Kampf der österreichischen Nationalitäten um den Staat, in: AB, Jg. 14, 1904, S. 146–149; *ders.*, Völkerstreit; L. Korodi, Die kroatische Frage und Großösterreich, in: AB, Jg. 17, 1907,

Die Revision der radikalnationalistischen Agitation seit der Jahrhundertwende beruhte mithin keineswegs auf einem Wandel der strategischen Zielsetzungen, sondern allein auf der Einsicht in die Notwendigkeit taktischer Zugeständnisse aufgrund veränderter politischer Rahmenbedingungen. Die eigentlichen, weitreichenden Expansionsziele der radikalen Nationalisten traten in dem Augenblick wieder in den Vordergrund, in dem die politische Großwetterlage eine günstigere Resonanz versprach. Dies war seit 1904/05 in zunehmendem Maße der Fall. Die durch den russisch-japanischen Krieg forcierte Neuorientierung der europäischen Großmächte auf Europa stellte eine Zäsur in der Entwicklung der internationalen Beziehungen dar, die auch den radikalnationalistischen Expansionsplänen in Mitteleuropa neue Dynamik verlieh.[171]

3.2. Mitteleuropapolitik als »Weltpolitik«: Die Kontinuität radikalnationalistischer Expansionspläne und die Konzeption einer völkischen Großraumordnung

Die radikalen Nationalisten registrierten diese Veränderung der weltpolitischen Lage mit großer Aufmerksamkeit und erblickten in ihr eine neue Chance zur Verwirklichung ihrer mitteleuropäischen Expansionspläne.[172] So plädierte der erklärtermaßen mit den Alldeutschen sympathisierende Verfasser einer 1905 anonym veröffentlichten Flugschrift dafür, die »Gunst der gegenwärtigen politischen Weltlage« zu nutzen, um »im engsten Zusammenschlusse mit Österreich und in beiderseitigem festem Bündnisse mit der Türkei sich die ausschließliche Schutzherrschaft über die europäischen und asiatischen Besitzungen der letzteren zu sichern.« Als unabdingbare Voraussetzung für das Erreichen dieser Expansionsziele, in denen der Verfasser die einzig realistische Möglichkeit für eine erfolgreiche deutsche »Weltpolitik« erblickte, galt ihm eine »engere und festere Wiedervereinigung mit Österreich«.[173] Ein weiterer Grund für die Forderung nach einem verstärkten imperialistischen Engagement des Deutschen Reiches in »Mitteleuropa« lag in der anhaltenden Erfolglosigkeit der deutschen »Weltpolitik« in Übersee. Vor dem Hintergrund der Marokkokrise 1904/05 mehrten sich unter den radikalen Nationalisten die Zweifel, daß die überseeischen Expansionsbestrebungen tatsächlich den gewünschten Erfolg zeitigen würden. Wenn der als unabdingbar erachtete »Lebensraum« jedoch nicht in anderen

S. 291–293; ders., Die deutsche Frage in Ungarn, in: AB, Jg. 18, 1908, S. 160–162; *Schödl*, Samassa, S. 103f., 132f.; *ders.*, ADV, S. 39–44; *Tokody*, S. 53–66.

171 *Hillgruber*, Rolle, S. 23–34.

172 K. Mehrmann, Die Mächtegruppierung nach der Seeschlacht bei Tsuschima, in: AB, Jg. 15, 1905, S. 201–204.

173 *Anonymus*, Zukunft, S. 30f., 118, 163–225 (Zitate: S. 31, 163, 172, 179). Vgl. die Rezension Hasses in: AB, Jg. 15, 1905, S. 98; *ders.*, Grenzpolitik, S. 8f., 161f.

Erdteilen zu gewinnen war, mußte er auf dem europäischen Kontinent geschaffen werden.[174] Diese Auffassung war allerdings nicht unumstritten. Innerhalb des Alldeutschen Verbandes etwa kam es zu einer erbitterten Auseinandersetzung über die Frage, ob das Deutsche Reich seine imperialistischen Aktivitäten fortan weiterhin primär auf überseeische Territorien oder nicht besser auf den mitteleuropäischen Raum konzentrieren solle.[175] Obwohl diese Frage offiziell nicht eindeutig entschieden, sondern von der Verbandsführung dilatorisch behandelt wurde, setzte sich zunehmend die Überzeugung durch, daß Expansionsbemühungen in Mittel- und Osteuropa größere Aussicht auf Erfolg besäßen als weitere Versuche in Übersee – zumindest solange, bis das Reich über eine hinreichend starke Schlachtflotte verfügte, um Großbritannien auf See Paroli bieten zu können. Die Neuorientierung der radikalnationalistischen Expansionsziele ging deshalb einher mit der Forderung nach einer verstärkten Heeresrüstung, die zwar das bis dahin favorisierte Flottenbauprogramm nicht prinzipiell in Frage stellte, jedoch die deutschen Landstreitkräfte fortan als ein mindestens ebenso wichtiges weltpolitisches Machtinstrument betrachtete wie die im Bau befindliche Schlachtflotte.[176]

Wegweisend für diese Reeuropäisierung der radikalnationalistischen Expansionsziele war einmal mehr Ernst Hasse. Hatte dieser noch 1899 die Frage »Europäische oder Weltpolitik?« mit einem eindeutigen »sowohl als auch« beantwortet, erklärte er sieben Jahre später unmißverständlich: »Ehe wir ein größeres Deutschland in anderen Erdteilen suchen, müssen wir uns ein größeres Deutschland in Mitteleuropa schaffen.« Sein Ziel war ein Staatsgebilde, »dessen Grenzen mit den Grenzen des in Mitteleuropa geschlossen gesiedelten deutschen Volkstums zusammenfallen«.[177] Im Hinblick auf das Verhältnis zwischen dem Deutschen Reich und der Donaumonarchie vertrat Hasse jetzt jedoch den Standpunkt, daß ein Fortbestand des habsburgischen Staates zumindest mittelfristig durchaus im Interesse der reichsdeutschen Politik liege. Das

174 Bereits 1900 war in einer anderen anonymen, vom ADV protegierten Flugschrift zu lesen: »So zweckmäßig wir unsere Kolonien halten, so sehr wir alles thun möchten, um ihre Entwicklung zu fördern, so fest sind wir andrerseits davon überzeugt, daß auf lange Zeit hinaus die Ausdehnung unserer Grenzen in Europa *unvergleichlich wichtiger* ist für die Zukunft der Nation, als alle Kolonien.« (*Anonymus*, Deutschland, S. 115f. [Hervorhebung im Original]).

175 Vgl. *Reismann-Grone u. v. Liebert*; AB, Jg. 15, 1905, S. 213–215; K. Mehrmann, Rückkehr zur Festlandspolitik?, in: AB, Jg. 13, 1903, S. 381f.; *Schödl*, ADV, S. 44–50.

176 Vgl. *Förster*, Militarismus, S. 151–158; *Peters*, ADV, S. 74–76; *Pogge v. Strandmann*, Verbände, S. 308–317 sowie Kapitel III.4.

177 E. Hasse, Europäische oder Weltpolitik?, in: AB, Jg. 9, 1899, S. 193f.; *ders.*, Grenzpolitik, S. 8–13, 152–174 (Zitate: S. 8, 167, 169). Zu den großen Kulturnationen zählte Hasse die Franzosen, Skandinavier, Russen, Ukrainer, Rumänen und Südslawen, ausgenommen die Slowenen. Ganz ähnlich rechnete auch Samassa Tschechen und Polen zu den »minderwertigen Völkern«, die dem Untergang geweiht waren. Vgl. P. Samassa, Gleichheit und Ungleichheit im Völkerleben, in: AB, Jg. 12, 1902, S. 11f.

von ihm zu keinem Zeitpunkt aufgegebene Fernziel der staatlichen Einheit aller in »Mitteleuropa« lebenden Deutschen sollte fortan in Kooperation mit der habsburgischen Staatsführung verwirklicht werden, der die Aufgabe zufiel, die politische und gesellschaftliche Vorrangstellung der deutschsprachigen Bevölkerung zu verteidigen bzw. wiederherzustellen. Für den Fall jedoch, daß die politischen Entscheidungsträger der Donaumonarchie sich als unwillig oder unfähig erweisen sollten, die ihnen zugewiesene »Regermanisierung« durchzuführen, hielt er radikalere Maßnahmen für unabdingbar: »Sollten die Mittel der friedlichen Überredung nicht ausreichen, so muß es die Aufgabe unserer deutschen Staatsmänner sein, eine weltpolitische Konjunktur zu benutzen, um Österreich-Ungarn zu dem zu zwingen, was wir brauchen.«[178]

Hasses Ausführungen aus dem Jahr 1906 zeigen die Kontinuität der radikalnationalistischen Mitteleuropakonzeptionen und die Persistenz eines völkischen Großraumdenkens, das auch durch gegenläufige Erfahrungen nicht erschüttert, sondern im Gegenteil eher radikalisiert wurde. Der durch die Weltreichstheorie und das Lebensraumkonzept geprägte Erwartungshorizont bestimmte auch nach der Jahrhundertwende weiterhin das politische Denken und Handeln der radikalen Nationalisten. Dies zeigen besonders die Reaktionen während der bosnischen Annexionskrise 1908/09. Die Alldeutschen protestierten leidenschaftlich gegen die vorbehaltlose Unterstützung Österreich-Ungarns durch das Deutsche Reich und warfen der Reichsleitung vor, sich für habsburgische Interessen einspannen zu lassen. Sie gingen jetzt sogar so weit, eine grundsätzliche Überprüfung des Bündnisses mit der Doppelmonarchie zu fordern. Scharfe Kritik übten sie darüber hinaus am innenpolitischen Kurs der Wiener Regierung, der ihrer Meinung nach einer »Slawisierung« der Habsburgermonarchie Vorschub leistete.[179] Der Alldeutsche Verband geriet durch diese Kritik wieder einmal in Opposition zur Regierung, die sich mit Blick auf die fortschreitende außenpolitische Isolierung des Deutschen Reiches in wachsendem Maße auf das Bündnis mit Österreich-Ungarn zurückgeworfen sah und aus diesem Grund bemüht war, alles zu tun, um den Fortbestand der Donaumonarchie zu sichern.[180]

178 *Hasse*, Grenzpolitik, S. 124–151 (Zitat: S. 151).

179 Hintergrund dieser Polemiken war die Einführung des allgemeinen Wahlrechts in Österreich im Jahre 1907, durch die sich die Zahl der slawischen Abgeordneten deutlich erhöht hatte. Vgl. E. v. Reventlow, Deutschland, Österreich-Ungarn und der Balkan, in: AB, Jg. 18, 1908, S. 356–359; ders., Osterhasenpolitik, in: AB, Jg. 19, 1909, S. 97–99; ders., Nibelungentreue, in: AB, Jg. 19, 1909, S. 117f.; ders., Das deutsche Reich eine Balkanmacht?, in: AB, Jg. 20, 1910, S. 77f.; L. Korodi, Umgestaltungen in Österreich-Ungarn, in: AB, Jg. 18, 1908, S. 375; ders., Eine Lebensfrage der Habsburgermonarchie, in: AB, Jg. 19, 1909, S. 31; ders., Die Regierungsfähigkeit der Deutschen in Österreich, in: AB, Jg. 19, 1909, S. 63; K. v. Strantz, Zur deutsch-österreichischen Politik, in: AB, Jg. 19, 1909, S. 341f.; P. Samassa, Nochmals die Nibelungentreue, in: AB, Jg. 20, 1910, S. 145–149.

180 *Angelow*, S. 377–385; *Schödl*, ADV, S. 65, 71; *Mommsen*, Großmachtstellung, S. 198–205.

Mit anderen Worten: Auch in der Mitteleuropafrage klafften der Erwartungshorizont der radikalen Nationalisten und die faktische politische Entwicklung immer weiter auseinander. Diese Diskrepanz führte zu kognitiven Dissonanzen, die sich in dem Maße verschärften, in dem die radikalen Nationalisten erkannten, daß auch ihre mitteleuropäischen Expansionshoffnungen zum Scheitern verurteilt waren. Wollten sie trotzdem an den Grundannahmen ihres Weltbildes festhalten, blieb ihnen nicht anderes übrig als auf einen großen ›Befreiungsschlag‹ zu hoffen, der die Übereinstimmung von Weltbild und Wirklichkeit wieder herstellen würde. Unter den Bedingungen der Zeit konnte ein solcher ›Befreiungsschlag‹ nur in einem gesamteuropäischen Krieg bestehen. Aus diesem Grund setzte sich unter dem Eindruck der bosnischen Annexionskrise, der zweiten Marrokokrise und des ersten Balkankrieges unter den radikalen Nationalisten immer mehr die Auffassung durch, daß ein Krieg nicht nur die legitime Fortsetzung imperialistischer Politik mit militärischen Mittel sei, sondern die einzige, dem Deutschen Reich überhaupt noch verbliebene Möglichkeit, den zu seiner nationalen Existenz unabdingbaren »Lebensraum« zu gewinnen.

Nur vor dem Hintergrund dieser kognitiven Dissonanz wird auch die verbandsinterne Kontroverse um den »neuen Kurs« gegenüber der Donaumonarchie verständlich, die für den Alldeutschen Verband seit 1909 zunehmend zu einer Zerreißprobe wurde. Auslöser für diese Auseinandersetzung war das Bemühen von Heinrich Claß, der nach Hasses Tod im Februar 1908 den Vorsitz des Verbandes übernommen hatte, die politische Isolierung der Alldeutschen zu überwinden, indem er die Konfliktfelder mit der Regierung reduzierte und sich ihr als politischer Partner anbot.[181] Zu diesem Zweck betonte Claß nunmehr den besonderen Wert eines engen Bündnisses mit der Habsburgermonarchie für die machtpolitische Stellung des Deutschen Reiches und die Zukunft des deutschen Volkstums in Mittel- und Osteuropa. Als das offizielle Ziel der alldeutschen Politik galt ihm nicht mehr länger die Zerschlagung des österreichisch-ungarischen Staatswesens, sondern dessen möglichst enge Koexistenz mit dem Deutsche Reich zum gemeinsamen machtpolitischen Vorteil.[182] Das Deutsche Reich habe, erklärte Claß 1912, ein »höchstes Interesse daran, daß ein starkes, in sich gefestigtes Österreich als einheitlicher Staat besteht und erhalten bleibt; dies Interesse ist so groß, daß zur Erreichung des Zwecks dem Hause Habsburg sogar Waffenhilfe geleistet werden sollte.«[183] Die Notwen-

181 Vgl. Claß an Bethmann Hollweg, 19.8.1909, BA-B, RK Nr. 1415, Bl. 39f.; *Angelow*, S. 379–385; *Mitter*, S. 344–350; *Schödl*, ADV, S. 71–82; *Peters*, ADV, S. 93–102.

182 Vgl. AB, Jg. 19, 1909, S. 321–325, 328–330; Jg. 20, 1910, S. 317–321. Unterstützt wurde Claß insbesondere von Samassa, der als sein engster Berater entscheidenden Einfluß auf seine Haltung gegenüber Österreich-Ungarn hatte. Vgl. hierzu ausführlich *Schödl*, Samassa; Samassa, Völkerstreit; H. Claß, Der Völkerstreit im Habsburgerstaat, in: AB, Jg. 20, 1910, S. 204f.

183 *Claß*, Kaiser, S. 157–160, 165–168 (Zitat: S. 167). Dieses Loyalitätsbekenntnis war jedoch an die Voraussetzung geknüpft, daß die Führung der Donaumonarchie »dem Deutschtum die

digkeit der von ihm eingeleiteten, im Widerspruch zur bisherigen Haltung des Verbandes stehenden, Umorientierung rechtfertigte Claß intern mit dem Argument, der Alldeutsche Verband sei angesichts der politischen Verhältnisse bis auf weiteres gezwungen, »mit verdeckten Karten« zu spielen. Gleichzeitig stellte er den von ihm eingeschlagenen Weg als die einzige noch verbliebene Möglichkeit dar, auf dem die alldeutschen Expansionsziele überhaupt noch verwirklicht werden könnten.

»Gewiss werden wir alle als erstrebenswertes Endziel den Zerfall der Doppelmonarchie und den Anschluß der deutschen Teile an das Reich anerkennen; aber ausgesprochen darf das jetzt nicht werden. Wir müssen die Sache vom reichsdeutschen Standpunkt betrachten. *Fest steht heute, daß das Deutsche Reich nur dann Krieg führen wird, wenn es von Österreich-Ungarn hineingezogen wird.* Dann ist es aber unsere Aufgabe, die österreichische Politik dahin zu beeinflussen, dass sie keinen Schritt weiter zurückweichen darf und daß das Deutsche Reich getreu an Österreichs Seite steht … Die Lösung der österreich-ungarischen Frage setzt voraus, daß wir eine unangreifbare Stellung in Mitteleuropa einnehmen; das einzig folgerichtige Verfahren ist somit ein Festhalten an dem Bündnis mit Österreich-Ungarn, bis die Auseinandersetzung mit Rußland, Frankreich und England stattgefunden hat.«[184]

Anders ausgedrückt: Für Claß waren die alldeutschen Expansionsziele in »Mitteleuropa« nicht aufgehoben, sondern lediglich bis zum Ende eines gesamteuropäischen Krieges aufgeschoben, und für einen solchen Krieg war das militärische Potential der Habsburgermonarchie unverzichtbar.[185] Einer wachsenden Zahl der Alldeutschen war dieser Spagat zwischen ideologischer Überzeugung, politischer Taktik und chiliastischer Kriegserwartung jedoch nicht mehr zu vermitteln. Innerhalb des Verbands wuchs deshalb der Widerstand gegen die pro-habsburgische Politik der Verbandsführung, mit der Folge, daß die Alldeutschen in dieser für sie zentralen Frage keine klare Position mehr besaßen und politisch nahezu handlungsunfähig waren.[186] Hier ist jedoch entscheidend, daß der ideologisch fixierte Erwartungshorizont der radikalen Nationalisten auch von diesen selbst nicht beliebig verändert werden konnte, sondern Grenzen setzte, die ihren politischen Handlungsspielraum einschränkten.

Stellung gewährt, die ihm als dem eigentlichen Staatsvolke zukommt … Der Habsburgerstaat wird deutschfreundlich sein, oder er wird nicht sein« (ebd., S. 167).

184 Claß auf der Sitzung des GA am 30.11.1912, BA-B, ADV, Nr. 87, Bl. 1–13 (Zitat: Bl. 9 [Hervorhebung im Original]). Vgl. AB, Jg. 22, 1912, S. 435–437.

185 Vgl. *Claß*, Kaiser, S. 165: »Das Bündnis mit Österreich-Ungarn hat für uns nur Wert, wenn dessen Heer stark und leistungsfähig ist; zerfällt das Heer infolge des weiteren inneren Zerfalles des Staates, so schwindet jedes Interesse an dieser Bundesgenossenschaft, ja es könnte nötig werden, aus Gründen der eigenen Sicherheit Maßregeln zu ergreifen, die die äußere Unverletztheit des kranken Staates beeinträchtigen würden.«

186 Vgl. die Kontroverse zwischen Reventlow und Samassa in: AB, Jg. 20, 1910, S. 145–149 sowie *Angelow*, S. 379–385, 392–399; *Schödl*, ADV, S. 77–82; *Mitter*, S. 347–350.

Angesichts dieses ungelösten Grundsatzkonfliktes mutet es wie ein ideologisches Ablenkungsmanöver an, wenn die Alldeutschen vor dem Hintergrund der Kriege auf dem Balkan zugleich Überlegungen zur imperialistischen Durchdringung Südosteuropas und des vorderen Orients anstellten. Solche geopolitischen Planspiele erfreuten sich seit dem Beginn des ersten Balkankrieges im Oktober 1912 jedoch großer Beliebtheit, da dieser einer weitverbreiteten Auffassung zufolge den Anfang vom Ende des Osmanischen Reiches ankündigte.[187] Auf der Annahme eines baldigen Zusammenbruchs der Türkei basierten auch die Expansionsvorstellungen des politischen Publizisten und zeitweiligen zweiten Geschäftsführers des Alldeutschen Verbandes, Albert Ritter, der im Juni 1913 unter dem Pseudonym Karl v. Winterstetten eine Flugschrift mit dem programmatischen Titel »Berlin-Bagdad« veröffentlichte, die bis zum Ausbruch des Ersten Weltkrieges sieben Auflagen erreichte. Ritter vertrat darin die Auffassung, daß die Begriffe »Deutsches Reich« und »Österreich-Ungarn« angesichts der wirtschaftlichen und politischen Entwicklung ihre Bedeutung verloren hätten. Diese liefe vielmehr unausweichlich auf ein »*Mitteleuropa* als unlöslicher weltpolitischer Schutz- und Trutzbund in sich unabhängiger und freier Staaten« hinaus. Er forderte deshalb die Errichtung eines Staatenbundes zwischen dem Deutschen Reich, Österreich-Ungarn, den östlichen Balkanstaaten und der Türkei, dessen Mitglieder formal selbständig bleiben, de facto jedoch die deutsche Vorherrschaft anerkennen sollten.[188]

Ähnliche Vorstellungen finden sich auch in den Publikationen Ernst Jäckhs und Paul Rohrbachs, die seit 1914 eine Zeitschrift mit dem programmatischen Titel »Das Größere Deutschland« herausgaben.[189] Ihre Forderung nach einer wirtschaftlichen und machtpolitischen Expansion des Deutschen Reiches in Südosteuropa und dem vorderen Orient auf der Grundlage eines Zusammenschlusses mit der Habsburgermonarchie zeigt, daß die Beschäftigung mit der Mitteleuropaproblematik kein Privileg der radikalen Nationalisten war, sondern eine in der Öffentlichkeit und unter politischen Entscheidungsträgern viel diskutierte Frage.[190] Obwohl von einer zielbewußten Mitteleuropapolitik der Reichsleitung angesichts der eindeutigen Ausrichtung der deutschen Wirtschaft auf den Weltmarkt nicht die Rede sein kann, stieß der Gedanke eines engeren wirtschaftlichen und politischen Bündnisses der mitteleuropäischen Staaten unter deutscher

187 Vgl. Frhr. v. Mackay, Der neue Balkan und die neue Weltpolitik, in: Überall, Jg. 15, 1912/13, S. 301–315; *Jäckh*, Deutschland; *Grothe*, Türkei; *Schaefer*, Ziel; *Wernecke*, S. 288–313; *Schulte*, Kriegsausbruch, S. 75–118. Bereits im Januar 1910 hatte Ernst Graf zu Reventlow für eine Aufteilung des Osmanischen Reiches plädiert. Vgl. ders., Politisches Abwracken, in: AB, Jg. 20, 1910, S. 9f.

188 *Winterstetten*, S. 18 [Hervorhebung im Original].

189 Vgl. *Jäckh*, Halbmond; *ders.*, Deutschland; *Rohrbach*, Weltvolk, S. 4; *ders.*, Bagdad; *Meyer*, Mitteleuropa, S. 95–102; *Mogk*, Rohrbach, S. 171–183.

190 Vgl. *Neitzel*, Weltmacht, S. 198–209.

Führung in den letzten Jahren vor Ausbruch des Ersten Weltkrieges auch in verschiedenen der Regierung nahestehenden Kreisen auf zunehmende Resonanz. Die Bereitschaft, neue Wege im Verhältnis zu Österreich-Ungarn und den Staaten Südosteuropas einzuschlagen, stieg dabei in dem Maße, in dem der politische Bedeutungsverlust des Deutschtums in der Habsburgermonarchie deren Charakter als »deutscher Staat« in Frage stellte. Sie war darüber hinaus abhängig von der unterstellten Wahrscheinlichkeit eines europäischen Krieges.[191]

Für die radikalen Nationalisten bildete die Option eines gesamteuropäischen Krieges zu diesem Zeitpunkt bereits die eigentliche Grundlage ihrer mitteleuropäischen Expansionspläne. Ihre grundsätzliche Zielsetzung hatte sich ungeachtet aller taktischen Zugeständnisse in der tagespolitischen Diskussion im Prinzip seit den 1890er Jahren nicht entscheidend geändert. In einem wichtigen Punkt allerdings bewirkten die Eskalation der Nationalitätenkonflikte in Österreich-Ungarn und die Möglichkeit eines militärischen Konflikts der Großmächte in Europa einen tiefgreifenden Wandel der radikalnationalistischen Expansionsvorstellungen. Diese Veränderung betraf nicht die (ohnehin kaum noch zu überbietende) geographische Reichweite der kontinentalimperialistischen Ziele, sondern den Modus der Expansion und die Form der angestrebten Herrschaft. Hatten die radikalen Nationalisten ursprünglich von einem deutsch dominierten mitteleuropäischen Reich geträumt, in dem die beherrschten Nationalitäten in einem Verhältnis kolonialer Abhängigkeit vom deutschen »Herrenvolk« lebten, wurde diese Zielutopie immer mehr von der Vision eines ethnisch homogenen deutschen Großreiches abgelöst. »Nur in der eigenen Volksmenge liegt unser Heil beschlossen, nicht in einem erhofften Herrentum über minderwertige Völker«, lautete die Schlußfolgerung, die vor allem führende Alldeutsche aus den Erfahrungen der verschiedenen Nationalitätenkonflikte zogen.[192]

Die Ursachen für diesen Wandel der imperialistischen Zielutopie lagen zum einen im Erstarken der nationalistischen Emanzipationsbestrebungen unter den nichtdeutschen Bevölkerungsgruppen der Habsburgermonarchie, welche die Durchsetzung einer für die Zukunft erhofften deutschen Herrschaft immer unrealistischer erscheinen ließ. Sie beruhten jedoch vor allem auf dem Scheitern der »Germanisierungspolitik«, besonders in den preußischen Ostprovinzen.[193] Wenn es dem Deutschen Reich trotz massiver materieller Unterstützung des Deutschtums und einer nicht minder ausgeprägten politischen, rechtlichen und kulturellen Diskriminierung der polnischen Minderheit nicht gelang, diese zu »germanisieren«, stellte dies auch eine wie auch immer geartete deutsche Herrschaft über die slawischen und magyarischen Bevölkerungsgruppen Mittel- und Ost-

191 Vgl. *Mommsen*, Mitteleuropaidee, S. 11–13; *ders.*, Österreich-Ungarn, S. 229–233; *Angelow*, S. 404–409; *Theiner*, Mitteleuropa-Pläne, S. 135f.; *Gutsche*, Mitteleuropaplanungen, S. 540–542.

192 K. v. Strantz, Slawen und Deutsche, in: AB, Jg. 19, 1909, S. 211f.

193 Vgl. hierzu ausführlich Kapitel IV.1.

europas in Frage. Heinrich Claß zog als erster radikale Konsequenzen aus dieser Einsicht. Bereits im Juli 1911, auf dem Höhepunkt der zweiten Marokkokrise, forderte er im Manuskript seiner Flugschrift »West-Marokko deutsch!« für den Fall eines (von ihm als unvermeidlich angesehenen) Krieges mit Frankreich die Annexion französischer Gebiete von der Sommemündung über Verdun, Nancy, Besançon, Grenoble bis Toulon, einschließlich derjenigen Teile des Rhonetals, die »militärisch notwendig« seien. Entscheidend war für ihn, daß Deutschland »*die abgetretenen Gebiete frei von Menschen*« erhalten sollte. Denn, wie Claß zur Begründung ausführte: »Die Erfahrungen, die Preußen beim Erwerb polnischen Landes und Nordschleswigs, die das Reich mit Elsaß-Lothringen gemacht hat, verlangen, daß mit dem Grundsatze gebrochen wird, die ansässige Bevölkerung im abgetretenen Land zu belassen; wir brauchen Land für unsere Deutschen, aber keinen Zuwachs übelwollender Fremdsprachiger.«[194] In der veröffentlichten Fassung der Flugschrift verzichtete Claß auf diese Passagen, nachdem sie im Auswärtigen Amt, dem er das Manuskript hatte zukommen lassen, auf entschiedene Ablehnung gestoßen waren.[195] An der Notwendigkeit seiner Forderungen hielt er jedoch uneingeschränkt fest.[196] Öffentlich propagierte Claß seine Vorstellungen erstmals 1912 in seinem »Kaiserbuch«. Für den Fall eines siegreich beendeten Krieges gegen Frankreich und Rußland forderte er die »Abtretung menschenleeren Landes«, d.h. die Bevölkerung der eroberten Gebiete sollte vor deren Übergabe »evakuiert« werden.[197] »Evakuierung« bedeutete in diesem Zusammenhang gezielte Massenvertreibungen, wie sie heute mit dem Euphemismus »ethnische Säuberungen« bezeichnet werden.[198]

194 BA-B, ADV, Nr. 408, Bl. 68–87: Korrekturfahnen der Flugschrift »West-Marokko deutsch!« (Zitate: Bl. 82 [Hervorhebung im Original]). Vgl. BA-B, ADV, Nr. 515, Bl. 134f.

195 Vgl. *Claß*, West-Marokko, S. 29; *Peters*, ADV, S. 122–125.

196 So erklärte Claß auf der Vorstandssitzung des ADV am 9.9.1911 im Rahmen der Erörterung der Marokkofrage: »Wir müssen Nachbar Englands werden und im Norden den Landstrich bis zur Mündung der Somme einerseits und andererseits das Land innerhalb einer Linie von Nancy bis Toulon an uns bringen. Der leitende Gedanke müsse dabei sein: Jedes Gebiet, das wir erwerben, sei frei von Menschen«; BA-B, ADV, Nr. 7, Bl. 56–59 (Zitat: Bl. 57).

197 *Claß*, Kaiser, S. 136–141, 152, 170 (Zitat: S. 140). Vgl. *ders.*, Strom, S. 322f.

198 Im Hinblick auf das Verständnis des Euphemismus »Evakuierung« ist ein Brief von Ernst Jäckh an Friedrich Naumann vom August 1913 aufschlußreich, in dem er über eine Diskussion mit Marineoffizieren berichtet: »Kennst Du das Wort ›evakuieren‹? Ich habe es bisher nicht gekannt und jetzt zum erstenmal an Bord der ›Ostfriesland‹ gehört. Wenn wir über deutsche Außenpolitik diskutierten und ich immer wieder ausführte, daß Deutschland keinen Krieg braucht, weil kein Krieg ihm etwas bringen kann, und daß wir wirklich eine Weltpolitik ohne Krieg machen könnten und müßten, und wenn ich u.a. auf die offenkundige Unmöglichkeit hinwies, undeutsche Volksteile aus Nachbarländern zu annektieren, die nur eine Stärkung der deutschen Un-Homogenität bedeuten würden, also eine nationale Schwächung – dann wurde mir immer wieder entgegengehalten, daß man eben ›evakuieren‹ müsse! Ich lernte langsam, daß das heißen soll: das fremdstämmige Volk ›expropriieren‹ und ›emittieren‹, das Land dadurch ›evakuieren‹, behalten und besiedeln! So einfach und leicht stellt sich in diesen Köpfen von sicherlich erstklas-

In Anbetracht dieser Überlegungen zu einer völkischen Großraumordnung als »Lebensraum« für das deutsche Volk scheint es nicht übertrieben, Claß als einen frühen »Vordenker der Vernichtung« zu bezeichnen.[199] Selbst wenn man ihm nicht unterstellen will, daß er eine Vernichtungsstrategie gegen die Bevölkerung der von Deutschland annektierten Gebiete beabsichtigte, bleibt die Tatsache, daß er eine solche zumindest billigend in Kauf zu nehmen bereit war, wenn auf diese Weise das für ihn alles entscheidende Ziel, der Landerwerb »frei von Menschen« erreicht werden konnte. In jedem Fall propagierte Claß die zwangsweise Umsiedlung ganzer Bevölkerungsgruppen als eine militante Form der Gesellschaftspolitik. Er steht damit am Anfang jener Tradition einer ethnisch-rassistisch motivierten Bevölkerungspolitik, die in der nationalsozialistischen »Umvolkungspolitik« während des Zweiten Weltkrieges ihren Höhepunkt erreichte und einen wesentlichen Faktor für die Genesis der »Endlösung« darstellte.[200]

Der Gedanke eines gewaltsamen Bevölkerungstransfers im Rahmen eines gesamteuropäischen Krieges war keine Erfindung von Claß, sondern in der radikalnationalistischen Publizistik bereits zuvor vereinzelt aufgetaucht, allerdings nur als hypertrophe Phantasie politischer Exzentriker.[201] Auch Hasse hatte für den Fall eines europäischen Krieges bereits über die Möglichkeit von »Zwangssiedlungen« als Mittel zur Lösung von Nationalitätenproblemen nachgedacht.[202] Aber erst Claß machte die Forderung nach Annexionen »frei von Menschen« zum politischen Programm, für das er zunächst innerhalb des Alldeutschen Verbandes, seit Kriegsausbruch dann im Rahmen der allgemeinen Kriegszieldiskussion warb. Welche Bedeutung er selbst diesem Programm beimaß, verdeutlicht ein Brief an seinen Stellvertreter Konstantin Freiherr von

sigen Marineoffizieren – aber politisch ›schlechten Musikanten‹ – Weltpolitik dar«; abgedruckt in: *Jäckh*, Pflug, S. 291.

199 Diese Bezeichnung in Anlehnung an *Aly u. Heim*. Im Hinblick auf diese Kontinuität bemerkte Claß in seinen 1932 veröffentlichten Memoiren durchaus zutreffend: »Damals war das Wort ›Volk ohne Raum‹ noch nicht geprägt, aber sein sachlicher Inhalt wurde von uns Alldeutschen längst vertreten.« (*Claß*, Strom, S. 322).

200 Vgl. *Aly*, Endlösung; *ders.*, Judenumsiedlung; *Mommsen*, Ostraum; *Naimark*, S. 62–81.

201 Außer den bereits zitierten Passagen bei *Tille*, Großdeutschland, S. 264f. und *Kaerger*, Germania, S. 13, findet sich die Idee gewaltsamer Massenvertreibungen auch in der Flugschrift »Deutschland zu Beginn des 20. Jahrhunderts«, deren anonymer Verfasser für den Augenblick, »wenn Deutschlands siegreiche Heere von der Moldau bis zur Adria stehen«, den Zeitpunkt gekommen sah, »die nichtdeutsche Bevölkerung Zisleithaniens einfach auszuweisen, allenfalls zu entschädigen, aber tabula rasa zu machen und nun deutsch zu kolonisieren«. Ferner forderte er, »sowohl Frankreich wie Rußland breite Landstriche abzunehmen und als Marken vor unsere West- und Ostgrenze zu legen« und dabei »die Räumung der betreffenden, möglichst großen Gebiete, durch die fremde Bevölkerung, allenfalls auch die Entschädigung dieser Bevölkerung durch die besiegte Regierung« zu einer Bedingung des Friedens zu machen; *Anonymus*, Deutschland, S. 121f. Es ist anzunehmen, daß Claß diese Flugschrift kannte, da sie innerhalb des ADV intensiv diskutiert wurde. Vgl. AB, Jg. 10, 1900, S. 357; AB, Jg. 11, 1901, S. 59, 85.

202 Vgl. *Hasse*, Zukunft, S. 44f.

Gebsattel vom 28. Juni 1914, in dem Claß unter dem Eindruck eines immer wahrscheinlicher werdenden Krieges schrieb:

»Die Dinge nähern sich der Entscheidung und es könnte eine große Zeit werden, wenn unsere leitenden Männer nicht zu sehr hinter der Masse zurückbleiben ... Für uns, die wir zu Hause bleiben müssen, wird, wenn sich unsere Hoffnung erfüllt, eine große, ja gewaltige Aufgabe zu lösen sein, und ich bin sicher, wir werden uns ihr gewachsen zeigen und dahin kommen, wohin wir wollen. In Wort und Schrift müssen wir unserem Volke das Kriegsziel vorhalten: Freies Land, frei von Menschen – und wir müssen die öffentliche Meinung so bearbeiten, daß es einfach nicht anders geht, als dieses Kriegsziel zu erreichen.«[203]

Der Radikalität seiner Forderung war sich Claß sehr wohl bewußt, denn er gab sich alle Mühe, diese »kulturell, rechtlich und moralisch dem Zeitempfinden noch so fremde Maßregel« als nationale Notwehrmaßnahme zu begründen, die erforderlich sei, »um die Deutschen in Europa vor dem Ersticken zu retten«.[204] Doch auch diese Bemühungen konnten nicht verhindern, daß die Forderung eines Landerwerbs »frei von Menschen« selbst innerhalb des Alldeutschen Verbandes auf scharfen Widerspruch stieß. Dietrich Schäfer etwa protestierte gegen die seiner Meinung nach barbarischen Maßnahmen, die einen eklatanten Verstoß gegen die Grundsätze des Völkerrechts und der Menschlichkeit darstellten und warf Claß einen »vollständigen Mangel an historisch-politischer Urteilsfähigkeit« vor. Nachdem der Geschäftsführende Ausschuß des Alldeutschen Verbandes am 28. August 1914 Claß' Kriegszielprogramm einschließlich der Forderung nach Zwangsumsiedlungen in den eroberten Territorien gebilligt und ihm weitreichende Handlungsfreiheit für seine propagandistische Umsetzung eingeräumt hatte, legte Schäfer sein Amt im Gesamtvorstand nieder und drohte mit seinem Austritt aus dem Verband.[205]

Auf eben jener Sitzung hatte Claß noch einmal die Notwendigkeit einer völkischen Umsiedlungspolitik betont, weil ansonsten »durch die zu erwartenden unaufhörlichen Kämpfe mit den unzufriedenen fremdstämmigen Staatsbürgern« der annektierten Gebiete die politische Kraft des deutschen Volkes völlig verbraucht zu werden drohe, und durch »die Einbeziehung von Millio-

203 Claß an Gebsattel, 28.7.1914, BA-B, Nl. Gebsattel, Nr. 1, Bl. 168f. Vgl. auch Claß an Waterstradt, 28.7.1914, BA-B, ADV, Nr. 198, Bl. 150.

204 *Claß*, Kaiser, S. 141. Zu den Reaktionen auf seine Forderung bemerkte Claß gegenüber einem Mitstreiter: »Der Gedanke ›frei von Menschen‹ ist, wie ich bei wichtigen Personen festgestellt habe, den maßgebenden Herren noch nicht in den Kopf gekommen und muß ihnen eingepflanzt werden.« (Claß an Waterstradt, 9.8.1914, BA-B, ADV, Nr. 198, Bl. 165).

205 Schäfer an Claß, 9.10.1911, BA-B, ADV, Nr. 455, Bl. 3f. (Zitat: Bl. 3); Claß an Schäfer, 1.9.1914, ebd., Bl. 18f.; Schäfer an Claß, 4.9.1914, ebd., Bl. 20f. Vgl. *Claß*, Strom, S. 361–365. Entgegen seiner Drohung trat Schäfer jedoch nicht aus dem ADV aus, sondern erklärte sich noch im Laufe des Jahres 1915 unter Aufrechterhaltung seiner prinzipiellen Bedenken gegen die von Claß geforderte Umsiedlungspolitik zur Mitarbeit an den allgemeinen Kriegszielen bereit.

nen Fremdblütigen in das Reich« dessen ohnehin »schon nicht ungeschwächtes germanisches *Rassengefüge* in absehbarer Zeit völlig gesprengt« werden würde.[206] Die Forderung nach einer »Art ›völkischer‹ Feldbereinigung« findet sich auch in einer Denkschrift, mit der es Claß im Rahmen der Kriegszieldiskussion schon bald gelang, einflußreiche Kreise in Politik und Wirtschaft für seine Vorstellungen zu gewinnen. In dieser Denkschrift entwickelte er darüber hinaus erstmals den Gedanken eines umfassenden Bevölkerungsaustausches zwischen Rußland und Deutschland, durch den die in Rußland lebenden deutschsprachigen Bevölkerungsgruppen gegen die in den eroberten Territorien ansässigen Russen, Weißrussen und Ukrainer ›ausgewechselt‹ werden sollten. In diesem Zusammenhang befürwortete Claß auch die Schaffung einer jüdischen Heimstätte in Palästina, um nach und nach alle europäischen Juden dorthin zu verfrachten. Zuvor sollte die jüdische Bevölkerung jedoch möglichst weitgehend nach Rußland umgesiedelt werden, um zu verhindern, daß »die Juden in den bisherigen Massen im östlichen deutschen Neulande bleiben, da sie dessen Entwicklung aufs äußerste gefährden würden«.[207]

Claß' Vision eines ethnisch homogenen deutschen Großreiches und die von ihm geforderte »Politik der Ausräumung und Verpflanzung« ganzer Bevölkerungsgruppen stellten zweifellos eine auch unter den radikalen Nationalisten umstrittene Extremposition dar.[208] Wie im Falle der imperialistischen Expansionsvorstellungen in Übersee resultierte sie aus der Diskrepanz zwischen dem radikalnationalistischen Erwartungshorizont und den realpolitischen Entwicklungen. Auch in der Mitteleuropafrage war die sukzessive Desillusionierung der radikalen Nationalisten im Hinblick auf die Erreichbarkeit ihrer Expansionsziele die entscheidende Ursache für jenen Radikalisierungprozeß, der schließlich zum Gedanken planmäßiger Massenvertreibungen und Umsiedlungen als ultima ratio »nationaler Politik« führte.

Vor dem August 1914 blieben diese Gedankenspiele politisch nahezu ohne Einfluß. Dies änderte sich jedoch nach Ausbruch des Krieges, der auch für die radikalnationalistischen Expansionsziele in »Mitteleuropa« grundlegend neue Realisierungschancen eröffnete. So wie die Pläne eines wirtschaftlichen und politischen Zusammenschlusses der mitteleuropäischen Staaten unter dem Eindruck der Kriegsereignisse und der alliierten Blockade eine neue Bedeutung erlangten,[209] fand auch die von Claß geforderte völkische Umsiedlungspolitik im Rah-

206 BA-B, ADV, Nr. 96, Bl. 4–41 (Zitat: Bl. 17f. [Hervorhebungen im Original]).

207 *Claß*, Denkschrift, S. 28–35, 42–54 (Zitate: S. 45, 50). Zur Verbreitung der Kriegszieldenkschrift vgl. *Mommsen*, Anfänge, S. 148–150; *Fischer*, Griff, S. 95f., 139–145.

208 *Claß*, Denkschrift, S. 32.

209 Zur Entwicklung der Mitteleuropa-Konzeptionen im Ersten Weltkrieg vgl. *Neitzel*, Weltmacht, S. 293–389; *Meyer*, Mitteleuropa, S. 116–290; *Mommsen*, Mitteleuropaidee, S. 13–24; *Theiner*, Mitteleuropa-Pläne, S. 136–148; *Gutsche*, Mitteleuropaplanungen, S. 542–549; *Droz*, L'Europe, S. 207–241; *Fischer*, Griff, S. 208–215.

men der Debatte um die deutschen Kriegsziele immer mehr Befürworter.[210] Und auch für die Reichsregierung avancierten massive Umsiedlungsmaßnahmen zu einer konkreten Handlungsoption, vor allem im Hinblick auf die Errichtung eines »polnischen Grenzstreifens« und das geplante Ansiedlungsprogramm in Kurland und Litauen.[211] Aber obwohl der Weltkrieg grundlegend neue Rahmenbedingungen für die Akzeptanz einer völkisch motivierten Umsiedlungspolitik schuf, wäre die Verbreitung dieser Idee nicht zu verstehen, ohne die in den beiden Vorkriegsdekaden gelegten ideologischen Grundlagen, die in historischer Perspektive eine entscheidende Bedingung ihrer Möglichkeit darstellten. Die mitteleuropäischen Expansionspläne und die Vision einer völkischen Großraumordnung unter deutscher Vorherrschaft weisen darüber hinaus auf die konstitutive Bedeutung von Krieg und militärischer Macht für das Denken und Handeln der radikalen Nationalisten hin, die im folgenden untersucht werden.

4. Ein »Volk in Waffen«: Rüstungspolitik und Militarisierung der Gesellschaft

Wenn, wie die radikalen Nationalisten glaubten, »alle politischen Fragen – selbst die inneren – Machtfragen und alle Machtfragen letzten Endes militärische Fragen« waren, lag es in der Konsequenz dieser Überzeugung, alles zu tun, um die militärische Macht des Deutschen Reiches zu erhöhen.[212] Rüstungspolitische Forderungen nahmen deshalb einen zentralen Platz in der Agitation nahezu aller »nationalen Verbände« ein oder bildeten, wie im Fall des Flottenvereins und des Wehrvereins, sogar ihr genuines Betätigungsfeld. Die radikalnationalistische Agitation zielte dabei jedoch nicht allein auf die materielle »Bereitstellung von Gewaltmitteln« (Michael Geyer), sondern zugleich auf eine umfassende mentale Mobilmachung der reichsdeutschen Gesellschaft für eine entschlossene Weltmachtpolitik, die auch vor dem Einsatz militärischer Gewalt nicht zurückschreckte.[213] Wie in den beiden vorangegangenen Abschnitten gezeigt, orientierten sich die rüstungspolitischen Forderungen der radikalen Nationalisten an

210 Selbst Friedrich Meinecke sprach sich 1915 für eine solche Politik aus. Vgl. Meinecke an Goetz, 6.5.1915, in: *ders.*, Briefwechsel, S. 58f.: »Bez. unserer östlichen Wünsche kommt mehr und mehr ein Gedanke auf, der in dieser oder jener Gestalt vielleicht fruchtbar ist: Rußland soll uns da oder dort Land abtreten ohne Menschen. Die Menschen nimmt es in sein Inneres und gibt uns dafür die Wolgadeutschen. Vor allem aber brauchen wir mehr Raum für innere Kolonisation.«

211 Vgl. *Mommsen*, Anfänge; *Basler*; *Geiss*, Grenzstreifen; *Fischer*, Griff, S. 230–239; *Liulevicius*, S. 72–115, 123–126; *Strazhas*, S. 246–253; *Mann*, Länder.

212 *Keim*, Erlebtes, S. 74.

213 *Geyer*, Rüstungspolitik, S. 9.

ihren imperialistischen Zielvorstellungen. So war die Schaffung einer modernen Kriegsflotte eng mit Expansionszielen in Übersee verknüpft, während die Forderung nach einem verstärkten Ausbau der Landstreitkräfte das rüstungspolitische Pendant einer auf »Mitteleuropa« konzentrierten Macht- und Ausdehnungspolitik darstellte. Darüber hinaus besaß die radikalnationalistische Rüstungspolitik jedoch auch eine innenpolitische Stoßrichtung. Diese zielte allerdings nicht darauf ab, die traditionelle Vormachtstellung vorindustrieller Eliten zu bewahren, wie in der Forschung lange Zeit behauptet worden ist,[214] sondern ihr Ziel war die Transformation des Deutschen Reiches zu einem nach Effizienzkriterien organisierten und geleiteten bürgerlichen Machtstaat. Denn nur ein solcher, davon waren die radikalen Nationalisten überzeugt, konnte die Weltmachtstellung des Deutschen Reiches und damit die zukünftige Entwicklung des deutschen Volkes auf Dauer gewährleisten.

Die zunehmende Fixierung auf die Bereitstellung militärischer Gewaltmittel förderte zugleich die Neigung, diese zur Erreichung der eigenen Ziele einzusetzen. Zwar resultierte die wachsende Kriegsbereitschaft der radikalen Nationalisten, wie gesehen, primär aus dem Scheitern aller Versuche, die als lebensnotwendig erachteten Expansionsziele auf friedlichem Wege zu erreichen. Aber erst die faktische Existenz und permanente Steigerung eines enormen militärischen Gewaltpotentials machten den Krieg als Mittel imperialistischer Expansion überhaupt denkbar und wünschenswert – wie fragwürdig auch immer diese Hoffnungen waren. Rüstungspolitik und Kriegführung waren, mit anderen Worten, für die radikalen Nationalisten die entscheidende Bedingung der nationalen Existenz, der sich das gesamte politische, wirtschaftliche und gesellschaftliche Leben unterzuordnen hatte. In dieser bedingungslosen Unterordnung aller Lebensbereiche unter die Belange der Rüstung und Kriegführung lag der ideologische Kern des radikalnationalistischen Militarismus. Es greift deshalb zu kurz, diesen Militarismus lediglich als Zweckentfremdung des Militärs für nichtmilitärische Zwecke wie imperialistische Expansion oder konservative Systemstabilisierung zu definieren.[215] Militär und Gesellschaft wurden nicht mehr länger als voneinander unabhängige Sphären der nationalen Existenz gedacht, sondern standen gemeinsam vor der Herausforderung, die Nation auf die bevorstehenden militärischen Auseinandersetzungen vorzubereiten. In diesem

214 Vgl. *Kehr*, Schlachtflottenbau; *ders.*, Klassenkämpfe; *Berghahn*, Tirpitz-Plan; *ders.*, Rüstung; *ders.*, Flotte; *ders.*, Krisis; *Wehler*, DGG, Bd. 4, S. 1129–1137; *ders.*, Kaiserreich, S. 165–170; *Epkenhans*, Flottenrüstung.

215 Vgl. die Definition von *Förster*, Militarismus, S. 6: »Militarismus bedeutet die Zweckentfremdung der Streitkräfte für die innere Politik und/oder für die Aggression nach Außen und damit eng zusammenhängend die Überbetonung der Militärpolitik gegenüber anderen Bereichen der Politik, die zwangsläufig den objektiven Interessen auch der Militaristen widerspricht und insofern irrational ist.« Zur Diskussion des Militarismusbegriffs vgl. *Berghahn*, Militarismus; *v. Bredow*; *Eide u. Thee*; *Conze u.a.*, Militarismus.

Sinne stellte der radikalnationalistische Militarismus einen wichtigen Wegbereiter für jenen grundlegenden Prozeß der Militarisierung dar, der infolge des Ersten Weltkrieges nahezu alle europäischen Gesellschaften erfaßte.[216]

Auf der Grundlage dieser Zielvorstellung avancierten die rüstungspolitischen Forderungen der nationalistischen Agitationsverbände zu einem politischen Faktor, der Einfluß auf die offizielle Rüstungspolitik gewann. Deren Entwicklung läßt sich in drei verschiedene Phasen einteilen:

1. Der Zeitraum von 1890 bis 1897 war gekennzeichnet durch eine intensive Aufrüstung der Landstreitkräfte, durch die der infolge veränderter Bündniskonstellationen entstandene relative Machtverlust des Deutschen Reiches im Konzert der europäischen Großmächte kompensiert werden sollte. Ihren Höhepunkt fanden diese Rüstungsanstrengungen in der Heeresvorlage von 1892/93, durch die die Friedenspräsenzstärke des Heeres um etwa 60000 Mann erhöht wurde.

2. Von 1898 bis 1911 wurden die rüstungspolitischen Anstrengungen des Reiches durch ein ehrgeiziges Flottenrüstungsprogramm dominiert, während die Heeresrüstung stagnierte. Die Priorität der Flottenrüstung basierte auf einem ideologisch-politischen Konsens, demzufolge der Aufbau einer modernen Schlachtflotte eine unabdingbare Voraussetzung für eine erfolgreiche Welt- und Kolonialpolitik darstellte. Dieser Konsens zerbrach infolge der Serie von außenpolitischen Niederlagen des Reiches, die – beginnend mit der ersten Marokkokrise 1904/05 – unter verschiedenen imperialistischen Akteuren zu der Erkenntnis führte, daß ihre Expansionsziele durch maritime Aufrüstung allein nicht zu erreichen waren.

3. Seit 1912/13 stand die Rüstungspolitik erneut im Zeichen einer »hektischen Aufrüstung« des Heeres, die begleitet wurde von einer öffentlichen Debatte um die Mobilisierung aller gesellschaftlichen Ressourcen als Vorbereitung für einen Krieg, der als immer wahrscheinlicher erachtet wurde. Die Gründung des »Deutschen Wehrvereins« 1912 war Ausdruck dieser wachsenden Kriegserwartung und zugleich einer ihrer wichtigsten Katalysatoren.[217]

Ausgehend von dieser Periodisierung soll im folgenden untersucht werden, inwieweit es den radikalen Nationalisten gelang, dem rüstungspolitischen Diskurs bestimmte Deutungsmuster, Argumente und Schlagworte vorzugeben und so im Sinne ihrer Vorstellungen zu strukturieren. Das Ziel der nachste-

216 Vgl. *Geyer*, Militarization, S. 79f.: »Militarization is the contradictory and tense social process in which civil society organizes itself for the production of violence … It is, indeed, not war or ›militarization‹ that organizes society, but society that organizes itself in and for war. In mobilizing people and resources for war, societies remake themselves and their social-political orders for the purpose of organizing destruction. This at a very profound level is the meaning of ›militarization‹ in twentieth-century Europe.«

217 Vgl. *Wehler*, DGG, Bd. 3, S. 1109–1114 (Zitat: S. 1110); *Förster*, Alter und neuer Militarismus, S. 125f.; *ders.*, Militarismus, S. 297f.

henden Ausführungen ist mithin nicht eine Darstellung der radikalnationalistischen Rüstungspolitik, sondern eine Analyse der ihr zugrundeliegenden Deutungsmuster und ihrer Bedeutung für den radikalen Nationalismus.

4.1. Die Machtmittel der Nation: Heer und Flotte als Instrumente und Symbole deutscher Weltmachtpolitik

Die rüstungspolitischen Forderungen der radikalen Nationalisten waren die praktische Konsequenz aus der Einsicht, daß das »zielbewußte Aufrollen einer deutschen Machtpolitik« die Bereitstellung der hierzu notwendigen Gewaltmittel erforderte. Aus prinzipiellen Erwägungen befürworteten diese deshalb zunächst jede Rüstungsanstrengung der Regierung.[218] So unterstützten etwa die Alldeutschen die Caprivische Heeresvorlage, ohne jedoch das Thema Rüstungspolitik gezielt aufzugreifen und zum Gegenstand einer breit angelegten Agitation zu machen.[219] Die Gründe für diese Zurückhaltung lagen in der zu diesem Zeitpunkt kulminierenden internen Krise des Verbandes sowie seiner Fundamentalopposition gegen die Politik des »Neuen Kurses«, die eine Unterstützung der Militärvorlage politisch nicht opportun erscheinen ließ. Daß die Rüstungspolitik gleichwohl ein Politikfeld darstellte, das von zentraler Bedeutung für die radikalnationalistische Ideologie und ihre Popularisierung war, demonstrierte zur selben Zeit ein Oberstleutnant namens August Keim.

Der ehemalige Generalstabsoffizier war seit Oktober 1892 in der Reichskanzlei damit befaßt, durch eine intensive Pressepolitik die Öffentlichkeit für die Wehrvorlage zu mobilisieren und so die Opposition im Reichstag zur Annahme des Gesetzentwurfes zu bewegen. Zu diesem Zweck initiierte und koordinierte er zahlreiche Zeitungsartikel und Flugschriften und griff auch selbst zur Feder. In seinen Veröffentlichungen entwickelte Keim die zentralen Topoi und Argumentationsmuster, die seitdem den radikalnationalistischen Rüstungsdiskurs bestimmten: Ausgehend von der sozialdarwinistischen Überzeugung, daß »die Geschicke der Völker stets und zu allen Zeiten endgültig nicht in den Kabinetten, nicht auf Rednerbühnen, sondern auf dem Schlachtfelde entschieden worden sind«, erhob er das periodische Auftreten von Kriegen in den Rang eines historischen Gesetzes. Hieraus folgerte er, daß nach mehr als zwanzig Jahren Frieden die Gefahr eines neuen Krieges ständig steige. Ein künftiger Krieg aber müsse schon aufgrund der geopolitischen »Mittellage« des Reiches und der massiven Aufrüstung seiner Feinde zu einem nationalen Existenzkampf werden. Angesichts dieser Aussichten habe das Reich keine andere Wahl, als seine Rüstungsanstrengungen bis zur Mobilisierung aller verfügba-

218 MADV, Jg. 2, 1892, S. 58f.; *Keim*, Machtmittel; *Bonhard*, S. 105–122.
219 Vgl. »Die unsichtbare Rüstung Deutschlands«, in: MADV, Jg. 2, 1892, S. 69f.

ren Ressourcen zu steigern. Nur auf diese Weise werde das deutsche Volk in der Lage sein, »jeder feindlichen Bedrohung durch einen Angriff zuvorzukommen und den Friedensstörer niederzuschlagen, wie es dies 1870/71 getan hat«. Die angebliche Unvermeidbarkeit eines Krieges und das strategische Dilemma, daß das Reich diesen mit höchster Wahrscheinlichkeit an zwei Fronten zu bestehen haben würde, veranlaßten Keim, für einem Präventivkrieg als die vermeintlich beste militärische Option zu plädieren: »*Wir wollen uns nicht vertheidigen, indem wir in Geduld abwarten, bis der Gegner auf uns einschlägt, sondern wir wollen uns wehren, und der wehrt sich am besten, der zuerst zuschlägt.*«[220]

Die von Keim propagierten Argumente zielten über den konkreten Anlaß der Wehrvorlage hinaus auf die Beseitigung überkommener militärischer Traditionen zugunsten einer umfassenden und effizienten Rüstungspolitik. Dieser »bürgerliche Militarismus« (Stig Förster) richtete sich vor allem gegen die Dominanz vorindustrieller Eliten innerhalb der Armee. Seine zentrale Forderung war die vollständige Durchführung der allgemeinen Wehrpflicht, die jedoch auf den erbitterten Widerstand konservativer Militärs stieß. Der Grund für diesen Widerstand lag in der Funktion der Armee als innenpolitisches Machtinstrument der Krone und als Garant des gesellschaftlichen Status quos. Die zentrale Voraussetzung für diese Rolle des Heeres war seine soziale und politische Homogenität. Und eben diese Homogenität wurde durch die beständige Vergrößerung der Armee in Frage gestellt. Die konservativen Militärs waren deshalb bemüht, einerseits die politische Zuverlässigkeit der Mannschaften durch die Kontingentierung sozialdemokratisch politisierter Rekruten aus den industriellen Ballungszentren zu erhalten und andererseits die Dominanz des Adels im Offizierskorps gegen die zunehmende Infiltration »bürgerlicher Elemente« zu verteidigen.[221]

Es liegt auf der Hand, daß diese sozialkonservative Zielsetzung zwangsläufig mit der Vorstellung einer umfassenden, an Effizienzkriterien orientierten Rüstungspolitik in Konflikt geraten mußte. Wenn dieser Konflikt vorerst noch nicht in aller Schärfe zum Tragen kam, lag dies vor allem daran, daß die Problematik der Heeresrüstung seit Mitte der 1890er Jahre hinter die Forderung nach dem Bau einer deutschen Schlachtflotte zurücktrat und erst vor dem Hintergrund gewandelter außenpolitischer Konstellationen seit 1911 wieder in den Vordergrund rückte. Und im Hinblick auf die Flottenrüstung kann von einem Gegensatz zwischen »konservativen« und »bürgerlichen« Militaristen nicht die Rede sein. Im Gegenteil: Die Forderung nach dem Bau einer deutschen Schlachtflotte war

220 *Keim*, Militär-Vorlage, (Zitate: S. 7, 20f. [Hervorhebung im Original]). Vgl. *ders.*, Aufklärung; *Förster*, Militarismus, S. 63–71; *Keim*, Erlebtes, S. 49–77; *Bernhardi*, Consules. Zur Person und Karriere Keims *Coetzee*, Army League, S. 19–29; *Eley*, Reshaping, S. 108–111; *Keim*, Erlebtes.

221 Vgl. *Förster*, Militarismus, bes., S. 7f., 297–300; *ders.*, Alter und neuer Militarismus. Zur innenpolitischen Funktion der Armee *Wehler*, DGG, Bd. 3, S. 873–885, 1109–1129; *ders.*, Kaiserreich, S. 148–165; *Deist*, Armee.

durch einen breiten ideologischen Konsens zwischen politischen und militärischen Entscheidungsträgern und bürgerlicher Öffentlichkeit gekennzeichnet, der völlig andere Voraussetzungen für die Entfaltung eines rüstungspolitischen Diskurses bot. Es ist deshalb kein Zufall, daß die radikalnationalistische Rüstungsagitation sich erst mit der 1895/96 einsetzenden Flottenrüstung entfaltete.

Der Gedanke, eine moderne Kriegsflotte zu bauen, war keineswegs neu, sondern schon von der frühen Kolonialbewegung formuliert worden, und konnte darüber hinaus an die Flottenbegeisterung während der Revolution 1848/49 anknüpfen.[222] Aber erst der Beginn der wilhelminischen »Weltpolitik« eröffnete eine realpolitische Perspektive für eine umfassende maritime Aufrüstung. Die radikalen Nationalisten waren die ersten, die die politische Bedeutung der Thematik erkannten, auch wenn sie zunächst noch keine klare Vorstellung von den konkreten rüstungspolitisch notwendigen Maßnahmen besaßen. Als vorrangiges Ziel einer verstärkten Flottenrüstung galt ihnen zunächst der Schutz der in Übersee lebenden »Auslandsdeutschen« sowie der globalen Wirtschaftsinteressen des Deutschen Reiches.[223] Nach dem Motto »Macht, die man nicht sieht, glaubt man nicht«, sollte durch Kreuzer, Flottenstationen und Marinestützpunkte die symbolische Repräsentanz des Deutschen Reiches auf den Weltmeeren erhöht und so das Zusammengehörigkeitsgefühl der Auswanderer mit ihrer Heimat verstärkt werden. Gleichzeitig wurde einer vergrößerten Flotte die Aufgabe zugeschrieben, die expandierenden überseeischen Handels- und Wirtschaftsbeziehungen des Reiches militärisch zu schützen. In diesem Sinne entfalteten die Kolonialgesellschaft und der Alldeutsche Verband eine intensive Agitation, die bereits vor der Ernennung Tirpitz' zum Staatssekretär des Reichsmarineamtes im Juni 1897 durch eine Kooperation mit offiziellen Stellen gekennzeichnet war und auf diese Weise den Boden für die Flottenpropaganda im Rahmen der Gesetzesvorlagen von 1898 und 1900 bereitete.[224]

Die Flottengesetze von 1898 und 1900 markierten eine tiefgreifende Zäsur in der Geschichte der wilhelminischen Rüstungspolitik- und -propaganda. Das mit ihnen in Angriff genommene, langfristig konzipierte Flottenbauprogramm stellte sämtliche bisherigen Rüstungsanstrengungen in den Schatten. Auch der Propagandaaufwand übertraf alle bis dahin bekannten Maßstäbe. Die Zielsetzung, Planung und Durchführung der Flottengesetze sind bereits Gegenstand zahlreicher Darstellungen gewesen und brauchen hier deshalb nicht ausführ-

222 Vgl. *Böhm*, Überseehandel; *Moltmann*, Flotte; *Petter*.

223 Vgl. E. Hasse, Panzer-Kreuzer?, in: AB, Jg. 4, 1894, S. 201.

224 DKZ, Jg. 8 NF, 1895, S. 201f. Vgl. ebd., Jg. 7 NF, 1894, S. 110f.; Jg. 9 NF, 1896, S. 33f., 41f., 49–51, 67f., 73–75, 83, 97–99, 391f.; AB, Jg. 5, 1895, S. 53f., 128, 206f.; Jg. 6, 1896, S. 33–38, 41f., 45–48, 54f., 58f., 62f., 77f., 142f., 145, 161–164, 181, 205f., 230; Jg. 7, 1897, S. 57–59, 64, 75, 81f., 85f., 90f., 124f.; BA-B, ADV, Nr. 10, Bl. 1–4; ebd., Nr. 11, Bl. 1–5; *ADV*, Wehrkraft; *Dürkheim-Montmartin*; *Schilling*, S. 50–77; *Deist*, Flottenpolitik, S. 31–69, 100–102; *Reinhardt*, Tirpitz, S. 117–160; *Kehr*, Schlachtflottenbau, S. 34–71; *Pierard*, S. 167–170, 175f.

lich referiert zu werden.[225] Die Untersuchung konzentriert sich vielmehr auf die Deutungs- und Argumentationsmuster, mit denen die radikalen Nationalisten die Notwendigkeit eines deutschen Schlachtflottenbaus propagierten.

Das zentrale Axiom der Flottenagitation war die Überzeugung, daß der Status einer Weltmacht nicht ohne den Besitz einer modernen Schlachtflotte zu erlangen sei. In dieser Auffassung manifestierte sich die strategische Grundsatzentscheidung zugunsten einer offensiven Hochseeschlachtflotte (und damit gegen die Konzeption eines Kreuzerkrieges), wie sie sich in der marineinternen Diskussion herausgebildet hatte. Zu den prononciertesten Verfechtern des Schlachtflottengedankens innerhalb der Marine gehörte Alfred von Tirpitz, dessen Berufung zum Staatssekretär des Reichsmarineamtes den fortab gültigen Primat der Schlachtflotte dokumentierte.[226] Von radikalnationalistischer Seite wurde diese Grundsatzentscheidung zu keinem Zeitpunkt in Frage gestellt, sondern vorbehaltlos unterstützt, auch wenn bisweilen immer wieder die Forderung nach weiteren Kreuzern erhoben wurde, um die deutsche Seegeltung wirkungsvoller gegenüber den »Auslandsdeutschen« demonstrieren zu können.[227]

Dieser Primat der Schlachtflotte resultierte vor allem aus der ihr zugedachten Funktion als Instrument einer »Droh- und Abschreckungspolitik« (Ragnhild Fiebig-von Hase), mit dessen Hilfe die politischen und ökonomischen Expansionspläne des Reiches auch in direkter Konfrontation mit den etablierten Großmächten durchgesetzt werden sollten. Vor dem Hintergrund der Weltreichstheorie orientierte sich der deutsche Schlachtflottenbau keineswegs nur an der Royal Navy, sondern auch am Flottenbauprogramm der USA, die bei Ausbruch des Ersten Weltkriegs über die zweitstärkste Schlachtflotte der Welt verfügten.[228] In erster Linie richtete sich die vom Reichsmarineamt konzipierte »Zukunftsflotte« von mindestens 60 Schlachtschiffen jedoch gegen England. Gemäß der offiziellen »Risikotheorie« sollte die deutsche Marine in der Lage sein, den in der Nordsee stationierten Einheiten der Royal Navy einen solchen Schaden zuzufügen, daß die britische Führung aus einem rationalen Kosten-Nutzen-Kalkül heraus auf einen militärischen Konflikt verzichtete und dem Reich die von ihm beanspruchten Expansionsmöglichkeiten einräumte. In diesem Sinne erklärte Tirpitz im Juli 1897: »Für Deutschland ist zur Zeit

225 Vgl. *Hobson*, S. 229–296; *Berghahn*, Tirpitz-Plan,. S. 90–129, 157–173, 205–248; *Eley*, Sammlungspolitik; *Kennedy*, Tirpitz; *Steinberg*, Tirpitz, S. 149–207; *Lambi*, S. 137–173; *Schack*; *Kehr*, Schlachtflottenbau, S. 72–207; *Deist*, Flottenpolitik, S. 71–145; *Meyer*, Propaganda; *Kamberger*; *Marienfeld*.

226 Vgl. die Denkschriften Tirpitz' vom April 1891 und 16. Juni 1894, in: *Berghahn u. Deist*, S. 82–99; *Hobson*, S. 207–237; *Rödel*, S. 65–96; *Berghahn*, Tirpitz-Plan, S. 45–89; *Lambi*, S. 57–90.

227 Vgl. *Weyer*, S. 20f. Zu den Kritikern des Schlachtflottenbaus zählte dagegen Bismarck, der dessen gefährliche außenpolitischen Konsequenzen, insbesondere im Hinblick auf das deutsch-englische Verhältnis erkannte. Vgl. *Hank*, S. 535–542.

228 Vgl. *Fiebig-von Hase*, Lateinamerika; *dies.*, United States; *Bönker*, Aufrüstung.

der gefährlichste Gegner zur See England. Es ist auch der Gegner, gegen den wir am dringendsten ein gewisses Maß an Flottenmacht als politischer Machtfaktor haben müssen«.[229] Mit dieser Zielsetzung verhieß die Schaffung einer schlagkräftigen Schlachtflotte auch den radikalen Nationalisten einen vielversprechenden Weg, ihre Expansionsziele gegen den zu erwartenden Widerstand von englischer Seite durchzusetzen und auf diese Weise den Weltmachtstatus des Deutschen Reiches zu begründen.[230]

Hinter dieser Konzeption der Schlachtflotte stand die geschichtsphilosophische Überzeugung von der herausragenden Bedeutung der Seeherrschaft für den Aufstieg und Niedergang großer Mächte. Seemacht galt dieser Auffassung zufolge als unabdingbare Voraussetzung für eine Weltmachtstellung. Und Seeherrschaft setzte die Existenz einer modernen Schlachtflotte voraus. »Wenn Deutschland Weltmachtpolitik treiben will, kann es nicht eine Seemacht zweiten Ranges bleiben«, formulierte das »Deutsche Wochenblatt« im Januar 1896 das navalistische Axiom, das sich seit der Jahrhundertwende immer mehr zur opinio communis innerhalb imperialistischer Kreise verfestigte, so unterschiedlich deren jeweilige Expansionsziele ansonsten auch sein mochten.[231] Dieser Navalismus, der entscheidend durch den amerikanischen Marinetheoretiker Alfred Thayer Mahan geprägt worden war, bildete den zentralen diskursiven Kontext der deutschen Flottenrüstung. Mahans Theorie vom Einfluß der Seemacht auf den Verlauf der Weltgeschichte fand unter den politischen und militärischen Entscheidungsträgern wie in der Öffentlichkeit gleichermaßen leidenschaftliche Befürworter. Seine Schrift »The Influence of Sea Power upon History« gehörte zur Pflichtlektüre der kaiserlichen Seeoffiziere. Sie wurde auf Veranlassung des Reichsmarineamtes übersetzt und während der Kampagne für das Flottengesetz von 1898 geeigneten Multiplikatoren für agitatorische Zwecke zur Verfügung gestellt. Ihr ließen sich die Argumente und eine spezifische Sprache entnehmen, mit deren Hilfe die Flotte als Instrument der deutschen Weltmachtambitionen konzeptualisiert werden konnte.[232]

229 Tirpitz, Denkschrift »Allgemeine Gesichtspunkte bei der Feststellung unserer Flotte nach Schiffsklassen und Schiffstypen«, in: *Berghahn u. Deist*, S. 122–127 (Zitat: S. 122). Vgl. *Hobson*, S. 269–283; *Rödel*, S. 37–52, 99–121, 203–208; *Berghahn*, Tirpitz-Plan, S. 173–201; *ders.*, Zielen, S. 62–75; *Kennedy*, Rise, S. 223–225, 311–320, 415–431; *ders.*, Tirpitz; *ders.*, Strategieprobleme; *Steinberg*, Tirpitz, S. 125–148.

230 Vgl. *ADV*, Wehrkraft; *Lehr*, Flotte, *v. Werner*; *Weyer*, *Bassenge*, S. 4f., 13f.

231 »Erfordernisse der deutschen Weltmachtpolitik«, in: DW, Jg. 9, 1896, S. 37f. Ähnlich schrieb *Ratzel*, Flottenfrage, S. 378: »Weltmacht sein heißt aber Seemacht sein; und darin liegt nun die entscheidende Bedeutung der Flottenfrage.« Vgl. *ders.*, Meer; *Schäfer*, Deutschland zur See; *ders.*, Geschichte; K. Mehrmann, Weltmeerpolitik, in: AB, Jg. 9, 1899, S. 177f.; C. Möller, Die Rolle der Meeresbeherrschung in der Weltgeschichte, in: Flotte, Jg. 6, 1903, S. 97.

232 *Mahan*, Influence. Zur Bedeutung Mahans sowie zur Navalismus-Diskussion vgl. *Hobson*; S. 165–204; *Berghahn*, Tirpitz-Plan, S. 179–181; *Rödel*, S. 177–195; *Epkenhans*, Seemacht; *Hattendorf*; *Levezey*; *Crowl*; *Hanke*; *Karsten*, S. 275–384. Zur radikalnationalistischen Rezeption Mahans

Ein zentrales Element des Navalismus war der unterstellte Zusammenhang von wirtschaftlicher Expansion und Seeherrschaft. Da der weltwirtschaftliche Warenaustausch sich primär auf dem Seeweg vollzog, galten die internationalen Schiffahrtsrouten als »Hochstraßen des Weltwirtschaftsverkehrs«, deren freier Zugang eine Grundvoraussetzung der ökonomischen Entwicklung darstellte. Diesen Zugang auch in Krisenzeiten zu gewährleisten, war die zentrale Aufgabe der Kriegsflotte. »Kein Antheil am Welthandel ohne Seegeltung und keine Seegeltung ohne starke Kriegsflotte«, lautete schlagwortartig zugespitzt diese Argumentation, die in der öffentlichen Debatte um die Flottengesetze als Begründung für den Ausbau der Schlachtflotte an erster Stelle stand.[233] Auch für den navalistischen Diskurs war mithin die Überzeugung von der Notwendigkeit globaler ökonomischer Expansion sowie die Vorstellung von der Herausbildung einer begrenzten Zahl wirtschaftlicher Großräume konstitutiv. Insofern läßt sich der Navalismus als das maritime Pendant zur Weltreichstheorie charakterisieren. Beide Diskurse ergänzten einander und erhöhten damit wechselseitig die Geltung der ihnen zugrundeliegenden Deutungsmuster.

Der Ruf nach einer starken Kriegsflotte besaß darüber hinaus eine sozialintegrative Stoßrichtung. Ausgehend von der Überlegung, daß materielle Prosperität eine wichtige Voraussetzung für gesellschaftliche Stabilität und eine dauerhafte Lösung der sozialen Frage war und diese Prosperität in hohem Maße von der ungestörten Entwicklung der deutschen Wirtschafts- und Handelsinteressen abhing, kam der Flotte in den Augen ihrer Propagandisten auch eine innenpolitische Funktion als das vermeintlich »beste Mittel gegen gebildete und ungebildete Sozialdemokraten« zu.[234] Angesichts des politischen Erstarkens der Arbeiterbewegung in den 1890er Jahren spielte dieser sozialintegrative Aspekt in der Flottenpropaganda eine wichtige Rolle, bildete jedoch keineswegs das entscheidende Motiv für die Flottenrüstung.[235]

vgl. E. Hasse, Handel und Seemacht, in: AB, Jg. 7, 1897, S. 261f.; Der Einfluß der Seemacht auf die Geschichte, ebd., S. 262f.; AB, Jg. 8, 1898, S. 187; Jg. 10, 1900, S. 195–197.

233 *Dix*, Deutschland; »Handel und Flagge«, in: Überall Jg. 1, 1899, S. 17–22 (Zitat: S. 18). Vgl. »Seemacht und Volkswirtschaft«, in: ebd., S. 2–3; AB, Jg. 9, 1899, S. 185f.; Jg. 11, 1901, S. 278–281, 289–291; P. Voigt, Die Steigerung der Deutschen Seeinteressen von 1896 bis 1898, in: Flotte, Jg. 3, 1900, Nr. 2, S. 2–5; Nauticus, Jg. 1, 1899, S. 3–8, 313–322, 377–403, 408–429; *Schmoller*, Handels- und Machtpolitik; *Dehn*, Weltwirtschaftspolitik, S. 6–15, 106–113, 138f.; *Peters*, Seemacht.

234 Tirpitz, Denkschrift v. 3.1.1896 zum Flottenbauprogramm des Oberkommandos der Marine, in: *Berghahn und Deist*, S. 105–108, 195–198 (Zitat: S. 196).

235 Dies im Gegensatz zu *Berghahn*, Tirpitz-Plan, S. 129–157; *ders.*, Krisis, der die sozialintegrative Zielsetzung der Flottenrüstung einseitig verabsolutiert und übersieht, daß die verschiedenen diesbezüglichen Vorstellungen nicht zwangsläufig darauf hinausliefen, die traditionellen politischen und gesellschaftlichen Strukturen zu konservieren. Für eine dezidierte Kritik Berghahns vgl. *Bönker*, Aufrüstung.

Die Schlachtflotte als Eintrittskarte in den Klub der Weltmächte: Diese Konzeption bezeichnete den ideologischen Konsens des Tirpitz'schen Flottenbauprogramms. In ihr war die Flotte das Kernstück eines nationalen Projekts, das die Etablierung Deutschlands als Weltmacht zum Ziel hatte. Der markanteste Ausdruck dieses ideologischen Konsenses war die Gründung des »Deutschen Flottenvereins«, der innerhalb von zwei Jahren etwa 217000 Einzelmitglieder in seinen Reihen vereinte, deren Zahl sich bis 1914 auf über 330000 erhöhte. Der Flottenverein war damit der größte nationalistische Agitationsverband und bis zur Gründung des Wehrvereins die einzige wirkliche Massenorganisation des radikalen Nationalismus. Sein Verbandsorgan »Die Flotte« zählte mit 300000 gedruckten Exemplaren zu den auflagenstärksten Zeitschriften des Kaiserreichs. Der Verband wurde Ende April 1898 – also erst nach der Verabschiedung des ersten Flottengesetzes – auf Initiative und mit tatkräftiger Unterstützung des Reichsmarineamtes gegründet, um der Formierung einer unkontrollierten Flottenbewegung zuvorzukommen und die öffentliche Meinung gezielt auf die bereits genau geplante Steigerung der Flottenrüstung vorzubereiten. Dennoch war er, wie sich schon bald herausstellen sollte, alles andere als ein willfähriges Instrument in den Händen der Regierung.[236] In den ersten Jahren seines Bestehens unterstützte er jedoch vorbehaltlos die Pläne des Reichsmarineamtes und hatte damit maßgeblichen Anteil an der Verabschiedung der Flottennovelle von 1900.[237]

Der breite Konsens über die Notwendigkeit einer modernen Schlachtflotte darf jedoch nicht darüber hinwegtäuschen, daß die ihr zugedachte Rolle als weltpolitisches Werkzeug mit durchaus unterschiedlichen imperialistischen Zielsetzungen vereinbar war. Die Flottenrüstung war, mit anderen Worten, politisch polyvalent, und ihre Popularität resultierte nicht zuletzt aus dieser Vieldeutigkeit. Es kann deshalb auch nicht überraschen, daß der navalistische Konsens in dem Maße zerbrach, in dem sich die Ergebnisse der Flottenrüstung von den Erwartungen entfernten, die jeweils an sie geknüpft wurden. Für die radikalen Nationalisten bemaß sich der Erfolg der maritimen Aufrüstung letztlich danach, inwieweit sie dem deutschen Volk zum Erwerb von »Lebensraum« in Übersee verhalf. In diesem Sinne galt ihnen die Förderung der weltweiten deutschen Wirtschaftsinteressen als eine wichtige Voraussetzung für die angestrebte territoriale Expansion, nicht jedoch als ein Ziel an sich. Wenn sie dennoch bisweilen die ökonomischen Aspekte der Flottenrüstung in den Mittelpunkt ihrer Agitation stellten, geschah dies aus taktischen Motiven.[238] Das

236 Vgl. *Eley*, Reshaping, S. 68–85 (Zahlenangaben: S. 366); *ders.*, Navy League, S. 35–63; *Deist*, Flottenpolitik, S. 147–155; *Schilling*, S. 179–202; *Wegener*, Einfluß, S. 471–545.

237 *Deist*, Flottenpolitik, S. 155–163; *Eley*, Navy League, S. 90–100.

238 So beschloß etwa der ADV am 7.12.1901, bei der geplanten Flottenagitation »aus taktischen Gründen« verstärkt die »augenblickliche wirtschaftliche Notlage« des Reiches in den Vordergrund zu rücken; BA-B, ADV, Nr. 31, Bl. 1–4. Vgl. AB, Jg. 11, 1901, S. 542f.

eigentliche Ziel blieb jedoch stets die Etablierung des Deutschen Reiches als Welt- und Kolonialmacht.

Mit diesem Ziel standen die radikalen Nationalisten nicht allein. Auch für Tirpitz war die Fähigkeit des Reiches, »eine große überseeische Politik zu führen«, eine »Lebensfrage für Deutschland als Weltmacht und großer Kulturstaat« und damit das allem übergeordnete Ziel der Flottenrüstung. »Das jetzige Deutschland« werde, warnte er bereits als Kommandeur des ostasiatischen Kreuzergeschwaders Ende 1896, »in der Welt des kommenden Jahrhunderts seine ganze Kraft gesammelt erhalten müssen, um nicht unterzugehen«. Diese pessimistische Zukunftsperspektive war geprägt durch die Grundannahmen der Weltreichstheorie, die auch Tirpitz teilte. Hierzu zählten nicht nur der Glaube an die unabdingbare Notwendigkeit globaler wirtschaftlicher Expansion, sondern auch die sozialdarwinistische Vorstellung, daß die großen Staaten notwendig »größer und stärker«, die kleinen dagegen »kleiner und schwächer« würden.[239] Vor diesem Hintergrund sah der Architekt der deutschen Flotte wie die radikalen Nationalisten das Reich mit der Notwendigkeit konfrontiert, »den Überschuß seiner Bevölkerung deutsch zu erhalten« und die »beständigen Blutverluste« zu unterbinden, die dadurch entstanden, daß in der englischen Sphäre »ein erheblicher Teil der Deutschen gewissermaßen freiwillig ins englische Lager« überwechselte und damit dem Deutschtum unwiederbringlich verloren ging.[240] Auch Tirpitz war deshalb bestrebt, die in Übersee lebenden Auslandsdeutschen ideell, wirtschaftlich und nach Möglichkeit auch politisch und militärisch an das Reich zu binden.

Diese weitreichenden Gemeinsamkeiten im Hinblick auf die übergeordneten Ziele des Flottenbaus verdeutlichen, daß die Ursache für den sich seit 1903 verschärfenden Konflikt zwischen der Regierung und den radikalen Nationalisten über Umfang und Tempo der Rüstungsanstrengungen nicht in divergierenden Zielvorstellungen zu suchen ist, sondern in den unterschiedlichen Positionen der Akteure innerhalb des politischen Systems und den durch sie bedingten Strategien. Das Maß an Übereinstimmung in Bezug auf die Ziele der Flottenrüstung war in jedem Fall weit größer, als der die Öffentlichkeit beschäftigende Konflikt vermuten ließ.[241] Dieser Konflikt entsprang in erster Linie den taktischen Erfordernissen, die dem »Tirpitz-Plan« zugrunde lagen. Um dem ohnehin ausgeprägten Argwohn der übrigen Großmächte, insbesondere Englands, nicht

239 Tirpitz, Notizen zum Immediatvortrag am 28.9.1899 über die Vorbereitung und Zielsetzung der Novelle zum Flottengesetz, in: *Berghahn u. Deist*, S. 159–162 (Zitate: S. 161).

240 Entwurf Tirpitz' zu einem nicht abgesandten Bericht über den Wert eines Stützpunktes in Ostasien, o. D. [1896], BA-MA, Nl. Tirpitz (N 253), Nr. 45, Bl. 17–21 (Zitate: Bl. 18f.). Vgl. *Rödel*, S. 30–52; *Winzen*, Genesis; S. 200–204.

241 Vgl. *Berghahn u. Deist*, S. 191–193. Vor dem Hintergrund dieser weitreichenden ideologischen Gemeinsamkeiten erscheint auch Tirpitz' späteres Engagement in der »Vaterlandspartei« als logische Konsequenz seiner weltanschaulichen Grundüberzeugungen. Vgl. hierzu *Hagenlücke*, Vaterlandspartei; *Scheck*.

zusätzliche Nahrung zu geben, aber auch aus Rücksicht auf den zur Durchsetzung der Flottennovellen erforderlichen innenpolitischen Konsens war Tirpitz gezwungen, das Ausmaß der angestrebten deutschen Flottenrüstung und ihre dezidiert antienglische Stoßrichtung so gut es ging zu verschleiern. Folglich besaßen selbst die der Regierung nahestehenden radikalnationalistischen Kreise keine genaue Vorstellung über das Fernziel der Marineleitung. Unklar blieb außerdem, daß die Flottenvorlagen einem langfristig kalkulierten, zeitlich genau festgelegten Stufenplan folgten. Damit fehlten den radikalen Nationalisten die Voraussetzungen, um die Notwendigkeit propagandistischer »Ruhephasen« zwischen den einzelnen Etappen des Stufenplanes einzusehen, zumal das institutionelle Eigeninteresse des Flottenvereins und des Alldeutschen Verbandes eine Fortsetzung der populären Flottenagitation nahelegte. Die radikalnationalistische Agitation folgte deshalb den Spielregeln populistischer Propaganda, die darin bestanden, ohne Rücksicht auf sachfremde Interessen, »das Maximum des für die Zeit Denkbaren« zu fordern.[242]

Tirpitz selbst zeigte für dieses Bestreben, sich als von der Regierung unabhängiger »Volksvereine« zu profilieren, durchaus Verständnis. Er billigte dem Flottenverein eine gewisse Freiheit zu, in seiner Agitation über die vom Reichsmarineamt intendierten Maßnahmen hinauszugehen, solange diese Forderungen nicht die gesetzliche Fundierung der Flottenrüstung in Frage stellten. Genau dieser Punkt aber war für ihn spätestens im Verlauf des Jahres 1904 erreicht.[243] Zu diesem Zeitpunkt war abzusehen, daß die radikalere Richtung innerhalb des Flottenvereins unter Führung August Keims trotz der politischen Bedenken des Reichsmarineamtes nicht gewillt war, auf die öffentliche Forderung nach einem dritten Doppelgeschwader zu verzichten.[244] Die sukzessive Eskalation dieses Konflikts zwischen Flottenverein und Marineführung ist bereits mehrfach ausführlich dargestellt worden.[245] Für die hier verfolgte Fragestellung ist entscheidend,

242 *Deist*, Reichsmarineamt (Zitat: S. 144); *ders.*, Flottenpolitik, S. 163–171.

243 In diesem Sinne schrieb Tirpitz am 25.12.1905 an den Protektor des DFV, den Prinzen Heinrich: »Die Methode des Flottenvereins und der wilden Marineschriftsteller der Neuzeit würde das gesetzmäßige Vorgehen vernichten und den Ausbau der Flotte dem Zufall preisgeben«; BA-MA, Nl. Tirpitz (N 253), Nr. 6, Bl. 235. Die »gesetzliche Fundirung der Marine« aber war für Tirpitz, wie er bereits am 6.10.1897 in der Sitzung des Preußischen Staatsministeriums unmißverständlich dargelegt hatte, »der springende Punkt« des Flottengesetzes überhaupt, gegen den alle übrigen Forderungen an Bedeutung zurücktraten. Vgl. das Protokoll der Sitzung in: *Berghahn u. Deist*, S. 136–146 (Zitat: S. 137).

244 Vgl. A. Keim, Das Flottengesetz von 1900 im Lichte des Jahres 1904, in: Flotte, Jg. 7, 1904, S. 65f.; ders., Weltpolitik und das Flottengesetz, ebd., S. 85f.; ders., Unsere Flotte und ihre Zukunft, ebd., Jg. 8, 1905, S. 2; Die Entwicklung der deutschen Kriegsflotte und die Vorschläge des Deutschen Flottenvereins, ebd., Jg. 7, 1904, S. 105. Nahezu gleichlautende Forderungen erhob auch der ADV. Vgl. BA-B, ADV, Nr. 43, Bl. 52f.; AB, Jg. 14, 1904, S. 129–131.

245 *Eley*, Reshaping, S. 267–279; *ders.*, Umformierung; *ders.*, Navy League, S. 260–318; *Deist*, Flottenpolitik, S. 171–247; *Schilling*, S. 217–370; *Berghahn*, Tirpitz-Plan, S. 480–504; *Wegener*, Einfluß, S. 546–694; *Keim*, Erlebtes, S. 97–145.

daß es bei diesem Konflikt nicht um das Ziel der Flottenrüstung ging, sondern um den vermeintlich besten Weg, dieses Ziel so schnell wie möglich zu erreichen. Nichts belegt diesen Sachverhalt deutlicher als die Tatsache, daß der »Stein des Anstoßes«, das dritte Doppelgeschwader, noch im Juli 1903 vom Reichsmarineamt selbst als Ziel der für 1905/06 geplanten Flottennovelle ins Auge gefaßt worden war, dann jedoch aus innen- und finanzpolitischen Rücksichten zugunsten eines schrittweise erfolgenden Vorgehens fallengelassen wurde.[246]

Der infolge des Flottenbauprogramms eingeschränkte außenpolitische Handlungsspielraum des Reiches stellte einen weiteren Konfliktpunkt zwischen den radikalen Nationalisten und der Regierung dar. Aus der dem »Tirpitz-Plan« immanenten Logik ergab sich für die Reichsleitung die Notwendigkeit, einen größeren militärischen Konflikt mit Großbritannien solange zu vermeiden, bis die kaiserliche Flotte als weltpolitisches Machtinstrument einsatzbereit war. Hinter dieser Überzeugung stand die Furcht vor einem englischen Präventivschlag gegen die deutschen Flotte nach dem Vorbild des Angriffs auf die dänische Marine 1807 im Hafen von Kopenhagen, die sich insbesondere unter Marineoffizieren zu einem regelrechten »Kopenhagen-Komplex« entwickelte.[247] Tirpitz' außenpolitisches Kalkül zielte deshalb in erster Linie auf »Zeitgewinn«. Die deutsche Diplomatie ist, wie die neuere Forschung überzeugend nachgewiesen hat, in den ersten Jahren von Bülows Kanzlerschaft dieser Strategie weitgehend gefolgt. Die Unterordnung der Außenpolitik unter den Primat der Flottenrüstung und der durch sie bedingte »weltpolitische Attentismus« (Michael Geyer) ließen sich jedoch innenpolitisch nur schwer durchhalten, wenn die Notwendigkeit des Flottenbauprogramms zugleich mit dessen Beitrag zum Ausbau der deutschen Weltmachtstellung begründet wurde.[248] Hier lag der entscheidende Konfliktherd zwischen der Reichsleitung und den radikalen Nationalisten.

Die Notwendigkeit einer weltpolitischen Zurückhaltung während der außenpolitischen »Gefahrenzone« wurde auch von radikalnationalistischer Seite prinzipiell anerkannt. Allerdings besaßen die radikalen Nationalisten eine unterschiedliche Auffassung über das Ausmaß und die Dauer der hierzu erforderlichen außenpolitischen Abstinenz. Waren etwa die Alldeutschen während des Burenkrieges noch bereit, die offizielle Neutralitätspolitik der Regierung

246 Während die Planziele des RMA damit auf den Stand von 1902, im Grunde sogar auf den Entwurf des zweiten Flottengesetzes von 1899 zurückfielen, hielt der DFV an den ihm bekannten Zielvorstellungen der Marineführung aus dem Juli 1903 fest. Vgl. die Denkschrift des Korvettenkapitäns Dähnhardt für Tirpitz, vom 9.7.1903, in: *Berghahn u. Deist*, S. 167–171; *Deist*, Reichsmarineamt, S. 119–123, 127f.; *ders.*, Flottenpolitik, S. 171–183; *Berghahn*, Tirpitz-Plan, S. 305–330.

247 *Berghahn*, Tirpitz-Plan, S. 380–388; *Steinberg*, Copenhagen-Complex.

248 *Geyer*, Rüstungspolitik, S. 76–78 (Zitat: S. 77); Tirpitz an Richthofen v. 1.11.1904, in: *Berghahn u. Deist*, S. 310f. (Zitat: S. 311). Vgl. *Tirpitz*, Erinnerungen, S. 143–146; *Berghahn*, Tirpitz-Plan, S. 388–415; *Winzen*, Weltmachtkonzept, S. 86–98; *ders.*, Krieg; *Kennedy*, Weltpolitik.

mit den fehlenden »Machtmitteln zur See« zu begründen, so stellte die anhaltende Serie außenpolitischer Niederlagen für sie den Wert der Flotte als machtpolitisches Instrument seit 1904/05 zunehmend in Frage. Denn, wie der Schriftleiter der »Alldeutschen Blätter«, Ernst Graf zu Reventlow, im Mai 1907 bemerkte:

»Die politischen Schwierigkeiten warten nicht, bis wir unser langfristiges Flottengesetz planmäßig durchgeführt haben, sie werden es auch förderhin nicht tun, damit wir einige Geschwader großer vollwertiger Schiffe fertigstellen können. Wohl durchdachte und gesetzlich gefestigte Zukunftspläne sind etwas vorzügliches und das Flottengesetz wird nach einer Ergänzung in Gestalt grundsätzlicher Herabsenkung der Altersgrenze der Schlachtschiffe etwas nahezu vollkommenes sein: für die Gegenwart aber genügt das Flottengesetz nicht.«[249]

In deutlichen Worten war hier die grundsätzliche Kritik der radikalen Nationalisten an der offiziellen Flottenrüstungspolitik zum Ausdruck gebracht: Wenn die Flotte nur durch einen jahrzehntelangen Verzicht auf jegliche Expansionspolitik zu haben war, dann war dieser Preis zu hoch, da er eine Aufgabe der Ziele zugunsten der Mittel bedeutete. Aus dieser Sicht war es nur konsequent, wenn sich nach dem Debakel der ersten Marokkokrise unter den radikalen Nationalisten die Stimmen derer mehrten, die einen vollständigen Verzicht auf eine überseeische Expansionspolitik einschließlich der hierzu notwendigen Flottenrüstung forderten und statt dessen einen kontinentalen Imperialismus auf der Grundlage einer verstärkten Heeresrüstung befürworteten.[250] Daß die Mehrzahl der radikalen Nationalisten dennoch weiterhin große Hoffnungen in die Flottenrüstung setzte, lag vor allem an zwei Entwicklungen: Zum einen lieferte der russisch-japanische Krieg von 1904/05 ein propagandistisch wirkungsvolles Beispiel für die Bedeutung von Seemacht im internationalen Machtkampf,[251] zum anderen markierte der Übergang zum Bau neuer Großkampfschiffe des »Dreadnought«-Typs den Anfang einer neuen Runde des maritimen Wettrüstens.[252]

Der technologische Entwicklungssprung im Schlachtschiffbau ließ alle älteren Schiffstypen mit einem Schlag nahezu wertlos werden. Für die radikalen Nationalisten bot er eine ungeahnte Chance, den quantitativen und qualitativen Vorsprung der Royal Navy zu verringern oder sogar mit ihr gleichzu-

249 E. Graf zu Reventlow, Die nächsten Aufgaben der deutschen Flottenpolitik, in: AB, Jg. 17, 1907, S. 178–180 (Zitat: S. 179). Vgl. ebd., S. 318–320; ders., Die Flottenvorlage, in: Überall, Jg. 10, 1907/08, S. 390–392.

250 Vgl. *Förster*, Militarismus, S. 152–158, 181–187.

251 A. Keim, Was lehrt der russisch-japanische Krieg das deutsche Volk?, in: Flotte, Jg. 7, 1904, S. 185; ders., Wo liegt die Entscheidung im russisch-japanischen Kriege?, ebd., Jg. 8, 1905, S. 33; Was lehrt die Seeschlacht von Tsuschima?, ebd., S. 97.

252 AB, Jg. 15, 1905, S. 372; Flotte, Jg. 9, 1906; S. 18f., 49; Jg. 10, 1907, S. 129, 161. Zum »Dreadnought«-Sprung vgl. *Berghahn*, Tirpitz-Plan, S. 419–475; *Epkenhans*, Flottenrüstung, S. 25–29; *Lambi*, S. 269–286; *Massie*, S. 407–431.

ziehen. Denn, wie Ernst Reventlow schrieb: »Bedenkt man dazu, daß England jetzt so schnell baut, wie es kann und einer Steigerung unfähig ist, so liegt auf der Hand, wie durch eine plötzliche, unerwartete Anstrengung unsere Schlachtflotte tatsächlich auf einen verhältnismäßigen Stand gebracht werden könnte, der für die nächsten Jahre dem der englischen nur sehr wenig nachstände.«[253] Aus diesem Grund forderten der Flottenverein und die Alldeutschen immer wieder eine massive Beschleunigung der Flottenrüstung.[254] Wenn diese Forderung in zunehmendem Maße auf politische Akzeptanz stieß, lag dies an der Einsicht, daß sich die strategischen und politischen Prämissen des von Tirpitz langfristig konzipierten Flottenbauprogramms durch die rasante Entwicklung der Waffentechnik sowie den Gang der politischen Ereignisse als immer unhaltbarer herausgestellt hatten.[255] Die Voraussetzung für den Erfolg eines offen ausgetragenen Wettrüstens mit Großbritannien war jedoch die Mobilisierung aller verfügbaren Ressourcen und die unbedingte Unterordnung konkurrierender politischer Ziele unter den Primat des Flottenbaus. Die radikalen Nationalisten avancierten deshalb zu prononcierten Verfechtern der Forderung nach »nationaler Effizienz«, d.h. der Konzentration aller ökonomischen und politischen Kräfte auf die angestrebten Rüstungsziele, wie sie zur selben Zeit auch in England aufkam.[256] Von dieser ideologischen Position aus konnten auch die immensen finanzpolitischen Probleme einer weiteren Steigerung der Rüstungsanstrengungen, die nicht nur der Marineleitung erhebliche Kopfschmerzen verursachten, mit populistischen Argumenten abgetan werden. »Für ein Volk, das sage und schreibe jährlich über drei Milliarden nur für Wein, Bier und Branntwein verbraucht, das jährlich 214 Millionen für Lose ausgibt«, seien, wie die »Flotte« 1904 schrieb, die für eine solche Aufrüstung erforderlichen Mittel leicht aufzubringen.[257]

Auch den radikalen Nationalisten war jedoch klar: Ein maritimes Wettrüsten mit England war langfristig kaum zu gewinnen, da die Briten ihre Ressourcen in weit höherem Maße auf die Flotte konzentrieren konnten als das Reich, das als Kontinentalmacht den Löwenanteil seiner Militärausgaben für seine Landstreitkräfte aufwenden mußte. Die Forderung nach einer massiven

253 E. Reventlow, Die deutsche Flotte und England, in: AB, Jg. 20, 1910, S. 158–260 (Zitat: S. 258). Vgl. A. Breusing, Dreadnought-Politik, in: AB, Jg. 22, 1912, S. 214f.

254 A. Keim, Ein Rückblick und ein Ausblick, in: Flotte, Jg. 10, 1907, S. 2; ders., Der Ausbau unserer Flotte, ebd., S. 161f.; Flotte, Jg. 10, 1907, S. 113f.; Jg. 11, 1908, S. 2; AB, Jg. 15, 1905, S. 215, 434–436; Jg. 16, 1906, S. 205f.; Jg. 17, 1907, S. 178–180, 318–320, 424f.; Überall, Jg. 10, 1907/08, S. 153–158.

255 Zum Scheitern des Tirpiz-Plan vgl. *Berghahn*, Tirpitz-Plan, S. 505–604; *Epkenhans*, Flottenrüstung, S. 313–399; *Deist*, Flottenpolitik. S. 249–297; *Lambi*, S. 361–389.

256 Vgl. *Eley*, Geschichte, S. 49f.; *Searle*, Quest, S. 54–106; *Bauerkämper*, Rechte, S. 25–41.

257 Flotte, Jg. 7, 1904, S. 105. Vgl. AB, Jg. 14, 1904, S. 196; Jg. 15, 1905, S. 435f. Zu den finanzpolitischen Problemen der Flottenrüstung vgl. *Witt*, Reichsfinanzen; *ders.*, Finanzpolitik, S. 132–143; *Berghahn*, Tirpitz-Plan, S. 271–304.

Beschleunigung der Flottenrüstung ergab mithin nur dann einen Sinn, wenn sie mit der Bereitschaft einherging, die zur Verfügung stehenden Gewaltmittel beim Erreichen eines günstigen Kräfteverhältnisses auch tatsächlich einzusetzen, um den weltpolitischen Rivalen auszuschalten. Oder anders formuliert: Für die radikalen Nationalisten wurde der Krieg immer mehr zu einer notwendigen Fortsetzung der Rüstungspolitik mit militärischen Mitteln.

4.2. Der Krieg als Wille und Vorstellung: Zur Militarisierung des radikalnationalistischen Denkens

Die Forderung nach einer Konzentration aller nationalen Kräfte auf die Verwirklichung der rüstungspolitischen Ziele bildete spätestens seit 1911 den archimedischen Punkt der radikalnationalistischen Agitation. In ihr manifestierte sich eine Militarisierung des politischen Denkens, die durch eine Übertragung militärischer Kategorien auf sämtliche Bereiche von Staat und Gesellschaft gekennzeichnet war. Für die radikalen Nationalisten stellte das militärische Ordnungsprinzip mit seiner auf Befehl und Gehorsam gegründeten Hierarchie die effizienteste Form politischer und gesellschaftlicher Organisation dar. In ihren Augen war deshalb das Heer der Inbegriff einer effizienten sozialen Ordnung.[258] In diesem Sinne ist auch der Topos vom »Volk in Waffen« zu verstehen, mit dem die radikalen Nationalisten ihre rüstungspolitischen Ziele propagierten.[259] Die Überzeugung von der Notwendigkeit einer an militärischen Effizienzkriterien ausgerichteten Reform von Staat und Gesellschaft beschränkte sich deshalb keineswegs nur auf die Rüstungspolitik, sondern umfaßte prinzipiell alle Bereiche des politischen und sozialen Lebens.[260] Sie bildete damit zugleich eine zentrale ideologische Voraussetzung für die wachsende Bereitschaft, einen Krieg als Lösung der politischen und gesellschaftlichen Probleme zu akzeptieren.

Die Militarisierung des politischen Denkens korrespondierte mit den seit 1911 erneut intensivierten Rüstungsanstrengungen des Deutschen Reiches. Vor

258 A. Keim, Der Geist des Heeres, in: Wehr, Jg. 3, 1914, Nr. 1, S. 1f.; *Bernhardi*, Deutschland, S. 129–146.

259 Vgl. *Keim*, Militär-Vorlage, S. 34; Gründungsaufruf des DWV v. 15.11.1911, in: *Keim*, Erlebtes, S. 165–170 (hier: S. 168); AB, Jg. 21, 1911, S. 439–441; Wehr, Jg. 1, 1912, Nr. 1, S. 1; Jg. 2, 1913, Nr. 3, S. 1.

260 Bereits 1891 hatte der anonyme Verfasser eines Artikels mit dem Titel »An der Schwelle des Weltkrieges« erklärt, daß »heutzutage der Krieg nicht bloß mit Kriegswaffen, sondern mit allen materiellen und geistigen Hilfsquellen der Völker geführt wird ... Der moderne Krieg ist ein Kind der modernen Civilisation und bedarf zu seiner Unterhaltung der gesamten technisch-industriellen Errungenschaften der Neuzeit«; Beiblatt zu den MADV Nr. 2, 1891 (Zitat: S. 2). Der Artikel ist ebenfalls abgedruckt in: DW, Jg. 4, 15.10.1891.

dem Hintergrund der internationalen Rüstungseskalation infolge der Agadirkrise und den beiden Balkankriegen suchte auch die Reichsregierung ihr Heil in einer nochmals forcierten Steigerung der deutschen Rüstung, die durch eine Rückkehr zum Primat der Heeresrüstung gekennzeichnet war. Die Verschiebung der rüstungspolitischen Prioritäten von der Flotte zum Heer kam faktisch dem Eingeständnis gleich, daß die mit dem Schlachtflottenbau konzipierte Expansionspolitik gescheitert war, auch wenn der navalistische Offenbarungseid durch die Fortsetzung der Flottenrüstung einstweilen vermieden wurde.[261] Die Heeresgesetze von 1912 und 1913 sowie die Flottenvorlage von 1912 bedeuteten die gewaltigste Rüstungssteigerung in der Geschichte des Kaiserreichs, die alle vorangegangenen Maßnahmen in den Schatten stellte. In dieser extremen quantitativen Steigerung war zumindest tendenziell bereits der Umschlag zu einer qualitativ neuen, allein auf militärischen Effizienzkriterien basierenden Herrschaftsordnung angelegt. Denn in letzter Konsequenz erforderte die eskalierende Rüstungsdynamik die kompromißlose »Umgestaltung des Deutschen Reiches und der deutschen Gesellschaft in eine Rüstungsgesellschaft, um in einer internationalen Gewaltordnung zu überleben.«[262]

Die radikalen Nationalisten zählten zu den entschiedenen Befürwortern dieser Militarisierung von Staat und Gesellschaft und zugleich zu ihren wichtigsten ideologischen Wegbereitern. Wenn der Privatdozent für Neuere Geschichte und alldeutsche Funktionär Albrecht Wirth im Januar 1911 in der »Flotte« erklärte, Rüstung sei »das Zeichen des ganzen neuzeitlichen Imperialismus«, manifestierte sich in dieser Aussage eine Verlagerung des imperialistischen Denkens von wirtschaftlichen und politischen hin zu militärischen Kategorien.[263] Die Fixierung auf rüstungspolitische Maßnahmen förderte darüber hinaus eine Gleichsetzung von Politik und Gewalt. Ein solches Politikverständnis war, wie in den vorangegangenen Kapitel gezeigt, in dem sozialdarwinistisch geprägten Weltbild der radikalen Nationalisten semantisch angelegt und durch die enttäuschenden Erfahrungen mit der offiziellen »Weltpolitik« verfestigt worden. Aber erst die Existenz eines beispiellosen Arsenals militärischer Gewaltmittel sowie die durch dieses Gewaltpotential erzeugte internationale Rüstungsdynamik ließen das sozialdarwinistische Deutungsmuster vom nationalen »Kampf ums Dasein« zu einer »self-fulfilling prophecy« werden, in deren Folge der »Wille zur Macht« gleichbedeutend mit dem »Willen zum Krieg« wurde.[264]

261 Vgl. *Geyer*, Rüstungspolitik, S. 83–96; *Förster*, Militarismus, S. 208–226, 247–274; *Epkenhans*, Flottenrüstung, S. 93–112; *Oncken*, Panthersprung, S. 394–415. Zur internationalen Rüstungseskalation *Herrmann*, S. 147–198; *Stevenson*, S. 180–328.

262 *Geyer*, Rüstungspolitik, S. 89. Vgl. *Förster*, Militarismus, S. 272.

263 A. Wirth, Weltmächte der Gegenwart, in: Flotte, Jg. 14, 1911, S. 5f.

264 *Keim*, Wille; K. v. Strantz, Der Wille zur Tat, in: AB, Jg. 23, 1913, S. 25f.

Aus dieser Kombination hochgesteckter imperialistischer Erwartungen und einer fortschreitenden Desillusionierung hinsichtlich ihrer Realisierbarkeit resultierte eine ideologisch und politisch motivierte Gewaltbereitschaft, die eine entscheidende Ursache für die zunehmende Kriegsmentalität, nicht nur in radikalnationalistischen Kreisen darstellte. Die Überzeugung, »daß wir uns nur durch einen großen europäischen Krieg die Freiheit zu unserer weltpolitischen Betätigung erkämpfen könnten«, war, wie der Journalist Hans Plehn als ein entschiedener Kritiker dieses Bellizismus 1913 konstatierte, seit der zweiten Marokkokrise »nahezu Allgemeingut der deutschen Nation« geworden.[265] Die radikalen Nationalisten jedoch waren es, die mit aller Entschiedenheit die Konsequenz aus dieser Überzeugung zogen: Wenn ein »großer« europäischer Krieg unvermeidbar und in nicht allzu ferner Zukunft zu erwarten war, mußte alles getan werden, um für seinen siegreichen Ausgang Vorsorge zu treffen.[266] Rüstung war damit endgültig nicht mehr das Instrument einer Droh- und Abschreckungspolitik, sondern ein Akt unmittelbarer Kriegsvorbereitung.

Dieser Funktionswandel der Rüstungspolitik erforderte die kompromißlose Unterordnung aller politischen, wirtschaftlichen und sozialen Sonderinteressen unter die Notwendigkeiten der Kriegsvorbereitung. »Nur ein entschlossenes Zusammenraffen aller unserer Kräfte«, erklärte die »Flotte« im Februar 1912, werde das deutsche Volk in die Lage versetzen, »allein gegen eine Welt von Feinden und Neidern standzuhalten«.[267] In diesem Sinne forderten die radikalen Nationalisten die totale Mobilmachung des Reiches und seiner Bevölkerung, nicht nur in militärischer und wirtschaftlicher, sondern auch in physischer, psychologischer und moralischer Hinsicht. August Keim etwa schrieb im Juli 1912 in einem Aufruf des »Deutschen Wehrvereins«:

»Wer da glaubt, daß wir uns in ihnen [den das Reich bedrohenden Gefahren; d. Vf.] behaupten können ohne äußerste Anspannung unserer Kräfte, unseres gesamten leiblichen, geistigen und sittlichen Könnens, der ist im Irrtum. Mehr als irgendein anderes Volk sind wir darauf angewiesen, gewissenhafteste, strengste Selbstsucht zu pflegen, sie grundsätzlich zum Wesensinhalt unserer Erziehung und Gesinnung zu machen. Auch dafür ist unser Heer eine vortrefflich Schule.«[268]

265 *Plehn*, S. 1. Vgl. *Mommsen*, Topos sowie die Beiträge in *Dülffer u. Holl.*

266 Vgl. die Äußerung Keims auf einer Veranstaltung des DWV im Februar 1914: »Man nannte die Befreiungskriege *den heiligen Krieg* und nannte 1870/71 so. Aber der wahre *heilige Krieg* wird uns nicht erspart bleiben, in dem über Deutschlands Schicksal entschieden wird. Er ist wohl näher, als viele glauben. *Er kann vielleicht schon in diesem Jahre zum Ausbruch kommen. Verlieren wir ihn, so bedeutet das unser Elend, es bedeutet den Verlust von Provinzen im Westen und Osten. Es bedeutet das Opfer von vielen Milliarden. Deshalb müssen wir alles daran setzen, um den Krieg, wenn er unvermeidlich geworden ist, zu gewinnen*« (*Keim*, Erlebtes, S. 188 [Hervorhebungen im Original]).

267 Flotte, Jg. 15, 1912, S. 21.

268 Aufruf des DWV, in: Wehr, Jg. 1, 1912, Nr. 7, S. 12; AB, Jg. 22, 1912, S. 375. Vgl. die Entschließung des Gesamtvorstandes des ADV v. 19.4.1914, BA-B, ADV, Nr. 7, Bl. 94; AB, Jg. 24, 1914, S. 157f.; *Bernhardi*, Deutschland, S. 182, 190–217.

Was den radikalen Nationalisten als Ideal vorschwebte, war, mit anderen Worten, eine totalitäre Staats- und Gesellschaftsordnung, in der alle Individuen und Gruppen den Geboten »nationaler Effizienz« gehorchten. Diese Vorstellungen liefen auf eine Transformation des bürgerlichen Machtstaats in einen expansiven Militärstaat hinaus, in dem das gesamte politische und gesellschaftliche Leben auf die Erfordernisse der Kriegführung ausgerichtet war.[269]

Außer den Alldeutschen machte vor allem der im Januar 1912 gegründete »Deutsche Wehrverein« die Forderung nach »nationaler Effizienz« zur Grundlage seiner Agitation. Unter der Führung August Keims entwickelte sich dieser neue Agitationsverband in kürzester Zeit zu einer schlagkräftigen Massenorganisation, die in Funktion und Bedeutung das Pendant zum Flottenverein darstellte. Im Gegensatz zu diesem florierte der Wehrverein jedoch ohne staatliche Unterstützung und nahm von Anfang an eine bewußt regierungskritische, mitunter antigouvernementale Haltung ein.[270] Im Mittelpunkt seiner Agitation stand die Forderung nach der »tatsächlichen Durchführung der allgemeinen Wehrpflicht«, wie sie Keim bereits in der Propaganda für die Heeresvorlage von 1892/93 erhoben hatte. Für die radikalen Nationalisten bildete die konsequente Heranziehung aller Wehrfähigen die wichtigste rüstungspolitische Maßnahme, die das deutsche Volk zu einem echten »Volk in Waffen« machen sollte.[271] Außerdem forderten sie eine umfassende wirtschaftliche, finanzielle und geistige Mobilmachung des deutschen Volkes.[272] Unter dem Einfluß sozialdarwinistischer und rassenhygienischer Vorstellungen wurden darüber hinaus Forderungen nach einer biopolitischen Mobilmachung laut, durch die die Leistungsfähigkeit des deutschen »Volkskörpers« qualitativ und quantitativ gesteigert werden sollte. Diese Aufgabe fiel in erster Linie den Frauen zu. Da eine unmittelbare militärische Mobilisierung von

269 Nimmt man hinzu, daß Claß in seinem Kaiserbuch offen mit dem Gedanken eines Militärputsches spielte, wird deutlich, daß die faktische Militärdiktatur der 3. OHL seit 1916 der Idealvorstellung vieler radikaler Nationalisten zumindest sehr nahe kam. Vgl. *Claß*, Kaiser, S. 54f., 157–162, 257–270.

270 Vgl. *Coetzee*, Army League, S. 14–29; *Förster*, Militarismus, S. 226–238; *Chickering*, Wehrverein; *ders.*, We Men, S. 267–277; *Peters*, ADV, S. 156–165; *Fischer*, Krieg, S. 159–164; *Hartwig*, DWV, S. 330–335; *Wernecke*, S. 174–178; AB, Jg. 21, 1911, S. 439–441; *Keim*, Erlebtes, S. 164–194.

271 Vgl. den Bericht über die Vorstandssitzung des DWV am 11.5.1912, in: Wehr, Jg. 1, 1912, Nr. 3, S. 1–13; Aufruf des DWV, in: ebd., Jg. 2, 1913, Nr. 3, S. 1; ebd., S. 2–4; *DWV*, Deutschland; A. Keim, Zum Ausbau der deutschen Wehrmacht zu Lande, in: AB. Jg. 20, 1910, S. 323–326; ders., Die Militärvorlage, in: AB, Jg. 21, 1911, S. 23f.; ders., Zur Wehrvorlage, ebd., Jg. 22, 1912, S. 89f., 105f.; ders., Zur Heeresvorlage, ebd., Jg. 23, 1913, S. 106f., 299f.; D. Schäfer, Deutschlands Heer, Deutschlands Stärke, in: Wehr, Jg. 1, 1912, Nr. 1, S. 2–5; [*Anonymus*], Deutschland; *Hochwart*; *Osten-Sacken und vom Rhein*.

272 Vgl. Oberst a. D. v. Kurnatowski, Die finanzielle Mobilmachung, in: Wehr, Jg. 1, 1912, Nr. 4, S. 2–4; M. Sering, Die Verstärkung der deutschen Wehrkraft. Eine finanzpolitische Betrachtung, in: Flotte, Jg. 15, 1912, S. 62f.; K. v. Strantz, Die geistige Mobilmachung in Frankreich und Deutschland, in: Wehr, Jg. 3, 1914, Nr. 4, S. 3–5; *Bernhardi*, Deutschland, S. 296–323.

Frauen für die radikalen Nationalisten undenkbar war, beschränkte sich die ihnen zugedachte Rolle primär auf die biologische Reproduktion des »Volkskörpers«. Auf diese Weise konnten Frauen funktional in die nationale Wehrgemeinschaft eingegliedert werden, ohne daß die traditionelle, hierarchische Ordnung der Geschlechterbeziehungen in Frage gestellt wurde.[273]

Die von radikalnationalistischer Seite propagierte totale Mobilmachung als Vorbereitung auf den für unvermeidlich gehaltenen gesamteuropäischen Krieg war keine Omnipotenzphantasie wirklichkeitsfremder Träumer. Ähnliche Vorstellungen wurden zur selben Zeit auch innerhalb des Generalstabs entwickelt.[274] Dort wuchs besonders unter jüngeren bürgerlichen Offizieren die Fraktion derjenigen, die ohne Rücksicht auf sozialkonservative Überlegungen für eine konsequente Durchführung der allgemeinen Wehrpflicht und die bedingungslose Unterordnung der politischen Ziele unter den Imperativ der Kriegsvorbereitung eintraten. Der führende Repräsentant dieser Richtung war der damalige Chef der Aufmarschabteilung, Oberst Erich Ludendorff.[275] Für Ludendorff und einen Kreis jüngerer Generalstabsoffiziere bedeutete die angestrebte Effizienzsteigerung zunächst eine unabdingbare Kompensation für die quantitative Unterlegenheit in dem von ihnen erwarteten Zweifrontenkrieg. Darüber hinaus jedoch weist die Forderung, alle Aspekte des öffentlichen Lebens auf die Anforderungen der Kriegführung auszurichten, auf ein grundlegend verändertes Verständnis von Politik und Krieg hin. Für die Verfechter einer bedingungslosen Rüstungspolitik stellte der Krieg in Umkehrung des von Clausewitz aufgestellten Satzes nicht mehr die Fortsetzung der Politik mit anderen Mittel dar, sondern die eigentliche Lebens- und Ordnungsform der Staaten und Völker. Der Krieg war, mit anderen Worten, »nicht mehr Gegenstand der Politik, sondern Politik selber« und wurde auf diese Weise zum »totalen Krieg«.[276]

Diese politischen und ideologischen Parallelen zwischen den radikalen Nationalisten und dem Generalstab verdeutlichen, daß die rüstungspolitischen Ziele des radikalen Nationalismus von einem Teil der militärischen Führungsspitze geteilt wurden. Es hilft deshalb nicht weiter, die von den radikalen Nationalisten propagierten Rüstungsziele und ihre unverhohlene Kriegsbereitschaft pauschal als ein »Netz von Ängsten und Besessenheiten« zu charakterisieren, das »mit analytischen Kategorien der Rationalität und des Interesses allein nicht verstanden

273 Vgl. O. Schmidt-Gibichenfels, Wehrkraft und Volkskraft, in: Wehr, Jg. 1, 1912, Nr. 2, S. 1–3; L. Müller, Der Geburtenrückgang, in: ebd., Nr. 9, S. 5–7; *Bernhardi*, Deutschland, S. 289–296; *Grosse*, S. 227–233 sowie Kapitel II.4.

274 Obwohl eine Reihe von Indizien existiert, die auf eine Zusammenarbeit zwischen Keim und Ludendorff hinweisen, konnten direkte Kontakte bislang noch nicht nachgewiesen werden. Vgl. *Chickering*, Wehrverein, S. 22, S. 32 Fn. 102; *Förster*, Militarismus, S. 250 Fn. 10.

275 Vgl. *Förster*, Militarismus, S. 227 Fn. 4, S. 249f.; *ders.*, Generalstab, S. 90–95; *Chickering*, Wehrverein, S. 21–23; *Coetzee*, Army League, S. 37–39; *Bald*, Kriegsbild; *Parkinson*, S. 11–22.

276 *Geyer*, Rüstungspolitik, S. 94. Ähnlich auch *Wehler*, Krieg; *Bald*, Kriegsbild, S. 146–153.

werden kann«.[277] Denn diese Ziele beruhten auf einer genuin militaristischen Logik, die ihre Plausibilität aus der Dynamik des Rüstungswettlaufs sowie den machtpolitischen Grundannahmen der Weltreichstheorie und des Lebensraumkonzepts bezog. Den radikalnationalistischen Militarismus als Ausdruck einer »paranoiden Denkweise« und damit als ein primär irrational motiviertes Deutungsmuster zu interpretieren, verkennt deshalb die entscheidenden Ursachen für seine wachsende Attraktivität gerade in bildungsbürgerlichen Kreisen.[278]

Dies gilt auch für die radikalnationalistischen Vorstellungen über die Notwendigkeit, den Verlauf und die Folgen eines künftigen Krieges sowie den vermeintlich günstigsten Zeitpunkt für seinen Beginn. Den radikalen Nationalisten galt ein von deutscher Seite initiierter Angriffskrieg, der in ihren Augen zwangsläufig in einen gesamteuropäischen Krieg münden mußte, als imperialistische ultima ratio. Nur durch den Einsatz militärischer Gewalt ließen sich ihrer Meinung nach die mit der offiziellen »Weltpolitik« gescheiterten Expansionsziele doch noch verwirklichen. Darüber hinaus avancierte der Krieg für sie zu einem »Allheilmittel«, mit dem nahezu alle politischen und gesellschaftlichen Probleme des wilhelminischen Deutschlands gelöst werden konnten. Die ideologische Grundlage dieser Überzeugung bildete ihr sozialdarwinistischer Fortschrittsglaube. Diesem zufolge stellte der Krieg als Selektionsmechanismus im Leben der Staaten und Völker den zentralen Katalysator in der Entwicklung der Menschheit dar, der mehr als jeder andere Faktor zum kulturellen, zivilisatorischen und sittlichen Fortschritt beigetragen habe. In Anlehnung an den antiken Topos vom Krieg als »Vater aller Dinge« verklärten die radikalen Nationalisten den militärischen Konflikt deshalb zum schöpferischen Kulturfaktor, ohne den »die Welt in Fäulnis geraten und sich im Materialismus verlieren« würde.[279] Positive Auswirkungen eines Krieges wurden dabei selbst für den Fall einer militärischen Niederlage erwartet. So schrieb etwa Paul Samassa bereits im März 1904 an Ernst Hasse:

»Ich sehe an sich in einem verlorenen Krieg mit England, bei dem wir eine lange Blokkade auszuhalten haben, die England wohl schließlich auch ermüden würde, kein so ungeheures Unglück, wie es in den offiziellen Darstellungen unserer Flottenagitation stets geschildert wird. Es könnte uns eine innere Erneuerung unseres nationalen Lebens, eine Besinnung auf die Grundlagen unserer Volkskraft bringen im Gegensatz zu der Exportpolitik, die gegenwärtig das A und O unserer ganzen Weltpolitik, so wie sie an hoher Stelle verstanden wird, bildet. Ein solcher Krieg könnte durch den Bevölke-

277 *Chickering*, Wehrverein, S. 12f.; *ders.*, Alldeutschen, S. 23. In Anlehnung an Chickering auch *Förster*, Militarismus, S. 226–233.

278 *Chickering*, Wehrverein, S. 13, 17; *ders.*, Alldeutschen, S. 23f.

279 P. Thielemann, Krieg und Völkerfrieden, in: Flotte, Jg. 14, 1911, S. 191f. (auch abgedruckt in: Wehr, Jg. 1, 1912, Nr. 5/6, S. 5–8). Vgl. *Bernhardi*, Deutschland, S. 1–37; *Schmidt-Gibichenfels*, Krieg; *Claß*, Kaiser, S. 53f.; *Mommsen*, Topos, S. 383f.

rungsdruck, den er notwendig erzeugt, auch manche entscheidende Frage unsrer mitteleuropäischen Position zum Austrag bringen.«[280]

Ganz gleich, ob Samassa tatsächlich ernsthaft mit der Möglichkeit einer militärischen Niederlage rechnete – seine Äußerung verdeutlicht, wie tief die Vorstellung vom Krieg als Motor des Fortschritts im Bewußtsein der radikalen Nationalisten verankert war. Zwar wäre es verfehlt, in den unabhängig von seinem Ausgang erhofften innen- und gesellschaftspolitischen Folgen eines Krieges das entscheidende Motiv für die radikalnationalistische Kriegssehnsucht zu sehen. Andererseits liegt es auf der Hand, daß mit dieser Überzeugung die Hemmschwelle für den Einsatz militärischer Gewalt erheblich sank. Je bedrohlicher und aussichtsloser die jeweiligen politischen, sozialen und kulturellen Probleme aus Sicht der radikalen Nationalisten erschienen, desto mehr gewann der Krieg in ihren Augen die »Bedeutung eines erlösenden Aktes für den weiteren Lauf der Geschichte«. Diese Kriegserwartung trug bisweilen apokalyptische Züge, die auf die eschatologische Dimension des ihr zugrundeliegenden Weltbildes verweisen.[281] Gleichwohl sollte der unbedingte »Willen zum Kriege« nicht einseitig als eine irrationale Flucht aus der Realität interpretiert werden. Denn für die radikalen Nationalisten war der erwartete Krieg kein Selbstzweck, sondern ein – wie auch immer fragwürdiges – Mittel zur Durchsetzung der als lebensnotwendig erachteten nationalen Interessen. Die mentale »Disposition zum imperialistischen Angriffskrieg«, die seit 1911 im Mittelpunkt des radikalnationalistischen Denkens stand, beruhte nicht primär auf einem irrationalen Erlösungsbedürfnis, sondern auf der Verabsolutierung eines instrumentellen Kalküls, für das der nationale Zweck selbst einen Weltkrieg rechtfertigte.[282]

Auf der Grundlage der Überzeugung, daß ein Krieg unvermeidbar, notwendig und sogar wünschenswert sei, war es nur konsequent, den Zeitpunkt seines Ausbruchs nach Möglichkeit selbst bestimmen zu wollen. Das oberste Ziel der politischen Führung mußte nach Meinung der radikalen Nationalisten deshalb darin bestehen, den »für notwendig erachteten Krieg im günstigen Augenblick zu beginnen«.[283] Diese Auffassung korrespondierte mit der vor allem innerhalb des Generalstabs einflußreichen Überzeugung, daß sich das Deutsche Reich mit Hilfe eines Präventivkriegs aus der Bedrängnis seiner politischen und strategischen Lage befreien müsse, solange die seit 1912/13 mit Nachdruck betriebenen Rüstungsanstrengungen Rußlands und Frankreichs noch nicht abgeschlossen

280 Samassa an Hasse, 7.3.1904, BA-B, ADV, Nr. 188, Bl. 179–183 (Zitat: S. 182). Samassa betonte ausdrücklich, daß er die von ihm geäußerte Anschauung für eine »öffentliche Diskussion nicht geeignet« halte. Der Brief wurde deshalb vervielfältigt und den Mitgliedern der Hauptleitung und des GA des ADV zugesandt. Ähnliche Äußerungen finden sich bei *Claß*, Kaiser, S. 54; K. Frhr. v. Gebsattel, Dem deutschen Heere, in: AB, Jg. 23, 1913, S. 439f.

281 Vgl. *Dülffer*, Dispositionen, S. 13; *Chickering*, Alldeutschen, S. 23–26.

282 *Förster*, Alter und neuer Militarismus, S. 139.

283 *Bernhardi*, Deutschland, S. 38–59, 323–337 (Zitat: S. 40).

waren. Nach Ansicht zahlreicher militärischer Experten drohte dem Deutschen Reich spätestens 1916 oder 1917 eine Niederlage im kontinentalen Rüstungswettlauf, die eine solch eindeutige Überlegenheit der beiden Mächte zur Folge gehabt hätte, daß dem Reich keinerlei Aussicht auf einen siegreichen Ausgang eines gesamteuropäischen Krieges geblieben wäre. Vor diesem Hintergrund plädierte auch Generalstabschef von Moltke seit dem Frühjahr 1914 (wie bereits im Dezember 1912) für einen Präventivkrieg »je eher, desto besser«.[284]

Diese Bereitschaft zu einem »präventiven« Angriffskrieg gründete auf der Überzeugung, wegen der sich abzeichnenden militärischen Überlegenheit der deutschen Hauptkontrahenten innerhalb eines begrenzten Zeithorizontes prophylaktisch handeln zu müssen, um überhaupt noch eine Aussicht auf Erfolg zu haben. Sie wurde verstärkt durch die Einsicht, daß das Reich aus finanzpolitischen Gründen nicht in der Lage sein würde, die drohende Unterlegenheit durch neuerliche Rüstungsanstrengungen zu kompensieren.[285] Hinzu kam der in militärischen Fachkreisen weitverbreitete und auch von den radikalen Nationalisten geteilte Glaube an die vermeintliche Überlegenheit der Offensive: Im Zeitalter moderner Waffentechnologie und Massenheere – so die Überzeugung – komme dem Angreifer sowohl in strategischer als auch in taktischer Hinsicht ein kriegsentscheidender Vorteil zu.[286]

Vor dem Hintergrund dieser Überzeugungen, Annahmen und Erwartungen war die deutsche Mobilmachung für die radikalen Nationalisten keine »offenkundig irrationale Entscheidung« oder gar »eine Art Selbstmord aus Angst vor dem Tode«.[287] Sie beruhte vielmehr auf einem subjektiv rationalen Kosten-Nutzen-Kalkül, das seine Plausibilität aus einer spezifischen Wahrnehmung des internationalen Rüstungswettlaufs sowie tief verwurzelten Vorstellungen über die Existenzgrundlagen großer Nationalstaaten im Zeitalter globaler imperialistischer Expansion bezog. Anders ausgedrückt: Wenn sich der zeitgenössische Entscheidungshorizont ausschließlich auf die Alternative »Weltmacht oder Niedergang« reduzierte, gab es plausible Gründe, die für das Risiko eines militä-

284 Vgl. *Mommsen*, Großmachtstellung, S. 253–256, 293–321 (Zitat: S. 254, 297f.); *Wehler*, DGG, Bd. 3, S. 1152–1168; *Joll*, Ursprünge.

285 Die Logik des internationalen Wettrüstens und die Bedeutung der durch sie geprägten Wahrnehmungsmuster für den zeitgenössischen Entscheidungshorizont betonen auch *Herrmann*, S. 199–220, 225–232; *Stevenson*, S. 366–408. Zum finanziellen Hintergrund der deutschen Präventivkriegsbereitschaft vgl. *Groh*, Faktoren.

286 Vgl. *Keim*, Wille: »Mit dem Willen zum Kriege muß auch der Entschluß zur rücksichtslosen Offensive verbunden sein, weil eben die Offensive den Sieg verbürgt. Sie ist und bleibt die wirksamste Form, um den politischen Willen in militärische Taten umzusetzen.« Vgl. auch *Bernhardi*, Deutschland, S. 206–208 sowie zum »Kult der Offensive« allgemein *Van Evera*; *Snyder*, Ideology.

287 So *Förster*, Generalstab, S. 95. Im Gegensatz zu Förster gelangt *Stevenson* (S. 365) im Hinblick auf die deutsche Kriegsbereitschaft zu dem Ergebnis: »The argument for going to war made sense, if it was assumed that war could solve the Central Power's problems.«

rischen Vabanquespiels sprachen. Damit soll nicht die These vertreten werden, daß der Ausbruch des Ersten Weltkrieges das Ergebnis eines rationalen Entscheidungsprozesses gewesen sei. Aber es soll die Bedeutung jener ideologischen Prämissen und »unspoken assumptions« betont werden, die einen Weltkrieg im Bewußtsein der radikalen Nationalisten und anderer Zeitgenossen sinnvoll erscheinen ließen.[288] Zu diesen unausgesprochenen Annahmen und Prämissen gehörte auch die Erwartung, daß ein militärischer Konflikt eine Reihe der drängenden innergesellschaftlichen Probleme des Deutschen Reiches lösen würde. Für die radikalen Nationalisten zählte hierzu insbesondere die Frage der ethnisch-kulturellen »Minderheiten« – allen voran die »polnische Frage«.

288 Vgl. *Joll*, Assumptions; *Lindemann*. Zu den nur selten artikulierten, gleichwohl aber eminent einflußreichen Annahmen gehörte auch ein unerschütterliches Vertrauen in die eigene militärische Stärke sowie die rational nicht zu rechtfertigende Hoffnung, daß es schon nicht zum Schlimmsten kommen werde. Vgl. AB, Jg. 21, 1911, S. 90, 109: »Es ist wahr, das Reich hat an sich eine Machtstellung, die kaum erschüttert werden kann; sie beruht auf seiner gewaltigen Volkszahl und seinem kriegstüchtigen Heere; nur der gleichzeitige Ansturm mehrerer Feinde von ähnlicher Stärke könnte ihm gefährlich werden – niedergeworfen aber könnte unser Vaterland auch dann nicht werden, weil es sich nicht niederwerfen lassen darf.«

IV. Das deutsche Volk und seine Feinde: Der radikale Nationalismus und die ethnisch-kulturellen Minderheiten

»Culture is more often not what people share, but what they choose to fight for.«
Geoff Eley/Ronald Grigor Suny

»Das deutsche Reich ist weder durch seine Schaffung noch durch seine bisherige Entwicklung ein deutscher Nationalstaat geworden und es hat deshalb seine Daseinsberechtigung bisher noch nicht erwiesen. Um die Bedeutung *eines* oder gar *des* deutschen Nationalstaates zu gewinnen, müßte das deutsche Reich *entweder* die Gesamtheit des geschlossenen deutschen Siedlungsgebietes in Mitteleuropa umfassen *oder* innerhalb seiner Reichsgrenzen die Zahl und die politischen Forderungen der Nichtdeutschen zur Bedeutungslosigkeit herabgedrückt haben. Keines von beiden ist bekanntlich der Fall.«[1] Mit diesen Worten formulierte Ernst Hasse die Quintessenz der radikalnationalistischen Kritik am Bismarckschen Nationalstaat. Dessen vermeintliche »Unfertigkeit« resultierte für ihn aus der Tatsache, daß das Deutsche Reich von Millionen von Menschen bewohnt wurde, die in seinen Augen nicht der deutschen Nation angehörten, während zugleich Millionen von »Volksgenossen« außerhalb der Reichsgrenzen lebten. Zu den »Millionen von Fremden« zählte Hasse vor allem die polnischsprachige Bevölkerung in den preußischen Ostprovinzen und im Ruhrgebiet, die dänische Minderheit in Nordschleswig und die Bevölkerung des annektierten Elsaß-Lothringens, zugleich jedoch auch die im Deutschen Reich lebenden Juden.[2] Aus der Denkfigur des »unvollendeten Nationalstaats« folgte für ihn die Notwendigkeit einer »Germanisierung« der »nichtdeutschen« Bevölkerungs-

1 *Hasse*, Reich, S. 4 [Hervorhebungen im Original]. Vgl. ebd., S. 14: »Einen Nationalstaat nennen wir einen solchen, wo eine volle Übereinstimmung zwischen den Staatsgrenzen und den Siedlungsgrenzen derjenigen Nation besteht, die diesen Staat errichtet hat oder für die dieser Staat geschaffen worden ist; aber wir nennen so auch einen solchen Staat, der in seinen sämtlichen Einrichtungen keine Rücksicht auf die Tatsache nimmt, daß auf seinem Staatsgebiete neben der nationalen und herrschenden Mehrheit auch noch nationale Minderheiten vorhanden sind.«

2 Ebd., S. 1–48 (Zitate: S. 2, 4, 31); ders., Sind Polen, Dänen und Franzosen Teile des »deutschen Volkes«?, in: AB, Jg. 7, 1897, S. 109–111,); *ders.*, Zukunft, S. 61–68.

gruppen, die ihre polemische Zuspitzung in dem sich zum Topos verfestigenden Schlagwort »Deutschland den Deutschen!« fand.[3]

Diese Haltung der radikalen Nationalisten gegenüber den sogenannten »nationalen Minderheiten« wird im folgenden untersucht. Wie jede Beschäftigung mit ethnischen Konflikten steht auch die vorliegende Untersuchung dabei vor dem Problem, daß die Begriffe, mit denen ethnisches Gemeinschaftshandeln beschrieben wird, »nur geringe Eindeutigkeit« besitzen. Denn Ethnizität beruht, wie bereits Max Weber gezeigt hat, immer auf dem »subjektiven Glauben an eine Abstammungsgemeinschaft«, unabhängig davon, ob eine solche Gemeinschaft objektiv vorliegt oder nicht. Eine »ethnische Gruppe« zeichnet sich durch die Vorstellung einer gemeinsamen Herkunft und einer gemeinsamen Kultur aus, die ähnlich wie die Nation als eine »gedachte Ordnung« auf der Erfindung einer spezifischen Tradition gründet, als solche jedoch durch konkrete historische Erfahrungen in ihrer Geltung bestätigt und in den Rang einer sozialen Wirklichkeit sui generis erhoben werden kann.[4] In diesem Sinne wurde den innerhalb des Deutschen Reiches lebenden Polen, Dänen, Elsässern, Lothringern und Juden der Status einer ethnischen »Minderheit« zugeschrieben, der eine entscheidende Voraussetzung für ihre Diskriminierung durch die »Mehrheitsgesellschaft« darstellte.[5] Diese Marginalisierung war keine soziologische Selbstverständlichkeit, sondern das Ergebnis eines kulturellen, sozialen und politischen Exklusionsprozesses, an dessen Anfang die Vorstellung nationaler Homogenität stand. Erst die Vision des homogenen Nationalstaats machte die im Reich lebenden ethnischen Gruppen zu nationalen »Minderheiten«.[6]

Die »nationalen Krisenherde« des Kaiserreichs stellten einen wichtigen Katalysator für die Verbreitung radikalnationalistischer Deutungsmuster dar – besonders seit offensichtlich wurde, daß der »Kampf um das Deutschtum« in den Grenz-

3 *Hasse*, Reich, S. 74; *Claß*, Kaiser, S. 135, 233, 270; AB, Jg. 20, 1910, S. 117. Es gehört zu den erklärungsbedürftigen Hypotheken der deutschen Nationalismusforschung, daß diese die These vom »unvollendeten Nationalstaat« häufig unkritisch übernommen und bisweilen sogar zum Paradigma erhoben hat. Vgl. *Schieder*, Grundfragen, S. 134–137; *Dann*, Nation, S. 164.

4 Vgl. *Weber*, Gemeinschaften, S. 167–182 (Zitate: S. 181, 171f.) bes. S. 171f.: »Fast jede Gemeinsamkeit und Gegensätzlichkeit des Habitus und der Gepflogenheiten kann Anlaß zu dem subjektiven Glauben werden, daß zwischen den sich anziehenden oder abstoßenden Gruppen Stammverwandtschaft oder Stammfremdheit bestehe.« Für Weber waren ethnische Gemeinsamkeiten deshalb »nicht selbst Gemeinschaft, sondern nur ein die Vergemeinschaftung erleichterndes Moment«, das jedoch insbesondere der politischen Vergemeinschaftung entgegenkommt.

5 Der Begriff der »Minderheit« wird hier deshalb als Beschreibung eines von den Zeitgenossen nicht hinterfragten Deutungsmusters verwendet, ohne daß damit das Problem ethnisch-kultureller Differenz auf das Verhältnis von Majorität und Minoritäten reduziert werden soll. Auch die Juden galten als ethnische Minderheit, besaßen im Gegensatz zu den anderen genannten ethnischen Gruppen jedoch keine historische Bindung an eine bestimmte Region. Vgl. *Hroch*, Minderheiten; *Stark*, Völker, S. 28–44; *Imhof*; *Heckmann*, Minderheiten, S. 30–64; *ders.*, Ethnos.

6 Zur Dialektik von Nationalstaat und »nationalen Minderheiten« vgl. *Jaworski*, Nationalstaat; *Eley*, German Politics.

gebieten des Reiches verlorenging. Mit dem sich immer deutlicher abzeichnenden Scheitern der offiziellen »Germanisierungspolitik« wuchs zugleich die Bereitschaft zu radikaleren Lösungen des »Minderheitenproblems«. Dieser ideologische Radikalisierungsprozeß wird hier am Beispiel der sogenannten »polnischen Frage« analysiert, die den zentralen ethnisch-kulturellen Konflikt des Bismarckschen Nationalstaats darstellte (IV.1). Mit etwa 5,5 Prozent der Reichsbevölkerung war die 3,326 Millionen Menschen zählende polnische Bevölkerung (ohne Kaschuben und Masuren) die größte »nationale Minderheit« im Kaiserreich.[7] Die politische und administrative Behandlung der polnischen Reichsangehörigen besaß deshalb eine paradigmatische Funktion für den Umgang mit den übrigen ethnisch-kulturellen »Minderheiten«, die das nationale Selbstverständnis der reichsdeutschen Gesellschaft nachhaltig prägte.[8] In einem weiteren Schritt werden anschließend der radikalnationalistische Antisemitismus und seine Bedeutung für das Weltbild der radikalen Nationalisten untersucht (IV.2). Dieser stellte ein komplementäres Deutungsmuster dar, das es erlaubte, einen Feind im Innern der »Volksgemeinschaft« zu konstruieren. Als »Fremdkörper im deutschen Volk« konnten die Juden so für politische und gesellschaftliche Fehlentwicklungen wie mangelndes Nationalbewußtsein oder innere Uneinigkeit verantwortlich gemacht werden, die sich nicht ohne weiteres äußeren Feinden anlasten ließen. Darüber hinaus fungierte der Antisemitismus als ein »Code der Radikalität«, der insbesondere einer jüngeren Generation der radikalnationalistischen Aktivisten als Erkennungszeichen und Ausdrucksform ihrer Überzeugungen diente.

1. Die »polnische Frage« als »Daseinsfrage des Deutschtums«

1.1. »Kulturkampf« und Ansiedlungspolitik: Der radikale Nationalismus in der Kontinuität der preußisch-deutschen Polenpolitik

Die radikalnationalistischen Vorstellungen zur Lösung der »polnischen Frage« standen in der Kontinuität der preußisch-deutschen, namentlich der Bismarckschen Polenpolitik, deren Prinzipien und Methoden sie übernahmen, in ihr Extrem steigerten und damit zugleich auf eine qualitativ neuartige Ebene transponierten. Diese Kontinuität verschaffte den antipolnischen Zielen der radikalen Nationalisten eine außerordentliche Akzeptanz innerhalb des bürgerlich-nationalen Lagers und bildete das diskursive Einfallstor für die sukzessive Ver-

7 Die Zahlenangaben für 1905 nach *Kleßmann*, Nationalitäten, S. 128.

8 Zur Haltung der radikalen Nationalisten gegenüber den »nationalen Minderheiten« in Nordschleswig und Elsaß-Lothringen, auf die im folgenden nicht näher eingegangen wird, *v. Seggern*, S. 97–165.

breitung radikalnationalistischer Deutungsmuster. Aus diesem Grund stellte die »polnische Frage« für die radikalen Nationalisten den mit Abstand wichtigsten »nationalen Kriegsschauplatz« dar. Die historischen Wurzeln dieses Konflikts reichen zurück bis zu den drei polnischen Teilungen und den machtpolitischen Entscheidungen des Wiener Kongresses, in deren Folge die polnischsprachige Bevölkerung Posens, Westpreußens und Oberschlesiens unter preußische Herrschaft gelangte. Als neue Untertanen der Hohenzollernmonarchie sahen sich diese Polen mit einer staatlichen Politik konfrontiert, die auf ihre politische Integration in den preußischen Staat zielte und dabei wiederholt zwischen einer repressiven, auf weitgehende Assimilation drängenden »Germanisierung« und der Gewährung einer begrenzten kulturellen Autonomie schwankte.[9]

Mit der Aufnahme der preußischen Ostprovinzen in den Norddeutschen Bund und der Reichsgründung erlangte der deutsch-polnische Gegensatz eine neue Qualität. Die preußischen »Untertanen polnischer Zunge« wurden mit einem Schlag zu Einwohnern eines deutschen Nationalstaates, mit dem sie sich noch weniger als mit dem preußischen Staatswesen identifizieren konnten und der sie in zunehmend schärferer Form als Bürger zweiter Klasse behandelte. Als Angehörige des Deutschen Reiches wurden die preußischen Polen endgültig zu einer »nationalen Minderheit«. Erst jetzt verwandelte sich, wie Martin Broszat treffend bemerkt hat, »das polnische Problem Preußens primär zur nationalen deutsch-polnischen Frage und geriet vollends in die Gefühlszone völkisch nationaler Gegensätze hinein.«[10] Bereits im Norddeutschen Reichstag und erneut bei den Beratungen über die Reichsverfassung von 1871 protestierten die parlamentarischen Vertreter der Polen leidenschaftlich gegen die Eingliederung der polnischen Landesteile in den deutschen Nationalstaat, in der sie eine Bedrohung ihrer »nationalen« Sonderstellung erblickten.[11] Wie begründet diese Befürchtungen waren, zeigt der nur wenige Monate später einsetzende »Kulturkampf«, dessen antipolnische Stoßrichtung unter den verschiedenen Motiven Bismarcks eine zentrale Rolle spielte.[12] Während sich Bismarck gegen Ende der 1870er Jahre gezwungen sah, den Kampf gegen die katholische Kirche einzustellen, wurde die antipolnische Sprachenpolitik fortgesetzt. Das im April 1876 verabschiedete preußische Geschäftssprachengesetz, das im darauffolgenden Jahr eine Ergänzung durch das Reichsgerichtsverfas-

9 Vgl. *Broszat*, Polenpolitik, S. 43–128; *Hagen*, Germans, S. 71–127; *Pletzing*; *Ther*; *Wehler*, Deutsch-polnische Beziehungen; *ders.*, Sozialdemokratie, S. 103–118; *Conze*, Nationsbildung; *Zernack*, Polen, S. 424–435; *ders.*, Verständnis; *Böhning*; *Bernhard*, Polenfrage, S. 25–70; *Molik*.

10 *Broszat*, Polenpolitik, S. 128; *Blanke*, Prussian Poland, S. 12f.; *Conze*, Nationsbildung, S. 375.

11 *Schieder*, Kaiserreich, S. 26–30; *Broszat*, Polenpolitik, S. 124–128.

12 Vgl. *Trzeciakowski*; *Hagen*, Germans, S. 127–129; *Borejsza*, S. 625f.; *Bismarck*, Gedanken, S. 368–370. Im Mittelpunkt der Auseinandersetzung standen insbesondere das gegen die katholische Geistlichkeit gerichtete Schulaufsichtsgesetz von 1872, das dem Klerus die Schulaufsicht entzog, sowie der Oberpräsidialerlaß von 1873, der Deutsch zur auschließlichen Unterrichtssprache in den Volksschulen erklärte.

sungsgesetz erfuhr, verbot den Gebrauch der polnischen Sprache in Verwaltung und Justiz und beseitigte damit die seit 1815 existierende Zweisprachigkeit in den polnischen Gebieten. Der Versuch einer zwangsweisen kulturellen Assimilation erwies sich jedoch als kontraproduktiv. Denn er bewirkte eine Mobilisierung der polnischsprachigen Bevölkerung, in deren Folge der polnische Mittelstand zum wichtigsten Träger des polnischen Nationalismus aufstieg.[13]

Parallel zu dieser Entwicklung vollzog sich ein soziodemographischer Wandlungsprozeß, der für die weitere preußisch-deutsche Polenpolitik bis zum Ausbruch des Ersten Weltkrieges bestimmend sein sollte: Als eine Folge der Abwanderung eines großen Teils der ländlichen Unterschichten durch Auswanderung nach Übersee, Binnenwanderung in die industriellen Ballungszentren und die allgemeine Nahwanderung vom Land in die Stadt kam es in den preußischen Ostprovinzen seit 1880 zu einer Verschiebung in der demographischen Relation zwischen der deutschen und polnischen Bevölkerung. Während der deutsche Bevölkerungsanteil (einschließlich der sich in der Regel dem »Deutschtum« zugehörig fühlenden jüdischen Bevölkerung) stagnierte und zeitweilig sogar zurückging, stieg die Zahl der Polen kontinuierlich.[14] Außer in einer stärkeren Abwanderung deutschsprachiger Landarbeiter lagen die Ursachen für diese Entwicklung im steigenden Geburtenüberschuß der katholischen Polen und der Tatsache, daß die ostelbischen Großgrundbesitzer den durch die Abwanderung entstandenen Arbeitskräftemangel durch einen verstärkten Rückgriff auf polnische Wanderarbeiter aus Galizien und Russisch-Polen auffingen.[15]

In der reichsdeutschen Öffentlichkeit wurde diese demographische Entwicklung aufmerksam registriert und unisono als eine Bedrohung des »Deutschtums« in den preußischen Ostprovinzen interpretiert. Übereinstimmend forderten die Kritiker dieser Entwicklung energische Gegenmaßnahmen durch die preußische Regierung, um der »Gefahr einer vollständigen Polonisierung« des deutschen Ostens zu begegnen.[16] Auf breite öffentliche Resonanz stieß besonders ein im Januar 1885 in der Wochenschrift »Die Gegenwart« veröffentlichter Artikel des Philosophen Eduard v. Hartmann, in dem dieser erklärte: »Wenn die Slawen das Deutschthum in ihren Grenzen ausrotten, so müssen wir Repressalien üben, d.h. das Slawentum in unseren Grenzen ausrotten, wenn nicht der Einfluß des Deutschthums in der Geschichte der Naturvölker beträchtlich sinken soll.«[17]

13 *Blanke*, Prussian Poland, S. 17–37; *Broszat*, Polenpolitik, S. 134–142; *Wehler*, Polenpolitik; *Jaworski*, S. 18–57; *Bernhard*, Polenfrage, S. 85–114.

14 *Blanke*, Prussian Poland, S. 41–45; *Broszat*, Polenpolitik, S. 142–146; *Hagen*, Germans, S. 132–134. Zur Aus- und Binnenwanderung vgl. *Ritter u. Tenfelde*, S. 18–30; 175–197; *Langewiesche*, Wanderungsbewegungen.

15 Vgl. *Herbert*, Geschichte, S. 13–26; *Bade*, Kulturkampf; *ders.*, Politik; *ders.*, Preußengänger; *Nichtweiss*.

16 *v. Randow*, S. 92; *Neumann*, Germanisierung; *v. Hartmann; Herbert*, Geschichte, S. 26–31.

17 *Hartmann*, S. 22. Vgl. *Neubach*, Ausweisungen, S. 23–26; *ders.*, Bedeutung.

In der Emotionalität und Emphase dieser und ähnlicher antipolnischen Haßtiraden, in die sich von Anfang an auch antisemitische Untertöne mischten, artikulierten sich tief verwurzelte Bedrohungsängste, die für die Akzeptanz und Verbreitung des radikalen Nationalismus von grundlegender Bedeutung waren, deren Unverhältnismäßigkeit angesichts der tatsächlichen, demographischen Entwicklung jedoch erklärungsbedürftig ist.[18] Denn im Rückblick ist es nicht ohne weiteres nachvollziehbar, daß die relative Zunahme der polnischsprachigen Bevölkerung nicht nur als eine »Lebensfrage der preußischen Ostmarken«, sondern als eine »Daseinsfrage des Deutschtums« schlechthin gedeutet wurde.[19] Dieses »Syndrom der Polonisierungsangst« wird erst verständlich durch die Verbindung der innerhalb des deutschen Bildungs- und Besitzbürgertums tief verwurzelten Überzeugung von der kulturellen Überlegenheit des deutschen Volkes mit der Zielutopie eines ethnisch und kulturell homogenen Nationalstaates. Aus dieser Perspektive mußte der relative Rückgang der deutschen Bevölkerung als ein Rückschritt der nationalen Entwicklung erscheinen, der die vermeintliche Überlegenheit des »Deutschtums« und damit den Kern des bildungsbürgerlichen Selbstverständnisses in Frage stellte.[20] Für die radikalen Nationalisten war die Nationalitätenproblematik darüber hinaus eng mit ihren imperialistischen Expansionsvorstellungen verknüpft. Ethnisch-kulturelle Homogenität galt ihnen unter dem Gesichtspunkt nationaler Effizienz als eine unverzichtbare Voraussetzung imperialistischer Machtentfaltung, weil sie ein höheres Maß an Geschlossenheit und Handlungsfähigkeit verhieß.[21] Auf der Grundlage dieser Deutungsmuster stellte für sie die bloße Tatsache, daß etwa jeder zehnte Einwohner Preußens polnisch sprach, eine existentielle Bedrohung des »deutschen Volkes« dar.

Sprachlichen Ausdruck fand diese Polonisierungsfurcht in einer Metaphorik, die den demographischen Prozeß mit einer gewaltigen Naturkatastrophe verglich. Der Topos von der »slawischen Flut«, die alle Dämme niederriß und das »Deutschtum« überschwemmte, bildete einen allgegenwärtigen Bestandteil nicht nur der radikalnationalistischen Agitation. Die Verwendung dieser Flutmetaphorik zielte auf die Evokation tiefsitzender Bedrohungsängste, durch die die deutsche Öffentlichkeit wachgerüttelt werden sollte. Die Verbildlichung der demographischen Entwicklung als einer unaufhaltsamen Naturgewalt stand je-

18 So warnte *v. Randow* vor einer »Ueberfluthung der Grenzgebiete durch polnische Juden« und behauptete: »Vereint mit den Polen werden die polnischen Juden das Werk der Vernichtung des Germanenthums vollenden.« (Ebd., S. 113, 116).

19 *Petzet*, S. 1, 49; *Hasse*, Polenfrage, S. 1; Ostmark, Jg. 3, 1898, S. 38.

20 *Ritter u. Tenfelde*, S. 181. Vgl. *Petzet*, S. 49: »Was vor einem Menschenalter noch unglaublich schien, geschieht heute nicht selten: der polnische Bauer kauft den deutschen aus und dringt in Dörfer ein, die vorher rein deutsch waren.«

21 Alfred Hugenberg etwa begründete die »Germanisierungspolitik« mit der Notwendigkeit, das deutsche Volk für den Kampf um seine Weltmachtstellung »völlig marschfähig« zu machen (*Hugenberg*, Colonisation, S. 450).

doch in einem ambivalenten Verhältnis zu dieser ursprünglichen Intention, denn sie stellte das Anwachsen der polnischen Bevölkerung als einen anonymen Prozeß dar, dessen Dynamik sich letztlich jeglicher Steuerung entzog. Je offensichtlicher das Scheitern der »Germanisierungspolitik« zu Tage trat, desto mehr wurde die Flutmetaphorik zu einem Ausdruck der eigenen Hilflosigkeit gegenüber der als Bedrohung empfundenen demographischen Entwicklung.[22]

Die Zunahme der polnischen Bevölkerung in Posen, Westpreußen und Oberschlesien wurde nicht nur in der Öffentlichkeit, sondern auch innerhalb der preußischen Staatsbehörden mit Besorgnis beobachtet. Deren Hauptaugenmerk konzentrierte sich zunächst auf die illegale Einwanderung polnischer Arbeitskräfte aus Galizien und Russisch-Polen. Am 22. Februar 1885 verfügte Bismarck die Ausweisung sämtlicher Polen mit russischer Staatsangehörigkeit, die keine Aufenthaltsgenehmigung vorweisen konnten. Am 26. Juli wurde diese Verfügung auf galizische Polen mit österreichischer Staatsangehörigkeit ausgedehnt. Von der angeordneten Massenausweisung waren bis 1887 insgesamt ungefähr 32000 Personen betroffen, darunter auch solche, die bereits seit Jahrzehnten in Preußen ansässig, jedoch nicht naturalisiert worden waren.[23] Bismarck verfolgte mit diesen Maßnahmen das Ziel, präventiv gegen ein weiteres Vordringen der von ihm als »staatsfeindlich« eingestuften propolnischen Agitation vorzugehen.[24] Das Ausmaß der Ausweisungen und ihre Begründung gingen jedoch weit über diese Zielsetzung hinaus. Bismarck selbst hatte am 11. März in einem gemeinsamen Schreiben mit Kultusminister Gustav v. Goßler erklärt: »Auch die von der politischen Agitation unberührten Massen stören unseren staatlichen Organismus dadurch, daß sie die Grenzprovinzen polonisieren, während deren Germanisierung unsere staatliche Aufgabe bildet.«[25] Ihrem Charakter und ihrer Intention nach stellten die Ausweisungen mithin eine bewußte bevölkerungspolitische Maßnahme dar, die zumindest als Nebeneffekt die demographische Entwicklung korrigieren sollte.

Die beispiellose Härte und Rücksichtslosigkeit, mit der die Ausweisungen durchgeführt wurden, riefen einen Sturm der Entrüstung im In- und Ausland hervor und führten zu erbitterten parlamentarischen Auseinandersetzungen im Reichstag und im preußischen Abgeordnetenhaus. Während die Fraktion der Polen gemeinsam mit dem Zentrum, den Freisinnigen und der Sozialdemokratie die Zwangsausweisungen entschieden mißbilligten, verteidigten die Konservativen und die Nationalliberalen die Maßnahmen der preußischen Regierung. Bismarck selbst rechtfertige die Ausweisungen als eine legitime staatliche Notwehrmaß-

22 Zur Naturkatastrophenmetaphorik allgemein vgl. *Demandt*, S. 135–139, 173–182.

23 *Gosewinkel*, Einbürgern, S. 220f., 266f.; *Neubach*, Ausweisungen, S. 28–41, 54–62, 125–139; *Blanke*, Prussian Poland, S. 46–51; *Broszat*, Polenpolitik, S. 142–148; *Mai*, S. 38–74.

24 Bereits 1871/72 hatte Bismarck die Ausweisung illegal eingewanderter Polen erwogen, jedoch nicht verwirklichen können. Vgl. *Neubach*, Ausweisungen, S. 3; *Blanke*, Prussian Poland, S. 21; *Mai*, S. 38.

25 Zit. nach *Neubach*, Ausweisungen, S. 32.

nahme, deren vorrangiges Ziel es sei, »die deutsche Nationalität in ihrem Bestande und ihrer Entwickelung ... vor der weiteren Ausbreitung der seit Jahrzehnten dort im Gange befindlichen Polonisirung deutscher Volksstämme zu schützen«.[26] Trotz ihrer kompromißlosen Durchführung vermochten die Massenausweisungen weder die grundsätzliche demographische Verschiebung zugunsten der polnischen Bevölkerung aufzuhalten, noch konnten sie ein weiteres Vordringen der »polnischen Agitation« verhindern. Statt dessen bewirkten sie eine erneute Verschärfung des deutsch-polnischen Konflikts und lieferten darüber hinaus das Vorbild für eine gewaltsame Lösung der »polnischen Frage«, auf das sich Bismarcks Nachfolger und die Anhänger des radikalen Nationalismus berufen konnten.[27]

Die Kritik am rein repressiven Charakter der Ausweisungen veranlaßte Bismarck, seine antipolnische Politik durch konstruktive Maßnahmen zur Stärkung des »Deutschtums« zu ergänzen. Am 10. Januar 1886 entwarf er in der Sitzung des preußischen Staatsministeriums das Programm einer großangelegten »inneren Kolonisation« mit dem Ziel, durch Ankauf und Parzellierung von Gutsbesitz in Posen und Westpreußen die Ansiedlung deutscher Bauern zu fördern.[28] Der dem Abgeordnetenhaus im Februar 1886 vorgelegte Entwurf eines Ansiedlungsgesetzes wurde am 7. April mit Unterstützung der Konservativen und der Nationalliberalen, gegen die Stimmen des Zentrums und der Freisinnigen Partei verabschiedet.[29] In der vorausgegangenen dreitägigen Debatte hatte Bismarck die Haltung der Regierung in zwei Grundsatzreden zur »polnischen Frage« ausführlich begründet. Dabei interpretierte er den deutsch-polnischen Konflikt als einen »Kampf ums Dasein zwischen den beiden Nationen«, in dem »ein Staat, der um seine Existenz kämpft«, ein Notwehrrecht besitze, das auch außerordentliche Maßnahmen rechtfertige. Seine sozialdarwinistische Argumentation stellte die »nationalen Interessen« des deutschen Volkes über die Prinzipien des Rechtsstaats und lieferte damit all jenen Nationalisten ein willkommenes Alibi, für die der nationale Zweck letztlich jedes Mittel rechtfertigte. Wie weit Bismarck in dieser Hinsicht zu gehen bereit war, verdeutlicht seine Warnung, die preußische Regierung sei gegebenenfalls sogar befugt, »den polnischen Adel zu expropriiren«.[30] Zwar wurde eine entsprechende Enteig-

26 Rede vom 1.12.1885, in: *Kohl*, Bd. 11, S. 297–314 (Zitat: S. 300); *Neubach*, Ausweisungen, S. 43–53; 82–119.

27 Bülow etwa erklärte am 10.12.1887 in einem Schreiben an Holstein, ein potentieller Krieg mit Rußland böte die günstige Gelegenheit, »um aus unseren Landesteilen die Polen en masse zu exmittieren«; *Holstein*, Papiere, Bd. 3, S. 214.

28 *Blanke*, Prussian Poland, S. 55–59; *Broszat*, Polenpolitik; S. 148–152; *Hagen*, Germans, S. 134f.

29 *Blanke*, Prussian Poland, S. 68f.; *Hagen*, Germans, S. 134f.; *Land*, S. 23–27, 30–34, 113–115.

30 Reden vom 28./29.1.1886, in: *Kohl*, Bd. 11, S. 407–475 (Zitate: S. 432, 442f., 446f., 463). Bereits in der Sitzung des preußischen Staatsministeriums am 10.1.1886 hatte Bismarck die Möglichkeit von Enteignungsmaßnahmen in den Raum gestellt. Vgl. *Blanke*, Prussian Poland, S. 57f.

nungskompetenz auf Druck der konservativen Parteien aus dem Gesetzentwurf gestrichen, die politische Option nationalistisch motivierter Enteignungen war jedoch zumindest als Möglichkeit in die Debatte eingeführt worden und zeichnete als solche die Bahnen vor, innerhalb derer sich die radikalnationalistischen Vorstellungen zur Lösung der »polnischen Frage« entwickelten.[31]

Letzteres gilt für die preußisch-deutsche Polenpolitik der Jahre 1885/86 insgesamt, deren Bedeutung für die Genese der radikalnationalistischen »Ostmarkenideologie« kaum überschätzt werden kann. Die von Bismarck eingeschlagene Politik einer massiven ökonomischen Unterstützung des Deutschtums bei gleichzeitiger Diskriminierung der Polen auf nahezu allen Gebieten des öffentlichen Lebens lieferten das Vorbild, auf das sich die Anhänger des radikalen Nationalismus berufen konnten. Daß auch Bismarcks Nachfolger, von wenigen Ausnahmen abgesehen, den von ihm formulierten Prinzipien und Argumenten folgten, trug in hohem Maße zur wachsenden Akzeptanz radikalnationalistischer Deutungsmuster bei.[32] In der publizistischen und parlamentarischen Auseinandersetzung um die Ausweisungen und das Ansiedlungsgesetz wurde darüber hinaus das politische Vokabular geprägt, mit dem diese Vorstellungen artikuliert werden konnten. Begriffe wie »Überflutung«, »Kampf ums Dasein«, »Krieg« und »Ausrottung« gehörten seither zum festen Repertoire antipolnischer Rhetorik und schufen das sprachliche Substrat für die zunehmende Diskriminierung der polnischen Bevölkerung und der anderen »nationalen Minderheiten«.

Mit der Verabschiedung des Ansiedlungsgesetzes erlangte die preußisch-deutsche Politik gegenüber der polnischen Minderheit eine neue, aggressive Qualität, indem sie nunmehr offen eine »Germanisierung des Bodens« anstrebte.[33] Die Ausführung des Gesetzes wurde einer dem Staatsministerium unmittelbar unterstellten Kommission übertragen, der die Aufgabe zufiel, das von ihr erworbene Land nach seiner Aufteilung an deutsche Ansiedler abzugeben und zwar entweder in Zeitpacht oder als Eigentum, wobei insbesondere die Eigentumsübertragung in Form eines Rentenguts, d.h. gegen die Übernahme einer festen Geldrente vorgesehen war, die es auch Ansiedlern ohne hohes Eigenkapital ermöglichen sollte, Grundbesitz zu erwerben. Obwohl die Ansiedlungskommission in erster Linie polnischen Besitz aufkaufen sollte, besaß sie einen Ermessensspielraum, gegebenenfalls auch deutschen Besitz zu erwerben, um dessen Übernahme durch Polen zu verhindern. Für eine solche Regelung waren vor allem deutsche Großgrundbesitzer – unter ihnen die späteren Mitbegründer des

31 Bülow etwa berief sich bei der Begründung des Enteignungsgesetzes im November 1907 ausdrücklich auf diese Äußerung Bismarcks. Vgl. *Penzler u.a.*, Bd. 3, S. 59f.

32 Vgl. *Hagen*, Germans, S. 166–168.

33 *Blanke*, Prussian Poland, S. 73–86; *Mai*, S. 132–146; *Broszat*, Polenpolitik, S. 151f.; *Wehler*, Polenpolitik, S. 190–192; *Tims*, S. 104–107; *Hauser*, Polen, S. 306.

»Ostmarkenvereins« Heinrich v. Tiedemann-Seeheim und Hermann v. Kennemann – eingetreten,[34] denen sich auf diese Weise die Möglichkeit bot, verschuldeten Grundbesitz zu überhöhten Preisen an die Kommission zu verkaufen. In die Formulierung der Aufgaben und Ziele der Ansiedlungskommission flossen mithin höchst unterschiedliche wirtschaftliche, politische und nationale Interessen ein, die sich in der Praxis sehr bald als unvereinbar erweisen sollten.[35]

Außer durch die nicht eindeutigen Zielvorgaben wurde die Arbeit der Ansiedlungskommission zudem durch die seit 1886 gegründeten polnischen Kredit- und Genossenschaftsbanken beeinträchtigt, die schnell zu einer wirksamen Konkurrenz im »Kampf um den Boden« avancierten. Die erfolgreichen Gegenmaßnahmen der Polen zwangen die Ansiedlungskommission immer häufiger, Grundbesitz von Deutschen zu erwerben, wodurch diese in zunehmendem Maße zu einem »Sanierungsunternehmen für bankrotte Junker« (Hans-Ulrich Wehler) wurde.[36] Die ursprüngliche nationalpolitische Zielsetzung des Ansiedlungsgesetzes wurde weiter durch die 1890/91 verabschiedeten Rentengutsgesetze konterkariert, mit denen das Prinzip des staatlich vorfinanzierten Rentenguts und seine finanzielle Förderung durch den Staat in ganz Preußen eingeführt wurde. Diese Gesetze galten für alle preußischen Untertanen unabhängig von ihrer Nationalität und eröffneten somit auch polnischen Ansiedlern die Möglichkeit, von den Vorzügen der Rentenfinanzierung zu profitieren. In Posen und Westpreußen führte dies dazu, daß neben der Ansiedlungskommission eine Generalkommission tätig wurde, die in großem Umfang polnische Ansiedlungen förderte.[37]

Diese paradoxe Situation stieß auf scharfe Kritik in der »nationalen Öffentlichkeit« und wurde vor allem seitens des Alldeutschen Verbandes zum Thema einer massiven antipolnischen Agitation gemacht. Den Auftakt bildete ein am 15. April 1894 in den »Alldeutschen Blättern« anonym veröffentlichter Artikel Alfred Hugenbergs, der dem preußischen Staat vorwarf, durch die Generalkommission »eine planmäßige Polonisierungsarbeit« zu betreiben, die dem Ziel einer »Germanisierung« Posens und Westpreußens entgegenwirke. Damit die durch die Bromberger Generalkommission betriebene »innere Kolonisation« nicht länger zu einer »inneren Polonisation« führe, forderte Hugenberg eine Änderung des Rentengutsgesetzes vom 7. Juli 1891 dahin gehend, daß staatliche Kredite nur noch Ansiedlern deutscher Nationalität gewährt werden sollten. Die hierin liegende Verletzung des verfassungsmäßigen Gleichheitsgrundsatzes müsse dabei im Hinblick auf die übergeordneten Interessen des Staates

34 Vgl. Die Reden Tiedemann-Seeheims und Kennemanns am 18.2.1888 in: AH, 1888, Bd. 2, S. 561–563, 565f.

35 Vgl. *Blanke*, Prussian Poland, S. 69–73; *Koehl*.

36 *Wehler*, Polenpolitik, S. 191; *Blanke*, Prussian Poland, S. 93–119; *Broszat*, Polenpolitik, S. 153–155; *Bernhard*, Polenfrage, S. 122–135; Die Zahlenangaben nach *Huber*, Verfassungsgeschichte, S. 492.

37 *Koehl*, S. 265–267; *Waldhecker*.

und der »Volksgemeinschaft« in Kauf genommen werden.[38] Die Wirkung dieses Aufsatzes war außerordentlich. Mit seiner Kritik an der »polonisierenden« Tätigkeit der Generalkommission stieß Hugenberg, der zu diesem Zeitpunkt selbst für die Ansiedlungskommission arbeitete, nicht nur auf Resonanz innerhalb der preußischen Administration, sondern bewirkte darüber hinaus eine Mobilisierung des Alldeutschen Verbandes in der »Ostmarkenfrage«. Der alldeutschen Kritik an der Polenpolitik Caprivis, die sich bis dahin im wesentlichen in dem allgemeinen Vorwurf der »Preisgabe nationaler Interessen« oder »Kapitulation vor den Polen« erschöpft hatte,[39] lieferte Hugenberg ein neues, propagandistisch höchst wirkungsvolles Argument und begründete auf diese Weise seine Rolle als spiritus rector der alldeutschen »Ostmarkenpolitik«.[40]

Die »Polenfrage« war das zentrale Thema des ersten alldeutschen Verbandstages am 9. September 1894 in Berlin, auf dem ein umfangreicher Katalog von Maßnahmen »zur Zurückdrängung der polnischen Hochflut im deutschen Osten« gefordert wurde, der in seinem Kern auf die Forderung nach einer Rückkehr zu den Prinzipien der Bismarckschen Polenpolitik hinauslief.[41] Entscheidende Impulse erhielt die Diskussion durch Max Weber, der in seinem Vortrag auf die wirtschaftlichen Ursachen der »Polonisierung«, insbesondere den strukturellen Zusammenhang zwischen der Landarbeiterfrage und der ostelbischen Gutswirtschaft hinwies. Seine in diesem Zusammenhang erhobenen Forderungen nach einer rigorosen Sperrung der östlichen Grenzen für polnische Wanderarbeiter und dem verstärkten Aufkauf verschuldeter Güter durch den Staat »unter Wahrung der nationalen und der hiermit identischen Kulturinteressen« wurden in die Abschlußresolution aufgenommen.[42] Die All-

38 »Der preußische Staat als Polonisator«, in: AB, Jg. 4, 1894, S. 65f., 137f., 169–173; auszugsweise abgedruckt in: *Hugenberg*, Streiflichter, S. 300–306.

39 MADV, Jg. 1, 1891, S. 27; Jg. 3, 1893, S. 105–108, 117–119; AB, Jg. 4, 1894, S. 2f., 14f., 74f.

40 Hugenberg war von 1894 bis 1903 Mitglied des GA des ADV, bevor er auf eigenen Wunsch ausschied. Er nahm jedoch weiterhin auf besondere Einladung an wichtigen Sitzungen teil. Zur führenden Rolle Hugenbergs bei der Behandlung der »Polenfrage«, die auch von Hasse und Claß stets anerkannt wurde vgl. Hasse an Hugenberg v. 7.3.1905, BA-B, ADV, Nr. 369, Bl. 127f.; Claß an Hugenberg v. 4.3.1908, BA-B, ADV, Nr. 395, Bl. 28f.; *Claß*, Strom, S. 86.

41 Hierzu zählten insbesondere eine Verschärfung der antipolnischen Schul- und Sprachenpolitik, eine finanzielle Förderung des deutschen Mittelstandes, das Verbot der Einwanderung russisch-polnischer Wanderarbeiter, der Ausschluß polnischer Ansiedler bei der Durchführung der Rentengütergesetze sowie die Ausweitung des Ansiedlungsgesetzes auf Schlesien und Ostpreußen; AB, Jg. 4, 1894, S. 153–155; *ADV*, Zwanzig Jahre, S. 11–13.

42 AB, Jg. 4, 1894, S. 173; *ADV*, Ostmark, S. 28f. (Zitat: S. 29). Vgl. MWG I/4, S. 715–719; *Mommsen*, Weber, S. 58. Ähnlich argumentierte Weber in einem ebenfalls im September 1894 in den PJ veröffentlichten Aufsatz, in dem er die Gefahr »einer slawischen Überfluthung« beschwor, »die einen Kulturrückschritt von mehreren Menschenaltern bedeuten würde«. Vgl. *Weber*, Entwickelungstendenzen (Zitat: S. 458). Webers Engagement im ADV war motiviert durch die Hoffnung, dort Unterstützung für die von ihm als unabdingbar erachtete Bekämpfung des polnischen Wanderarbeitertums sowie für eine Intensivierung der »inneren Kolonisation« zu

deutschen wurden seitdem nicht müde, die Anwendung der Rentengütergesetze als »Polonisierung« durch den preußischen Staat zu kritisieren.[43] Sie hielten dabei an ihrer Forderung fest, die Generalkommission solle Bewerber »nichtdeutscher Nationalität« grundsätzlich ablehnen, lancierten jedoch gleichzeitig den politisch flexibleren Vorschlag, der Ansiedlungskommission ein Vetorecht gegenüber Maßnahmen der Generalkommission einzuräumen, die den nationalpolitischen Zielen des Ansiedlungsgesetzes zuwiderliefen.[44]

Im Gegensatz zur ideologischen und publizistischen Betriebsamkeit der Alldeutschen in der »polnischen Frage« standen für den »Ostmarkenverein« in den ersten Jahren seines Bestehens zunächst konkrete Maßnahmen zur wirtschaftlichen und kulturellen Förderung der deutschen Bevölkerung in Posen und Westpreußen im Vordergrund der Verbandstätigkeit. Angesichts begrenzter finanzieller Mittel blieb deren faktische Bedeutung allerdings gering. Erst mit der sukzessiv erfolgenden Ausdehnung des Verbandes innerhalb des gesamten Reiches verlagerte sich der Schwerpunkt der Aktivitäten auf das Gebiet der nationalistischen Agitation.[45] Die programmatischen Positionen der »Hakatisten« konzentrierten sich primär auf die Forderung nach einer kompromißlosen Durchsetzung des Deutschen als alleiniger Unterrichts- und Amtssprache und blieben in der Regel politisch unverbindlich.[46] Besonders in der politisch heiklen Frage der polnischen Saisonarbeiter nahm der Ostmarkenverein aus Rücksicht auf die ökonomischen Interessen der Großgrundbesitzer bis zur Jahrhundertwende eine dilatorische Haltung ein. Während die Alldeutschen trotz des Widerstandes von konservativer Seite an der Forderung nach einer sofortigen Schließung der Grenzen für polnische Wanderarbeiter festhielten,[47] war die Führung des Ostmarkenvereins bemüht, eine eindeutige Festlegung in dieser Frage zu vermeiden.[48] Ungeachtet dieser Unterschiede forderten sowohl die

finden. Gleichzeitig sympathisierte er mit den imperialistischen Bestrebungen der Alldeutschen. Vgl. *Torp*, Weber, S. 30–36; *Mommsen*, Weber, S. 57–64; *ders.*, Einleitung.

43 AB, Jg. 5, 1895, S. 27f., S. 110; AB, Jg. 6, 1896, S. 19f., 25, 35, 38f., 42f., 46f., 54; *Petzet*, S. 57–62. Vgl. die Eingabe des DOV an die Generalkommission zu Bromberg v. 19.11.1896, in: Ostmark, Jg. 1, 1896, S. 97f.; ebd., Jg. 4, 1899, S. 46f.

44 AB, Jg. 5, 1895, S. 27f. Darüber hinaus schlug Hasse vor, anknüpfend an die Tradition Friedrich II., gediente Unteroffiziere statt mit Prämien oder Renten mit Rentengütern in den ethnisch gemischten Gebieten des Reiches abzufinden und auf diese Weise zur Stärkung des deutschen Elements beizutragen; AB, Jg. 4, 1894, S. 166 (Diese Idee findet sich bereits bei *Lagarde*, Deutsche Schriften, S. 118f., 440).

45 Vgl. Ostmark, Jg. 1, 1896, S. 1–8; Jg. 2, 1897, S. 9–11, 17–19; Jg. 4, 1899; S. 14–16; *Galos u.a.*, S. 56–76, 113–119; *Grabowski*, S. 105–111; *Oldenburg*, S. 52–69; *Hartwig*, DOV, S. 229–233; *Tims*, S. 50–65.

46 Ostmark, Jg. 3, 1897, S. 18; Jg. 4, 1899, S. 29–32, 97–99; Jg. 5, 1900, S. 3. Vgl. AB Jg. 8, 1898, S. 149f. Vgl. *Tims*, S. 65f.

47 AB, Jg. 8, 1898, S. 53f., S. 300f.; *Reismann-Grone*, Gefahr, S. 10–13.

48 Ostmark, Jg. 3, 1898, S. 50; Jg. 4, 1899, S. 13; Jg. 5, 1900, S. 3, 46f., 111f. Vgl. *Tims*, S. 114–123; *Hartwig*, DOV, S. 232; *Galos u.a.*, S. 60f., 128.

Alldeutschen wie auch der Ostmarkenverein, »die Bismarcksche Polengesetzgebung weiter zu führen und organisch auszubauen«. In ausdrücklichem Gegensatz zu Bismarck wurde jedoch betont, daß nicht mehr der polnische Adel und Klerus, sondern der polnische Mittelstand und die Masse der polnischen Landarbeiter die gefährlichsten Gegner des »Deutschtums« seien.[49]

Mit dem Ende des »Neuen Kurses« im Herbst 1894 vollzog die preußisch-deutsche Polenpolitik eine erneute Wende. Die neue Administration unter Reichskanzler Hohenlohe-Schillingsfürst ersetzte die Caprivische Politik begrenzter Zugeständnisse an die polnische Minderheit, deren Motive vor allem in der parlamentarischen Schlüsselstellung der polnischen Reichstagsfraktion begründet waren,[50] durch eine verschärfte antipolnische Politik. Neben der Verlängerung des Ansiedlungsgesetzes, die mit der Bewilligung von weiteren 100 Millionen Mark für die Ansiedlungskommission verbunden war, kam dieser Richtungswechsel vor allem im sogenannten »Beamtenerlaß« vom 12. April 1898 zum Ausdruck, der die Beamten in den gemischtsprachigen Provinzen anwies, sich dienstlich für die Förderung des »deutschen National- und Staatsbewußtseins« einzusetzen und sich auch außerdienstlich der Pflege deutscher Bildung und Kultur zu widmen.[51] Dieser Erlaß bedeutete eine klare Abkehr vom Grundsatz der Überparteilichkeit und drängte die preußischen Beamten in die Rolle von Ausführungsorganen einer antipolnischen »Germanisierungspolitik«. Ebenfalls 1898 ermächtigte der preußische Kultusminister Robert Bosse die Regierungspräsidenten der Ostprovinzen, die Abhaltung des Religionsunterrichts an den Mittel- und Oberklassen der Volksschulen in deutscher Sprache anzuordnen, wodurch die Voraussetzungen für die Erteilung polnischen Sprachunterrichts hinfällig wurden.[52] Diese Maßnahmen der preußischen Regierung wurden allgemein als Rückkehr zu den Grundsätzen der Bismarckschen Polenpolitik gewertet und entsprachen damit im Kern den Forderungen der radikalen Nationalisten, auch wenn diese nicht alle ihre Wünsche erfüllt sahen.

Als Zwischenbilanz ist festzuhalten: Die Vorstellungen der radikalen Nationalisten zur Lösung der »polnischen Frage« standen in der Kontinuität der Bismarckschen Polenpolitik, deren zentrale Prinzipien und Methoden sie übernahmen.[53] Da auch die preußische Regierung nach dem Zwischenspiel der Ära Caprivi zu dieser Politik zurückkehrte, bestand eine grundsätzliche Überein-

49 Ostmark, Jg. 3, 1898, S. 27; AB, Jg. 4, 1894, S. 169–173, 178f.; *ADV*, Ostmark, S. 110–112; *Petzet*, S. 20f.; *Reismann-Grone*, Gefahr, S. 5–7.

50 Zu Caprivis Polenpolitik vgl. *Blanke*, Era; *ders.*, Prussian Poland, S. 121–145; *Rosenthal*, Problem; *Hagen*, Germans, S. 169–176.

51 *Blanke*, Prussian Poland, S. 177–207; *Hagen*, Germans, S. 176–180; *Grabowski*, S. 144–146.

52 Vgl. Ostmark, Jg., 3, 1898, S. 37f.; Jg. 5, 1900, S. 25–27; *Blanke*, Prussian Poland, S. 192–196; *Huber*, Verfassungsgeschichte, S. 499f.

53 Vgl. die Entschließungen der alldeutschen Verbandstage von 1898 und 1899 in: AB, Jg. 8, 1898, S. 188f.; AB, Jg. 9, 1899, S. 300f.

stimmung zwischen Regierung und »nationalen Verbänden«. Diese, insbesondere die Alldeutschen, kritisierten die ihrer Auffassung nach unzureichende oder inkonsequente Durchführung der »Germanisierungspolitik«, nicht jedoch deren prinzipielle Stoßrichtung.[54] Insgesamt war die preußisch-deutsche Politik gegenüber der polnischen Bevölkerung bis zur Jahrhundertwende durch die Fortsetzung und Intensivierung der von Bismarck eingeführten Maßnahmen gekennzeichnet, in der sich jedoch bereits die Dynamik einer fortschreitenden Radikalisierung abzeichnete. Denn die immer massivere Diskriminierung der Polen in nahezu allen Bereichen des gesellschaftlichen, wirtschaftlichen und kulturellen Lebens kam dem Eingeständnis gleich, daß die bis dato erfolgten Germanisierungsbestrebungen nicht den erhofften Erfolg erzielt hatten. In dem Maße, in dem diese Erfolglosigkeit zutage trat, standen Regierung und radikale Nationalisten vor der Alternative, entweder das Scheitern ihrer bisherigen Politik einzugestehen oder aber dieses Eingeständnis dadurch zu vermeiden, daß sie eine weitere Steigerung der eingesetzten Mittel propagierten. Gleichzeitig mit dieser quantitativen Ausweitung der »Germanisierungspolitik« vollzog sich ein qualitativer Wandel des Feindbildes: »Kulturkampf« und Ansiedlungspolitik richteten sich nicht mehr länger nur gegen den polnischen Adel und Klerus, sondern gegen die Gesamtheit des polnischen Volkes.[55] Damit verlief die nationalistische Abgrenzung endgültig nicht mehr zwischen loyalen »Untertanen polnischer Zunge« und nationalistischen Separatisten, sondern zwischen Deutschen und Polen schlechthin. In diesem veränderten Feindbild manifestierte sich eine Verlagerung der Fremdwahrnehmung von politisch-sozialen hin zu ethnisch-kulturellen Kategorien, die eine zentrale Voraussetzung für die sukzessive Akzeptanz und Ausbreitung radikalnationalistischer Deutungsmuster darstellte.

1.2. Enteignungsgesetzgebung und Reichsvereinsgesetz: Die Radikalisierung der Ostmarkenideologie seit der Jahrhundertwende

Angesichts der Erfolglosigkeit der staatlichen Germanisierungsbemühungen wuchs unter den radikalen Nationalisten seit der Jahrhundertwende die Überzeugung, daß die gesamte Polenpolitik auf eine neue Grundlage gestellt werden müsse. Denn bei unvoreingenommener Betrachtung konnten auch sie sich der Einsicht nicht verschließen, daß das Deutschtum nahezu überall in die Defen-

54 Dies gilt auch für die Behandlung der sog. »Ruhrpolen«. Vgl. »Die Polen im rheinisch-westfälischen Industriebezirk«, in: Ostmark, Jg. 3, 1898, S. 15–17; P. Samassa, Die Polen im Rheinland und Westfalen, in: AB, Jg. 10, 1900, S. 490–492; *ADV*, Polen.

55 Die AB etwa sprachen 1899 unverhohlen von einem »Machtkampf zweier feindlicher Nationalitäten«; AB, Jg. 9, 1899, S. 257f. Vgl. *Reismann-Grone*, Gefahr, S. 4f.; *Petzet*, S. 2: »In einem modernen Nationalstaate wie Preußen in Verbindung mit dem Deutschen Reiche ist für eine politische Autonomie eines anderen Volkstums kein Raum.«

sive geraten war und dieser Zustand nicht von heute auf morgen rückgängig gemacht werden konnte. In dieser Situation veröffentlichten die »Alldeutschen Blätter« im März 1899 einen programmatischen Artikel, dessen anonymer Verfasser sich für eine aggressivere Ansiedlungspolitik aussprach: »Der Kampf gegen das polnische Volk ist einer der Riesenkämpfe, die wir noch auszufechten haben, wenn wir unsere politische Selbständigkeit als ein großes Volk bewahren wollen ... Wenn sich im Kampf ums Dasein unversöhnliche Interessen gegenüberstehen, so muß eben bis zur Vernichtung des anderen Teils gekämpft werden.« Um diesen Kampf zu gewinnen, sei es notwendig, »von der Verteidigung zum Angriff« überzugehen. Eine simple Fortsetzung der bisherigen Ansiedlungspolitik hielt der Verfasser für unzureichend und forderte deshalb, dem preußischen Staat »gegen den gesamten polnischen Grundbesitz ein unbedingtes Enteignungsrecht« einzuräumen. Den in dieser Forderung enthaltenen Verstoß gegen den in der Verfassung garantierten Gleichheitsgrundsatz versuchte er mit dem Hinweis auf die übergeordneten »nationalen Interessen« zu rechtfertigen.[56]

Der Autor dieses anonymen Aufsatzes war Alfred Hugenberg, der mit seiner Forderung nach einem Ausnahmegesetz zur Bekämpfung der polnischen Nationalität eine neue Phase der radikalnationalistischen Ostmarkenpolitik einleitete.[57] Das von ihm vorgeschlagene Gesetz, das den preußischen Staat in die Lage versetzen sollte, aus politischen Motiven polnischen Grundbesitz zu enteignen, bedeutete einen eklatanten Bruch des Rechtsstaatsprinzips, der einer sukzessiven Entrechtlichung aller ethnisch-kulturellen Minderheiten Tür und Tor öffnete. Hinter dieser Forderung stand die Vision eines völkischen Apartheidsregimes, in dem die »volksfremden« Einwohner des Reiches zu Bürgern und Menschen zweiter Klasse degradiert waren.[58] Die Aktivitäten der radikalen Nationalisten in der Enteignungsfrage zeigen, daß es ihnen Ernst war mit der Verwirklichung dieser Zielvorstellung.

56 »Wir müssen die Scheuklappen ablegen, die uns die Anwendung unseres deutschen und preußischen Verfassungsrechtes auf einen weder deutsch noch preußisch empfindenden und denkenden, fremdsprachigen und zentrifugalen Teil der Reichsbewohner anlegt. Der Grundsatz der Parität der Nationalitäten muß in der Ostmark aufgegeben werden.« AB, Jg. 9, 1899, S. 86–89; im folgenden zit. nach *ADV*, Zwanzig Jahre, S. 59–62 (Zitate: S. 59f.).

57 Hugenberg bezeichnete die in seinem Artikel vertretenen Forderungen als »die Ansichten eines liberal erzogenen Westelbiers, der sie aus den Eindrücken der praktischen Arbeit, aus der schmerzlichen Beobachtung des Rückgangs unseres ostmärkischen Deutschtums in sich aufgenommen hat«, und gab damit allen Insidern einen deutlichen Hinweis auf seine Autorenschaft; *ADV*, Zwanzig Jahre, S. 62. Ein Entwurf des Artikels findet sich im Nachlaß Hugenbergs (BA-K, Nl. 231, Nr. 111, Bl. 298–306).

58 Hugenberg erklärte unumwunden, es sei ein Fehler gewesen, daß man die Prinzipien des Rechtsstaats auch auf »volksfremde Staatsbestandteile« ausgedehnt habe. »Diese grundsätzlich feindlichen Elemente sollten auch in der ›Volksvertretung‹ nicht mitvertreten, sondern aktiv und passiv vom Wahlrecht ausgeschlossen und in bezug auf Versammlungs-, Zeitungs- und Vereinswesen sowie hinsichtlich der Freizügigkeit nach Analogie der Ausländer behandelt werden«; *ADV*, Zwanzig Jahre, S. 61.

Mit seiner Forderung nach einem Enteignungsgesetz befand sich Hugenberg zunächst allerdings nahezu allein auf weiter Flur. Einzig Ferdinand v. Hansemann, einer der Mitbegründer des Ostmarkenvereins, sprach sich im Januar 1900 ebenfalls für eine Enteignung polnischen Grundbesitzes aus, sofern dieser die Entwicklung deutscher Ansiedlungen verhindere.[59] Auch sein Vorstoß blieb jedoch ohne Resonanz, was zum einen darauf zurückzuführen ist, daß er wenige Monate nach der Veröffentlichung des Artikels verstarb, zum anderen daran lag, daß die Führung des Ostmarkenvereins es aus Rücksicht auf die Interessen der ostelbischen Großgrundbesitzer vorzog, die Enteignungsproblematik vorerst nicht auf ihre Agenda zu setzen. Erst 1904 machte der Verband das Thema zum Gegenstand öffentlicher Diskussion, und es dauerte zwei weitere Jahre, bis er sich die Forderung zu eigen machte.[60] Aber auch die Alldeutschen verfolgten den Vorschlag Hugenbergs zunächst nicht weiter. Mit abwartendem Blick auf die Haltung der neuen Reichs- und preußischen Staatsregierung konzentrierte sich ihre Agitation zur »Polenfrage« in den Jahren 1899/1900 vorerst weiter auf die Forderungen nach einer Schließung der Reichsgrenze für slawische Einwanderer, verstärkte Anstrengungen des Staates beim Ankauf von polnischem bzw. deutschem Großgrundbesitz sowie der Einführung des Deutschen als alleiniger Schul- und Amtssprache in allen Landesteilen. Hinzu kam die Forderung nach weiteren Beschränkungen für die polnische Bevölkerung im Hinblick auf den Verkauf und Erwerb von Grundbesitz.[61] Erst Ende 1901, nachdem Bülow signalisiert hatte, daß er in der »Polenfrage« eine energischere Politik betreiben wolle als sein Vorgänger, verabschiedete der Vorstand des Alldeutschen Verbandes eine Entschließung, die den preußischen Ministerpräsidenten aufforderte, »eine Politik einzuschlagen, die mit dem Grundsatz der Parität gegenüber den preußischen Untertanen polnischer Nationalität bricht«, und »die allmähliche Enteignung des in polnischen Händen befindlichen Grundbesitzes durch die baldige Vorlage von Gesetzen einzuleiten«.[62]

Zwar machte sich Bülow die Forderung nach einer Enteignung polnischen Grundbesitzes nicht unmittelbar zu eigen, seine Grundsatzrede zur Polenpolitik im preußischen Abgeordnetenhaus am 13. Januar 1902 ließ ansonsten jedoch kaum einen Wunsch der radikalen Nationalisten offen. In der für ihn typischen suggestiven Sprache erklärte der Reichskanzler und preußische Ministerpräsident die »Ostmarkenfrage« zu einer »der wichtigsten Fragen unserer Politik ... von deren Entwickelung die nächste Zukunft unseres Vaterlandes

59 F. v. Hansemann, Deutsche Kultur und polnischer Grundbesitz, in: Ostmark, Jg. 5, 1900, S. 3f.

60 Vgl. den Bericht über die Vorstandssitzung des DOV v. 10.12.1903, in: Ostmark, Jg. 9, 1904, S. 2–4; *Grabowski*, S. 184–196; *Galos u.a.*, S. 207–239.

61 Vgl. AB, Jg. 9, 1899, S. 201, 257f., 300f.; Jg. 10, 1900, S. 233; P. Samassa, Unsere Polenpolitik, in: AB, Jg. 10, 1900, S. 437–440.

62 Entschließung des ADV v. 8.12.1901; AB, Jg. 11, 1901, S. 541f.; *ADV*, Zwanzig Jahre, S. 113f. Vgl. auch AB, Jg. 11, 1901, S. 549f.

abhängt«. Zugleich beschwor er die Gefahr einer »Polonisierung« Posens und Westpreußens und beteuerte die Entschlossenheit der preußischen Regierung, alle in ihrer Macht stehenden Maßnahmen zu ergreifen, damit »unser Volkstum an Warthe, Weichsel und Oder« nicht »von einem fremden Volkstum überflutet und verdrängt wird«. An erster Stelle stand für ihn dabei die Fortsetzung und Beschleunigung der Ansiedlungspolitik, für die er neue finanzielle Mittel in Aussicht stellte. Weitere gesetzgeberische Maßnahmen erklärte er einstweilen nicht für erforderlich, wollte sie für die Zukunft jedoch auch nicht ausschließen. Um die Bedeutung der »Polenfrage« zu untermauern, verwies er außerdem auf den Zusammenhang zwischen der Nationalitätenproblematik und den machtpolitischen Ambitionen des Deutschen Reiches: »Deutschland kann nur dann eine Weltmacht bleiben, wenn wir keinen Riß aufkommen lassen in dem Gefüge unserer nationalen Geschlossenheit.«[63]

Bülows Rede stieß auf die uneingeschränkte Zustimmung der radikalen Nationalisten und bestärkte sie in ihrer Auffassung, daß die Zeit für eine Wende im »Kampf um die Ostmark« gekommen sei.[64] Was ihnen fehlte, war eine Strategie, um eine solche Wende einzuleiten. Wiederum war es Alfred Hugenberg, der die Initiative ergriff und am 12. Januar 1902 in einer vertraulichen Denkschrift an den Geschäftsführenden Ausschuß des Alldeutschen Verbandes die Grundzüge einer künftigen Polenpolitik darlegte. Hugenberg begann seine Darlegung mit einer schonungslosen Bestandsaufnahme:

»Der Gedanke der Germanisierung des vorhandenen Polentums ist zurzeit utopisch. Erst dann kann er wieder aufgenommen werden, wenn wieder eine wirtschaftliche Machtverschiebung eingetreten ist, d.h. wenn wirtschaftlich das Deutschtum nicht mehr in der Verteidigungsstellung sich befindet wie jetzt, sondern wieder in einer starken Angriffsstellung.«

Die entscheidende Ursache für die anhaltende Zunahme der polnischen Bevölkerung war für Hugenberg ihr wirtschaftlicher Erfolg, getragen von einem dynamischen Mittelstand und einem effizienten Genossenschaftswesen. Auch das Deutschtum müsse sich deshalb auf seine wirtschaftlichen Stärken besinnen, wenn es die »vordringende polnische Flut« aufhalten wolle. Diese Stärke erblickte er vor allem im Stand des unabhängigen Kleinbauern, der durch eine forcierte Ansiedlungspolitik gestärkt werden mußte. Alle anderen, nicht primär wirtschaftlichen Maßnahmen – wie etwa die Unterdrückung der polnischen Presse oder ein Verbot der polnischen Sprache in öffentlichen Veranstaltungen – waren für ihn demgegenüber von untergeordneter Bedeutung.[65]

63 *Penzler u.a.*, Bd. 1, S. 254–279 (Zitate: S. 260f., 267f.). Vgl. *Grabowski*, S. 165–170; *Galos u.a.*, S. 207–210; *Hagen*, Germans, S. 181–194.

64 Vgl. »Graf Bülow und Preußens Polenpolitik«, in: Ostmark, Jg. 7, 1902, S. 10.

65 *Hugenberg*, Polenpolitik (Zitate: S. 115, 117).

Konkret forderte Hugenberg, so schnell wie möglich allen Großgrundbesitz, der überhaupt zum Verkauf stand, in staatlichen Besitz zu bringen, unabhängig davon, ob dessen Eigentümer Deutsche oder Polen waren. Für diese Aufgabe sollte der Fonds der Ansiedlungskommission um 300 Millionen auf insgesamt 500 Millionen Mark erhöht werden. Außerdem sollte dem preußischen Staat für den gesamten mehr als 100 ha großen Grundbesitz in Posen und Westpreußen ein gesetzliches Ankaufsrecht eingeräumt werden. Als Sofortmaßnahme forderte er darüber hinaus konkrete Schritte zur Beschränkung der polnischen Ansiedlungstätigkeit auf der Grundlage der bestehenden gesetzlichen Regelungen. Und schließlich mußte seiner Meinung nach auf jeden Fall mit der »Politik der offenen Grenze« gegen Rußland und Österreich gebrochen, d.h. die Grenze für slawische Saisonarbeiter geschlossen werden. »Die entgegenstehenden Interessen« seien, wie Hugenberg mit Blick auf die ostelbischen Junker hinzufügte, »gegenüber den nationalen untergeordnete«, in Posen und Westpreußen dürfe »kein ausländischer Pole geduldet werden: sonst kann das Land keinen deutschen Charakter annehmen.«[66]

Dieser Maßnahmenkatalog enthielt in komprimierter Form das komplette Drehbuch für die künftige radikalnationalistische Polenpolitik, das sich durch die für Hugenberg charakteristische Kombination von weltanschaulicher Zieldefinition mit pragmatischen Vorschlägen zu deren politischer Umsetzung auszeichnete. Im Hinblick auf die von ihm geforderten Maßnahmen vertrat Hugenberg die Auffassung, daß diese nur dann Aussicht auf Erfolg hätten, wenn sie sofort in Angriff genommen würden. »Was wir heute – als letztes Rettungsmittel – noch imstande sind zu tun, wird nach 15, 20 Jahren nicht mehr mit durchgreifendem Erfolge möglich sein.« Entschieden lehnte er jede Form der Rücksichtnahme auf individuelle Einzelschicksale ab und forderte kompromißlose Härte auch und gerade gegenüber den Angehörigen des eigenen Volkes. Auf diese Weise sollte die »natürliche Auslese« innerhalb des ostmärkischen Deutschtums gefördert werden: »An dem einzelnen Deutschen ist nichts gelegen, an der Gesundheit des Deutschtums alles. Was faul ist, muß entzwei gehen, künstliche Belebungsversuche an absterbenden Gestalten lähmen unsere nationale Kraft.«[67]

Der Brisanz seiner Forderungen – insbesondere der nach einer Enteignung polnischen Grundbesitzes – war sich Hugenberg sehr wohl bewußt, denn er räumte ein, die öffentliche Meinung sei für diese Maßregel »vielleicht noch nicht reif«. Im selben Atemzug erklärte er sie jedoch als unverzichtbar: »Mit ihr steht und fällt aber die Vorherrschaft des Deutschtums in der Ostmark. Die öffentliche Meinung muß deshalb an diesen Gedanken gewöhnt werden ... Wer

66 Ebd., S. 119–121.
67 Ebd., S. 119–122.

den Erfolg will, muß die Mittel wollen.«[68] Die Führung des Alldeutschen Verbandes wollte den Erfolg. Hugenbergs Vorschläge fanden die Zustimmung der Verbandsleitung und bildeten fortan die Grundlage der alldeutschen Polenpolitik, in deren Mittelpunkt das Bemühen stand, die Öffentlichkeit an den Gedanken eines Enteignungsgesetzes zu gewöhnen.[69] Sie flossen in die Entschließung des alldeutschen Verbandstages 1902 ein und wurden damit als offizielle Ziele des Verbandes anerkannt.[70] Sowohl Hasse als auch Claß machten sich seine Forderungen zu eigen und verliehen ihnen öffentlich Nachdruck.[71]

Parallel zu den Bemühungen des Alldeutschen Verbandes lancierte Hugenberg, der im Oktober 1903 als Vortragender Rat in das preußische Finanzministerium wechselte und dort die Referate Genossenschaftswesen und Ostfragen übernahm, seine Vorstellungen innerhalb der preußischen Administration. Das wichtigste Instrument hierzu war der von ihm initiierte »Posener Freundeskreis«, ein informelles Netzwerk von einflußreichen Verwaltungsbeamten und anderen in der Ansiedlungspolitik tätigen Personen. Ihr gemeinsames Ziel bestand darin, durch persönlichen Einsatz und vertrauliche Zusammenarbeit die Grundlage für »ein konzentrisches Vorgehen zur Stärkung des östlichen Deutschtums auf allen Gebieten« zu schaffen. Die Mitglieder dieses exklusiven Kreises, die sich als Vorkämpfer des Deutschtums in der »Ostmark« verstanden, spielten eine wichtige Rolle beim Zustandekommen des Enteignungsgesetzes.[72] Mit seinem Wirken im preußischen Finanzministerium bewies Hugenberg einmal mehr sein außerordentliches politisches und organisatorisches Geschick sowie seine Entschlossenheit, diese Fähigkeiten zur Verwirklichung seiner weltanschaulichen Ziele einzusetzen. Er stellt damit den Prototyp des radikalnationalistischen Überzeugungstäters dar, der ideologische Motivation mit politischem Pragmatismus und einem instrumentellen Kalkül verband, das der Verwirklichung der

68 Ebd., S. 119f.

69 In der Sitzung des GA am 23./24. Mai 1902 in Eisenach wurde vorgeschlagen, Hugenbergs Denkschrift anonym zu veröffentlichen. Dieser bat jedoch »aus persönlichen Gründen« darum, vorläufig von einer Veröffentlichung abzusehen; BA-B, ADV, Nr. 33, Bl. 1–8. Hasse zitierte 1905 den kompletten Text der Denkschrift in seiner »Deutschen Politik« (*Hasse*, Besiedelung, S. 108–124). Zur Bedeutung der Denkschrift vgl. auch *Claß*, Strom, S. 86; Claß an Hugenberg v. 4.3.1908, BA-B, ADV, Nr. 395, Bl. 28f.

70 Vgl. P. Samassa, Die slawische Gefahr in den Ostmarken, in: AB, Jg. 12, 1902, S. 188–190. Allerdings vermieden auch die Alldeutschen zunächst noch den Begriff »Enteignung« und sprachen statt dessen von einem »zwangsweisen staatlichen Aufkaufe anderweit nicht erhältlicher größerer Besitzungen« (ebd., S. 189).

71 *Hasse*, Besiedelung, S. 108–141, H. Claß, Wandlungen, in der Weltstellung des deutschen Reichs seit dem Jahre 1890, in: AB, Jg. 13, 1903, S. 331–344 (hier: S. 341); *ders.*, Bilanz, S. 36.

72 Dem »Freundeskreis« gehörten u.a. Friedrich v. Schwerin (1862–1925) und Arnold Wahnschaffe (1865–1946) an, die als zuständige Referenten im Innen- bzw. Landwirtschaftsministerium gemeinsam mit Hugenberg mit der Ausarbeitung der Enteignungsvorlage betraut waren. Vgl. *Guratzsch*, S. 39–62; *Holzbach*, S. 32–42; Hugenberg an L. Förster v. 13.9.1907, in: *ders.*, Streiflichter, S. 222–226 (Zitat: S. 223).

weltanschaulichen Ziele alles andere unterordnete. Es ist deshalb unzutreffend, ihn als einen »Technokraten der Macht« zu charakterisieren, dem primär am Ausbau seines persönlichen Machtbereichs gelegen war.[73] Hugenbergs politisches Engagement war vielmehr stets aufs engste mit seinen radikalnationalistischen Überzeugungen verknüpft, und es war gerade diese spezifische Kombination von weltanschaulichem Radikalismus und einem an Kriterien der Effektivität und Rationalität orientierten Handeln, auf der sein Erfolg gründete.[74]

Mit dem »Gesetzentwurf zur Beschränkung der polnischen Parzellierungstätigkeit«, den die preußische Regierung im Frühjahr 1904 dem Abgeordnetenhaus vorlegte, wurden die radikalen Nationalisten in ihrer intransigenten Haltung bestärkt. Die Gesetzesvorlage machte die Errichtung neuer Gebäude auf erworbenem Grundbesitz von der Genehmigung der Verwaltungsbehörden abhängig und erfüllte damit eine Forderung, die der Alldeutsche Verband und der »Ostmarkenverein« immer wieder erhoben hatten. Besonders letzterer hatte intensiv an der Ausarbeitung des Gesetzentwurfs mitgewirkt.[75] Die radikalen Nationalisten werteten das Gesetz, das am 10. August 1904 verabschiedet wurde, deshalb als einen wichtigen Fortschritt im »Kampf gegen das Polentum« und fühlten sich in ihrer Politik bestätigt.[76] Doch obwohl das Gesetz die polnische Parzellierungstätigkeit erschwerte, blieb seine Wirkung hinter den Erwartungen zurück. Durch geschickte Gegenmaßnahmen konnten die Polen im ökonomischen Kleinkrieg um Grundbesitz weiterhin Erfolge verzeichnen, weshalb die radikalen Nationalisten für eine erneute Verschärfung der Ansiedlungspolitik agitierten.[77] Für die Alldeutschen war eine solche Verschärfung gleichbedeutend mit der Einführung eines staatlichen Enteignungsrechts, wie sie der Verband seit 1902 forderte. Aber auch der »Ostmarkenverein« plädierte nunmehr für ein beschränktes Enteignungsrecht. In Anlehnung an die Argumentation Bismarcks stellten die »Hakatisten« sich auf den Standpunkt, daß die Enteignung polnischen Grundbesitzes auch ohne ein Ausnahmegesetz auf der Grundlage der bestehen-

73 Vgl. *Guratzsch*, S. 15.

74 Hugenbergs politisches Denken und Handeln mit seiner spezifischen Verbindung von »Weltanschauung« und »Sachlichkeit« weist zahlreiche Parallelen zur völkischen Studentenbewegung der Nachkriegszeit und den NS-Ideologen vom Schlage Werner Bests auf, die hier nicht weiter verfolgt werden können. Vgl. *Herbert*, Best, S. 11–25, 42–69, 88–100; 522–538; *ders.*, Generation.

75 Der Gesetzentwurf entsprach weitgehend den Vorschlägen, die der DOV dem preußischen Staatsministerium am 15.1.1904 unterbreitet hatte. Vgl. die Entschließung des Hauptvorstandes des DOV v. 10.12.1903, in: Ostmark, Jg. 9, 1904, S. 2–4, S. 20f.; Ostmark, S. 25f., 50–54, 62f.; *Grabowski*, S. 187–190; *Galos u.a.*, S. 210–212; *Tims*, S. 124–129; *Balzer*, S. 74–79.

76 Vgl. G. Schultheiß, Der Kampf um die preußische Ostmark, in: AB, Jg. 14, 1904, S. 443f.; Hugenberg an Hasse, April 1904, BA-B, ADV, Nr. 43, Bl. 28–30; Hasse an Claß, v. 1.3.1904, BA-B, ADV, Nr. 188, Bl. 156–158.

77 Vgl. Ostmark, Jg. 10, 1905, S. 85; AB, Jg. 16, 1906, S. 117–120, 239–241; *Galos u a.*, S. 210–212; *Tims*, S. 129–132, 152–155.

den Gesetzgebung möglich sei, da Art. 9 der preußischen Verfassung von 1850 und das Gesetz vom 11. Juni 1874 Enteignungen aus »Gründen des öffentlichen Wohls« gegen vollständige Entschädigung für zulässig erklärten.[78] Wenn, so ihre Argumentation, »zur Durchführung von Bahnunternehmungen, zu Wasserversorgungs- und Entwässerungsanlagen das Enteignungsrecht in großem Umfang verliehen wird, warum soll es da so etwas Unerhörtes sein, wenn auch der Staat nur an bestimmten Stellen, wo es das Staatswohl erfordert, deutsche Ansiedlungen zu schaffen, von dem gleichen Recht Gebrauch macht.«[79] Mit anderen Worten: Die radikalen Nationalisten setzten den Begriff des »öffentlichen Wohls« mit den Interessen des Deutschtums gleich und interpretierten damit eine zentrale staatsrechtliche Kategorie nationalistisch um. Nicht mehr die Staatsangehörigkeit, sondern die »Volkszugehörigkeit« sollte die Voraussetzung für die in der Verfassung garantierte Gleichbehandlung aller Untertanen sein.

Auch innerhalb der preußischen Administration mehrten sich die Stimmen derer, die für die Einführung eines Enteignungsrechts votierten. Der preußische Finanzminister Georg v. Rheinhaben etwa erklärte in einer interministeriellen Sitzung am 16. Januar 1907 kategorisch, wenn man den ursprünglichen Zweck des Ansiedlungsgesetzes erreichen wolle, könne man auf die Anwendung des Enteignungsrechts nicht verzichten. Verfassungsrechtliche Einwände wischte er mit der Bemerkung vom Tisch, es handle sich um eine »nationale Existenzfrage«. Auch beim Gesetz vom 10. August 1904 habe man keine Bedenken gehabt, ein Ausnahmegesetz gegen die Polen zu erlassen.[80] Daß diese Auffassung immer mehr Anhänger fand, lag nicht nur an der Erfolglosigkeit der Germanisierungspolitik, sondern auch an den veränderten politischen Rahmenbedingungen. Bis zu den Wahlen im Januar 1907 war Bülows Administration im Reichstag auf die Unterstützung der Zentrumspartei angewiesen, die aus prinzipiellen Gründen Ausnahmegesetze ablehnte. Mit der Bildung des sogenannten »Bülow-Blocks« aus Konservativen, National- und Linksliberalen war eine Rücksichtnahme auf das Zentrum nicht mehr erforderlich. Widerstand gegen ein Enteignungsgesetz kam vor allem von Seiten der konservativen Großagrarier, die fürchteten, mit einem solchen Eingriff in die Freiheit des

78 Vgl. § 1 des Gesetzes über die Enteignung von Grundeigentum vom 11. Juni 1874, zit. nach *Wehler*, Sozialdemokratie, S. 182f.; *ders.*, Polenpolitik, S. 194f.

79 »Das Enteignungsrecht für die Ansiedlungskommission«, in: Ostmark, Jg. 11, 1906, S. 2–4, 90 (Zitat: S. 3); Entschließung des Hauptvorstandes des DOV v. 26.8.1906, BA-B, R 1501, Nr. 15341, Bl. 287–292; Protokoll der Sitzung, GStAPK, I. HA, Rep. 195, Nr. 2, Bd. 1, Bl. 21–60; F. Wagner, Enteignung und Verfassung, in: DnD, Heft 5, 9.12.1907, S. 167–171.

80 Besprechung der beteiligten Staatsminister und Räte über das Gesetz betreffend Maßnahmen zur Förderung des Deutschtums in den Ansiedlungsprovinzen, BA-K, Nl. Hugenberg, Nr. 54, Bl. 58–78 (Zitat: Bl. 65). G. v. Rheinhaben war der Vorgesetzte Hugenbergs, der als zuständiger Rat ebenfalls an der Sitzung teilnahm.

Eigentums einen Präzedenzfall für eine Sozialisierung ihrer Güter zu schaffen, wie sie die Sozialdemokraten forderten.[81]

Die Bedenken der Deutschkonservativen und des »Bundes der Landwirte« waren der Grund, warum die preußische Staatsregierung zögerte, einen entsprechenden Gesetzentwurf vorzulegen. Für die radikalen Nationalisten war dieses Zögern der Anlaß, ihre Aktivität in dieser Frage zu intensivieren. Nachdem im Herbst 1906 die Enteignungspläne der Regierung bekannt geworden waren, starteten der Alldeutsche Verband und der »Ostmarkenverein« eine groß angelegte Kampagne für ein Enteignungsgesetz. Während die Hakatisten aus Rücksicht auf den Widerstand der Deutschkonservativen innerhalb ihrer eigenen Reihen jedoch lediglich für ein »beschränktes Enteignungsrecht« plädierten,[82] forderten die Alldeutschen eine möglichst umfassende Enteignungsbefugnis für die Ansiedlungskommission.[83] Aus taktischen Gründen waren beide Organisationen bemüht, den Gegensatz zu den Großgrundbesitzern herunterzuspielen.[84] In der Sache jedoch wurde unmißverständlich deutlich, daß die gesellschaftspolitischen Zielvorstellungen der radikalen Nationalisten und der konservativen Agrarier unvereinbar waren. Insbesondere die Alldeutschen ließen keinen Zweifel daran, daß für sie die nationalpolitischen Ziele der Ostmarkenpolitik absolute Priorität gegenüber den Interessen des Großgrundbesitzes besaßen. In diesem Sinne hatte Hasse bereits 1905 die Auffassung vertreten, »daß wirtschaftliche Interessen vor denen des Volkstums zurücktreten müssen. Hätte der Großgrundbesitz seine Aufgabe erfüllt, im Verlaufe von Jahrhunderten, die Ostmarken einzudeutschen, so würde heute seine Verminderung

81 Zur Entstehung des Enteignungsgesetzes vgl. *Hagen*, Germans, S. 186–190; *Balzer*, S. 79–81; *Land*, S. 61–68; *Broszat*, Polenpolitik, S. 167–172. Zur Haltung der Konservativen *Balzer*, S. 81–83, 107–114; *Land*, S. 69–75; *Hagen*, Germans, S. 189f.; *Puhle*, S. 255–261.

82 Entschließung des Hauptvorstandes des DOV v. 26.8.1906, BA-B, R 1501, Nr. 15341, Bl. 287–292. Vgl. das Protokoll der Sitzung, GStAPK, I. HA, Rep. 195, Nr. 2, Bd. 1, Bl. 21–60; Ostmark, Jg. 11, 1906, S. 85–94; Jg. 12, 1907, S. 20, 61–63, 71–82, 96, 103–106, Wagner an Hugenberg, v. 4.8.1906, BA-K, Nl. Hugenberg, Nr. 64, Bl. 38f.; *Galos u.a.*, S. 214–218; *Tims*, S. 155–160.

83 P. Samassa, Die kommende Polenvorlage, in: AB, Jg. 17, 1907, S. 125–127; Entschließung des GA des ADV v. 11./12.5.1907, BA-B, ADV, Nr. 59, Bl. 1–65; AB, Jg. 17, 1907, S. 161f.; T. Francke, Zur kommenden Polenvorlage, ebd., S. 277f.; *Hötzsch*, Aufgabe; ders., Der Stand der Polenfrage und die Zukunft der preußischen Ostmarkenpolitik, in: AB, Jg. 17, 1907, S. 311–318; E. v. Liebert, Zur Polenfrage, in: ebd., S. 329f.; P. Samassa, Die neue Polenvorlage, in: ebd., S. 405; Entschließung des GA des ADV v. 14./15.12.1907, in: AB, Jg. 17, 1907, S. 429f.; Rundschreiben der Hauptleitung des ADV an die Ortsgruppen v. 28.11., 2.12. u. 23.12.1907 anläßlich der Einbringung und Begründung der Enteignungsvorlage, BA-B, ADV, Nr. 179, Bl. 47; StAD, ADV, Nr. 33, Bl. 248, 221.

84 Vgl. P. Samassa, Großgrundbesitz und nationaler Kampf, in: AB, Jg. 12, 1902, S. 395f., 409–411; »Hakatisten und Agrarier«, in: Ostmark, Jg. 11, 1906, S. 98f.; *Guratzsch*, S. 37f., 50–52.

nicht in Frage zu kommen brauchen.«[85] Auch wenn nicht alle radikalen Nationalisten so weit gingen wie Max Weber, der bereits 1895 erklärt hatte, daß die Existenz des ostelbischen Großgrundbesitzes in seiner traditionellen Form mit den nationalen Interessen der deutschen Nation nicht mehr vereinbar sei – keine Beschwichtigungsformel konnte darüber hinwegtäuschen, daß eine konsequente Umsetzung des radikalnationalistischen Germanisierungsprogramms nicht nur die Zerschlagung des polnischen, sondern auch eine weitgehende Aufteilung des deutschen Großgrundbesitzes zur Folge gehabt hätte.[86]

Trotz ihrer Abneigung gegen den geplanten Eingriff in die Eigentumsfreiheit konnten sich jedoch auch die Deutschkonservativen dem wachsenden politischen Druck für ein Enteignungsgesetz nicht entziehen. Da die Regierung eine Fortsetzung der Ostmarkenpolitik nur noch auf der Grundlage eines Enteignungsgesetzes für möglich erklärte, standen sie vor der Alternative, entweder den Nationalitätenkampf abzubrechen und sich dem Vorwurf mangelnder nationaler Gesinnung und egoistischer Interessenpolitik auszusetzen oder eine Enteignungsbefugnis zumindest in bestimmten Fällen zu bejahen. Gezwungen, zwischen Skylla und Charybdis zu wählen, entschieden sich die konservativen Agrarier für eine begrenzte Enteignungsbefugnis. Nachdem Bülow am 26. November 1907 im preußischen Abgeordnetenhaus den Entwurf eines Enteignungsgesetzes eingebracht hatte, gelang es jedoch den Führern der Deutschkonservativen Partei, in den Kommissionsberatungen die Regierungsvorlage zugunsten des deutschen Großgrundbesitzes zu entschärfen.[87]

Der »Ostmarkenverein« und der Alldeutsche Verband liefen gegen diese Verwässerung der Gesetzesvorlage Sturm, konnten aber nicht verhindern, daß sich die Regierung weitgehend den Wünschen der Konservativen fügte.[88] Zwar ermächtigte das am 3. März 1908 schließlich verabschiedete »Gesetz zur Stärkung des Deutschtums in den Provinzen Westpreußen und Posen« die preu-

85 *Hasse*, Besiedelung, S. 136. Weiter heißt es dort: »Es liegt im Interesse des Standes der Großgrundbesitzer als solchen, daß aus ihm Elemente ausgeschaltet werden, die nicht imstande sind berechtigten nationalen und sozialen Anforderungen zu genügen« (ebd., S. 135).

86 Vgl. *Weber*, Nationalstaat; *Torp*, Weber, S. 62–79. Aus Enttäuschung über die seiner Meinung nach zu nachgiebige Haltung des ADV in der Landarbeiterfrage trat Weber im April 1899 aus dem Verband aus (Vgl. Weber an Hasse, 22.4.1899, in: *Mommsen*, Einleitung, S. 61f.). Zum Einfluß Webers auf die Genese der alldeutschen Ostmarkenideologie vgl. *ADV*, Ostmark, S. 19–28, 42; *Petzet*, S. 52f.; *Guratzsch*, S. 49–52; *Hasse*, Reich, S. 63; *ders.*, Zukunft, S. 54f.; F. Waterstadt, Landarbeiterfrage und Ostmarkenpolitik, in: AB, Jg. 21, 1911, S. 127–130; ders., Ostmarken-Politik und innere Kolonisation, in: AB, Jg. 24, 1914, S. 105f.

87 Zu den Details des Gesetzgebungsverfahrens vgl. *Balzer*, S. 71–75, 107–114; *Hagen*, Germans, S. 189f.; *Land*, S. 71–75.

88 »Die Enteignungsvorlage im Herrenhause«, in: AB, Jg. 18, 1908, S. 65f.; »Die Enteignungsfrage«, in: Ostmark, Jg. 13, 1908, S. 1f.; E. Neuhaus, Der Enteignungskompromiß – keine Lösung, in: DnD, Heft 9, 9.1.1908, S. 301–307; F. Wagner, Die Ostmarkenvorlage im Herrenhause, in: DnD, Heft 15, 22.2.1908, S. 475–478.

ßische Staatsregierung, Grundbesitz bis zu einem Umfang von 70000 Hektar zu enteignen, faktisch war es durch die Interventionen der Deutschkonservativen jedoch »jeder nennenswerten praktischen Bedeutung entleert« worden.[89] Dennoch feierten die radikalen Nationalisten die Verabschiedung des Gesetzes als einen Erfolg ihrer Arbeit.[90] Bestätigt wurden sie in dieser Auffassung durch Bülow, der in seiner Begründung des Gesetzes die Enteignungsbefugnis als unabdingbare Voraussetzung für eine erfolgreiche Fortsetzung der Ansiedlungspolitik rechtfertigte.[91] Schon bald mußten sie jedoch erkennen, daß ihre an das Gesetz geknüpften Erwartungen enttäuscht werden würden. Den markigen Worten des Reichskanzlers und preußischen Ministerpräsidenten folgten wie schon so oft keine Taten. Aus Furcht vor einem offenen Konflikt mit den Deutschkonservativen wagte die Regierung es nicht, ihre neue Enteignungsbefugnis anzuwenden. Erst nach jahrelangem Zögern wurden im Oktober 1912 etwa 1900 Hektar aus dem Besitz von vier polnischen Großgrundbesitzern gegen die festgelegte Entschädigung enteignet. Diese Enteignungen hatten jedoch lediglich symbolischen Charakter, denn sie blieben die einzige Maßnahme dieser Art.[92]

Die Bedeutung des Enteignungsgesetzes von 1908 lag mithin nicht in seinen – lediglich minimalen – Auswirkungen auf die Ansiedlungspolitik, sondern in der Tatsache, daß zum erstenmal in der Geschichte des Kaiserreiches eine zentrale Kategorie des öffentlichen Rechts im Sinne eines ethnozentrischen Nationalismus umgedeutet wurde. Die Gleichsetzung des »öffentlichen Wohls« mit den Interessen des Deutschtums war ein »eklatanter Verfassungsverstoß« (Hans-Ulrich Wehler) und stellte den bis dahin radikalsten Schritt dar, die polnischsprachige Bevölkerung aus der Gemeinschaft der reichsdeutschen Staatsbürger auszugrenzen.[93] In diesem Sinne hatten die radikalen Nationalisten allen Grund, mit dem Ergebnis ihrer Agitation zufrieden zu sein. Nicht zufrieden sein konnten sie dagegen mit der Haltung der preußischen Staatsregierung, die im Gegensatz zu ihren Ankündigungen nach der Verabschiedung der Enteignungsvorlage keine Anstalten machte, das Gesetz anzuwenden. Die Alldeutschen und der »Ostmarkenverein« erblickten hierin eine stillschweigende Abkehr von der bisherigen Polenpolitik und forderten die

89 *Broszat*, Polenpolitik, S. 158. Der Text des Gesetzes ist abgedruckt bei *Land*, S. 118–122.

90 Claß vertrat sogar die Ansicht, daß die Einführung der Enteignung »geradezu den größten politischen Erfolg bedeutet, den der Alldeutsche Verband bis jetzt errungen hat«; Rundschreiben an die Ortsgruppenvorsitzenden v. 11.3.1908, BA-B, ADV, Nr. 179, Bl. 68f.; AB, Jg. 18, 1908, S. 73–75, 211; Vgl. Ostmark, Jg. 13, 1908, S. 1–4; *Galos u.a.*, S. 218–220.

91 Rede v. 26.11.1907 im Preußischen Abgeordnetenhaus, in: *Penzler u.a.*, Bd. III, S. 45–65.

92 *Wehler*, Polenpolitik, S. 195; *Land*, S. 91–98; *Balzer*, S. 84–86. Zur Reaktion der radikalen Nationalisten vgl. E. Hunkel, Die Anwendung des Enteignungsgesetzes, in: Ostmark, Jg. 17, 1912, S. 88f.; AB, Jg. 22, 1912, S. 386–388; *Grabowski*, S. 197–208.

93 *Wehler*, Polenpolitik, S. 194f.

Regierung auf, endlich von ihrer Enteignungskompetenz Gebrauch zu machen.[94] In Abkehr von seiner strikt gouvernementalen Haltung übte nun auch der »Ostmarkenverein« scharfe Kritik an der »Verschleppungstaktik der Regierung«, die im Frühjahr 1911 zu einem offenen Konflikt eskalierte.[95] Diese offene Opposition des »Ostmarkenvereins« hatte maßgeblichen Anteil daran, daß sich die preußische Staatsregierung schließlich zu den erwähnten vier Enteignungen durchrang. Den meisten radikalen Nationalisten war jedoch klar, daß es sich hierbei lediglich um eine symbolische Maßnahme handelte, die keine nachhaltige Auswirkung auf die Ansiedlungspolitik haben würde. Die Folge war ein sich ausbreitendes Gefühl der Resignation, das implizit oder explizit in die Einsicht mündete, daß die mit so hohen Erwartungen begleitete Ansiedlungspolitik endgültig gescheitert war.[96]

Diese Einsicht in das Scheitern der Germanisierungsbemühungen und die aus ihr resultierenden kognitiven Dissonanzen bildeten den Ausgangspunkt für die ultimative Radikalisierung der radikalnationalistischen Ostmarkenideologie. Weil die »polnische Frage« für sie eine »Daseinsfrage des Deutschtums« darstellte, war es den radikalen Nationalisten nicht möglich, eine Niederlage im »Kampf um die Ostmark« einzugestehen, ohne damit zugleich die Grundlagen ihres gesamten Weltbildes in Frage zu stellen. Wollten sie dennoch an diesem Weltbild festhalten, blieb ihnen nichts anderes übrig, als nach einem Weg zu suchen, den gordischen Knoten der Ansiedlungsproblematik in einem Gewaltakt zu durchschlagen. Aus genau diesem Grund erhob Heinrich Claß 1912 die Idee einer gewaltsamen Umsiedlungspolitik im Rahmen eines gesamteuropäischen Krieges zum politischen Programm. Die Forderung nach einer »völkischen Feldbereinigung« korrespondierte, wie die Untersuchung der radikalnationalistischen Mitteleuropapläne gezeigt hat, mit der Erwartung eines unmittelbar bevorstehenden Krieges zwischen den europäischen Großmächten.[97] Im Hinblick auf die hier verfolgte Argumentation ist entscheidend, daß

94 Vgl. M. Biermer, Überblick über die Polenfrage- und Politik, in: AB, Jg. 20, 1910, S. 132f.; P. Samassa, Dringende Forderungen zur Polenfrage, in: AB, Jg. 20, 1910, S. 349–351, 357f., 373–375, 386f.; Jg. 20, 1910, S. 318, 322f.; Jg. 21, S. 1f., 37f., 141f., 162f.; Ostmark, Jg. 14, 1909, S. 74–76; Jg. 15, 1910, S. 1–2, 73f., 105, S. 110–113; Jg. 16, 1991, S. 2f. Aus Enttäuschung über die fehlende Entschlossenheit der Regierung in der Enteignungsfrage schied Hugenberg Ende 1907 aus dem Staatsdienst aus. Vgl. Hugenberg an Förster v. 13.9.1907, abgedruckt in: *ders.*, Streiflichter, S. 222–226 (hier: S. 224).

95 Vgl. E. Hunkel, Die Regierung und die Enteignungsfrage, in: Ostmark, Jg. 16, 1911, S. 12–14 (Zitat: S. 12). Vgl. den Aufruf »Kundgebung zur Enteignungsfrage«, in: Ostmark, Jg. 16, 1911, S. 11; Ostmark, Jg. 16, 1991, S. 23–25, 49–55; AB, Jg. 22, 1912, S. 153f.; *Grabowski*, S. 197–208; *Galos u.a.*, S. 220–226; *Tims*, S. 169–179.

96 Vgl. E. Hunkel, Das Ansiedlungswerk vor dem Ende, in: Ostmark, Jg. 17, 1912, S. 25–27; ders., Der Niedergang des Ansiedlungswerkes, in: Ostmark, Jg. 18, 1913, S. 28–30.

97 Vgl. Kapitel III.3 sowie *Claß*, Denkschrift (Zitat: S. 45); *ders.*, Kaiser, S. 136–141; *ders.*, Strom, S. 322f.; BA-B, ADV, Nr. 408, Bl. 82.

das Scheitern der Ansiedlungspolitik die mentalen und ideologischen Voraussetzungen für die Akzeptanz einer gewaltsamen Lösung der Nationalitätenproblematik schuf. Wie bei den imperialistischen Expansionsvorstellungen folgte auch die radikalnationalistische Ostmarkenideologie einer negativen Dialektik von hochgesteckten Erwartungen, fortwährenden Enttäuschungen und einer hieraus resultierenden Radikalisierung der propagierten Mittel. Die Forderung nach einer gewaltsamen Umsiedlungspolitik bildete den konsequenten Abschluß dieses ideologischen Radikalisierungsprozesses, dessen Protagonisten unbeirrt an der Vorstellung der homogenen »Volksgemeinschaft« festhielten, weil es für sie in dieser »Lebensfrage des Deutschtums« keine Kompromißmöglichkeit gab.

Ein ähnlicher Radikalisierungsprozeß läßt sich auch auf dem zweiten deutsch-polnischen »Kriegsschauplatz«, der Sprachenpolitik, beobachten. Die preußisch-deutsche Sprachenpolitik verfolgte das Ziel, den Vorrang der deutschen Sprache in allen Bereichen des öffentlichen Lebens durchzusetzen. Diese sprachliche Suprematiepolitik stellte eine offene Kampfansage an die kulturelle Identität der polnischsprachigen Bevölkerung dar und trug in hohem Maße zur Verhärtung des deutsch-polnischen Konflikts bei. Wie die Ansiedlungspolitik stand auch der seit der Jahrhundertwende eskalierende »Kampf gegen die polnische Sprache« in der Tradition der Bismarckschen Nationalitätenpolitik.[98] Für die radikalen Nationalisten war die Sprache das entscheidende Merkmal nationaler Identität.[99] Der offizielle Gebrauch der polnischen Sprache innerhalb des Deutschen Reiches stellte in ihren Augen deshalb eine Zumutung dar. Nach dem Grundsatz: »Die Nationalität folgt der Sprache« setzten sie sich mit Vehemenz für eine kompromißlose Durchsetzung des Deutschen als ausschließlicher Staatssprache ein, wobei das erklärte Ziel die »Ausmerzung« der polnischen Sprache »mit Stumpf und Stil«, d.h. die vollständige kulturelle Assimilation der polnischsprachigen Bevölkerung war.[100] Sowohl der Alldeutsche Verband als auch der »Ostmarkenverein« machten den »Kampf gegen die pol-

98 Vgl. *Rimmele*, S. 83–107; *Glück*, S. 238–347; *Balzer*, S. 152–166.

99 Diese war darüber hinaus eng mit dem konfessionellen Bekenntnis verknüpft. Denn der überwiegende Teil der Katholiken in den preußischen Ostprovinzen sprach polnisch. Die radikalen Nationalisten waren jedoch bemüht, die Rolle der Konfession herunterzuspielen, um die deutschsprachigen Katholiken als Bundesgenossen im Kampf gegen das Polentum zu gewinnen. Vgl. E. Liesegang, Die deutschen Katholiken in den Ostmarken und die Centrumspresse, in: Ostmark, Jg. 3, 1898, S. 50f.; Die deutsch-katholische Bewegung in den Ostmarken, in: ebd., Jg. 4, 1899, S. 3–5; E. Hasse, Die evangelischen Polen«, in: AB, Jg. 14, 1904, S. 21f.; Aufruf des DOV »An die deutschen Katholiken des Ostens«, in: Ostmark, Jg. 10, 1905, S. 93f.; »Nicht Konfessionalismus sondern Nationalismus, in: ebd., Jg. 14, 1909, S. 13f.; E. Hunkel, Volkstum und Bekenntnis im Kampfe um die Ostmark, in: ebd., Jg. 16, 1911, S. 14f.; *Smith*, German Nationalism, S. 169–205, *Grabowski*, S. 99–105, *Oldenburg*, S. 27–30, 86–90.

100 »Sprachenpolitik in den Ostmarken«, in: Ostmark, Jg. 6, 1901, S. 55–57 (Zitat: S. 56); »Deutschtum oder Polentum«, in: Ostmark, Jg. 6, 1901, S. 19–21 (Zitat: S. 21).

nische Sprache« zu einem Schwerpunkt ihrer Agitation und unterstützten jede Maßnahme der Regierung, die darauf abzielte, den öffentlichen Gebrauch des Polnischen einzuschränken.[101] Der von den radikalen Nationalisten geforderte absolute Primat der deutschen Staatssprache war die unmittelbare Anwendung des Homogenitätsprinzips auf die Sprachenpolitik. Durch die Gleichsetzung von sprachlicher und nationaler Homogenität wurde die deutsche Sprache zum Indikator für die Einheit und Geschlossenheit des Deutschen Reiches ideologisiert. Ihr Ausschließlichkeitsanspruch mußte deshalb schon aus Gründen der Staatsraison um jeden Preis aufrechterhalten werden, selbst wenn sich diese Intransigenz in der politischen Praxis als kontraproduktiv erweisen sollte.

Wissenschaftliche Schützenhilfe erhielten die radikalen Nationalisten in dieser Frage von dem Bonner Staatsrechtler Phillipp Zorn, der – eine alte Forderung Hasses aufgreifend – dem Deutschen Reich als einem »Nationalstaat« die kompromißlose Vorrangstellung seiner Staatssprache zugestand.[102] Aber nicht nur in juristischen Fachkreisen, sondern auch innerhalb der preußischen Administration mehrten sich die Stimmen derer, die für eine weitere Verschärfung der Sprachenpolitik plädierten. Besondere Bedeutung kommt in diesem Zusammenhang den Maßnahmen zu, mit denen der Preußische Kulturminister Konrad von Studt im Sommer 1900 die Einführung der deutschen Sprache im Religionsunterricht an der Mittel- und Oberstufe einleitete. Seine Initiative zielte auf die vollständige Beseitigung der polnischen Sprache aus dem Schulbetrieb, denn der Religionsunterricht war nach den Bestimmungen des Schulsprachengesetzes von 1873 das letze Refugium der polnischen Unterrichtssprache. Für die Polen war diese neue Maßregel ein doppelter Angriff auf ihre kulturelle Identität, da sich die staatliche Reglementierung jetzt nicht mehr nur gegen ihre Sprache, sondern zugleich auch gegen ihre Konfession richtete. Wie sehr diese Maßnahme das kulturelle Selbstbewußtsein der Polen traf, verdeutlichen die massiven Proteste in der Kreisstadt Wreschen im Mai 1901, die sich an der Beseitigung des polnischen Religionsunterrichts entzündeten.[103]

Die radikalen Nationalisten dagegen sahen in den Protestkundgebungen der polnischsprachigen Bevölkerung lediglich einen weiteren Beweis für deren po-

101 Vgl. *Petzet*, S. 26–31; MADV, Jg. 3, 1893, S. 86f.; AB, Jg. 4, 1894, S. 2f., 154; Jg. 8, 1898, S. 66f., 149f., 257f., 301; P. Samassa. Bedenkliche Wege der preußischen Polenpolitik, in: AB, Jg. 12, 1902, S. 361–364; Ostmark, Jg. 2, 1897, S. 9–11, 17–19; Jg. 4, 1899, S. 97–99; Jg. 5, 1900, S. 2f., 84f.; Jg. 6, 1901, S. 19–21, 49, 55–57, 79–81; H. Paalzow, Sprachenrecht und Sprachenpolitik, in: Ostmark, Jg. 7, 1902, S. 2f.; *Grabowski*, S. 179–184; *Tims*, S. 133–144; *Galos u.a.*, S. 239–240.

102 Vgl. *Zorn*, Staatssprache I; *ders.* Staatssprache II; Ostmark, Jg. 6, 1901, S. 79–81, 92–94; Jg. 7, 1902, S. 78f.; E. Hasse, Ein Sprachengesetz für das Deutsche Reich, in: AB, Jg. 8, 1898, S. 149f.; *ders.*, Reich, S. 54–56. Zum juristischen Fachdiskurs *Rimmele*, S. 139–142; *Schieder*, Kaiserreich, S. 39–43; *Glück*, S. 395–347.

103 Zu den Wreschener Ereignissen und der unverhältnismäßig scharfen Reaktion der preußischen Behörden vgl. die detaillierte Darstellung bei *Korth*, S. 82–115; *Rimmele*, S. 114–120; *Glück*, S. 287–302; *Balzer*, S. 166–170.

litische Unzuverlässigkeit und staatsfeindliche Gesinnung. Sie forderten eine unnachgiebige Haltung der Regierung und weitere Schritte zur vollständigen Beseitigung der polnischen Sprache aus dem öffentlichen Leben.[104] Mit dieser Forderung rannten sie innerhalb der preußischen Administration offene Türen ein. Denn ungeachtet der massiven Proteste aus dem In- und Ausland gegen das harte Vorgehen der preußischen Behörden nach den Wreschener Protesten setzten diese ihre Maßnahmen zur »Germanisierung des Schulsystems« unbeirrt fort. Als im April 1906 mit einem Schlag an mehr als 200 Schulen Posens deutscher Religionsunterricht eingeführt wurde, reagierten die Polen mit einer Welle von Protestkundgebungen, Pressekampagnen und dem sogenannten »Schulstreik«, dem sich im November 1906 auf dem Höhepunkt des Widerstandes etwa 60000 Schüler und Schülerinnen in Posen und Westpreußen anschlossen.[105] Die preußische Regierung war jedoch fest entschlossen, Härte zu demonstrieren und den Widerstand der polnischen Bevölkerung mit allen ihr zur Verfügung stehenden Mitteln zu brechen.[106] In dieser kompromißlosen Haltung wurde sie nicht nur von den Alldeutschen und dem »Ostmarkenverein«, sondern auch von den Nationalliberalen und den Konservativen im preußischen Abgeordnetenhaus unterstützt. Die radikalen Nationalisten verurteilten den »polnischen Kinderkreuzzug« als eine Verschwörung von Klerus und internationalem »Allpolentum« mit dem Ziel, einen eigenen polnischen Staat zu errichten, und forderten drakonische Maßnahmen gegen die an den Protesten beteiligten.[107] Der Erfolg schien ihnen Recht zu geben, denn obwohl die polnischen Protestaktionen bis zum Sommer 1907 anhielten, nahm die Zahl der »streikenden« Kinder infolge der staatlichen Repressionsmaßnahmen seit November 1906 kontinuierlich ab, ohne daß die Regierung formelle Zugeständnisse hatte machen müssen.

Angesichts des massiven Widerstandes der polnischen Bevölkerung verzichteten die preußischen Behörden in den folgenden Jahren jedoch auf eine neu-

104 Vgl. die Denkschrift des DOV an Bülow v. 4.12.1902, abgedruckt in: *Glück*, S. 410f.; *Grabowski*, S. 161–165.

105 Um Mißverständnissen vorzubeugen, sei angemerkt, daß der in der Literatur durchgängig verwendete Begriff »Schulstreik« nicht ein kollektives Fernbleiben vom Unterricht meint. Vielmehr bestand der »Streik« darin, daß die Kinder auf Anweisung ihrer Eltern sich weigerten, im Religionsunterricht Deutsch zu sprechen und auf Fragen, die der Lehrer ihnen in deutscher Sprache stellte, in Polnisch antworteten. Vgl. *Korth*, S. 116–160 (Zahlenangaben: S. 133f.); *Glück*, S. 302–317; *Rimmele*, S. 120–127; *Balzer*, S. 172–180.

106 Vgl. die Denkschrift v. Studts an Wilhelm II. v. 2.11.1906, GStAPK, I. HA, Rep. 89, Nr. 15009, Bl. 187–199. Zu den staatlichen Sanktionen gehörten u.a. Prügelstrafen gegen »streikende« Kinder sowie die strafrechtliche Verfolgung ihrer Eltern, der Presse und der den Widerstand unterstützenden Priester. Vgl. *Korth*, S. 141–158; *Rimmele*, S. 121–124.

107 »Der polnische ›Kinderkreuzzug‹«, in: Ostmark, Jg. 11, 1906, S. 109–111. Vgl. ebd., S. 86f., 97f.; Jg. 12, 1907, S. 2–3, 72; Entschließung des ADV v. 17./18.11.1906, in: AB, Jg. 16, 1906, S. 382; AB, Jg. 17, 1907, S. 172. Zur Haltung der Konservativen und Nationalliberalen. *Balzer*, S. 180–201.

erliche Kraftprobe. Einem unausgesprochenen Konsens zufolge wurde in der Frage des Religionsunterrichts der Status quo weitgehend beibehalten und die deutsche Sprache nur noch in Ausnahmefällen an einer Schule eingeführt. Diese Zurückhaltung beruhte auf der Einsicht, daß der deutsch-polnische Kulturkampf mit den Protestaktionen gegen die Abschaffung des Polnischen als Sprache des Religionsunterrichts eine neue Stufe erreicht hatte. War die Opposition gegen die offiziellen Germanisierungsbestrebungen bis zu diesem Zeitpunkt weitgehend von adeligen und bürgerlichen Gruppen getragen worden, so zeigte der »Schulstreik« 1906/07, wie sehr sich die soziale Basis des polnischen Widerstandes verbreitert hatte. Gerade die unteren Schichten der Bevölkerung betrachteten die schulpolitischen Maßnahmen als einen Angriff auf ihre kulturelle Identität und verloren damit endgültig den Glauben an die Neutralität des preußischen Staates. Der »Schulstreik« und seine Niederschlagung stärkten den Nationalismus auf beiden Seiten und vertieften die Kluft, die sich in den Jahrzehnten zuvor gebildet hatte.[108]

Der ›Waffenstillstand‹ in der Frage des Religionsunterrichts bedeutete jedoch keine Abkehr von der antipolnischen Sprachenpolitik. Weder die preußische Staatsregierung noch die radikalen Nationalisten dachten an ein Einlenken, sondern wechselten lediglich den ›Kriegsschauplatz‹. Ins Zentrum der Auseinandersetzung trat nunmehr der Gebrauch der polnischen Sprache in öffentlichen Versammlungen. Im Zuge des eskalierenden Nationalitätenkonflikts waren die preußischen Behörden auf Anweisung der Regierung in den 1890er Jahren verstärkt dazu übergegangen, genehmigungspflichtige Versammlungen aufzulösen, wenn auf ihnen polnisch gesprochen wurde. Begründet wurde dieser Eingriff in die verfassungsmäßig garantierte Versammlungsfreiheit damit, daß es der Polizei an Beamten mit polnischen Sprachkenntnissen fehle, um diese Versammlungen überwachen zu können. Diese polizeiliche Verbotspraxis und ihre juristische Begründung wurden jedoch vom preußischen Oberverwaltungsgericht in ständiger Rechtsprechung für unzulässig erklärt. Das Gericht begründete seine Entscheidungen mit dem Argument, daß gemäß Artikel 29 und 30 der preußischen Verfassung sowie dem preußischen Vereinsgesetz vom 11. März 1850 de lege lata in öffentlichen Versammlungen Sprachfreiheit herrsche und somit keine rechtliche Grundlage für polizeiliche Auflösungsbefehle existiere. Juristisch handelte es sich bei diesem Konflikt um eine Auseinandersetzung zwischen dem polizeilichen Überwachungsrecht für öffentliche Versammlungen und der in der Verfassung garantierten Versammlungsfreiheit. Politisch ging es um die uneingeschränkte kulturelle Hegemonie im öffentlichen Raum.[109]

108 *Rimmele*, S. 16f.; *Glück*, S. 298–300, 316f.

109 Vgl. *Rimmele*, S. 129–142; *Balzer*, S. 241–252; *Broszat*, Polenpolitik, S. 162–165; *Wehler*, Sozialdemokratie, S. 193–199; *Glück*, S. 330–332; *Wichardt*, S. 42–60; *Huber*, Dokumente, Nr. 194, S. 501–514 (hier: S. 503f.), Nr. 197, S. 289–305.

Die radikalen Nationalisten standen in diesem Streit vorbehaltlos auf seiten der Regierung. Alldeutsche und »Ostmarkenverein« kritisierten die Entscheidungen des Oberverwaltungsgerichts und forderten immer wieder ein gesetzliches Verbot der polnischen Sprache in öffentlichen Versammlungen, um »den preußischen Staat endlich in einen deutschen Nationalstaat auszugestalten«.[110] Entsprechend enthusiastisch war ihre Reaktion, als die Reichsregierung dem Reichstag im Dezember 1907 den Entwurf eines Vereinsgesetzes zuleitete, das die bis dahin geltenden, teilweise erheblich divergierenden, einzelstaatlichen Regelungen vereinheitlichen und zugleich den Gebrauch der deutschen Sprache festschreiben sollte. Der Gesetzentwurf enthielt eine Reihe von Regelungen, die den Forderungen der Liberalen und zum Teil auch der Sozialdemokraten nach einer Liberalisierung des Vereins- und Versammlungsrechts entgegenkamen.[111] Für den hier erörterten Zusammenhang ist jedoch vor allem der sogenannte »Sprachenparagraph« (§ 7 des Gesetzentwurfes, § 12 des späteren Gesetzes) bedeutsam, der vorschrieb, die Verhandlungen in öffentlichen Versammlungen in deutscher Sprache zu führen.[112] Mit dieser Bestimmung war die Versammlungsfreiheit für diejenigen Bevölkerungsgruppen, die das Deutsche nicht so fließend beherrschten, daß sie sich darin zur Wahrnehmung ihrer politischen Interessen ausdrücken konnten, faktisch außer Kraft gesetzt. Folglich wurde der »Sprachenparagraph« sowohl in der Presse als auch im Reichstag scharf kritisiert. Im Zuge der parlamentarischen Beratungen einigten sich die Vertreter der Blockparteien schließlich auf eine Fassung, derzufolge für einen Zeitraum von zwanzig Jahren die Verwendung einer fremden Sprache in solchen Kreisen zugelassen werden sollte, in denen ausweislich der amtlichen Sprachenstatistik mindestens 60 Prozent der Bevölkerung eine »nichtdeutsche« Muttersprache sprachen.[113]

Die radikalen Nationalisten kritisierten diesen politischen Kompromiß mit der für sie charakteristischen Vehemenz und forderten eine sofortige Abschaf-

110 E. Hasse, Die deutsche Versammlungssprache und das preußische Vereinsgesetz, in: AB, Jg. 14, 1904, S. 9f. Vgl. ders., Ein Sprachengesetz für das Deutsche Reich, in: AB, Jg. 8, 1898, S. 149f.; *ders.*, Reich, S. 54–56; Denkschrift des DOV an v. Bülow v. 4.12.1902, abgedruckt in: *Glück*, S. 410f.; Ostmark, Jg. 5, 1900, S. 26; Jg. 6, 1901, S. 19–21, 79–81, 155–157; H. Paalzow, Sprachenrecht und Sprachenpolitik, in: Ostmark, Jg. 7, 1902, S. 2f.; Entschließung des Hauptvorstandes des DOV v. 10.12.1903, in: Ostmark, Jg. 9, 1904, S. 2–4; L. Trampe, Das Urteil des Oberverwaltungsgerichts v. 20. März 1903, in: Ostmark, Jg. 9, 1904, S. 74–77; Entschließung des Gesamtausschusses des DOV v. 29.19.1905, in: Ostmark, Jg. 10, 1905, S. 84; *Grabowski*, S. 179–184; *Galos u.a.*, S. 245–249; *Tims*, S. 144–148; *Rimmele*, S. 142–144.

111 Die wohl wichtigste Neuerung bestand darin, daß nunmehr auch Frauen die Mitgliedschaft in politischen und gewerkschaftlichen Vereinigungen erlaubt wurde. Zu Entstehung und Inhalt des Gesetzes vgl. *Balzer*, S. 252–262; *Rimmele*, S. 144–156; *Wehler*, Sozialdemokratie, S. 193–199; *Hagen*, Germans, S. 190–193; *Glück*, S. 340–347.

112 Entwurf eines Vereinsgesetzes v. 11.9.1907, BA-B, R 43, Nr. 2241, Bl. 23–44.

113 Außerdem waren internationale Kongresse sowie Versammlungen für die Wahlen zum Reichstag und zu den Landtagen (nicht aber zu den lokalen Vertretungen wie z.B. dem Stadtrat) von der Regelung ausgenommen. Vgl. *Rimmele*, S. 148–160; *Balzer*, S. 262–283.

fung aller Ausnahme- und Übergangsregelungen.[114] Ihre Kritik sollte jedoch nicht darüber hinwegtäuschen, daß das am 19. April 1908 – nur einen Monat nach der Enteignungsvorlage – verabschiedete Reichsvereinsgesetz einen weiteren Schritt zur rechtlichen und politischen Ausgrenzung der im Deutschen Reich lebenden ethnisch-kulturellen Minderheiten darstellte. Zum ersten und einzigen Mal in der Geschichte des Kaiserreiches hatte der Reichstag eine gesetzliche Regelung verabschiedet, die die nicht deutschsprachigen Bevölkerungsgruppen in der Ausübung ihrer verfassungsmäßigen Rechte einschränkte und sie zu Staatsbürgern zweiter Klasse degradierte.[115] Auch wenn die faktischen Auswirkungen des Gesetzes durch zahlreiche Ausnahmeregelungen abgemildert wurden, war mit dem Sprachenparagraphen ein Präzedenzfall geschaffen, der die Möglichkeit für eine weitere Diskriminierung der »nationalen Minderheiten« eröffnete.

Aus radikalnationalistischer Sicht lag der eigentliche Erfolg jedoch nicht so sehr in den erreichten gesetzlichen Regelungen, sondern in deren offizieller Begründung. Denn als der Staatssekretär des Innern, Theobald von Bethmann-Hollweg, den Gesetzentwurf im Reichstag verteidigte, tat er dies mit dem Argument, Deutschland sei »ein Nationalstaat, kein Nationalitätenstaat«. Die Notwendigkeit des Gesetzes begründete er mit dem in der Verfassung formulierten Staatsziel der »Pflege der Wohlfahrt des deutschen Volkes«. Er übernahm damit exakt jene Argumentation, mit der Ernst Hasse und seine Mitstreiter seit mehr als einem Jahrzehnt die »Vollendung« des Deutschen Reiches zu einem homogenen »Nationalstaat« gefordert hatten.[116] Als offizielle Begründung für die preußisch-deutsche Sprachenpolitik war die radikalnationalistische These vom »unvollendeten Nationalstaat« zum festen Bestandteil eines »ideologischen Staatsnationalismus« (Theodor Schieder) geworden, der die politische Kultur des wilhelminischen Kaiserreichs nachhaltig prägte.[117] Diese diskursive Formierung der politischen Sprache und Kultur trug entscheidend zur weiteren Verbreitung radikalnationalistischer Deutungsmuster bei.

Die Beispiele der Ansiedlungs- und Sprachenpolitik zeigen, in welchem Ausmaß die Vision der homogenen »Volksgemeinschaft« die Wahrnehmung der gesellschaftlichen Wirklichkeit und die politische Praxis der radikalen Natio-

114 »Die neuen Gesetzesvorlagen«, in: Ostmark, Jg. 12, 1907, S. 103f.; F. Wagner, Die Sprache in öffentlichen Versammlungen, in: Ostmark, Jg. 13, 1908, S. 27–29; AB, Jg. 17, 1907, S. 318, 349f., 421–423, 430f.; Jg. 18, 1908, S. 97–99, 128f., 137f., 211; Kapitän zur See a. D. Wachenhusen, Die deutsche Sprache im Reichsvereinsgesetz, in: DnD, Heft 29, 24.5.1908, S. 910–915.

115 Vgl. *Gosewinkel*, Einbürgern, S. 211–218.

116 RT, Bd. 229 (1907), S. 2094. Vgl. E. Hasse, Sind Polen, Dänen und Franzosen Teile des »Deutschen Volkes«, in: AB, Jg. 7, 1897, S. 109–111; ders., Ein Sprachengesetz für das Deutsche Reich, in: AB, Jg. 8, 1898, 149f.; ders., Die deutsche Versammlungssprache und das preußische Vereinsgesetz, in: AB, Jg. 14, 1904, S. 9f.; *ders.*, Reich, S. 49–51; ders., Deutsche und Undeutsche im Deutschen Reich, in: DE, Jg. 3, 1904, S. 19f.; v. Heyer, Nationalstaat oder Nationalitätenstaat, in: Ostmark, Jg. 18, 1913, S. 33f.

117 *Schieder*, Kaiserreich, S. 41f., 47.

nalisten prägte. Für sie war die Vorstellung des homogenen Nationalstaats unmittelbar verhaltensleitend. Das ideologische Ziel war zugleich politisches Programm. Hieran konnte auch das immer offensichtlicher werdende Scheitern der Germanisierungsbemühungen nichts ändern. Im Gegenteil: Je deutlicher das Scheitern dieser Politik zutage trat, desto intransigenter wurden ihre Forderungen. Dies gilt um so mehr, als das Scheitern der »Germaninisierungspolitik« die im Bewußtsein der radikalen Nationalisten tief verwurzelte Überzeugung von der kulturellen Überlegenheit des »Deutschtums« gegenüber den slawischen Völkern in Frage stellte und damit an den Grundfesten ihres Weltbildes rüttelte.[118] Die Zielvorstellung der ethnisch und kulturell homogenen »Volksgemeinschaft« prägte jedoch nicht nur die Haltung der radikalen Nationalisten gegenüber den im Deutschen Reich lebenden fremdsprachigen Minderheiten, sondern auch ihre Einstellung gegenüber der jüdischen Bevölkerung. Für viele von ihnen zählten auch die Juden zu den »volks- und rassefremden Elementen«, deren Existenz die Homogenität und Geschlossenheit der »Volksgemeinschaft« bedrohte. Allerdings war die Ausgrenzung der Juden aus der Gemeinschaft der deutschen »Volksgenossen« sowohl semantisch als auch politisch weitaus weniger eindeutig als im Falle der fremdsprachigen Bevölkerungsgruppen und auch unter den radikalen Nationalisten selber umstritten. Gleichwohl war der radikalnationalistische Antisemitismus eng mit dem Deutungsmuster der »Volksgemeinschaft« verknüpft, und bedarf daher einer gesonderten Analyse.

2. Der Feind im Innern: Zur ideologischen Wahlverwandtschaft von Antisemitismus und radikalem Nationalismus

Der radikalnationalistische Antisemitismus war ein ambivalentes Phänomen. Antisemitische Vorstellungen und Stereotypen bildeten ein zentrales Element im Weltbild zahlreicher, aber keineswegs aller radikalen Nationalisten. Insbesondere unter den alldeutschen Aktivisten und Funktionsträgern fanden antisemitische Deutungsmuster in den letzten Jahren vor Ausbruch des Ersten Weltkrieges jedoch zunehmende Resonanz. Dennoch war der Antisemitismus bis 1918 kein Bestandteil der offiziellen Verbandsagitation. Im Gegenteil, die Verantwortlichen innerhalb des Alldeutschen Verbandes waren sorgsam dar-

118 Die hieraus resultierenden kognitiven Dissonanzen konnten auch dadurch aufgelöst werden, daß die Erfolge der Polen im »wirtschaftlichen Kampf ums Dasein« nunmehr aus ihrem vermeintlich niedrigeren Kulturniveau und ihren minderwertigen »physischen und psychischen Rassenqualitäten« erklärt wurden, wie es Max Weber exemplarisch vorgeführt hatte: »Der polnische Kleinbauer gewinnt an Boden, weil er gewissermaßen das Gras vom Boden frißt, nicht *trotz*, sondern *wegen* seinen tiefstehenden physischen und geistigen Lebensgewohnheiten.« Vgl. *Weber*, Nationalstaat, (Zitate: S. 548, 553, 558); *ders.*, Entwickelungstendenzen.

auf bedacht, in der Öffentlichkeit jeglichen Anschein einer antisemitischen Gesinnung zu vermeiden. Selbst ein radikaler Antisemit wie Heinrich Claß sah sich in seiner Funktion als Vorsitzender des Alldeutschen Verbandes gezwungen, seinen notorischen Judenhaß zu unterdrücken, um keine Mitglieder abzuschrecken. Dieser Gegensatz zwischen offizieller Verbandsideologie und persönlichem Weltbild wirft die Frage nach der ideologischen Affinität von Antisemitismus und radikalem Nationalismus sowie nach der Bedeutung antisemitischer Deutungsmuster für das politische Denken und Handeln der radikalen Nationalisten auf. Welche Funktion besaßen antisemitische Vorstellungen innerhalb des radikalnationalistischen Weltbildes? Auf welche Weise waren sie mit anderen Deutungsmustern verknüpft und welche Konsequenzen hatten sie für die politische Praxis? Am Beispiel der radikalnationalistischen Ideologie soll so der Zusammenhang zwischen Nationalismus und Antisemitismus analysiert werden, der von der historischen Forschung lange nur unzureichend untersucht worden ist und erst in jüngster Zeit Beachtung gefunden hat.[119]

Dieses Forschungsdefizit ist erstaunlich, weil der deutsche Nationalismus seit seinen Anfängen im ausgehenden 18. Jahrhundert eng mit antisemitischen Deutungsmustern verknüpft war. Die verschiedenen Konstruktionen der deutschen Nation zielten immer wieder auf die soziale und politische Exklusion der Juden. Der Topos des jüdischen »Fremdkörpers« im deutschen Volk gehörte zum ideologischen Inventar der frühen Nationalbewegung und blieb als Stereotyp seitdem jederzeit abrufbar.[120] Dabei war der Nationalismus für den Antisemitismus konstitutiv, weil das antisemitische Bild der Juden nur in Abgrenzung von einem nationalen Selbstbild konstruiert werden konnte. Das Judenbild war immer das komplementäre Gegenbild zur Wir-Gruppe der »Nation«, unabhängig davon ob diese als eine politische, ethnische und/oder kulturelle Gemeinschaft konstruiert wurde. Dagegen schloß der Nationalismus nicht notwendig ein antisemitisches Feindbild ein, da die Konstruktion der nationalen Wir-Gruppe auch in Abgrenzung von anderen Fremdbildern erfolgen konnte.[121] Dieser prinzipielle Primat des Nationalismus gegenüber dem Antisemitismus gilt auch für die radikalnationalistische Ideologie. Gleichwohl kann der Antisemitismus der radikalen Nationalisten nicht einfach aus deren Weltanschauung abgeleitet werden. Antisemitische und radikalnationalistische Vorstellungen waren ideolo-

119 Vgl. die Beiträge in *Alter u.a.* sowie *Holz; Volkov*, Nationalismus. Zur Antisemitismusforschung *van Rahden*, Ideologie. Zum Antisemitismus im Kaiserreich *Berding*, Antisemitismus; S. 86–163; *Blaschke*, Katholizismus; *Pulzer*; *Tal*, Christians; *Jochmann*, Antisemitismus.

120 Vgl. *Almog*, S. 1–50; *Volkov*, Nationalismus, S. 215–218; *dies.*, Juden, S. 14f., 21; *Alter u.a.*; *Mosse*, Revolution, S. 139–160; *Nipperdey u. Rürup*, S. 133, 145f.; *Altgeld*, Katholizismus, S. 47–63, 181–194.

121 Vgl. *Holz*, S. 11–25, 540–552. Aufgrund dieser konstitutiven Bedeutung des Nationalismus für den Antisemitismus schlägt Holz vor, statt von »modernem Antisemitismus« besser von »nationalem Antisemitismus« zu sprechen.

gisch in hohem Maße kompatibel, ohne jedoch vollständig in einander aufzugehen. Diese Affinität läßt sich am besten als eine »Wahlverwandtschaft« im Sinne Max Webers beschreiben.[122] Das Ziel der folgenden Ausführungen ist es, diese Wahlverwandtschaft zu analysieren und aufzuzeigen, auf welche Weise beide Deutungsmuster einander wechselseitig beeinflußten.

2.1. Die Juden als »Fremdkörper im deutschen Volk«: Der Antisemitismus als komplementäres Deutungsmuster

Die ideologische Wahlverwandtschaft zwischen Antisemitismus und radikalem Nationalismus beruhte darauf, daß die für die Konstruktion der »Volksgemeinschaft« unabdingbare Abgrenzung gegenüber ihren Feinden nicht auf äußere Gegner beschränkt war, sondern sich auch gegen (vermeintliche) Feinde im Innern richten konnte. Dabei konnten die zur Bezeichnung des jeweiligen Feindes verwendeten Begriffe, Bilder und Stereotypen zwischen den äußeren und inneren Gegnern oszillieren und mitunter auch konvergieren. Die Juden waren von dieser Oszillation nationalistischer Feindbilder in besonderem Maße betroffen, da die latente Judenfeindschaft seit der frühen Emanzipationszeit sowie die dezidiert christliche Fundierung des deutschen Nationsbegriffs hierfür eine Vielzahl von semantischen Anknüpfungspunkten boten.[123] Die negative Fixierung des deutschen Nationalismus auf die Juden als »inneren Feind« beruhte vor allem auf der Ablehnung jener spezifisch jüdischen Identität, die sich am besten als »situative Ethnizität« beschreiben läßt. Damit ist gemeint, daß sich die im Deutschen Reich lebenden Juden in zahlreichen politischen, sozialen und kulturellen Zusammenhängen als »Deutsche« verstanden und auch als solche anerkannt wurden, zugleich jedoch auch eine eigene, wie auch immer definierte, jüdische Identität für sich beanspruchten. Die hieraus resultierenden multiplen deutsch-jüdischen Identitäten schlossen einander keineswegs aus, konnten jedoch vor dem Hintergrund nationalistischer Homogenitätsvorstellungen gegeneinander ausgespielt werden. In ungleich höherem Maße als andere gesellschaftliche Gruppen konnten die Juden deshalb zum Beweis einer »deutschen Primäridentität« gezwungen werden, indem ihre nationale Zuverlässigkeit und Loyalität in Frage gestellt wurden. Auf diese Weise blieben sie, wie Michael Jeismann pointiert formulierte »über ein Jahrhundert Deutsche auf Bewährung«.[124]

Vor diesem Hintergrund wird deutlich, daß die radikalnationalistische Zielvorstellung einer ethnisch und kulturell homogenen »Volksgemeinschaft« eine

122 Zum Begriff der »Wahlverwandtschaft« vgl. *Weber*, Ethik, S. 82f.; *Lepsius*, Interessen.

123 *Jeismann*, Feind, S. 181–183; *Altgeld*, Katholizismus, S. 47–63, 181–194.

124 *Jeismann*, Feind, S. 188. Zum Konzept der »situativen Ethnizität« vgl. *van Rahden*, Milieu; *Okamura*. Zum jüdischen Selbstverständnis *Gotzmann*.

hohe Affinität zu antisemitischen Deutungsmustern besaß. Den radikalen Nationalisten bot der Antisemitismus ein komplementäres Deutungsmuster, das die Möglichkeit eröffnete, politische und gesellschaftliche Fehlentwicklungen nicht allein auf die Einwirkung äußerer Feinde, sondern auch auf die Existenz von vermeintlichen »Feinden im Innern« zurückzuführen. Ein solches komplementäres Feindbild war für sie nahezu unerläßlich, denn bestimmte ›Fehlentwicklungen‹ wie mangelndes Nationalbewußtsein oder politische Uneinigkeit in »nationalen Fragen« ließen sich nur mit Hilfe eines inneren Feindes erklären. In diesem Sinne war der Antisemitismus für die radikalen Nationalisten ein residuales Feindbild, das zur Erklärung solcher Defizite herhalten mußte, für die keine äußeren Feinde verantwortlich gemacht werden konnten. Gerade für die Verfechter eines biologistisch-rassistischen Welt- und Gesellschaftsbildes konnten die Juden deshalb die Funktion einer »Gegenrasse« übernehmen und so »zum biopolitischen Feind *par exellence*« avancieren.[125] Wichtig ist in diesem Zusammenhang jedoch festzuhalten, daß auch auf der Grundlage eines biologistischen Weltbildes die Stigmatisierung der Juden zu einem feindlichen »Fremdkörper« kausal keineswegs zwingend, sondern kontingent war.[126] Aufgrund ihrer situativen Ethnizität und der langen Tradition antisemitischer Ausgrenzung waren die Juden für diese Rolle jedoch in besonderem Maße prädestiniert.

Die Amalgamierung von radikalnationalistischen und antisemitischen Deutungsmustern war, mit anderen Worten, keineswegs notwendig, aber naheliegend. Zumindest kamen die radikalen Nationalisten an einer Auseinandersetzung mit der »Judenfrage« nicht vorbei. Weil antijüdische Vorstellungen und Vorurteile auch nach dem Niedergang des parteipolitischen Antisemitismus gegen Ende des 19. Jahrhunderts im gesellschaftlichen Bereich weiterhin in Form eines »kulturellen Codes« gespeichert blieben und eine nicht zu unterschätzende Wirkung entfalteten, ist es nicht überraschend, daß auch die radikalen Nationalisten, ihre antisemitischen Überzeugungen in der Regel auf eben diese Weise, d.h. in sprachlich codierter Form, artikulierten.[127] Nicht zufällig korrespondierte die zunehmende Verbreitung antisemitischer Deutungsmuster deshalb mit der Durchsetzung rassenbiologischer Vorstellungen.[128] Wie die radikalnationalistische Rassensemantik fungierte auch der Antisemitismus als ein »kultureller Code« der zentrale Wertvorstellungen der radikalen Natio-

125 *Geulen*, Wahlverwandte, S. 196–215 (Zitat: S. 202).

126 Dies im Gegensatz zu der These Geulens, die Biologisierung der deutschen Nation habe strukturell des Antisemitismus bedurft und dieser sei eine unausweichliche Konsequenz aus der Verschränkung von Rassendiskurs und Nationalismus. Vgl. *ders.*, Wahlverwandte, S. 196–215.

127 *Volkov*, Antisemitismus; *Berding*, Antisemitismus S. 110–151; *Jochmann*, Antisemitismus.

128 Vgl. *Lange*, Deutschtum, S. 91: »Jeder Deutsche weiß heute, daß es nicht die Glaubensgenossenschaft, sondern die Rasse und ihre unsittlichen Instinkte sind, die wir zu bekämpfen haben.« Zur Semantik des Begriffs der »jüdischen Rasse« vgl. *Kiefer.*

nalisten transportierte. Beide Semantiken waren daher in hohem Maße kompatibel und stärkten einander wechselseitig in ihrer Geltung.

Den semantischen Kern des radikalnationalistischen Antisemitismus bildete die Wertschätzung ethnisch-kultureller Homogenität als Voraussetzung für die Machtentfaltung des deutschen Volkes. In der negativen Abgrenzung gegenüber dem »jüdischen Feind im Innern« fand diese, für das radikalnationalistische Weltbild konstitutive Wertvorstellung eine kulturell codierte Ausdrucksform. Zwar avancierte der Antisemitismus vor 1914 nicht zu einem »offiziellen« Bestandteil des radikalen Nationalismus, er erfreute sich jedoch innerhalb des »harten Kerns« seiner besonders aktiven Propagandisten zunehmender Beliebtheit. Einer der wenigen »bekennenden Antisemiten« unter den radikalen Nationalisten war Friedrich Lange, für den der Antisemitismus – wie das Beispiel des von ihm gegründeten »Deutschbundes« zeigt – in der praktischen politischen Tätigkeit eine zentrale Rolle spielte.[129] Der Antisemitismus sollte das Bekenntnis zu »echtem, reinen Deutschtum« zum Ausdruck bringen und so den Glauben an die »Volksgemeinschaft« als den zentralen Wert des politischen und gesellschaftlichen Lebens bekräftigen. Diese affirmative Funktion erklärt, warum antisemitische Vorstellungen und Praktiken vor allem unter den Aktivisten des Alldeutschen Verbandes und des »Deutschbundes« verbreitet waren.[130] Als offensiver Ausdruck völkischer Gesinnung spielten sie eine wichtige Rolle bei der Binnenmobilisierung der radikalnationalistischen Aktivisten. Diese Interpretation soll im folgenden anhand der Entwicklung des radikalnationalistischen Antisemitismus näher ausgeführt werden.

Die ethnisch und kulturell homogene »Volksgemeinschaft« bildete die gemeinsame Zielvision von Antisemiten und radikalen Nationalisten. Für die verschiedenen antisemitischen Organisationen war die Vorstellung völkischer Homogenität der entscheidende Bezugsrahmen für ihre Ablehnung des Judentums als ein »dem deutschen Wesen durch Abkunft fremden Elementes«. Entsprechend propagierten die meisten von ihnen seit den 1890er Jahren nicht nur einen völkischen Antisemitismus, sondern auch eine »Ausbreitung des nationalen Gedankens auf antisemitischer Grundlage«.[131] Innerhalb der »nationalen Verbände« dagegen spielte der Antisemitismus eine weniger bedeutsame Rolle. Für die Kolonialgesellschaft, den Flottenverein, den Ostmarkenverein und den Wehrverein war es aufgrund ihrer begrenzten Zielsetzung relativ einfach, antisemitische Tendenzen aus ihren offiziellen Verlautbarungen zu verbannen.

129 *Lange*, Deutschtum, bes. S. 88–110; Satzung des Db, BA-B, Nl. Lange, Nr. 17, Bl. 30f. Ein weiterer Vertreter der »einflußreichen radikalantisemitischen Gruppe im Verband« war der Schriftsteller Fritz Bley. Vgl. BA-B, ADV, Nr. 36, Bl. 5 (Protokoll der GA-Sitzung v. 29.11.1902).

130 Vgl. *Chickering*, We Men, S. 235f.; *Fricke*, Deutschbund, S. 330f.

131 Vgl. *Schultheiß*, Vereinswesen, S. 65–73 (Zitate: S. 67, 72); *Berding*, Antisemitismus, S. 133–151; *Puschner*, Bewegung, S. 49–76; *Broszat*, Bewegung, S. 86–91; *Kiefer*, S. 97–123; *Bergmann*.

Allerdings zeigten sich in der praktischen Verbandsarbeit diesbezüglich zum Teil erhebliche Unterschiede. Während es der Kolonialgesellschaft und dem Flottenverein – nicht zuletzt wegen ihrer größeren Nähe zur Reichsregierung – am besten gelang, den auch in ihren Reihen existierenden antisemitischen Strömungen Einhalt zu gebieten, traten diese im Wehrverein und im Ostmarkenverein stärker zu Tage. Noch einmal anders sah es im »Alldeutschen Verband« aus, der aufgrund seiner umfassenden Zielsetzung einer Auseinandersetzung mit der »Judenfrage« letztlich nicht aus dem Weg gehen konnte und gerade deshalb für radikale Antisemiten eine besondere Attraktivität besaß.[132]

Innerhalb des Alldeutschen Verbandes artikulierten sich antisemitische Bestrebungen zunächst auf lokaler Ebene. So kam es bereits auf der ersten Hauptversammlung der Hamburger Ortsgruppe am 15. März 1892 zu einer Auseinandersetzung über die Frage, ob Juden von der Mitgliedschaft ausgeschlossen werden sollten. Ein entsprechender Antrag wurde jedoch mit Verweis auf den überkonfessionellen Charakter des Verbandes abgewiesen.[133] Wenige Monate später, im Juni 1892, unternahm eine Gruppe von Antisemiten den Versuch, die Berliner Ortsgruppe zu unterwandern und eine Satzungsänderung zu erzwingen, die Juden grundsätzlich von der Mitgliedschaft im »Alldeutschen Verband« ausschließen sollte. Die Verbandsführung wandte sich jedoch mit aller Entschiedenheit gegen diese Bestrebungen und jegliche Form von Antisemitismus im Verband. Der Grund für diese »völlig neutrale Haltung« war allerdings nicht weltanschaulicher, sondern taktischer Natur, denn die Verbandsleitung befürchtete, daß eine Festlegung in dieser Frage, die »wie keine andere die Geister trennt«, zu einer Spaltung der Mitglieder geführt hätte.[134] Diese Beispiele verdeutlichen, daß die »Judenfrage« bereits kurz nach der Gründung des Alldeutschen Verbandes ein kontroverses Thema darstellte, über das innerhalb der Organisation keine Einigkeit bestand und das deshalb von der Verbandsführung dilatorisch behandelt wurde.[135] Grundsätzlich war es mithin auch Juden möglich, Mitglied im »Alldeutschen Verband« zu werden. Und tatsächlich hatte dieser in den Anfangsjahren einige jüdische Mitglieder.[136]

132 Vgl. *Galos u.a.*, S. 61f., 107; *Coetzee*, Army League, S. 58; *Lohalm*, S. 32–46; *Chickering*, We Men, S. 230–252, *Hering*, Nation, S. 187–205; *Leicht*, S. 120–130.

133 *Hering*, Nation, S. 190, 223–226.

134 MDAV, Jg. 2, 1892, S. 58, 67; Entwurf einer Stellungnahme des ADV zum Antisemitismus v. 19.8.1891, BA-B, ADV, Nr. 2, Bl. 130; AB, Jg. 4, 1894, S. 197.

135 Ganz in diesem Sinne erklärte Hasse noch im Mai 1902 in seiner Eröffnungsrede des alldeutschen Verbandstages in Eisenach, eine Erörterung des Antisemitismus gehöre nicht in den Verband. Vgl. AB, Jg. 12, S. 186.

136 *Hering*, Nation, S. 190, 225f. *Chickering*, We Men, S, 233; *Schilling*, S. 384; *Claß*, Strom, S. 36. Vgl. auch den Briefwechsel des Vorsitzenden der Dresdner Ortsgruppe Eugen Hopf mit einem jüdischen Interessenten, der nach der Lektüre der offiziellen Werbematerialien zu dem Schluß kam, »dass das Gerede von einer antisemitischen Tendenz des Alldeutschen Verbandes unwahr ist«; StAD, ADV, Nr. 23, Bl. 15–18 (Zitat: Bl. 15).

Auch innerhalb des Ostmarkenvereins waren jüdische Mitglieder durchaus willkommen. Ausschlaggebend hierfür waren vor allem pragmatische Erwägungen. So erklärte Heinrich von Tiedemann 1894: »Der Verein nimmt jeden Deutschen ohne Rücksicht auf Beruf, Partei und Religion willig auf. – Soweit die Juden deutsche Sympathien haben sind sie uns willkommen ... Stoßen wir sie zurück so treiben wir sie gewaltsam ins Polenlager. An und für sich geht der anständige, gebildete Jude – und um diesen handelt es sich ja nur – lieber mit dem Deutschen als mit dem Polen.«[137] Mit anderen Worten: Im direkten Vergleich mit den Polen erschienen Juden als das kleinere Übel und deshalb als willkommene Hilfstruppen im »Kampf um die Ostmark«.

Taktische Neutralität blieb auch nach der Jahrhundertwende die offizielle Haltung der alldeutschen Verbandsführung, die jede Stellungnahme zur »Judenfrage« zu einer Privatangelegenheit der Mitglieder erklärte, was jedoch keineswegs verhinderte, daß in den Reihen der Alldeutschen zahlreiche prominente Antisemiten wie Max Liebermann von Sonnenberg, Oswald Zimmermann und Wilhelm Lattmann vertreten waren.[138] Daß diese innerhalb des Alldeutschen Verbandes nicht nur stillschweigend geduldet wurden, sondern willkommen waren, verdeutlicht die Praxis Ernst Hasses, der sich in seiner Funktion als Verbandsvorsitzender jeglicher offiziellen Stellungnahme zur »Judenfrage« enthielt, in »privaten« Äußerungen jedoch keinen Zweifel daran ließ, daß er es vorgezogen hätte, keine Juden in den Verband aufnehmen zu müssen. So bezeichnete er im September 1901 in einem persönlichen Brief die »Judenfrage« als »eine wunde Stelle in der Geschichte und Organisation des A.D.V.« und erklärte: »Auch ich bin der Meinung, »dass wir consequenter Weise keine Juden in den A.D.V. aufnehmen dürften. Aber die Mehrheit hat eben bisher im entgegengesetzten Sinne entschieden und hat es den Ortsgruppen überlassen, ... ob sie Juden aufnehmen oder nicht.«[139] Auch in seinen diversen Veröffentlichungen machte Hasse keinen Hehl aus seiner Überzeugung, daß die Juden als »Rassenfremde« einen gefährlichen »Fremdkörper« innerhalb des deutschen Volkes darstellten.[140] Diese Auffassung vertrat der Chefideologe des radikalen Nationalismus auch im Reichstag. Die mündliche Begründung seines Antrag auf Abänderung des Gesetzes über den Erwerb der

137 H. von Tiedemann an K. Plehn v. 22.12.1894, zit. nach *Grabowski*, S. 97.

138 Liebermann von Sonnenberg war Gründer und Vorsitzender der »Deutschsozialen Partei« und von 1903 bis 1911 Vorstandsmitglied des ADV, Zimmermann Vorsitzender der »Deutschen Reformparei«. Lattmann war Reichstagsabgeordneter der »Deutschsozialen Partei« und seit 1905 im Vorstand des ADV. Zur Kooperation von Alldeutschen und Antisemiten vgl. *Broszat*, Bewegung, S. 119–150. Zum politischen Antisemitismus *Pulzer; Berding*, Antisemitismus, S. 99–110; *Brozat*, Bewegung, S. 45–118.

139 Hasse an Prof. Dr. Viereck v. 24.9.1901, BA-B, ADV, Nr. 661, Bl. 6f.; Vgl. das Schreiben Hasses an die Ortsgruppe Frankfurt, 23.8.1901; BA-B, ebd., Bl. 2; *Leicht*, S. 120–122.

140 E. Hasse, Die Sprach- und Rassenfremden im Deutschen Reiche«, in: AB, Jg. 4, 1894, S. 50f.; ders., Sind Dänen und Franzosen Teile des »deutschen Volkes«?, in: AB, Jg. 7, 1897, S. 109–111; *ders.*, Reich, S. 139–146; *ders.*, Zukunft, S. 61–68; *ders.*, Gedanke, S. 7f.

Reichs- und Staatsangehörigkeit am 6. März 1895 etwa nutzte er zu einer grundsätzlichen Stellungnahme zur »Judenfrage« und zum »Antisemitismus«:

»Gleich allen meinen politischen Freunden bin auch ich ein Gegner der antisemitischen Bewegung insoweit, als diese ihre Beweggründe aus der religiösen Unduldung und dem wirthschaftlichen Brotneide entnimmt, und auch insofern, als sie gesetzgeberisch Unmögliches verlangt und dadurch ohne jeden greifbaren Nutzen nur die Leidenschaften der großen Masse aufregt. Ich bin auch insofern ein Gegner des Antisemitismus, als ich die Juden nicht für alle Schäden unseres öffentlichen und privaten Lebens verantwortlich mache und als ich nicht billige, die Judenfrage, trotz ihrer unleugbaren Wichtigkeit, in den Mittelpunkt der deutschen Gesamtpolitik zu stellen. Dagegen bedaure ich, daß man, getragen von an sich schönen Theorien, so spät in Deutschland dazu gelangt ist, die Judenfrage aus dem Gesichtspunkt des berechtigten nationalen Egoismus und im Rahmen einer weitschauenden nationalen Bevölkerungspolitik zu behandeln.«[141]

In der Tradition Treitschkes und Lagardes war Hasse bemüht, sich einerseits von der »vulgären« Judenfeindschaft der antisemitischen Parteien zu distanzieren und gleichzeitig die Bedeutung der »Judenfrage« für die nationale Entwicklung zu betonen. Eine Lösung dieser Frage konnte seiner Meinung nach nur durch ein striktes Einwanderungsverbot für Juden erfolgen. Auf diese Weise, so hoffte er, würde die jüdische Bevölkerung innerhalb weniger Generationen »zusammenschmelzen« und schließlich vollständig assimiliert werden.[142] Die Forderung nach einem generellen Einwanderungsverbot für Juden, vor allem aus Osteuropa, erhob Hasse jedoch keineswegs nur als »privater« Publizist, sondern auch als Kandidat und Reichstagsabgeordneter der Nationalliberalen für den Wahlkreis Leipzig-Stadt. In seinem Wahlprogramm von 1898 heißt es:

»Um den seit Generationen unter uns wohnenden Rassen-Fremden das Aufgehen in deutscher Eigenart zu erleichtern, ist die Einwanderung der Semiten und Slawen zu verbieten. Dagegen sind die wohlerworbenen Rechte der durch Geburt dem Deutschen Reiche angehörenden Juden und Slawen und der naturalisierten Fremden zu achten. Andererseits muß von denen, die gleiche Rechte mit uns genießen wollen, verlangt werden, daß sie dem deutschen und christlichen Charakter unseres Staates gerecht werden.«[143]

Hasses antisemitisches Programm zielte darauf, die jüdische Zuwanderung aus Osteuropa zu stoppen oder zumindest zu begrenzen, um die Assimilierung der im Reich lebenden Juden zu beschleunigen. Der erste Teil dieses Programms, die Begrenzung der jüdischen Zuwanderung, entsprach einer zentralen Forde-

141 RT, Bd. 139 (1895), S. 1277–1280 (Zitat: S. 1277); AB, Jg. 5, 1895, S. 57.

142 *Hasse*, Zukunft, S. 67f.

143 »Hasse als Politiker«, Leipzig 1998, BA-B, ADV, Nr. 369, S. 6. Leipzig war eines der Zentren der Einwanderung osteuropäischer Juden nach Deutschland. Vgl. *Wertheimer*, Strangers, S. 184–191.

rung der Antisemiten, wie sie seit der »Antisemitenpetition« von 1880/81 zum festen Bestandteil des politischen Antisemitismus gehörte.[144]

Angesichts dieser öffentlichen Äußerungen ihres Vorsitzenden kann es nicht überraschen, daß sich der Alldeutsche Verband immer wieder den Vorwurf des Antisemitismus gefallen lassen mußte.[145] Für den hier untersuchten Zusammenhang ist jedoch vor allem von Bedeutung, daß Hasse, obwohl er die Juden als eine eigene »Rasse« definierte, dennoch eine Assimilation für möglich hielt. »Rasse« bedeutete für ihn die Zugehörigkeit zu einer ethnisch definierten Kulturgemeinschaft, die immer auch auf Abstammung und Vererbung basierte, durch diese Faktoren jedoch nicht determiniert wurde. Der Rassenbegriff diente ihm vielmehr als semantischer Code, um dem traditionellen Topos von den Juden als »Fremdkörper« im deutschen Volk eine neue Plausibilität zu verschaffen. Als unabdingbare Voraussetzung für einen erfolgreichen Assimilationsprozeß galt ihm jedoch ein generelles Einwanderungsverbot für Juden. Für den Fall, daß sich diese Maßnahme als erfolglos erweisen sollte, gab er bereits 1907 eine düstere Prognose: »Könnte dann eine andere Lösung der Judenfrage stattfinden, als die der Austreibung aller Menschen jüdischer Abstammung aus den Grenzen des Deutschen Reiches? An diese Möglichkeit glauben wir nicht.«[146] Hasses Glaube an die Möglichkeit einer sukzessiven Assimilation der im Deutschen Reich lebenden Juden enthielt mithin eine gehörige Portion Zweckoptimismus, der aus der Furcht vor den möglichen Alternativen gespeist wurde. Es sollte Hasses Nachfolger als Vorsitzender des Alldeutschen Verbandes und einer jüngeren Generation der radikalen Nationalisten vorbehalten bleiben, über diese Alternativen nachzudenken und ihnen politisch-publizistischen Nachdruck zu verleihen.

2.2. Der Antisemitismus als »Code der Radikalität«

Die nach der Jahrhundertwende einsetzende Rezeption rassentheoretischer Vorstellungen förderte die Entwicklung des radikalnationalistischen Antisemitismus nachhaltig. Die Verbreitung der Rassensemantik darf jedoch nicht vorbehaltlos mit dem Vordringen antisemitischer Deutungsmuster gleichgesetzt werden.[147] Denn nicht der Rassenbegriff als solcher, sondern erst seine gezielte Instrumentalisierung durch Vertreter einer »neuen Generation« der radikalen

144 Zur »Antisemitismuspetition« vgl. *Kampe*, S. 23–33; *Pulzer*, S. 91, 241f.

145 Vgl. AB, Jg. 4, 1894, S. 197.

146 *Hasse*, Zukunft, S. 67f.

147 Vgl. *Chickering*, We Men, S. 230–245; *Hering*, Nation, S. 187–205, die beide die radikalnationalistische Rassensemantik pauschal als Beleg für das Vordringen antisemitischer Deutungsmuster anführen. Wie in Kapitel II.2 gezeigt, stellt eine solche Gleichsetzung jedoch eine unzulässige Reduktion dar, die dem polyvalenten Bedeutungsgehalt des Rassenbegriffs nicht gerecht wird.

Nationalisten war die entscheidende Ursache für die Ausbreitung antisemitischer Deutungsmuster. Heinrich Claß selbst hat in seinen Memoiren auf diese spezifische Funktion des Antisemitismus hingewiesen. Im Rückblick auf seine Studentenzeit in Berlin hebt er den prägenden Einfluß hervor, den die Vorlesungen Treitschkes auf ihn ausübten. Insbesondere zwei Dinge habe er von Treitschke gelernt: einen »leidenschaftlichen Nationalismus« und »die entschiedenste Ablehnung des Judentums«. Vor allem letzteres führte zu einem Konflikt mit seinen liberal eingestellten Eltern:

»Ein Schatten fiel für beide Eltern auf mein Berliner Erlebnis: meine Ablehnung des Judentums. Man muß bedenken, daß drei Worte über dem Denken und Trachten von Häusern, wie dem unserigen standen – drei Fremdworte: Patriotismus, Toleranz, Humanität. Das waren die politischen und menschlichen Ideale jener beiden Geschlechterfolgen, die ganz unter liberalen Einflüssen standen und auf die Gleichberechtigung aller Staatsangehörigen schwuren. Wir Jungen waren fortgeschritten: wir waren national schlechthin; wir wollten von Toleranz nichts wissen, wenn sie Volks- und Staatsfeinde schonte; die Humanität im Sinne jener liberalen Auffassung verwarfen wir, weil das eigene Volk dabei zu kurz kommen mußte.«[148]

Für Claß war der Antisemitismus Ausdruck einer »fortschrittlichen« Geisteshaltung und diente ihm zunächst zur politischen Emanzipation von seinem Elternhaus. Diese für ihn prägende Konflikterfahrung findet sich auch in seinem späteren politischen Wirken wieder. So beschreibt er seinen Aufstieg innerhalb des Alldeutschen Verbandes als einen Generationskonflikt zwischen der von ihm repräsentierten, jüngeren, radikal gesinnten und einer älteren Generation, die nicht zu einer bedingungslosen »nationalen Opposition« bereit gewesen sei.[149] Natürlich ist Claß' retrospektive, 1932 veröffentlicht Selbststilisierung gekennzeichnet von dem Bestreben, sich als frühen Vorläufer der nationalsozialistischen Bewegung zu profilieren. Gleichwohl enthält seine Darstellung einen empirischen Kern. Die semantische Gleichsetzung von »radikal«, »fortschrittlich« und »antisemitisch« verweist auf die generationsspezifische Bedeutung und Funktion des radikalnationalistischen Antisemitismus.

Ungeachtet der Schwierigkeiten, exakt zu definieren, was genau eine Generation ausmacht und wer ihr angehört, hat der Begriff als Untersuchungsgegenstand in der historischen und sozialwissenschaftlichen Forschung eine bemerkenswerte Konjunktur erfahren. Gerade für die deutsche Geschichte des 19. und 20. Jahrhunderts mit ihren zahlreichen Brüchen und Diskontinuitäten hält die Kategorie der Generation ein großes Erklärungspotential bereit. Denn ein »Generationszusammenhang« entsteht, wie bereits Karl Mannheim

148 *Claß*, Strom, S. 13–18 (Zitate: S. 15, 16, 17). Wörtlich heißt es ebd. S. 15–16: »Mir war Treitschke der Meister, der mein Leben bestimmte ... Sein Wort ›die Juden sind unser Unglück‹ ging mir mit meinen zwanzig Jahren in Fleisch und Blut über, es hat einen wesentlichen Teil meiner späteren politischen Arbeit bestimmt.«

149 Vgl. *Claß*, Strom, S. 45, 54, 61, 67, 88, 90f.

gezeigt hat, nicht schon durch den Zufall der zeitlich gleichen Geburt, sondern erst dann, wenn Menschen aus benachbarten Geburtsjahrgängen in einer bestimmten Lebensphase (vor allem in einer frühen Phase ihrer persönlichen und politischen Sozialisation) gemeinsame und von anderen unterscheidbare Erfahrungen machen, die ihre Erwartungen an die Zukunft nachhaltig prägen.[150] In diesem Sinne sollen im folgenden der von Claß beschriebene Generationskonflikt und seine Bedeutung für die Verbreitung antisemitischer Deutungsmuster unter den radikalen Nationalisten näher untersucht werden. Mit der idealtypischen Unterscheidung von zwei politischen Generationen der radikalen Nationalisten wird dabei keine im strengen Sinne repräsentative, wohl aber eine für die hier erörterte Fragestellung typische, Auswahl vorgenommen.[151]

Heinrich Claß wurde am 29. Februar 1868 in Alzey in Rheinhessen geboren. Er gehörte damit wie Alfred Hugenberg (1865–1951), Julius Friedrich Lehmann (1864–1935), Theodor Reismann-Grone (1863–1949), Paul Langhans (1867–1952) oder Ernst zu Reventlow (1869–1943) einer Generation an, die zu jung war, um die Einigungskriege und die Reichsgründung noch persönlich miterlebt zu haben und sie lediglich aus Erzählungen, Büchern oder verklärenden Festveranstaltungen wie dem alljährlichen »Sedantag« kannte.[152] Im Gegensatz zu dieser »Generation der Nachgeborenen« hatten etwa Ernst Hasse (1846–1908), August Keim (1845–1926) oder Dietrich Schäfer (1845–1929), drei führende Repräsentanten der älteren Generation der radikalen Nationalisten, als Soldaten an den Kriegen von 1864 und 1870/71 teilgenommen und die Reichsgründung als junge Erwachsene erlebt.[153] Die Teilnahme an den Einigungskriegen und das persönliche Erleben der Reichsgründung begründeten eine Erfahrungsdifferenz, die für die jüngere Generation der radikalen Nationalisten unüberbrückbar war und deshalb zur Herausbildung eines spezifischen Generationsbewußtseins führte. Niemand hat dieses Generationsbewußtsein treffender formuliert als Max Weber (1864–1920), der gegen Ende seiner Freiburger Antrittsvorlesung zur Stellung seiner Generation »in der historischen Entwicklung des Vaterlandes« erklärte:

150 Zum Generationenbegriff vgl. *Mannheim*; *Jureit u. Wildt*; *Jaeger*, *Spitzer*; *Schulz*, Individuum. Zu seiner Anwendung auf die deutsche Geschichte *Doerry*; *Peukert*, Weimarer Republik, S. 25–31; *Herbert*, Best, S. 42–50; *ders.*, Generation; *Wildt*, S. 23–29, 41–71, 847–850.

151 Repräsentative Aussagen zum Alter der radikalnationalistischen Aktivisten sind aufgrund fehlender Quellen nicht möglich. Vgl. *Chickering*, We Men, S. 104f., 312; *Coetzee*, Army League, S. 96f.

152 Vgl. die Rede des siebzehnjährigen Alfred Hugenberg auf dem Schulfest am Sedantag 1882, BA-K, Nl. Hugenberg, Nr. 111, Bl. 308–311; *ders.*, Streiflichter, S. 195–200. Nach Berechnungen von *Chickering*, We Men, S. 104f., 312 wurden über 60 Prozent der alldeutschen Funktionsträger nach 1860 geboren.

153 Vgl. »Hasse als Politiker«, BA-B, ADV, Nr. 369, Bl. 1–3; *Keim*, S 35; *Schäfer*, Mein Leben, S. 70–75; *ders.*, Selbstbiographie, S. 444.

»An unserer Wiege stand der schwerste Fluch, den die Geschichte einem Geschlecht als Angebinde mit auf den Weg zu geben vermag: das harte Schicksal des politischen *Epigonentums* ... Es wird uns nicht gelingen, den Fluch zu bannen unter dem wir stehen: Nachgeborene zu sein einer politisch großen Zeit, – es müßte denn sein, daß wir verstünden etwas Anderes zu werden: Vorläufer einer größeren. Wird das unser Platz in der Geschichte sein?«[154]

Es war dieser von Weber beklagte »Fluch des politischen Epigonentums«, der die gemeinsame Grunderfahrung der jüngeren Generation der radikalen Nationalisten bildete und sie von der älteren »Reichsgründungsgeneration« unterschied. Für die Angehörigen dieser »Generation der Nachgeborenen«, deren Angehörige zumeist um die Mitte der 1860er geboren waren, stellte die Reichsgründung die unüberbrückbare generationelle Differenz dar, die den Mangel an eigener Erfahrung vor Augen führte und zugleich die Frage nach künftigen Zielen und Herausforderungen aufwarf. Ähnlich wie Weber klagte auch Hugenberg über die Last, Nachfahre »einer großen Zeit« zu sein. In einer Festrede am 12. April 1902 in Posen pries er die Heldentaten der Vätergeneration, um unmittelbar im Anschluß daran auszuführen: »Aber wir, wir Jüngeren, was sind und was denken wir? Wir haben nicht mitgetan! Wir sind die Erben! Die Erben eines reichen, großen Hauses! In Wohlleben sind wir groß geworden, stolz und ohne Rückgedanken an die Zeit, da unser deutsches Vaterhaus klein und armselig war.«[155] Dieses Bewußtsein des politischen Epigonentums verfolgte Hugenberg zeit seines Lebens und bildete einen wichtigen Antrieb seines politischen Engagements.[156] Max Webers Antwort auf die Frage nach der historischen Mission seiner Generation war bekanntlich ein leidenschaftliches Plädoyer für eine energische deutsche Weltmachtpolitik. Die große Resonanz, die diese Forderung bei seinen Zeitgenossen erfuhr, resultierte mithin auch daher, daß er damit ein spezifisches Generationsbewußtsein zum Ausruck brachte.

Obwohl oder womöglich gerade weil die Angehörigen der jüngeren Generation der radikalen Nationalisten den Krieg nicht auf dem Schlachtfeld, sondern allenfalls als Kinder in der Heimat erlebt hatten, konnten sie ihn als heroisches Erlebnis stilisieren und das Soldatische zu ihrer Tugend erklären. Ihr Lebensgefühl und politisches Weltbild wurde durch die Glorifizierung der Einigungskriege geprägt. Die Verklärung der Reichsgründung sowie die militärische Jugenderziehung in Schule und Vereinsleben beförderten eine mentale Militarisierung, die zusammen mit der Sehnsucht nach einer historischen Mission einen politischen Erwartungshorizont prägte, für den die Gründung

154 *Weber*, Nationalstaat, S. 569, 573.

155 *Hugenberg*, Streiflichter, S. 274–279 (Zitate: S. 276).

156 Vgl. *Hugenberg*, Streiflichter, S. 183–187, 195–200, 216–218. Noch 1918 rühmte er in einer Tischrede die »Generation Bismarcks« und erklärte: »Wir anderen aber – die große Mehrzahl unter uns – wir sind die Nachgeborenen. Früher sagte man Epigonen« (ebd. S. 184).

des Deutschen Reiches nicht mehr den Endpunkt, sondern den Anfang der nationalen Entwicklung darstellte. Dieser Erwartungshorizont ging einher mit einem unbedingten Willen zur »nationalen Tat«, der auch vor radikalen Maßnahmen nicht zurückschreckte. Die jüngere Generation der radikalen Nationalisten weist in dieser Hinsicht zahlreiche strukturelle Parallelen zu der von Michael Wildt untersuchten »Kriegsjugendgeneration« nach dem Ersten Weltkrieg auf, deren Angehörige später das Führungspersonal des Reichssicherheitshauptamtes bildeten. Auch die jungen Radikalnationalisten der wilhelminischen Epoche lassen sich als eine »Generation des Unbedingten« beschreiben, die auf nichts geringeres zielte als auf eine radikal neue Ordnung jenseits des existierenden politischen und gesellschaftlichen Status quo.[157]

Eine weitere generationelle Prägung erfuhren die jungen Radikalnationalisten während ihrer Studentenzeit. Antisemitismus und die Ausgrenzung jüdischer Kommilitonen waren bis zur Jahrhundertwende zu einer rigiden sozialen Norm in großen Teilen der Studentenschaft geworden. Dieser studentische Antisemitismus war der Ausdruck einer weltanschaulichen Wende innerhalb der jüngeren Generation, die sich in einer Abkehr von der liberalen Grundhaltung ihrer Väter manifestierte, wie Heinrich Claß sie in seinen Memoiren beschrieb.[158] Die treibende Kraft dieser Entwicklung war der 1881 gegründete »Kyffhäuserverband der Vereine deutscher Studenten«, der eine dezidiert antisemitisch-nationalistische Ideologie propagierte und eine Marginalisierung jüdischer Studenten und Dozenten im akademischen Leben zum Ziel hatte. Antisemitismus galt seinen Anhängern als offensiver Ausdruck der »richtigen« nationalen Gesinnung und zugleich als ein Beweis von »Männlichkeit«. Jüdische Studenten waren von der Mitgliedschaft im Verband ausgeschlossen und wurden immer wieder zur Zielscheibe seines antisemitischen Aktionismus. Infolge der unermüdlichen Agitation des Kyffhäuserverbandes drangen antisemitische Deutungsmuster spätestens bis zur Jahrhundertwende in nahezu alle studentischen Verbindungen ein und wurden in weiten Kreisen der Studentenschaft zum verbindlichen Bestandteil des politischen Weltbildes.[159] Antisemitismus war in diesem Zusammenhang keine politische Meinung unter anderen, sondern Ausdruck eines spezifischen generationellen Stils, der den Studenten die Möglichkeit eröffnete, sich durch eine neue Radikalität von den von ihnen verachteten liberalen Überzeugungen ihrer Eltern und Lehrer abzugrenzen.[160]

Die politische Sozialisation großer Teile der Studentenschaft im antisemitischen Milieu des Kyffhäuserverbandes und anderer studentischer Verbindungen,

157 Vgl. *Wildt*, S. 23–29, 41–71, 847–850; *Herbert*, Best, S. 42–50; *ders.*, Generation.

158 *Kampe*, S. 13, 185–204; *Berding*, Antisemitismus, S. 111–120.

159 *Kampe*, 125–151; *Roos-Schumacher*, S. 48–54, 102–108, 159–164.

160 Auch in dieser Hinsicht weist die jüngere Generation der radikalen Nationalisten Parallelen zur »Kriegsjugendgeneration« nach dem Ersten Weltkrieg auf, die hier nicht weiter verfolgt werden können. Vgl. *Wildt*, S. 72–89; *Herbert*, Best, S. 51–69; *ders.*, Generation.

führte zur Herausbildung einer akademischen Trägerschicht des Antisemitismus, die entscheidenden Anteil daran hatte, daß antisemitische Deutungsmuster auch nach dem Niedergang des parteipolitischen Antisemitismus weiterhin lebendig blieben und fortan durch Vereine, Verbände und andere gesellschaftliche Institutionen Wirksamkeit entfalteten. Daß hierbei die nationalistischen Agitationsverbände eine zentrale Rolle spielten, kann nicht überraschen, denn der »Kyffhäuserverband« unterhielt enge Beziehungen zu fast allen »nationalen Verbänden«. Diese bildeten deshalb ein bevorzugtes Betätigungsfeld für ehemalige Aktivisten der Kyffhäuserbewegung.[161] Wichtig ist jedoch festzuhalten, daß die jüngere Generation der radikalen Nationalisten ihre antisemitische Sozialisation nicht in den nationalistischen Agitationsverbänden, sondern bereits an der Universität erfuhr. Die jungen Radikalen brachten den Antisemitismus mit in die »nationalen Verbände«, von wo aus er weiter in die Gesellschaft getragen wurde. Gleichzeitig diente der Antisemitismus ihnen dazu, ihre Entschlossenheit zu radikalem Handeln zu bekunden und damit ihren Führungsanspruch innerhalb der jeweiligen Organisation anzumelden. In generationsgeschichtlicher Perspektive läßt sich der radikalnationalistische Antisemitismus mithin als ein »Code der Radikalität« interpretieren, der die Entschlossenheit zu entschiedenem Handeln und den Führungsanspruch einer neuen Generation zum Ausdruck bringen sollte.[162]

Diese spezifische Funktion des radikalnationalistischen Antisemitismus zeigt sich paradigmatisch in der politischen Karriere von Heinrich Claß. Bereits während seines Studiums in Gießen war Claß 1890 als Wahlkampfhelfer für den Antisemiten Otto Böckel politisch aktiv geworden. Nach Abschluß seines Studiums ging er 1891 nach Mainz, um sein Referendariat anzutreten. Dort unterstütze er 1893 die Reichstagskandidatur seines Vorgesetzten, des späteren hessischen Finanzministers Ernst Braun, für die Nationalliberale Partei. Den Mißerfolg dieser Bemühungen führte Claß in seinen Memoiren darauf zurück, daß die Leitung der Nationalen Partei in Mainz ganz und gar »in jüdischen Händen« gelegen habe.[163] 1895 ließ er sich in Mainz als Rechtsanwalt nieder. Noch während seines Studiums in Gießen hatte er das völkische und antisemitische Gedankengut Friedrich Langes kennengelernt. Als dieser im April 1894 seinen Aufruf zur Gründung des »Deutschbundes« publizierte, gehörte Claß zu den Initiatoren der Mainzer »Deutschbund-Gemeinde« und wurde im Oktober desselben Jahres als ihr Delegierter zur Gründungsta-

161 Vgl. *Kampe*, S. 134–139.

162 Vgl. *Claussen*, Rassismus, S. 7. Nicht selten verschmolz der Haß auf die Juden dabei mit anderen Feindbildern oder diente sogar als Vorbild für die Behandlung anderer Minderheiten. In diesem Sinne schrieb der Aktivist des DOV Ludwig Bernhard (1875–1935) an seinen Freund Alfred Hugenberg: »Die Polen sind wie die Juden, je mehr sie getreten werden umso versöhnlicher werden sie.« Vgl. Bernhard an Hugenberg, 30.10.1907, BA, Nl. Hugenberg, Nr. 9, Bl. 210.

163 *Claß*, Strom, S. 29f.

gung nach Berlin entsandt. Fortan zählten Claß und seine Mainzer Mitstreiter zu den aktivsten Mitgliedern der Bewegung, auf deren Initiative hin auch in Worms und Darmstadt »Deutschbund-Gemeinden« gegründet wurden.[164]

Schon bald jedoch reichte die Tätigkeit im »Deutschbund« nicht mehr aus, um Claß' politischen Ehrgeiz zu befriedigen. Als er im Februar 1897 den Geschäftsführer des Alldeutschen Verbandes, Adolf Lehr, kennenlernte, konnte dieser ihn dafür gewinnen, eine alldeutsche Ortsgruppe in Mainz zu gründen. Nach zwei Jahren organisatorisch und propagandistisch erfolgreicher Aufbauarbeit auf lokaler Ebene wurde Claß Ende 1898 in den Geschäftsführenden Ausschuß des Alldeutschen Verbandes berufen, wo er ein neues, seinen Ambitionen entgegenkommendes Betätigungsfeld fand. Bereits während seiner Mainzer Jahre hatte sich Claß dabei mit dem Vorwurf des Antisemitismus auseinanderzusetzen. Denn während er in seinen öffentlichen Äußerungen im Hinblick auf die »Judenfrage« große Zurückhaltung übte, machte er privat keinerlei Hehl aus seiner antisemitischen Gesinnung.[165] Diese öffentliche Zurückhaltung war jedoch rein taktisch begründet. Claß war fest entschlossen, seine dezidiert antisemitischen Überzeugungen auch innerhalb des Alldeutschen Verbandes durchzusetzen, allerdings hielt er die Zeit hierfür einstweilen für noch nicht gekommen. Denn obwohl der Verband zahlreiche Antisemiten in seinen Reihen vereinte, lehnte ein großer Teil der Mitglieder nach wie vor jegliche Form des Antisemitismus entschieden ab. Auch nach seiner Wahl zum stellvertretenden Verbandsvorsitzenden im Frühjahr 1904 blieb Claß in allen offiziellen Zusammenhängen deshalb bei seiner dilatorischen Haltung zur »Judenfrage«.

Statt dessen konzentrierte er seine Bemühungen darauf, dem »Rassegedanken« innerhalb und außerhalb des Verbandes zum Durchbruch zu verhelfen. Einen Meilenstein in dieser Hinsicht bildete die revidierte Satzung der Alldeutschen vom November 1903, mit der die Rassenideologie offiziell im Programm des Verbandes verankert wurde.[166] Für Claß waren »Rasse« und Antisemitismus keine Synonyme, wohl aber zwei Seiten ein und derselben Medaille. Durch die Verbreitung des »Rassengedankens«, so seine Überzeugung, werde zwangsläufig auch die Einsicht in die Bedeutung der »Judenfrage« befördert.[167] Mit anderen Worten: Rassenideologie und Antisemitismus stellten für ihn zwei komplementäre Deutungsmuster dar, die einander in ihrer Geltung wechselseitig

164 Vgl. hierzu und zum folgenden *Claß*, Strom, S. 18–37; *Lohalm*, S. 32–36.

165 *Claß*, Strom, S. 36.

166 § 1 der Satzung des ADV lautete seither: »Der Alldeutsche Verband erstrebt Belebung der deutschnationalen Gesinnung, insbesondere Weckung und Pflege des Bewußtseins der *rassenmäßigen* und kulturellen Zusammengehörigkeit aller deutschen Volksteile.« Vgl. BA-B, ADV, Nr. 4, Bl. 23–26 [Hervorhebung d. Vf.]; *Hering*, Nation, S. 124f., 194.

167 Vgl. BA-B, ADV, Nr. 86 (GA-Sitzung v. 6.9.1912), Bl. 8f.; Claß an Gerstenhauer v. 21.10.1912, BA-B, ADV, Nr. 196, Bl. 115; BA-B, ADV, Nr. 95 (GA-Sitzung v. 4.7.1914), Bl. 21f.

stärkten. Insofern konnte Claß, ohne seine Grundüberzeugungen zu verraten, auf explizite antisemitische Äußerungen verzichten, solange »Rasse« auch als semantischer Code für eben diese Überzeugungen verstanden wurde.

In genau diesem Sinne wurde die »Judenfrage« in den ersten Jahren des 20. Jahrhunderts innerhalb des Alldeutschen Verbandes immer häufiger im Zusammenhang mit der Rassenproblematik diskutiert. So veranstaltete etwa die alldeutsche Ortsgruppe in Stendal am 12. November 1907 einen Vortragsabend über die »Rassenfrage«, deren Bedeutung der Gastredner anhand von Schriften des antisemitischen Publizisten Theodor Fritsch erläuterte. Der Vortrag stieß jedoch auf entschiedenen Widerspruch des anwesenden nationalliberalen Reichstagsabgeordneten Paul Fuhrmann, der die antisemitische Stoßrichtung des Vortrags kritisierte. Fritsch sei ein »Träumer und Phantast«. Mit der Tatsache, daß die Juden im Deutschen Reich lebten, müsse man sich abfinden, erklärte Fuhrmann. Auch er sei der Meinung, daß der Zuzug von Juden aus dem Osten gestoppt werden müsse, denn »zwischen dem deutschen und dem russischen Juden bestehe ein Unterschied, größer als zwischen dem Juden und dem Deutschen«. Gleichwohl solle sich der Verband davor hüten, einem allgemeinen Antisemitismus zu verfallen.[168] Diese Episode verdeutlicht zweierlei: Zum einen das Bestreben der radikalnationalistischen Antisemiten, den Rassenbegriff als Code für antisemitische Überzeugungen zu etablieren, zum anderen jedoch auch den anhaltenden Widerstand gegen eine solch einseitige Instrumentalisierung.

An diesem grundsätzlichen Spannungsverhältnis änderte sich auch nach der Wahl Claß' zum Verbandsvorsitzenden im Februar 1908 nichts.[169] Die »Judenfrage« bildete weiterhin einen schwelenden Konfliktherd, an dem sich die Geister schieden.[170] Das tatsächliche Ausmaß des Antisemitismus innerhalb des Alldeutschen Verbandes ist mangels aussagekräftiger Quellen nicht eindeutig zu bestimmen. Kritische Zeitgenossen wiesen jedoch schon damals auf die dezidiert antisemitische Ausrichtung des Verbandes hin. So kam der Publizist Curt Bürger 1911 in einer Studie für den »Verein zur Abwehr des Antisemitismus« zu dem Ergebnis, daß der Alldeutsche Verband, obwohl er sich stets um eine offizielle Stellungnahme zum Antisemitismus herumgedrückt habe

168 Jüdisches Volksblatt (Breslau), Nr. 47, 22.11.1907, S. 459f. Den Hinweis auf diese Quelle verdanke ich Till van Rhaden. Zu Theodor Fritsch vgl. *Lohalm*, S. 56–56; *Bönisch*; *Puschner*, Bewegung, S. 57–62.

169 Insofern ist es unzutreffend, daß mit der Wahl von Claß zum Vorsitzenden »der definitive Wandel in der Einstellung des Verbandes zum Antisemitismus – sowohl im Programm wie in der Praxis« begonnen habe. Vgl. *Hering*, Nation, S. 194.

170 Vgl. den Brief von Friedrich Fick an Claß v. 29.4.1908, BA-B, ADV, Nr. 661, Bl. 12, in dem dieser bedauert, daß der ADV sich durch seinen zunehmenden Antisemitismus zu einem »Handlager der österreichischen Antisemiten mache.«

»durch und durch antisemitisch« sei.[171] Diese Einschätzung dürfte den tatsächlichen Verhältnissen sehr nahe kommen, selbst wenn man berücksichtigt, daß die Studie zur Bekämpfung antisemitischer Bestrebungen verfaßt wurde. Eindeutig festhalten läßt sich zumindest, daß seit 1908 immer mehr Schlüsselpositionen der Verbandsführung mit überzeugten Antisemiten besetzt wurden.[172]

Das Beispiel der Alldeutschen zeigt, daß antisemitische Deutungsmuster in den ersten Jahren des 20. Jahrhunderts innerhalb der jüngeren Generation der radikalnationalistischen Aktivisten weit verbreitet waren und in zunehmendem Maße Akzeptanz erlangten. Den entscheidenden Katalysator für die Ausbreitung des Antisemitismus in konservativen und rechtsliberalen Kreisen bildete die Reichstagswahl im Januar 1912, bei der die Sozialdemokratische Partei einen erdrutschartigen Sieg erringen konnte, der die innenpolitische Krise des Deutschen Reiches dramatisch verschärfte. Die Sozialdemokraten konnten nicht nur ihre Stimmenzahl von 3,26 Millionen im Jahre 1907 auf 4,25 Millionen verbessern, sondern auch die Zahl ihrer Mandate von 43 auf 110 erhöhen. Sie waren damit erstmals die stärkste Fraktion im Reichstag, während die konservativen und rechtsliberalen Parteien schwere Einbußen hinnehmen mußten. Auch die Antisemitenparteien erlitten eine für sie katastrophale Niederlage. Sie verloren 13 ihrer 16 Mandate und erzielten damit das schlechteste Ergebnis seit 1893.[173]

Der Ausgang der Wahl löste im bürgerlich-nationalen Lager Angst und Panikreaktionen aus, die gespeist wurden von der Schreckensvision einer sozialdemokratisch-linksliberalen Reichstagsmehrheit bei den nächsten Wahlen. Obwohl das Wahlergebnis den endgültigen Niedergang des parteipolitischen Antisemitismus bestätigte, avancierten für viele Konservative »die Juden« zum Sündenbock. Die »Kreuzzeitung« etwa erregte sich über die »jüdischen Wahlen« und »das jüdische Geld in der Politik« vor allen in der Sozialdemokratie und trug so dazu bei, den Topos vom »jüdischen Sozialismus« zu verbreiten.[174] Vor dem Hintergrund dieses tiefgreifenden Krisenbewußtseins ergriff Heinrich Claß die Initiative und verfaßte seine politische Streitschrift »Wenn ich der Kaiser wär'«. Das Buch war als Antwort auf die innenpolitische Krise nach der Reichstagswahl konzipiert und wurde ein großer publizistischer Erfolg. Bis 1914 wurden fünf Auflagen gedruckt und insgesamt etwa 25000 Exemplare verkauft.[175]

171 Vgl. *Bürger*, S. 90–99 (Zitat: S. 95). Auch Max Weber, von 1893 bis 1899 selbst Mitglied des ADV, sprach 1908 von »rabiaten Alldeutsch-Antisemiten«; zit. nach *Mommsen*, Weber, S. 58f.

172 Neben Claß ist in diesem Zusammenhang vor allem sein späterer Stellvertreter Konstantin Freiherr von Gebsattel (1854–1932) zu nennen. Vgl. dessen Denkschrift »Gedanken über einen notwendigen Fortschritt der Inneren Entwicklung Deutschlands« aus dem Oktober 1913, BA-B, ADV, Nr. 355, Bl. 47–53; *Lohalm*, S. 40–46; *Hering*, Nation, S. 203–205, 339–341.

173 Vgl. *Berding*, Antisemitismus, S. 138–140; *Bertram*.

174 Zit. nach *Wehler*, DGG, Bd. 3, S. 1065.

175 *Lohalm*. S. 27f., 38–40, *Hering*, Nation, S. 196–201; *Chickering*, We Men, S. 285–287; *Berding*, Antisemitismus, S. 138–140; *Stegmann*, Erben, S. 293–304; *Claß*, Strom, S. 235–239.

Das »Kaiserbuch« entwarf ein umfassendes politisches Reformprogramm für das Deutsche Reich. Mit Blick auf die Außenpolitik kritisierte Claß die Erfolglosigkeit aller bisherigen imperialistischen Expansionsbestrebungen und forderte eine aggressive Machtpolitik des deutschen Reiches, die auch vor dem Risiko eines »großen Krieges« nicht zurückschrecken sollte.[176] Innenpolitisch verlangte er außer einer entschiedenen Germanisierungspolitik gegenüber den »volksfremden« Minderheiten in den preußischen Ostprovinzen, Elsaß-Lothringen und Nordschleswig, die Abschaffung des allgemeinen, gleichen Wahlrechts zugunsten eines nach Steueraufkommen und Bildung differenzierten Fünf-Klassen-Wahlrechts sowie die Fernhaltung der Frauen vom politischen Leben. Im Hinblick auf den Kampf gegen die Sozialdemokratie plädierte Claß für eine Wiedereinführung des Sozialistengesetzes. Für den Fall, daß sich auch dieses Mittel als erfolglos erweisen sollte, forderte er als ultima ratio die Bereitschaft zum Staatsstreich und zur Errichtung einer plebizitär abgestützten Diktatur mit dem »Kaiser als Führer«.[177] Die schärften Angriffe richtete Claß jedoch gegen die Juden, denn für ihn galt als erwiesen, »daß die Massenvergiftung deutscher Wähler ohne die Mitwirkung des Judentums gar nicht möglich gewesen wäre.« Ausführlich widmete er sich deshalb der »verhängnisvollen Rolle« des Judentums im deutschen »Volksleben«. Juden und Deutsche, so Claß, seien »ihrem innersten Wesen nach wie Feuer und Wasser«. Dieser Gegensatz sei biologisch, d.h. »rassisch« begründet und deshalb unüberwindbar. Folglich war das Verhältnis von Deutschen und Juden für Claß die Geschichte eines immerwährenden Konfliktes, der sich seit Gründung des Deutschen Reiches dramatisch zugespitzt hatte. Denn aufgrund ihrer »rassenmäßigen« Anlagen seien die Juden in weit höherem Maße als die Mehrheit der Deutschen in der Lage gewesen, vom Wirtschaftsboom der Reichsgründungsära zu profitieren und ihren wirtschaftlichen Erfolg »auf alle Gebiete des nationalen Lebens« auszuweiten, so daß nahezu das gesamte politische und kulturelle Leben unter jüdischem Einfluß stehe. In dieser »Zersetzung durch jüdisches Blut und jüdischen Geist« lag für Claß die eigentliche Ursache für die vielfältigen Verfallserscheinungen, die er in Politik, Wirtschaft und Kultur zu erkennen glaubte.[178]

Claß' rassentheoretisch begründeter Dualismus von Deutschtum und Judentum lief darauf hinaus, die Juden, in allem, was sie stereotyp repräsentierten, zu dem »Feind schlechthin« zu stilisieren. In seinem manichäischem Welt- und Geschichtsbild waren die Juden der Inbegriff des »Undeutschen« und übernahmen damit die strukturelle Funktion einer »Gegenrasse«. Mit anderen Worten: Für Claß' rassentheoretische Konstruktion der »Volksgemeinschaft« war die negative Abgrenzung gegenüber dem »jüdischen Feind« im Innern konstitutiv.

176 *Claß*, Kaiser, S. 5–15, 102–104, 136–188.

177 Ebd., S. 40–57, 64–71, 79–93, 118–126, 219–229 (Zitat: S. 227).

178 Ebd., S. 30–39 (Zitate: S. 30–32, 35, 43).

Erst durch die Differenzkategorie der »jüdischen Rasse« gewann sein Begriff des »Deutschtums« überhaupt Konturen.[179] Die semantische Gleichsetzung von »jüdisch« mit »undeutsch« erlaubte es Claß darüber hinaus im Umkehrschluß, alles »Undeutsche« als »jüdisch« zu denunzieren. Im Ergebnis lief seine Argumentation auf eine Tautologie hinaus: Die Juden waren die Ursache für jedes Übel der deutschen Gesellschaft und zugleich waren alle diese Übel ihrem Wesen nach »jüdisch«.

Zur Rettung des deutschen Volkes vor der vom ihm beschworenen »jüdischen Zersetzung« forderte Claß drakonische Maßnahmen, die auf eine vollständige Exklusion der Juden aus dem politischen, wirtschaftlichen, gesellschaftlichen und kulturellen Leben zielten. Als erstes sollten die Grenzen des Deutschen Reiches »vollständig und rücksichtslos gegen jede weitere jüdische Einwanderung gesperrt werden«. Gleichzeitig sollten »die fremden Juden«, die noch kein »Bürgerrecht« erworben hatten, »bis auf den letzen Mann« ausgewiesen werden. Zusätzlich forderte Claß, alle verbliebenen, »landansässigen« Juden unter Fremdenrecht zu stellen. Konkret war damit gemeint, jüdische Mitbürger von allen öffentlichen Ämtern auszuschließen und ihnen das aktive und passive Wahlrecht zu entziehen. Außerdem sollte ihnen der Dienst im Heer und in der Flotte sowie die Ausübung des Anwalts- und Lehrerberufs untersagt werden. Darüber hinaus schlug er vor, Juden die Leitung von Theatern und Bankgesellschaften sowie den Erwerb von »ländlichem Besitz« grundsätzlich zu verbieten. Und schließlich sollten Zeitungen, an denen Juden mitarbeiteten, als solche kenntlich gemacht werden. Als »Entgelt für den Schutz, den die Juden als Volksfremde« genossen, sollten sie schließlich auch noch Steuern in doppelter Höhe wie die Deutschen zahlen.[180]

Wie dieser Maßnahmenkatalog zeigt, hatte Claß sehr genaue Vorstellungen davon, was mit den Juden geschehen sollte. Weitaus größere Probleme bereitete ihm dagegen die Beantwortung der Frage: Wer ist Jude? Angesichts der Unmöglichkeit, eindeutige Kriterien für die Zugehörigkeit zur »jüdischen Rasse« zu finden, rekurrierte auch Claß auf die Religionszugehörigkeit: »Jude im Sinne des geforderten Fremdenrechts ist jeder, der am 18. Januar 1871 der jüdischen Religionsgemeinschaft angehört hat, sowie alle Nachkommen von Personen, die damals Juden waren, wenn auch nur ein Elternteil jüdisch war oder ist.« Diese Definition enthielt, wie Claß freimütig einräumte, ein Element der Willkür und deshalb war für ihn auch ein anderer Stichtag denkbar. An der grundsätzlichen Notwendigkeit einer wie auch immer gearteten Stichtagslösung hielt er jedoch fest. Praktisch bedeutete diese Definition, wie Claß selbst darlegte, daß noch der Enkel eines im Jahr 1875 zum Protestantismus konver-

179 Ebd., S. 255. Vgl. *Geulen*, Wahlverwandtschaft, S. 200–204; *Lutomski*, S. 295–324; *Leicht*, S. 122–126.

180 Ebd., S. 74–78 (Zitate: S. 74, 76).

tierten Juden, dessen Tochter einen Nichtjuden geheiratet hatte, als Jude einzustufen war.[181]

Claß' »Kaiserbuch« war eines der radikalsten judenfeindlichen Pamphlete der wilhelminischen Zeit. Mit ihm erreichte der radikalnationalistische Antisemitismus seine bis dahin schärfste Form und zugleich eine neue ideologische Qualität. Denn Claß beschränkte sich nicht darauf, die traditionellen Topoi und Stereotypen des Rassenantisemitismus in das radikalnationalistische Weltbild zu integrieren, sondern propagierte darüber hinaus eine konkrete politische »Lösung« der »Judenfrage«. In dieser Transformation antisemitischer Vorurteile in ein politisches Handlungsmodell lag ein ideologischer Quantensprung, dessen Bedeutung für die weitere Entwicklung des radikalnationalistischen Antisemitismus kaum überschätzt werden kann.[182] Zu einem Zeitpunkt, an dem der parteipolitische Antisemitismus in der Auflösung begriffen war, baute Claß so eine neue Brücke zwischen antisemitischem Weltbild und politischer Praxis, die fortab als ideologischer Kompaß für alle diejenigen fungierte, die wie er davon überzeugt waren, daß die Juden eine Gefahr für die Zukunft des deutschen Volkes darstellten.

Daß der Antisemitismus auch nach der vernichtenden Wahlniederlage der antisemitischen Parteien im Januar 1912 politisch keinesfalls tot war, belegt die Gründung neuer antisemitischer Organisationen. Bereits kurz nach der Reichstagswahl wurde der »Verband gegen die Überhebung des Judentums« ins Leben gerufen mit dem Ziel, über die »jüdische Gefahr« aufzuklären und die »jüdische Zersetzungsarbeit« abzuwehren. Ihm folgte im Mai 1912 der von Theodor Fritsch initiierte »Reichshammerbund«, der es sich zur Aufgabe machte, die verschiedenen antisemitischen Aktivitäten zu koordinieren und sie zu einer einheitlichen Organisation zu vereinigen. Zwar scheiterten alle diese Bemühungen zur Gründung einer antisemitischen Dachorganisation an dem notorischen Eigensinn der antisemitischen Akteure, sie trugen jedoch dazu bei, antisemitische Deutungsmuster in unterschiedliche gesellschaftliche Bewegungen und Organisationen hineinzutragen.[183]

Angesichts dieser allgemeinen Ausbreitung antisemitischer Bestrebungen, ist es bemerkenswert, daß Claß in seiner Funktion als Vorsitzender des Alldeutschen Verbandes seine persönlichen Überzeugen zurückstellte und auch weiterhin für Zurückhaltung bei der öffentlichen Behandlung der »Judenfrage« plädierte. Nicht zuletzt aufgrund der von ihm mit seinem »Kaiserbuch« selbst beförderten, neuerlichen Debatte um die »jüdische Frage« mehrten sich jedoch unter den Alldeutschen die Stimmen derer, die auf eine entschiedenere Haltung

181 Ebd., S. 75f. Diese Definition sowie der von Claß propagierte Maßnahmenkatalog zur Exklusion der Juden nahmen zahlreiche Regelungen der sogenannten »Nürnberger Gesetze« von 1935 vorweg. Vgl. *Essner*, »Nürnberger Gesetze«, S. 76–173; *Gosewinkel*, Einbürgern, S. 383–393.

182 Vgl. hierzu grundlegend *Niewyk*.

183 *Lohalm*, S. 30–32; *Bergmann*, S. 459–461.

der Verbandsleitung drängten. Vor diesem Hintergrund kam es im September 1912 im Geschäftsführenden Ausschuß zu einer intensiven Diskussion um die offizielle des Haltung des Verbandes zum Antisemitismus. Dem Ausschuß lag ein Antrag vor, der Verband möge »von Amtswegen Stellung zur Judenfrage beziehen«. Claß sprach sich mit großer Entschiedenheit gegen diesen Antrag aus, mit der Begründung: »Legen wir uns auf den Antisemitismus fest, so verlieren wir manche Wirkungsmöglichkeit.« Gleichzeitig betonte er nochmals ausdrücklich: »Wir sind die schärfste nationale Gruppe und stehen auf dem Boden der Rasse. Daraus ergibt sich ganz von selbst unsere Stellung in dieser Frage – eine förmliche Festlegung ist unnötig und schädlich.«[184] Mit einer selten zu findenden Offenheit gestand Claß in dieser Äußerung ein, daß der Rassenbegriff den Alldeutschen als ein semantischer Code für antisemitische Überzeugungen diente. Gleichzeitig warnte er jedoch weiterhin vor einer offen antisemitischen Agitation. In der Praxis setzte er damit jene Politik der offiziellen Neutralität fort, die für die Verbandsleitung seit jeher kennzeichnend gewesen war.

Mit dieser Haltung geriet Claß innerhalb des Verbandes allerdings immer mehr unter Druck. Zunehmend fand er sich in der Situation des antisemitischen Zauberlehrlings wieder, der die Geister, die er gerufen hatte, nicht mehr los wurde. Im September 1913 kam es im Geschäftsführenden Ausschuß zu einer erneuten Generaldebatte über die Haltung der Alldeutschen zur »Judenfrage«. In seinem Bericht für den Ausschuß beklagte der Essener Verleger Theodor Reismann-Grone, daß sich »schon fast das gesamte deutsche Geistesleben in jüdischen Händen« befände und beschwor die Gefahr einer »völligen Knechtung des deutschen Volkes durch das Judentum«. Laut Protokoll brachte die Diskussion »den einmütigen Willen der Leitung des A.D.V. zum Ausdruck, die Judenfrage, ihrer hervorragenden Wichtigkeit gemäß, immer dringlicher und immer eingehender zu behandeln und nach besten Kräften um Beseitigung der gewaltigen, aus dieser Frage dem deutschen Volkstume entspringenden Gefahren besorgt zu sein.«[185] Mit diesem Formelkompromiß konnte die alldeutsche Verbandsführung noch einmal eine offizielle Stellungnahme zum Antisemitismus vermeiden. Statt dessen gewährte sie dem »Verband gegen die Überhebung des Judentums« im darauffolgenden Monat eine finanzielle Beihilfe von 1500 RM.[186]

Das Thema verschwand damit jedoch nicht von der Tagesordnung. Vor allem Eduard v. Liebert, der ehemalige Gouverneur von Deutsch-Ostafrika, ein langjähriges Mitglied der Hauptleitung des Alldeutschen Verbandes und der

184 BA-B, ADV, Nr. 86, Bl. 8f. Ähnlich äußerte sich Claß zwei Monate später in einem Schreiben an M. R. Gerstenhauer. Vgl. BA-B, ADV, Nr. 196, Bl. 115, Claß an Gerstenhauer, 21.10.1912.

185 »Der ADV und die Judenfrage«, Bericht v. T. Reismann-Grone in der GA-Sitzung v. 5.9.1913, BA-B, ADV, Nr. 90. Bl. 24–29 (Zitate: Bl. 24f.).

186 BA-B, ADV, Nr. 91, Bl. 43–45 (GA-Sitzung v. 17.10.1913). Vgl. die Anfrage des Verbandes gegen die Überhebung des Judentums v. 6.6.1913, BA-B, ADV, Nr. 661, Bl. 18f.

Vorsitzende des »Reichsverbandes gegen die Sozialdemokratie«, forderte wiederholt eine öffentliche Behandlung der »Rassenfrage« und vor allem der »Judenfrage«.[187] In der Sitzung des Geschäftsführenden Ausschusses am 4. Juli 1914 entgegnete Claß hierauf, daß die Rassenfrage seit langem in ihrer Bedeutung erkannt und in die praktische Verbandsarbeit aufgenommen worden sei. »Was ... die Judenfrage anbelange, so halte auch er ihre baldige Lösung für fast ausschlaggebend für die Zukunft des deutschen Volkes und zu ihrer glücklichen Lösung sei er persönlich auch zu den radikalsten Mitteln bereit. Der Alldeutsche Verband sei aber noch auf vorsichtige Behandlung der Judenfrage dringend angewiesen.« Ganz ähnlich hatte bereits Claß' Stellvertreter Konstantin Freiherr von Gebsattel, der wie Claß ein überzeugter Antisemit war, im Vorfeld der Sitzung an v. Liebert geschrieben: »Wenn wir die Judenfrage wirklich öffentlich erörtern, fliegt der Verband auf.«[188] Mit anderen Worten: Noch wenige Wochen vor Ausbruch des Ersten Weltkrieges hielten zwei der radikalsten Antisemiten des Kaiserreichs, die persönlich auch vor einer radikalen Lösung der »Judenfrage« nicht zurückschreckten, die Zeit für eine öffentliche Erörterung dieser Frage für noch nicht gekommen. Nach Auffassung von Claß und Gebsattel war noch nicht einmal die Mehrzahl ihrer alldeutschen Gefolgsleute, geschweige denn die Mehrheit des deutschen Volkes, für einen solchen Schritt bereit. Diese – zugegeben rein subjektive – Einschätzung ist ein Argument gegen die These Daniel Jonah Goldhagens, »daß sich bereits lange vor dem Machtantritt der Nationalsozialisten in Deutschland eine bösartige und gewalttätige ›eliminatorische‹, also auf Ausgrenzung, Ausschaltung und Beseitigung gerichtet Variante des Antisemitismus durchgesetzt hatte, die den Ausschluß des jüdischen Einflusses, ja der Juden selbst aus der deutschen Gesellschaft forderte.« Claß und Gebsattel gelangten in ihrer zeitgenössischen Analyse der Verbreitung antisemitischer Überzeugungen zu einem völlig anderen Ergebnis als Goldhagen, obwohl sie selbst nichts lieber gesehen hätten als eine »eliminiatorische Lösung« der »Judenfrage«. Sollten sie sich wirklich derart grundlegend in der Einschätzung ihrer Mitglieder und Landsleute getäuscht haben?[189]

Wie weit zumindest Claß zu gehen bereit war, verdeutlicht seine im September 1914 veröffentlichte Kriegszieldenkschrift, in der er die Schaffung einer jüdischen Heimstätte in Palästina vorschlug, um nach und nach alle Juden dorthin auszusiedeln. Zuvor sollte die jüdische Bevölkerung möglichst weitgehend nach Rußland umgesiedelt werden, um zu verhindern, daß »die Juden in den bisherigen Massen« in den an das Deutsche Reich abzutretenden Gebieten

187 BA-B, ADV, Nr. 95 (GA-Sitzung v. 4.7.1914), Bl. 1–45 (hier: Bl. 20). Vgl. BA-B, ADV, Nr. 94 (GA-Sitzung v. 18.4.1914), Bl. 13.

188 BA-B, ADV, Nr. 95 (GA-Sitzung v. 4.7.1914), Bl. 1–45 (Zitat: Bl. 21f.); Gebsattel an v. Liebert, 26.6.1914, Nl. Gebsattel, Nr. 1, Bl. 147–149 (Zitat: Bl. 148). Vgl. *Leicht*, S. 126–130.

189 Vgl. *Goldhagen*, S. 15–41, 71–105 (Zitat: S. 39). Zur Kritik an der Unschärfe von Goldhagens Begriff des »eliminatorischen Antisemitismus« vgl. *Blaschke*, Elimination.

in Mittel- und Osteuropa blieben, da sie deren Entwicklung »aufs äußerste gefährden würden«. Im Zusammenhang seiner Argumentation war dabei klar, daß diese Aussiedlung auch gegen den Willen der Betroffenen, d.h. gewaltsam durchgeführt werden sollte.[190] Diese Forderung nach einer »ethnischen Säuberung« des neudeutschen Großreiches von Juden lag durchaus in der Konsequenz der von Claß im »Kaiserbuch« vertretenen Auffassungen. Dennoch bleibt festzuhalten, daß auch Claß diese Überlegungen erst nach Ausbruch des Ersten Weltkrieges veröffentlichte.

Der Antisemitismus war, wie die vorangegangenen Ausführungen gezeigt haben, eine Frage, über die unter den radikalen Nationalisten keine Einigkeit bestand. Während zahlreiche, vor allem ältere Anhänger jegliche Form des Antisemitismus – zumindest jedoch einen radikalen Rassenantisemitismus – ablehnten, fand letzterer unter der jüngeren Generation zunehmende Verbreitung. Den jungen Radikalen galt ein rassentheoretisch begründeter Antisemitismus als offensiver Ausdruck ihrer »völkischen« Gesinnung. Für sie waren die Juden Angehörige einer fremdem »Rasse«, deren bloße Existenz bereits eine Gefahr für den Bestand der »Volksgemeinschaft« darstellte. Ihre antisemitische Überzeugung war mithin weniger Ausdruck von Vorurteilen oder individuellem Haß gegen Einzelpersonen, sondern ein komplementärer Bestandteil ihrer Weltanschauung. Für die Integration antisemitischer Deutungsmuster in das radikalnationalistische Weltbild war der Rassenbegriff konstitutiv. Die Rassensemantik erlaubte es, die Juden als »Fremdkörper im deutschen Volk« zu stigmatisieren und zur zentralen Differenzkategorie für die semantische Konstruktion der »Volksgemeinschaft« zu machen. Für die weitere Entwicklung des Antisemitismus in Deutschland war diese Verschmelzung mit radikalnationalistischen Deutungsmustern von zentraler Bedeutung. Denn erst der in ein umfassendes nationalistisches Weltbild integrierte Antisemitismus konnte auch in bildungsbürgerlichen Kreisen Akzeptanz erlangen und zum Nährboden für die weitere Radikalisierung antisemitischer Deutungsmuster im Ersten Weltkrieg, der Weimarer Republik und dem Nationalsozialismus werden.

190 *Claß*, Denkschrift, S. 48–50 (Zitat: S. 50).

V. Fazit, Vergleich und Ausblick

»Wir glauben, daß der Nationalismus erst am Anfang und noch nicht am Ende seines Weges steht, schon deshalb, weil dieser Gedanke in der modernen Welt sich noch nicht voll ausgelebt hat. Und ehe dies nicht geschehen ist, kann kaum von einer Ablösung durch einen anderen vorherrschenden Gedanken die Rede sein.«

Ernst Hasse

Der radikale Nationalismus war eine politische Ideologie, deren einzelne Komponenten sich zu einem umfassenden Weltbild mit konkreter politischer Handlungsanleitung zusammenfügten. In seinem Zentrum stand die Zielutopie der ethnisch und kulturell homogenen »Volksgemeinschaft«. Ihr lag die Vorstellung einer substantiell begründeten Homogenität aller »Volksgenossen« zugrunde, die jeder individuellen und sozialen Existenz vorausging. Als semantische Totalkonstruktion zielte die »Volksgemeinschaft« auf die Reglementierung nahezu aller Lebensbereiche und enthielt damit ein totalitäres Potential, das seine Dynamik besonders dort entfalten konnte, wo der Erwartungshorizont und die konkreten politischen Erfahrungen der radikalen Nationalisten auseinanderklafften. Semantisch konstituierte sich die »Volksgemeinschaft« vor allem durch die Ausgrenzung der im Deutschen Reich lebenden ethnisch-kulturellen Minderheiten. Durch die Übernahme des Rassebegriffs erlangte diese Ausgrenzung seit der Jahrhundertwende eine neue Qualität und Dynamik. Als semantischer Code verwies der Rassenbegriff auf die biologischen Grundlagen der »Volksgemeinschaft« und fungierte so als verschärfende Differenzkategorie, mit der sich die Asymmetrie zwischen dem »Eigenen« und dem »Fremden« auf vermeintlich naturwissenschaftlicher Basis konstruieren ließ. Ihre politische Entsprechung fand die semantische Exklusion der »Volksfremden« in den Bemühungen der radikalen Nationalisten, die Reichsangehörigkeit in einem ethnisch-kulturellen Sinne festzuschreiben.

Die radikalnationalistische Homogenitätsutopie und die mit ihr korrespondierende Ablehnung jedweder Form von Devianz waren semantisch eng mit Vorstellungen von Effizienz und Macht verknüpft. Dieser Nexus von Homogenität, Effizienz und Macht bildete den archimedischen Punkt des radikalen Nationalismus, der darauf abzielte, die Vielfalt der modernen, pluralistischen Gesellschaft durch zwangsweise Homogenisierung autoritär zu überwinden.

Aus dieser Perspektive stellte bereits die pure Existenz ethnisch-kultureller Minderheiten eine Bedrohung für die Geschlossenheit und Handlungsfähigkeit des deutschen Volkes dar. Die Forderung nach einer »Germanisierung« der »nichtdeutschen« Bevölkerungsgruppen war eine konsequente Umsetzung dieser Überzeugung, deren Notwendigkeit von den radikalen Nationalisten zu keinem Zeitpunkt in Frage gestellt wurde. Angesichts des immer deutlicher zutagetretenden Scheiterns der Germanisierungsbestrebungen führte die Zielvorstellung der homogenen »Volksgemeinschaft« in letzter Konsequenz zur Forderung nach gewaltsamen Vertreibungs- und Umsiedlungsmaßnahmen.

Die »Volksgemeinschaft« war für die radikalen Nationalisten jedoch kein Selbstzweck, sondern entfaltete ihre Geltung im Kontext eines nationaldarwinistischen Welt- und Geschichtsbildes, für das territoriale Expansion eine unabdingbare Voraussetzung nationaler Existenz darstellte. Vor dem Hintergrund dieses Weltbildes galt die Mobilisierung aller verfügbaren Ressourcen als entscheidende Voraussetzung für das Überleben des deutschen Volkes im imperialistischen »Daseinskampf«. Im Mittelpunkt dieser Forderung nach »nationaler Effizienz« stand die Steigerung der Rüstungsanstrengungen, die geleitet wurde von der Überzeugung, daß ein Krieg zwischen den imperialistischen Großmächten unvermeidbar sei und deshalb alles getan werden mußte, um das deutsche Volk auf den bevorstehenden militärischen Konflikt vorzubereiten.

Die Vorstellung der »Volksgemeinschaft« und die mit ihr verknüpften Deutungsmuster prägten die politische Praxis des radikalen Nationalismus unmittelbar und nachhaltig. Das politische Handeln der radikalen Nationalisten folgte exakt den Imperativen ihres Weltbildes und läßt sich nur verstehen als konsequente Umsetzung ihrer ideologischen Überzeugungen. Seine spezifische Dynamik und Intransigenz erlangte der radikale Nationalismus dabei aus der wachsenden Diskrepanz zwischen dem ideologisch disponierten Erwartungshorizont seiner Anhänger und ihren konkreten politischen Erfahrungen. Als Zielutopie prägte die »Volksgemeinschaft« den Erwartungshorizont der radikalen Nationalisten und lieferte ihnen damit den Maßstab, nach dem sie die Entwicklungen in Gesellschaft und Politik beurteilten. In dem Maße, in dem diese Entwicklungen hinter ihren Erwartungen zurückblieben, standen sie vor der Alternative, entweder ihre Ziele den veränderten Verhältnissen anzupassen oder darauf zu hoffen, sie durch eine Steigerung der von ihnen propagierten Maßnahmen doch noch verwirklichen zu können. Es kennzeichnet die politische Praxis des radikalen Nationalismus, daß für seine Anhänger ausschließlich die zweite Option in Frage kam.

Die politische Praxis der radikalen Nationalisten läßt sich deshalb als ein Prozeß der kumulativen Radikalisierung infolge anhaltender Enttäuschungen beschreiben. Diese eskalierende Dynamik konnte auf allen für den radikalen Nationalismus zentralen Politikfeldern nachgewiesen werden. Auf dem Feld der Außen- und Kolonialpolitik war der für die nationale Existenz des deutschen

Volkes als unverzichtbar erachtete »Lebensraum« weder in Übersee noch in »Mitteleuropa« geschaffen worden. Gleichzeitig waren alle Versuche, die innerhalb des Reiches lebenden »nationalen Minderheiten« zu »germanisieren«, gescheitert. Vor allem das Scheitern der Germanisierungspolitik in den preußischen Ostprovinzen bedeutete für die radikalen Nationalisten eine kognitive Dissonanz, die die Grundannahmen ihres Weltbildes in Frage stellte. Angesichts dieser Entwicklungen setzte sich deshalb immer mehr die Überzeugung durch, daß die von ihnen angestrebten Ziele nur noch mit militärischen Mitteln zu realisieren waren. Ein Krieg war für sie die letzte Hoffnung, ihre Ziele doch noch zu verwirklichen und zugleich die einzig verbliebene Möglichkeit, ihre Vorstellung von der Welt wieder in Übereinstimmung mit den gesellschaftlichen und politischen Realitäten zu bringen. Der unbedingte »Wille zum Krieg«, wie er für die meisten Anhänger des radikalen Nationalismus in den letzen Jahren vor 1914 charakteristisch war, muß deshalb auch als Versuch verstanden werden, kognitive Dissonanzen zu reduzieren, um den ideologisch disponierten Erwartungshorizont trotz gegenläufiger Erfahrungen weiterhin aufrechterhalten zu können.

Eine unmittelbare Konsequenz dieser Überzeugung war ein Funktionswandel der Rüstungspolitik. Für die radikalen Nationalisten waren Heeres- und Flottenrüstung ursprünglich ein Instrument imperialistischer Machtpolitik, durch das die deutschen Expansionsziele in Übersee und in »Mitteleuropa« verwirklicht werden sollten. In dem Maße jedoch, in dem sich die Überzeugung von der Unvermeidbarkeit eines Krieges zwischen den europäischen Großmächten verfestigte, veränderte sich auch die Funktion der Rüstungspolitik. Rüstung galt nicht mehr länger als ein primär politisches Instrument im imperialistischen Machtkampf, sondern avancierte zu einem Akt der unmittelbaren Kriegsvorbereitung. Das Ziel der radikalen Nationalisten war jetzt die Mobilisierung aller gesellschaftlichen Ressourcen für den bevorstehenden »großen Krieg« und die Formierung einer militaristischen »Volksgemeinschaft«, in der die Trennung zwischen ziviler und militärischer Sphäre faktisch aufgehoben war.

Die vorliegende Arbeit hat darüber hinaus gezeigt, daß der radikale Nationalismus ein umfassendes Weltbild darstellte, dessen Deutungsmuster für sich beanspruchten, im Einklang mit den neuesten Erkenntnissen der Wissenschaft zu stehen, und deshalb vor allem in bildungsbürgerlichen Kreisen Verbreitung erlangten. Die aus der Vorstellung der »Volksgemeinschaft« abgeleiteten politischen Forderungen zielten auf eine umfassende Reform von Staat und Gesellschaft unter dem Gesichtspunkt »nationaler Effizienz«. Sie können deshalb nicht einfach als Einbruch irrationaler Vorstellungen in den bürgerlichen Ideen- und Wertehimmel interpretiert werden.[1] Die Attraktivität der radikalnationalistischen Deutungsmuster resultierte vielmehr aus der Kombination

1 So *Hering*, Nation, S. 28: »Die … alldeutschen Konzeptionen erscheinen heute oftmals nicht nur sprachlich merkwürdig, sondern überschreiten auch inhaltlich die Grenzen unserer Rationa-

von wissenschaftlicher Weltdeutung, ideologischer Überzeugungsgewißheit und politischer Radikalität. Ihr besonderes Charakteristikum war die Verabsolutierung einer spezifischen instrumentellen Rationalität auf der Grundlage einer nationalistischen Wertvorstellung, für die der nationale Zweck letztlich jedes Mittel rechtfertigte. Diese Verabsolutierung einer instrumentellen Rationalität läßt sich schlechterdings nicht als eine rückwärtsgewandte oder gar »vormoderne« Geisteshaltung deuten.[2] Der den radikalnationalistischen Deutungsmustern immanente Totalitätsanspruch sowie ihre technokratische Machbarkeitsillusion, die auch vor einem gewaltsamen »social engineering« nicht zurückschreckte, verweisen eindeutig auf Entwicklungen, die für das 20. Jahrhundert charakteristisch werden sollten. Sie lassen sich interpretieren als Vorläufer jenes »radikalen Ordnungsdenkens« (Lutz Raphael), das besonders in der ersten Hälfte des 20. Jahrhunderts die Wahrnehmung und das Handeln von Wissenschaftlern und politischen Entscheidungsträgern gleichermaßen prägte und eine wichtige Voraussetzung für die Organisation totalitärer Herrschaft darstellte.[3] Im Hinblick auf die gerade für das »kurze 20. Jahrhundert« charakteristische Verbindung von Modernität und Barbarei hat M. Rainer Lepsius angemerkt, daß es nicht ein Einbruch der Irrationalität war, der die unvorstellbaren Ausbrüche von Gewalt in Deutschland und anderswo hervorbrachte, sondern »daß diese Barbarei unter ganz spezifischen, angebbaren Rationalitätskriterien instrumentell vollzogen wurde, nicht spontan, nicht aus Emotion, nicht aus einer interaktiven Gewaltlösung, sondern intentional und programmatisch.«[4] Vergleichbare Rationalitätsstrukturen lagen auch dem radikalnationalistischen Weltbild zugrunde und bildeten die wichtigste Ursache für seine wachsende Attraktivität in bildungsbürgerlichen Kreisen.

Insofern ist es verfehlt, den radikalen Nationalismus schlicht als Ausdruck »einer generellen Skepsis und Angst gegenüber der Moderne« oder gar als »Gegenbewegung gegen die Moderne« zu interpretieren.[5] Ohne Zweifel lehnten die radikalen Nationalisten zahlreiche Erscheinungsformen und Folgen des Modernisierungsprozesses ab und vertraten mitunter dezidiert modernitätsfeindliche Positionen. Gleichzeitig propagierten sie jedoch einen radikalen Zukunftsentwurf, durch den diese Defizite überwunden werden sollten. Und bei diesem Zukunftsentwurf handelte es sich eben nicht um eine Rückkehr zu traditionellen, vormodernen Strukturen in Politik, Wirtschaft und Gesellschaft, sondern um ein neues Gesellschaftsmodell, das eine radikale Transformation der beste-

litätskriterien.« Für eine grundlegende Kritik an der weit verbreiteten Praxis, zivilisationskritische Vorstellungen pauschal als »irrational« zu denunzieren vgl. *Rohkrämer*, Moderne, S. 17–19.

2 Vgl. *Naimark*, S. 5–11, 190f.; *Taylor*, Unbehagen, S. 11–15, 105–121, für den der Vorrang der instrumentellen Vernunft ein zentrales Merkmal der Moderne darstellt.

3 Vgl. *Raphael*, Ordnungsdenken.

4 *Lepsius*, Modernität, S. 360. Vgl. *Peukert*, Diagnose, S. 91–121; *Baumann*.

5 *Hering*, Nation, S. 11, 496f. [Zitate: S. 496].

henden Verhältnisse zum Ziel hatte.[6] Mit anderen Worten: Die radikalen Nationalisten wollten nicht zurück in eine wie auch immer geartete »Vormoderne«, sondern sie wollten eine »andere Moderne«. Aus diesem Grund erscheint der von Jeffrey Herf geprägte Begriff des »reaktionären Modernismus« auch zur Charakterisierung des wilhelminischen Radikalnationalismus geeignet.[7]

Mit diesem Ergebnis bleiben abschließend zwei Fragenkomplexe zu klären: Wie verbreitet und einflußreich war der radikale Nationalismus? Und inwiefern war er eine deutsche Besonderheit oder gab es vergleichbare Entwicklungen auch in anderen Ländern? Diesen Fragen soll in den folgenden beiden Abschnitten nachgegangen werden. Zunächst wird versucht, die sozialen, kulturellen und politischen Grenzen der Verbreitung radikalnationalistischer Deutungsmuster sowie den Einfluß der radikalen Nationalisten auf konkrete Entscheidungsprozesse und die politische Kultur schärfer herauszuarbeiten.

1. Zwischen politischem Extremismus und gesellschaftlicher Akzeptanz: Zur Verbreitung radikalnationalistischer Deutungsmuster im Kaiserreich

Eine eindeutige Antwort auf die Frage nach der Verbreitung des radikalen Nationalismus ist, wie bei allen ideologiegeschichtlichen Prozessen, nicht möglich, denn es fehlt an harten Kriterien und Indikatoren, um seine Reichweite exakt zu bestimmen. Gleiches gilt für die gesellschaftliche Wirkung und den konkreten politischen Einfluß seiner Deutungsmuster. Gleichwohl soll im folgenden versucht werden, die Verbreitung und den Einfluß des radikalen Nationalismus genauer zu fassen, indem die sozialen, kulturellen und politischen Grenzen seiner Rezeption aufgezeigt werden. Hierzu sind jedoch vorab einige Differenzierungen erforderlich: Zunächst gilt es, zwischen der Akzeptanz des radikalnationalistischen Weltbildes in seiner Gesamtheit und der Verbreitung einzelner seiner Grundannahmen und Deutungsmuster zu unterscheiden. Der radikale Nationalismus war ein Ensemble unterschiedlicher Vorstellungen, Überzeugungen und Deutungsmuster, die aufeinander bezogen waren, zugleich jedoch auch unabhängig voneinander Wirkung entfalten konnten. Nicht jeder Flottenenthusiast war zugleich ein Polenfeind und nicht jeder Ruf nach einer energischen deutschen »Weltpolitik« mußte zwangsläufig mit der Übernahme der Volksgemeinschaftsutopie einhergehen. Aus diesem Grund ist es sinnvoll, zwischen einem harten Kern der radikalnationalistischen Aktivisten und einem erweiterten Kreis von Sympathisanten zu unterscheiden. Während erstere als ideologische Überzeugungstäter aktiv an der Entwicklung

6 *Wehler*, Nationalismus, S. 81–83; *Eley*, Making a Place, S. 26–29.

7 Vgl. *Rohkrämer*, Moderne, S. 14–19, 342–347; *Herf*, S. 1–17.

und Propagierung der radikalnationalistischen Weltanschauung beteiligt waren, blieben letztere primär passive Rezipienten dieser Deutungsangebote.

Die Rezeption radikalnationalistischer Deutungsmuster war darüber hinaus gekennzeichnet durch eine »Gleichzeitigkeit des Ungleichzeitlichen«. Damit ist gemeint, daß Vorstellungen und Forderungen, die 1890 noch als eine radikale Position galten, zwei Jahrzehnte später Teil des nationalistischen Mainstreams waren, während die Avantgarde der radikalen Nationalisten zu diesem Zeitpunkt bereits neue, weitergehende Ziele verfolgte. Die Entstehung des Reichs- und Staatsangehörigkeitsgesetzes sowie die Frage der Enteignung polnischen Grundbesitzes verdeutlichen diese temporale Dynamik. Aber auch die zunehmende Verbreitung des Lebensraumbegriffs und der Volksgemeinschaftssemantik zeigen, wie radikalnationalistische Begriffe und Vorstellungen nach und nach in den politischen Diskurs eindrangen und dort Wirkung entfalteten. Im Gegensatz dazu war die Forderung nach »ethnischen Säuberungen« als Lösung der Nationalitätenfrage vor Ausbruch des Ersten Weltkrieges selbst unter den Alldeutschen umstritten. Die Verbreitung radikalnationalistischer Deutungsmuster kann deshalb nicht losgelöst von konkreten historischen Konstellationen betrachtet werden. Aus diesem Grund beziehen sich die folgenden Ausführungen, sofern nicht ausdrücklich anders vermerkt, auf die letzten Jahre vor Ausbruch des Ersten Weltkriegs.

Ein wichtiger Indikator für die Verbreitung des radikalen Nationalismus sind die Mitgliederzahlen der nationalistischen Agitationsverbände. Denn auch wenn die Motive für eine Mitgliedschaft individuell verschieden sein konnten, manifestierte sich in ihr immer eine prinzipielle Identifikation mit den Zielen der jeweiligen Organisation. In den Jahren 1913/14 zählten der Flottenverein 331 493, der Wehrverein etwa 90 000, der Ostmarkenverein 54 150, die Kolonialgesellschaft 42 018 und der Alldeutsche Verband ca. 18 000 Einzelmitglieder.[8] In diesen Zahlen sind Mehrfachmitgliedschaften enthalten, deren Ausmaß sich nicht exakt bestimmen läßt. Nimmt man jedoch noch den »Verein für das Deutschtum im Ausland« mit 57 452 und den Sprachverein mit ca. 30 000 Mitgliedern hinzu, versammelten die radikalnationalistischen Verbände auch bei vorsichtiger Schätzung mehr als eine halbe Million Mitglieder in ihren Reihen.[9] Zu diesen individuellen Mitgliedern kamen noch weit über eine Million korporative Mitglieder.[10] Dem »Flottenbund deutscher Frauen« gehörten am Vorabend des Ersten Weltkrieges mehr als 60 000 Mitglieder an, dem »Frauenbund der Deutschen Kolonialgesellschaft« 18 700 und dem »Frauenverein für die Ostmarken« 3 415.[11]

8 Vgl. *Eley*, Reshaping, S. 366f.; *Coetzee*, Army League, S. 78, 99; *Grabowski*, S. 85; *Chickering*, We Men, S. 322; *Hering*, Nation, S. 173.

9 *Eley*, Reshaping, S. 366f.; *Weidenfeller*, S. 506; *Chickering*, Nationalismus, S. 65.

10 Allein der Flotten- und der Wehrverein brachten es 1914 auf 776 613 bzw. 260 000 korporative Mitglieder. Vgl. *Eley*, Reshaping, S. 366f.; *Coetzee*, Army League, S. 78; *Chickering*, We Men, S. 205f.

11 *Kundrus*, Kulturimperialismus, S. 216; *Drummond*, S. 153.

Die Gesamtzahl der in den »nationalen Verbänden« organisierten Mitglieder betrug mithin über 500000 Männer und mindestens 80000 Frauen.

Wie viele dieser Männer und Frauen zum »harten Kern« der radikalnationalistischen Aktivisten gehörten, läßt sich nicht mit Bestimmtheit sagen. Die Mitgliederzahlen zeigen jedoch, daß einzelne Themen und Politikfelder, insbesondere der Flottenbau, besondere Popularität besaßen. Im Vergleich dazu waren die umfassenden, themenübergreifenden Aktivitäten, wie sie der Alldeutsche Verband betrieb, deutlich weniger attraktiv. Man geht deshalb sicher nicht fehl, wenn man die weltanschaulichen Überzeugungstäter des radikalen Nationalismus vor allem unter den Alldeutschen sucht. Diese verstanden sich selbst als »nationalpolitisches Offizierskorps«, d.h. als eine »Weltanschauungselite«, die bestrebt war, die von ihr ideologisch postulierten Ziele, konsequent und effektiv in die Praxis umzusetzen.[12] Zu diesem Zweck waren zahlreiche Alldeutsche auch in anderen »nationalen Verbänden« aktiv und übernahmen dort häufig die Funktion von Multiplikatoren und Meinungsführern.[13] Die Zahl dieser radikalnationalistischen Aktivisten kann nur geschätzt werden, dürfte jedoch nicht mehr als einige tausend Personen betragen haben.

Mit Sicherheit läßt sich dagegen sagen, daß die Mitglieder der radikalnationalistischen Agitationsverbände nahezu ausnahmslos dem Bildungs- und Wirtschaftsbürgertum entstammten. Im Alldeutschen Verband etwa kamen mehr als die Hälfte der Mitglieder aus dem öffentlichen Dienst und den freien Berufen. Etwa vierzig Prozent waren Industrielle, Kaufleute oder leitende Angestellte. Nur knapp zwei Prozent der Mitglieder waren Adelige und weniger als ein Prozent Arbeiter. Und lediglich zwei Prozent waren in der Landwirtschaft tätig. Wie Roger Chickering gezeigt hat, bestand die große Mehrheit der Funktionsträger in den alldeutschen Ortsgruppen, die den »harten Kern« der radikalnationalistischen Aktivisten ausmachten, aus Lehrern, Verwaltungsbeamten, Ärzten, Richtern und Rechtsanwälten. Mindestens Zweidrittel des lokalen Führungspersonals besaß eine akademische Ausbildung.[14] Ganz ähnlich sah es im Ostmarkenverein aus. Auch hier stellten Lehrer und Beamte die Mehrheit der Mitglieder und Aktivisten. Darüber hinaus waren in ihm überdurchschnittlich viele protestantische Pfarrer engagiert, während Gutsbesitzer und Bauern nur eine untergeordnete Rolle spielten.[15] Nicht viel anders stellte sich die Sozialstruktur der Kolonialgesellschaft, des Flottenver-

12 *Claß*, Strom, S. 131. Zum Begriff der »Weltanschauungselite« vgl. *Herbert*, Best, S. 522–538; *Wildt*, S. 137–142.

13 Vgl. *Chickering*, We Men, S. 9–15, 185–202, 322; *Coetzee*, Army League, S. 97–99; *Eley*, Reshaping, S. 48–58, 157–159; *ders.*, Thoughts.

14 Vgl. *Chickering*, We Men, S. 102–121, 306–330; *Hering*, Nation, S. 176–178; *Wertheimer*, Pan-German League, S. 65–74.

15 Zwar war der DOV in den preußischen Ostprovinzen stark vertreten. Seit der Jahrhundertwende kam der größte Teil seiner Mitglieder jedoch aus den restlichen Provinzen des Rei-

eins und des Wehrvereins dar. Unter den führenden Repräsentanten der Kolonialgesellschaft waren Unternehmer, Bankiers und Kaufleute überproportional vertreten. Flotten- und Wehrverein versammelten in ihren Reihen mehr Angehörige des Militärs als die anderen »nationalen Verbände« sowie einen höheren Anteil von Handwerkern und Angestellten. Insgesamt jedoch ergibt die Sozialstrukturanalyse ein eindeutiges Bild: Der radikale Nationalismus hatte seine soziale Basis im Bildungs- und Wirtschaftsbürgertum. Seine Anhänger entstammten nicht den sozialen Rändern der reichsdeutschen Gesellschaft, sondern waren Teil der bürgerlichen, zumeist akademisch ausgebildeten Eliten. Außerhalb dieser Schichten fand er so gut wie keine Resonanz.[16]

Aber obwohl der radikale Nationalismus ein genuin bürgerliches Phänomen war, läßt er sich nicht kausal aus der Klassenzugehörigkeit seiner Anhänger erklären. Denn auch seine zahlreichen Gegner entstammten, sofern sie nicht der Sozialdemokratie angehörten, denselben bildungs- und besitzbürgerlichen Schichten. Die radikalnationalistischen Forderungen und Ziele stießen innerhalb des Bürgertums auf mindestens ebenso große Ablehnung wie Zustimmung. Sie waren mithin keine Manifestation klassenspezifischer Interessen, sondern Ausdruck von Konflikten innerhalb des bürgerlichen Lagers. Um die Verbreitung des radikalen Nationalismus genauer zu bestimmen, bedarf es daher weiterer Indikatoren und Grenzen.

Eine wichtige Voraussetzung für die Rezeption des radikalen Nationalismus lag in seiner konfessionellen Prädisposition. Obwohl seinem Anspruch nach eine konfessionell neutrale Weltanschauung, war der radikale Nationalismus de facto ein protestantisch geprägtes Phänomen, das in der Regel eine dezidiert antikatholische Stoßrichtung besaß und auf diese Weise den tief verwurzelten kulturellen Gegensatz zwischen Katholiken und Protestanten neu politisierte.[17] Der Glaube an die »Volksgemeinschaft« als letzten Wert des politischen und gesellschaftlichen Lebens sowie ihre Sakralisierung zu einer metaphysischen, das individuelle Leben transzendierenden Gemeinschaft, knüpften an religiöse Denkmuster an und entfalteten vor allem innerhalb des protestantischen Bildungsbürgertums Wirkung, wo religiöse Mentalitäten ihre traditionelle Bindung an kirchliche Autoritäten verloren und als »vagierende Religiosität« nach neuen Inhalten und Ausdrucksformen suchten.[18]

Der Alldeutsche Verband etwa war, entgegen seiner offiziell beteuerten konfessionellen Neutralität, eine eindeutig protestantisch dominierte Organi-

ches, die von dem Nationalitätenkonflikt nicht unmittelbar betroffen waren. Vgl. *Grabowski*, S. 85–95; *Galos u.a.*, S. 76–82.

16 Vgl. *Chickering*, We Men, S. 102–108, 313–318; *ders.*, Societies, S. 473–477; *Coetzee*, Army League, S. 80–97; *Eley*, Reshaping, S. 118–140.

17 Vgl. *Smith*, German Nationalism, S. 146–154; *Chickering*, We Men, S. 188.

18 Vgl. *Nipperdey*, Arbeitswelt, S. 507–528 (Zitat: S. 521); *Hölscher*, Religion; *ders.*, Religiosität; *Hübinger*, Sakralisierung; *Walkenhorst*, Nationalismus.

sation. Zwar liegen keine exakten Angaben über die Konfessionsangehörigkeit seiner Mitglieder vor, zahlreiche Indizien sprechen jedoch dafür, daß dem Verband nur wenige Katholiken angehörten. So war er am stärksten in protestantischen Regionen verbreitet und arbeitete informell eng mit antikatholischen Organisationen wie dem »Evangelischen Bund zur Wahrung der deutsch-protestantischen Interessen« zusammen. Darüber hinaus unterstützte er die »Los-von-Rom-Bewegung« in Österreich und bekämpfte den politischen Katholizismus, insbesondere die Zentrumspartei als »Hindernis für eine nationale Entwicklung des Deutschen Reiches.« Prominente Katholiken in seinen Reihen, wie Theodor Reismann-Grone oder Konstantin Freiherr von Gebsattel, waren Ausnahmen und nicht repräsentativ für den Verband insgesamt.[19] Auch der Ostmarkenverein war eine prononciert protestantische Organisation. Er unterhielt enge Beziehungen zur evangelischen Kirche und viele seiner Ortsgruppenvorsitzenden waren protestantische Pfarrer. Der katholischen Kirche stand er mißtrauisch bis feindlich gegenüber, da die große Mehrheit der Katholiken in den Ostprovinzen und vor allem der Klerus aus Polen bestand. Zwar erklärte die Verbandsführung die Unterstützung der deutschsprachigen Katholiken zu einem wichtigen Anliegen des Ostmarkenvereins, in der Praxis wurde die katholische Kirche jedoch, ebenso wie das Zentrum, häufig als »Todfeind« betrachtet.[20]

Weniger offensichtlich war die protestantische Dominanz in den anderen Agitationsverbänden. Der Kolonialgesellschaft gehörten einige prominente Zentrumsabgeordnete an; insgesamt zählte der Verband jedoch nur wenige katholische Mitglieder. Im Gegensatz dazu wiesen der Flotten- und Wehrverein als die einzigen radikalnationalistischen Massenorganisationen eine signifikante Zahl von Katholiken in ihren Reihen auf. Die offizielle konfessionelle Neutralität hinderte die Führung des Flottenvereins jedoch nicht, sich immer wieder durch Angriffe auf das Zentrum hervorzutun, das als parlamentarisches Haupthindernis für eine umfassende Flottenrüstung betrachtet wurde. Ihren Höhepunkt erreichte diese antikatholische Agitation während des Reichstagswahlkampfes von 1907, als August Keim erklärte, diejenigen Mitglieder des Flottenvereins, welche bei der bevorstehenden Wahl »für Zentrum – Polen – Welfen und Sozialdemokratie stimmen«, seien »für unsere nationale Sache wertlos.« Die hieraus resultierende verbandsinterne Auseinandersetzung stürzte den Flottenverein in eine tiefe Krise. Diese verdeutlicht die politische Sprengkraft des konfessionellen Gegensatzes, die auch der radikale Nationalis-

19 *Hasse*, Nationalstaat, S. 64–66 (Zitat: S. 64). Vgl. *Chickering*, We Men, S. 138–140; *Hering*, Nation, S. 428–433. Zum »Evangelischen Bund« und der »Los-von-Rom-Bewegung« *Smith*, German Nationalism, S. 50–61, 127–138, 154–165, 206–232.

20 *Grabowski*, S. 99–103 (Zitat: S. 103); *Smith*, German Nationalism, S. 170–185; *Galos u.a.*, S. 179f.

mus nicht zu entschärften vermochte.[21] Für die hier verfolgte Argumentation ist entscheidend, daß die protestantische Prägung des radikalen Nationalismus eine der wichtigsten Barrieren für seine Verbreitung darstellte.

Die konfessionelle Prägung des radikalen Nationalismus korrespondierte mit seiner regionalen Verbreitung. Die Hochburgen der nationalistischen Agitationsverbände lagen in den Verwaltungszentren und Universitätsstädten der protestantischen Mittelstaaten von Hessen bis Sachsen sowie in den norddeutschen Küstenstädten und industriellen Zentren des Ruhrgebiets. Der Ostmarkenverein war darüber hinaus in den größeren Städten der preußischen Ostprovinzen stark vertreten. Im Gegensatz dazu war etwa der Alldeutsche Verband in den katholisch geprägten Regionen Bayerns, Württembergs und Schlesiens nur schwach organisiert. Ausnahmen gab es lediglich in Städten wie München, Würzburg oder Breslau, die eine substantielle protestantische Minderheit aufwiesen. Ähnliches gilt für die Struktur der alldeutschen Ortsgruppen im Rheinland und in Westfalen. Die geringe Verbreitung der Alldeutschen in Süddeutschland resultierte jedoch nicht nur aus dem Gegensatz zum Katholizismus. Wenn der Verband auch in den protestantischen Regionen Württembergs und Badens schwach repräsentiert war, lag dies an der traditionellen Stärke des dortigen Liberalismus, die der Akzeptanz des radikalen Nationalismus ebenfalls deutliche Grenzen setzte.[22] Dieses regionale Verbreitungsmuster war prinzipiell für alle nationalistischen Verbände charakteristisch, auch wenn der Flotten- und Wehrverein in Süddeutschland stärker aufgestellt waren als die Alldeutschen, die Kolonialgesellschaft oder der Ostmarkenverein. Darüber hinaus läßt sich festhalten, daß der radikale Nationalismus ein eindeutig städtisches Phänomen war, das auf dem Land kaum Verbreitung fand.[23]

Um seine Verbreitung innerhalb des städtischen, protestantischen Bürgertums weiter einzugrenzen, ist es notwendig, seine Anhänger politisch genauer zu verorten. Eine solche politische Standortbestimmung wird jedoch durch den Umstand erschwert, daß die radikalen Nationalisten stets den vermeintlich »unpolitischen« Charakter ihres nationalistischen Engagements betonten.[24] Die Ursache hierfür lag in ihrem Selbstverständnis als Repräsentanten der gesamten

21 A. Keim an den Kreisausschuß des DFV für Schwaben und Neuburg v. 3.1.1906 [sic!], BA-MA, RM 3, Nr. 9915, Bl. 28. Vgl. *Smith*, German Nationalism, S. 149–154; *Eley*, Reshaping, S. 118–122, 176–184, 254–279; *Chickering*, We Men, S. 253–262; *Schilling*, S. 287–370.

22 *Chickering*, We Men, S. 138–142.

23 Zur Regionalstruktur der einzelnen Verbände vgl. *Chickering*, We Men, S. 133–151, 188; *Smith*; German Nationalism, S. 146–154; *Eley*, Reshaping, S. 147–155; *Hering*, Nation, S. 178; *Grabowski*, S. 71–74, 85–95; *Galos u.a.*, S. 56–76; *Coetzee*, Army League, S. 62–80.

24 Vgl. »Kartellpläne«, in: AB, Jg. 6, 1896, S. 153f.: »Der Alldeutsche Verband ist keine politische Vereinigung und noch weniger steht er im Dienste einer politischen Partei; ihn beschäftigt die Politik nur insoweit und ihn berührt das politische Parteitreiben insofern, als nationale Fragen und Interessen dabei ins Spiel kommen.«

Nation, die nicht die partikularen Interessen einer einzelnen Klasse, Gruppe oder Partei vertraten, sondern stets nur die übergeordneten »nationalen Interessen« im Auge hatten.[25] In der radikalnationalistischen Semantik war der Begriff »politisch« deshalb nahezu gleichbedeutend mit »parteipolitisch«, während das Attribut »national« stets als »überparteilich« verstanden wurde. Es lag in der Konsequenz dieses Selbstverständnisses, daß die radikalen Nationalisten sich erst in dem Maße in allgemeine partei- und machtpolitische Fragen einmischten, in dem die Regierung sich in ihren Augen als nicht willens oder nicht fähig erwies, die »nationalen Interessen« des deutschen Volkes wahrzunehmen. Erst dann betrachteten sie es als ihre Aufgabe, einzuschreiten und Druck auf die Regierung und die politischen Parteien auszuüben, um sicherzustellen, daß diese im »nationalen Interesse« handelten.

In der politischen Praxis führte sich dieses Selbstverständnis allerdings sehr schnell selbst ad absurdum, denn im Ergebnis konnte letztlich jedes politische Problem zu einer »nationalen Frage« stilisiert werden.[26] Die Überzeugung von der Überparteilichkeit des eigenen Handelns begründete jedoch eine prinzipielle Distanz gegenüber den politischen Parteien, die für die radikalen Nationalisten insgesamt kennzeichnend war. Diese verstanden sich nicht als Hilfstruppe bestimmter politischer Parteien, sondern verfolgten ihre eigene Agenda. Selbst prominente Radikalnationalisten wie Ernst Hasse, Adolf Lehr oder Eduard von Liebert, die als Abgeordnete parteipolitisch aktiv waren, unterschieden zwischen ihrem »nationalen« und ihrem parteipolitischen Engagement und stellten dabei nicht selten die Interessen der von ihnen repräsentierten Verbände über die ihrer Partei.[27] Diese grundsätzliche Distanz gegenüber den politischen Parteien führte dazu, daß die radikalnationalistischen Kräfte im bestehenden Parteiensystem institutionell nur schwach verankert waren. Hierin lag sowohl ihre Stärke als auch ihre Schwäche. Denn die Nicht-Einbindung in politische Entscheidungsprozesse und -strukturen begünstigte einerseits die Radikalisierung der von ihnen propagierten Deutungsmuster, schwächte andererseits jedoch ihre politische Durchsetzungsfähigkeit.

Die prinzipielle Distanz zum Parteiwesen hielt die radikalen Nationalisten jedoch nicht von einer Zusammenarbeit mit bestimmten Parteien ab. Nimmt

25 Das notorische Understatement hatte darüber hinaus pragmatische Gründe. Denn eine Einstufung als »politischer Verein« hätte die nationalistischen Agitationsverbände den politischen Parteien gleichgestellt und damit einer schärferen staatlichen Kontrolle und Reglementierung unterworfen.

26 Ein Beispiel hierfür ist die parteipolitisch hart umkämpfte Frage einer Reichsfinanzreform, die von den radikalen Nationalisten von Anfang an als eine »nationale Frage« diskutiert wurde. Vgl. Graf E. zu Reventlow, Die Reichsfinanzreform als nationale Frage, in: AB, Jg. 18, 1908, S. 320–323.

27 Vgl. *Hering*, Nation, S. 396–409; *Chickering*, We Men, S. 108–121, *Coetzee*, Army League, S. 45–50.

man die Parteizugehörigkeit der dem Alldeutschen Verband angehörenden Reichstagsabgeordneten als Indiz für die parteipolitischen Präferenzen der radikalen Nationalisten, dann sympathisierten diese vor allem mit den Nationalliberalen. Von den insgesamt 90 Reichstagsabgeordneten, die zwischen 1890 und 1914 dem Alldeutschen Verband angehörten, waren 50 Prozent Mitglieder der Nationalliberalen Partei, 19 Prozent gehörten der Deutschkonservativen, 13 Prozent der Freikonservativen Partei an und 18 Prozent den diversen antisemitischen Parteien.[28] In der 10. Legislaturperiode von 1898–1903 waren 45 Abgeordnete des Reichstags Mitglied des Alldeutschen Verbandes. Von diesen waren 26 Nationalliberale, 8 Deutschkonservative, 6 Freikonservative und 5 Antisemiten.[29] Zwar lassen sich diese Zahlen nicht ohne weiteres für die Mitglieder des Alldeutschen Verbandes oder der anderen »nationalen Verbände« verallgemeinern. Sie weisen jedoch auf eine weitere wichtige Grenze für die Verbreitung des radikalen Nationalismus hin. Denn unter den alldeutschen Reichstagsmitgliedern sucht man nicht nur Sozialdemokraten und Angehörige des Zentrums, sondern auch Linksliberale vergebens.

Dieser Befund wird durch die konkrete politische Arbeit der nationalistischen Verbände erhärtet. Die Alldeutschen, der Ostmarkenverein sowie der Flotten- und Wehrverein unterhielten gute Beziehungen zu den Nationalliberalen und den beiden konservativen Parteien.[30] Die größte Affinität bestand dabei zur Nationalliberalen Partei. Diese rekrutierte ihre Anhänger aus den gleichen sozialen Gruppen wie die nationalistischen Agitationsverbände und besaß eine ähnliche Regionalstruktur. Aufgrund der weitreichenden programmatischen Gemeinsamkeiten und personellen Verflechtungen bildeten die Nationalliberalen deshalb die parlamentarische »Speerspitze des Radikalnationalismus«.[31] Vergleichbare Kontakte und Kooperationen wie mit den Nationalliberalen und den Konservativen gab es mit den Linksliberalen nicht. Zwar gehörten den »nationalen Verbänden« – zumindest bist zur Jahrhundertwende – vereinzelt auch linksliberale Mitglieder an, vor allem in den norddeutschen Küstenstädten. Diese waren zumeist Anhänger der »Freisinnigen Vereinigung«, die für Flottenrüstung und koloniale Expansion eintrat. Aber selbst im Flottenverein spielten sie nur eine marginale Rolle.[32] Die konkrete parteipolitische Praxis der radikalen Nationalisten zeigt mithin, daß die Spaltung des deutschen Liberalismus eine Grenze innerhalb des bürgerlich-nationalen Lagers markierte, die der radikale Nationalismus nicht zu überwinden vermochte.

28 Berechnet nach *Schilling*, S. 519–523. Vgl. *Hering*, Nation, S. 411.

29 *Schilling*, S. 524.

30 Weniger eng waren die Kontakte zu antisemitischen Parteien, die zumeist nur auf lokaler Ebene bestanden.

31 *Wehler*, DGG, Bd. 3, S. 1148. Vgl. *Chickering*, We Men S. 142–145, 202–207; *Hering*, Nation, S. 460–462, 466–469; *Grabowski*, S. 103–105; *Eley*, Reshaping, S. 19–40, 48–54.

32 Vgl. *Chickering*, We Men S. 143; *Hering*, Nation, S. 456–458; *Eley*, Reshaping, S. 85–94.

Trotz dieser Nähe zu den Nationalliberalen und den konservativen Parteien war der radikale Nationalismus nur unzureichend in das Parteiensystem integriert und parteipolitisch letztlich heimatlos. Dieses Nicht-Aufgehen im bestehenden Parteiensystem und das Agieren in der politischen Verantwortungslosigkeit des nationalen Vereins- und Verbandwesens begünstigten die Radikalisierung seiner Forderungen und Ziele, beschränkte jedoch zugleich seine Einflußmöglichkeiten. Denn an zentralen politischen Entscheidungsprozessen waren die radikalen Nationalisten nicht unmittelbar beteiligt. Aus diesem Grund ist es auch nicht einfach, ihren politischen Einfluß exakt zu bestimmen. Ohne Zweifel übten die radikalnationalistischen Verbände einen nicht zu unterschätzenden Einfluß auf die öffentliche Meinung – und über diese mittelbar auch auf politische Entscheidungsträger – aus. Das gilt für ihre imperialistische Agitation ebenso wie für die Rüstungspolitik und die »Ostmarkenfrage«. Auf allen diesen Politikfeldern waren sie wichtige Katalysatoren eines neuen, aggressiven und intransigenten Nationalismus, dessen Ziele und Forderungen die politischen Entscheidungsträger unter Druck setzten. Ein unmittelbarer Einfluß auf Entscheidungsprozesse blieb ihnen jedoch selbst im Falle des von ihnen initiierten Reichs- und Staatsangehörigkeitsgesetzes versagt. Und in keinem Fall konnten sie ihre Forderungen gegen den Willen der Reichsleitung durchsetzen. Insbesondere auf dem Gebiet der Außen- und Kolonialpolitik gerieten die radikalen Nationalisten, allen voran die Alldeutschen, in einen zunehmend schärferen Gegensatz zur Reichsleitung, weshalb diese bestrebt war, sie als politische Dilettanten zu stigmatisieren.[33] Dabei sollte jedoch nicht übersehen werden, daß seitens der Regierung und der ihr nahestehenden Kreise niemals die Substanz der radikalnationalistischen Auffassungen angegriffen wurde. Vielmehr waren es stets taktische und situationsgebundene Anlässe, die zu Polemiken gegen die radikalen Nationalisten führten.

Trotzdem blieben diese politische Außenseiter. Politisch war der radikale Nationalismus vor 1914 (noch) nicht mehrheitsfähig. Seine Anhänger stellten eine radikale Minderheit dar, die jedoch zunehmend an Einfluß gewann. Früher, schrieb Hans Delbrück im Dezember 1913 in den »Preußischen Jahrbüchern«, konnte man sich damit trösten, »die Alldeutschen seien eine kleine, halbkomische Sekte ohne Einfluß«. Davon könne jedoch nicht länger die Rede sein, denn alldeutsche Anschauungen seien mittlerweile weit verbreitet und fänden immer mehr Anhänger. In diesem »nationalen Fanatismus« sah Delbrück eine noch größere Gefahr für die Zukunft Deutschlands als in der Sozialdemokratie, denn: »Nicht die sozialdemokratische Revolution, sondern ein europäischer Krieg ohne innere Nothwendigkeit ist die Gefahr der Zukunft.«[34] Treffend beschrieb

33 Markantestes Beispiel hierfür ist der Vorwurf Bülows an die Alldeutschen, Politik »vom Standpunkt der Bierbank« zu treiben. Vgl. *Penzler*, Bd. 1, S. 161–175 (Zitat: S. 175).

34 *Delbrück*, Alldeutschen, S. 576f.

er damit die wohl wichtigste Wirkung der radikalnationalistischen Agitation auf die politische Kultur des wilhelminischen Deutschlands: Die zunehmende Verbreitung der Überzeugung, daß ein Krieg der europäischen Großmächte nicht nur unvermeidbar, sondern auch unabdingbar sei, um die Zukunft des deutschen Volkes im imperialistischen »Kampf ums Dasein« zu sichern. Diese militaristische Mentalität und die mit ihr korrespondierende Kriegsbereitschaft waren die Folgen eines politischen Erwartungshorizontes, für den Expansion eine nationale Existenzfrage darstellte. Je öfter dieser Erwartungshorizont enttäuscht wurde, desto mehr wuchs die Bereitschaft, ihn mit militärischen Mitteln zu verwirklichen. Niemand hat diese expansionistische Erwartungshaltung nachhaltiger geprägt und entschiedener propagiert als die radikalen Nationalisten. Mit ihren Deutungsmustern und ihrer politischen Praxis trugen sie mehr als jeder andere Akteur dazu bei, daß sich die Überzeugung von der existentiellen Notwendigkeit territorialer Expansion zu einem irreversiblen Wahrnehmungsmuster verfestigte, und hatten damit entscheidenden Anteil daran, daß der »Wille zum Krieg« schließlich zu einer »self-fulfilling-prophecy« wurde.

Der Maßstab für die Bedeutung des radikalen Nationalismus liegt deshalb nicht in der Stärke der verschiedenen Agitationsverbände oder ihrem Einfluß auf konkrete politische Entscheidungen, sondern in dem Ausmaß, in dem es seinen Anhängern gelang, ihre Vorstellungen und Deutungsmuster in der politischen Kultur zu verankern. In diesem Zusammenhang sind außer der Überzeugung von der Notwendigkeit eines baldigen Krieges zwei weitere Deutungsmuster zu nennen, die für den weiteren Verlauf der deutschen und europäischen Geschichte fatale Folgen haben sollten: die Vorstellung der ethnisch und kulturell homogenen »Volksgemeinschaft« mit ihrer semantischen Verknüpfung von Homogenität, Effizienz und Macht sowie die Lebensraumideologie und der aus ihr abgeleitete Kontinentalimperialismus in Mittel- und Osteuropa. Mit ihrer Agitation legten die radikalen Nationalisten die ideologischen Grundlagen dafür, daß die »Volksgemeinschaft« in der ersten Hälfte des 20. Jahrhunderts zur zentralen Signatur des deutschen Nationalismus avancieren konnte und daß die Suche nach neuem »Lebensraum« für das deutsche Volk sich zu einer nicht weniger einflußreichen Konstante des außenpolitischen Denkens entwickelte. Sie waren die Vordenker und intellektuellen Wegbereiter dieser Entwicklung und zugleich die ersten, die diese Ziele zum politischen Programm erhoben.

Damit soll nicht behauptet werden, daß die weitere geschichtliche Entwicklung und insbesondere der Aufstieg des Nationalsozialismus durch die wilhelminischen Radikalnationalisten maßgeblich vorherbestimmt oder gar kausal herbeigeführt worden sei. Im Gegenteil: Zwar gewann der radikale Nationalismus in den ersten Jahren des 20. Jahrhunderts immer mehr Anhänger, er blieb jedoch weiterhin die Weltanschauung einer bildungsbürgerlichen Minderheit. Als solche übte er eindeutig keinen dominierenden Einfluß im Sinne einer kulturellen Hegemonie aus. Vielmehr gab es nach wie vor starke Gegenkräfte im linksliberalen Bürgertum, im katholischen Lager und der Sozialdemokratie. Nicht einmal innerhalb des bürgerlich-nationalen Lagers kann von einer Dominanz radikalnationalistischer Deutungsmuster die Rede sein. Die politische Kultur des wilhelminischen Deutschlands blieb geprägt durch den Kampf konkurrierender Nationsvorstellungen. Wenn der deutsche Nationalismus sich seit 1914 dennoch immer mehr innerhalb jener diskursiven Parameter bewegte, die die radikalen Nationalisten gesetzt hatten, so waren hierfür neue, einschneidende Ereignisse und Entwicklungen verantwortlich, die den radikalen Nationalismus schließlich zu einem Massenphänomen machten. Bevor jedoch abschießend auf diese Wirkungsgeschichte eingegangen wird, soll zuvor in einem Blick über die Grenzen des Deutschen Reiches hinaus geprüft werden, ob der wilhelminische Radikalnationalismus eine deutsche Besonderheit darstellte oder ob es sich bei ihm um ein transnationales Phänomen handelte.

2. Transnationales Phänomen oder deutscher Sonderweg? Der radikale Nationalismus im internationalen Vergleich

Der radikale Nationalismus war in vielfacher Hinsicht eine Reaktion auf die rapide fortschreitende Globalisierung und als solche geprägt durch transnationale Prozesse und Diskurse. Hierin lag seine spezifische Modernität. Imperialismus, Rüstungswettlauf, Militarisierung, Nationalitätenkonflikte und Antisemitismus waren keine deutschen Besonderheiten, sondern transnationale Phänomene. Gleiches gilt für Sozialdarwinismus, Rassenhygiene, Eugenik, Weltreichslehre und Navalismus. Diese Feststellung wirft die Frage nach der Existenz radikalnationalistischer Deutungsmuster in anderen Ländern auf. War der wilhelminische Radikalnationalismus ein deutsches Spezifikum oder gab es anderswo vergleichbare Nationalismen? Welche Gemeinsamkeiten lassen sich in anderen Staaten ausmachen und wo liegen die Unterschiede? Diesen Fragen soll im folgenden in einer vergleichenden Betrachtung nachgegangen werden. Eine solche Betrachtung kann hier nur symptomatisch, nicht aber systematisch erfolgen.[35] Denn, wie in Deutschland, existierte auch in anderen Staaten eine enorme Spannbreite unterschiedlicher Nationsvorstellungen, die miteinander um Deutungsmacht konkurrierten.[36] Hinzu kommen die semantischen Unterschiede der jeweiligen nationalsprachlichen Äquivalente von »Nation«, »Volk« und »Rasse«. Voraussetzung für einen systematischen Vergleich verschiedener radikaler Nationalismen wäre deshalb eine umfassende Analyse ihrer ideologischen Konstruktion und politischen

35 Zu den Möglichkeiten des historischen Vergleichs vgl. *Kaeble*; *Haupt*; *ders. u. Kocka*.

36 Vgl. exemplarisch *Müller*, Nation als Waffe sowie die Beiträge in *Hirschhausen u. Leonhard*.

Praxis, wie sie für den deutschen Radikalnationalismus in dieser Studie geleistet wurde. Eine solche Analyse würde jedoch den Rahmen der vorliegenden Arbeit sprengen und muß deshalb künftigen Forschungen vorbehalten bleiben. Gleichwohl sollen nachfolgend – ohne Anspruch auf Vollständigkeit – einige Gedanken ausgeführt werden, an die ein systematischer Vergleich anknüpfen kann.

Der in Vereinen und Verbänden organisierte Nationalismus war ein internationales Phänomen. Um die Jahrhundertwende entstanden nahezu überall in Europa im Zuge der Herausbildung des modernen politischen Massenmarktes nationalistische Agitationsverbände, die einen aggressiven, gegen äußere und vor allem innere Feinde gerichteten Nationalismus propagierten. Das gemeinsame Merkmal dieser intransigenten Nationalismen war die Forderung nach der bedingungslosen Unterordnung des Individuums unter die Interessen der zur alleinigen Sinngebungs- und Rechtfertigungsinstanz verabsolutierten Nation. Politisch waren die nationalistischen Agitationsverbände Teil einer neuen »radikalen Rechten«, die den traditionellen Konservatismus des 19. Jahrhunderts als überholt betrachtete und nach einer leistungsfähigeren autoritären Ordnung von Politik und Gesellschaft suchte.[37] Die von ihnen propagierten Nationalismen waren antiliberal, antisozialistisch, nicht selten antisemitisch und besaßen zumeist eine antigouvernementale Stoßrichtung. Sie betonten die Exklusivität der eigenen Nation und waren bestrebt, alle Lebensbereiche nach nationalistischen Maßstäben zu gestalten. Außerdem verfolgten sie häufig eine expansive Zielsetzung und waren geprägt durch eine Glorifizierung des Militärs, das als Garant der nationalen Existenz im imperialistischen »Kampf ums Dasein« galt. Jenseits dieser generellen Gemeinsamkeiten waren die verschiedenen radikalen Nationalismen vor 1914 jedoch äußerst vielgestaltig und wiesen sowohl im Hinblick auf ihre ideologischen Grundlagen als auch ihre politische Praxis signifikante Unterschiede auf. Gleichwohl werden sie in der Nationalismusforschung – in Anlehnung an die Selbstbezeichung der radikalen Rechten in Frankreich – oft pauschal unter den Begriff »integraler Nationalismus« subsumiert.[38] Wie zu zeigen sein wird, ist es jedoch nicht sinnvoll, ausgerechnet den französischen Fall begrifflich zum Paradigma für sämtliche Erscheinungsformen des radikalen Nationalismus zu machen, denn dieser unterschied sich durch eine Reihe von Besonderheiten von der Entwicklung in anderen Ländern.

Darüber hinaus sind die radikalnationalistischen Organisationen des Fin de siècle vor allem als Vorläufer und Wegbereiter faschistischer Bewegungen untersucht worden.[39] Ohne Zweifel lag hierin ihre größte historische Bedeutung.

37 Vgl. *Chickering*, Vereine; *Weichlein*, Nationalbewegungen, S. 103–111; *Payne*, S. 52–99; *Kennedy*, Pre-War Right, S. 10–16.

38 Vgl. *Kunze*, S. 93–96; *Weichlein*, Nationalbewegungen, S. 98–103; *Alter*, Nationalismus, S. 43–56; *Lemberg*, Nationalismus, Bd. 1, S. 195–226; *ders.*, Geschichte, S. 267–306.

39 Vgl. *Payne*, S. 26–33, 52–99; *Breuer*, Nationalismus und Faschismus, S. 61–77, 96–144; *Nolte*, Faschismus, S. 59–190.

Andererseits war der Faschismus nicht die einzige Entwicklungsperspektive des radikalen Nationalismus. Denn, wie Stanley Payne betont: »Die faschistischen Bewegungen stellten die extremste Ausdrucksform des modernen europäischen Nationalismus dar, aber sie waren nicht gleichbedeutend mit sämtlichen autoritären nationalistischen Gruppen. Letztere waren vielgestaltig und überaus unterschiedlich, und in ihrer Typologie reichten sie weit über den Faschismus hinaus oder blieben erheblich hinter ihm zurück, unterschieden sich jedenfalls grundlegend von ihm.«[40] In diesem Sinne müssen auch die radikalen Nationalismen vor 1914 als eigenständige Phänomene im Kontext ihrer Zeit untersucht werden, ohne damit ihre Bedeutung für den Aufstieg faschistischer Bewegungen in Frage zu stellen. Zu diesem Zweck ist es unerläßlich, die bereits skizzierten allgemeinen Charakteristika des radikalen Nationalismus an einigen ausgewählten Beispielen historisch zu konkretisieren. Dies soll hier anhand der Beispiele aus Österreich-Ungarn, Großbritannien und Frankreich geschehen. Ziel der vergleichenden Betrachtung ist es, Gemeinsamkeiten und Unterschiede zwischen den einzelnen radikalen Nationalismen zu identifizieren und so die spezifischen Besonderheiten des deutschen Radikalnationalismus schärfer herauszuarbeiten. Darüber hinaus sollen transnationale Kontakte und Rezeptionsprozesse rekonstruiert werden, um den grenzüberschreitenden Transfer radikalnationalistischer Deutungsmuster zu untersuchen. Am Anfang steht deshalb der Blick über die Grenzen des Deutschen Reiches nach Österreich-Ungarn. Denn auch dort gab es radikalnationalistische Organisationen, die zudem teilweise eng mit ihren reichsdeutschen Gesinnungsgenossen kooperierten.

Die deutsch-österreichische Variante des radikalen Nationalismus entstand als Reaktion auf die sich verschärfenden Nationalitätenkonflikte in der Habsburgermonarchie, durch die besonders die traditionelle Vormachtstellung der deutschen Bevölkerungsgruppen in Zisleithanien herausgefordert wurde. Wie ihr reichsdeutsches Gegenstück stützte sie sich auf die Vorstellung einer ethnisch-kulturellen »Volksgemeinschaft« aller Deutschen. Ihr Ziel war die Stärkung des Deutschtums in Österreich-Ungarn als Grundlage für eine Expansion des deutschen Volkes in »Mitteleuropa«. Organisatorischen Rückhalt fanden diese Bestrebungen in der »Deutschnationalen Bewegung«, die sich seit 1879 als Reaktion auf die Krise des deutsch-österreichischen Liberalismus unter der Führung Georg Ritter von Schönerers formierte.[41] Von Schönerer gehörte zu den Verfassern des »Linzer Programms« von 1882. Neben sozial- und wirtschaftspolitischen Forderungen wurde darin die Stärkung des Deutschtums in den ehemals zum Deutschen Bund gehörigen Ländern der Donaumonarchie

40 Zur Unterscheidung von konservativ autoritären Kräften, radikaler Rechten und faschistischen Gruppierungen vgl. *Payne*, S. 26–33 (Zitat: S. 26).

41 Vgl. *Schödl*, Politik, S. 50–52; *Kann*, Nationalitätenprobleme, Bd. 1, S. 91–108; *Winkler*, Bestrebungen. Zur Biographie von Schönerers *Whiteside*.

sowie die Abtretung der nichtdeutschen Gebiete wie Dalmatien, Galizien, der Bukowina von Zisleithanien gefordert. Außerdem sollte Deutsch zur einzigen offiziellen Staatssprache des verbleibenden »Restösterreichs« erklärt werden.[42]

Das »Linzer Programm« bildete die programmatische Grundlage der Deutschnationalen Bewegung, die jedoch bereits 1885 in unterschiedliche Richtungen zerfiel, nachdem von Schönerer einen antisemitischen Paragraphen in das Programm eingefügt hatte. Seine Pläne gingen zu diesem Zeitpunkt bereits weit über das »Linzer Programm« hinaus: Er forderte den politischen Anschluß der deutschsprachigen Gebiete Österreichs an das Deutsche Reich und eine Abkehr der Deutsch-Österreicher vom Katholizismus. Denn er war der Meinung, daß diese sich nur so dem protestantisch dominierten Deutschen Reich würden anschließen können.[43] Darüber hinaus trat er für eine Bekämpfung der slawischen Bevölkerungsgruppen ein und propagierte einen radikalen Rassenantisemitismus. Während die Anhänger von Schönerers, die sich 1901 in der »Alldeutschen Vereinigung« zusammenschlossen, durch ihre irredentistische Haltung in einen unversöhnlichen Gegensatz zum Habsburger Staat traten, stand die Mehrheit der Deutschnationalen weiterhin loyal zum österreich-ungarischen Staatswesen. Ihr Ziel blieb ein engeres wirtschaftliches und politisches Bündnis mit dem Deutschen Reich als Voraussetzung für eine Stärkung des Deutschtums in der Habsburgermonarchie und in »Mitteleuropa«.

Die reichsdeutschen Radikalnationalisten arbeiteten eng mit ihren Gesinnungsgenossen in Österreich-Ungarn zusammen. Insbesondere der Alldeutsche Verband unterhielt gute Kontakte zu den deutschnationalen Parteien und »Schutzvereinen« in der Habsburgermonarchie. Zwar waren die Alldeutschen um gute Beziehungen zu allen Akteuren des deutschnationalen Lagers bemüht, ihre besondere Sympathie galt jedoch zunächst der alldeutschen Bewegung von Schönerers.[44] Erst nach der Jahrhundertwende, nachdem sich von Schönerer durch seinen Fanatismus und gewaltsame Aktionen ins politische Abseits manövriert hatte, gingen sie auf Distanz zur »Alldeutschen Vereinigung«, die spätestens seit ihrer vernichtenden Wahlniederlage 1907 nur noch eine sektiererische Splittergruppe innerhalb des deutschnationalen Lagers in Österreich darstellte.[45] Statt dessen bauten sie ein weitverzweigtes Netzwerk

42 Abgedruckt in: *Schödl*, ADV, S. 383–388.

43 v. Schönerer trat 1900 selbst vom Katholizismus zum evangelischen Glauben über. Zur »Los-von-Rom-Bewegung« vgl. *Smith*, German Nationalism, S. 206–232; *Puschner*, Bewegung, S. 207–214; *Albertin*.

44 Vgl. »Der ADV in Österreich«, in: AB, Jg. 7, 1897, S. 5–6; »Linzer Programm«, in: AB, Jg. 7, 1897, S. 185f.; »Die nationalpolitischen Forderungen der deutschen oppositionellen Parteien im österreichischen Abgeordnetenhause« (Sonderbeilage zu den AB v. 4.6.1899); »Die Ziele der ›Alldeutschen Bewegung‹ in Österreich«, in: AB, Jg. 11, 1901. S. 487f.

45 Vgl. BA-B. ADV, Nr. 29, Bl. 1–4; AB, Jg. 11, 1901, S. 409–412; Jg. 12, 1902, S. 187f.; *Schödl*, Politik, S. 395; *Tokody*, S. 45f.

auf, dem deutschnationale Parteien und Organisationen aus beiden Hälften der Donaumonarchie angehörten. Wichtig waren vor allem die Kontakte zur parlamentarisch starken »Deutschen Volkspartei« in Zisleithanien sowie die Kooperation mit der 1906 gegründeten »Ungarländisch-Deutschen Volkspartei«, die eine intensive propagandistische und finanzielle Unterstützung durch den Alldeutschen Verband erfuhr. Eine Schlüsselfigur in diesem Netzwerk war der Deutsch-Österreicher Paul Samassa, der als Experte für Österreich-Ungarn und Vertrauter von Claß maßgeblichen Einfluß auf die alldeutsche Politik gegenüber der Habsburgermonarchie ausübte. So hatte Samassa, dessen Verbindungen bis in den »Belvedere«-Kreis um den österreichischen Thronfolger Erzherzog Franz Ferdinand reichten, entscheidenden Anteil daran, daß die Alldeutschen einen Schwerpunkt ihrer Aktivitäten auf die »deutschvölkische Schutzarbeit« für die deutsche Minderheit in der transleithanischen Reichshälfte legten. Darüber hinaus gelang es ihm, gegen erhebliche Widerstände, den Verband zu einer Distanzierung gegenüber von Schönerer und seinen irredentistischen Maximalforderungen zu bewegen und auf einen pragmatischen Kurs gegenüber der Habsburgermonarchie festzulegen.[46]

Die alldeutschen Aktivitäten in Österreich-Ungarn zeigen, daß der radikale Nationalismus nicht nur in der Theorie, sondern auch in seiner konkreten politischen Praxis nicht vor staatlichen Grenzen haltmachte. Die grenzüberschreitenden Kontakte und Beziehungen der radikalen Nationalisten im Deutschen Reich und in der Habsburgermonarchie waren dabei keine ideologische Einbahnstraße, sondern geprägt durch wechselseitige Lern- und Austauschprozesse.[47] So beeinflußten die konkreten Erfahrungen des Alldeutschen Verbandes mit seinen deutschnationalen Partnern in Österreich-Ungarn die Ziele und Ausgestaltung seiner Politik in der Donaumonarchie. Die Deutsch-Österreicher ihrerseits akzeptierten bereitwillig die propagandistische und finanzielle Schützenhilfe aus dem Deutschen Reich für ihren »Kampf um das Deutschtum« in der Habsburgermonarchie. Aus der vergleichenden Vogelperspektive erscheinen der wilhelminische Radikalnationalismus und der deutschnationale Nationalismus österreichischer Fasson aufgrund ihrer gemeinsamen ideologischen Grundlagen und der engen personellen Beziehungen deshalb eher als zwei Varianten eines »gesamtdeutschen« Radikalnationalismus, denn als nationalistische Ideologien sui generis. Für die Zwecke des Vergleichs ist deshalb der Blick auf die britische Insel aufschlußreich, wo sich gegen Ende des 19. Jahrhunderts unter gänzlich anderen politischen und gesellschaftlichen Rahmenbedingungen ebenfalls ein radikaler Nationalismus und Imperialismus herausbildeten. Der Vergleich mit Großbri-

46 Vgl. hierzu ausführlich *Schödl*, ADV; *ders.*, Samassa; *Tokody* sowie Kapitel III.2.

47 Der Begriff »transnational« wäre in diesem Zusammenhang mißverständlich, denn er basiert auf einem etatistischen Nationsverständnis, das »Nation« mit »Nationalstaat« gleichsetzt. Für den radikalen Nationalismus war jedoch gerade konstitutiv, daß er qua Definition die Grenzen des Nationalstaats transzendierte.

tannien ist in beziehungsgeschichtlicher Perspektive auch deshalb wichtig, weil das Vereinigte Königreich für die radikalen Nationalisten in Deutschland nicht nur das zentrale Feindbild, sondern in vielfacher Hinsicht auch das große Vorbild darstellte, an dem sich ihre eigenen Ziele orientierten.

Der britische Nationalismus ist lange Zeit als idealtypischer Gegenentwurf zum deutschen Nationalismus dargestellt worden: Demnach stand ein liberalen Prinzipien verpflichteter, auf politische und kulturelle Inklusion ausgerichteter Nationalismus in Großbritannien, einem an illiberalen Werten orientierten, auf ethnisch-kulturelle Exklusion zielenden Nationalismus in Deutschland entgegen. Neuere Forschungen haben jedoch gezeigt, daß diese idealtypische Dichotomie den zahlreichen real existierenden Mischformen nicht gerecht wird und daß trotz wichtiger Unterschiede »das Idiom des Nationalen« in beiden Ländern »verblüffend ähnlich« war.[48] Diese Feststellung gilt auch für den Nationalismus der »radikalen Rechten«, die sich vor dem Hintergrund eines wachsenden innen- und außenpolitischen Krisenbewußtseins seit den 1880er Jahren in Großbritannien formierte. Auch hier waren nationalistische Verbände wie die »Navy League« und die »National Service League« die wichtigsten sozialen Träger und Katalysatoren dieses neuen Radikalnationalismus.[49]

Die zentrale Herausforderung für die »radikale Rechte« war der relative machtpolitische Niedergang Großbritanniens. Zwar befand sich das Vereinigte Königreich um die Jahrhundertwende auf dem Höhepunkt seiner imperialen Macht und Größe. Seine Position als führende politische und ökonomische Weltmacht wurde jedoch immer stärker von rivalisierenden Mächten herausgefordert. Hinzu kamen zentrifugale Tendenzen innerhalb des britischen Weltreiches.[50] Die Wahrnehmung dieser Entwicklungen wurde in hohem Maße durch die »Weltreichslehre« geprägt, die auch in Großbritannien das zentrale Paradigma des imperialistischen Diskurses darstellte. Darüber hinaus war auch hier der Sozialdarwinismus eine allgegenwärtige gesellschaftliche Hintergrundüberzeugung, die als weltanschauliche und diskursive Matrix die Verbreitung eines radikalen Nationalismus und Imperialismus förderte. Und schließlich wurden, mit Blick auf die konstitutive Bedeutung der Marine für den Bestand des Empires und die Weltmachtstellung Großbritanniens, die navalistischen Thesen Mahans dort mit besonderer Intensität diskutiert.[51]

48 *Berger*, Nationalismus (Zitat: S. 101). Vgl. *Müller*, Nation als Waffe, S. 32, 353–366.

49 Vgl. *Bauerkämper*, Rechte, S. 23–73; *Searle*, Revolt; *Sykes*; *Mock*, Entstehung. Die bisherige vergleichende Forschung hat vor allem die unterschiedlichen politischen Funktionen der nationalistischen Agitationsverbände in Deutschland und England thematisiert, die sich aus der Verschiedenartigkeit der politischen Systeme und Kulturen ergaben, und dabei die zahlreichen ideologischen Gemeinsamkeiten ignoriert.

50 Vgl. *Elvert*, S. 135; *Searle*, Quest, S. 34–53; *Kennedy*, Rise, S. 306–320; *Friedberg*.

51 Vgl. *Neitzel*, Weltmacht, S. 210–266.

Vor diesem Hintergrund entstand 1895 die »Navy League«, die sich für eine forcierte Aufrüstung der britischen Seestreitkräfte einsetzte. Die Navy League war ein Vorbild für den drei Jahre später gegründeten Deutschen Flottenverein und entwickelte sich wie dieser zu einer einflußreichen Massenorganisation, die am Vorabend des ersten Weltkriegs 126000 Mitglieder in ihren Reihen vereinte. Nach internen Auseinandersetzungen über die Haltung des Verbandes gegenüber der Regierung, die nach Meinung einiger einflußreicher Mitglieder nicht entschieden genug für eine maritime Aufrüstung eintrat, kam es im Januar 1908 zur Abspaltung der radikaleren Kräfte in der »Imperial Maritime League«, die fortan auch vor einer offen antigouvernementalen Agitation nicht zurückschreckte. Beide Flottenorganisationen traten seither für einen beschleunigten Ausbau der Royal Navy sowie die Einführung der allgemeinen Wehrpflicht ein und versuchten, breite Bevölkerungsschichten für diese Ziele zu mobilisieren. Beide forderten zudem die Beseitigung der parlamentarischen Kontrolle über die als »nationale Aufgabe« definierte Flottenrüstung, die prinzipiell der parteipolitischen Auseinandersetzung entzogen werden sollte. Hinter dieser Zielsetzung, die einherging mit einer Glorifizierung des Krieges als Katalysator des zivilisatorischen Fortschritts, stand die Forderung nach »nationaler Effizienz«, die seit der Jahrhundertwende zum ideologischen Gravitationszentrum der radikalen Rechten avancierte.[52]

Der herausragende Repräsentant dieser Entwicklung war die 1902 als Reaktion auf die anfänglichen englischen Niederlagen im Burenkrieg gegründete »National Service League«. Ihre Aktivitäten zielten auf eine umfassende Reorganisation von Militär, Staat, Wirtschaft und Gesellschaft nach dem Kriterium »nationaler Effizienz«, um durch die Bündelung aller verfügbaren Ressourcen den befürchteten Niedergang Großbritanniens abzuwenden. Konkret forderte die National Service League vor allem die Durchsetzung der allgemeinen Wehrpflicht, eine grundlegende Reform der militärischen Ausbildung sowie eine Professionalisierung der Armeeführung – u.a. durch die Einrichtung eines Generalstabs. Sie stellte damit das britische Pendant zum Deutschen Wehrverein dar. Auch die National Service League entwickelte sich zu einer radikalnationalistischen Massenorganisation, der am Vorabend des Ersten Weltkrieges 96526 Mitglieder angehörten.[53] Die Agitation der National Service League und anderer Organisationen der radikalen Rechten für »nationale Effizienz« zielte keineswegs nur auf die Beseitigung konkreter Mißstände, sondern auf eine grundlegende Transformation des politischen Systems. Denn »nationale Effizienz« erforderte in ihren Augen einen »starken Staat« und stand damit in einem Spannungsverhältnis zur demokratisch-parlamentarischen Regierungsform, deren Ineffizienz ihnen

52 *Bauerkämper*, Rechte, S. 58–63; *Summers*. Zur Mitgliederentwicklung vgl. *Coetzee u. Coetzee*, S. 522. Für die Imperial Maritime League gibt es keine gesicherten Angaben über die Zahl ihrer Mitglieder. Sie dürfte jedoch bei ca. 1500 gelegen haben (Vgl. *ebd.*, S. 521, 534 Fn. 30).

53 *Bauerkämper*, Rechte, S. 63–68; *Summers*; *Coetzee u. Coetzee*, S. 522.

als erwiesen galt. Ihre Vision war eine politisch und sozial harmonische Gesellschaft, in der alle Kräfte auf das gemeinsame nationale Ziel ausgerichtet waren. Dieser Zielvorstellung lag ein autoritäres Gesellschaftsideal zugrunde, das auf die Überwindung innenpolitischer Konflikte durch Unterdrückung gesellschaftlicher Partizipationsansprüche gerichtet war. Die Anhänger der radikalen Rechten hegten deshalb Sympathien für das autoritäre politische System des Kaiserreichs, in dem sie ein Vorbild für die angestrebte gesellschaftliche Harmonisierung und Homogenisierung im eigenen Land erblickten.[54]

Dieser ideologische Nexus von gesellschaftlicher Homogenität, Effizienz und Macht, der faktisch auf eine umfassende Militarisierung der britischen Gesellschaft hinauslief, weist große Ähnlichkeit mit den Vorstellungen der wilhelminischen Radikalnationalisten auf. Diese propagierten ebenfalls die Mobilisierung aller nationalen Kräfte zur Erreichung ihrer imperialistischen Ziele. Und auch ihnen galt die Homogenität der »Volksgemeinschaft« als unabdingbare Voraussetzung »nationaler Effizienz«. Unklar ist allerdings, inwieweit die Anhänger der radikalen Rechten in Großbritannien in gleicher Weise ethnisch-kulturelle Homogenität als Vorsaussetzung politischer und sozialer Effizienz betrachteten. Auch im Vereinigten Königreich war die Überzeugung von der zivilisatorischen Überlegenheit der »britischen Rasse« weitverbreitet und eine entscheidende Rechtfertigung der britischen Herrschaft in der Welt. Allerdings war diese Rassensemantik nicht im selben Maße biologistisch konnotiert wie in Deutschland. Vielmehr blieb der Begriff »race« polyvalent und konnte – je nach Kontext – als Synonym für »Nation«, »Volk«, »Kultur« oder »Zivilisation« verwendet werden. Hinzu kommt, daß sich im politisch-sozialen Sprachgebrauch auch der Terminus »angelsächsische Rasse« großer Beliebtheit erfreute, der die historische und zivilisatorische Verbundenheit mit den Vereinigten Staaten betonte.[55]

Ausgehend von dieser semantischen Mehrdeutigkeit propagierte die radikale Rechte jedoch einen »race patriotism«, in dem kulturelle und ethnozentrische Nationsvorstellungen zunehmend miteinander verschmolzen. Zwar war auch dieser »Rassenpatriotismus« nicht in einem engen Sinne biologistisch definiert, ihm lag jedoch die Vorstellung von der »britischen Rasse« als einer ethnisch-kulturellen Abstammungsgemeinschaft zugrunde, der alle weißen Bewohner der britischen Inseln und des Empires angehörten. Er bildete darüber hinaus die ideologische Grundlage für einen latenten Antisemitismus, dessen politischer Einfluß zwar begrenzt blieb, der jedoch seinen Teil zur Verbreitung ethnozentrischer Vorstellungen und Vorurteile beitrug.[56] Die konkreten Inhalte und die Verbreitung dieser ethnisch-kulturellen Nationsvorstellung sind ein Desiderat

54 *Müller*, Nation als Waffe, S. 51–53; *Searle*, Quest, S. 54–106; *Bauerkämper*, Rechte, S. 25–41.
55 Vgl. *Rich*, S. 12–26; *Mock*, Function; *Neitzel*, Weltmacht, S. 249–255.
56 *Müller*, Nation als Waffe, S. 55, 140–148; *Bauerkämper*, Rechte, S. 74–87; *Lebzelter*.

der Forschung. Es sprechen jedoch einige Indizien dafür, daß die »schleichende Ethnisierung« der Nationsvorstellung in Großbritannien, die während des Ersten Weltkrieges rapide voranschritt, bereits vor 1914 einsetzte.[57]

Im Hinblick auf die ideologischen Grundlagen und zentralen Deutungsmuster zeigt der Vergleich mit Großbritannien mithin eine Reihe von Gemeinsamkeiten, die auf eine transnationale Dimension des radikalen Nationalismus hindeuten. Der wichtigste Unterschied lag in den divergenten Ausgangsbedingungen und Zielsetzungen der radikalen Nationalisten in beiden Ländern. In England besaß der Nationalismus der radikalen Rechten eine tendentiell defensive Stoßrichtung, deren Ziel es war, die eigene Vormachtstellung zu verteidigen und so lange wie möglich zu bewahren. Da Großbritannien mit seinem Empire bereits über den notwendigen »Lebensraum« verfügte, ging es auch den Anhängern der radikalen Rechten in erster Linie um die effektive Reorganisation des britischen Weltreiches. Ihr Nationalismus zielte deshalb nicht primär auf Expansion, sondern auf Konsolidierung. Im Gegensatz dazu strebte der nachholende Imperialismus der wilhelminischen Radikalnationalisten nach Expansion um jeden Preis. Beide Zielsetzungen ergaben sich aus den gemeinsamen ideologischen Grundüberzeugungen der »Weltreichslehre«, prägten aufgrund der anders gelagerten Ausgangsbedingungen jedoch höchst unterschiedliche Erwartungshorizonte. Dabei war die Diskrepanz zwischen Erwartungshaltung und Wirklichkeit im deutschen Fall deutlich höher als in Großbritannien, und es war vor allem dieses Mißverhältnis, aus dem die größere Aggressivität des radikalen Nationalismus in Deutschland erwuchs.

Ein weiterer Grund war, daß die Organisationen der radikalen Rechten in Großbritannien durch ihre Anbindung an die Konservative Partei in höherem Maße in das politische Parteiensystem integriert waren als die nationalistischen Agitationsverbände im Kaiserreich. Trotz dieser Einbindung und vergleichbarer Mitgliederzahlen gelang es ihnen allerdings nicht, einen ähnlichen Einfluß auf politische Entscheidungsträger auszuüben. Sie hatten jedoch entscheidenden Anteil an der Forcierung der maritimen Aufrüstung Großbritanniens und der Verschärfung des machtpolitischen Gegensatzes zum Deutschen Reich. Darüber hinaus trugen sie zur Radikalisierung der Oppositionspolitik der Konservativen Partei nach 1911 bei und organisierten seit 1912 in Kooperation mit militant-protestantischen Organisationen in Ulster den Widerstand der Konservativen gegen die Gesetzesvorlage der liberalen Regierung von Premierminister Herbert Asquith zur Frage der irischen Home-Rule, die eine Teilautonomie für Irland vorsah.[58] Die erbitterte innenpolitische Auseinandersetzung um die Home-Rule-Gesetzgebung führte Großbritannien 1913/14

57 Vgl. *Müller*, Nation als Waffe, S. 216–219, 356–358 (Zitat: S. 217, 357); *ders.*, Recht.

58 Vgl. *Bauerkämper*, Rechte, S. 87–103, *Coetzee u. Coetzee*, S. 521–523; *Kennedy*, Pre-War Right, S. 12–16.

an den Rand eines Bürgerkrieges. Angesichts dieser Krisensituation stieß die Agitation der radikalen Rechten in den letzten Jahren vor Ausbruch des Ersten Weltkrieges auch im Vereinigten Königreich auf zunehmende Resonanz.[59]

Der Nationalismus der radikalen Rechten in Großbritannien, so läßt sich als Ergebnis festhalten, wies zahlreiche Gemeinsamkeiten mit dem wilhelminischen Radikalnationalismus auf. Zwar gab es wichtige Unterschiede, insgesamt fallen jedoch viele Parallelen ins Auge, vor allem auf ideologischer Ebene. Daß diese ideologischen und strukturellen Gemeinsamkeiten keine Selbstverständlichkeit waren, zeigt der Vergleich mit Frankreich, wo der radikale Nationalismus eine völlig andere Form annahm.

Den Ausgangspunkt für die Entstehung des radikalen Nationalismus in Frankreich bildete die Niederlage im Krieg von 1870/71. Das Trauma der militärischen Niederlage, der Zusammenbruch des Kaisertums und vor allem die Annexion Elsaß-Lothringens stürzten das französische Selbstbewußtsein in eine tiefe Krise und bewirkten eine Sehnsucht nach Revanche und Wiedererlangung der von Deutschland annektierten Provinzen. Der antideutsche Revanchismus verband sich dabei häufig mit dem Ruf nach einer grundlegenden »nationalen Erneuerung«. Darüber hinaus war das Land innenpolitisch in Royalisten und Republikaner gespalten, deren Gegensätze mit dem Verfassungskompromiß von 1875 keineswegs beigelegt waren. Vor diesem Hintergrund formierte sich 1882 unter der Federführung des Schriftstellers und Politikers Paul Déroulède die »Ligue des Patriotes«. Diese propagierte gemeinsam mit der ihr nahestehenden Wochenzeitung »Le Drapeau« einen autoritären Nationalismus, in dessen Mittelpunkt die Forderung nach innerer Einheit und Geschlossenheit als Voraussetzung einer erfolgreichen Revanche gegen Deutschland stand. Oberstes Gebot dieses Nationalismus war der Einsatz des Einzelnen für das Vaterland bis hin zum »Heldentod« im Krieg. Auf dieser ideologischen Grundlage betrieb die »Liga der Patrioten« eine Glorifizierung von Militär und Krieg, die insbesondere die jüngere Generation auf den Revanchekrieg mit Deutschland vorbereiten sollte. Sie verstand sich dabei als Massenbewegung, nicht als Verband oder Partei. Ihre Verachtung für die parlamentarische Demokratie ging einher mit dem Ruf nach einem charismatischen Führer.[60]

Diesen glaubten Déroulède und seine Anhänger in der Person des Generals Georges Boulanger gefunden zu haben, der seit 1886 eine politisch äu-

59 *Müller*, Nation als Waffe, S. 46–56; *Bauerkämper*, Rechte, S. 35, 44–46, 65f., 103.

60 Vgl. *Stark*, Herausforderung, S. 11–15, 103–136; *Rutkoff*; *Sternhell*, La droite, S. 80–178; *ders.*, Déroulède; *Jenkins*, S. 87–93. Die »Ligue des Patriotes« zählte nach eigenen Angaben in den 1880er Jahren bis zu 200000 Mitglieder. Allerdings sind diese Zahlen nicht zu verifizieren und vermutlich überhöht. Nachdem zahlreiche moderate Anhänger 1888 aus Protest gegen den boulangistischen Kurs Déroulèdes die Liga verlassen hatten, bestand sie fast nur noch aus dem harten Kern ihrer 30000 Pariser Mitglieder (Vgl. *Stark*, Herausforderung, S. 105, 125f.).

ßerst heterogene nationalpopulistische Bewegung anführte, die sich durch eine neuartige Massenagitation auszeichnete. Zusammen mit linken Blanquisten, Neobonapartisten und Royalisten bildete die Patriotenliga die Basis der boulangistischen Bewegung, die in den Jahren 1888/89 große Wahlerfolge erzielen konnte, bevor sie wegen ihrer Sympathien für einen Staatsstreich verboten wurde, woraufhin Boulanger ins Ausland floh und die Bewegung zusammenbrach.[61] Zeitgleich zum Boulangismus formierte sich ein radikaler Antisemitismus, der entscheidende Impulse durch den 1886 publizierten Bestseller »La France juive« des Journalisten Edouard Drumonts erhielt und 1889 seinen organisatorischen Ausdruck in der »Ligue antisémitique« fand.[62] Dieser radikale Antisemitismus erlangte vor allem in royalistischen Kreisen Verbreitung und erlebte in der Affäre um den 1894 zu Unrecht wegen Spionage verurteilten jüdischen Offizier Alfred Dreyfus seinen spektakulären Ausbruch.

Die Dreyfus-Affäre der Jahre 1894 bis 1906 vertiefte die Polarisierung zwischen Republikanern und Royalisten und spaltete das Land in zwei einander unversöhnlich gegenüberstehende politische Lager: das linke, republikanisch-laizistische Lager der Dreyfus-Verteidiger und das rechte, klerikal-royalistische der Dreyfus-Gegner. Auf dem Höhepunkt der Affäre gründete der Publizist Charles Maurras zusammen mit anderen Rechtsintellektuellen 1899 die »Action française«, die sich in kürzester Zeit zur einflußreichsten Organisation der radikalen Rechten in Frankreich entwickelte.[63] Auch die Action française verstand sich nicht als Partei oder Verband, schloß andererseits eine Beteiligung an Wahlen nicht grundsätzlich aus, was sie vom Typus der »Liga« unterschied. Sie propagierte einen militanten und intransigenten Nationalismus, für den Maurras den Begriff »intégral« prägte. Diesem »integralen Nationalismus« galt die »Nation« als das Absolute schlechthin. Unter dem Schlagwort »France d'abord« postulierten Maurras und seine Anhänger die bedingungslose Unterordnung des Individuums unter den Gesamtwillen der »Nation« sowie die kompromißlose Bekämpfung ihrer inneren und äußeren Feinde. Die politische Stoßrichtung der Action française war antidemokratisch, antiliberal und antisemitisch. Ihr Ziel war die Beseitigung der Republik und die Wiedererrichtung der Monarchie. Ihr Nationalismus richtete sich gegen die Ideen und Errungenschaften der Französischen Revolution und stilisierte das vorrevolutionäre Frankreich zum Ideal einer guten Ordnung. Maurras' Verklärung des Ancien Régime als schloß dabei den Katholizismus mit ein, der ihm als ein wichtiger Stützpfeiler der erstrebten gesellschaftlichen Ordnung galt. Diese Wertschätzung des Katholizismus war jedoch nicht theologischer, sondern politischer Natur. Denn

61 *Sternhell*, Déroulède, S. 56–62; *ders.*, La droite, S. 17–56; *Jenkins*, S. 93–95.

62 Vgl. *Stark*, Herausforderung, S. 137–158; *Sternhell*, La droite, S. 249–256, 276–297; *Busi*; *Drumont*.

63 Vgl. *Weber*, Action Française, S. 3–43; *Nolte*, Faschismus, S. 90–105; *Jenkins*, S. 95–100.

Marraus selbst war bekennender Agnostiker. Sein Verhältnis zur Katholischen Kirche blieb stets instrumentell und deshalb nicht frei von Spannungen.[64]

Dieser offen antirevolutionäre Nationalismus war ein Novum in der politischen Geschichte Frankreichs. Neu war vor allem, daß es der Action française gelang, eine Synthese aller traditionalistischen Ideologien des 19. Jahrhunderts zu schaffen und diese mit einem radikalen Nationalismus zu verknüpfen. Auf diese Weise wurde der Monarchismus von einem dynastischen Prinzip zum konstitutiven Bestandteil einer nationalistischen Weltanschauung, die auf der Vorstellung der Nation als einem organischen Ganzen beruhte, an dessen Spitze die Monarchie stand. Für die »integralen Nationalisten« war mithin auch die Monarchie lediglich ein (wenngleich sehr wichtiger) Teil jener mystischen, von allen äußeren Wandlungen unberührten »France éternelle«, der ihre uneingeschränkte Loyalität galt. Dieses holistische Nationsverständnis wird besonders bei Maurice Barrès, dem zweiten Spiritus rector des »integralen Nationalismus«, deutlich.

Barrès war ein erfolgreicher Schriftsteller, der als Anhänger Boulangers politisch aktiv wurde. Sein wichtigster Beitrag zum »integralen Nationalismus« bestand in dem Versuch, die Entwurzelung des modernen Individuums durch die bewußte Anerkennung der ihm übergeordneten nationalen Kollektivität zu transzendieren. Nationalismus bedeutete für Barrès die »Anerkennung eines Determinismus«, der durch die gemeinsame Sprache, Geschichte, Kultur und Abstammung bestimmt wurde. Aus diesem Grund propagierte er einen Kult der »Erde und der Toten« sowie eine Rückbesinnung auf die »ewigen Werte« Frankreichs, die seiner Meinung nach vor allem in der Region zu finden waren. Die »Toten«, an die Barrès erinnerte, waren für ihn in erster Linie die Toten von 1870/71, die »Erde« die im Krieg verlorenen Provinzen Elsaß und Lothringen. Politisch verfolgte seine suggestive Integrationsformel »la terre et les morts« das Ziel, die verschiedenen politischen Traditionen und konkurrierenden Definitionen der französischen »Nation« in gemeinsamer Frontstellung gegenüber Deutschland zu einer einheitlichen nationalen Tradition zu vereinen.[65]

Sowohl Barrès als auch Maurras verstanden die von ihnen verabsolutierte »Nation« als ethnisch-kulturelle Gemeinschaft, wobei der Schwerpunkt auf kulturellen Zugehörigkeitskriterien lag. Zwar rekurrierten beide auch auf den Rassenbegriff, vor allem im Rahmen ihrer antisemitischen Agitation. Insgesamt ließen sie jedoch keinen Zweifel daran, daß für sie der zentrale Bezugspunkt nicht die »Rasse«, sondern die »Nation« war. So erklärte Barrès 1893 in seiner Flugschrift »Contre les Étrangers« unmißverständlich: »Dieselbe Sprache, ge-

64 Vgl. *Breuer*, Nationalismus und Faschismus, S. 69–77; *Nolte*, Faschismus, S. 141–190; *Sutton*; *Capitan Peter*; *Buthman*. Zum Begriff des »integralen Nationalismus« vgl. H. Vaugeois u.a., »Le nationalisme intégral«, in: L'Action française, 21.3.1908.

65 *Breuer*, Nationalismus und Faschismus, S. 69–71 (Zitate: S. 72); *Mayer*, Konzeptionen, S. 115–126; *Nolte*, Faschismus, S. 88f. Vgl. *Bendrath*, Ich; *dies.*, Peuple; *Sternhell*, Barrès; *Soucy*; *Curtius*.

meinsame Legenden, das ist es, was die Nationalitäten konstituiert.« Und in einem anderem Zusammenhang hieß es bei ihm: »Sagen wir es ein für allemal: es ist ungenau sensu strictu von einer französischen Rasse zu reden. Wir sind keine Rasse, sondern eine Nation.«[66] Dieses Nationsverständnis ging gleichwohl einher mit einer scharfen Abgrenzung gegenüber denjenigen Gruppen, die als nicht zugehörig definiert wurden: die »Fremden« und »Kosmopoliten«, d.h. die Protestanten, die Freimaurer und vor allem die Juden. Faktisch stand dabei der Antisemitismus als mobilisierende Integrationsideologie eindeutig im Vordergrund. Die Aggressivität, mit der die »integralen Nationalisten« die Juden diffamierten und für alle Übel der französischen Gesellschaft verantwortlich machten, war dabei einzigartig in Europa und markiert einen wichtigen Unterschied im Vergleich mit anderen Erscheinungsformen des radikalen Nationalismus vor 1914.[67]

Auch außenpolitisch war für den »integralen Nationalismus« eine extreme Feindbildfixierung charakteristisch, die sich vor allem gegen England und Deutschland richtete. Als konkurrierende Kolonialmacht wurde Großbritannien als Bedrohung des französischen Kolonialreiches betrachtet. Die imperialistischen Rivalitäten mit England traten jedoch gegenüber dem antideutschen Revanchismus in den Hintergrund. Das außenpolitische Denken der »integralen Nationalisten« war fixiert auf die Wiedererlangung Elsaß-Lothringens. In ihrem Weltbild blieb Deutschland deshalb das zentrale Feindbild. Auffallend an diesen außenpolitischen Zielvorstellungen ist in vergleichender Perspektive besonders das Fehlen einer expansiven Stoßrichtung und einer imperialistischen Vision. Obwohl Frankreich das zweitgrößte Kolonialreich seiner Zeit besaß, war die Weltreichstheorie dort nicht verbreitet. Auch nationaldarwinistische Deutungsmuster spielten eine eher geringe Rolle.[68] Dies gilt speziell für den »integralen Nationalismus«, dessen imperialistische Zukunftsvorstellungen – abgesehen von der Wiedererlangung Elsaß-Lothrigens – rein defensiv, auf Erhalt des Status quo ausgerichtet waren. Eine Suche nach neuen Siedlungsgebieten oder »Lebensraum« war ihm fremd.[69] Insgesamt erscheint das Weltbild der »integralen Nationalisten« als extrem rückwärtsgewandt und autistisch. In jedem Fall fehlte ihm gänzlich jene globale Vision und Fortschrittsemphase, wie sie für andere radikale Nationalismen kennzeichnend waren.

Neben diesen ideologischen Besonderheiten unterschied sich der »integrale Nationalismus« vor allem durch seine politische Praxis. Sein besonderes Charakteristikum war die Bereitschaft seiner Anhänger zum Einsatz von Gewalt

66 Vgl. *Breuer*, Nationalismus und Faschismus, S. 67–69, 71–73 (Zitate: S. 72, 73); *Sternhell*, La droite, S. 179–221.

67 *Sternhell*, La droite, S. 297–318; *Winock*, S. 157–185; *Nolte*, Faschismus, S. 165–173.

68 Vgl. *Mayer*, Konzeptionen, S. 104, 106; *Neitzel*, Weltmacht, S. 284–292.

69 *Breuer*, Nationalismus und Faschismus, S. 73; *Nolte*, Faschismus, S. 155.

zur Durchsetzung ihrer politischen Ziele. Seit 1908 hatte die Action française ihr wichtigstes Sprachrohr in einer Tageszeitung gleichen Namens, die auch im Straßenverkauf vertrieben wurde. Ihre Straßenverkäufer, die sogenannten »Camelots du Roi«, fungierten zugleich als Schlägertrupp der Bewegung, der politische Agitation und Straßenkampf miteinander verband. Die »Camelots du Roi« stürmten Hörsäle, sprengten Vorlesungen, verprügelten Professoren und lieferten sich Straßenschlachten mit dem politischen Gegner. Ihre Gewaltaktionen waren dabei nicht spontan, sondern kalkuliert, organisiert und bisweilen generalstabsmäßig geplant.[70] Es war vor allem diese Gewaltbereitschaft, die die Action française vor 1914 zu einer singulären Erscheinung unter den radikalnationalistischen Organisationen in Europa machte.[71]

Aufgrund dieser Ausnahmestellung erscheint es nicht sinnvoll, den Begriff des »integralen Nationalismus« als Sammelbezeichnung für sämtliche Erscheinungsformen des radikalen Nationalismus zu verwenden, wie dies in der Forschung noch immer häufig geschieht. Eugen Lemberg, der ihn in den wissenschaftlichen Sprachgebrauch einführte, sah die entscheidende Voraussetzung für die Entstehung des »integralen Nationalismus« in einer Krise des nationalen Selbstbewußtseins, die besonders dann eintrat, wenn eine Nation eine schwere militärische Niederlage erlitten hatte. In diesem Sinne verglich er den französischen Nationalismus nach 1871 mit dem deutschen nach 1918.[72] Spätere Historiker haben diesen klaren methodischen Ansatz aufgeweicht, indem sie ganz allgemein »auch wirtschaftliche und soziale Systemkrisen« als Voraussetzung für das Auftreten eines »integralen Nationalismus« interpretierten.[73] Hierdurch verlor der Begriff jedoch seine analytische Trennschärfe, denn es dürfte kaum einen Nationalismus geben, der sich nicht als Reaktion auf eine gesellschaftliche Krise deuten ließe. Außerdem ist dieser Sprachgebrauch weit entfernt von den spezifischen Voraussetzungen und Inhalten, die für den ursprünglichen »integralen Nationalismus« von Maurras und Barrès charakteristisch waren.

Andererseits weist auch der französische Radikalnationalismus eine Reihe von charakteristischen Ähnlichkeiten mit anderen radikalen Nationalismen auf. Dies gilt für alle betrachteten Beispiele. Der Vergleich zeigt zahlreiche Unterschiede, aber auch wichtige strukturelle und ideologische Gemeinsam-

70 Vgl. *Weber*, Action Française, S. 44–67; *Nolte*, Faschismus, S. 106–112, 132–134.

71 Ob sie damit, wie *Nolte*, Faschismus, S. 57f., argumentiert hat, die erste politische Gruppierung war, die »unverkennbar faschistische Züge« trug, oder lediglich »die prototypische Bewegung der monarchischen radikalen Rechten des frühen 20. Jahrhunderts« darstellte, wie *Payne*, S. 68–70, behauptet, hängt entscheidend vom Faschismusbegriff ab. Zu den verschiedenen Definitionen und Interpretationen des Faschismus vgl. *Bauerkämper*, Faschismus, S. 13–46; *Payne*, S. 535–605.

72 *Lemberg*, Geschichte, S. 267–306; *ders.*, Nationalismus, Bd. 1, S. 195–226.

73 So vor allem *Alter*, Nationalismus, S. 43–56 (Zitat: S. 53). Ihm folgen *Kunze*, S. 93–96; *Weichlein*, Nationalbewegungen, S. 98–103.

keiten. Insgesamt überwiegt jedoch der Eindruck, daß die verschiedenen europäischen Varianten des radikalen Nationalismus im ausgehenden 19. Jahrhundert mehr miteinander gemeinsam hatten, als sie voneinander unterschied. Aus empirischen und heuristischen Gründen erscheint es deshalb sinnvoll, in einem generischen Sinne vom radikalen Nationalismus als einem transnationalen Phänomen zu sprechen.[74] Gleichwohl bedarf es weiterer Forschungen, um die Gemeinsamkeiten und Unterschiede der jeweiligen Nationalismen näher zu bestimmen und besser zu verstehen.

Die vergleichende Betrachtung zeigt jedoch auch, daß die unterschiedlichen Erscheinungsformen und Ausprägungen des radikalen Nationalismus eine universelle Erklärung ausschließen. Solche universellen Erklärungen, die die Genese und Verbreitung radikalnationalistischer Ideologien kausal auf einige wenige Faktoren zurückführen, werden der Komplexität dieser Phänomene nicht gerecht. Aus diesem Grunde läßt sich der radikale Nationalismus auch nicht pauschal aus der »globalen Rekonfiguration des Nationalen« erklären – weder in Deutschland noch anderswo.[75] Ohne Frage reagierten die radikalen Nationalismen auf die vielfältigen Herausforderungen der Globalisierung um die Jahrhundertwende. Hierin lag ihre spezifische Modernität und Stärke. Diese Herausforderungen stellten sich jedoch aus der jeweiligen nationalen Perspektive höchst unterschiedlich dar. Für ein umfassendes Verständnis des radikalen Nationalismus ist es deshalb unerläßlich, die spezifischen nationalen Traditionen, Rahmenbedingungen und Konstellationen zu berücksichtigen und das Wechselverhältnis von endogenen und exogenen Einflußfaktoren herauszuarbeiten. Genau dies wurde in der vorliegenden Arbeit für den wilhelminischen Radikalnationalismus versucht. Dieser zeichnet sich im internationalen Vergleich vor allem durch die große Diskrepanz zwischen dem durch ihn geprägten nationalistischen Erwartungshorizont und den faktischen Verhältnissen aus. Für die weitere Entwicklung des radikalen Nationalismus in Deutschland war deshalb entscheidend, ob sich diese Diskrepanz weiter verschärfen würde oder nicht. Diese Entwicklung soll in einem abschließenden Ausblick kurz skizziert werden. Wie für die anderen radikalen Nationalismen war auch im deutschen Fall der Erste Weltkrieg die zentrale Zäsur.

74 Vgl. hierzu *Payne*, S. 561–568.

75 *Conrad*, Nation, S. 7–31, 316–336 (Zitat: S. 31).

3. Auf dem Weg zur »Volksgemeinschaft«: Der radikale Nationalismus seit 1914

Der Erste Weltkrieg bewirkte einen historischen Quantensprung in bezug auf die Verbreitung und Akzeptanz radikalnationalistischer Deutungsmuster. Durch den Krieg erlangten Vorstellungen, Ziele und Forderungen, die bis dahin lediglich von einer radikalen Minderheit wie den Alldeutschen propagiert worden waren, eine bis dahin nicht gekannte Geltung und Wirksamkeit. Was vor 1914 noch als eine radikale Position gegolten hatte, wurde nunmehr Teil des nationalistischen Mainstreams und fand in zunehmendem Maße Eingang in politische Entscheidungsprozesse. Diese Radikalnationalisierung breiter Bevölkerungsgruppen setzte unmittelbar mit Kriegsausbruch ein. Zwar ist die lange Zeit kolportierte Vorstellung, der Ausbruch des Ersten Weltkrieges im August 1914 sei von einer allgemeinen, alle Bevölkerungsgruppen gleichermaßen erfassenden Kriegseuphorie begleitet worden, von der neueren Forschung widerlegt worden. Gleichwohl kam es in der veröffentlichten Meinung zu überschwenglichen Ausbrüchen nationalistischer Begeisterung. Viele Journalisten, Schriftsteller, Professoren und Künstler stilisierten den Ausbruch des Krieges zu einem sämtliche sozialen Gegensätze aufhebenden Gemeinschaftserlebnis, in dem sie die Verwirklichung der »Volksgemeinschaft« erblickten. Mit den tatsächlichen Stimmungen und Erfahrungen zu Beginn des Krieges hatte diese Deutung kaum etwas gemein. Die publizistische Beschwörung des »Augusterlebnisses« verdeutlicht jedoch, in welchem Ausmaß die Vision der homogenen »Volksgemeinschaft« die Wahrnehmung der Ereignisse vor und nach Ausbruch des Krieges strukturierte und das politische Handeln der meisten Intellektuellen leitete.[76]

Aus dem »Geist von 1914« gingen die »Ideen von 1914« hervor, in denen zentrale Elemente des radikalen Nationalismus weiter zugespitzt und popularisiert wurden. Dieses Ideenkonglomerat war der Beitrag der intellektuellen Eliten des Kaiserreichs zur »geistigen Mobilmachung« der Nation. Es enthielt eine uneingeschränkte Rechtfertigung der deutschen Kriegspolitik, die unter Berufung auf die vermeintliche Überlegenheit deutscher Bildung und Kultur in einer Denunziation des demokratischen Gesellschaftsmodells nach westlichem Vorbild gipfelte. Als Gegenentwurf zum demokratischen Verfassungsstaat wurde die Ordnungsvorstellung der »Volksgemeinschaft« propagiert, durch welche die Brüche und Friktionen der wilhelminischen Gesellschaft transzendiert werden sollten.[77] Das Vokabular, die Argumentationsmuster und Metaphern, mit denen die meinungsbildenden Eliten diese Vorstellungen publizistisch ver-

76 *Verhey*, S. 106–193; *Müller*, Nation als Waffe, S. 56–70; 81–96.

77 Vgl. *Bruendel*; Verhey, S. 194–224; *Mommsen*, Geist.

breiteten, entstammte ausnahmslos den radikalnationalistischen Diskursen der wilhelminischen Ära. Zentrale Deutungsmuster des radikalen Nationalismus wurden so zum festen Bestandteil der politischen Sprache und Semantik.

Auch die »Ideen von 1914« waren vor allem ein bildungsbürgerliches Phänomen. Sie ebneten jedoch den Weg für den sukzessiven Siegeszug radikalnationalistischer Forderungen im Rahmen der allgemeinen Kriegszieldiskussion. Unmittelbar nach Kriegsausbruch entbrannte unter Parteien, Verbänden und Intellektuellen eine leidenschaftliche Diskussion um die Ziele des Krieges. Zwar blieb die öffentliche Erörterung der Kriegsziele aufgrund des innenpolitischen »Burgfriedens« bis zum November 1916 offiziell verboten, gleichwohl wurden diese in einer Flut von (zumindest der Form nach) vertraulich versandten Denkschriften diskutiert, deren Verfasser allesamt territoriale Annexionen vor allem in Mittel- und Osteuropa forderten. Auch wenn die Reichweite und Radikalität der Kriegszielforderungen variierten, war das übergeordnete Ziel nahezu aller Denkschriften die Schaffung von Siedlungs- und »Lebensraum« für das deutsche Volk.[78] Mit anderen Worten: Das grundlegende Axiom des radikalnationalistischen Imperialismus der Vorkriegszeit bildete nunmehr das zentrale Deutungsmuster und den politischen Fluchtpunkt der Kriegszieldiskussion.

Die Alldeutschen selbst marschierten an der Spitze der Kriegszielbewegung. Als treibende Kraft erwies sich wieder einmal Heinrich Claß, der mit einer auf den 18. September datierten Denkschrift zum Stichwortgeber der annexionistischen Bewegung avancierte. In konsequenter Fortsetzung seiner Vorstellungen aus den letzten Vorkriegsjahren forderte er die vollständige Annexion Belgiens sowie großräumige Gebietsabtretungen von Frankreich. Im Osten sollte Rußland auf seine vorpetrinischen Grenzen zurückgeworfen werden. Wo immer möglich, waren die unterworfenen Bevölkerungsgruppen zu »germanisieren«. Dort, wo eine solche Strategie keine Aussicht auf Erfolg versprach, sollte eine »Politik der Ausräumung und Verpflanzung« zur Anwendung kommen.[79] Diese Idee einer »völkischen Feldbereinigung«, d.h. einer großangelegten Politik der zwangsweisen Umsiedlung und Vertreibung »nichtdeutscher« Bevölkerungsgruppen, stieß nicht überall auf einhellige Zustimmung, gehörte als Handlungsoption jedoch fortab zum festen Bestandteil der Kriegszieldebatte. Und mit zunehmender Dauer des Krieges gewann diese Option immer mehr Fürsprecher. Dies gilt insbesondere für die »polnische Frage«. In zahllosen Eingaben und Denkschriften wurde die Reichsregierung aufgefordert, nach dem Sieg über das Zarenreich umfassende territoriale Annexionen östlich der bestehenden Reichsgrenzen vorzunehmen und gleichzeitig durch Umsiedlung der polnischen Be-

78 Vgl. *Müller*, Nation als Waffe, S. 189–204; *Wehler*, DGG, Bd. 4, S. 26–38; *Fischer*, Griff, S. 109–137.

79 *Claß*, Denkschrift (Zitat: S. 32); *Hagenlücke*, S. 49–72; *Hering*, Nation, S. 133–138; *Mommsen*, Anfänge, S. 148–150.

völkerung Raum für deutsche Siedler zu schaffen. Ziel dieser Maßnahmen war die Schaffung eines ethnisch homogenen Schutzwalls gegen die »slawische Flut«. Am pointiertesten wurde diese Forderung in der gemeinsamen Erklärung der sechs führenden Wirtschaftsverbände aus dem Frühjahr 1915 erhoben, die unter der Federführung Alfred Hugenbergs entstand. In Anlehnung an alldeutsche Pläne schlug Hugenberg darin eine »völkische Flurbereinigung« im großen Stil vor, um einen rein deutsch besiedelten »Schutzstreifen« im Osten zu schaffen.[80]

Der Druck der verschiedenen annexionistischen Strömungen blieb nicht ohne Wirkung auf die Reichsleitung. Innerhalb der Regierung Bethmann Hollweg entstanden konkrete Planungen für eine zwangsweise Aussiedlung von Polen und Juden aus den an Posen und Westpreußen grenzenden Gebieten Kongreßpolens mit dem Ziel, dort eine Art ethnischer Militärgrenze, den sogenannten »polnischen Grenzstreifen« zu errichten. Zwar wurden diese Planungen durch den Kriegsverlauf seit dem Sommer 1915 in den Hintergrund gedrängt, doch blieben sie als Handlungsoption weiterhin präsent. Selbst nach der Proklamation des Königreichs Polens am 5. November 1916 hielten einflußreiche Kreise weiterhin an dieser Idee fest. Insbesondere die 3. OHL setzte sich vehement für die Errichtung eines deutsch beherrschten Grenzstreifens als Teil einer mit der Habsburgermonarchie zu vereinbarenden Lösung der polnischen Frage ein.[81] Die halböffentlichen Debatten um territoriale Annexionen und bevölkerungspolitisch motivierte Umsiedlungen sowie die konkreten Planungen der Reichsregierung in diese Richtung verdeutlichen, in welchem Ausmaß die radikalnationalistische Homogenitätsutopie unter dem Druck des Krieges das politische Denken und Handeln beeinflußte. Wenn die geplanten »ethnischen Säuberungen« nicht in die Praxis umgesetzt wurden, lag dies mehr am Kriegsverlauf als an grundlegenden Bedenken auf Seiten der politischen Entscheidungsträger.

Die Erfahrung des totalen Krieges bewirkte auch in anderer Hinsicht eine Aufwertung radikalnationalistischer Deutungsmuster. Der Krieg begünstigte eine extreme Feindfixierung, die sich in einer dichotomisierenden Wahrnehmung der Welt in »Freunde« und »Feinde« niederschlug. Diese allgegenwärtige Freund-Feind-Fixierung, wie sie für die wilhelminischen Radikalnationalisten charakteristisch war, avancierte unter den Bedingungen des totalen Krieges zur dominierenden Wahrnehmung. Sie hatte nicht nur eine verschärfte Exklusion von »nationalen Minderheiten« und anderen Fremdgruppen zur Folge, sondern stärkte zugleich die Inklusion derjenigen, die der eigenen »Volksgemeinschaft« zugerechnet wurden. So förderte die militärische Allianz mit Österreich-Ungarn das Zusammengehörigkeitsgefühl der Reichsdeutschen mit den deutschsprachigen Bevölkerungsgruppen der Habsburgermonarchie. Im Ergebnis

80 Ähnliche Forderungen finden sich in zahlreichen weiteren Eingaben und Denkschriften. Vgl. *Müller*, Nation als Waffe, S. 154–171; *Mommsen*, Anfänge, S 150–155.

81 *Mommsen*, Anfänge; S. 155–160; *Müller*, Nation als Waffe; S. 156–171; *Geiss*, Grenzstreifen.

führten diese Entwicklungen zu einer weiter fortschreitenden Ethnisierung der Nationsvorstellung, die mit den Zielvorstellungen des wihelminischen Radikalnationalismus korrespondierte.[82]

Der totale Krieg verlangte darüber hinaus die Mobilisierung aller gesellschaftlichen Ressourcen und ihre bedingungslose Unterordnung unter die Ziele der Kriegführung. Eine solche totale Mobilmachung, wie sie insbesondere von der 3. OHL eingefordert wurde, entsprach weitgehend dem, was die radikalen Nationalisten in den letzten Vorkriegsjahren postuliert hatten. Im Zeichen des totalen Krieges erlangte die radikalnationalistische Forderung nach »nationaler Effizienz« damit eine bis dahin nicht gekannte Plausibilität und Verbreitung. Für die Anhänger dieser Auffassung ging es dabei nicht nur um die Mobilisierung materieller Ressourcen, sondern auch um die »geistige Mobilmachung« der Nation. Deutlichster Ausdruck und zugleich einer der wichtigsten Katalysatoren dieser Entwicklung war die Gründung der »Deutschen Vaterlandspartei« im September 1917. Innerhalb weniger Monate entwickelte sich dieses Sammelbecken der nationalen Rechten unter dem Vorsitz von Großadmiral a.D. Alfred von Tirpitz zu einer politischen Massenbewegung mit mehreren hundertausend Mitgliedern, vorwiegend aus dem protestantischen Bildungs- und Besitzbürgertum. Politisch trat die »Vaterlandspartei« für einen bedingungslosen »Siegfrieden« und ein annexionistiches Maximalprogramm ein, das konsequent den Imperativen des radikalnationalistischen Weltbildes folgte. Zwar blieb der Einfluß der »Vaterlandspartei« auf den politischen Entscheidungsprozeß gering. Mit ihr wurde der radikale Nationalismus jedoch endgültig zu einer Massenbewegung.[83]

Um diese Entwicklung zu verstehen, ist es notwendig, sich zu vergegenwärtigen, daß die heute hypertroph anmutenden Kriegsziele seiner Anhänger keine völlig abwegige Utopie waren. Im März 1918 standen deutsche Soldaten in den baltischen Staaten, in der Ukraine, auf der Krim und am Kaukasus. Das Deutsche Reich hatte den Krieg im Osten gewonnen. Nach dem Diktatfrieden von Brest-Litowsk war Rußland auf die Grenzen zur Zeit vor Peter dem Großen zurückgedrängt. Damit war das großdeutsche Reich in Mittel- und Osteuropa, von dem die radikalen Nationalisten immer geträumt hatten, für kurze Zeit Wirklichkeit geworden. Die kurzlebige Existenz dieses gigantischen Ostimperiums bildete fortan einen festen Bezugspunkt in der Erinnerung der Deutschen und prägte den Erwartungshorizont all derjenigen, die auch nach der militärischen Niederlage im November 1918 weiterhin an der Vision eines deutschen Welt- und Kolonialreiches festhielten.[84]

82 Vgl. *Müller*, Nation als Waffe, S. 216–219, 353–366.

83 *Hagenlücke*, S. 143–187, 180–187, 192–228.

84 Vgl. *Wehler*, Dreißigjährige Krieg, S. 25, 28–30; *Liulevicius*, S. 254–267; *Chickering*, Reich, S. 204–209; *Hildebrand*, Ostimperium.

Erst vor dem Hintergrund dieser trügerischen, gleichwohl weitverbreiteten Sieges- und Kriegszielhoffnungen werden die tiefe Desillusionierung und Sinnkrise verständlich, in welche die Niederlage und der Zusammenbruch des Kaiserreiches weite Teile der reichsdeutschen Bevölkerung stürzten. Hinzu kam, daß mit dem Ende der Monarchie und der Revolution 1918/19 die staatliche Ordnung des Kaiserreichs unwiederbringlich zusammengebrochen und damit die Ordnungsvorstellung der »Reichsnation« als Legitimationsbasis politischer Herrschaft nachhaltig diskreditiert. Durch die im Versailler Vertrag festgelegte Abtretung Elsaß-Lothringens sowie großer Teile der preußischen Ostprovinzen gerieten deutschsprachige Bevölkerungsgruppen, die bislang innerhalb des Deutschen Reiches gelebt hatten, unter französische bzw. polnische Herrschaft. Nordschleswig ging an Dänemark.[85] Für diese Bevölkerungsgruppen sowie für die Deutsch-Österreicher, die nach dem Zusammenbruch der Habsburgermonarchie auf einen Anschluß an das Deutsche Reich gehofft hatten, konnte nunmehr allein die »Volksgemeinschaft« überhaupt noch als Kontinuum und identitätsstiftender Bezugspunkt der nationalen Entwicklung herangezogen werden. Nicht mehr das Deutsche Reich, sondern das als Abstammungs- und Schicksalsgemeinschaft definierte »Volk« avancierte deshalb fortan zur zentralen Kategorie nationalistischen Denkens und Handelns. Diese Aufwertung der »Volksgemeinschaft« als Folge des verlorenen Krieges bedeutete eine schwere Hypothek für die Weimarer Republik. War schon das Kaiserreich aus radikalnationalistischer Perspektive ein »unvollendeter Nationalstaat« gewesen, so konnte die Republik von Weimar bestenfalls als ein rudimentärer Nationalstaat gelten, dessen einzige Legitimation darin bestand, die Ergebnisse des Krieges so schnell wie möglich zu revidieren. Im Ergebnis bewirkte der Ausgang des Ersten Weltkriegs deshalb keine Abkehr von radikalnationalistischen Deutungsmustern, sondern eine weitere Ausbreitung und Verfestigung derselben.

Auch innenpolitisch avancierte der Begriff der »Volksgemeinschaft« seit 1918 zum programmatischen Leitbild nahezu aller politischen Parteien und Gruppierungen. Dabei waren es nicht nur die Feinde der Republik, sondern auch die Vertreter der republikanischen Mitte, die die »Volksgemeinschaft« zu ihrem politischen Programm machten. Entsprechend vielfältig waren die mit dem Begriff verknüpften Bedeutungsgehalte. Ungeachtet aller semantischen Unterschiede, drückte er jedoch, wie Paul Nolte formulierte, »die Sehnsucht einer extrem fragmentierten Gesellschaft nach einem Abbau von Unterschieden und Zerklüftungen aus – und er war selber schon ein semantisches Bindeglied, der Kern einer politisch-sozialen Sprache, über die man von links bis rechts Einigkeit erzielen konnte«.[86] Zwar blieb die politische Kultur der Weimarer Zeit weiterhin geprägt durch den Kampf konkurrierender Nationsvor-

85 Zu den Regelungen des Versailler Vertrags vgl. *Evans*, Reich, S. 122–129.
86 *Nolte*, Ordnung, S. 166–171 (Zitat: S. 170).

stellungen. Im Gegensatz zum Kaiserreich fand diese Auseinandersetzung jetzt jedoch unter veränderten Vorzeichen statt: Das etatistische Nationsverständnis, das bis 1914 die politische Kultur dominiert hatte, befand sich nun in der Defensive, während die Vorstellung der »Volksgemeinschaft« im Kampf um semantische Deutungshoheit eine vorherrschende Stellung einnahm.[87] Die zahlreichen Gegner der neuen republikanischen Staatsform, vor allem auf seiten der antidemokratischen Rechten, konnten bei ihrer Kritik der Weimarer Verfassung deshalb nahtlos an radikalnationalistische Deutungs- und Argumentationsmuster aus der Vorkriegszeit anknüpfen. Im Mittelpunkt ihres Denkens stand als Ziel die »Wiedergeburt des deutschen Volkes«, d.h. die umfassende Revision der Niederlage und der neuen politischen Ordnung durch die Errichtung einer wahrhaften »Volksgemeinschaft«.[88] Dies gilt insbesondere für Rechtsintellektuelle aus dem Umfeld der sogenannten »Konservativen Revolution«. Autoren wie Ernst Jünger, Edgar Julius Jung oder Hans Freyer propagierten einen »neuen Nationalismus«, der auf die Beseitigung der parlamentarisch demokratischen Staatsform abzielte sowie auf eine »totale Mobilmachung« aller gesellschaftlichen Ressourcen für einen neuen Krieg, durch den die Ergebnisse des Ersten Weltkriegs revidiert und das Deutsche Reich wieder als führende Macht in »Mitteleuropa« etabliert werden sollten.[89] Dieser »neue Nationalismus«, der durch ein weit verzweigtes Netzwerk von Intellektuellenzirkeln, Geheimbünden, Vereinen und Verbänden propagiert wurde, war, was seine Ziele, ideologischen Grundlagen und zentralen Deutungsmuster anging, mithin keineswegs neu, sondern eine konsequente Fortsetzung des wilhelminischen Radikalnationalismus unter den Bedingungen des verlorenen Krieges.

Der entscheidende Unterschied zwischen den Vertretern des »neuen Nationalismus« und den radikalen Nationalisten der wilhelminischen Ära war ihr Verhältnis zur Gewalt als Mittel der politischen Auseinandersetzung. Die wilhelminischen Radikalnationalisten waren »Schreibtischtäter«, die das staatliche Gewaltmonopol zu keinem Zeitpunkt in Frage gestellt hatten. Wenn sie so weit gingen, gewaltsame Maßnamen gegen ethnisch-kulturelle Minderheiten zu fordern, so sollten diese stets von der Regierung bzw. dem Militär ausgeführt werden. Der Gedanke, selbst zu den Waffen zu greifen, lag jenseits ihres Vorstellungshorizontes. Im Gegensatz dazu waren die »neuen Nationalisten« der Weimarer Republik bereit und mitunter fest entschlossen, ihre Überzeugungen durch gewaltsame Aktionen in die Tat umzusetzen. Dies gilt nicht nur für ehemalige Frontkämpfer, sondern auch für zahlreiche junge Männer um

87 *Koselleck u.a.*, Volk, S. 389–420; *Reichardt*; *Vopel*; *Matthiesen*; *Mommsen*, Nationalismus in der Weimarer Republik.

88 *Hering*, Wiedergeburt; *ders.*, Nation, S. 344–348, *Sontheimer*, S. 244–252; *Herbert*, Best, S. 57–63.

89 Vgl. *Breuer*, Nationalismus; *ders.*, Ordnungen. S. 92–96; *ders.* Anatomie; *Sontheimer*, S. 93–127.

die Zwanzig, die für eine Teilnahme am Krieg noch zu jung gewesen waren und sich nun durch andere Formen der Gewaltanwendung gegenüber dem machtvollen Mythos der Frontkämpfergeneration zu profilieren suchten. Dieser Wandel der Mentalität und die neue »Kultur der Gewalt«, wie sie sich zunächst in der Freikorpsbewegung und später in den Aktivitäten der paramilitärischen Kampfverbände manifestierten, waren eine Folge der traumatischen Erfahrungen von Krieg, Niederlage, Revolution und Bürgerkrieg, durch die die Anwendung von Gewalt zur Durchsetzung der eigenen politischen Ziele in einem bis dahin nicht gekannten Ausmaß legitimiert worden war.[90]

Der außenpolitische Revisionismus der »neuen Nationalisten« mit dem Ziel der Wiedererlangung einer deutschen Weltmachtstellung wurde wissenschaftlich flankiert von den Vertretern der »Geopolitik«, die, anknüpfend an die Theorien Friedrich Ratzels, die geographische Bedingtheit allen politischen Handelns und die Notwendigkeit territorialer Expansion zum Dogma erhoben. Insbesondere Karl Haushofer, der führende Repräsentant der geopolitischen Schule, übernahm das Konzept des »Lebensraums« und machte es zur zentralen Kategorie des geopolitischen Diskurses. Seine zahlreichen Veröffentlichungen und seine intensive Vortragstätigkeit trugen entscheidend dazu bei, daß das Lebensraumkonzept und andere geopolitische Deutungsmuster über den wissenschaftlichen Diskurs hinaus Eingang in die politische Diskussion um die Revision des Versailler Vertrages und die Ziele einer künftigen deutschen Außenpolitik fanden.[91]

Der Siegeszug der »Volksgemeinschaft« begünstigte die Verbreitung antisemitischer Deutungsmuster und Aktivitäten. Bereits vor 1914 waren antisemitische Vorurteile und die Diskriminierung von Juden ein nicht zu leugnendes Faktum der politischen und sozialen Realität gewesen. Allerdings gehörte es ebenfalls zur politischen Kultur der wilhelminischen Ära, daß antisemitische Äußerungen und Verhaltensweisen von weiten Teilen der öffentlichen Meinung scharf verurteilt wurden. Durch die Ereignisse der Jahre 1918/19 sowie die Erfahrung von Bürgerkrieg und Hyperinflation in den ersten Jahren der Weimarer Republik erlangten antisemitische Strömungen eine neue Qualität. Neu war darüber hinaus die Gleichgültigkeit weiter Bevölkerungskreise diesem Phänomen gegenüber. Antisemitische Rhetorik und Diskriminierung gehörten in der Weimar Zeit zum politischen Alltag. Gleichzeitig wuchs die Zahl militanter Antisemiten, die bereit waren, ihre Überzeugungen in gewaltsames Handeln umzusetzen.[92] Erneut waren es die Alldeutschen, die die Radikalisierung des Antisemitismus vorantrieben. Bereits vor dem Zusammenbruch des Kaiserreichs hatte der Alldeutsche Verband im September 1918 seine bis zu die-

90 Vgl. *Reichardt*; *Wildt*, S. 41–71; *Mauch*; *Diehl*; *Weisbrod*; *Mosse*, Weltkrieg.

91 Vgl. *Sprengel*; *Smith*, Origins, S. 218–230. Popularisiert wurde dieser Lebensraumimperialismus u.a. durch Hans Grimms 1926 veröffentlichen Roman »Volk ohne Raum«, von dem bis 1935 über 315 000 Exemplare verkauft wurden.

92 Vgl. *Jochmann*, Ausbreitung, *Walter*; *Winkler*, Gesellschaft.

sem Zeitpunkt durchgehaltene, offizielle Zurückhaltung in der »Judenfrage« aufgegeben und einen eigenen Ausschuß zur Koordinierung antisemitischer Aktivitäten ins Leben gerufen. Einen Monat später entschied die Verbandsführung, »die Juden als Blitzableitung für alles Unrecht zu benutzen« und den Antisemitismus gezielt als politische Waffe einzusetzen. Auf alldeutsche Initiative entstand daraufhin Anfang 1919 der »Deutschvölkische Schutz- und Trutzbund«, der sich in kurzer Zeit zur größten und einflußreichsten antisemitischen Organisation im Deutschen Reich entwickelte. Er propagierte einen militanten Rassenantisemitismus, der auch vor persönlicher Diffamierung, Gewalt, Terror und politischem Mord nicht zurückschreckte. In seiner Propaganda wurden die Juden zum Sündenbock für die deutsche Niederlage und sämtliche Nachkriegsprobleme gemacht.[93] Die ideologische Grundlage dieses militanten Antisemitismus war, wie bereits im Namen der Organisation zum Ausdruck kam, die semantische Verknüpfung antisemitischer Vorurteile mit der Vorstellung der »Volksgemeinschaft«. Mit anderen Worten: Der Aufstieg der »Volksgemeinschaft« zum dominanten nationalistischen Deutungsmuster, förderte die Verbreitung eines zunehmend gewaltbereiter werdenden Antisemitismus.

Auf dem Nährboden dieses durch den Ersten Weltkrieg, das Trauma der Niederlage und die Kriegsfolgen radikalisierten, prononciert völkisch und antisemitisch akzentuierten Nationalismus entwickelte sich der Nationalsozialismus. Wie alle autoritären und faschistischen Bewegungen der Zwischenkriegszeit, war auch die NSDAP eine radikalnationalistische Massenbewegung, deren Erfolg in hohem Maße auf der Mobilisierung nationalistischer Deutungsmuster beruhte.[94] Die NS-Ideologie entwickelte sich dabei inhaltlich und strukturell zu einem Sammelbecken für die unterschiedlichen radikalnationalistischen Vorstellungen und Gruppierungen der Weimarer Zeit. In ihrem Zentrum – wie auch im Mittelpunkt von Hitlers Weltbild – stand die Zielutopie der rassisch homogenen und sozial pazifizierten »Volksgemeinschaft«, deren Leistungsfähigkeit auf biologischer Auslese und der konsequenten Ausgrenzung von politisch oder sozial abweichendem Verhalten beruhte.[95] Als zentraler Begriff der NS-Ideologie bildete die »Volksgemeinschaft« den Fluchtpunkt im Denken und Handeln der nationalsozialistischen Aktivisten und zugleich ein ideologisches Integrationsangebot an andere nationalistisch gesinnte Kreise nicht nur aus dem völkischen und nationalkonservativen Lager. Nicht der Mythos vom »Reich« wurde deshalb »zur wichtigsten Brücke zwischen Hitler und großen Teilen des gebildeten Deutschland«, wie Heinrich August Winkler argumentiert hat, sondern die Zielvorstellung einer ethnisch homogenen »Volksgemeinschaft«.[96]

93 *Lohalm*, S. 51–56 (Zitat: S. 53), *Hering*, Nation, S. 144–148, 205–209; *Berding*, Antisemitismus, S. 178–187.

94 *Wehler*, Radikalnationalismus; *ders.*, DGG, Bd. 4, S. 542–580; *Payne*, S. 26–33.

95 Vgl. *Nolte*, Ordnung, S. 187–207; *Dülffer; Peukert*, Volksgenossen.

96 Vgl. *Winkler*, Weg, Bd. 1, S. 554f.; *ders.*, Bd. 2, S. 645–647.

Es ist hier nicht der Ort, detailliert auf die komplexe und vielfach beschriebene Genese der NS-Ideologie sowie Hitlers persönlicher Weltanschauung einzugehen.[97] Für die Zwecke dieser Untersuchung genügt es festzuhalten, daß der Nationalsozialismus keine ideologische Innovation darstellte, sondern eine eklektische Übernahme und weitere Radikalisierung existierender nationalistischer Deutungsmuster. Nicht durch ihre spezifische ideologische Ausrichtung unterschied sich die nationalsozialistische Bewegung von den vielen anderen radikalnationalistischen Gruppierungen, sondern durch ihre konsequente »Orientierung auf Organisation, Massenpropaganda und Aktionismus«.[98] In diesem Sinne war auch die nationalsozialistische Herrschaftspraxis, mit ihrer Verbindung von weltanschaulicher Radikalität, technokratischer Effizienz und politischer Brutalität ein qualitativ neuartiges Phänomen. Gleichwohl folgte sie den zwei zentralen Zielvorstellungen, die bereits für den wilhelminischen Radikalnationalismus konstitutiv gewesen waren: der Schaffung einer homogenen »Volksgemeinschaft« im Innern und der Gewinnung von neuem »Lebensraum« für das deutsche Volk. Die Radikalität und Brutalität, mit der die nationalsozialistische »Weltanschauungselite« in den Führungsstäben von SS und SD den »politischen Gesundheitszustand des deutschen Volkskörpers« durch Ausgrenzung und Verfolgung aller »Gemeinschaftsfremden« zu optimieren versuchte, mochte dabei weit über das hinausgehen, was die wilhelminischen Radikalnationalisten gedanklich antizipiert hatten.[99] Als Möglichkeit war diese Politik ihrem Denken jedoch bereits inhärent gewesen. Und auch für die von den Nationalsozialisten konzipierte völkische Großraumordnung gilt, daß die Lebensraumideologie einschließlich des Begriffs der »völkischen Feldbereinigung« bereits vor 1914 ausgebildet war.[100]

Der wilhelminische Radikalnationalismus markierte den Anfang eines »radikalen Ordnungsdenkens«, das auf eine umfassende Deutung der sozialen Welt zielte und zugleich bereit war, die politischen Handlungskonsequenzen aus den weltanschaulichen Überzeugungen zu ziehen. Dieses »radikale Ordnungsdenken« entsprang einem gerade in bildungsbürgerlichen Kreisen weitverbreiteten »Weltanschauungsbedürfnis«, das den als chaotisch wahrgenommenen sozialen Konflikten und Entwicklungen der modernen Welt ein holistisches Weltbild entgegenzusetzen versuchte, um auf diese Weise den als krisenhaft empfun-

97 Vgl. *Evans*, Reich, S. 263–324; *Wehler*, DGG, Bd. 4, S. 549–580; *Herbst*, S. 25–58; *Jäckel*; *Altgeld*, Volk; *Broszat*, Ideologie.

98 *Herbert*, Best, S. 524.

99 Vgl. *Herbert*, Best (Zitat: S. 164); *Wildt*.

100 Vgl. *Mommsen*, Ostraum, S. 172: »So wenig bestreitbar ist, daß mit dem Nationalsozialismus eine nicht umkehrbare kumulative Radikalisierung einsetzte, die alles Frühere an Gewaltsamkeit und Zynismus in den Schatten stellte, so wenig kann der Kontinuitätszusammenhang geleugnet werden, der spätestens mit dem alldeutschen Ostexpansionismus begann und die deutsche Politik seither begleitete.«

denen wissenschaftlichen und lebensweltlichen Relativismus zu überwinden. Diesem Denken immanent war die Bereitschaft zu radikalen und gewaltsamen »Endlösungen« gesellschaftlicher Probleme, durch die eine neue, dauerhafte politische und soziale Ordnung geschaffen werden sollte. Vor dem Hintergrund der allgemeinen »Krise des Historismus« radikalisierte dieses Ordnungsdenken »die Einsichten in die Standort- und Zeitgebundenheit wissenschaftlicher Vernunft zum Bruch mit universalistischen Modellen und setzte diesen die intellektuelle Geschlossenheit der politisch geeinten, kulturell homogenen Volksgemeinschaft als neue Letztbegründung eigener Rationalität entgegen«. »Nation«, »Volk« und »Rasse« wurden so zu Kategorien, die als neue gültige Fundamente für Politik und Gesellschaft, Wissenschaft und Moral gelten konnten. In diesem Sinne war der radikale Nationalismus ein Ausdruck jener »forcierten Glaubenssehnsucht«, die Robert Musil 1923 als Signum der Epoche diagnostizierte.[101]

Das »radikale Ordnungsdenken« und seine Rückbindung an die Ziel- und Wertvorstellungen eines extremen Nationalismus waren mithin keine Folge des Nationalsozialismus, sondern gehörten zu seinen Voraussetzungen. Die mentalitätsgeschichtliche Grundlage dieses Ordnungsdenkens war eine radikalisierte Zukunftserwartung, die auf dem Glauben an »eine neue ›Gesellschaft jenseits der Gesellschaft‹, jenseits der industriell-rationalen Ordnung von Sozialbeziehungen des 19. Jahrhunderts« gründete und vor allem in bildungsbürgerlichen Kreisen Anklang fand.[102] Die wilhelminischen Radikalnationalisten waren die ersten Protagonisten dieses Ordnungsdenkens, das sich in den ersten Jahrzehnten des 20. Jahrhunderts in der Auseinandersetzung mit den Katastrophenerfahrungen seit dem Ersten Weltkrieg weiter radikalisierte und schließlich im Nationalsozialismus seine politische Umsetzung erfuhr. Mit dem Zusammenbruch des nationalsozialistischen Regimes endete deshalb auch die Erfolgsgeschichte des radikalen Ordnungsdenkens und des mit ihm verknüpften radikalen Nationalismus.

101 *Raphael*, Ordnungsdenken (Zitate: S. 27, 32, 35f.). Ähnlich argumentiert auch *Nolte*, Ordnung, S. 159–187; *Musil*, Mensch S. 1365, 1367.

102 *Nolte*, Ordnung, S. 395f.

Abkürzungen und Siglen

AB	Alldeutsche Blätter
Abt.	Abteilung
ADSV	Allgemeiner Deutscher Sprachverein
ADV	Alldeutscher Verband/Allgemeiner Deutscher Verband
AfRGB	Archiv für Rassen- und Gesellschaftsbiologie
AfS	Archiv für Sozialgeschichte
AH	Stenographische Berichte über die Verhandlungen des Preußischen Abgeordnetenhauses
AHR	American Historical Review
an.	anonym
AZ	Allgemeine Zeitung
BA-K	Bundesarchiv Koblenz
BA-B	Bundesarchiv Berlin-Lichterfelde
BA-MA	Bundesarchiv-Militärarchiv Freiburg
BGBl.	Bundesgesetzblatt
BHStA	Bayerisches Hauptstaatsarchiv München
BT	Berliner Tageblatt
CEH	Central European History
DbB	Deutschbund-Blätter
DE	Deutsche Erde
DFV	Deutscher Flottenverein
DGG	Deutsche Gesellschaftsgeschichte
DKG	Deutsche Kolonialgesellschaft
DKZ	Deutsche Kolonialzeitung
DnD	Das nationale Deutschland
DOV	Deutscher Ostmarkenverein
DW	Deutsches Wochenblatt
DWV	Deutscher Wehrverein
ERS	Ethnic and Racial Studies
FZ	Frankfurter Zeitung
GA	Geschäftsführender Ausschuß
Gb	Die Grenzboten
GfdK	Gesellschaft für deutsche Kolonisation
GG	Geschichte und Gesellschaft
GGr	Geschichtliche Grundbegriffe. Lexikon zur politisch-sozialen Sprache in Deutschland
GP	Die Große Politik der Europäischen Kabinette 1871–1914
GStAPK	Geheimes Staatsarchiv Preußischer Kulturbesitz Berlin
GWU	Geschichte in Wissenschaft und Unterricht
HA	Hauptabteilung

HJ	Historical Journal
HJb	Historisches Jahrbuch
HZ	Historische Zeitschrift
IESS	International Encyclopedia of the Social Sciences
IHR	International History Review
Jb	Jahrbuch
JCH	Journal of Contemporary History
JMH	Journal of Modern History
KPK	Kolonial-Politische Korrespondenz
KZ	Kölnische Zeitung
LNN	Leipziger Neueste Nachrichten
MA	Ministerium des Auswärtigen
MDAV	Mitteilungen des Allgemeinen Deutschen Verbandes
MEGA	Karl Marx/Friedrich Engels Gesamtausgabe
MGM	Militärgeschichtliche Mitteilungen
MGZ	Militärgeschichtliche Zeitung
MInn	Ministerium des Innern
MNN	Münchner Neueste Nachrichten
MWG	Max Weber Gesamtausgabe
ND	Neudruck
NDB	Neue Deutsche Biographie
NF	Neue Folge
Nl.	Nachlaß
NLP	Nationalliberale Partei
NPL	Neue Politische Literatur
PAAA	Politisches Archiv des Auswärtigen Amtes, Bonn
PAR	Politisch-Anthropologische Revue
PJ	Preußische Jahrbücher
Rep.	Repositur
RK	Reichskanzlei
RMA	Reichsmarineamt
RT	Stenographische Berichte über die Verhandlungen des Deutschen Reichstages
RWZ	Rheinisch-Westfälische Zeitung
Sch.Jb.	Schmollers Jahrbuch für Gesetzgebung, Verwaltung und Volkswirtschaft im Deutschen Reich
SEG	Schulthess' Europäischer Geschichtskalender
StAD	Stadtarchiv Dresden
TR	Tägliche Rundschau
VDA	Verein für das Deutschtum im Ausland
VfZ	Vierteljahrshefte für Zeitgeschichte
VSWG	Vierteljahrsschrift für Sozial- und Wirtschaftsgeschichte
ZADSV	Zeitschrift des Allgemeinen Deutschen Sprachvereins
ZfG	Zeitschrift für Geschichtswissenschaft
ZfGS	Zeitschrift für die gesamte Staatswissenschaft
ZfS	Zeitschrift für Soziologie
ZSg.	Zeitgeschichtliche Sammlung

Quellen- und Literaturverzeichnis

I. Quellen

1. Archivalische Quellen

1. Bayerisches Hauptstaatsarchiv München (BHStA)

Abt. I, Akten des Königlichen Staatsministeriums des Innern (MInn)
74141–74143

Abt. III, Bayerische Gesandtschaft Berlin
1559

2. Bundesarchiv Berlin-Lichterfelde (BA-B)

R 8048 (Alldeutscher Verband)
1–4, 7, 8–97, 179, 183–198, 309, 313, 315–316, 321–324, 355, 369–370, 395, 406–407, 408, 439–440, 448, 455, 515, 661, 663

R 43 (Reichskanzlei)
1415, 1596–1597, 2241, 2273

R 1501 (Reichsministerium des Innern)
115775, 115337–115342

Nachlässe
Nl. 2089 (Konstantin Freiherr von Gebsattel)
1
Nl. 2165 (Friedrich Lange)
17–18
Nl. 2256 (Paul Samassa)
4

3. BundesarchivKoblenz (BA-K)

Zeitgeschichtliche Sammlung 1 (Druckschriften von Parteien und Gruppen)
2
Zeitgeschichtliche Sammlung 2 (Allgemeine Druckschriften)
2/1

Nachlässe
Nl. 3 (Leo Wegener)
63–64
Nl. 231 (Alfred Hugenberg)
9–10, 54, 55, 67–68, 111

4. Bundesarchiv-Militärarchiv Freiburg (BA-MA)

RM3 (Akten des Reichsmarineamtes)
1–10, 89, 4961–4964, 9915, 9935

RM5 (Admiralstab der Marine)
5351

Nachlässe
Nl. 253 (Alfred v. Tirpitz)
3–6, 9, 45

5. Geheimes Staatsarchiv Preußischer Kulturbesitz Berlin (GStAPK)

I. HA, Rep. 89 (Geheimes Zivilkabinett, Jüngere Periode)
15008–15009

I. HA, Rep. 195 (Deutscher Ostmarkenverein)
2, 8, 34, 91, 140, 174, 191

6. Politisches Archiv des Auswärtigen Amtes, Bonn (PAAA)

Deutschland 125, Nr. 9 (Die Nationalpartei)
Deutschland 159, Nr. 1 (Abschluß des deutsch-englischen Abkommens vom 1.7.1890 wegen Ostafrika und Helgoland
Deutschland 169, Bd. 1–7 (Alldeutscher Verband)

7. Stadtarchiv Dresden (StAD)

Alldeutscher Verband, Ortsgruppe Dresden
1, 17–41

2. Zeitschriften und Periodika

Alldeutsche Blätter, 1891–1914
Deutschbund-Blätter, 1896–1914
Deutsche Erde, 1902–1914

Deutsche Kolonialzeitung, 1888–1913
Deutsches Wochenblatt, 1888–1896
Die Flotte, 1898–1914
Die Grenzboten, 1890–1914
Das Größere Deutschland, 1914/15
Kolonial-Politische Korrespondenz, 1885–1888
Das nationale Deutschland, 1907–1908
Nauticus, 1899–1906
Die Ostmark, 1896–1914
Preußische Jahrbücher, 1890–1914
Überall, 1898–1914
Die Wehr, 1912–1914
Zeitschrift des Allgemeinen Deutschen Sprachvereins, 1886–1914

3. Sonstige gedruckte Quellen

Alldeutscher Verband (Hg.), Die deutsche Ostmark. Aktenstücke und Beiträge zur Polenfrage, Berlin 1894.
–, (Hg.), Alldeutsches Werbe- und Merkbüchlein, München [3]1901.
–, Die Polen im Rheinisch-westfälischen Steinkohlen-Bezirke, München 1901.
–, Genügt Deutschlands Wehrkraft zur See? Ein Mahnruf, München 1897.
–, Handbuch des Alldeutschen Verbandes, München [9]1905.
–, Kundgebungen, Beschlüsse und Forderungen des Alldeutschen Verbandes 1890–1902, München 1902.
–, Zwanzig Jahre alldeutscher Arbeit und Kämpfe, Leipzig 1910.
Ammon, O., Die natürliche Auslese beim Menschen. Auf Grund der Ergebnisse der anthropologischen Untersuchungen der Wehrpflichtigen in Baden und anderer Materialien, Jena 1893.
–, Die Gesellschaftsordnung und ihre natürlichen Grundlagen. Entwurf einer Social-Anthropologie zum Gebrauch für alle Gebildeten, die sich mit sozialen Fragen befassen, Jena 1895.
–, Volksvermehrung und sozialer Fortschritt, in: PAR, Jg. 8, 1909/1910, S. 136–152.
[Anonymus], Deutschland bei Beginn des 20. Jahrhunderts. Von einem Deutschen, Berlin 1900.
–, Unsere Zukunft liegt auf dem Wasser? Kritische Untersuchungen und Folgerungen eines deutschen Weltpolitikers, München 1905.
–, Warum muß Deutschland sein Heer verstärken?, Berlin 1912.
Arendt, O., Ziele deutscher Kolonialpolitik, Berlin 1886.
Arndt, E.M., Werke. Auswahl in zwölf Teilen. Erster Teil: Gedichte, hg. v. W. Steffens, Berlin o.J.
Bassenge, E., Deutschlands Weltstellung und die nächsten Aufgaben deutscher Politik, München 1899.
Bericht über die Verhandlungen des Allgemeinen Deutschen Kongresses zur Förderung überseeischer Interessen, Berlin 1886.
Berghahn, V. u. W. Deist (Hg.), Rüstung im Zeichen der wilhelminischen Weltpolitik. Grundlegende Dokumente 1890–1914, Düsseldorf 1988.
Bernhard, L., Die Polenfrage, Leipzig [2]1910.
Bernhardi, F. v., Deutschland und der nächste Krieg, Stuttgart [6]1913.
–, [an.] Videant consules, ne quid respublica detrimenti capiat, Kassel 1890.
Bernstein, E., Die englische Gefahr und das deutsche Volk, Berlin 1911.

Bismarck, O. v., Gedanken und Erinnerungen, Berlin 1990.
Bley, F., Die Weltstellung des Deutschtums, München 1897.
–, Südafrika – niederdeutsch, München 1898.
Böckh, R., Der Deutschen Volkszahl und Sprachgebiet in den europäischen Staaten, Berlin 1869.
–, Die Verschiebung der Sprachverhältnisse in Posen und Westpreußen, in: PJ, Bd. 77, 1894, S. 424–436.
–, Die statistische Bedeutung der Volkssprache als Kennzeichen der Nationalität, in: Zeitschrift für Völkerpsychologie und Sprachwissenschaft, Bd. 4, 1866, S. 259–402.
Böhlendorff-Kölpin, K.F. v., Über die Interessen des Deutschen Reiches in Marokko, in: Das nationale Deutschland, Heft Nr. 10, Januar 1908, S. 335–340.
Bohnhard, O., Geschichte des Alldeutschen Verbandes, Leipzig 1920.
Bosc, L., Zollalliancen und Zollunionen in ihrer Bedeutung für die Handelspolitik der Vergangenheit und Zukunft, Berlin 1907.
Brentano, L., Ueber eine zukünftige Handelspolitik des Deutschen Reiches, in: Sch.Jb., Jg. 9, 1885, S. 1–29.
Brüggen, E. v. d., Die Kolonisation in unserem Osten und die Herstellung des Erbzinses, in: PJ, Bd. 44, 1879, S. 32–51.
Bülow, B. v., Denkwürdigkeiten, 4 Bde., Berlin 1930–1931.
Bürger, C., Antisemitenspiegel. Die Antisemiten im Licht des Christentums, des Rechts und der Wissenschaft, hg. im Auftrag des Vereins zur Abwehr des Antisemitismus, Berlin 1911.
Busse, M., Transvaal und die deutsch-englischen Beziehungen, Koblenz 1896.
Cahn, W., Zur Reform des Reichs- und Staatsangehörigkeitsgesetzes, Berlin 1908.
–, Reichs- und Staatsangehörigkeit, Berlin ^{4}1914.
Chamberlain, H.S., Die Grundlagen des Neunzehnten Jahrhunderts, 2 Bde., München ^{6}1906.
Claß, H., Wider den Strom. Vom Werden und Wachsen der nationalen Opposition im alten Reich, Leipzig 1932.
–, Marokko verloren?, München 1904.
–, West-Marokko deutsch!, München 1911.
–, [Pseudonym Daniel Frymann], Wenn ich der Kaiser wär'. Politische Wahrheiten und Notwendigkeiten [1912], Leipzig ^{5}1914.
–, [Pseudonym Einhart], Deutsche Geschichte [1909], Leipzig ^{4}1912.
–, Denkschrift betreffend die national-, wirtschafts- und sozialpolitischen Ziele des deutschen Volkes im gegenwärtigen Kriege. Als Handschrift gedruckt, o.J. [1914].
Dehn, P., Kommende Weltwirtschaftspolitik, Berlin 1898.
–, Deutsche Kolonial- und Weltpolitik, Berlin 1907.
Delbrück, H., Deutschland, Transvaal und der Besuch des Kaisers in England, in: PJ, Bd. 98, 1898, S. 586–590.
–, Die Alldeutschen, in: PJ, Bd. 154, 1913, S. 573–577.
Deutsche Kolonialgesellschaft (Hg.), Satzungen der Deutschen Kolonialgesellschaft, Berlin 1897.
Deutscher Ostmarkenverein (Hg.), Die deutsche Ostmark, Lissa 1913.
Deutscher Wehrverein (Hg.), Warum muß Deutschland sein Heer verstärken?, Berlin 1912.
Dietzel, H., Die Theorie von den drei Weltreichen, Berlin 1900.
–, Weltwirtschaft und Volkswirtschaft, Dresden 1900.
Dilke, C.W., Greater Britain. A Record of Travel in English-speaking Countries during 1866 and 1867, London 1968.
–, Problems of Greater Britain, 2 Bde., London 1890.
Dix, A., Deutscher Imperialismus, Leipzig ^{2}1914.
–, Deutschland auf den Hochstraßen des Weltwirtschaftsverkehrs, Jena 1901.
Drumont, E., La France juive devant l'opinion, Paris 1886.

Dürkheim-Montmartin, A. Graf Eckbrecht v., Deutschlands Machtstellung zur See. Ein Mahnruf an das deutsche Volk, Berlin 1895.
Elss, H., Die Buren – der deutsche Bruderstamm in Südafrika, Bielefeld 1899.
Engels, F., Dialektik der Natur (1872–1882), in: MEGA, I/26, Berlin 1985.
Fabri, F., Bedarf Deutschland der Kolonien? Eine politisch-ökonomische Betrachtung, Gotha 1879.
Fink, C., Der Kampf um die Ostmark. Ein Beitrag zur Beurtheilung der Polenfrage, Berlin 1897.
Fischer, T., Wissenschaftliche Ergebnisse einer Reise im Atlas-Vorlande von Marokko, Gotha 1900.
–, Meine dritte Forschungsreise im Atlas-Vorlande von Marokko, Hamburg 1902.
–, Mittelmeerbilder. Gesammelte Abhandlungen zur Kunde der Mittelmeerländer, Leipzig ²1913.
–, Reiseeindrücke aus Marokko im Jahre 1899, in: ebd., S. 333–357.
–, Marokko. Eine länderkundliche Skizze, in: ebd., S. 357–379.
Francke, E., Zollpolitische Einigungsbestrebungen in Mitteleuropa während des letzten Jahrzehnts, in: Verein für Sozialpolitik (Hg.), Beiträge zur neuesten Handelspolitik Deutschlands, Bd. 1, Leipzig 1900, S. 187–272.
Geiser, A. (Hg.), Deutsches Reich und Volk. Ein nationales Handbuch, München ²1910.
–, Deutsches und deutschfeindliches Vereinswesen im Ausland, in: ebd., S. 362–380.
Gerstenhauer, M.R., Der völkische Gedanke in Vergangenheit und Gegenwart, Leipzig 1933.
–, Rassenlehre und Rassenpflege, hg. v. Deutschbund, Leipzig 1913.
Gobineau, A. Graf, Versuch über die Ungleichheit der Menschenrassen, 4 Bde., [1898–1900], Stuttgart 1939–⁵1940.
Grell, H., Der Alldeutsche Verband, seine Geschichte, seine Bestrebungen und Erfolge, München 1898.
Die Große Politik der Europäischen Kabinette 1871–1914. Sammlung der diplomatischen Akten des Auswärtigen Amtes, im Auftrag des Auswärtigen Amtes hg. v. J. Lepsius u.a., 40 Bde., Berlin 1922–1927.
Grothe, H., Die Bagdadbahn und das schwäbische Bauernelement in Transkaukasien und Palästina. Gedanken zur Kolonisation in Mesopotamien, München 1902.
–, Die asiatische Türkei und die deutschen Interessen. Gedanken zur inneren Umgestaltung des osmanischen Reiches und zu den Zielen der deutschen Kulturpolitik, Halle a.d.S. 1913.
Handbuch der Politik, hg. v. P. Laband u.a., 2 Bde., Berlin 1912.
Harms, B., Volkswirtschaft und Weltwirtschaft. Versuch der Begründung einer Weltwirtschaftslehre, Jena 1912.
–, Weltwirtschaftliche Aufgaben Deutschlands, Berlin 1912.
–, Weltwirtschaft und Weltwirtschaftspolitik, in: Handbuch der Politik, Bd. 2, Berlin 1912, S. 217–224.
Hartmann, E. v., Der Rückgang des Deutschthums, in: Die Gegenwart, Jg. 27, 1885, S. 1–3, 19–22.
Hartmeyer, H., Politisch-geographische Gedanken über die Interessenstellung Deutschlands in Marokko, in: Das nationale Deutschland, Heft Nr. 8, Dezember 1907, S. 264–269.
Hasse, E., Deutsche Weltpolitik, München 1897.
–, Das Deutsche Reich als Nationalstaat, München 1905.
–, Die Besiedlung des deutschen Volksbodens, München 1905.
–, Deutsche Grenzpolitik, München 1906.
–, Die Zukunft des deutschen Volkstums, München 1907.
–, Weltpolitik, Imperialismus und Kolonialpolitik, München 1908.

–, Die Polenfrage, eine Daseinsfrage des Deutschtums, in: ADV, Ostmark, S. 3–18.
–, Kolonien und Kolonialpolitik, in: Handwörterbuch der Staatswissenschaften, Bd. 5, Jena ²1900, 135–247.
–, [an.] Deutschlands Ansprüche an das türkische Erbe, München 1896.
–, [an.] Großdeutschland und Mitteleuropa um das Jahr 1950. Von einem Alldeutschen, Berlin ²1895.
–, [an.] Oesterreichs Zusammenbruch und Wiederaufbau, München 1899.
–, Der nationale Gedanke, in: Geiser, Reich, S. 3–10.
Heinz, W., Deutsche Besiedelung, Mainz 1912.
Helfferich, K., Die wirtschaftlichen Verhältnisse der Kolonien und überseeischen Interessengebiete, in: Verhandlungen des Deutschen Kolonialkongresses 1905, Berlin 1906, S. 571–585.
Hertwig, O.: Das Werden der Organismen. Eine Widerlegung von Darwins Zufallstheorie, Jena 1916.
–, Zur Abwehr des ethischen, des sozialen, des politischen Darwinismus, Jena 1918.
Heyck, E., Die geschichtliche Berechtigung des deutschen Nationalbewußtseins, München 1897.
Heyderhoff, J. (Hg.), Die Sturmjahre der preußisch-deutschen Einigung 1859–1870. Deutscher Liberalismus im Zeitalter Bismarcks, Bd. 1, Bonn 1925/ND Osnabrück 1970.
Hintze, O., Rasse und Nationalität und ihre Bedeutung für die Geschichte, in: ders., Soziologie und Geschichte. Gesammelte Abhandlungen zur Soziologie, Politik und Theorie der Geschichte, Göttingen ²1964, S. 46–65.
Hochwart, H., Die Andern und wir, Leipzig 1912.
Hötzsch, O., Die dringendste Aufgabe der Polenpolitik, München 1907.
–, Nationalitätenkampf und Nationalitätenkonflikt in der Ostmark, in: DOV (Hg.), Ostmark, S. 567–623.
Hoffmeister, J. (Hg.), Briefe von und zu Hegel, Bd. 1 (= Georg Friedrich Hegel: Werke, Bd. 27), Hamburg 1952.
Holstein, F. v., Die geheimen Papiere, hg. v. N. Rich u.a., 4 Bde., Göttingen 1956–1963.
Huber, E.R. (Hg.), Dokumente zur deutschen Verfassungsgeschichte, Bd. 2: Deutsche Verfassungsdokumente 1851–1918, Stuttgart 1964.
Hugenberg, A., Streiflichter aus Vergangenheit und Gegenwart, Berlin 1927.
–, Innere Colonisation im Nordwesten Deutschlands, Straßburg 1891.
–, Eine andere deutsche Polenpolitik. Denkschrift vom 12. Januar 1902, in: ADV, Zwanzig Jahre, S. 114–126
Jäckh, E., Deutschland im Orient nach dem Balkankrieg.
–, Der aufsteigende Halbmond. Beiträge zur türkischen Renaissance, Berlin ²1911.
–, Der goldene Pflug. Lebensernte eines Weltbürgers, Stuttgart 1954.
Jörg, E., Das große Neujahr, in: Historisch-politische Blätter für das katholische Deutschland, Jg. 67, 1871, S. 1–15.
Kaerger, K. [an.], Germania triumphans! Rückblick auf die weltgeschichtlichen Ereignisse der Jahre 1900–1915 von einem Größtdeutschen, Berlin 1895.
–, Kleinasien, ein deutsches Kolonisationsfeld, Berlin 1892.
Kaufmann, R., Der mitteleuropäische Zollverein, in: ZfGS, Bd. 42, 1886, S. 530–584.
Keim, A., Erlebtes und Erstrebtes, Hannover 1925.
–, Zur Militär-Vorlage. Warum muß Deutschland seine Wehrmacht verstärken?, Berlin 1893.
–, Aufklärung über die Militärvorlage, Berlin 1892.
–, Die Machtmittel des Reiches, in: Geiser, Reich, S. 60–92.
–, Der Wille zum Kriege, in: Der Tag. Mit Rotdruck, Nr. 243, Ausgabe A, v. 16.10.1912.
Kirchhoff, A., Zur Verständigung über die Begriffe Nation und Nationalität, Halle 1905.

–, Was ist national? Vortrag gehalten in der Sitzung des Thür.-Sächsischen Vereins für Erdkunde am 26. Februar 1902, Halle a.d.S. 1902.
Kohl, H. (Hg.), Die politischen Reden des Fürsten Bismarck 1847–1897, 14 Bde., Stuttgart 1892–1905/ND Aachen 1970.
Kuhlenbeck, L., Rasse und Volkstum. Vortrag über politische Ergebnisse der modernen Rassenforschung, München 1905.
–, Zur Kritik des Rassenproblems, in: AfRGB, Jg. 2, 1905, S. 560–67.
Lagarde, P. de, Deutsche Schriften, Göttingen [5]1920.
–, Ausgewählte Schriften, München 1924.
Lamprecht, K., Die Entwickelung des wirtschaftlichen und geistigen Horizonts unserer Nation, in: Schmoller u.a., Bd. 1, S. 39–62.
Lange, F., Reines Deutschtum. Grundzüge einer nationalen Weltanschauung, Berlin [1893] [3]1904.
Lehr, A., Zwecke und Ziele des A.D.V, in: ADV (Hg.), Kundgebungen, Beschlüsse und Forderungen des Alldeutschen Verbandes 1890–1902, München 1902, S. 71–86.
–, Warum die deutsche Flotte vergrößert werden muß, München 1899.
Leroy-Beaulieu, P., De la colonisation chez les peuples modernes, Paris [2]1882.
Liebert, E. v., Nationale Forderungen und Pflichten, München 1905.
–, Deutsche Kolonialpolitik, in: Geiser, Reich, S. 37–59.
List, F., Schriften, Reden, Briefe, hg. v. E. v. Beckerath u.a., 10 Bde., Berlin 1927–1935.
–, Die Ackerverfassung, die Zwergwirtschaft und die Auswanderung [1842], in: ebd., Bd. 5, S. 418–547.
–, Das Nationale System der Politischen Ökonomie [1841], in: ebd., Bd. 6, S. 7–430.
–, Über die Zollvereinigung der österreichischen Provinzen mit Ungarn [1843], in: ebd., Bd. 7, S. 192–205.
Mahan, A.T., The Influence of Sea Power upon History, 1660–1783, Boston 1890.
Matlekovits, A. v., Die Zollpolitik der Österreich-ungarischen Monarchie und des Deutschen Reiches in ihrer Bedeutung für die Handelspolitik der Vergangenheit und Zukunft, Leipzig 1891.
Mehrmann, K., Deutsche Welt- und Wirtschaftspolitik, München 1900.
Meinecke, F., Weltbürgertum und Nationalstaat, München [1907] [9]1969.
–, Nationalismus und nationale Idee, in: ders., Politische Schriften und Reden, Darmstadt [3]1968, S. 83–95.
Meinhold, E., Deutsche Rassepolitik und die Erziehung zu nationalem Ehrgefühl, München 1908.
Nationalliberale Partei (Hg.), Politisches Handbuch, Berlin 1907.
Naumann, F., Werke, 6 Bde., Köln 1964.
–, Die Politik der Gegenwart [1905], in: ebd., Bd. 4, S. 32–99.
–, Deutschland und Österreich [1900], in: ebd., Bd. 4, S. 401–441.
–, National-sozialer Katechismus [1897], in: ebd., Bd. 5, S. 199–233.
Neumann, F.J., Volk und Nation, Leipzig 1888.
–, Germanisierung oder Polonisierung? Ein Beitrag zur Nationalitäts- und Grundeigentumsstatistik der Provinz Posen, in: Jahrbücher für Nationalökonomie und Statistik, Bd. 41 (N.F. Bd. 7), 1883, S. 457–463.
Niessen-Deiters, L., Die deutsche Frau im Auslande und in den Schutzgebieten. Nach Originalberichten aus fünf Erdteilen, Berlin 1913.
Nietzsche, F., Unzeitgemäße Betrachtungen I [1873], in: ders., Werke. Kritische Gesamtausgabe, hg. v. G. Colli u. M. Montinari, Bd. 3/1, Berlin 1972, S. 153–238.

–, Zur Genealogie der Moral. Eine Streitschrift [1887], in: ebd., Bd. 6/2, Berlin 1968, S. 259–431.
–, Nachgelassene Fragmente. Frühjahr bis Herbst 1884, in: ebd., Bd. 7/3, Berlin 1974.
–, Jenseits von Gut und Böse, in: ders., Sämtliche Werke. Kritische Studienausgabe in 15 Bänden, hg. v. G. Colli u. M. Montinari, Bd. 5, Berlin 1980.
Osten-Sacken und vom Rhein, O. Frhr. v.d., Heeresvorlage und allgemeine Wehrpflicht, Berlin 1912.
Peez, A., Zur neuesten Handelspolitik. Sieben Abhandlungen, Wien 1895.
–, Mitteleuropa und die drei Weltreiche Grösser-Britannien, die Vereinigten Staaten von Nordamerika und Rußland, in: ebd., S. 7–30.
–, Der Zoll- und Handelsvertrag zwischen dem Deutschen Reiche und Oesterreich-Ungarn als Kern eines mitteleuropäischen Bundes, in: ebd., S. 37–64.
–, Mitteleuropa und die Handelspolitik der Zukunft, in: ebd., S. 83–246.
Penzler, J. u.a. (Hg.), Fürst Bülows Reden, 3 Bde., Berlin 1907–1909.
Peters, C., Gesammelte Schriften, hg. v. W. Frank, 3 Bde., München 1943–1944.
–, Die Gründung von Deutsch-Ostafrika. Kolonialpolitische Erinnerungen und Betrachtungen [1906], in: ebd., Bd. 1, S. 117–283.
–, Was lehrt uns die englische Kolonialpolitik? [1897], in: ebd., Bd. 1, S. 371–389.
–, Seemacht und Kolonialpolitik [1897], in: ebd., Bd. 1, S. 390–392.
–, All-Deutschland [1886], in: ebd., Bd. 3, S. 275–278.
–, Deutsch-national. Kolonialpolitische Aufsätze, Berlin 1887.
Petzet, C., Die preußischen Ostmarken, München 1898.
Pfeil, J. v., Warum brauchen wir Marokko?, München 1904.
Plehn, H. [an.], Deutsche Weltpolitik und kein Krieg!, Berlin 1913.
Ploetz, A., Die Tüchtigkeit unserer Rasse und der Schutz der Schwachen. Ein Versuch über die Rassenhygiene und ihr Verhältnis zu den humanen Idealen, besonders dem Sozialismus, Berlin 1895.
–, Die Begriffe Rasse und Gesellschaft und die hiervon abgeleiteten Disziplinen, in: AfRGB, Jg. 1, 1904, S. 2–26.
–, Zur Abgrenzung und Einteilung des Begriffs Rassenhygiene, in: AfRGB, Jg. 3, 1906, S. 864–867.
–, Ziele und Aufgaben der Rassenhygiene, Braunschweig 1911.
Randow, A. v., Die Landesverweisungen aus Preußen und die Erhaltung des Deutschthums an der Ostgrenze, in: Sch. Jb., Jg. 10, 1886, S. 91–125.
Raschdau, L., Deutsche Marokkopolitik, in: Das nationale Deutschland, Heft Nr. 27, Mai 1908, S. 827–833.
Rathgen, K., Über den Plan eines britischen Reichszollvereins, in: PJ, Bd. 86, 1896, S. 481–523.
Ratjen, H., Der Kampf um die Reichsangehörigkeit, Hamburg 1908.
–, Deutsche, die verloren gingen, Berlin 1911.
Ratzel, F., Der Lebensraum. Eine biogeographische Studie, Tübingen 1901.
–, Kleine Schriften, hg. v. H. Helmolt, 2 Bde., München 1906.
–, Über die geographische Lage. Eine politisch-geographische Betrachtung [1894], in: ebd., Bd. 2, S. 284–290.
–, Flottenfrage und Weltlage [1898], in: ebd., Bd. 2, S. 375–381.
–, Nationalitäten und Rassen [1903], in: ebd., Bd. 2, S. 462–487.
–, Die Gesetze des räumlichen Wachstums der Staaten. Ein Beitrag zur wissenschaftlichen politischen Geographie, in: Petermanns Geographische Mitteilungen, Bd. 42, 1896, S. 97–107.
–, Das Meer als Quelle der Völkergröße. Eine politisch-geographische Studie, München 1900.

–, Politische Geographie oder die Geographie der Staaten, des Verkehrs und des Krieges, München [2]1903.
–, Die Erde und das Leben. Eine vergleichende Erdkunde, 2 Bde., Leipzig 1901/02.
–, Geschichte, Völkerkunde und historische Perspektive, in: HZ, Bd. 93, 1904, S. 1–46.
–, Über allgemeine Eigenschaften der geographischen Grenzen und über die politische Grenze, in: Berichte über die Verhandlungen der Königlich-Sächsischen Gesellschaft der Wissenschaften zu Leipzig, phololologisch-historische Klasse, Bd. 44, Leipzig 1892, S. 53–104.
–, Wider die Reichsnörgler. Ein Wort zur Kolonialfrage aus Wählerkreisen, München 1884.
–, Briefe eines Zurückgekehrten, in: ders., Glücksinseln und Träume, Gesammelte Aufsätze aus den »Grenzboten«, Leipzig 1905, S. 391–477.
Rehm, H., Der Erwerb von Staats- und Gemeinde-Angehörigkeit in geschichtlicher Entwickelung nach römischem und deutschem Staatsrecht, in: Annalen des Deutschen Reichs, Jg. 1892, S. 137–281.
Reibmayr. A., Die biologischen Gefahren der heutigen Frauenemanzipation, in: PAR, Jg. 5, 1906/07, S. 445–468.
Reichsmarineamt (Hg.), Die Steigerung der deutschen Seeinteressen von 1896 bis 1898, Berlin 1900.
Reismann-Grone, T., Die slawische Gefahr in der Ostmark, München 1899.
–, Die deutschen Reichshäfen und das Zollbündnis mit den Niederlanden, München 1899.
–, u. E. v. Liebert, Überseepolitik oder Festlandspolitik, München 1905.
Reventlow, E. Graf zu, Das Marokko-Weißbuch, in: Das nationale Deutschland, Heft Nr. 27, Mai 1908, S. 833–841.
Riedel, W.F., Phantasien über Großdeutschland, in: Die Gegenwart. Wochenschrift für Literatur, Kunst und öffentliches Leben, Bd. 48, 1895, S. 225–227.
Rochau, L.A. v., Grundsätze der Realpolitik. Angewendet auf die staatlichen Zustände Deutschlands [1853/69], hg. v. H.-U. Wehler, Frankfurt 1972.
Rohrbach, P., Die Bagdadbahn, Berlin 1902.
–, Um Bagdad und Babylon. Vom Schauplatz deutscher Arbeit und Zukunft im Orient, Berlin 1909.
–, Zum Weltvolk hindurch!, Stuttgart 1914.
Samassa, P., Der Völkertreit im Habsburgerstaat, Leipzig 1910.
Schäfer, D., Mein Leben, Berlin 1926.
–, Deutschland zur See. Eine historisch-politische Betrachtung, Jena 1897.
–, Was lehrt die Geschichte über die Bedeutung der Seemacht für Deutschlands Gegenwart, München 1900.
–, Weltgeschichte der Neuzeit, 2 Bde., Berlin 1907.
–, Weltgeschichte der Neuzeit, 2 Bde., Berlin [5]1912.
–, Selbstbiographie, in: H. v. Arnim u. G. v. Below (Hg.), Deutschlands Aufstieg. Bilder aus Vergangenheit und Gegenwart der rechtsstehenden Parteien, Berlin 1925, S. 441–450.
Schaefer, C.A., Das neudeutsche Ziel. Von der Nordsee bis zum Persischen Golf, Stuttgart 1914.
Schäffle, A., Bau und Leben des sozialen Körpers, 4 Bde., Tübingen [2]1881.
–, Die Handelspolitik der Zukunft, in: Die Zukunft, Bd. 24, 16.10.1897, S. 122–132.
Schemann, L., Paul de Lagarde. Ein Lebens- und Erinnerungsbild, Leipzig [3]1919.
–, Gobineaus Rassenwerk. Aktenstücke und Betrachtungen zur Geschichte und Kritik des Essai sur l'inégalité des races humaines, Stuttgart 1910.
Schiemann, T., Deutschland und die Weltpolitik, in: PJ, Bd. 84, 1896, S. 151–157, Bd. 85, 1896, S. 112–123.
Schirmacher, K., Die östliche Gefahr, Lissa 1908.
–, Die Verteidigung der Ostmark, Lissa 1910.

Schmidt-Gibichenfels, O., Der Krieg als Kulturfaktor, als Schöpfer und Erhalter der Staaten, Berlin 1912.
Schmoller, G. u.a. (Hg.), Handels- und Machtpolitik. Reden und Aufsätze im Auftrage der »Freien Vereinigung für Flottenvorträge«, 2 Bde., Stuttgart 1900.
–, Die wirtschaftliche Zukunft Deutschlands und die Flottenvorlage, in: ebd., Bd. 1, S. 3–38.
–, Die Wandlungen in der europäischen Handelspolitik des 19. Jahrhunderts, in: Sch. Jb., Jg. 24, 1900, S. 373–382.
Schneider, S., Die deutsche Bagdadbahn und die projektierte Überbrückung des Bosporus, Wien 1900.
Schultheiss, F.G., Deutschnationales Vereinswesen. Ein Beitrag zur Geschichte des deutschen Nationalgefühls, München 1897.
–, Alldeutschland um die Jahrhundertwende 1800 und 1900, München 1900.
Schulthess' Europäischer Geschichtskalender, Bde. 31–55, München 1890–1914.
Sering, M., Die Handelspolitik der Großstaaten und die Kriegsflotte, in: Schmoller u.a., Bd. 2., S. 1–44.
Sombart, W., Die neuen Handelsverträge, insbesondere Deutschlands, in: Sch. Jb, Jg. 16, 1892, S. 547–611.
Stenographische Berichte über die Verhandlungen des Deutschen Reichstages Berlin, 1890–1914.
Stenographische Berichte über die Verhandlungen des Preußischen Abgeordnetenhauses, Berlin 1885–1914.
Tille, A., Großdeutschland, in: Die Zukunft, Bd. 12, 10.8.1895, S. 257–265.
Tirpitz, A. v., Erinnerungen, Leipzig ^{2}1920.
–, Der Aufbau der deutschen Weltmacht, Stuttgart 1924.
Tönnies, F., Gemeinschaft und Gesellschaft. Abhandlung des Communismus und Socialismus als empirischer Culturformen, Leipzig 1887.
Trautmann, M., Die Fremdwörtersucht im geschäftlichen Leben und ihre Bekämpfung, Mainz 1912.
Treitschke, H. v., Aufsätze, Reden und Briefe, 5 Bde., hg. v. K.M. Schiller, Meersburg 1929.
–, Das deutsche Ordensland Preußen [1862], in: ebd., Bd. 2, S. 43–105.
–, Bundesstaat und Einheitsstaat [1864], in: ebd., Bd. 3, S. 9–146.
–, Was fordern wir von Frankreich? [1871], in: ebd., Bd. 3, S. 450–489.
–, Luxemburg und das Deutsche Reich [1871], in: ebd., Bd. 3, S. 502–507.
–, Österreich und das Deutsche Reich, in: ebd., Bd. 3, S. 520–524.
–, Das konstitutionelle Königtum in Deutschland [1869], in: ebd., Bd. 4, S. 9–121.
–, Unsere Aussichten [1879], in: ebd., Bd. 4, S. 466–482.
–, Zur inneren Lage am Jahresschlusse [1880], in: ebd., Bd. 4, S. 541–548.
–, Die ersten Versuche deutscher Kolonialpolitik [1884], in: ebd., Bd. 4, S. 665–676.
–, Politik. Vorlesungen gehalten an der Universität zu Berlin, hg. v. M. Cornicelius, 2 Bde., Leipzig ^{4}1918.
–, Reden im Deutschen Reichstage 1871–1884, hg. v. O. Mittelstädt, Leipzig 1896.
–, Deutsche Geschichte im 19. Jahrhundert, 5 Bde., Leipzig 1879–1894.
Troeltsch, E., Zur religiösen Lage, Religionsphilosophie und Ethik, Tübingen ^{2}1922/ND Aalen 1962.
Verhandlungen des Deutschen Kolonialkongresses 1905, Berlin 1906.
Vietor, J.K. v., Der Handel der deutschen Kolonien, in: Verhandlungen des Deutschen Kolonialkongresses 1905, Berlin 1906, S. 629–637.
Voigt, P., Deutschland und der Weltmarkt, in: Schmoller u.a., Bd. 1, S. 133–208.
Wagner, M., Die Darwinsche Theorie und das Migrationsgesetz der Organismen, Leipzig 1868.
–, Entstehung der Arten durch räumliche Sonderung. Gesammelte Aufsätze, Basel 1889.

Waldersee, A. Graf v., Denkwürdigkeiten, hg. v. H.O. Meisner, 3 Bde., Stuttgart 1923.
Waldhecker, P., Ansiedlungskommission und Generalkommission. Ein Beitrag zur inneren Kolonisation des Ostens, in: Sch. Jb., Jg. 21, 1897, S. 201–227.
Weber, E., Krieg oder Frieden mit England?, Stuttgart 1913.
Weber, M., Gesamtausgabe, Abteilung I: Schriften und Reden, Bd. 4: Landarbeiterfrage, Nationalstaat und Volkswirtschaftspolitik. Schriften und Reden 1892–1899, hg. v. W.J. Mommsen u. R. Aldenhoff, Tübingen 1993.
–, Entwickelungstendenzen in der Lage der ostelbischen Landarbeiter, in: ebd., S. 425–462.
–, Der Nationalstaat und die Volkswirtschaftspolitik. Akademische Antrittsrede, in: ebd., S. 542–574.
Weiß, B., Erwerb und Verlust der Staatsangehörigkeit. Kritik und Reformvorschläge, in: Annalen des Deutschen Reichs, Jg. 1908, S. 836–849, 902–916, Jg. 1909, S. 383–396, 472–494.
Werner, R., Die deutsche Flotte, München 1898.
Weyer, B., Deutschlands Seegefahren. Der Verfall der deutschen Flotte und ihr geplanter Wiederaufbau, München 1898.
Winterstein, F., Kleindeutschland, ein Kehrbild, München 1903.
–, Das deutschnationale Vereins- und Zeitungswesen im Deutschen Reiche, in: Geiser, Reich, S. 187–216.
Winterstetten, K. [Pseudonym für A. Ritter], Berlin-Bagdad. Neue Ziele mitteleuropäischer Politik, München [7]1914.
Wirth, A., Die Entscheidung über Marokko, Stuttgart 1911.
Wolf, J., Das Deutsche Reich und der Weltmarkt, Jena 1901.
–, (Hg.), Materialien betreffend den Mitteleuropäischen Wirtschaftsverein, Berlin 1904.
–, Die ersten drei Jahre des Mitteleuropäischen Wirtschaftsvereins, in: Zeitschrift für Sozialwissenschaft, Jg. 10, 1907, S. 463–468.
–, Ein deutsch-österreichisch-ungarischer Zollverband, Leipzig 1915.
Woltmann, L., Politische Anthropologie. Eine Untersuchung über den Einfluß der Descendenztheorie auf die Lehre von der politischen Entwicklung der Völker, Eisenach 1903.
–, Die anthropologische Geschichts- und Gesellschaftstheorie, in: PAR, Jg. 2, 1903/04, S. 11–15, 115–134, 284–288, 379–383, 451–456, 547–553.
Zahn, F., Das Deutsche Volk in seinen sozialen und wirtschaftlichen Beziehungen, in: Handbuch der Politik, Bd. 2, Berlin 1912/13, S. 405–441.
Ziehen, J., Über Volkserziehung im nationalen Sinn, München 1904.
Zorn, P., Die deutsche Staatssprache, in: Verwaltungsarchiv, Bd. 10, 1902, S. 1–18, Bd. 11, 1903, S. 189–221 (zit. als: Staatssprache I).
–, Die deutsche Staatssprache, Berlin 1903 (zit. als: Staatssprache II).

II. Literatur

Albertin, L., Nationalismus und Protestantismus in der österreichischen Los-von-Rom-Bewegung um 1900, Diss. Köln 1953.
Allain, J.-C., Agadir 1911. Une crise impérialiste en Europe pour la conquête du Maroc, Paris 1976.
Almog, S., Nationalism & Antisemitism in Modern Europe, Oxford 1990.
Alter, P., Nationalismus, Frankfurt 1985.
–, u.a. (Hg.), Die Konstruktion der Nation gegen die Juden, München 1999.

Altgeld, W., Katholizismus, Protestantismus, Judentum. Über religiös begründete Gegensätze und nationalreligiöse Ideen in der Geschichte des deutschen Nationalismus, Mainz 1992.
–, Volk, Rasse, Raum. Völkisches Denken und radikaler Nationalismus im Vorfeld des Nationalsozialismus, in: R. Lill u. H. Oberreuter (Hg.), Machtverfall und Machtergreifung. Aufstieg und Herrschaft des Nationalsozialismus, München 1983, S. 95–119.
–, Wagner, der »Bayreuther Kreis« und die Entwicklung des völkischen Denkens, in: U. Müller u.a. (Hg.), Richard Wagner 1883–1983. Die Rezeption im 19. und 20. Jahrhundert, Stuttgart 1984, S. 35–64.
Aly, G., »Endlösung«. Völkerverschiebung und der Mord an den europäischen Juden, Frankfurt 1995.
–, »Judenumsiedlung«. Überlegungen zur politischen Vorgeschichte des Holocaust, in: U. Herbert (Hg.), Nationalsozialistische Vernichtungspolitik. Neue Forschungen und Kontroversen, Frankfurt 1998, S. 67–97.
–, u. S. Heim, Vordenker der Vernichtung. Auschwitz und die deutschen Pläne für eine neue europäische Ordnung, Hamburg 1991.
Anderson, B., Die Erfindung der Nation. Zur Karriere eines erfolgreichen Konzepts, Frankfurt 1988.
Anderson, E.N., The First Moroccan Crisis 1904–1906, Chicago 1930/ND Hamden 1966.
Anderson. P.R., The Background of Anti-English Feeling in Germany, 1890–1902, [1939] New York 1969.
Angelow, J., Alldeutsche, Reichsregierung und Zweibund am Vorabend des Ersten Weltkrieges. Zur Ambivalenz von nationalistischer Agitation, autoritätem Machtstaat und Bündnispolitik, in: Mitteilungen des Instituts für Österreichische Geschichtsforschung, Bd. 106, 1998, S. 377–409.
Applegate, C., A Nation of Provincials. The German Idea of Heimat, Berkely 1990.
Arendt, H., The Origins of Totalitarianism. New Edition with Added Prefaces, San Diego 1973.
Armstrong, J.A., Nations before Nationalism, Chapel Hill 1982.
Assheuer, T. u. H. Sarkowicz, Rechtsradikale in Deutschland. Die alte und die neue Rechte, München ^{2}1994.
Assmann, A. u. H. Friese (Hg.), Identitäten. Erinnerung, Geschichte, Identität, Bd. 3, Frankfurt 1998.
Assmann, J., Das kulturelle Gedächtnis. Schrift, Erinnerung und politische Identität in frühen Hochlulturen, München 1992.
Bade, K.J., Vom Auswanderungsland zum Einwanderungsland? Deutschland 1880–1980, Berlin 1983.
–, Friedrich Fabri und der Imperialismus in der Bismarckzeit. Revolution – Depression – Expansion, Freiburg 1975.
–, Die »Zweite Reichsgründung« in Übersee: Imperiale Visionen, Kolonialbewegung und Kolonialpolitik in der Bismarckzeit, in: Birke u. Heydmann, S. 183–215.
–, Imperial Germany and West Africa: Colonial Movement, Business Interest, and Bismarck's Colonial Policies, in: S. Förster u.a. (Hg.), Bismarck, Europe, and Africa. The Berlin Africa Conference 1884–1885 and the Onset of Partition, Oxford 1988, S. 121–147.
–, Das Kaiserreich als Kolonialmacht: Ideologische Projektionen und historische Erfahrung, in: J. Becker u. A. Hillgruber (Hg.), Die deutsche Frage im 19. und 20. Jahrhundert, München 1983, S. 91–108.
–, Politik und Ökonomie der Ausländerbeschäftigung im preußischen Osten 1885–1914. Die Internationalisierung des Arbeitsmarkts im Rahmen der preußischen Abwehrpolitik, in: H.-J. Puhle u. H.-U. Wehler (Hg.), Preußen im Rückblick, Göttingen 1980, S. 273–299.

–, »Kulturkampf« auf dem Arbeitsmarkt. Bismarcks »Polenpolitik« 1885–1890, in: O. Pflanze (Hg.), Innenpolitische Probleme des Bismarck-Reiches, München 1983, S. 121–142.
–, »Preußengänger« und Abwehrpolitik. Ausländerbeschäftigung und Ausländerkontrolle auf dem Arbeitsmarkt in Preußen vor dem Ersten Weltkrieg, in: AfS, Jg. 24, 1984, S. 91–162.
– (Hg.), Auswanderer – Wanderarbeiter – Gastarbeiter. Bevölkerung, Arbeitsmarkt und Wanderung in Deutschland seit der Mitte des 19. Jahrhunderts, 2 Bde., Ostfildern 1984.
Baier, R., Der deutsche Osten als soziale Frage. Eine Studie zur preußischen und deutschen Siedlungs- und Polenpolitik in den Ostprovinzen während des Kaiserreichs und der Weimarer Republik, Köln 1980.
Bald, D., Zum Kriegsbild der militärischen Führung im Kaiserreich, in: Dülffer u. Holl, S. 146–193.
Balzer, B., Die preußische Polenpolitik 1894–1908 und die Haltung der deutschen konservativen und liberalen Parteien (unter besonderer Berücksichtigung der Provinz Posen), Frankfurt 1990.
Bärenbrinker, F. u. C. Jakubowski, »Nation« und »Nationalismus« seit dem Deutschen Kaiserreich, in: Archiv für Begriffsgeschichte, Bd. 38, 1995, S. 201–222.
Barraclough, G., From Agadir to Armageddon. Anatomy of a Crisis, London 1982.
Barth, F. (Hg.), Ethnic Groups and Boundaries. The Social Organization of Culture Difference, Bergen 1969.
Basler, W., Deutschlands Annexionspolitik in Polen und im Baltikum 1914–1918, Berlin 1962.
Baumann, Z., Dialektik der Ordnung. Die Moderne und der Holocaust, Hamburg 1992.
Bauerkämper. A., Der Faschismus in Europa 1918–45, Stuttgart 2006.
–, Die »radikale Rechte« in Großbritannien. Nationalistische, antisemitische und faschistische Bewegungen vom späten 19. Jahrhundert bis 1945, Göttingen 1991.
Baxmann, I., Der Körper der Nation, in: François u.a., S. 353–365.
Beck, H., Moritz Wagner in der Geschichte der Geographie, Diss. Marburg 1951.
Becker, P.E., Sozialdarwinismus, Rassismus, Antisemitismus und völkischer Gedanke, Stuttgart 1990.
Beckmann, J., Kognitive Dissonanz. Eine handlungstheoretische Perspektive, Berlin 1984.
Bell-Fiakoff, A., Ethnic Cleansing, New York 1996.
Bendikat, E., Organisierte Kolonialbewegung in der Bismarck-Ära, Heidelberg 1984.
Bendrath, W., *Peuple* und *terre* bei Maurice Barrès, in: M. Einfalt u.a. (Hg.), Konstrukte nationaler Identität: Deutschland, Frankreich und Großbritannien (19. und 20. Jahrhundert), Würzburg 2002, S. 99–113.
–, Ich, Region, Nation. Maurice Barrès im französischen Identitätsdiskurs seiner Zeit und seine Rezeption in Deutschland, Tübingen 2003.
Beramendi, J.G. u.a. (Hg.), Nationalism in Europe. Past and Present, 2 Bde., Santiago de Compostela 1994.
Berding, H., Moderner Antisemitismus in Deutschland, Frankfurt 1988.
– (Hg.), Mythos und Nation. Studien zur Entwicklung des kollektiven Bewußtseins in der Neuzeit, Bd. 3, Frankfurt 1996.
Berger, P. u. T. Luckmann, Die gesellschaftliche Konstruktion der Wirklichkeit. Eine Theorie der Wissenssoziologie [1969], Frankfurt 1992.
Berger, S., Britischer und deutscher Nationalismus im Vergleich: Probleme und Perspektiven, in: v. Hirschhausen u. Leonhard, S. 96–116.
Berghahn, V.R., Der Tirpitz-Plan. Genesis und Verfall einer innenpolitischen Krisenstrategie unter Wilhelm II., Düsseldorf 1971.

–, Des Kaisers Flotte und die Revolutionierung des Mächtesystems vor 1914, in: Röhl, Ort S. 173–188.
–, Zu den Zielen des deutschen Flottenbaus unter Wilhelm II., in: HZ, Bd. 210, 1970, S. 34–85.
–, Der Tirpitz-Plan und die Krisis des preußisch-deutschen Herrschaftssystems, in: Schottelius u. Deist, S. 89–115.
–, Rüstung und Machtpolitik. Zur Anatomie des »Kalten Krieges« vor 1914, Düsseldorf 1973.
–, Militarismus. Die Geschichte einer internationalen Debatte, Hamburg 1986.
–, (Hg.), Militarismus, Köln 1975.
Bergmann, W., Völkischer Antisemitismus im Kaiserreich, in: Puschner u.a., S. 449–463.
Berg-Schlosser, D. u. J. Schissler (Hg.), Politische Kultur in Deutschland. Bilanz und Perspektiven der Forschung, Opladen 1987.
Berlin, I., Der Nationalismus, Frankfurt 1990.
Berman, R.A., Der ewige Zweite. Deutschlands Sekundärkolonialismus, in: Kundrus, Phantasiereiche, S. 19–32.
Bertani, M., Zur Genealogie der Biomacht, in: Stingelin, S. 228–259.
Bertram, Die Wahlen zum Deutschen Reichstag 1912, Düsseldorf 1964.
Biefang, A., Politisches Bürgertum in Deutschland 1857–1868. Nationale Organisation und Eliten, Düsseldorf 1994.
Biddis, M.D., Father of Racist Ideology. The Social and Political Thought of Count Gobineau, London 1970.
Birke, A.M. u. G. Heydemann (Hg.), Die Herausforderung des europäischen Staatensystems. Nationale Ideologie und staatliches Interesse zwischen Restauration und Imperialismus, Göttingen 1989.
Blackbourn, D., The Politics of Demagogy in Imperial Germany, in: Past & Present, Bd. 113, 1986, S. 152–184.
Blanke, R., Prussian Poland in the German Empire (1871–1900), New York 1981.
–, An »Era of Reconciliation« in German-Polish Relations (1890–1894), in: Slavic Review, Jg. 36, 1977, S. 39–53.
Blaschke O., Katholizismus und Antisemitismus im Deutschen Kaiserreich, Göttingen 1997.
–, Die Elimination wissenschaftlicher Unterscheidungsfähigkeit. Goldhagens Begriff des »eliminatorischen Antisemitismus« – eine Überprüfung in: J. Heil u. R. Erb (Hg.), Geschichtswissenschaft und Öffentlichkeit. Der Streit um Daniel J. Goldhagen, Frankfurt 1998, S. 63–90.
–, u. F.-M. Kuhlemann (Hg.), Religion im Kaiserreich. Milieus – Mentalitäten – Krisen, Gütersloh 1996.
Bley, H., Kolonialherrschaft und Sozialstruktur in Deutsch-Südwestafrika, 1894–1914, Hamburg 1968.
–, Der Traum vom Reich? Rechtsradikalismus als Antwort auf gescheiterte Illusionen im Deutschen Kaiserreich 1900–1918, in: Kundrus, Phantasiereiche, S. 56–70.
Blitz, H.-M., Aus Liebe zum Vaterland. Die deutsche Nation im 18. Jahrhundert, Hamburg 2000.
Bock, G., Geschichte, Frauengeschichte, Geschlechtergeschichte, in: GG, Jg. 14, 1988, S. 364–391.
Boehlich, W., Der Berliner Antisemitismusstreit, Frankfurt 1965.
Bödeker, H.E. (Hg.), Begriffsgeschichte, Diskursgeschichte, Metapherngeschichte, Göttingen 2002.
–, Ausprägungen der historischen Semantik in den historischen Kulturwissenschaften, in: ebd., S. 7–27.
–, Reflexionen über Begriffsgeschichte als Methode, in: ebd., S. 73–121.

Böhm, E., Überseehandel und Flottenbau. Hanseatische Kaufmannschaft und deutsche Seerüstung 1879–1902, Düsseldorf 1972.
Böhme, H., Deutschlands Weg zur Großmacht. Studien zum Verhältnis von Wirtschaft und Staat während der Reichgründungszeit 1848–1881, Köln ²1972.
Böhning, P., Die nationalpolnische Bewegung in Westpreußen 1815–1871, Marburg 1973.
Bönisch, M., Die »Hammer-Bewegung«, in: Puschner u.a., S. 341–365.
Bönker, D., Maritime Aufrüstung zwischen Partei- und Weltpolitik: Schlachtflottenbau in Deutschland und den USA um die Jahrhundertwende, in: R. Fiebig-von Hase u. J. Heideking (Hg.), Zwei Wege in die Moderne. Aspekte der deutsch-amerikanischen Beziehungen 1900–1918, Trier 1998, S. 231–259.
Bollenbeck, G., Bildung und Kultur. Glanz und Elend eines deutschen Deutungsmusters, Frankfurt 1994.
–, Nation, Volk, Staat. Die Wiederbelebung alter Kameraden aus dem semantischen Inventar der deutschen Rechten, in: Blätter für deutsche und internationale Politik, Jg. 39, 1994, S. 823–833.
Borejsza, J.W., Über Bismarck und die polnische Frage in der polnischen Historiographie, in: HZ, Bd. 241, 1985, S. 599–630.
Borowsky, P., Was ist Deutschland? Wer ist deutsch? Die Debatten zur nationalen Identität 1848 in der deutschen Nationalversammlung zu Frankfurt und in der preußischen Nationalversammlung zu Berlin, in: Wendt, Zusammenwachsen, S. 81–95.
Boudon, R., Ideologie. Geschichte und Kritik eines Begriffs, Reinbek 1988.
Brandt, H.-H., The Revolution of 1848 and the Problem of Central European Nationalities, in: H. Schulze (Hg.), Nation-Building in Central Europe, Leamington Spa 1987, S. 107–134.
Bredow, W. v., Moderner Militarismus. Analyse und Kritik, Stuttgart 1983.
Breuer, S., Nationalismus und Faschismus. Frankreich, Italien und Deutschland im Vergleich, Darmstadt 2005 [zit. als Breuer, Nationalismus und Faschismus].
–, Ordnungen der Ungleichheit – die deutsche Rechte im Widerstreit ihrer Ideen 1871–1945, Darmstadt 2001.
–, Der Neue Nationalismus in Weimar und seine Wurzeln, in: Berding, Mythos, S. 257–274 [zit. als Breuer, Nationalismus].
–, Anatomie der konservativen Revolution, Darmstadt ²1995.
Breuilly, J., Nationalism and the State, Manchester ²1993.
– (Hg.), The State of Germany: The National Idea in the Making, Unmaking and Remaking of a Modern Nation-State, London 1992.
–, The National Idea in Modern German History, in: ebd., S. 1–28.
–, Nationalismus als kulturelle Konstruktion: Einige Überlegungen, in: Echternkamp u. Müller, S. 247–269.
–, Approaches to Nationalism, in: E. Schmidt-Hartmann (Hg.), Formen des nationalen Bewußtseins im Lichte zeitgenössischer Nationalismustheorien, München 1994, S. 15–38.
Bridgeman, J.M., The Revolt of the Hereros, Berkeley 1981.
Brieler, U., Foucaults Geschichte, in: GG, Jg. 24, 1998, S. 248–282.
Brix, E., Die Umgangssprache in Altösterreich zwischen Agitation und Assimilation. Die Sprachenstatistik in den zisleithanischen Volkszählungen 1880–1910, Wien 1892.
Broszat, M., Zweihundert Jahre deutsche Polenpolitik, Frankfurt ²1972.
–, Die antisemitische Bewegung im wilhelminischen Deutschland, Diss. Köln 1952.
–, Die völkische Ideologie und der Nationalsozialismus, in: Deutsche Rundschau, Jg. 84, 1958, S. 53–68.
Brubaker, R., Staats-Bürger. Deutschland und Frankreich im historischen Vergleich, Hamburg 1994.

–, Einwanderung und Nationalstaat in Frankreich und Deutschland, in: Der Staat, Jg. 28, 1989, S. 1–30.
Bruch, R. v., Kaiser und Bürger. Wilhelminismus als Ausdruck kulturellen Umbruchs um 1900, in: A.M. Birke u. L. Kettenacker (Hg.), Bürgertum, Adel und Monarchie. Wandel der Lebensformen im Zeitalter des bürgerlichen Nationalismus, München 1989, S. 119–146.
Bruendel, S., Volksgemeinschaft oder Volksstaat. Die »Ideen von 1914« und die Neuordnung Deutschlands im Ersten Weltkrieg, Berlin 2003.
Brunner, G., Nationalitätenprobleme und Minderheitenkonflikte in Osteuropa, Gütersloh 1996.
Brunner, O. u.a. (Hg.), Geschichtliche Grundbegriffe. Historisches Lexikon zur politisch-sozialen Sprache in Deutschland, 7 Bde., Stuttgart 1972–1992.
Budde, G. u.a. (Hg.), Transnationale Geschichte. Themen, Tendenzen und Theorien, Göttingen 2006.
Buenzod, J., La formation de la pensée de Gobineau et l'»Essai sur l'inégalité des races humaines«, Paris 1967.
Burian, P., Deutschland und das Nationalitätenproblem der Habsburgermonarchie aus deutscher Sicht, in: Kann u. Prinz, S. 338–411.
Buse, D. u. J.C. Doerr, German Nationalisms. A Bibliographic Approach, New York 1985.
Busi, F., The Pope of Antisemitism. The Carreer and Legacay of Edouard-Adolphe Drumont, New York 1986.
Bußmann, W., Treitschke als Politiker, in: HZ, Bd. 177, 1954, S. 249–279.
–, Treitschke. Sein Welt- und Geschichtsbild, Göttingen [2]1981.
Buthman, W.C., The Rise of Integral Nationalism in France: with special Reference to the Ideas and Activities of Charles Maurras [1939] ND/New York 1970.
Buttmann, G., Friedrich Ratzel. Leben und Werk eines deutschen Geographen, Stuttgart 1977.
Canguilhem, G., Das Normale und das Pathologische, München 1972.
Canis, K., Bismarcks Außenpolitik 1870–1890. Aufstieg und Gefährdung, Paderborn 2004.
–, Von Bismarck zur Weltpolitik. Deutsche Außenpolitik 1890 bis 1902, Berlin 1997.
Capitan Peter, C., Charles Maurras et L'Idéologie d'Action Française, Paris 1972.
Castells, M., Die Macht der Identität. Teil 2 der Triologie: Das Informationszeitalter, Opladen 2002.
Cavalli-Sforza, L.L., Gene, Völker und Sprachen. Die biologischen Grundlagen unserer Zivilisation, München 1999.
Chickering, R., Das Deutsche Reich und der Erste Weltkrieg, München 2002.
–, Karl Lamprecht. A German Academic Life (1856–1915), Atlantic Highlands 1993.
–, We Men Who Feel Most German. A Cultural Study of the Pan-German League, 1886–1914, Boston 1984.
–, Die Alldeutschen erwarten den Krieg, in: Dülffer u. Holl, S. 20–32.
–, Language and the Social Foundations of Radical Nationalism in the Wilhelmine Era, in: W. Pape (Hg.), 1870/71–1989/90. German Unifcations and the Change of Literary Discourse, Berlin 1993, S. 61–78.
–, Nationalismus im Wilhelminischen Reich. Das Beispiel des Allgemeinen Deutschen Sprachvereins, in: Dann, Nation, S. 60–70.
–, Der »Deutsche Wehrverein« und die Reform der deutschen Armee 1912–1914, in: MGM, Jg. 25, 1979, S. 7–33.
–, Patriotische Vereine im europäischen Vergleich, in: F. Klein u. K.O. v. Aretin (Hg.), Europa um 1900, Berlin 1989, S. 151–161.
–, »Casting their Gaze More Broadly«: Women's Patriotic Activism in Imperial Germany, in: Past & Present, Bd. 118, 1988, S. 156–185.

–, Patriotic Societies and German Foreign Policy, 1890–1914, in: IHR, Jg. 1, 1979, S. 470–489.
Childers, T., Political Sociology and the »Linguistic Turn«, in: CEH, Jg. 22, 1989, S. 381–393.
–, The Social Language of Politics in Germany: The Sociology of Political Discourse in the Weimar Republic, in: AHR, Bd. 95, 1990, S. 331–358.
Claussen, D., Was heißt Rassismus?, Darmstadt 1994.
Coetzee, F. u. M.S. Coetzee, Rethinking the Radical Right in Germany and Britain before 1914, in: JCH, Jg. 21, 1986, S. 515–537.
Coetzee, M.S., The German Army League. Popular Nationalism in Wilhelmine Germany, New York 1990.
–, The Mobilization of the Right? The Deutscher Wehrverein and Political Activism in Württemberg 1886–1914, in: European History Quarterly, Jg. 15, 1985, S. 431–452.
–, Der »Deutsche Wehrverein«, in: Puschner u.a., S. 366–375.
Confino, A., The Nation as a Local Metaphor. Wuerttemberg, Imperial Germany and National Memory, 1871–1918, Chapel Hill 1997.
Connor, W., Ethnonationalism. The Quest for Understanding, Princeton 1994.
Conrad, S., Globalisierung und Nation im Deutschen Kaiserreich, München 2006.
–, Doppelte Marginalisierung. Plädoyer für eine transnationale Perspektive auf die deutsche Geschichte, in: GG, Jg. 28, 2002, S. 145–169.
–, u. J. Osterhammel (Hg.), Das Kaiserreich transnational. Deutschland in der Welt 1871–1914, Göttingen 2004.
Conrad-Martius, H., Utopien der Menschenzüchtung. Der Sozialdarwinismus und seine Folgen, München 1955.
Conze, W., Gesellschaft – Nation – Staat. Gesammelte Aufsätze, Stuttgart 1992.
–, Nationsbildung durch Trennung. Deutsche und Polen im preußischen Osten, in: ebd., S. 374–400.
–, u.a., Militarismus, in: GGr, Bd. 4, Stuttgart 1978, S. 1–47.
–, u. A. Sommer, Rasse, in: GGr, Bd. 5, Stuttgart 1984, S. 135–178.
Cosi, P. u. P. Weindling, Darwinism in Germany, France and Italy, in: Kohn, Heritage, S. 683–729.
Crook, P., Darwinism, War and History: The Debate over the Biology of War from the »Origins of Species« to the First World War, Cambridge 1994.
Crowl, P.A., Alfred Thayer Mahan. The Naval Historian, in: P. Paret (Hg.), Makers of Modern Strategy from Machiavelli to the Nuclear Age, Princeton 1986, S. 444–477.
Curtius, E.R., Maurice Barrès und die geistigen Grundlagen des französischen Nationalismus, Bonn 1921.
Daniel, U., »Kultur« und »Gesellschaft«. Überlegungen zum Gegenstandsbereich der Sozialgeschichte, in: GG, Jg. 19, 1993, S. 69–99.
Dann, O., Nation und Nationalismus in Deutschland 1770–1990, München 1992.
– (Hg.), Die deutsche Nation. Geschichte – Probleme – Perspektiven, Greifswald 1994.
–, Nationale Fragen in Deutschland: Kulturnation, Volksnation, Reichsnation, in: François u.a., S. 66–82.
– (Hg.), Nationalismus und sozialer Wandel, Hamburg 1978.
–, Der moderne Nationalismus als Problem historischer Entwicklungsforschung, in: ebd., S. 9–21.
–, Nationalismus und sozialer Wandel in Deutschland 1806–1850, in: ebd., S. 77–128.
–, Funktionen des Nationalismus in modernen Gesellschaften, in: ebd., S. 209–222.
Deist, W., Flottenpolitik und Flottenpropaganda. Das Nachrichtenbureau des Reichsmarineamtes 1897–1914, Stuttgart 1976.
–, Reichsmarineamt und Flottenverein 1903–1906, in: Schottelius u. Deist, S. 116–145.

–, Die Armee in Staat und Gesellschaft 1890–1914, in: M. Stürmer (Hg.), Das kaiserliche Deutschland. Politik und Gesellschaft 1870–1918, Düsseldorf 1970, S. 312–339.
Demandt, A., Metaphern für Geschichte. Sprachbilder und Gleichnisse im historisch-politischen Denken, München 1978.
Deuerlein E. u. T. Schieder (Hg.), Reichsgründung 1870/71. Tatsachen, Kontroversen, Interpretationen, Stuttgart 1970.
Deutsch, K.W., Nationenbildung – Nationalstaat – Integration, Düsseldorf 1972.
–, Der Nationalismus und seine Alternativen, München 1972.
Diehl, J.M., Paramilitary Politics in Weimar Germany, Bloomington 1977.
Dierse, U., Ideologie, in: GGr, Bd. 3, Stuttgart 1982, S. 131–169.
–, u. H. Rath, Nation, Nationalismus, Nationalität, in: Historisches Wörterbuch der Philosophie, Bd. 6, Stuttgart 1984, S. 406–414.
–, u. R. Romberg, Ideologie, in: Historisches Wörterbuch der Philosophie, Bd. 4, Basel 1976, S. 158–186.
Doering-Manteuffel, A., Der Ordnungszwang des Staatensystems: Zu den Mitteleuropa-Konzepten in der österreichisch-preußischen Rivalität 1849–1851, in: Birke u. Heydmann, S. 119–140.
Dörner, A., Politischer Mythos und Symbolische Politik. Sinnstiftung durch symbolische Formen am Beispiel des Hermannmythos, Opladen 1995.
–, Politische Sprache – Instrument und Institution der Politik, in: APZ, B 17, 1991, S. 3–11.
Doerry, M., Übergangsmenschen. Die Mentalität der Wilhelminer und die Krise des Kaiserreichs, 2 Bde., Weinheim 1986.
Dohrn-van Rossum, G., Politischer Körper, Organismus, Organisation. Zur Geschichte naturaler Metaphorik und Begrifflichkeit in der politischen Sprache, Diss. Bielefeld 1977.
– u. E.-W. Böckenförde, Organ, Organismus, Organisation, politischer Körper, in: GGr, Bd. 4, Stuttgart 1978, S. 519–622.
Donald, J. u.a. Rattansi (Hg.), ›Race‹, Culture and Difference, London 1992.
Dorpalen, A., Heinrich von Treitschke, in: W. Laqueur u. G.L. Mosse (Hg.), Historians in Politics, London 1974, S. 21–35.
Drechsler, H., Südwestafrika unter deutscher Kolonialherrschaft. Der Kampf der Herero und Nama gegen den deutschen Imperialismus (1884–1915), Berlin [2]1985.
Drescher, H.-G., Ernst Troeltsch. Leben und Werk. Göttingen 1991.
Drummond, E.A., »Durch Liebe stark, deutsch bis ins Mark«: Weiblicher Kulturimperialismus und der deutsche Frauenverein für die Ostmarken, in: Planert, Nation, S. 147–164.
Droz, J., L'Europe Centrale. Evolution Historique de L'Idée de »Mitteleuropa«, Paris 1960.
Duara, P., Historicizing National Identity, or Who Images What and When, in: Eley u. Suny, S. 150–177.
Düding, D., Die Kriegervereine im wilhelminischen Reich und ihr Beitrag zur Militarisierung der deutschen Gesellschaft, in: Dülffer u. Holl, S. 99–121.
–, Organisierter gesellschaftlicher Nationalismus in Deutschland 1808–1847. Bedeutung und Funktion der Turner- und Sängervereine für die deutsche Nationalbewegung, München 1984.
–, Die deutsche Nationalbewegung des 19. Jahrhunderts als Vereinsbewegung. Anmerkungen zu ihrer Struktur und Phänomenologie zwischen Befreiungskriegszeitalter und Reichsgründung, in: GWU, Jg. 42, 1991, S. 601–624.
–, Der Nationalsoziale Verein 1896–1903. Der gescheiterte Versuch einer parteipolitischen Synthese von Nationalismus, Sozialismus und Liberalismus, München 1972.
Dülffer, J., Hitler, Nation und Volksgemeinschaft, in: Dann, Nation, S. 96–116.
–, u. K. Holl (Hg.), Bereit zum Krieg. Kriegsmentalität im wilhelminischen Deutschland 1890–1914, Göttingen 1986.

Durkheim, E., Die elementaren Formen des religiösen Lebens, Frankfurt 1981.
Echternkamp, J., Der Aufstieg des deutschen Nationalismus (1770–1840), Frankfurt 1998.
–, u. S.O. Müller (Hg.), Die Politik der Nation. Deutscher Nationalismus in Krieg und Krisen 1760–1960, München 2002.
Eide, A. u. M. Thee (Hg.), Problems of Contemporary Militarism, New York 1980.
Eisenstadt, S.N., Die Konstruktion nationaler Identitäten in vergleichender Perspektive, in: Giesen, Identiät, S. 21–38.
Eley, G., Making Place in the Nation. The Meaning of »Citizenship« in Wilhelmine Germany, in: ders. u. J. Retallack (Hg.), Wilhelminism and Its Legacies. German Modernities, Imperialism and the Meaning of Reform, 1890–1930, New York 2003, S. 16–33.
–, Die deutsche Geschichte und die Widersprüche der Moderne. Das Beispiel des Kaiserreiches, in: F. Bajohr u.a. (Hg.), Zivilisation und Barbarei, Hamburg 1991, S. 17–65.
–, Nations, Publics, and Political Cultures: Placing Habermas in the Nineteenth Century, in: C. Calhoun (Hg.), Habermas and the Public Sphere, Cambridge/Mass. 1992, S. 289–339.
–, Wilhelminismus, Nationalismus, Faschismus. Zur historischen Kontinuität in Deutschland, Münster 1991.
–, Staatsbildung, Nationalismus und politische Kultur im Deutschland des 19. Jahrhunderts, in: ebd., S. 33–57.
–, Sammlungspolitik, Sozialimperialismus und das Flottengesetz von 1898, in: ebd., S. 99–143.
–, Die Umformierung der Rechten: Der radikale Nationalismus und der Deutsche Flottenverein 1898–1908, in: ebd., S. 144–173.
–, Antisemitismus, agrarische Mobilisierung und die Krise der Deutschkonservativen Partei. Radikalismus und seine Eindämmung bei der Gründung des Bundes der Landwirte, 1892–1893, in: ebd., S. 174–208.
–, Reshaping the German Right. Radical Nationalism and Political Change after Bismarck, Ann Arbor [2]1991.
–, Notable Politics, the Crisis of German Liberalism, and the Electoral Transition of the 1890s, in: K.H. Jarausch u. L.E. Jones (Hg.), In Search of a Liberal Germany. Studies in the History of German Liberalism from 1789 to the Present, New York 1990, S. 187–216.
–, Some Thoughts on the Nationalist Pressure Groups in Imperial Germany, in: Kennedy u. Nicholls, S. 40–67.
–, From Unification to Nazism. Reinterpreting the German Past, Boston 1986.
–, Social Imperialism in Germany. Reformist Synthesis or Reactionary Sleight of Hand?, in: ebd., S. 154–167.
–, German Politics and Polish Nationality. The Dialectic of Nation Forming in the East of Prussia, in: ebd., S. 200–228.
–, Defining Social Imperialism. Use and Abuse of an Idea, in: Social History, Jg. 1, 1976, S. 265–290.
–, Zum Problem der Verbände im Kaiserreich, in: Sozialwissenschaftliche Informationen für Unterricht und Studium, Jg. 11, 1982, S. 22–28.
–, The German Navy League in German Politics, 1898–1914, Diss. Sussex 1974.
–, u. R.G. Suny (Hg.), Becoming National. A Reader, Oxford 1996.
–, u. R.G. Suny, Introduction: From the Moment of Social History to the Work of Cultural Representation, in: ebd., S. 3–37.
Elias, N., Ein Exkurs über Nationalismus, in: ders., Studien über die Deutschen. Machtkämpfe und Habitusentwicklung im 19. und 20. Jahrhundert, Frankfurt 1992, S. 159–222.
Eller, J.D. u. R.M. Coughlan, The Poverty of Primordialism: The Demystification of Ethnic Attachements, in: ERS, Jg. 16, 1993, S. 183–202.

Elvert, J., »A Greater Britain of British Race«. Zur Frage der Zukunft des britischen Weltreichs um 1900, in: Neitzel, 1900, S. 127–148.
Elwert, G., Nationalismus, Ethnizität und Nativismus – Über Wir-Gruppenprozesse, in: Waldmann u. Elwert, S. 21–60.
Emmerich, W., Zur Kritik der Volkstumsideologie, Frankfurt 1971.
Engelberg, E., Bismarck. Das Reich in der Mitte Europas, München 1993.
Epkenhans, M., Die wilhelminische Flottenrüstung 1908–1914. Weltmachtstreben, industrieller Fortschritt, soziale Integration, München 1991.
–, Seemacht = Weltmacht. Alfred T. Mahan und sein Einfluß auf die Seestrategie des 19. und 20. Jahrhunderts, in: J. Elvert u.a. (Hg.), Kiel, die Deutschen und die See, Stuttgart 1992, S. 35–47.
Eriksen, T.H., Ethnicity and Nationalism. Anthropological Perspectives, London 1993.
Essner, C., Die »Nürnberger Gesetze« oder Die Verwaltung des Rassenwahns 1933–1945, Paderborn 2002.
–, Zwischen Vernunft und Gefühl. Die Reichstagsdebatten von 1912 um koloniale »Rassenmischehe« und »Sexualität«, in: ZfG, Jg. 45, 1997, S. 503–519.
Estel, B. u. T. Mayer (Hg.), Das Prinzip der Nationen in modernen Gesellschaften. Länderdiagnosen und theoretische Perspektiven, Opladen 1994.
Etges, A., Wirtschaftsnationalismus: USA und Deutschland im Vergleich (1815–1914), Frankfurt 1999.
Etherington, N., Theories of Imperialism: War, Conquest and Capital, London 1984.
Evans, R.J., Das Dritte Reich. Bd. I: Aufstieg, München 2004.
–, In Search of German Social Darwinism: The History and Historiography of a Concept, in: M. Berg u.a. (Hg.), Medicine and Modernity. Public Health and Medical Care in 19th- and 20th-Century Germany, Washington, DC 1997, S. 55–79.
–, In Defence of History, London 1997.
–, Nipperdeys Neunzehntes Jahrhundert, in: GG, Jg. 20, 1994, S. 119–139.
–, The Feminist Movement in Germany, 1894–1933, London 1976.
Faber, K.-G., Realpolitik als Ideologie. Die Bedeutung des Jahres 1866 für das politische Denken in Deutschland, in: HZ, Bd. 203, 1966, S. 1–45.
–, Zur Vorgeschichte der Geopolitik. Staat, Nation und Lebensraum im Denken deutscher Geographen vor 1914, in: H. Dollinger u.a. (Hg.), Weltpolitik, Europagedanke, Regionalismus, Münster 1982, S. 389–406.
Fälschle, C., Rivalität als Prinzip. Die englische Demokratie im Denken des wilhelminischen Deutschland 1900–1914, Frankfurt 1991.
Fahrmeir, A.K., Nineteenth-Century German Citizenship: A Reconsideration, in: HJ, Jg. 40, 1997, S. 721–752.
–, Citizens and Aliens. Foreigners and the Law in Britain and the German States, 1789–1870, New York 2000.
–, Paßwesen und Staatsbildung im Deutschland des 19. Jahrhunderts, in: HZ, Bd. 271, 2000, S. 57–91.
Favrat, J., La Pensée de Paul de Lagarde (1827–1891), Paris 1979.
Febvre, L., La Terre et l'évolution humaine. Introduction géographique à l'histoire [1922], Paris 1970.
Fellmann, F., Darwins Metaphern, in: Archiv für Begriffsgeschichte, Bd. 21, 1977, S. 285–297.
Fenske, H., Ungeduldige Zuschauer. Die Deutschen und die europäische Expansion 1815–1880, in: W. Reinhard (Hg.), Imperialistische Kontinuität und nationale Ungeduld im 19. Jahrhundert, Frankfurt 1991, S. 87–123.
–, Imperialistische Tendenzen in Deutschland vor 1866. Auswanderung, überseeische Bestrebungen, Weltmachtträume, in: HJb, Jg. 97/98, 1978, S. 336–383.

–, Die deutsche Auswanderung in der Mitte des 19. Jahrhunderts. Öffentliche Meinung und amtliche Politik, in: GWU, Jg. 24, 1973, S. 221–236.
Fesser, G., Reichskanzler Bernhard von Bülow. Eine Biographie, Berlin 1991.
–, Der Traum vom Platz an der Sonne. Deutsche »Weltpolitik« 1897–1914, Bremen 1996.
Festinger, L., Theorie der kognitiven Dissonanz, Bern 1978.
–, Conflict, Decision, and Dissonance, Stanford 1964.
– u.a., When Prophecy Fails. A Social and Psycholocical Study of a Modern Group that Predicted the Destruction of the World, New York ²1966.
Fiebig-von Hase, R., Lateinamerika als Konfliktherd der deutsch-amerikanischen Beziehungen 1890–1903. Vom Beginn der Panamerikapolitik bis zur Venezuela-Krise von 1902/03, 2 Bde. Göttingen 1986.
–, The United States and Germany in the World Arena, 1900–1917, in: H.-J. Schröder (Hg.), Confrontation and Cooperation: Germany and the United States in the Era of World War I., 1900–1924, Providence 1993, S. 33–68.
Field, G.G., Evangelist of Race. The Germanic Vision of Houston Stewart Chamberlain, New York 1981.
Fisch, J. u.a., Imperialismus, in: GGr, Bd. 3, Stuttgart 1983, S. 171–236.
Fischer, F., Griff nach der Weltmacht. Die Kriegszielpolitik des kaiserlichen Deutschland 1914/18, Kronberg 1977.
–, Krieg der Illusionen. Die deutsche Politik von 1911 bis 1914, Düsseldorf ²1969.
Fischer, W., Deutschland in der Weltwirtschaft, in: ders., Expansion – Integration – Globalisierung. Studien zur Geschichte der Weltwirtschaft, Göttingen 1998, S. 101–122.
Fletcher, R., Social Historians and Wilhelmine Politics – Manipulation From Above or Self-Mobilization From Below?, in: Australian Journal of Politics and History, Bd. 32, 1986, S. 86–104.
Fohrmann, J. u. H. Müller (Hg.), Diskurstheorien und Literaturwissenschaft, Frankfurt 1988.
Forsbach, R., Alfred von Kiderlen-Wächter (1852–1912). Ein Diplomatenleben im Kaiserreich, Göttingen 1997.
Förster, S., Der doppelte Militarismus. Die deutsche Heeresrüstungspolitik zwischen Status-Quo-Sicherung und Aggression 1890–1913, Stuttgart 1985.
–, Alter und neuer Militarismus im Kaiserreich. Heeresrüstungspolitik und Dispositionen zum Kriege zwischen Status-quo-Sicherung und imperialistischer Expansion, 1890–1913, in: Dülffer u. Holl, S. 122–145.
–, Der deutsche Generalstab und die Illusion des kurzen Krieges, 1871–1914. Metakritik eines Mythos, in: MGM, Jg. 54, 1995, S. 61–95.
Foucault, M., Die Ordnung des Diskurses, Frankfurt 1991.
–, Der Wille zum Wissen. Sexualität und Wahrheit, Bd. 1, Frankfurt 1983.
–, Dispositive der Macht. Uber Sexualität, Wissen und Wahrheit, Berlin 1978.
–, Archäologie des Wissens, Frankfurt 1973.
Francis, E., Ethnos und Demos. Soziologische Beiträge zur Volkstheorie, Berlin 1965.
–, Wissenschaftliche Grundlagen soziologischen Denkens, München 1957.
François, E. u.a. (Hg.), Nation und Emotion. Deutschland und Frankreich im Vergleich. 19. und 20. Jahrhundert, Göttingen 1995.
François, E. u. H. Schulze (Hg.). Deutsche Erinnerungsorte, 3 Bde., München 2001.
Freisel, L. Das Bismarckbild der Alldeutschen. Bismarck im Bewußtsein und in der Politik des Alldeutschen Verbandes von 1890 bis 1933. Ein Beitrag zum Bismarckverständnis des deutschen Nationalismus, Diss. Würzburg 1964.
Frevert, U., Nation, Krieg und Geschlecht im 19. Jahrhundert, in: Hettling u. Nolte, Nation, S. 151–170.

–, Geschlecht – männlich/weiblich, in: dies., »Mann und Weib und Weib und Mann«. Geschlechterdifferenzen in der Moderne, München 1995, S. 13–60.
–, Geschlechter-Identitäten im deutschen Bürgertum des 19. Jahrhunderts, in: Assmann u. Friese, S. 181–216.
–, Männergeschichte oder die Suche nach dem »ersten« Geschlecht, in: Hettling u.a., S. 31–43.
–, Frauen-Geschichte. Zwischen Bürgerlicher Verbesserung und Neuer Weiblichkeit, Frankfurt 1986.
Frey, D., Die Theorie der kognitiven Dissonanz, in: ders. (Hg.), Kognitive Theorien der Sozialpsychologie, Bern 1978, S. 242–292.
Fricke, D. u.a. (Hg.), Lexikon zur Parteiengeschichte. Die bürgerlichen und kleinbürgerlichen Parteien und Verbände in Deutschland (1789–1945), 4 Bde., Köln 1983–1986.
–, Der Reichsverband gegen die Sozialdemokratie von seiner Gründung bis zu den Reichstagswahlen von 1907, in: ZfG, Jg. 7, 1959, S. 237–280.
–, Der »Deutschbund«, in: Puschner u.a., S. 328–340.
Friedberg, A.L., The Weary Titan. Britain and the Experience of Relative Decline 1895–1905, Princeton 1988.
Friedeburg, R. v., Konservativismus und Reichskolonialrecht. Konservatives Weltbild und kolonialer Gedanke in England und Deutschland vom späten 19. Jahrhundert bis zum ersten Weltkrieg, in: HZ, Bd. 263, 1996, S. 345–393.
Fröhlich, M., Imperialismus. Deutsche Kolonial- und Weltpolitik 1880–1914, München 1994.
–, Von Konfrontation zur Koexistenz. Die deutsch-englischen Kolonialbeziehungen in Afrika zwischen 1884 und 1914, Bochum 1990.
Gall, L., Bismarck. Der weiße Revolutionär, Berlin ²1990.
–, »Sündenfall« des liberalen Denkens oder Krise der bürgerlich-liberalen Bewegung? Zum Verhältnis von Liberalismus und Imperialismus in Deutschland, in: K. Holl u. G. List (Hg.), Liberalismus und imperialistischer Staat. Der Imperialismus als Problem liberaler Parteien 1890–1914, Göttingen 1975, S. 148–158.
Galos, A. u.a., Die Hakatisten. Der deutsche Ostmarkenverein (1894–1934). Ein Beitrag zur Geschichte der Ostpolitik des deutschen Imperialismus, Berlin 1966.
Gay, P., Kult der Gewalt. Aggression im bürgerlichen Zeitalter, München 1996.
Gellner, E., Nationalismus und Moderne, Berlin 1991.
–, Nationalismus. Kultur und Macht, Berlin 1999.
Geertz, C., Ideology as a Cultural System, in: ders., The Interpretation of Cultures, London 1973, S. 193–233.
–, Dichte Beschreibung. Bemerkungen zu einer deutenden Theorie der Kultur, in: ders., Dichte Beschreibung. Beiträge zum Verstehen kultureller Systeme, Frankfurt 1983, S. 7–43.
Geiss, I., Geschichte des Rassismus, Frankfurt 1988.
–, »Weltpolitik«. Die deutsche Version des Imperialismus, in: G. Schöllgen (Hg.), Flucht in den Krieg. Die Außenpolitik des kaiserlichen Deutschland, Darmstadt 1991, S. 148–169.
–, Der polnische Grenzstreifen 1914–1918. Ein Beitrag zur deutschen Kriegszielpolitik im Ersten Weltkrieg, Lübeck 1960.
–, u. B.J. Wendt (Hg.), Deutschland in der Weltpolitik des 19. und 20. Jahrhunderts, Düsseldorf 1973.
Geulen, C., Wahlverwandte. Rassendiskurs und Nationalismus im späten 19. Jahrhundert, Hamburg 2004.
–, »The Final Frontier…« Heimat, Nation und Kolonie um 1900: Carl Peters, in: Kundrus, Phantasiereiche, S. 35–55.

–, Die Metamorphose der Identität: Zur »Langlebigkeit« des Nationalismus, in: Assmann u. Friese, S. 346–373.
Geyer, M., Deutsche Rüstungspolitik 1860–1980, Frankfurt 1984.
–, The Militarization of Europe, 1914–1945, in: J. Gillis (Hg.), Militarization of the World, New Brunswick 1989, S. 65–102.
Giesen, B. (Hg.), Nationale und kulturelle Identität. Studien zur Entwicklung des kollektiven Bewußtseins in der Neuzeit, Frankfurt 1991.
–, Die Intellektuellen und die Nation. Eine deutsche Achsenzeit, Frankfurt 1993.
Gilcher-Holtey, I., Plädoyer für eine dynamische Mentalitätsgeschichte, in: GG, Jg. 24, 1998, S. 476–497.
Gironda, V.F., Linksliberalismus und nationale Staatsbürgerschaft im Kaiserreich: Ein deutscher Sonderweg zur Staatsbürgernation?, in: Echternkamp u. Müller, S. 107–130.
Glück, H., Die preußisch-polnische Sprachenpolitik. Eine Studie zur Theorie und Methodologie der Forschung über Sprachenpolitik, Sprachbewußtsein und Sozialgeschichte am Beispiel der preußisch-deutschen Politik gegenüber der polnischen Minderheit vor 1914, Hamburg 1979.
Goldhagen, D.J., Hitlers willige Vollstrecker. Ganz gewöhnliche Deutsche und der Holocaust, Berlin [3]1996.
Gollwitzer, H., Geschichte des weltpolitischen Denkens, 2 Bde., Göttingen 1972/1982.
Goltermann, S., Körper der Nation. Habitusformierung und die Politik des Turnens 1860–1890, Göttingen 1998.
–, Identität und Habitus. Konzepte zur Analyse von ›Nation‹ und ›nationalem Bewußtsein‹, in: Jureit, S. 81–100.
Goodrick-Clarke, N., The Occult Roots of Nazism. Secret Aryan Cults and their Influence on Nazi Ideology. The Ariosophists of Austria and Germany, 1890–1935, New York 1992.
Gosewinkel, D., Einbürgern und Ausschließen. Die Nationalisierung der Staatsangehörigkeit vom deutschen Bund bis zur Bundesrepublik, Göttingen 2001.
–, Rückwirkungen des kolonialen Rasserechts? Deutsche Staatsangehörigkeit zwischen Rassestaat und Rechtsstaat, in: Conrad u. Osterhammel, S. 236–256.
–, Die Staatsangehörigkeit als Institution des Nationalstaats. Zur Entstehung des Reichs- und Staatsangehörigkeitsgesetzes von 1913, in: R. Grawert u.a. (Hg.), Offene Staatlichkeit, Berlin 1995, S. 359–378.
–, Staatsbürgerschaft und Staatsangehörigkeit, in: GG, Jg. 21, 1995, S. 533–556.
–, Untertanschaft, Staatsbürgerschaft, Nationalität. Konzepte der Zugehörigkeit im Zeitalter des Nationalstaats: Anmerkungen zur Begriffsgeschichte in Deutschland, Frankreich, England und den USA, in: Berliner Journal für Soziologie, Bd. 8, 1998, S. 507–522.
Gottas, F., Die Deutschen in Ungarn, in: Wandruszka u. Urbanitsch, S. 340–410.
Gottwald, H., Deutscher Kolonialverein (DKv) 1882–1887, in: ebd., Bd. 2, S. 159–161.
–, Gesellschaft für deutsche Kolonisation (GdK) 1884–1887, in: Fricke u.a., Bd. 3, S. 34f.
Gotzmann, A.: Zwischen Nation und Religion: Die deutschen Juden auf der Suche nach einer bürgerlichen Konfessionalität, in: ders. u.a. (Hg.), Juden, Bürger, Deutsche. Zur Geschichte von Vielfalt und Differenz 1800–1933, Tübingen 2001, S. 241–261.
Grabowski, S., Deutscher und polnischer Nationalismus. Der deutsche Ostmarkenverein und die polnische Straz 1894–1914, Marburg 1998.
Gradmann, C., Bazillen, Krankheit und Krieg. Bakteriologie und politische Sprache im deutschen Kaiserreich, in: Berichte zur Wissenschaftsgeschichte, Bd. 19, 1996, S. 81–94.
Gramley, H., Propheten des deutschen Nationalismus. Theologen, Historiker und Nationalökonomen (1848–1880), Frankfurt 2001.

Grawert, R., Staat und Staatsangehörigkeit. Verfassungsgeschichtliche Untersuchung zur Entstehung der Staatsangehörigkeit, Berlin 1973.
Grebing, H., Der »deutsche Sonderweg« in Europa 1806–1945. Eine Kritik, Stuttgart 1986.
Greiffenhagen, M., Das Dilemma des Konservatismus in Deutschland, Frankfurt 1986.
Greven-Aschoff, B., Die bürgerliche Frauenbewegung in Deutschland 1894–1933, Göttingen 1981.
Grimm, T., Die Boxerbewegung in China 1898–1901, in: HZ, Bd. 224, 1977, S. 615–634.
Groh, D., »Je eher, desto besser!« Innenpolitische Faktoren für die Präventivkriegsbereitschaft des Deutschen Reiches 1913/14, in: PVS, Jg. 13, 1972, S. 501–521.
–, Marx, Engels und Darwin, in: PVS, Jg. 8, 1967, S. 544–559.
Grosse, P., Kolonialismus, Eugenik und bürgerliche Gesellschaft in Deutschland 1850–1918, Frankfurt 2000.
Gründer, H., Nation und Katholizismus im Kaiserreich, in: A. Langner, Katholizismus, nationaler Gedanke und Europa seit 1800, Paderborn 1985, S. 65–109.
–, Geschichte der deutschen Kolonien, Paderborn 1985.
Guratzsch, D., Macht durch Organisation. Die Grundlegung des Hugenbergschen Presseimperiums, Düsseldorf 1974.
Gutsche, W., Mitteleuropaplanungen in der Außenpolitik des deutschen Imperialismus vor 1918, in: ZfG, Jg. 20, 1972, S. 533–549.
–, Zur Mitteleuropapolitik der deutschen Reichsleitung von der Jahrhundertwende bis zum Ende des Ersten Weltkrieges, in: Jb für Geschichte, Bd. 15, 1977, S. 85–106.
Haarmann, H., Kriterien der ethnischen Identität, in: Language Problems and Language Planning, Jg. 7, 1983, S. 21–42.
Habermas, J., Inklusion – Einbeziehen oder Einschließen? Zum Verhältnis von Nation, Rechtsstaat und Demokratie, in: ders., Die Einbeziehung des Anderen. Studien zur politischen Theorie, Frankfurt [2]1997, S. 154–184.
–, Staatsbürgerschaft und nationale Identität, in: ders., Faktizität und Geltung. Beiträge zur Diskurstheorie des Rechts und des demokratischen Rechtsstaats, Frankfurt 1998, S. 632–660.
–, Theorie des kommunikativen Handelns, 2 Bde., Frankfurt [4]1987.
–, Der philosophische Diskurs der Moderne. Zwölf Vorlesungen, Frankfurt 1985.
–, Strukturwandel der Öffentlichkeit. Untersuchungen zu einer Kategorie der bürgerlichen Gesellschaft, [1962] ND/Frankfurt 1990.
Hagemann, K., Nation, Krieg und Geschlechterordnung. Zum kulturellen und politischen Diskurs in der Zeit der antinapoleonischen Erhebung Preußens 1806–1815, in. GG, Jg 22, 1996, S. 562–591.
–, »Heran, heran, zu Sieg und Tod!« Entwürfe patriotisch-wehrhafter Männlichkeit in der Zeit der Befreiungskriege, in: Kühne, Männergeschichte, S. 51–68.
Hagen, W.W., Germans, Poles and Jews. The Nationality Conflict in the Prussian East, 1772–1914, Chicago 1980.
Hagenlücke, H., Deutsche Vaterlandspartei. Die nationale Rechte am Ende des Kaiserreichs, Düsseldorf 1997.
Hahn, H.H. u. P. Kunze (Hg.), Nationale Minderheiten und staatliche Minderheitenpolitik in Deutschland im 19. Jahrhundert, Berlin 1999.
Halbwachs, M., Das kollektive Gedächtnis, Frankfurt 1995.
Hallgarten, G.W.F., Imperialismus vor 1914. Die soziologischen Grundlagen der Außenpolitik europäischer Großmächte vor dem Ersten Weltkrieg, 2 Bde., München 1963.
Hamel, I., Völkischer Verband und nationale Gewerkschaft. Der Deutschnationale Handlungsgehilfen-Verband 1893–1933, Frankfurt 1967.
Hank, M., Kanzler ohne Amt. Fürst Bismarck nach seiner Entlassung 1890–1898, München 1977.

Hanke, M., Das Werk Alfred T. Mahans. Darstellung und Analyse, Osnabrück 1974.
Hardtwig, W., Nationalismus und Bürgerkultur in Deutschland 1500–1914, Göttingen 1994.
–, Bürgertum, Staatssymbolik und Staatsbewußtsein im Deutschen Kaiserreich 1871–1914, in: ebd., S. 191–218.
–, Geschichtskultur und Wissenschaft, München 1990.
–, Nationsbildung und politische Mentalität. Denkmal und Fest im Kaiserreich, in: ebd., S. 264–301.
–, Von Preußens Aufgabe in Deutschland zu Deutschlands Aufgabe in der Welt. Liberalismus und borussianisches Geschichtsbild zwischen Revolution und Imperialismus, in: ebd., S. 103–160.
–, u. H.-H. Brandt (Hg.), Deutschlands Weg in die Moderne. Politik, Gesellschaft und Kultur im 19. Jahrhundert, München 1993.
–, u. H.-U. Wehler (Hg.), Kulturgeschichte Heute, Göttingen 1996.
Hartung, G., Völkische Ideologie, in: Weimarer Beiträge. Zeitschrift für Literaturwissenschaft, Ästhetik und Kulturtheorie, Jg. 33, 1987, S. 1174–1185.
Hartwig, E., Zur Politik und Entwicklung des Alldeutschen Verbandes von seiner Gründung bis zum Beginn des Ersten Weltkrieges 1891–1914, Diss. Jena 1966.
–, Alldeutscher Verband (ADV) 1891–1939, in: Fricke u.a., Bd. 1, S. 13–47.
–, Deutsche Kolonialgesellschaft (DKG) 1887–1936, in: ebd., Bd. 1, S. 724–748.
–, Deutscher Ostmarkenverein (DOV) 1894–1934, in: ebd., Bd. 2, S. 225–244.
–, Deutscher Wehrverein (DWV) 1912–1935, in: ebd., Bd. 2, S. 330–342.
Hattendorf, J.B. (Hg.), The Influence of History on Mahan. Proceedings of a Conference Marking the Centenary of Alfred Thayer Mahan's The Influence of Sea Power Upon History, 1660–1783, Newport 1991.
Haupt, H.-G., Historische Komperatistik in der internationalen Geschichtsschreibung, in: Budde u.a., S. 137–149.
–, u. C. Tacke, Die Kultur des Nationalen. Sozial- und kulturgeschichtliche Ansätze bei der Erforschung des europäischen Nationalismus im 19. und 20. Jahrhundert, in: Hardtwig u. Wehler, S. 255–283.
–, u. J. Kocka (Hg.), Geschichte und Vergleich. Ansätze und Ergebnisse international vergleichender Geschichtsschreibung, Frankfurt 1996.
Hausen, K., Die Polarisierung der Geschlechtscharaktere – Eine Spiegelung der Dissonanzen von Erwerbs- und Familienleben, in: W. Conze (Hg.), Sozialgeschichte der Familie in der Neuzeit Europas, Stuttgart 1976, S. 369–393.
Hauser, O., Polen und Dänen im Deutschen Reich, in: Schieder u. Deuerlein, S. 291–318.
Haverkamp, A., Einleitung in die Theorie der Methaper, in: ders. (Hg.), Theorie der Methaper, Darmstadt 1983, S. 1–27.
Hayes, B.B., Bismarck and Mitteleuropa, London 1994.
Hayes, C.J.H., Essays on Nationalism, [1926] ND/New York 1966.
–, The Historical Evolution of Modern Nationalism, New York ³1963.
Heckmann, F., Ethnische Minderheiten, Volk und Nation. Soziologie inter-ethnischer Beziehungen, Stuttgart 1992.
–, Ethnos, Demos und Nation, oder: Woher stammt die Intoleranz des Nationalstaats gegenüber ethnischen Minderheiten?, in: U. Bielefeld (Hg.), Das Eigene und das Fremde. Neuer Rassismus in der Alten Welt?, Hamburg ²1992, S. 51–78.
Hein, A., »Es ist viel Hitler in Wagner«. Rassismus und antisemitische Deutschtumsideologie in den »Bayreuther Blättern« (1878–1938), Tübingen 1996.
Heinsohn, K., Im Dienste der deutschen Volksgemeinschaft: Die »Frauenfrage« und konservative Parteien vor und nach dem Ersten Weltkrieg, in: Planert, Nation, S. 215–233.
Henderson, W.O., Friedrich List. Economic Visionary 1789–1846, London 1983.

–, Mitteleuropäische Zollvereinspläne 1840–1940, in: ZfGS, Bd. 122, 1966, S. 130–162.
Herbert, U., Geschichte der Ausländerpolitik in Deutschland. Saisonarbeiter, Zwangsarbeiter, Gastarbeiter, Flüchtlinge, München 2001.
–, Best. Biographische Studien über Radikalismus, Weltanschauung und Vernunft, 1903–1989, Bonn 1996.
–, Arbeit, Volkstum, Weltanschauung. Über Fremde und Deutsche im 20. Jahrhundert, Frankfurt 1995.
–, Traditionen des Rassismus, in: ebd., S. 11–29.
–, »Generation der Sachlichkeit«. Die völkische Studentenbewegung der frühen zwanziger Jahre, in: ebd., S. 31–58.
–, Rassismus und rationales Kalkül. Zum Stellenwert utilitaristisch verbrämter Legitimationsstrategien in der nationalsozialistischen »Weltanschauung«, in: W. Schneider (Hg.), »Vernichtungspolitik«. Eine Debatte über den Zusammenhang von Sozialpolitik und Genozid im nationalsozialistischen Deutschland, Hamburg 1991, S. 25–35.
Herbst, L., Das nationalsozialistische Deutschland 1933–1945. Die Entfesselung der Gewalt: Rassismus und Krieg, Frankfurt 1996.
Herf, J., Reactionary Modernism: Technology, Culture, and Politics in Weimar and the Third Reich, Cambridge, Mass 1984.
Hering, R., Konstruierte Nation. Der Alldeutsche Verband 1890–1939, Hamburg 2003.
–, Radikaler Nationalismus zwischen Kaiserreich und »Drittem Reich« am Beispiel der *Alldeutschen Blätter*, in: M. Grunewald u. U. Puschner (Hg.), Das konservative Intellektuellenmilieu in Deutschland, seine Presse und seine Netzwerke (1890–1960), Bern 2003, S. 427–443.
–, »Es ist verkehrt, Ungleichen Gleicheit zu geben«. Der Alldeutsche Verband und das Frauenwahlrecht, in: Ariadne, Nr. 43, 2003, S. 22–29.
–, »Des Deutschen Volkes Wiedergeburt«. Völkischer Nationalismus und politische Erneuerungspläne, in: ZfG, Jg. 42, 1994, S. 1079–1084.
Hermand, J., Der alte Traum vom neuen Reich. Völkische Utopien und Nationalsozialismus, Weinheim ²1995.
Herrmann, D.G., The Arming of Europe and the Making of the First World War, Princeton 1996.
Hettling, M. u.a. (Hg.), Was ist Gesellschaftsgeschichte? Positionen, Themen, Analysen, München 1991.
–, u. P. Nolte (Hg.), Nation und Gesellschaft in Deutschland. Historische Essays, München 1996.
Hildebrand, K., Das vergangene Reich. Deutsche Außenpolitik von Bismarck bis Hitler 1871–1945, Stuttgart 1995.
–, Das Deutsche Ostimperium 1918. Betrachtungen über eine hischtorische »Augenblickserscheinung«, in: W. Pyta u. L. Richter (Hg.), Gestaltungskraft des Politischen, Berlin 1999, S. 109–124.
Hillgruber, A., Bismarcks Außenpolitik, Freiburg 1972.
–, Deutschlands Rolle in der Vorgeschichte der beiden Weltkriege, Göttingen ²1979.
Hirschhausen, U. v. u. J. Leonhard (Hg.), Nationalismen in Europa. West- und Osteuropa im Vergleich, Göttingen 2001.
Hobsbawm, E.J., Nationen und Nationalismus. Mythos und Realität seit 1780, Frankfurt 1991.
–, Das imperiale Zeitalter 1875–1914, Frankfurt 1995.
–, u. T. Ranger (Hg.), The Invention of Tradition, Cambridge 1983.
–, Inventing Traditions, in: ebd., S. 1–14.
–, Mass-Producing Traditions: Europe, 1870–1914, in: ebd., S. 263–307.

Hobson, R., Maritimer Imperialismus. Seemachtideologie, seestrategisches Denken und der Tirpitzplan 1875 bis 1914, München 2004.
Hoffmann, L., Das ›Volk‹. Zur ideologischen Struktur eines unvermeidbaren Begriffs, in: ZfS, Jg. 20, 1991, S. 191–208.
–, Das deutsche Volk und seine Feinde. Die völkische Droge – Aktualität und Entstehungsgeschichte, Köln 1994.
–, Die Konstitution des Volkes durch seine Feinde, in: Jb für Antisemitismusforschung, Bd. 2, 1993, S. 13–57.
–, Die unvollendete Republik. Einwanderungsland oder deutscher Nationalstaat, Köln 1990.
Hoffmann, S.-L., Mythos und Geschichte. Leipziger Gedenkfeiern der Völkerschlacht im 19. und frühen 20. Jahrhundert, in: François u.a., S. 111–132.
–, Sakraler Monumentalismus um 1900. Das Leipziger Völkerschlachtdenkmal, in: Koselleck u. Jeismann, S. 249–280.
Hölscher, L., Bürgerliche Religiosität im protestantischen Deutschland des 19. Jahrhunderts, in: W. Schieder (Hg.), Religion und Gesellschaft im 19. Jahrhundert, Stuttgart 1993, S. 191–215.
–, Die Religion des Bürgers. Bürgerliche Frömmigkeit und protestantische Kirche im 19. Jahrhundert, in: HZ, Bd. 250, 1990, S. 595–630.
Holz, K., Nationaler Antisemitismus. Wissenssoziologie einer Weltanschauung, Hamburg 2001.
Holzbach, H., Das »System Hugenberg«. Die Organisation bürgerlicher Sammlungspolitik vor dem Aufstieg der NSDAP, Stuttgart 1981.
Honneth, A., Kritik der Macht. Reflexionsstufen einer kritischen Gesellschaftstheorie, Frankfurt 1989.
Hroch, M., Das Europa der Nationen. Die moderne Nationsbildung im europäischen Vergleich, Göttingen 2005.
–, Minderheiten als Problem der vergleichenden Nationaliusmusforschung, in: Hahn u. Kunze, S. 9–18.
Huber, E.R., Deutsche Verfassungsgeschichte seit 1789, Bd. 4: Struktur und Krisen des Kaiserreichs, Stuttgart 1969.
Hübinger G., Sakralisierung der Nation und Formen des Nationalismus im deutschen Protestantismus, in: Krumeinch u. Lehmann, S. 233–247.
–, Der Verlag Eugen Diederichs in Jena. Wissenschaftskritik, Lebensreform und völkische Bewegung, in: GG, Jg. 22, 1996, S. 31–45.
–, u. W.J. Mommsen (Hg.), Intellektuelle im Deutschen Kaiserreich, Frankfurt 1993.
Hunt, L. (Hg.), The New Cultural History, Berkeley 1989.
Iggers, G.G., Heinrich von Treitschke, in: H.-U. Wehler (Hg.), Deutsche Historiker, Göttingen 1973, S. 174–188.
–, Zur »Linguistischen Wende« im Geschichtsdenken und in der Geschichtsschreibung, in: GG, Jg. 21, 1995, S. 557–570.
Imhof, K., Nationalismus, Nationalstaat und Minderheiten. Zu einer Soziologie der Minoritäten, in: Soziale Welt, Jg. 44, 1993, S. 327–357.
Iserloh, E., Der Katholizismus und das Deutsche Reich von 1871. Bischof Kettelers Bemühungen um die Integration der Katholiken in den kleindeutschen Staat, in: D. Albrecht u.a. (Hg.), Politik und Konfession, Berlin 1983, S. 213–229.
Jablonowski, H., Die preußische Polenpolitik von 1815 bis 1914, Würzburg 1964.
Jackson, P. u. J. Penrose (Hg.), Constructions of Race, Place and Nation, London 1993.
Jäckel, E., Hitlers Weltanschauung. Entwurf einer Herrschaft, Stuttgart 1981.
Jaeger, H., Generationen in der Geschichte. Überlegungen zu einer umstrittenen Konzeption, in: GG, Jg. 3, 1977, S. 429–452.

Jaworski, R., Handel und Gewerbe im Nationalitätenkampf. Studien zur Wirtschaftsgesinnung der Polen in der Provinz Posen (1871–1914), Göttingen 1986.
–, Nationalstaat, Staatsnation und nationale Minderheiten. Zur Wechselwirkung dreier Konstrukte, in: Hahn u. Kunze, S. 19–27.
–, Die aktuelle Mitteleuropadiskussion in historischer Perspektive, in: HZ, Bd. 240, 1988, S. 529–550.
Jeismann, M., Das Vaterland der Feinde. Studien zum nationalen Feindbegriff und Selbstverständnis in Deutschland und Frankreich 1792–1918, Stuttgart 1992.
–, Der letzte Feind. Die Nation, die Juden und der negative Universalismus, in: Alter u.a., Konstuktion, S. 173–190.
Jelavich, P., Poststrukturalismus und Sozialgeschichte – aus amerikanischer Perspektive, in: GG, Jg. 21, 1995, S. 259–289.
Jenkins, B., Nationalism in France. Class and Nation since 1789, London 1990.
Jochmann, W., Gesellschaftskrise und Judenfeindschaft in Deutschland 1870–1945, Hamburg 1988.
–, Antisemitismus im Deutschen Kaiserreich 1871–1914, in: ebd., S. 30–98.
–, Die Ausbreitung des Antisemitismus in Deutschland 1914–1923, in: ebd. S. 99–170.
Joll, J., Die Ursprünge des Ersten Weltkrieges, München 1988.
–, 1914: The Unspoken Assumptions, in: H.W. Koch, The Origins of the First World War. Great Power Rivalry and the German War Aims, London 1971, S. 307–328.
Jones, L.E. u. J. Retallack (Hg.), Between Reform, Reaction and Resistance. Studies in the History of German Conservatism from 1789 to 1945, Providence 1993.
Jung, S.S., Deutschland und das Gelbe Meer. Die deutsche Weltpolitik in Ostasien 1897–1902, Frankfurt 1996.
Jureit, U. (Hg.), Politische Kollektive. Die Konstruktion nationaler, rassischer und ethnischer Gemeinschaften, Münster 2001.
–, u. M. Wildt (Hg.), Generationen. Zur Relevanz eines wissenschaftlichen Grundbegriffs, Hamburg 2005.
Kaelble, H., Der historische Vergleich. Eine Einführung zum 19. und 20. Jahrhundert, Frankfurt 1999.
Kaiser, G.R., Der Bildungsbürger und die normative Kraft des Faktischen. 1870/71 im Urteil der deutschen Intelligenz, in: H.-J. Lüsebrink u. J. Riesz (Hg.), Feindbild und Faszination. Vermittlerfiguren und Wahrnehmungsprozesse in den deutsch-französischen Kulturbeziehungen (1789–1983), S. 55–74.
Kamberger, K., Flottenpropaganda unter Tirpitz. Öffentliche Meinung und Schlachtflottenbau (1897–1900), Diss. Wien 1966.
Kampe, N., Studenten und »Judenfrage« im Deutschen Kaiserreich. Die Entstehung einer akademischen Trägerschicht des Antisemitismus, Göttingen 1988.
Kann, R.A., Das Nationalitätenproblem der Habsburgermonarchie. Geschichte und Ideengehalt der nationalen Bestrebungen vom Vormärz bis zur Auflösung des Reiches im Jahre 1918, 2 Bde., Graz [2]1964.
–, Zur Problematik der Nationalitätenfrage in der Habsburgermonarchie 1848–1918, in: Wandruszka u. Urbanitsch, S. 1304–1338.
–, u. F.E. Prinz (Hg.), Deutschland und Österreich, Wien 1980.
–, Das Deutsche Reich und die Habsburgermonarchie 1871–1918, in: ebd., S. 143–160.
–, Deutschland und das Nationalitätenproblem der Habsburgermonarchie aus österreichischer Sicht, in: ebd., S. 412–423.
Kantorowitz, E., Die zwei Körper des Königs. Eine Studie zur politischen Theologie des Mittelalters, Stuttgart 1992.

Karsten, P., The Naval Aristocracy. The Golden Age of Annapolis and the Emerge of Modern American Navalism, New York 1972.
Kaschuba, W., Die Nation als Körper. Zur symbolischen Konstruktion ›nationaler‹ Alltagswelt, in: François u.a., S. 291–299.
–, Volk und Nation: Ethnozentrismus in Geschichte und Gegenwart, in: Winkler u. Kaeble, S. 56–81.
Kehr, E., Schlachtflottenbau und Parteipolitik 1894–1901. Versuch eines Querschnitts durch die innenpolitischen, sozialen und ideologischen Voraussetzungen des deutschen Imperialismus, [1930] ND/Vaduz 1965.
–, Der Primat der Innenpolitik. Gesammelte Aufsätze zur preußisch-deutschen Sozialgeschichte im 19. und 20. Jahrhundert, hg. v. H.-U. Wehler, Berlin 1965.
–, Klassenkämpfe und Rüstungspolitik im kaiserlichen Deutschland, in: ebd., S. 87–110.
–, Soziale und finanzielle Grundlagen der Tirpitzschen Flottenpropaganda, in: ebd., S. 130–148.
Kelly, A., The Descent of Darwin. The Popularisation of Darwinism in Germany, 1860–1914, Chapel Hill 1981.
Kennedy, P.M., The Rise of the Anglo-German Antagonism 1860–1914, London [3]1990.
–, Tirpitz, England, and the Second Navy Law of 1900. A Strategical Critic, in: MGM, Jg. 8, 1970, S. 33–57.
–, Maritime Strategieprobleme der deutsch-englischen Flottenrivalität, in: Schottelius u. Deist, S. 178–210.
–, German Colonial Expansion. Has the »Manipulated Social Imperialism« been antedated?, in: Past & Present, Bd. 54, 1972, S. 134–141.
–, German Weltpolitik and the Alliance Negotiations with England, 1897–1900, in: JMH, Jg. 45, 1973, S. 602–625.
–, The Samoan Tangle. A Study in Anglo-German-American Relations, 1878–1900, Dublin 1974.
–, u.a. Nicholls (Hg.), Nationalist and Racialist Movements in Britain and Germany before 1914, Oxford 1981.
–, The Pre-war Right in Britain and Germany, in: ebd., S. 1–20.
Kiefer, A., Das Problem einer »jüdischen Rasse«. Eine Diskussion zwischen Wissenschaft und Ideologie (1870–1930), Frankfurt 1991.
Kipper, R., Der Germanenmythos im Deutschen Kaiserreich. Formen und Funktionen historischer Selbstthematisierung, Göttingen 2002.
Klauß, K. Die Deutsche Kolonialgesellschaft und die deutsche Kolonialpolitik von den Anfängen bis 1895, Diss. Berlin 1966.
Klenke, D., Nationalkriegerisches Gemeinschaftsideal als politische Religion. Zum Vereinsnationalismus der Sänger, Schützen und Turner am Vorabend der Einigungskriege, in: HZ, Bd. 260, 1995, S. 395–448.
–, Ein »Schwur für's deutsche Vaterland«. Zum Nationalismus der deutschen Sängerbewegung zwischen Paulskirchenparlament und Reichsgründung, in: M. Epkenhans u.a. (Hg.), Liberalismus, Parlamentarismus und Demokratie, Göttingen 1994, S. 67–107.
Kleßmann, C., Nationalitäten im deutschen Nationalstaat, in: D. Langewiesche (Hg.), Das deutsche Kaiserreich 1867/71. Bilanz einer Epoche, Freiburg 1984.
Klingemann, C. (Hg.), Rassenmythos und Sozialwissenschaften in Deutschland. Ein verdrängtes Kapitel sozialwissenschaftlicher Wirkungsgeschichte, Opladen 1987.
Kloosterhuis, J., »Friedliche Imperialisten«. Deutsche Auslandsvereine und auswärtige Kulturpolitik, 1906–1918, 2 Bde., Frankfurt 1994.
Koch, H.W., Der Sozialdarwinismus. Seine Genese und sein Einfluß auf das imperialistische Denken, München 1973.

–, Die Rolle des Sozialdarwinismus im Zeitalter des neuen Imperialismus um die Jahrhundertwende, in: Zeitschrift für Politik, Bd. 17, 1970, S. 51–70.
Kocka, J., Das Problem der Nation in der deutschen Geschichte 1870–1945, in: ders., Geschichte und Aufklärung, Göttingen 1989, S. 82–100.
Koehl, R.L., Colonialism inside Germany, in: JMH, Jg. 25, 1953, S. 255–272.
Kohn, D. (Hg.), The Darwinian Heritage, Princeton 1985.
Kohn, H., Propheten ihrer Völker. Studien zum Nationalismus im 19. Jahrhundert, Bern 1948.
–, Die Idee des Nationalismus. Ursprung und Geschichte bis zur Französischen Revolution, Heidelberg 1950.
–, Prelude to Nation-States. The French and German Experience, 1789–1815, Princeton 1967.
–, Nationalismus, in: IESS, Bd. 11, New York 1972, S. 63–69.
Kolditz, G., Rolle und Wirksamkeit des Alldeutschen Verbandes in Dresden zwischen 1895 und 1918. Ein Beitrag zum bürgerlichen Vereinsleben der nationalistischen Kräfte in der wilhelminischen Ära des deutschen Kaiserreiches, Diss. Dresden 1994.
König, R., Die Begriffe der Gemeinschaft und Gesellschaft bei Ferdinand Tönnies, in: Kölner Zeitschrift für Soziologie und Sozialpsychologie, Jg. 7, 1955, S. 348–420.
Korinman, M., Quand l'Allemagne pensait le monde. Grandeur et décadence d'une géopolitique, Paris 1990.
Korth, R., Die preußische Schulpolitik und die polnischen Schulstreiks. Ein Beitrag zur preußischen Polenpolitik der Ära Bülow, Würzburg 1963.
Koselleck R., Vergangene Zukunft. Zur Semantik geschichtlicher Zeiten, Frankfurt ²1992.
–, Begriffsgeschichte und Sozialgeschichte, in: ebd., S. 107–129.
–, Zur historisch-politischen Semantik asymmetrischer Gegenbegriffe, in: ebd., S. 211–259.
–, ›Erfahrungsraum‹ und ›Erwartungshorizont‹ – zwei historische Kategorien, in: ebd., S. 349–375.
–, Zeitschichten. Studien zur Historik, Frankfurt 2000.
–, Historik und Hermeneutik, in: ebd., S. 97–118.
–, Moderne Sozialgeschichte und historische Zeiten, in: ebd., S. 317–335.
–, Linguistic Change and the History of Events, in: JMH, Jg. 61, 1989, S. 649–666.
–, u. M. Jeismann (Hg.), Der politische Totenkult. Kriegerdenkmäler in der Moderne, München 1994.
–, u.a., Volk, Nation, Nationalismus, Masse, in: GGr, Bd. 7, Stuttgart 1992, S. 141–431.
–, u. Meier, C., Fortschritt, in: GGr, Bd. 2, Stuttgart 1975, S. 351–423.
–, u. P. Widmer (Hg.), Niedergang. Studien zu einem geschichtlichen Thema, Stuttgart 1980.
–, ›Fortschritt‹ und ›Niedergang‹ – Nachtrag zur Geschichte zweier Begriffe, in: ebd., S. 214–230.
–, Einleitung, in: GGr, Bd. 1, Stuttgart 1972, S. XIII–XXVIII.
–, (Hg.), Historische Semantik und Begriffsgeschichte, Stuttgart 1971.
–, Preußen zwischen Reform und Revolution. Allgemeines Landrecht, Verwaltung und soziale Bewegung von 1789 bis 1848, Stuttgart ²1975.
Kossert, A., Preußen, Deutsche oder Polen? Die Masuren im Spannungsfeld des ethnischen Nationalismus 1870–1956, Wiesbaden 2001.
Kost, K., Begriffe und Macht. Die Funktion der Geopolitik als Ideologie, in: Geographische Zeitschrift, Jg. 74, 1986, S. 14–30.
–, Die Einflüsse der Geopolitik auf Forschung und Theorie der Politischen Geographie von ihren Anfängen bis 1945. Ein Beitrag zur Wissenschaftsgeschichte der Politischen Geographie und ihrer Terminologie unter besonderer Berücksichtigung von Militär- und Kolonialgeographie, Bonn 1988.

Kröll, U., Die internationale Burenagitation 1899–1902. Haltung der Öffentlichkeit und Agitation zugunsten der Buren in Deutschland, Frankreich und den Niederlanden während des Burenkrieges, Diss. Münster 1973.
Kruck, A., Geschichte des Alldeutschen Verbandes 1890–1939, Wiesbaden 1954.
Krüger, G., Kriegsbewältigung und Geschichtsbewußtsein. Realität, Deutung und Verarbeitung des deutschen Kolonialkriegs in Namibia 1904–1907, Göttingen 1999.
Krüger, M., Körperkultur und Nationsbildung. Die Geschichte des Turnens in der Reichsgründungsära – eine Detailstudie über die Deutschen, Schondorf 1996.
Krumeich, G. u. H. Lehmann (Hg.), »Gott mit uns«. Nation, Religion und Gewalt im 19. und frühen 20. Jahrhundert, Göttingen 2000.
Kuhlemann, F.-M., Mentalitätsgeschichte. Theoretische und methodische Überlegungen am Beispiel der Religion im 19. und 20. Jahrhundert, in: Hardtwig u. Wehler, S. 182–211.
Kühl, S., Die Internationale der Rassisten. Aufstieg und Niedergang der internationalen Bewegung für Eugenik und Rassenhygiene im 20. Jahrhundert, Frankfurt 1997.
Kühne, T., Demokratisierung und Parlamentarisierung: Neue Forschungen zur politischen Entwicklungsfähigkeit Deutschlands vor dem Ersten Weltkrieg, in: GG, Jg. 31, 2005, S. 293–316.
–, Das Deutsche Kaiserreich 1871–1918 und seine politische Kultur: Demokratisierung, Segmentierung, Militarisierung, in: NPL, Jg. 43, 1998, S. 206–263.
– (Hg.), Männergeschichte – Geschlechtergeschichte: Männlichkeit im Wandel der Moderne, Frankfurt 1996.
Kundrus, B., Moderne Imperialisten. Das Kaiserreich im Spielgel seiner Kolonien, Wien 2003.
–, Weiblicher Kulturimperialismus. Die imperialistischen Frauenverbände des Kaiserreichs, in: Conrad u. Osterhammel, S. 213–235.
–, (Hg.), Phantasiereiche. Zur Kulturgeschichte des deutschen Kolonialismus, Frankfurt 2003.
Kunze, R.-U., Nation und Nationalismus Darmstadt 2005.
Laak, D. van, Über alles in der Welt. Deutscher Imperialismus im 19. und 20. Jahrhundert, München 2005.
Lahme, R., Deutsche Außenpolitik 1890–1894. Von der Gleichgewichtspolitik Bismarcks zur Allianzstrategie Caprivis, Göttingen 1990.
Lakoff, G. u. M. Johnson, Metaphors We Live By, Chicago 1980.
Lambi, I.N., The Navy and German Power Politics, 1862–1914, Boston 1984.
Land, H.-L., Die Konservativen und die preußische Polenpolitik (1886–1912), Diss. Berlin 1963.
Langer, U., Heinrich von Treitschke. Politische Biographie eines deutschen Nationalisten, Düsseldorf 1998.
Langewiesche, D., Nation, Nationalismus, Nationalstaat in Deutschland und Europa, München 2000.
–, Kulturelle Nationsbildung im Deutschland des 19. Jahrhunderts, in: ebd., S. 82–102.
–, »... für Volk und Vaterland kräftig zu würken ...« Zur politischen und gesellschaftlichen Rolle der Turner zwischen 1811 und 1871, in: ebd., S. 103–131.
–, Deutschland und Österreich: Nationswerdung und Staatsbildung in Mitteleuropa im 19. Jahrhundert, in: ebd., S. 172–189.
–, Reich, Nation und Staat in der jüngeren deutschen Geschichte, in: ebd., S. 190–216.
–, Was heißt ›Erfindung der Nation‹? Nationalgeschichte als Artefakt – oder Geschichtsdeutung als Machtkampf, in: HZ, Bd. 277, 2003, S. 593–617.
–, Nation, Nationalismus, Nationalstaat. Forschungsstand und Forschungsperspektiven, in: NPL, Jg. 40, 1995, S. 190–236.
–, »Nation« und »Nationalstaat«. Zum Funktionswandel politisch-gesellschaftlicher Leitideen in Deutschland seit dem 19. Jahrhundert, in: F.W. Busch (Hg.), Perspektiven gesellschaftlicher Entwicklung in beiden deutschen Staaten, Oldenburg 1988, S. 173–182.

–, Die Reichsgründung 1866/71, in: H.-U. Wehler (Hg.), Scheidewege der deutschen Geschichte. Von der Revolution bis zur Wende 1517–1989, München 1995, S. 131–145.
–, »Revolution von oben?« Krieg und Nationalstaatsgründung in Deutschland, in: ders. (Hg.), Revolution und Krieg. Zur Dynamik historischen Wandels seit dem 18. Jahrhundert, Paderborn 1989, S. 117–133.
–, Germany and the National Question in 1848, in: Breuilly, State, S. 60–79.
–, Liberalismus in Deutschland, Frankfurt 1988.
–, Wanderungsbewegungen in der Hochindustrialisierung. Regionale, interstädtische und innerstädtische Mobilität in Deutschland 1880–1914, in: VSWG, Bd. 64, 1977, S. 1–40.
Latawski, P. (Hg.), Contemporary Nationalism in East Central Europe, London 1995.
–, u. H.G. Haupt (Hg.), Nation und Religion in Europa. Mehrkonfessionelle Gesellschaften im 19. und 20. Jahrhundert, Frankfurt 2004 [zit. als Langewiesche u. Haupt, Europa].
–, u. H.G. Haupt (Hg.), Nation und Religion in der deutschen Geschichte, Frankfurt 2001 [zit. als Langewiesche u. Haupt, Geschichte].
Lebzelter, G.C., Anti-Semitism – a Focal Point for the British Radical Right, in: Kennedy u. Nicholls, S. 88–105.
Leibenguth, P., Modernisierungskrisis des Kaiserreichs an der Schwelle zum wilhelminischen Imperialismus. Politische Probleme der Ära Caprivi (1890–1894), Diss. Köln 1975.
Leicht, J., »Alldeutsch – vielleicht alljüdisch?« Rassistische und antisemitische Semantiken in der Agitation des Alldeutschen Verbandes in den Jahren 1891 bis 1919, in: Jb für Antisemitismusforschung, Bd. 13, 2004, S. 111–137.
Lemberg, E., Geschichte des Nationalismus in Europa, Stuttgart 1950.
–, Nationalismus, 2 Bde., Reinbek ^{2}1967.
–, Ideologie und Gesellschaft. Eine Theorie der ideologischen Systeme, Stuttgart ^{2}1974.
Lemberg, H., »Ethnische Säuberung«: Ein Mittel zur Lösung von Nationalitätenproblemen?, in: APZ, B 46, 1992, S. 27–38.
Lémonon, M., Die Verbreitung der Rassenlehre Gobineaus in Deutschland, in: U. Büttner (Hg.), Das Unrechtsregime. Internationale Forschung über den Nationalsozialismus, Bd. 1, Hamburg 1986, S. 39–48.
Lenk, K., »Volk und Staat«. Strukturwandel politischer Ideologien im 19. und 20. Jahrhundert, Stuttgart 1971.
Lenoir, T., The Strategy of Life. Teleology and Mechanics in 19th Century German Biology, Dordrecht 1982.
Lepenies, W., Das Ende der Naturgeschichte. Verzeitlichung und Enthistorisierung in der Wissenschaftsgeschichte des 18. und 19. Jahrhunderts, München 1976.
Lepsius, M.R., Interessen, Ideen und Institutionen, Opladen 1990.
–, Interessen und Ideen. Die Zurechnungsproblematik bei Max Weber, in: ebd., S. 31–43.
–, Nation und Nationalismus in Deutschland, in: ebd., S. 232–246.
–, »Ethnos« oder »Demos«. Zur Anwendung zweier Kategorien von Emerich Francis auf das nationale Selbstverständnis der Bundesrepublik und auf die Europäische Einigung, in: ebd., S. 247–255.
–, Demokratie in Deutschland. Soziologisch-historische Konstellationsanalysen, Göttingen 1993.
–, Die Teilung Deutschlands und die deutsche Nation, in: ebd., S. 196–228.
–, Modernität und Barbarei. Schlußbemerkungen, in: Miller u. Soeffner, Modernität, S. 359–364.
Le Rider, J., Mitteleuropa. Auf den Spuren eines Begriffes, Wien 1994.
Lermann, K.A., The Chancellor as Courtier. Bernhard von Bülow and the Governance of Germany, Cambridge 1990.

–, Bismarck's heir: Chancellor Bernhard von Bülow and the National Idea 1890–1918, in: Breuilly, State, S. 103–127.
Levezey, W.E., Mahan on Sea Power, Norman ²1980.
Lieber, H.-J., Ideologie. Eine historisch-systematische Einführung, Paderborn 1985.
Lill, R., Die deutschen Katholiken und Bismarcks Reichsgründung, in: Deuerlein u. Schieder, S. 345–365.
Lindemann, T., Die Macht der Perzeption und die Perzeption von Mächten, Berlin 2000.
Link, J., Literaturanalyse als Interdiskursanalyse, in: Fohrmann u. H. Müller, S. 284–307.
–, u. Link-Heer, Diskurs, Interdiskurs und Literaturanalyse, in: Zeitschrift für Literaturwissenschaft und Linguistik, Jg. 20, 1990, S. 88–99.
–, u. W. Wülfing (Hg.), Bewegung und Stillstand in Metaphern und Mythen. Fallstudien zum Verhältnis von elementarem Wissen und Literatur im 19. Jahrhundert, Stuttgart 1984.
–, u. W. Wülfing (Hg.), Nationale Mythen und Symbole in der zweiten Hälfte des 19. Jahrhunderts. Strukturen und Funktionen von Konzepten nationaler Identität, Stuttgart 1992.
–, u. U. Gerhard, Zum Anteil der Kollektivsymbolik an den Nationalstereotypen, in: ebd., S. 16–71.
Linz, J.J., State Building and Nation Building, in: European Review, Jg. 1, 1993, S. 355–369.
Lipp, C., Politische Kultur oder das Politische und das Gesellschaftliche in der Kultur, in: Hardtwig u. Wehler, S. 78–110.
Liulevicius, V.G., Kriegsland im Osten. Eroberung, Kolonisierung und Militärherrschaft im Ersten Welrkrieg, Hamburg 2002.
Lohalm, U., Völkischer Radikalismus. Die Geschichte des Deutschvölkischen Schutz- und Trutzbundes 1919–1923, Hamburg 1970.
Lohmann, H.-M. (Hg.), Extremismus der Mitte. Vom rechten Verständnis deutscher Nation, Frankfurt 1994.
Lutomski, P.R., Representing the Nation: Constructions of Germany, 1890–1914, Diss. Stanford 1992.
Machtan, L., Bismarck-Kult und National-Mythos 1890 bis 1940, in: ders. (Hg.), Bismarck und der deutsche Nationalmythos, Bremen 1994, S. 14–67.
Mackert, J., Die Theorie sozialer Schließung. Tradition, Analysen, Perspektiven, Wiesbaden 2004.
–, Kampf um Zugehörigkeit. Nationale Staatsbürgerschaft als Modus sozialer Schließung, Opladen 1999.
Mai, G., »Verteidigungskrieg« und »Volksgemeinschaft«. Staatliche Selbsbehauptung, nationale Solidarität und soziale Befreiung in Deutschland in der Zeit des Ersten Weltkrieges (1900–1925), in: W. Michalka (Hg.), Der Erste Weltkrieg. Wirkung, Wahrnehmung, Analyse, München 1994, S. 583–602.
Mai, J., Die preußisch-deutsche Polenpolitik 1885/87. Eine Studie zur Herausbildung des Imperialismus in Deutschland, Berlin 1962.
Mann, B., Die baltischen Länder in der deutschen Kriegszielpublizistik 1914–1918, Tübingen 1965.
Mann, G. (Hg.), Biologismus im 19. Jahrhundert, Stuttgart 1973.
–, Rassenhygiene – Sozialdarwinismus, in: ebd., S. 73–93.
Mann, M., The Dark Side of Democracy. Explaining Ethnic Cleansing, Cambridge 2004.
Mannheim, K., Das Problem der Generationen in: Kölner Vierteljahreshefte für Soziologie, Jg. 7, 1928, S. 157–185 u. 309–330.
Manzenreiter, J., Die Bagdadbahn als Beispiel für die Entstehung des Finanzimperialismus in Europa (1872–1903), Bochum 1982.
Marienfeld, W., Wissenschaft und Schlachtflottenbau in Deutschland 1897–1906, Berlin 1957.
Marschalck, Bevölkerungsgeschichte Deutschlands im 19. und 20. Jahrhundert, Frankfurt 1984.

Maset, M., Diskurs, Macht, Geschichte. Foucaults Analysetechniken und die historische Forschung, Frankfurt 2002.
Massie, R.K., Die Schalen des Zorns. Großbritannien, Deutschland und das Heraufziehen des Ersten Weltkrieges, Frankfurt 1993.
Matthiesen, H., Von der Massenbewegung zur Partei. Der Nationalismus in der deutschen Gesellschaft der Zwischenkriegszeit 1919–1939, in: GWU, Jg. 48, 1997, S. 316–329.
Mauch, H.-J., Nationalistische Wehrorganisationen in der Weimarer Republik. Zur Entwicklung und Ideologie des »Paramilitarismus«, Frankfurt 1982.
Mayer, M., Geheime Diplomatie und öffentliche Meinung. Die Parlamente in Frankreich, Deutschland und Großbritannien und die erste Marokkokrise 1904–1906, Düsseldorf 2002.
–, Drei Konzeptionen von Frankreichs Rolle in der Welt im neuen Jahrhundert, in: Neitzel, 1900, S. 99–126.
Mejcher, H., Die Bagdadbahn als Instrument deutschen wirtschaftlichen Einflusses im Osmanischen Reich, in: GG, Jg. 1, 1975, S. 447–481.
Melber, H. Kontinuität totaler Herrschaft: Völkermord und Apartheid in »Deutsch-Südwestafrika«. Zur kolonialen Herrschaftspraxis im Deutschen Kaiserreich, in: Jb für Antisemitismusforschung, Bd. 1, 1992, S. 91–116.
Mergel, T. u. T. Welskopp (Hg.), Geschichte zwischen Kultur und Gesellschaft. Beiträge zur Theoriedebatte, München 1997.
Messerschmidt, M., Reich und Nation im Bewußtsein der wilhelminischen Gesellschaft, in: Schottelius u. Deist, S. 11–33.
Meyer, H.C., Mitteleuropa in German Thought and Action 1815–1945, Den Haag 1955.
Meyer, J., Die Propaganda der deutschen Flottenbewegung 1897–1900, Diss. Bern 1967.
Meyer, T., »Endlich eine Tat, eine befreiende Tat...« Alfred von Kiderlen Wächters »Panthersprung nach Agadir« unter dem Druck der öffentlichen Meinung, Husum 1996.
Michaelis, H.-T., Unter schwarz-rot-goldenem Banner und dem Signum des Doppeladlers. Gescheiterte Volksbewaffnungs- und Vereinigungsbestrebungen in der Deutschen Nationalbewegung und im Deutschen Schützenbund 1859–69, Frankfurt 1993.
Miller, M. u. H.-G. Soeffner (Hg.), Modernität und Barbarei. Soziologische Zeitdiagnose am Ende des 20. Jahrhunderts, Frankfurt 1996.
Mitter, A., Rechtsradikale und Kriegshysterie. Bemerkungen zu: Roger Chickering, We men who feel most German. A Cultural Study of the Pan-German League 1886–1914, in: Jb für Geschichte der sozialistischen Länder Europas, Bd. 31, 1988, S. 339–350.
Mock, W., »Manipulation von oben« oder Selbstorganisation an der Basis? Einige neuere Ansätze in der englischen Historiographie zur Geschichte des deutschen Kaiserreichs, in: HZ, Bd. 232, 1981, S. 358–375.
–, Entstehung und Herausbildung einer »radikalen Rechten« in Großbritannien 1900–1914, in: T. Schieder (Hg.), Beiträge zur britischen Geschichte im 20. Jahrhundert, München 1983, S. 5–45.
–, The Function of ›Race‹ in Imperialist Ideologies: the Example of Joseph Chamberlain, in: Kennedy and Nicholls, S. 190–203.
–, Imperiale Herrschaft und nationales Interesse. ›Constructive Imperialism‹ oder Freihandel in Großbritannien vor dem Ersten Weltkrieg, Stuttgart 1982.
Moeller, R.G., The Kaiserreich recast? Continuity and Change in Modern German History, in: JSH, Jg. 17, 1984, S. 655–683.
Mogk, W., Paul Rohrbach und das »Größere Deutschland«. Ethischer Imperialismus im Wilhelminischen Zeitalter, München 1972.
Molik, W., Die preußische Polenpolitik im 19. und zu Beginn des 20. Jahrhunderts. Überlegungen zu Forschungsstand und -perspektiven, in: Hahn u. Kunze, S. 29–39.

Moltmann, G. (Hg.), Deutsche Amerikaauswanderung im 19. Jahrhundert. Sozialgeschichtliche Beiträge, Stuttgart 1976.
–, Die deutsche Flotte von 1848/49 im historisch-politischen Kontext, in: ders., Die deutsche Flotte im Spannungsfeld der Politik 1848–1985, Herford 1986, S. 21–41.
Mommsen, H., Nation und Nationalismus in sozialgeschichtlicher Perspektive, in: W. Schieder u. V. Sellin (Hg.), Sozialgeschichte in Deutschland, Bd. 2: Handlungsräume der Menschen in der Geschichte, Göttingen 1986, S. 162–185.
–, Arbeiterbewegung und nationale Frage, Göttingen 1979.
–, Nationalismus als weltgeschichtlicher Faktor. Probleme einer Theorie des Nationalismus, in: ebd., S. 15–60.
–, Der »Ostraum« in Ideologie und Politik des Nationalsozialismus, in: Mühle, S. 163–172.
–, Nationalismus in der Weimarer Republik, in: Dann, Nation, S. 83–95.
Mommsen, M., Nationalismus in Osteuropa. Gefahrenvolle Wege in die Demokratie, München 1992.
Mommsen, W.J., Großmachtstellung und Weltpolitik. Die Außenpolitik des Deutschen Reiches 1870 bis 1914, Frankfurt 1993.
–, Bürgerstolz und Weltmachtstreben. Deutschland unter Wilhelm II. 1890–1918, Berlin 1995.
–, Das Ringen um den nationalen Staat. Die Gründung und der innere Ausbau des Deutschen Reiches unter Otto von Bismarck 1850 bis 1890, Berlin 1993.
–, Anfänge des *ethnic cleansing* und der Umsiedlungspolitik im Ersten Weltkrieg, in: Mühle, S. 147–162.
–, Die Mitteleuropaidee und die Mitteleuropaplanungen im Deutschen Reich vor und während des Ersten Weltkrieges, in: Plaschka u.a., S. 3–24.
–, Nationalität im Zeichen offensiver Weltpolitik. Das Reichs- und Staatsangehörigkeitsgesetz des Deutschen Reiches vom 22. Juni 1913, in: Hettling u. Nolte, Nation, S. 128–141.
–, Bürgerliche Kultur und künstlerrische Avantgarde. Kultur und Politik im deutschen Kaiserreich 1870 bis 1918, Frankfurt 1994.
–, Der autoritäte Nationalstaat. Verfassung, Gesellschaft und Kultur des deutschen Kaiserreichs, Frankfurt 1990.
–, Ägypten und der Nahe Osten in der deutschen Außenpolitik 1870–1914, in: ebd., S. 140–181.
–, Triebkräfte und Zielsetzungen des deutschen Imperialismus vor 1914, in: ebd., S. 182–213.
–, Österreich-Ungarn aus der Sicht des deutschen Kaiserreichs, in: ebd., S. 214–233.
–, Kultur und Politik im deutschen Kaiserreich, in: ebd., S. 257–286.
–, Die latente Krise des Wilhelminischen Reiches: Staat und Gesellschaft in Deutschland 1890–1914, in: ebd., S. 287–315.
–, Außenpolitik und öffentliche Meinung im Wilhelminischen Deutschland 1897–1914, in: ebd., S. 358–379.
–, Der Topos vom unvermeidlichen Krieg: Außenpolitik und öffentliche Meinung im Deutschen Reich im letzten Jahrzehnt vor 1914, in: ebd., S. 380–406.
–, Der Geist von 1914: Das Program eines politischen »Sonderwegs« der Deutschen, in: ebd., S. 407–421.
–, Die Herausforderung der bürgerlichen Kultur durch die künstlerische Avantgarde. Zum Verhältnis von Kultur und Politik im Wilhelminischen Deutschland, in: GG, Jg. 20, 1994, S. 424–444.
–, Max Weber und die deutsche Politik 1890–1920, Tübingen ²1974.
–, Imperialismustheorien. Ein Überblick über die neueren Imperialismusinterpretationen, Göttingen ³1987.
–, Der europäische Imperialismus. Aufsätze und Abhandlungen, Göttingen 1979.
–, Wandlungen der liberalen Idee im Zeitalter des Imperialismus, in: ebd., S. 167–205.

–, Der Imperialismus als historische Formation. Versuch einer systematischen Definition, in: ebd., S. 206–271.
–, Das Zeitalter des Imperialismus, Frankfurt 1969.
–, Einleitung zu MWG I/4, S. 1–68.
Montgomery, W.M., Germany, in: T.F. Glick (Hg.), The Comparative Reception of Darwinism, Austin 1974, S. 81–116.
Moritz, A., Das Problem des Präventivkrieges in der deutschen Politik während der ersten Marokkokrise, Bern 1974.
Morsey, R., Die deutschen Katholiken und der Nationalstaat zwischen Kulturkampf und Erstem Weltkrieg, in: HJb, Jg. 90, 1970, S. 31–64.
Mosse, G.L., Die Nationalisierung der Massen. Politische Symbolik und Massenbewegungen von den Befreiungskriegen bis zum Dritten Reich, Frankfurt [2]1993.
–, Die völkische Revolution. Über die geistigen Wurzeln des Nationalsozialismus, Frankfurt 1991.
–, Die Geschichte des Rassismus in Europa, Frankfurt 1990.
–, Nationalismus und Sexualität. Bürgerliche Moral und sexuelle Normen, München 1985.
–, Der Erste Weltkrieg und die Brutalisierung der Politik. Betrachtungen über die politische Rechte, den Rassismus und den deutschen Sonderweg, in: M. Funke u.a. (Hg.), Demokratie und Diktatur. Geist und Gestalt politischer Herrschaft in Deutschland und Europa, Bonn 1987, S. 127–139.
Mühle, E. (Hg.), Mentalitäten – Nationen – Spannungsfelder. Studien zu Mittel- und Osteuropa im 19. und 20. Jahrhundert, Marburg 2001.
Mühlen, P. v. zur, Rassenideologien. Geschichte und Hintergründe, Berlin 1977.
Mühlmann, W.E., Geschichte der Anthropologie, Frankfurt [2]1968.
Müller, F.F., Deutschland-Zanzibar-Ostafrika. Geschichte einer deutschen Kolonialerwerbung 1884–1890, Berlin 1959.
Müller, G., Gustav-Adolf-Verein (GAV), in: Fricke u.a., Bd. 3, S. 76–80.
Müller, H., Deutscher Bund und deutsche Nationalbewegung, in: HZ, Bd. 248, 1989, S. 51–78.
Müller, S.O., Die Nation als Waffe und Vorstellung. Nationalismus in Deutschland und Großbritannien im Ersten Weltkrieg, Götttingen 2002.
–, Recht und Rasse. Die Ethnisierung von Staatsangehörigkeit und Nationsvorstellungen in Großbritannien im Ersten Weltkrieg, in: GG, Jg. 30, 2004, S. 379–403.
–, Die umkämpfte Nation. Legitimationsprobleme im kriegsführenden Kaiserreich, in: Echternkamp u. Müller, S. 149–171.
–, Die umstrittene Gemeinschaft. Nationalismus als Konfliktphänomen, in: Jureit, S. 122–143.
Münz, R. u. R. Ohliger, Auslandsdeutsche, in: François u. Schulze, Bd. 1, S. 370–388.
Murphy, R., Social Closure. The Theory of Monopolization and Exclusion, Oxford 1988.
Musil, R., Die Nation als Ideal und als Wirklichkeit, in: ders., Prosa und Stücke, Kleine Prosa, Aphorismen, Autobiograhisches, Essays und Reden, Kritik (= Gesammelte Werke, Bd. 2), Reinbek 1978, S. 1059–1075.
–, Der deutsche Mensch als Symptom, in: ebd., S. 1353–1400.
Na'aman, S., Der Deutsche Nationalverein. Die politische Konstituierung des deutschen Bürgertums 1859–1867, Düsseldorf 1987.
Naimark, N.M., Fires of Hatred. Ethnic Cleansing in Twentieth-Century Europe, Cambridge/Mass. 2000.
Nasson, W., The South African War 1899–1902, London 1999.
Neitzel, S. (Hg.), 1900: Zukunftsvisionen der Großmächte, Paderborn 2002.
–, Außenpolitische Zukunftsvorstellungen in Deutschland um 1900, in: ebd., S. 55–79.

–, Weltmacht oder Untergang. Die Weltreichslehre im Zeitalter des Imperialismus, Paderborn 2000.
Neubach, H., Die Ausweisungen von Polen und Juden aus Preußen 1885/86. Ein Beitrag zu Bismarcks Polenpolitik und zur Geschichte des deutsch-polnischen Verhältnisses, Wiesbaden 1967.
–, Eduard von Hartmanns Bedeutung für die Entwicklung des deutsch-polnischen Verhältnisses, in: Zeitschrift für Ostforschung, Jg. 13, 1964, S. 106–159.
Nichtweiss, J., Die ausländischen Saisonarbeiter in der Landwirtschaft der östlichen und mittleren Gebiete des Deutschen Reiches. Ein Beitrag zur Geschichte der preußisch-deutschen Politik 1890–1914, Berlin 1959.
Niewyk, D.L., Solving the »Jewisch Problem«. Continuity and Change in German Antisemitism 1871–1945, in: Leo Baeck Institute Yearbook, Bd. 35, 1990, S. 335–370.
Nikolow, S., Die Nation als statistisches Kollektiv. Bevölkerungskonstruktion im Kaiserreich und in der Weimarer Republik, in: R. Jessen u. J. Vogel (Hg.), Wissenschaft und Nation in der europäischen Geschichte, Frankfurt 2002, S. 235–259.
Nipperdey, T., Deutsche Geschichte 1800–1866. Bürgerwelt und starker Staat, München [6]1993.
–, Deutsche Geschichte 1866–1918, Bd. 1: Arbeitswelt und Bürgergeist, München 1991.
–, Deutsche Geschichte 1866–1918, Bd. 2: Machtstaat vor der Demokratie, München 1992.
–, Gesellschaft, Kultur, Theorie, Göttingen 1976.
–, Nationalidee und Nationaldenkmal in Deutschland im 19. Jahrhundert, in: ebd., S. 133–173.
–, Interessenverbände und Parteien in Deutschland vor dem Ersten Weltkrieg, in: ebd., S. 319–337.
–, u. R. Rürup, Antisemitismus, in: GGr, Bd. 1, Stuttgart 1972, S. 129–153.
–, Die Organisation der deutschen Parteien vor 1918, Düsseldorf 1961.
Nolte, E., Der Faschismus in seiner Epoche. Action française, Italienischer Faschismus, Nationalsozialismus, München [5]2000.
Nolte, P., Die Ordnung der deutschen Gesellschaft. Selbstentwurf und Selbstbeschreibung im 20. Jahrhundert, München 2000.
–, 1900: Das Ende des 19. und der Beginn des 20. Jahrhunderts in sozialgeschichtlicher Perspektive, in: GWU, Jg. 47, 1996, S. 281–300.
Nora, P., Zwischen Geschichte und Gedächtnis, Berlin 1990.
Nuhn, W., Sturm über Südwest. Der Hereroaufstand von 1904. Ein düsteres Kapitel der deutschen kolonialen Vergangenheit Namibias, Koblenz 1989.
Oexle, O.G., Geschichte als Historische Kulturwissenschaft, in: Hardtwig u. Wehler, S. 14–40.
Okamura, J., Situational Ethnicity, in: ERS, Jg. 4, 1981, S. 452–465.
Oldenburg, J., Der Deutsche Ostmarkenverein 1894–1934, Berlin 2002.
Olt, R., Wider das Fremde. Das Wirken des Allgemeinen Deutschen Sprachvereins in Hessen 1885–1944, Darmstadt 1991.
Omran, S., Frauenbewegung und »Judenfrage«. Diskurse um Rasse und Geschlecht nach 1900, Frankfurt 2000.
Oncken, D., Das Problem des »Lebensraums« in der deutschen Politik vor 1914, Diss. Freiburg 1948.
Oncken, E., Panthersprung nach Agadir. Die deutsche Politik während der Zweiten Marokkokrise 1911, Düsseldorf 1981.
Oppenheimer, F., System der Soziologie, Bd. 1: Allgemeine Soziologie, Suttgart [2]1964.
Osterhammel, J., Geschichtswissenschaft jenseits des Nationalstaats. Studien zu Beziehungsgeschichte und Zivilisationsvergleich, Göttingen 2001.
–, Raumerfassung und Universalgeschichte, in: ebd., S. 151–169.
–, Kolonialismus. Geschichte – Formen – Folgen, München 1995.
–, China und die Weltgesellschaft. Vom 18. Jahrhundert bis in unsere Zeit, München 1989.

–, Transnationale Gesellschaftsgeschichte: Erweiterung oder Alternative?, in: GG, Jg. 27, 2001, S. 464–479.
–, Die Wiederkehr des Raumes. Geopolitik, Geohistorie und historische Geographie, in: NPL, Jg. 43, 1998, S. 374–397.
–, u. N.P. Petersson, Geschichte der Globalisierung. Dimensionen, Prozesse, Epochen, München 2003.
Parsons, F.V., The Origins of the Morocco Question 1880–1900, London 1976.
Pakenham, T., The Boer War, London 1979.
Parkinson, R., Tormented Warrior. Ludendorff and the Supreme Command, London 1978.
Parr, R., »Zwei Seelen wohnen, ach! in meiner Brust!« Strukturen und Funktionen der Mythisierung Bismarcks (1860–1918), München 1992.
Patel, K.K., Überlegungen zu einer transnationalen Geschichte, in: ZfG, Jg. 52, 2004, S. 626–645.
Paul, I.U., Paul Anton de Lagarde, in: Puschner u.a., S. 45–93.
Payne, S., Geschichte des Faschismus. Aufstieg und Fall einer europäischen Bewegung, München 2001.
Perras, A., Carl Peters and German Imperialism 1856–1918. A Political Biography, Oxford 2004.
Peters, M., Der Alldeutsche Verband am Vorabend des Ersten Weltkrieges (1908–1914). Ein Beitrag zur Geschichte des völkischen Nationalismus im spätwilhelminischen Deutschland, Frankfurt 1992 [zit. als Peters, ADV].
–, Der »Alldeutsche Verband«, in: Puschner u.a., S. 302–315.
Petersson, N.P., Imperialismus und Modernisierung. Siam, China und die europäischen Mächte, 1895–1914, München 2000.
–, Das Kaiserreich in Prozessen ökonomischer Globalisierung, in: Conrad u. Osterhammel, S. 49–67.
Petter, W., Programmierter Untergang. Die Fehlrüstung der deutschen Flotte von 1848, in: M. Messerschmidt (Hg.), Militärgeschichte. Probleme – Themen – Wege, Stuttgart 1982, S. 150–170.
Peukert, D., Max Webers Diagnose der Moderne, Göttingen 1989.
–, Volksgenossen und Gemeinschaftsfremde. Anpassung, Ausmerze und Aufbegehren unter dem Nationalsozialismus, Köln 1982.
–, Die Weimarer Republik. Krisenjahre der Klassischen Moderne, Frankfurt 1987.
Pick, D., Faces of Degeneration. A European Disorder, c. 1848- c. 1918, Cambridge 1989.
Pierard, R.V., The German Colonial Society, 1882–1914, Diss. Iowa 1964.
Plamenatz, J., Ideologie, München 1972.
Planert, U., Der dreifache Körper des Volkes: Sexualität, Biopolitik und die Wissenschaften vom Leben, in: GG, Jg. 26, 2000, S. 539–576.
–, (Hg.), Nation, Politik und Geschlecht. Frauenbewegungen und Nationalismus in der Moderne, Frankfurt 2000.
–, Vater Staat und Mutter Germanina: Zur Politisierung des weiblichen Geschlechts im 19. und 20. Jahrhundert, in: ebd., S. 15–65.
–, Wann beginnt der »moderne« deutsche Nationalismus? Plädoyer für eine nationale Sattelzeit, in: Echternkamp u. Müller, S. 25–59.
–, Antifeminismus im Kaiserreich. Diskurs, soziale Formation und politische Mentalität, Göttingen 1998 [zit. als: Planert, Antifeminismus].
–, Antifeminimus im Kaiserreich: Indikator einer Gesellschaft in Bewegung, in: AfS, Jg. 38, 1998, S. 93–118 [zit. als: Planert, Indikator].
Plaschka, R.G. u.a. (Hg.), Mitteleuropa-Konzeptionen in der ersten Hälfte des 20. Jahrhunderts, Wien 1995.

Pletzing, C., Vom Völkerfrühling zum nationalen Konflik. Deutscher und polnischer Nationalismus in Ost- und Westpreußen 1830–1871, Wiesbaden 2003.
Pocock, J.G.A., Introduction: The State of the Art, in: ders., Virtue, Commerce and History. Essays on Political Thought and History, chiefly in the Eighteenth Century, London 1985, S. 1–34.
–, The Concept of Language and the Métier d'Historien: Some Considerations on Practice, in: A. Padgen (Hg.), The Languages of Political Theory in Early Modern Europe, Cambridge 1987, S. 19–38.
–, Politics, Language and Time. Essays in Political Thought, London 1972.
Pogge-v. Strandmann, H., Rathenau, die Gebrüder Mannesmann und die Vorgeschichte der Zweiten Marokkokrise, in: Geiss u. Wendt, S. 251–270.
–, Nationale Verbände zwischen Weltpolitik und Kontinentalpolitik, in: Schottelius u. Deist (Hg.), S. 296–317.
Poliakov, L. u.a., Rassismus. Über Fremdenfeindlichkeit und Rassenwahn, Hamburg 1992.
–, Der arische Mythos. Zu den Quellen von Rassismus und Nationalismus, Wien 1971.
Pöls, W., Bismarckverehrung und Bismarcklegende als innenpolitisches Problem der Wilhelminischen Zeit, in: Jb für Geschichte Mittel- und Osteuropas, Bd. 20, 1971, S. 183–201.
Popper, K.R., Die offene Gesellschaft und ihre Feinde, 2 Bde., München [6]1980.
Pörksen, U., Die Metaphorik Darwins und Freuds. Überlegungen zu ihrer möglichen Wirkung, in: ders., Deutsche Naturwissenschaftssprachen. Historische und kritische Studien, Tübingen 1986.
Poßekel, K., Verein für das Deutschtum im Ausland (VDA) 1881–1945, in: Fricke u.a., Bd. 4, S. 282–297.
Puhle, H.-J., Agrarische Interessenpolitik und preußischer Konservatismus im Wilhelminischen Reich 1893–1914. Ein Beitrag zur Analyse des Nationalismus in Deutschland am Beispiel des Bundes der Landwirte und der Deutsch-Konservativen Partei, Hannover [2]1975.
Pulzer, P., The Rise of Political Anti-Semitism in Germany and Austria. Revised Edition, Cambridge/Mass. 1988.
Puschner, U., Die völkische Bewegung im wilhelminischen Kaiserreich. Sprache – Rasse – Religion, Darmstadt 2001.
–, u.a. (Hg.), Handbuch zur »Völkischen Bewegung« 1871–1918, München 1996.
Radkau, J., Max Weber. Die Leidenschaft des Denkens, München 2005.
–, Das Zeitalter der Nervosität. Deutschland zwischen Bismarck und Hitler, München 1998.
–, Nationalismus und Nervosität, in: Hardtwig u. Wehler, S. 284–315.
–, De wilhelmische Ära als nervöses Zeitalter, oder: Die Nerven als Netz zwischen Tempo- und Körpergeschichte, in: GG, Jg. 20, 1994, S. 211–241.
Rahden, T. van, Ideologie und Gewalt. Neuerscheinungen über den Antisemitismus in der deutschen Geschichte des 19. Und 20. Jahrhunderts, in: NPL, Jg. 41, 1996, S. 11–29.
–, Weder Milieu noch Konfession. Die situative Ethnizität der deutschen Juden im Kaiserreich in vergleichender Perspektive, in: Blaschke u. Kuhlemann, S. 409–434.
Raphael, L., Radikales Ordnungsdenken und die Organisation totalitärer Herrschaft: Weltanschauungseliten und Humanwissenschaftler im NS-Regime, in: GG, Jg. 27, 2001, S. 5–40.
–, Diskurse, Lebenswelten und Felder. Implizite Vorannahmen über das soziale Handeln von Kulturproduzenten im 19. und 20. Jahrhundert, in: Hardtwig u. Wehler, S. 165–181.
–, Die Verwissenschaftlichung des Sozialen als methodische und konzeptionelle Herausforderung für eine Sozialgeschichte des 20. Jahrhunderts, in: GG, Jg. 22, 1996, S. 165–193.
Rathenhof, U., Die Chinapolitik des Deutschen Reiches 1871–1945. Wirtschaft – Rüstung – Militär, Boppard 1987.
Rathmann, L., Berlin-Bagdad. Die imperialistische Nahostpolitik des kaiserlichen Deutschland, Berlin 1962.

Raulff, H., Zwischen Machtpolitik und Imperialismus. Die deutsche Frankreichpolitik 1904/06, Düsseldorf 1976.
Real, W., Der deutsche Reformverein. Großdeutsche Stimmen zwischen Villafranca und Königgrätz, Lübeck 1966.
Reinhardt, H.D., Tirpitz und der deutsche Flottengedanke in den Jahren 1892–1898, Diss. Marburg 1964.
Rejai, M., Political Ideologies. A Comparative Approach, New York 1991.
Renan, E., Was ist eine Nation?, in: ders., Was ist eine Nation? Und andere politische Schriften, Wien 1995, S. 41–58.
Retallack, J.N., Notables of the Right. The Conservative Party and Political Mobilization in Germany, 1876–1918, Boston 1988.
–, The Road to Philippi. The Conservative Party and Bethmann Hollweg's »Politics of the Diagonal«, 1909–1914, in: Jones u. Retallack, Reform, S. 261–298.
Rich, P.B., Race and Empire in British Politics, Cambridge 1986.
Richter, D., Die Nation als Form, Opladen 1996.
–, Nation: Systemtheoretische Betrachtungen am Beispiel des Kosovo-Konflikts, in: Jureit, S. 102–121.
Riedel, M., Gesellschaft, Gemeinschaft, in: GGr, Bd. 2, Stuttgart 1975, S. 801–862.
Riehl, A.T.G., Der »Tanz um den Äquator«. Bismarcks antienglische Kolonialpolitik und die Erwartung des Thronwechsels in Deutschland 1883 bis 1885, Berlin 1993.
Rimmele, E., Sprachenpolitik im Deutschen Kaiserreich vor 1914. Regierungspolitik und veröffentlichte Meinung in Elsaß-Lothringen und den östlichen Provinzen Preußens, Frankfurt 1996.
Ritter, G.A., Die deutschen Parteien 1830–1914. Parteien und Gesellschaft im konstitutionellen Regierungssystem, Göttingen 1985.
–, u. K. Tenfelde, Arbeiter im Deutschen Kaiserreich 1871 bis 1914, Bonn 1992.
Rödel, C., Krieger, Denker, Amateure. Alfred von Tirpitz und das Seekriegsbild vor dem Ersten Weltkrieg, Stuttgart 2003.
Röhl, J.C.G., Wilhelm II. Der Aufbau der Persönlichen Monarchie 1888–1900, München 2001.
–, Deutschland ohne Bismarck. Die Regierungskrise im Zweiten Kaiserreich 1890–1900, Tübingen 1969.
– (Hg.), Der Ort Kaiser Wilhelms II. in der deutschen Geschichte, München 1991.
Rohe, K., Politische Kultur und ihre Analyse. Probleme und Perspektiven der politischen Kulturforschung, in: HZ, Bd. 250, 1990, S. 321–346.
–, Politische Kultur und kulturelle Aspekte von politischer Wirklichkeit, in: Berg-Schlosser u. Schissler, S. 39–48.
–, Wahlen und Wählertraditionen in Deutschland. Kulturelle Grundlagen deutscher Parteien und Parteiensysteme im 19. und 20, Jahrhundert, Frankfurt 1992.
Rohkrämer, T., Eine andere Moderne? Zivilisationskritik, Natur und Technik in Deutschland 1880–1933, Paderborn 1999.
–, Der Gesinnungsmilitarismus der »kleinen Leute« im deutschen Kaiserreich, in: W. Wuttke (Hg.), Der Krieg des kleinen Mannes, München 1992, S. 95–109.
–, Der Militarismus der »kleinen Leute«. Die Kriegervereine im Deutschen Kaiserreich 1871–1914, München 1990.
Rokkan, S., Die vergleichende Analyse der Staaten- und Nationenbildung. Modelle und Methoden, in: W. Zapf (Hg.), Theorien des sozialen Wandels, Köln [4]1979, S. 228–252.
Roos-Schumacher, H., Der Kyffhäuserverband der Vereine Deutscher Studenten 1880–1914/18. Ein Beitrag zum nationalen Vereinswesen und zum politischen Denken im Kaiserreich, Kiel [2]1987.

Rosenbach, H., Das Deutsche Reich, Großbritannien und der Transvaal (1896–1902). Anfänge deutsch-britischer Entfremdung, Göttingen 1993.
Rosenberg, H., Große Depression und Bismarckzeit. Wirtschaft, Gesellschaft und Politik in Mitteleuropa, Berlin 1967.
–, Honoratiorenpolitiker und »großdeutsche« Sammlungsbestrebungen im Reichsgründungsjahrzehnt, in: ders., Machteliten und Wirtschaftskonjunkturen. Studien zur neueren deutschen Sozial- und Wirtschaftsgeschichte, Göttingen 1978, S. 198–254.
Rosenthal, H.K., The Problem of Caprivi's Polish Policy, in: European Studies Review, Jg. 2, 1972, S. 255–264.
Rutkoff, P.M., Revanche and Revision. The Ligue des Patriotes and the Origins of the Radical Right in France, 1882–1900, Athens 1981.
Sarasin, P., Geschichtswissenschaft und Diskursanalyse, in: ders., Geschichtswissenschaft und Diskursanalyse, Frankfurt 2003, S. 10–60.
–, Die Wirklichkeit der Fiktion. Zum Konzept der *imagined communities*, in: Jureit, S. 22–45.
–, Zweierlei Rassismus? Die Selektion des Fremden als Problem in Michel Foucaults Verbindung von Biopolitik und Rassismus, in: Stingelin, Biopolitik, S. 55–79.
–, Subjekte, Diskurse, Körper. Überlegungen zu einer diskursanalytischen Kulturgeschichte, in: Hardtwig u. Wehler, S. 131–164.
Saul, K., Der »Deutsche Kriegerbund«. Zur innenpolitischen Funktion eines »nationalen« Verbandes im kaiserlichen Deutschland, in: MGM, Jg. 6, 1969. S. 95–159.
Schack, K., Der Beginn des deutschen Schlachtflottenbaus (1897–1900). Grundlage und Entwicklung bis zum zweiten Flottengesetz, Diss. München 1981.
Schaser, A., Einige Bemerkungen zum Thema Antisemitismus und Antifeminismus, in: Ariadne, Nr. 43, 2003, S. 66–71.
Scheck, R., Alfred von Tirpitz and German Right-Wing Politics, 1914–1930, Atlantic Highlands 1998.
Schenk, F.B., Mental Maps. Die Konstruktion von geographischen Räumen in Europa seit der Aufklärung, in: GG, Jg. 28, 2002, S. 493–514.
Schieder, T., Das Deutsche Kaiserreich von 1871 als Nationalstaat, hg. v. H.-U. Wehler, Göttingen [2]1992.
–, Nationalismus und Nationalstaat. Studien zum nationalen Problem im modernen Europa, hg. v. O. Dann u. H.-U. Wehler, Göttingen [2]1992.
–, Probleme der Nationalismus-Forschung, in: ebd., S. 102–112.
–, Typologie und Erscheinungsformen des Nationalstaats in Europa, in: ebd., S. 65–86.
–, Der Nationalstaat in Europa als historisches Phänomen, in: ebd., S. 87–101.
–, Grundfragen der neueren deutschen Geschichte, in: ebd., S. 131–144.
–, Nation und Nationalstaat in der deutschen Geschichte, in: ebd., S. 145–65.
Schildt, A., Radikale Antworten von rechts auf die Kulturkrise der Jahrhundertwende. Zur Herausbildung und Entwicklung der Ideologie einer »neuen Rechten« in der Wilhelminischen Gesellschaft des Kaiserreichs, in: Jb für Antisemitismusforschung, Bd. 4, 1995, S. 63–87.
Schilling, K., Beiträge zu einer Geschichte des radikalen Nationalismus in der Wilhelminischen Ära 1890–1909. Die Entstehung des radikalen Nationalismus, seine Einflußnahme auf die innere und äußere Politik des Deutschen Reiches und die Stellung von Regierung und Reichstag zu seiner politischen und publizistischen Aktivität, Diss. Köln 1968.
Schinzinger, F., Die Kolonien und das Deutsche Reich. Die wirtschaftliche Bedeutung der deutschen Besitzungen in Übersee, Wiesbaden 1984.
Schmidt, G., Europäischer Imperialismus, München 1985.
Schmidt, S., Deutscher Reformverein 1862–1866, in: Fricke u.a., Bd. 2, S. 258–263.

Schmuhl, H.-W., Rassenhygiene, Nationalsozialismus, Euthanasie. Von der Verhütung zur Vernichtung ›lebensunwerten Lebens‹, 1890–1945, Göttingen [2]1992.
–, Rassismus unter den Bedingungen charismatischer Herrschaft. Zum Übergang von der Verfolgung zur Vernichtung gesellschaftlicher Minderheiten im Dritten Reich, in: K.D. Bracher u.a. (Hg.), Deutschland 1933–1945. Neue Studien zur nationalsozialistischen Herrschaft, Bonn [2]1993, S. 182–197.
–, Max Weber und das Rassenproblem, in: Hettling u.a., S. 331–342.
–, »Rassen« als soziale Konstrukte, in: Jureit, S. 163–179.
Schödl, G., Alldeutscher Verband und deutsche Minderheitenpolitik in Ungarn. Zur Geschichte des deutschen »extremen Nationalismus«, Frankfurt 1978.
–, Formen und Grenzen des Nationalen. Beiträge zu nationaler Integration und Nationalismus im östlichen Europa, Erlangen 1990.
–, Alldeutsch-deutschnationale Politik in der Habsburgermonarchie und im Deutschen Reich, in: ebd., S. 49–89.
–, Paul Samassa. Ein biographischer Beitrag zur Vorgeschichte des »extremen Nationalismus« in Deutschland und Österreich, in: ebd., S. 91–135.
–, Varianten deutscher Nationalpolitik vor 1918. Zu politischer Organisation und Programmbildung deutscher Minderheiten in Ost- und Südosteuropa, in: ebd., S. 391–425.
Schöllgen, G., Das Zeitalter des Imperialismus, München 1986.
–, Die Großmacht als Weltmacht. Idee, Wirklichkeit und Perzeption deutscher »Weltpolitik« im Zeitalter des Imperialismus, in: HZ, Bd. 248, 1989, S. 79–100.
–, Der Wille zur Weltmacht. Die deutsche »Weltpolitik« und der Ausbruch des Ersten Weltkrieges, in: ders., Die Macht in der Mitte Europas. Stationen deutscher Außenpolitik von Friedrich dem Großen bis zur Gegenwart, München 1992, S. 51–66.
Schottelius H. u. W. Deist (Hg.), Marine und Marinepolitik im kaiserlichen Deutschland 1871–1914, Düsseldorf [2]1981.
Schöttler, P., Mentalitäten, Ideologien, Diskurse. Zur sozialgeschichtlichen Thematisierung der »dritten Ebene«, in: A. Lüdtke (Hg.), Alltagsgeschichte. Zur Rekonstruktion historischer Erfahrungen und Lebensweisen, Frankfurt 1989, S. 85–136.
–, Sozialgeschichtliches Paradigma und historische Diskursanalyse, in: Fohrmann u. Müller, S. 159–199.
–, Wer hat Angst vor dem »linguistic turn«?, in: GG, Jg. 23, 1997, S. 134–151.
Schrecker, J.E., Imperialism and Chinese Nationalism. Germany in Shantung, Cambridge/Mass. 1971.
Schüler, W., Der Bayreuther Kreis von seiner Entstehung bis zum Ausgang der wilhelminischen Ära. Wagnerkult und Kulturreform im Geiste völkischer Weltanschauung, Münster 1971.
Schulte, B.F., Vor dem Kriegsausbruch 1914. Deutschland, die Türkei und der Balkan, Düsseldorf 1980.
Schulte-Althoff, F.-J., Koloniale Krise und Reformprojekte. Zur Diskussion über eine Kurskorrektur in der deutschen Kolonialpolitik nach der Jahrhundertwende, in: H. Dollinger u.a. (Hg.), Weltpolitik, Europagedanke, Regionalismus, Münster 1982, S. 407–425.
–, Studien zur politischen Wissenschaftsgeschichte der deutschen Geographie im Zeitalter des Imperialismus, Paderborn 1971.
Schultz, H.-D., Raumkonstrukte der klassischen deutschsprachigen Geographie des 19./20. Jahrhunderts im Kontext ihrer Zeit, in: GG, Jg. 28, 2002, S. 343–377.
–, Deutschlands »natürliche« Grenzen. »Mittellage« und »Mitteleuropa« in der Diskussion der Geographen seit Beginn des 19. Jahrhunderts, in: GG, Jg. 15, 1989, S. 248–281.
Schulz, A., Individuum und Generation. Identitätsbildung im 19. und 20. Jahrhundert, in: GWU, Jg. 52, 2001, S. 406–414.

Schulze, H., Staat und Nation in der europäischen Geschichte, München 1994.
–, Gibt es überhaupt eine deutsche Geschichte?, Berlin 1989.
–, Der Weg zum Nationalstaat. Die deutsche Nationalbewegung vom 18. Jahrhundert bis zur Reichsgründung, München 1985.
–, Perspektiven für Deutschland: Nationalverein und Reformverein, in: Birke u. Heydmann, S. 141–157.
–, Die deutsche Nationalbewegung bis zur Reichsgründung, in: O. Büsch u. J.J. Sheehan (Hg.), Die Rolle der Nation in der deutschen Geschichte und Gegenwart. Berlin 1985, S. 84–116.
Schumpeter, J.A., Zur Soziologie der Imperialismen, in: ders., Aufsätze zur Soziologie, Tübingen 1953, S. 72–146.
Schwedhelm, K. (Hg.), Propheten des Nationalismus, München 1969.
Scott, J.W., Gender and the Politics of History, New York 1988.
–, Gender: A Useful Category of Historical Analysis, in: ebd., S. 28–50.
–, A Statistical Representation of Work: La Statistique de l'industrie à Paris, 1847–1848, in: ebd., S. 113–138.
Searle, G.R., The Quest for National Efficiency. A Study in British Politics and Political Thought, 1899–1914, Berkeley 1971.
–, The ›Revolt from the Right‹ in Edwardian Britain, in: Kennedy u. Nicholls, S. 21–39.
See, K. v., Die Ideen von 1789 und die Ideen von 1914. Völkisches Denken in Deutschland zwischen Französischer Revolution und Erstem Weltkrieg, Frankfurt 1975.
Seggern, C.B. v., The Alldeutscher Verband and the German Nationalstaat, Diss. Minnesota 1974.
Sell, M., Das deutsch-englische Abkommen von 1890 über Helgoland und die afrikanischen Kolonien im Lichte der deutschen Presse, Diss. Köln 1926.
Sellin, V., Mentalität und Mentalitätsgeschichte, in: HZ, Bd. 241, 1985, S. 555–598.
–, Mentalitäten in der Sozialgeschichte, in: ders. u. W. Schieder (Hg.), Sozialgeschichte in Deutschland. Entwicklungen und Perspektiven im internationalen Zusammenhang, Bd. 3, Göttingen 1987, S. 101–121.
Sheehan, J.J., German History 1770–1866, Oxford 1989.
–, What is German History? Reflections on the Role of the *Nation* in German History and Historiography, in: JMH, Jg. 53, 1981, S. 1–23.
Shils, E. u. H.M. Johnson, Ideology, in: IESS, Bd. 7, New York 1972, 66–85.
Sieder, R., Sozialgeschichte auf dem Weg zur historischen Kulturwissenschaft?, in: GG, Jg. 20, 1994, S. 445–468.
Sieferle, R.P., Die Krise der menschlichen Natur. Zur Geschichte eines Konzepts, Frankfurt 1989.
–, Rassismus, Rassenhygiene, Menschenzuchtideale, in: Puschner u.a., S. 426–448
Siemann, W., Die deutsche Revolution von 1848/49, Frankfurt 1985.
–, Gesellschaft im Aufbruch. Deutschland 1849–1871, Frankfurt 1990.
–, Vom Staatenbund zum Nationalstaat. Deutschland 1806–1871, München 1995.
–, Die deutsche Revolution von 1848/49. Einheit der Nation und Zwietracht der Nationalitäten, in: Dann, Nation, S. 24–34.
Sked, A., Die Habsburgermonarchie und die Herausforderung des Nationalismus, in: Birke u. Heydemann, S. 158–177.
Smith, A.D., Gastronomy or Geology? The Role of Nationalism in the Reconstruction of Nations, in: Nations and Nationalism, Jg. 1, 1995, S. 3–23.
–, Nationalism and Modernism. A Critical Survey of Recent Theories of Nations and Nationalism, London 1998.
–, The Problem of National Identity: Ancient, Medival and Modern, in: ERS, Jg. 17, 1994, S. 375–399.

–, The Nation: Invented, Imagined, Reconstructed?, in: Millenium. Journal of International Studies, Jg. 20, 1991, S. 353–368.
–, National Identity, Reno 1991.
–, The Origins of Nations, in: ERS, Jg. 12, 1989, S. 340–367.
–, The Ethnic Origins of Nations, Oxford 1986.
–, The Myth of the »Modern Nation« and the Myths of Nations, in: ERS, Jg. 11, 1988, S. 1–26.
–, Ethnic Persistence and National Transformation, in: British Journal of Sociology, Jg. 35, 1984, S. 452–461.
–, Theories of Nationalism, London ²1983.
Smith, H.W., German Nationalism and Religious Conflict. Culture, Ideology, Politics, 1870–1914, Princeton 1995.
–, An Preußens Rändern oder: Die Welt, die dem Nationalismus verloren ging, in: Conrad u. Osterhammel, S. 149–169.
–, The Talk of Genocide, the Rhetoric of Miscegenation: Notes on the Debates in the German Reichstag concerning Southwest Africa, 1904–14, in: S. Friedrichsmeyer u.a. (Hg.), The Imperialist Imagination. German Colonialism and its Legacy, Ann Arbor 1998, S. 107–123.
–, The Logic of Colonial Violance: Germany in Southwest Africa (1904–1907); the United States in the Philipines (1899–1902), in: H- Lehmann u. H. Wellenreuther (Hg.), German and American Nationalism. A Comparative Perspective, Oxford 1999, S. 205–231.
Smith, W.D., The Ideological Origins of Nazi Imperialism, New York 1986.
–, »Weltpolitik« und »Lebensraum«, in: Conrad u. Osterhammel, S. 29–48.
–, Politics and the Sciences of Culture in Germany 1840–1920, New York 1991.
–, Friedrich Ratzel and the Origins of Lebensraum, in: German Studies Review, Jg. 3, 1980, S. 51–68.
–, The Social and Political Origins of German Diffusionist Ideology, in: Journal of the History of the Behavioral Sciences, Jg. 14, 1978, S. 103–112.
–, European Imperialism in the Nineteenth and Twentieth Centuries, Chicago 1982.
–, The German Colonial Empire, Chapel Hill 1978.
–, The Ideology of German Colonialism, 1840–1906, in: JMH, Jg. 46, 1974, S. 641–662.
Snyder, J., The Ideology of the Offensive. Military Decision Making and the Disasters of 1914, London 1984.
Sollors, W. (Hg.), The Invention of Ethnicity, New York 1991.
–, Beyond Ethnicity. Consent and Descent in American Culture, New York 1986.
Sontheimer, K., Antidemokratisches Denken in der Weimarer Republik. Die politischen Ideen des deutschen Nationalismus zwischen 1918 und 1933, München ²1983.
Spitzer, A.B., The Historical Problems of Generations, in: AHR, Jg, 78, 1973, S. 1353–1384.
Sprengel, R., Kritik der Geopolitik. Ein deutscher Diskurs 1914–1944, Berlin 1996.
Stark, G.D., Entrepreneurs of Ideology. Neoconservative Publishers in Germany, 1880–1918, Chapel Hill 1981.
Stark, J., Völker, Ethnien, Minderheiten. Bemerkungen zu Erkenntnistheorie und Terminologie der Minderheitenforschung, in: Jb für Ostdeutsche Volkskunde, Bd. 31, 1988, S. 1–55.
Stark, U., Die nationalrevolutionäre Herausforderung der Dritten Republik 1880–1900. Auflösung und Erneuerung des Rechts-Links-Schemas in Frankreich, Berlin 1991.
Stegmann, D., Die Erben Bismarcks. Parteien und Verbände in der Spätphase des Wilhelminischen Deutschlands. Sammlungspolitik 1897–1914, Köln 1970.
–, Between Economic Interests and Radical Nationalism. Attempts to found a new Right-Wing Party in Imperial Germany, 1887–94, in: Jones u. Retallack, Reform, S. 157–185.
– u.a., (Hg.), Deutscher Konservatismus im 19. und 20. Jahrhundert, Bonn 1983.

–, Vom Neokonservatismus zum Proto-Faschismus: Konservative Partei, Vereine und Verbände 1893–1914, in: ebd., S. 199–230.
–, Konservativismus und nationale Verbände im Kaiserreich. Bemerkungen zu einigen neueren Veröffentlichungen, in: GG, Jg. 10, 1984, S. 409–420.
Steinberg, J., Tirpitz and the Birth of the German Battle Fleet. Yesterday's Deterrent, London 1968.
–, The Copenhagen-Complex, in: JCH, Jg. 1, 1966, S. 23–46.
Steinmetz, W., Das Sagbare und das Machbare. Zum Wandel politischer Handlungsspielräume in England 1780–1867, Stuttgart 1993.
Sternhell, Z., La droite révolutionnaire 1885–1914. Les origines françaises du fascisme, Paris 1997.
–, Paul Déroulède and the Origins of modern French Nationalism, in: JCH, Jg. 6, 1971, S. 46–70.
–, Maurice Barrès et le Nationalisme Française, Brüssel 1985.
Stevenson, D., Armaments and the Coming of War. Europe, 1904–1914, Oxford 1996.
Stingelin, M. (Hg.), Biopolitik und Rassismus, Frankfurt 2003.
Stingl, W., Der Ferne Osten in der deutschen Politik vor dem Ersten Weltkrieg (1902–1914), 2 Bde., Frankfurt 1978.
Stölting, E., Die anthroposoziologische Schule. Gestalt und Zusammenhänge eines wissenschaftlichen Institutionalisierungsversuchs, in: Klingemann, Rassenmythos, S. 130–171.
Strazhas, A., Deutsche Ostpolitik im Ersten Weltkrieg. Der Fall Ober Ost 1915–1917, Wiesbaden 1993.
Stribrny, W., Bismarck und die deutsche Politik nach seiner Entlassung (1890–1898), Paderborn 1977.
Süchting-Hänger, A., Das »Gewissen der Nation«. Nationales Engagement und politisches Handeln konservativer Frauenorganisationen 1900 bis 1937, Düsseldorf 2002.
Summers, A., The Character of Edwardian Nationalism: Three Popular Leagues, in: Kennedy u. Nicholls, S. 68–87.
Sundhausen, H., Ethnonationalismus in Aktion. Bemerkungen zum Ende Jugoslawiens, in: GG, Jg. 20, 1994, S. 402–423.
–, Bevölkerungsverschiebungen in Südosteuropa seit der Nationalstaatswerdung (19./20. Jahrhundert), in: Comparativ, Jg. 6, 1996, S. 25–40.
Suter, A., Nationalstaat und die »Tradition der Erfindung«. Vergleichende Überlegungen, in: GG, Jg. 25, 1999, S. 480–503.
Sutter, B., Die politische und rechtliche Stellung der Deutschen in Österreich 1848–1918, in: Wandruszka u. Urbanitsch, S. 154–339.
Sutton, M., Nationalism, Positivism and Catholicism. The Politics of Charles Maurras and French Catholics 1890–1914, Cambridge 1982.
Soucy, R., Fascism in France. The Case of Maurice Barrès; Berkeley 1972.
Sykes, A., The Radical Right and the Crisis of Conservatism before the First World War, in: HJ, Bd. 26, 1983, S. 661–676.
Tal, U., Christians and Jews in Germany. Religion, Politics, and Ideology in the Second Reich, 1870–1914, London 1975.
Tacke, C., Denkmal im sozialen Raum. Nationale Symbole in Deutschland und Frankreich im 19. Jahrhundert, Göttingen 1995.
Taylor, C., Das Unbehagen an der Moderne, Frankfurt [2]1995.
–, Language and Human Nature, in: ders., Human Agency and Language, Cambridge 1985, S. 215–247.
–, Foucault on Freedom and Truth, in: ders., Philosphy and the Human Sciences, Cambridge 1985, S. 152–184.

Tenfelde, K., Die Entfaltung des Vereinswesens während der industriellen Revolution in Deutschland (1850–1873), in: O. Dann (Hg.), Vereinswesen und bürgerliche Gesellschaft in Deutschland, München 1984, S. 55–114.
Theiner, P., Sozialer Liberalismus und deutsche Weltpolitik. Friedrich Naumann im Wilhelminischen Deutschland (1860–1919), Baden-Baden 1983.
–, »Mitteleuropa«-Pläne im Wilhelminischen Deutschland, in: H. Berding (Hg.), Wirtschaftliche und politische Integration in Europa im 19. und 20. Jahrhundert, Göttingen 1984, S. 128–148.
Ther, P., Deutsche Geschichte als imperiale Geschichte. Polen, slawophone Minderheiten und das Kaiserreich als kontinentales Empire, in: Conrad u. Osterhammel, S. 129–148.
Thomas, W.I., Person und Sozialverhalten, hg. v. E.H. Volkart, Neuwied 1965.
Tilly, R.H., Vom Zollverein zum Industriestaat. Die wirtschaftlich-soziale Entwicklung Deutschlands 1834 bis 1914, München 1990.
–, States and Nationalism in Europe 1492–1992, in: Theory and Society, Jg. 23, 1994, S. 131–146.
Tims, R.W., Germanizing Prussian Poland. The H-K-T Society and the Struggle for the Eastern Marches in the German Empire, 1894–1919, New York 1941.
Titzmann, M., »Volk« und »Nation« in der deutschen Literatur des 19. Jahrhunderts. Sozio-semiotische Strategien von Identitätsbildung und Ausgrenzung, in: Jb für Antisemitismusforschung, Bd. 2, 1992, S. 38–61.
Tkaczynki, J.W., Der »Drang nach Osten«. Mythos und Realität eines Schlagwortes, in: ZfG, Jg. 45, 1997, S. 5–20.
Toews, J.E., Intellectual History after the Linguistic Turn: The Autonomy of Meaning and the Irreducibility of Experience, in: AHR, Jg. 92, 1987, S. 879–907.
Tokody, G., Die Pläne des Alldeutschen Verbandes zur Umgestaltung Österreich-Ungarns, in: Acta Historica, Bd. 9, 1963, S. 39–66.
Torp, C., Die Herausforderung der Globalsierung. Wirtschaft und Politik in Deutschland 1860–1914, Göttingen 2005.
–, Weltwirtschaft vor dem Weltkrieg. Die erste Welle der ökonomischen Globalisierung vor 1914, in: HZ, Bd. 279, 2004, S. 561–608.
–, Max Weber und die preußischen Junker, Tübingen 1998.
Trzeciakowski, L., The Kulturkampf in Prussian Poland, New York 1990.
Turner, H.A. jr., Deutsches Staatsbürgerrecht und der Mythos der ethnischen Nation, in: Hettling u. Nolte, Nation, S. 142–150.
Ullmann, H.-P., Das Deutsche Kaiserreich 1871–1918, Frankfurt 1995.
–, Interessenverbände in Deutschland, Frankfurt 1988.
Ullrich, V., Die nervöse Grossmacht. Aufstieg und Untergang des deutschen Kaiserreichs 1871–1918, Frankfurt ^{2}1997.
Urbanitsch, P., Die Deutschen in Österreich. Statistisch deskriptiver Überblick, in: Wandruszka u. Urbanitsch, S. 33–153.
Van Evera, S., The Cult of the Offensive and the Origins of the First World War, in: Steven E. Miller (Hg.), Military Strategy and the Origins of the First World War, Princeton 1985, S. 58–107.
Vargas Llosa, M., Nationalismus als neue Bedrohung, Frankfurt 2000.
Verhey, J., Der »Geist von 1914« und die Erfindung der Volksgemeinschaft, Hamburg 2000.
Vierhaus, R., Bildung, in: GGr, Bd. 1, Stuttgart 1972, S. 508–551.
Vogel, B., Vom linken zum rechten Nationalismus. Bemerkungen zu einer Forschungsthese, in: Wendt, Zusammenwachsen, S. 97–110.
Vogel, J., Nationen im Gleichschritt. Der Kult der ›Nation in Waffen‹ in Deutschland und Frankreich, 1871–1914, Göttingen 1997.

Volkov, S., Antisemitismus und Antifeminismus. Soziale Norm oder kultureller Code, in: dies., Das jüdische Projekt der Moderne. Zehn Essays, München 2001, S. 62–81.
–, Die Erfindung der Tradition. Zur Entstehung des modernen Judentums in Deutschland, in: HZ, Bd. 253, 1991, S. 603–625.
–, Reflexionen zum »modernen« und zum »uralten« jüdischen Nationalismus, in: Hardtwig u. Brandt, S. 145–160.
–, Antisemitismus als kultureller Code, in: dies., Jüdisches Leben und Antisemitismus im 19. und 20. Jahrhundert, München 1990, S. 13–36.
–, Die Juden in Deutschland 1780–1918, München 1994.
–, Nationalismus, Antisemitismus und die deutsche Geschichtsschreibung, Hettling u. Nolte, Nation, S. 208–219.
Vopel, S., Radikaler, völkischer Nationalismus in Deutschland 1917–1933, in: H. Timmermann (Hg.), Nationalismus und Nationalbewegung in Europa 1914–1945, Berlin 1999, S. 161–182.
Walby, S., Woman and Nation, in: International Journal of Comparative Sociology, Jg. 33, 1992, S. 81–100.
Waldmann, P. u. G. Elwert (Hg.), Ethnizität im Wandel, Saarbrücken 1989.
Walgenbach, K., »Die weiße Frau als Trägerin deutscher Kultur«. Koloniale Diskurse über Geschlecht, ›Rasse‹ und Klasse im Kaiserreich, Frankfurt 2005.
Walkenhorst, P., Nationalismus als »politische Religion«? Zur religiösen Dimension nationalistischer Ideologie im Kaiserreich, in: Blaschke u. Kuhlemann, S. 503–529.
–, Der »Daseinskampf des Deutschen Volkes«: Nationalismus, Sozialdarwinismus und Imperialismus im wilhelminischen Deutschland, in: Echternkamp u. Müller, S. 131–148.
Walter, D., Antisemitische Kriminalität und Gewalt. Judenfeindschaft in der Weimarer Republik, Bonn 1999.
Walther, R., Man braucht mehr Platz, in: DIE ZEIT, Nr. 30, 21.7.1995, S. 28.
Walzer, A., Käthe Schirmacher. Eine deutsche Freuenrechtlerin auf dem Wege vom Liberalismus zum konservativen Nationalismus, Pfaffenweiler 1991.
Wandruszka, A., Großdeutsche und kleindeutsche Ideologie, in: Kann u. Prinz, S. 110–142.
–, u. P. Urbanitsch (Hg.), Die Habsburgermonarchie 1848–1918, Bd. 3: Die Völker des Reiches, Wien 1980.
Weber, E., Action Française. Royalism and Reaction in Twentieth-Century France, Stanford 1962.
Weber, M., Gesamtausgabe, Abteilung I: Schriften und Reden, Bd. 22, Wirtschaft und Gesellschaft. Die Wirtschaft und die gesellschaftlichen Ordnungen und Mächte. Nachlaß, Teilband 1: Gemeinschaften, hg. v. W.J. Mommsen u. M. Meyer, Tübingen 2001.
–, Ethnische Gemeinschaften, in: ebd., S. 168–190.
–, [Machtprestige und Nationalgefühl], in: ebd., S. 222–247.
–, Wirtschaft und Gesellschaft. Grundriss der verstehenden Soziologie, Tübingen [5]1972 [zit. als Weber, Wirtschaft].
–, Gesammelte Aufsätze zur Religionssoziologie, Bd. 1, Tübingen [7]1978.
–, Die protestantische Ethik und der Geist des Kapitalismus, in: ebd., S. 17–206.
–, Die »Objektivität« sozialwissenschaftlicher und sozialpolitischer Erkenntnis, in: ders., Gesammelte Aufsätze zur Wissenschaftslehre [1922], Tübingen [5]1982, S. 146–214.
Wedi-Pascha, B., Die deutsche Mittelafrika-Politik 1871–1914, Pfaffenweiler 1992.
Wegener, H.F.E., Der Einfluß der internationalen Flottenkonzeptionen auf die Marinepolitik des Kaiserreiches und ihre Durchsetzung in der deutschen Öffentlichkeit 1871–1908, Diss. Würzburg 1983.
Wehler, H.-U., Nationalismus. Geschichte, Formen, Folgen, München 2001.
–, Deutsche Gesellschaftsgeschichte, Bd. 1: Vom Feudalismus des alten Reiches bis zur defensiven Modernisierung der Reformära 1700–1815, München [2]1989.

–, Deutsche Gesellschaftsgeschichte, Bd. 2: Von der Reformära bis zur industriellen und politischen »Deutschen Doppelrevolution« 1815–1845, München ²1989.
–, Deutsche Gesellschaftsgeschichte, Bd. 3: Von der »Deutschen Doppelrevolution« bis zum Beginn des Ersten Weltkrieges, München 1995.
–, Deutsche Gesellschaftsgeschichte, Bd. 4: Vom Beginn des Ersten Weltkrieges bis Gründung der beiden deutschen Staaten 1914–1949, München 2003.
–, Der zweite Dreißigjährige Krieg. Der Erste Weltkrieg als Auftakt und Vorbild für den Zweiten Weltkrieg, in: S. Burgdorff u. K. Wiegrefe (Hg.), Der Erste Weltkrieg. Die Urkatastrophe des 20. Jahrhunderts, München 2004, S. 23–35.
–, Radikalnationalismus und Nationalsozialismus, in: Echternkamp u. Müller, S. 203–217.
–, Politik in der Geschichte. Essays, München 1998.
–, Renaissance der »Geopolitik«, in: ebd., S. 92–98.
–, »Moderne« Politikgeschichte? Oder: Willkommen im Kreis der Neorankeaner vor 1914, in: ebd., S. 160–172.
–, Die Herausforderung der Kulturgeschichte, München 1998.
–, Max Weber. Das Weltbild der altisraelitischen Propheten und die mißverstandene Protestantismus-These, in: ebd., S. 96–115.
–, Nationalismus als fremdenfeindliche Integrationsideologie, in: ders., Die Gegenwart als Geschichte. Essays, München 1995, S. 144–158.
–, Der deutsche Nationalismus bis 1871, in: ders., (Hg.), Scheidewege der deutschen Geschichte. Von der Revolution bis zur Wende 1517–1989, München 1995, S. 116–130.
–, Historische Verbandsforschung. Zur Funktion und Struktur nationaler Kampfverbände in Deutschland, in: ders., Historische Sozialwissenschaft und Geschichtsschreibung. Studien zu Aufgaben und Traditionen deutscher Geschichtsschreibung, Göttingen 1980, S. 151–160.
–, Das Deutsche Kaiserreich 1871–1918, Göttingen ⁶1988.
–, Bismarck und der Imperialismus [1969], Frankfurt 1984.
–, Krisenherde des Kaiserreichs. Studien zur deutschen Sozial- und Verfassungsgeschichte, Göttingen ²1979.
–, Vom »Absoluten« zum »Totalen« Krieg oder: Von Clausewitz zu Ludendorff, in: ebd., S. 89–116.
–, Probleme des Imperialismus, in: ebd., S. 117–138.
–, Polenpolitik im Deutschen Kaiserreich, in: ebd., S. 184–202.
–, Deutsch-Polnische Beziehungen im 19. und 20. Jahrhundert, in: ebd., S. 203–219.
–, Die Polen im Ruhrgebiet bis 1918, in: ebd., S. 220–237.
– (Hg.), Imperialismus, Köln ³1976.
–, Sozialdemokratie und Nationalstaat. Nationalitätenfragen in Deutschland 1840–1914, Göttingen ²1971.
–, Sozialdarwinismus im expandierenden Industriestaat, in: Geiss u. Wendt, Deutschland, S. 133–142.
Weichlein, S., Nationalbewegungen und Nationalismus in Europa, Darmstadt 2006.
–, Nation und Region. Integrationsprozesse im Bismarckreich, Düsseldorf 2004.
Weidenfeller, G., VDA – Verein für das Deutschtum im Ausland. Allgemeiner Deutscher Schulverein (1881–1918). Ein Beitrag zur Geschichte des deutschen Nationalismus und Imperialismus im Kaiserreich, Frankfurt 1976.
Weikart, R., From Darwin to Hitler. Evolutionary Ethics, Eugenics, and Racism in Germany, New York 2004.
Weindling, P., Health, Race and German Politics between National Unification and Nazism, 1870–1945, Cambridge 1989.
–, Darwinism and Social Darwinism in Imperial Germany. The Contribution of the Cell Biologist Oscar Hertwig (1849–1922), Stuttgart 1991.

Weingart, P. u.a., Rasse, Blut und Gene. Geschichte der Eugenik und Rassenhygiene in Deutschland, Frankfurt 1992.
–, »Struggle for Existence«: Selection and Retention of a Metaphor, in: S. Maasen u.a. (Hg.), Biology as Society, Society as Biology: Metaphors, Dordrecht 1995, S. 127–151.
Weisbrod, B., Gewalt in der Politik. Zur politischen Kultur in Deutschland zwischen den beiden Weltkriegen, in: GWU, Jg. 43, 1992, S. 391–404.
Weiss, S.F., Race Hygiene and National Efficiency. The Eugenics of Wilhelm Schallmayer, Berkeley 1987.
Weitowitz, R., Deutsche Politik und Handelspolitik unter Reichskanzler Leo von Caprivi, 1890–1894, Düsseldorf 1978.
Welskopp, T., Der Mensch und die Verhältnisse: »Handeln« und »Struktur« bei Max Weber und Anthony Giddens, in: Mergel u. Welskopp, S. 39–71.
Wende, P., Radikalismus, in: GGr, Bd. 5, Stuttgart 1984, S. 113–133.
Wendt, B.J., (Hg.), Vom schwierigen Zusammenwachsen der Deutschen. Nationale Identität und Nationalismus im 19. und 20. Jahrhundert, Frankfurt 1992.
–, »Mitteleuropa«. Zur Kontinuität deutscher Raumpolitik im 20. Jahrhundert, in: W. Bachofer u. H. Fischer (Hg.), Ungarn – Deutschland. Studien zu Sprache, Kultur, Geographie und Geschichte, München 1983, S. 299–333.
Wernecke, K., Der Wille zur Weltgeltung. Außenpolitik und Öffentlichkeit im Kaiserreich am Vorabend des Ersten Weltkrieges, Düsseldorf 1970.
Wertheimer, J., Unwelcome Strangers. East European Jews in Imperial Germany, New York 1987.
Wertheimer, M.S., The Pan-German League 1890–1914, New York 1924.
Wichardt, H.-J., Die Rechtsprechung des Königlich Preußischen Oberverwaltungsgerichts zur Vereins- und Versammlungsfreiheit in der Zeit von 1875 bis 1914, Diss. Kiel, 1976.
Whiteside, A.G., The Socialism of Fools. Georg Ritter von Schönerer and Austrian Pan-Germanism, Berkeley 1975.
Widmer, P., Niedergangskonzeptionen zwischen Erfahrung und Erwartung, in: Koselleck u. Widmer, S. 12–30.
Wildenthal, L., Rasse und Kultur. Frauenorganisationen in der deutschen Kolonialbewegung des Kaiserreichs, in: Kundrus, Phantasiereiche, S. 202–219.
Wildt, M., Generation des Unbedingten. Das Führungskoprs des Reichssicherheitshauptamtes, Hamburg 2002.
Wilkinson-Latham, C., The Boer-War, London 1977.
Winkler, H.A., Der lange Weg nach Westen, Bd. 1: Deutsche Geschichte vom Ende des Alten Reiches bis zum Untergang der Weimarer Republik, München 2000.
–, Der lange Weg nach Westen, Bd. 2. Deutsche Geschichte vom »Dritten Reich« bis zur Wiedervereinigung, München 2001.
–, Die deutsche Gesellschaft in der Weimarer Republik und der Antisemitismus, in: B. Martin u. E. Schulin (Hg.), Die Juden als Minderheit in der Geschichte, München 1981, S. 271–289.
–, (Hg.), Nationalismus, Königstein ²1985.
–, Der Nationalismus und seine Funktionen, in: ebd., S. 5–46.
–, Vom linken zum rechten Nationalismus. Der deutsche Liberalismus in der Krise von 1878/79, in: GG, Jg. 4, 1978, S. 5–28.
–, u. H. Kaeble (Hg.), Nationalismus – Nationalitäten – Supranationalität, Stuttgart 1993.
Winkler, I., Die deutschnationalen Bestrebungen und der Gedanke des Anschlusses der Deutschösterreicher an das Deutsche Reich von 1870/71–1907, Diss. Wien 1974.
Winock, M., Nationalisme, Antisémitisme et Fascisme en France, Paris 1990.

Winzen, P., Bülows Weltmachtkonzept. Untersuchungen zur Frühphase seiner Außenpolitik 1897–1901, Boppard 1977.
–, Der Krieg in Bülows Kalkül. Katastrophe oder Chance zur Machtexpansion?, in: Dülffer u. Holl, S. 161–193.
–, Treitschke's Influence on the Rise of Imperialist and Anti-British Nationalism in Germany, in: Kennedy u. Nicholls, S. 154–170.
–, Zur Genesis von Weltmachtkonzept und Weltpolitik, in: Röhl, Ort, S. 189–222.
–, Biographische Einführung, in: ders., (Hg.), Bernhard Fürst von Bülow, Deutsche Politik, Bonn 1992, S. 5–109.
Wippermann, W., Der »deutsche Drang nach Osten«. Ideologie und Wirklichkeit eines politischen Schlagwortes, Darmstadt 1981.
–, Das Blutrecht der Blutsnation. Zur Ideologie- und Politikgeschichte des ius sanguinis in Deutschland, in: J. Baumann u.a. (Hg.), Blut oder Boden, Doppel-Pass, Staatsbürgerrecht und Nationsverständnis, Berlin 1999, S. 10–48.
–, Das »ius sanguinis« und die Minderheiten im Deutschen Kaisserreich, in: Hahn u. Kunze, S. 133–143.
Wirz, A., Für eine transnationale Gesellschaftsgeschichte, in: GG, Jg. 27, 2001, S. 489–498.
Witt, P.-C., Die Finanzpolitik des Deutschen Reiches von 1903 bis 1913. Eine Studie zur Innenpolitik des Wilhelminischen Reiches, Lübeck 1970.
–, Reichsfinanzen und Rüstungspolitik 1898–1914, in: Schottelius u. Deist, S. 146–177.
Wodak, R. u.a., Zur diskursiven Konstruktion nationaler Identität, Frankfurt 1998.
Wolfe, P.: History and Imperialism: A Century of Theory from Marx to Postcolonialism, in: AHR, Bd. 102, 1997, S. 388–420.
Wollstein, G., Das »Großdeutschland« der Paulskirche. Nationale Ziele in der bürgerlichen Revolution 1848/49, Düsseldorf 1977.
–, Mitteleuropa und Großdeutschland-Visionen der Revolution 1848/49, in: D. Langewiesche (Hg.), Die deutsche Revolution 1848/49, Darmstadt 1983, S. 237–257.
Wülfing, W. u.a., Historische Mythologie der Deutschen 1789–1918, München 1991.
Young, E.J., Gobineau und der Rassismus. Eine Kritik der anthropologischen Geschichtstheorie, Meisenheim am Glan 1968.
Young, R.M., Darwin's Metaphor. Nature's Place in Victorian Culture, Cambridge 1985.
–, Darwinism *is* Social, in: Kohn, Heritage, S. 609–638.
Yuval-Davies, N., Gender & Nation, London 1997.
Zantop, S., Kolonialphantasien im vorkolonialen Deutschland (1770–1870), Berlin 1999.
Zernack, K., Polen in der Geschichte Preußens, in: O. Büsch (Hg.), Handbuch der Geschichte Preußens, Bd. 2: Das 19. Jahrhundert und große Themen der Geschichte Preußens, Berlin 1992, S. 377–448.
– (Hg.), Zum Verständnis der polnischen Frage in Preußen und Deutschland 1772–1871, Berlin 1987.
Zimmerer, J. u. J. Zeller (Hg.), Völkermord in Deutsch-Südwestafrika. Der Kolonialkrieg (1904–1908) in Namibia und seine Folgen, Berlin 2003.
Zmarzlik, H.-G., Der Sozialdarwinismus in Deutschland als geschichtliches Problem, in: VfZ, Jg. 11, 1963, S. 246–273.

Personen- und Sachregister

Kursiv gesetzte Seitenzahlen verweisen auf die Anmerkungen.